U0136313

勞榦學術研究叢書1

勞榦先生
學術著作選集（一）

蘭臺出版社

前言

　　由台灣蘭臺出版社出版的《勞榦先生學術著作選集》聞世了，可謂是簡牘學界世紀重典，值得慶賀與感謝！

　　選集收錄論著十一類一百二十四種，分四冊印行，全面展現了勞榦先生畢生的研究成果，突出了論著之精華，爲廣大學仁提供了研究之便利，更是對勞榦先生學術風範的繼承和發揚，它將成爲我們案頭的座右銘。

　　勞先生，名榦，字貞一，生於陝西，籍於湖南，學於北京，歷於世界。一九三一年(民國二十年)二十四歲時，畢業於北京大學，旋卽參予當時新發現之居延漢簡的整理工作，並終身爲業。至二〇〇三年遷逝，凡七十二年間，未停筆墨，辛勤耕耘，論著充棟，著作等身，德高望眾，學界仰敬，是名符其實的史學大家，文學家，教育家，書法家，簡牘學泰斗。

　　先生之所以成爲史學大家，是因先生有嚴謹的治學態度，紮實的文獻功底，嚴密的論證學風和求實的研究作風，正如他自己總結所言：「在許多論文中，也只是先去找問題，找疑點，然後再盡量的搜求證據。至於結論如何？我自己多半是不知道的。有時把結論規定好了，又重新換過，有時所得結論並非原來所預料的結論，甚至有時還是不大喜歡的結論，爲著闡明事實的眞象，也時常放棄了可喜的、有趣的結論，而歸到平常的、毫不驚人的結論。」

　　先生之所以成爲史學大家，是因先生具有廣濶的學術視野，敏銳的洞察力，深邃的思考力，爲此研究的領域幾乎涵蓋了歷史學的各個分野，政治與歷史、社會與制度、文化與思想、地理與邊疆、文字與文學、考古與古籍、古器物與書法以及曆法等等領域甚廣，顯示了驚人的研究力。他的學術研究所關注的思維厚度亦從高層到基礎，涉獵了歷史學的各個層面，並有精闢的論述。如在研究中國歷史的周期和分期問題時，他提出：「一個朝代的興衰完全和一個家族的興衰合而

爲一。」在論及政治制度和政治思想時指出，中國歷史上政治制度和政治思想的
最大欠缺是管臣，管民，不管君。制君，限君，將最高權力置於制度化的有效限
制之下，才是長治久安之道。制君、限君，分散政治權力以減少政治風險，才是
民主的起點。又如在研究儒家與政治社會時指出：「儒家的成功主要在教育上，
從學校出來的人大都有親儒傾向。孔子是偉大的教育家和倫理學者，在政治上是
非常不成功的人，後來將他塑造成政治導師般的聖人，處處都被政治意識滲入和
利用，實在是偏離了歷史的眞相。漢代罷黜百家，獨尊儒術，是政治直接介入學
術，學術和政治聯姻，思想和文化由此喪失創造力和活力，儒家思想從此僵化，
政治也由此步入脫離現實的迷途，其結果就是使政治思想走上迂腐僵化之路。」
勞先生的這些論點至今仍有劃時代的意義。

先生之所以成爲簡牘學泰斗，是因爲他是居延漢簡整理、考釋、研究的集大
成者，一釋（《居延漢簡釋文之部》），三考（《居延漢簡・考釋之部》、《居延漢簡
考證之部》、《居延漢簡考證補》，代表著居延漢簡研究的最高水平，不但將居延
漢簡推向了全世界學術研究的軌道，而且催生了一門新學科——簡牘學的誕生。
在不斷研究的過程中，先生於一九四二年參加西北科學考察團，直赴西北，用腳
實際丈量了額濟納河（居延）和疏勒河（敦煌）兩河流域的長城，烽燧，城鄣遺址，
更加充實了對漢簡的認識，此後新的論著不斷湧現，《漢代兵制及漢簡中的兵制》、
《漢簡中的烽》、《兩關遺址考》、《河西四郡建置考》、《秦漢時代的長城》等等皆
成爲不朽之名著。顧頡剛先生在《當代中國史》中評價說：「關於秦漢史的研究，
以勞榦先生的成就最大，所發表的論文，俱極精審，發前人之所未發。」

勞先生一生之研究，以漢代爲中心，上及上古，下及南北朝，成績輝煌。除
此又是書法家和文學家，精通文字學，善於揮書，在留寓四川板栗坳時書丹了《留
別李莊栗峰碑銘》成爲歷史之作。先生又善於賦詩，大作累積，僅就居延故地五
言詩即可窺見之文學之魂：「行役尚未已，日暮居延城。廢壘高重重，想見懸旗旌。
今茲天海間，但有秋雲輕。歸途遇崎嶇，枯柳相依凭。長河向天流，落日如有聲。
刺草凝白霜，古道紛縱橫，豈伊車轍間，曾有千軍行，吊古寧復而，世亂思清平。
誰爲畫長策，贏此千載名。」名符其實史學大家、文豪矣！敬之！仰之！

何雙全 2020 年三月於金城

勞榦學術論文集甲編—自序

在中國的一般刊物中，排列的方法甚不一致，其中有的橫排，有的直排。不過中央研究院的刊物，大致有一個標準，都是橫排的。這種橫排的辦法，有一個好處，就是不論是人文科學、生物科學或者數理科學的刊物，都可以用同一的形式，不至於參差不齊。但從別一方面說，橫排的論文和直排的論文，也就難以裝訂在一册之內。這篇論文集爲著出版的迅速並免去重新校對之煩，原則上是以影印爲主的。過去出版過的論文，橫排的比較直排的要多一點，並且也比較重要一點。所以在此次出的論文集以原來屬於橫排的爲主。只是原有橫排的論文中，有的原底不清晰，不能影印，有的排印時用的是『正楷』字體，與其他部分用『老宋』字體的不一致，這幾篇都重新排過。至於後附幾篇英文論文，也因爲原來底稿參差太甚，所以也都是重新排過的。既然這部論文集以原有的係橫排的爲主，還有幾十篇原來係屬直排的未能收入進去，所以這部論文集定名爲『甲編』，其未曾收入的以後刊印時再算做『乙編』。至於『乙編』用橫排形式或直排形式，那就只有出版時就當時的方便來做決定了。

『乙編』中有幾篇較爲重要的，在此大致敍述一下。例爲『秦郡建置及其與漢郡之比較』重新規定歷來各家對於秦郡的擬議。其中最重要的一點，是把河內郡算作秦三十六郡中的一郡。因爲從魏惠王時起，已經『河內』和『河東』並稱，同爲魏國的重要地方。到了西漢的三河，（河內、河東、河南），其重要性僅僅次於都城所在的三輔（京兆、馮翊、扶風），這樣一個重要地區，在秦代萬無不置郡的理由，史記六國表，秦昭王二十一年『魏納安邑及河內』，安邑指魏故都安邑附近，亦卽河東地區，河內也當然是一個地區，也就是一個郡。因爲漢書地理志河內郡下，班固自注只有：『高帝元年爲殷國』未曾說到以前的事，顯然是舊鈔本中，脫漏了秦郡二字（這一處脫漏在兩晉南北朝時應當已經脫漏了）。所以在各家秦郡的考訂中，沒有一家提

到河內，這是一個必須重訂的地方。所以秦始皇二十六年時的三十六郡應當是除去內史不算，計爲隴西、蜀郡、巴郡、北地、上郡、河東、河內、東郡、碭郡、三川、潁川、上黨、太原、雲中、邯鄲、河間、鉅鹿、代郡、雁門、漢中、南郡、黔中、南陽、長沙、九江、泗水、薛郡、楚郡、會稽、齊郡、琅邪、漁陽、上谷、右北平、遼東、遼西。以後增置的，應當是東海、閩中、南海、桂林、象郡和九原，連前置的三十六郡共爲四十二郡，倘若把內史算進去，那就是四十三個地方區域。

　　關於『史字的結構及史官的原始職務』一篇說明了古代的史官實際上就是卜官，所以在左傳中對於占卜的事都是由『史』去做。這種情形一直到漢代，太史令掌管星歷，還有上古時代傳統的影子。截至到現在爲止，我們知道的中國最古記錄還只是『占驗』性質的卜辭。這是出於史官之手，也是編年史原始的離形，用這一點把占卜的事和史的記述相聯繫，應當不算太錯。史官最初的工作是占卜，不是記事，因而『史』的造字，依照史官的職務，就必需和占卜有關，才算正理。史字的結構在甲骨及金文中事有繁簡二體，繁體的是 𠁣 簡體的是 𠁣。如其用占卜去解釋，那就是手持一個鑽子，前者是手持的鑽子，上面有一個鑽弓，再加上一個壓頂，一根繩子，後者就是手持一個鑽弓。只有用這種解釋，才能把兩體同時解明。從前別的許多解釋方法，都是無法把此二體同時解釋通的。至於占卜和鑽子的關係，那就從殷虛卜龜的實物來看，是先鑽、再刮、然後再灼。所以鑽龜是占卜的第一步。因爲卜人最重要的工具是鑽子，莊子所稱的『七十二鑽而無遺策』，就是鑽龜的顯例。至於現在通行採用王國維的簡策說，那就 中 和 𠁣 絕對不像簡策，而且史左記事，對於占卜來說，是一個後起之義，當造字時，決不是這樣一回事的。

　　『古詩明月皎夜光節候解』是因爲這首詩在古詩十九首中是最成問題的一首詩。明明是一首秋天季節的詩，卻又說『玉衡指孟冬』這一個顯然的矛盾。從李善注以來各注家都不能得到確解。俞平伯先生的『玉衡指孟冬解』是一篇嚴肅的論文，卻也不能得到滿意的答案。所以在這一篇論文中只爲向一個新的方向去討論這一個問題。這一篇論文中討論的是詩中所說的『孟冬』，是指方位而不是指季候。孟冬的方位就是亥方。當夏正七月時，斗柄在戌時指申，到了丑時就指亥了，當夏正八月時，斗柄在戌時指酉，到了子時就指亥了。子時或丑時都是夜半或雞鳴的時候，如其在這時不能

成寐就表示有些心事。這就相同於詩經所說的『耿耿不寐，如有隱憂』或者晉代阮籍詩的『夜中不能寐，起坐彈鳴琴』。所以『玉衡指孟多』，正表示秋夜不眠的景況，過去的許多揣度，都嫌詞費了。

　　以上所舉的三個例子，顯示著現在出版的甲編，並不能全部把舊時的工作一齊概括。甲編平均在質的方面，比準備將來出版的乙編，分量可能稍稍重一點。不過在乙編方面的稿子，不僅形式非常參差不齊，並且手頭所保存也很不完全，甚至於一個比較完備的目錄都沒有。若要做第一步，整理下一個目錄也很費事，搜集論文就更費工夫了。我向來主張一個人應當對自己的作品負責，應當珍惜自己的作品，對於過去文人焚稿的舊習，認為是一種暴殄主義的行為，所以對於舊稿決不拋棄。只是向來不大歡喜剪報或剪裁雜誌，總想保存全張或全份，這樣就更難以集中保存（過去是沒有複印機的）。等到搬家許多次，這些舊稿就往往不可蹤跡。現在只有盡力去搜集，搜集到與不到，全無把握。因此乙編的出版就不會是目前的事。此外甲編的刊印，是以已經出版過者為限，手頭還有些未出版的稿子，例如為中央研究院寫的中國上古史的『民間信仰』章，已經寫了七八年了，因為和其中一個處查意見基本觀念不同，無法牽就，到現在未嘗交出付印，也只有等到乙編出版時再行排印。

　　在甲編中的英文稿件，是和中文稿件的內容不同的。現在時間有限，不能都做出中文提要和所有中文稿件一時也不能都做英文提要一樣。只是其中有關中國古代的符契那一篇，因為牽涉到和一般傳統看法不同，所以在此更有略加敍述的必要。在古玉之中，有一種璧形的玉，在其周圍有三組不規則齒形的裝置，從來不知道做什麼用。從吳大澂古玉圖錄起，定名叫『璇璣』，一般做古器物學的學者。也大都贊同此說。不過其中卻很有疑點，因為把尚書堯典中的『在璇璣玉衡以齊七政』中的『璇璣玉衡』當作天文儀器，並非『達詁』除去天文儀器以外，如其把『璇璣玉衡』認為北斗的斗柄，也一樣的可以說通。再就這種附有齒形璧來說如其用做天器，只有這一片玉是不夠的，必需有同時出土的附件加以證明，但是從來沒有相關的附件出土過。其次這種帶齒的玉璧如其可以用在天文儀器上，只有一個可能，就是做齒輪用。的確，中國至少在秦漢時期已有了銅和鐵的齒輪（由新發現的可以證明），並且據宋人『新儀象法要』，渾儀的結構也用著齒輪的。但是這一類帶齒的玉璧卻是絕對不可以用做齒

輪的，因爲：(1)齒輪的材料需要的是靱性而不太在乎硬度。玉的硬度高而靱性差，容易碎裂，對於齒輪的適用性，不僅不如銅鐵，也不如木材，玉（尤其是硬玉）可以做時表中的軸承，卻不能做任何種的齒輪。(2)凡是齒輪用在一個齒輪之上，齒都是形式一致，距離一致的。這種帶齒玉璧，都不合這個規格，所以不是齒輪。(3)如其爲璇璣，只應當屬於天子的，現在發現過帶齒玉璧，在數量上至少已超過二十個以上，並且不是在一處發現，所以決不是天子太史所用的璇璣。據以上的理由，現在相傳的所謂『璇璣』，旣然決非『璇璣』，那只有一個可能，就是古代的符契，可能叫做『牙璋』的。璋爲『半圭』，如其以同樣功用，用『璧』來做，當然也可以算做璋。不過這種半圭的解玉法，應當從圭的『厚』處解爲二璋，而不是從其『寬』處解爲二璋，然後這兩個璋才可以全部符合，作爲符契之用。因而吳氏『古玉圖錄』所指爲『璋』的，也只是圭的一種，而不是璋。吳氏所指爲『璇璣』的，反而可能是『璋』的一種，而不是『璇璣』了。

　　在我的各篇論文之中，我一直覺得不僅要注意到正面的證據，更重要的是一定要特別經心到反面的證據。不隨便希求得到任何驚人的議論或驚人的成果，而只求對於歷來相承的疑點，能夠做得『怡然理順，渙然冰釋』。因爲有意或無意的忽略反面的證據，結果便會做的『浮光掠影』一點也靠不住；如其只求驚人而不求理順，那就一定被虛矯之氣所蒙蔽而不容平心靜氣去推理，結果也仍然是靠不住。在許多論文中，也只是先去找問題、找疑點，然後再盡量的搜求證據。至於結論如何，我自己多半是不知道的，有時把結論規定好了，又重新換過，有時所得的結論並非原來所預料的結論，甚至有時還是不大喜歡的結論，爲著闡明事實的眞像，也時常放棄了可喜的、有趣的結論，而歸到平常的，毫不驚人的結論。只要能夠把歷來放不平的事實放到四平八穩，那就無論是那一種的結論，總是心安理得的。

　　在『甲編』中的各編論文，絕大多數也都是先有工作，以後才有結論，而不是先有預定的結論才來指導工作的。現在在此先舉出兩個例子。第一個例子是『漢晉閩中建置考』閩中的問題是我在寫『兩漢戶籍與地理之關係』時就開始想到的（兩漢戶籍一篇在各篇中寫成最早，原擬和兩漢郡國面積一篇同出專刊，因而擱置了一個時期，後來因爲第五本稿子不太夠仍編入第五本，所以發表時反而在奴隸制度，鹽鐵論校記

各篇之後了）。爲的是閩中建置確爲中國南方開發一大問題，就在各處搜集材料。其中葉國慶先生的『古閩地考』當然也在深切注意之列。他的主張是受了當時的一個時尚，有些學者喜歡說地名搬家。就是說邊地的若干地方是由內地的地名一步一步的搬去的。當然古地名中如亳、如嶽、如楚、如吳、如蜀，確都有地名遷徙的事實，但用在漢以後的地名，就應當有一個限制。他循地名搬家的原則，認爲漢代在今福州的冶，不在今福州，而係從內陸一步一步的遷到海濱。當者我在想，如其要建立一個逐步遷移的理論，必需把逐步遷移的路線找出來。在他論文中並未做這個工作，因此我就替他找。我想到的只有從會稽（浙江）的南部，或豫章（江西）的東部遷去兩個可能。但豫章東部及會稽南部都是未曾開發的。而且閩地從來只和會稽聯繫，不和豫章聯繫，所以從豫章遷去，無此可能。再排比一下會稽南部的郡縣設置，都在東冶之後，並且其開發情形，都是先開發海濱，再緣著主要的河流，一步一步的推到內地。所有關東冶早期的記載，都是海上交通而非陸上交通。這樣我就得著一個結論，冶一定的是今福州，而閩地的經營，是先海而後陸。這一個結論，直到如今，我還相信是一個定論。不過這個結論在開始工作時，一點觀念也沒有，只是一步一步的比較，一步一步的推想，而歸納出來的。

第二個例子就是比較最近發表過的『周初年代問題與月相問題的新看法』這篇論文我相信如其用客觀的方法，現在只能做到這個程度。不過如其有地下的新文獻出現，那就也許把這篇論文的結論更加證實，也許把這篇論文的結論全部推翻。總之能再有新文獻出現的機會，還是有相當大的可能的。

武王伐紂的年代是中國歷史年代學中的一個大疑問。過去一般的年表所用的都是用『漢書律歷志』中的劉歆說相發於西歷紀元前一一二二年。但這只是一個估定的年代，並無文獻上的確實根據，是不可以採信的。其次是李兆洛『紀元編』用的是唐代釋一行改訂古本『竹書紀年』的年代，用的是西元前一〇五一年（董作賓先生又比李兆洛向上再加六十年，定爲前一一一一年。）實際上古本竹書紀年所記相當於西元前一〇二七年，釋一行向上加了二十四年。所以這樣改訂的，是因爲前一〇二七年的干支和月相都和史記引古文尚書記武王伐紂時的干支和月相都不相合，他不願向下推來減少周代歷年的總數，引起人的評議，只有向上推，推到二十四年以前才符合，所以

他就改訂這年爲武王伐紂之年。因爲前一一二二和前一〇五一這兩個年代的根據都有問題，所以雷海宗先生以及日本的新城新藏，瑞典的高本漢都主張用前一〇二七年作爲武王伐紂的年代。最近何炳棣先生發表『周初年代平議』重申雷海宗先生之說，原稿我是看過的，當時也覺得除此以外，再無別的方法可以做得更好。不過對於干支和月相完全不管，終覺得不是解決問題的辦法。等到何先生論文發表後，再重新考慮，從前一〇二七年的前後各年以干支排列後鄭重的審查一次，才發現釋一行爲什麼這樣的改訂。

釋一行的學力確實夠得上淵博的，不過他改訂年代而不說出理由來，那就終不免於傳統做置曆的『江湖積習』。也就因爲當時的達官貴人都是些解章詩賦之士，誰也不會問到他的。就實說來，釋一行改訂的輻面究嫌太大，除去干支月相相合以外，也沒有理由解釋爲什麼可以錯到二十四年之久。所以我在這篇論文中，就用釋一行的同樣方法，只是向下推而不是向上推。這樣，只下推兩年就可以干支和月相完全符合。這兩年之中，除去因爲『竹書紀年』用的是建寅曆和周人所用的建子曆可以有一年的差異以外，就只剩一年的差異，這一年的差異就很容易找理由來解釋了。但是這一個辦法，我事前並未嘗想到，只在排比干支和月相時才臨時想出來。我想這也是任何工作的成果，事前無法預料到的例子。

在此要附帶說一下。在我的論文中只說周法高先生的擬定年代，甚爲有用，卻未說明怎樣有用，原來周先生擬定的年代，比董先生擬定的年代，沿沿向下推了九十二年。這樣既然和史記魯世家的年代不相違背，也可以把董作賓先生殷曆譜的干支完全用得上。在所有武王伐紂的年代擬定中，劉歆的前一一二二根據不充分，可以不計，董作賓先生的年代由周法高先生另作安排，釋一行的前一〇五八是不適用於殷曆譜的，也可以不計此外，其寫本『竹書紀年』的前一〇二七，本來和周先生擬定的相差九年，現在重訂爲前一〇二五，只相差七年，這七年的差異是可以很容彌縫的。因爲董先生的祀譜，只排到帝辛五十二年，在這一年正月有祭祀的卜辭爲證（珠1255），以後他就不再排了。所以五十三年以後各年都不在祀譜之內，爲其從五十三年後任何一年起，認爲不是帝辛在位之年，都無害於殷曆譜的完整。現在從前1025起認爲周代的開始，亦卽把帝辛年數從董先生原擬的六十三年減爲五十六年，那就周先生採用的

挪移『殷歷譜』方案，就完全可以用上了。

　　『甲編』大都是轉載的，在此我應當就向各原刊物致謝。其中有<u>中央研究院史語所集刊</u>，<u>中央研究院史語所傅所長紀念專刊</u>，<u>中央研究院院刊</u>，<u>中央研究院史語所集刊外編</u>，<u>北京大學國學季刊</u>，<u>臺灣大學文史哲學報</u>，<u>清華學報</u>，<u>大陸雜誌</u>，<u>中央研究院民族所集刊</u>，<u>香港大學五十週年紀念集</u>，<u>香港中文大學中國文化學報</u>，<u>香港中文大學專刊</u>，Harvard dournal of Asiatic Studiès, Proceedings of the First Conference of Historians of Asia, Chinese Culture, dournal of Chuia Society Amevican tlisrovical Review, China Yearbook, <u>顧里雅先生祝壽專號</u>及<u>陳受頤先生祝壽專號</u>。還要感謝<u>屈萬里</u>先生爲這本『<u>論文集</u>』特別關懷，尤其感謝的是<u>嚴一萍</u>先生和<u>藝文印書館</u>替我印這部專爲學術服務，而利潤不大的這種『<u>論文集</u>』。

古代中國的歷史與文化—自序

　　當六十五年十月，我的論文集出版，現在又十四年了。在出版論文集時，已有未能找到的論文，到了現在，又有不少新作的論文。為了要搜集起來，來顯示近年工作的大概，實在還有再出一部文集的必要。因為各篇論文是彼此相關的，只有集合起來，才可以互相補充和互相比較，來現出一些問題中比較完整的形貌。在這裡除去做了分類的工作以外，在這些論文中，也還有再加詮釋的重要性。只因為篇幅有限，在這自序中，也只能根據幾個重點，加以申說。

　　首先要說明的是治亂週期與朝代週期的問題。宇宙中許多事物都有其週期性，四時代謝是人所共知的，常見的例如日食週期、地震週期以至噴泉週期，尤其商業的景氣週期，是國民經濟上一件大事。治亂週期就是綜合了若干小的週期而形成了若干大週期。這個看法的基點是根據李四光用戰爭次數，而統計出來治亂週期。若再深入研究來尋求解釋，就知道和朝代週期相關性相當密切。而社會組織的週期也有相當的影響。朝代週期無疑的是和君主世代的能力漸減性有密切關係，但統治的士大夫階級如其各家族長久的繼續下去，即使朝代已換，仍然保存前朝社會組織，也可能將前朝許多因素沿襲下去，而與前朝仍在同一的治亂週期以內。但是人類的社會是不斷進展的，科技的應用也是不斷進步的。治亂週期所含因素本來非常複雜，再加上時代的進展，後一週期自然和前一週期不同。只是對中國來說，中國數千年一直是家族統治的專制政體，所以一個朝代最長不過二三百年，到了朝代結束，就可能卽是天下大亂、人民痛苦之時。今後也只有脫離家族影響之後，才會突破原有朝代式的轉移，而開創民族未來新的形式。只是舊的痕路，刻畫很深，解脫出來，當然也是相當費事的。

　　關於〈漢代尚書的職任及其與內朝的關係〉這一篇是繼續以前所作〈漢代的內朝與外朝〉那一篇而來。所謂「內朝」，是指天子的文學侍從之臣，特別提出來的

九卿大夫再加上天子親近的將軍而形成了一個親近顧問的團體。外朝是指丞相以下的朝官，各有所司而不能時常接近天子的。在高帝、惠帝、文帝、景帝時期都沒有這麼重要，到武帝時期，卻養了一群的「天子賓客」，形成一種「智囊團」，做成了一個政策制定的中心，而使丞相只能負執行的任務。其中加官(把一個特殊名義加到公卿大夫等朝官上去)如散騎、左右曹、給事中、諸吏；專任的如侍中、常侍；從外面調來，不必再加上名義的，如將軍；都是屬於內朝的各種官職。但內朝只是顧問的團體，雖然成了決策的源頭，卻還要天子的詔書，才能發生效力，因而尚書一職，就變成了發號施令的關鍵部分。至於尚書官署應當算到內朝，還是應當算做外朝？以尚書的機能來說，無疑的，應當算內朝的一部分。因為侍中、給事中，應當算內朝的「委員」，而尚書卻是內朝的「秘書」，再由天子裁斷諸事。不錯，在外朝議事時，尚書令也出席，所以就機能方面言，他是天子的秘書，而不是丞相的部屬。不能因為尚書出席外朝，而認為是外朝之職，這是事實演變的結果。以後就使尚書令成為真正的宰相，而原來稱為「宰相」的司徒和司空變成只是一個尊貴的虛名了。

內朝這個機構既已成立，霍光當政就是利用大將軍的內朝地位，憑著武帝遺詔，控制尚書機構而來掌權的。到了後來的當政大臣，就更加上領尚書事、錄尚書事、平尚書事等等正式名義。東漢時期，當政的外戚也都是以大將軍或車騎將軍輔政而加上領尚書事或錄尚書事的職銜。一直到魏晉南北朝，所有權臣也都沿用這種名義。

漢武帝是一個多采多姿的君主，而且在位的時間比較長，這就形成了政治上許多變化。尚書官權力的樹立，由於武帝；內機構的建立，由於武帝；對策辦法的出現而影響到選舉制度，由於武帝；開闢疆土，新設郡縣，創立刺史制度以及東移函谷關來形成畿內與關東交界，由於武帝；改革幣制，始鑄五銖錢，由於武帝；以至於把十月歲首，改為正月歲首亦由武帝。其中影響的確相當複雜。這一個對於政策和制度關係相當複雜的皇帝，在其一生中也當然會被「宮廷陰謀」包圍著，而「宮廷陰謀」當中，幅度最大的，要數「巫蠱之禍」。

巫蠱之禍的起因也是相當複雜的。第一，是武帝的健康狀況和情緒問題。第二，是武帝內寵和內寵間黨羽的爭鬥。第三，是漢代的民俗禁忌也深深的擾入政

爭禍亂之中，而使關係更爲複雜。第四，司馬遷的《史記》也牽涉到這個風波之中，而《漢書‧司馬遷傳》又收入了號稱司馬遷作的〈報任安書〉，使司馬遷和《史記》也多少和武帝晚年政局有點關係。因而巫蠱之禍更加深了其中的歷史意義。

　　這是討論《史記》是否「謗書」的一個關鍵。在《史記》中除去〈景紀〉、〈武紀〉遺失以外，只有〈平準書〉和〈封禪書〉對武帝略有諷刺，但這些諷刺的語句還可能認爲是被人添加的。刪掉以後，可以無傷敍述的本文。所以《史記》全書應該是司馬遷在巫蠱之禍時，爲避免牽連，把涉及武帝較多的景武二紀毀掉，在謹慎中保存下的著作。其被稱爲「謗書」的，不是關於《史記》的本身，而是這一篇〈報任安書〉。因爲〈報任安書〉的諷刺，是這封信中的本旨，不是附加部分。《史記》認做「謗書」既被人認定之外，後來蔡邕曾因董卓黨的嫌疑，請求續修漢史以贖罪。就因爲不能再有謗書的理由，而被拒絕。由於名滿天下的蔡邕尚不能免罪，也就使賈詡爲了自保，唆使董卓殘部李傕、郭汜等叛變，以致洛陽覆沒，東漢政權也毀了。

　　其實〈報任安書〉文章好，並且還有內容，作者對於司馬遷的思想，了解得相當深刻，從來就沒人懷疑過。但是這封信的本身卻有很深的矛盾，影響到是否可以合理存在的問題。此書中「今少卿抱不測之罪，涉旬月，迫季冬」表示寫的時候是正在巫蠱之禍以後，漢武帝的大整肅時期，當時天下囂然，人人自危。司馬遷當時未被巫蠱之禍牽入，自保還來不及，怎樣可能寫這封激切的信給當時重罪的囚犯？如其說這是一封寫好未發的信，那司馬遷連〈景紀〉和〈武紀〉都不敢保留，又怎敢家藏這篇激切的信，來作牽連入罪的證據？試看一看《昭明文選》卷四十一中有司馬遷的〈報任安書〉，接著就是楊惲的〈報孫會宗書〉（惲文出《漢書》本傳）。這兩封信都是氣勢雄肆的好文章，比較之下很有相似之處。如其〈報任安書〉爲一篇仿作，而非司馬遷的親筆，應當只有楊惲才有此資格。

　　在〈再論漢代亭制〉、〈釋簡中的「烽」〉以及〈與嚴歸田教授論秦漢郡吏制度書〉幾篇文字，都是根據漢簡討論漢代地方制度中的幾個問題。漢承秦制，採用的是「郡縣制度」，而郡縣制度實可溯及更早。《左傳》哀公二年，晉趙鞅所言「上大夫受縣，下大夫受郡」一直成爲問題，實際上郡縣制度距此稍後，就可證明早已秦漢相同，所以上下二字實是鈔寫的錯誤，當作「下大夫受縣，上大夫受郡」。也就是郡縣制度在春秋晚年，已在晉國開始了。

　　漢代的邊塞組織，是屬於地方性質的。所以從漢簡中整理出來的新證據，也是主要的和郡縣制度相關。郡吏和縣吏的組織，是郡縣制度中一個重要部分，縣以下的鄉亭和鄉里的組織，又是另外的一個重要部分。鄉是縣以下的分區。鄉以下又分爲兩種不同的管理。「鄉里」是以居民的人口爲主的，里是戶籍的基本單位。另外，「鄉亭」是以道路的遠近爲標準的，亭是其中的基本單位。在邊塞上，亭的防禦性更加強一些。在漢簡中也叫作隧。隧除防禦性以外，又是一些通信的據點。其通信的種種方法，是烽煙、烽表以及苣火。隨著塞外情勢嚴重的程度，而加以區別。不過並非一成不變，而是隨時調整的。這是根據敦煌漢簡、居延漢簡和居延新出漢簡所得的結論。

　　當然，這裡還有一個疑問。亭既然只是一種治安或防禦單位，而不是一種戶籍單位，爲什麼東漢以後，列侯的等級可以分做縣侯、鄉侯、亭侯三等。這個亭侯的亭，顯然是代表區域的。對於這種事實的解釋，是：漢代封侯的標準，是以戶口(稅收)爲代表。受封亭侯的，所畫的區域，往往需要小於鄉而大於里；恰恰亭的巡邏區域，正好大致和這相符。這就變成了亭是受封區域，實際上亭的任務和戶口登記並不相干的。

　　關於古代地理問題，首先要討論的，是齊國的東進事項。這就是〈論齊國的始封和遷徙及其相關問題〉，這篇是一個政治問題，所以列入「歷史與政治」一類中。不過有關地理問題，也應當討論一下。齊的始封，雖然號稱始於太公。不過按照周初一般情形，第一個國君應當不是太公而是齊侯呂伋。當然太公也可能到過營邱，不過也應當和周公、召公一樣，並未自己就國，而他自己仍長駐鎬京。周公是比較清楚，並未長期居魯，召公也並未長期居燕。太公雖可能到過營邱，他在京師任職，卻未能長期居留下去。在齊、魯、燕三國中，始封時應當是同級的大國。但後來齊、燕都有超越的發展，而魯國卻衰弱下去。傳說中齊國尊賢，而魯國尊親，以致情況相殊，這只是以成敗來推論的，最重要的還在於有無敵國外患。魯國接近中原，有宋衛等國支援，邊疆問題不嚴重。齊國接近邊陲，一定要自行解決邊疆問題，而和萊人就有不能並容之勢。東進的必需，就成爲齊國進取的契機。

　　因爲齊國是逐漸向東發展的，齊國的始封按地理形勢，是在漢代濟南郡治所

在東平陵附近，亦卽現在章邱縣附近。傳說中太公始封的營邱就在臨淄，是絕對錯誤的。齊侯不取萊，臨淄是不可能作都城的。城子崖的古城是考古發現中一個非常重要的古代遺址，只有認爲在營邱的齊國故址，這個歷史的空白才可能把它塡補上。當發掘城子崖時，時期太早，並無齊國東進的觀念，無意中把臨淄當作營邱，以致全盤擾亂，現在是糾正的時候了。

〈秦郡的建置及其與漢郡的比較〉是一篇對於秦時郡制的研究。漢郡是從秦郡沿襲而來，其中頗有因革。《漢書·地理志》中對於各郡頗有注明；但其中忽略的地方太多，而且還有明顯的錯誤。歷來各家討論秦郡的人很多，但不知爲了什麼，大家一致都有這個大疏忽，一直沒有人看出來。這就是漏了河內郡。

此郡從戰國到漢一直不可能取消掉，可是從來討論秦郡的學人，都把河內郡忘掉了。從戰國開始，河內的鄴一直是魏國的重要城邑。孟子見魏惠王，魏惠王說「河內凶則移其民於河東，移其粟於河內，河東凶亦然。」河內及河東，正是魏國兩個重要的郡。漢代河內、河東及河南，稱爲三河，兩漢時期，都是全國的重要據點。這就是河內地理位置（商代舊都，而且南北朝時，亦屢建都邑），戶口和財富，都一定要被重視。自來講秦制的學者把河內畫入東郡，這是不可能的。因爲秦併六國，設置郡縣，其郡界還是依照六國時的舊界。爲的是各國有各國的賦稅制度，而且各郡的文籍檔案，各自集中到郡治，沿襲舊界，比較方便。河內屬魏，東郡屬齊，兩國舊制不同，更無把肥饒的河內取銷，勉強歸入東郡之理。所以秦代一定有河內郡的。因爲新的設想加入了河內郡，其他郡數也就要斟酌更改了。

有關歷法一項，這是一個相當複雜而困擾的問題。歷法本身已經夠複雜的了，再加上中國古代歷法問題，更具有許多難於解決的疑點。自從甲骨發現以後，殷歷的排定，是研究甲骨文當前需要的事項。當時群言龐雜，有種種不同的設計，最後是董作賓先生認爲殷代用的還是四分歷，總算把原則問題歸於底定。董先生的《殷歷譜》也是一個精心排比下的不朽之作。只是董先生所採用的武王伐紂的定點，用的是唐代僧一行算出的前 1111 年，而僧一行又是據劉歆的算法而改訂出來的。在國際間通用的武王伐紂年代卻是前 1027 年，這是據《古本竹書紀年》定出來的，劉歆未能看到《竹書紀年》，所以無法採用這個年代，而自行臆斷採用了

另一個年代，國際間的學者都認爲證據不足，不予採用。因而董先生的《殷曆譜》也就在國際間甲骨文研究中被擱置。

要想把殷曆譜和國際間認可周初年代搭上橋樑，就得把殷曆譜加以設計，使其適合於被認可的年代，通過了種種的準備工作以後，得到的結論，是武王伐紂，也就是周代的開始應當在前 1025 年，比國際通用的前 1027 年後了二年。不過這也是可以解釋的，因爲《竹書紀年》用的是建寅曆，而周代官方用的是建子曆，武王伐紂正在建寅曆的年尾，建子曆的年初，所以要差一年。再加上周代各王還可能有未逾年改元的，這就再差一年，也很容易。

若照前 1025 年爲周代開始，算起來周初諸王的在位年數和年壽有一些出人意表的差異。其中大致的估計，是：

文王在位五十年，年壽約爲六十五歲。（《禮記》按傳聞文王壽九十七，武王壽九十三，與眞實歷史矛盾，不可信據。）

武王在伐紂以前在位十三年，伐紂以後在位四年，共計在位十七年，年歲當爲五十六、七歲。

成王在位二十一年，約爲十三歲卽位，其中周公攝政七年，二十歲親政，年歲約爲三十三歲。

康王在位十九年，約爲十六歲卽位，年歲約爲三十四歲。

這個數目因爲成康令主壽命如此的短，令人驚異，不過比較兩漢的君王，就不覺到不合理了。西漢除高帝和武帝以外，沒有一人到過五十的。東漢更爲清楚，除去光武年過六十以外，明帝四十八，章帝三十三，和帝二十七，安帝三十二，順帝三十，桓帝三十六，靈帝三十四。比較下來，成康兩代的年壽只有三十多，不算稀罕。只是倘若眞的如此，就不免使人失望罷了。據《文選》三十五，漢武帝〈賢良詔〉李善注引《竹書紀年》「成康之際，天下安寧，刑措四十年不用。」也指實成康兩代，總計確爲四十年。但是成康兩代年數不夠多，總使人不服氣。我也查到了前 1051 年干支與前 1025 年略同，希望能找到這一年。但是對這一年，什麼有力的證據也找不到，就只好放棄了。

以上除去大致談了一些歷史問題以外，主要說的是有關於官制、地理和曆法

的問題。因為這三項是會被人認為煩瑣的學問，但是歷史與文化的許多關鍵問題，又需要這三項的結論來解決，所以盡量避免繁複，就其重要的中心點來重新敘述。

為了還有許多方面上文未曾討論到，現在以〈漢代豪彊及其政治關係〉為主，就社會和文化方面，再來討論一下。首先要問的是：什麼是「豪彊」。就史料來看，豪彊指的是一個家族，而不一定屬於個人。《漢書·王莽傳》「或耕豪民之田，見稅什五」，這裡所謂豪民，當然指豪富的人們。《史記·呂不韋傳》：「子楚夫人，趙豪家女也，得匿。」這裡所謂豪家，當然指財富之家。子楚夫人也就是秦莊襄王王后，秦始皇的母親，其家得為豪家，究竟原來就有錢，或者由於呂不韋替他們經營出來，這不關重要，所要認定的就是豪家的條件是財富。

秦始皇的外家既然屬於財富家族，所以在統一六國之後，對於私人的財富，是加以承認的。在《史記·貨殖傳》中看到的，只是非常少數的選樣，卻顯然可以看出來秦始皇對於私人財產表示的態度。張良是反秦的健將，他的能夠活動，還不是靠他的財產來支援。甚至項氏叔姪，他們能夠起來，也還是倚賴私人財富的力量。從春秋晚期以後，已經出現了財富集中的情況，戰國時代從都市的發展來看，更是豪富競起的有利時期。戰國時代的戰爭，除去損失兵員，耗減勞動力以外，對於發展中的都市，並未曾有大的破壞。到秦始皇吞併六國，許多國家抵抗不大，尤其是財富的齊國，幾乎只是去接收。楚漢之間的戰爭破壞性大些，但戰國時的豪門大姓，依舊還是豪氏大姓，這就形成了漢初豪彊勢力增長的情況。再加上幾種來源：第一是漢初的封國，成為新貴族，也就是新的豪家。第二是憑種種方法，新進的高級官僚，也會把他們家族變成豪家。第三是漢代領土的新開發，這些中原移民，也更有新的機會來增加財富。這些種種不同來源的豪家，也可能代替了舊日豪家因為種種原因變成了的「破落戶」，他們已經失去了豪家地位後所有社會上的舊有地位。

從戰國以來，許多客觀條件鼓盪之下，使封建的國家形成了官僚的帝國。這些大小的官僚，需要有人候補的，也就是說一個國家的文官制度，自然應運而生。戰國時期百家之學紛紛傳授也不過是為了補充職業的官僚。秦始皇晚年，李斯建議焚書，禁詩書及百家語，「有欲學者，以吏為師」，所謂「以吏為師」是要吏員帶門徒，而《倉頡篇》、《爰歷篇》、《博學篇》，就是準備著應用的教科書，當然，這

是不夠用的，等到漢代開始，雖然最先「挾書之律」還未除去，但自由傳授也就進行起來，也就等於把學校傳習，和文官制度聯結起來。東漢左雄建議的「諸生試家法，文吏課章奏」雖然是較晚時期的事，但不論「諸生」或「文吏」都是官僚的候選者，從漢初已經是這樣的。

照《鹽鐵論》中桑弘羊所說的「儒生多窶人子，遠客饑寒」，這是表示著文官制度雖然在西漢中期已經樹立了安定的軌道；但不論是學校，或者是郡吏，一定是豪門要占些便宜。《後漢書·馬武傳》說「諸卿不遭際會，自度爵祿何所至乎？」高密侯禹先對曰：「臣少學問，可郡文學博士。」帝曰：「何言之謙乎？卿鄧氏子，志行修整，何為不可掾、功曹。」這就是表示著漢代郡吏的升遷，要靠幾個條件：學力能力是一個條件，品行是一個條件，而家庭關係也算一個重要條件。這裡光武說「卿鄧氏子」，就可見到在升遷中，家庭在當地的地位，非常重要。這種情形，就會使豪門的優勢，更容易延續下去。

漢代朝廷命官不外幾個來源：郎署、太學、孝廉、上計吏，再加兩種特殊的情況，由功臣或列侯出任，以及由郡吏得著特殊機會逐漸升遷。這些管道看來，還是對於豪家占便宜些。其中清貧卓行力學之士誠然也有，只是機會少些。兩漢書中，誠然有不少出身清寒的人士，但卻不可以把此與貴戚豪門列名的人來做數字統計的。因為出身寒微的人，能夠冒出來，一定有特殊能力，而憑家世財富出來的人，反而多屬庸碌一流。所以清寒出身在正史列傳中所占的比例和清寒出身在當時官吏總數中所占的比例，一定不能相同，也就難以統計了。

自從隋唐實行科舉以後，雖然使清寒的人出路稍寬一點。但因為科舉的標準受到種種限制，所取的不免多數是「帖括之士」，還是不能得到真正的人才。論者不免回想到兩漢的舊辦法，認為這一種「鄉舉里選」，比較上應為更公平的辦法。其實完全不是這回事，號稱屬於「鄉舉里選」的孝廉推薦，除去少數的特例以外，推薦候選人的郡太守，被貴戚、豪彊的「關說」壓迫之下，是無法公平處置的。在《後漢書·种暠傳》有一段感人的事實，說：

> 始為門下吏，時河南尹田歆外甥王諶名知人。歆謂之曰：「今當舉六孝廉，多得貴戚書命，不能相違，欲得一名士，以報國家。」明日諶送客於大陽

郭，遙見嚣，異之。……歆即召嚣於庭，辯詰職守，嚣對辭有序，歆甚知之，
召署主簿，遂舉孝廉。

這裡敍述到的田歆，當然是一個賢的長官，但也不能不敷衍關說的人，勉強
擠出一個位置來推薦人才。那就可知在當時的文官制度下，人才與非人才的比例
了。左思〈詠史〉詩：「世冑躡高位，英俊沈下僚，地勢使之然，由來非一朝。」這
些世冑以及豪彊，在政治及社會上有特殊優惠的機會，在任何一種少數人控制的
政權下，都是一樣的。隋唐以來的科舉制度，確實少許有些補救，但取不了真正
的人才，也是無可如何的。

貴戚在功能上亦是豪彊，而貴戚以外的地方豪彊，亦所在皆然。雖然不論貴
戚或地方勢力，對於中央的政令，都是衝突的。依照法家思想，在一個政權之下，
只能馴服在一個來源，所以不論貴戚或者地方大姓，都不能對於天子的絕對威權
加以妨害。漢武帝設置刺史，以六條察郡國，制止豪家大姓的發展是一個重要目
的。不過不論是怎樣有力的中央，對於豪家大姓，也只能加以抑制，而不能加以
消滅。不論何處，還是大姓占了上風。敦煌一處，唐末到宋初的史料還存在了一
些，其中張、曹、李、索四姓，可以遠溯漢晉，其中李姓則為隴西成紀李姓世族
的後人，這就可以看出大姓傳統也延長了時間不少。魏晉南北朝世族掌政的局面，
實際上也是源遠流長的。

這本論文集牽涉的方面比較多，稍加解釋補充，已經費了不少的文字。為了
節省篇幅，就此作一個小結束。對於聯經出版事業公司惠予出版，非常感荷，謹
志深厚的謝意。

勞　榦

勞榦先生照片

勞榦肖像

勞榦在大學時肖像之一

勞榦在大學時肖像之二

勞榦及夫人周衍璞女士

勞氏源流

　　勞榦（字貞一）宗長，湖南長沙人，係國際著名的漢學家。爲中央研究院院士，久居美國。

　　長沙勞氏（舊爲善化縣，民國善化併入長沙，故稱長沙勞氏），在清乾嘉間自浙江山陰縣（民國山陰縣改爲紹興縣。惟勞氏著籍山陰已久，今仍稱山陰勞氏）之勞家坡遷入湖南。當初遷湖南之時，本思仍返山陰，故未修譜。其後又變亂頻仍，遂未能修譜。今惟據先世手抄簡錄，殘缺不完。而山陰舊亦遺失已久，無從訪求。幸得旅港宗親會十週年紀念特刊，從其中引據廣東舊序文略知梗概。尤以宋孝宗乾道五年（一一六五年）陳俊卿序文爲最珍貴。此序至今已八百餘年，幸存不失。而其中指明山陰勞氏與粵東勞氏分合之源，更使後世子孫嚮往，信乎舊籍之可貴也。

　　勞氏得姓由來，在諸姓氏書中每多歧說。其所稱佐禹治水而勞或原於「勞民勤相」之官，以職爲氏，顯爲臆說，咸不足據。至於先世固東海嶗山，以地爲氏，誠屬明確無誤，然世系所託，仍不分明。在山陰勞氏乃粵東勞氏口耳相傳者，當有二說：

　　（甲）山陰勞氏所述，謂勞氏先世出於周公之後；秦始皇力征宇內，遂捕周後，遂避難嶗山，因以山爲姓。

　　（乙）南越王趙佗季子趙森罕當趙佗稱制時，勤其父從陸賈之卜吾去帝號歸漢；漢皇帝因其有功於漢，遂封森罕於勞山，其後因以爲姓。

　　此二說中俱有不少疑竇。姑不論其不見於舊史、舊姓氏書，而宋

時俊卿序、明萬曆時勞鶚序,以及清康熙時勞之辨序,皆無一語及之;
詳覈情實,未敢遽信。

甲說謂勞氏出於周公之後,當指魯而言。然魯實滅於楚,非滅於
秦(周公之後當尚有凡、蔣、邢、茅、胙、蔡滅國更早),秦不必逐
捕周公後裔。又按漢魯峻,魯氏出於魯國之後,經秦及漢,未曾改姓;
則謂周公之後,避難改姓,亦非實事。因而此說難從。

乙說謂出於南越趙氏之後。然趙佗幼子之名不見史傳,漢書文景
功臣及武帝功臣表皆未著錄。況漢代封爵胙土,共為王侯二級;此
本若信,當在文帝時代。漢世非劉氏不王,而封侯亦限於城邑,決
無封功臣於山澤之理。而況趙佗雖去帝號,仍據地自王。漢初封國
之制,王子為侯皆在其王國境內,趙佗季子邑亦無封侯遠及齊東之
理。惟有認為武帝元鼎六年,武帝滅南越,趙佗季子自越逃於齊東;
事或近之,但亦難於核實也。

此二說若以史實論,誠有難言之處。若以傳說論,則二說似同出
一源。周趙二字讀音本來近似,秦皇漢武力征攻取,行徑亦略同之。
甲說如改周公為趙王,秦始皇為漢武帝,則二說即大致相同。若以
傳說發生之先後言,則乙說似為原形,而甲說反而出於後來增改。
蓋趙佗之歷史之地位,決非周公之比;姓氏中傳說,許趙佗升作周公,
決不許周公降作趙佗也。

若以南越當時史事證之,趙森罕既不可能在文帝時胙土勞山;則
武帝元鼎六年時路博德滅南越時,呂嘉及趙建德數百人乘夜出海,
雖為漢兵分途擒獲,其實必有漏網而他逸者。設趙森罕自珠江口東出
(因當時為十月,風向為北風及西風),循海岸而行,可到閩南地方。
但漢兵亦肆力於閩越,勢亦不能久留。逾年開春以後再向北行,以海
潮風向而言,則抵達勞山之下,亦意中之事。晉高僧法顯從南洋返
國,途遇暴風,不知所向,最後竟抵勞山山下。以此例彼,事亦宜然。
但準情度勢即使合理,而舊籍所記無以證明,則亦終將聊備一說,

未敢決其可信也。

浙江勞氏支派甚多。早則自東晉時已有勞氏居留。晚則桐鄉勞氏尚在清末時，由山東陽信移入。今日如仁和勞氏、石門勞氏、嘉興勞氏、崇德勞氏等，皆因目前未能尋得舊譜，難以尋溯源流。惟山陰勞氏可從粵東舊譜略知梗概。

宋乾道五年陳俊卿舊譜序云：

> 茲所著譜系，以承自元錫公為始祖。自後世居武陽（按武陽係隋代舊名，唐為魏州，宋為大名府）傳八代孫可立，以宦遊居蘇州常熟。可傳次子成，亦宦遊寓於紹興之山陰。三子威宦遊廣東。自此以後，各為宗派，族屬日益繁昌。元錫公以下，至今九世矣。

此所及者凡有三系：蘇州為一系、山陰為一系、而粵東又為一系。其舊在山東者、及浙江其他支系，猶不與焉。今蘇州一系移湖南長沙者，為九芝堂藥店勞氏（九芝當為長沙最著名中藥店，如北方之同仁堂）。善化勞氏則移自山陰，而文毅公之文治武功尤顯於當世。粵東一系，族屬繁衍，蔚然為一方大姓。

敦族敬祖固當百世而不泯者也。惟山陰勞氏今不稱武陽郡而稱松陽郡，未知始於何時。益以譜未見，難敍昭穆，亦族人應有所自勉。至於補遺文之闕失，敦眾親之翕和，示佳範於來茲，為綱紀之一助，寧不懿歟！是所望耳。

甲寅臘日中央研究院士

文毅公玄孫榦　謹識

勞榦先生學術著作選集總目

第二冊

二、漢簡研究

第三冊

四、思想史研究

五、地理與邊疆史研究

十一、英文論著

第一冊

歷史與政治研究

中國歷史的週期及中國歷史的分期問題

　　凡是一種延長下去的進展都有它的週期性，不論生物或無生物都是一樣。生物的個體是非常顯著的，具有它的幼壯老死。無生物也是一樣，一年的四季，一日的朝暮當然是週期，即是就宇宙全部而言，也一樣的含有週期性，只是這些週期性不完全都被人類測得罷了。

　　中國歷史當然不會屬於一個例外。所不同的是中國因爲特殊地理形勢的關係，和世界其他部分被高山、大海以及大沙漠隔絕著。在鴉片戰爭以前，所有對外的交通都在半封閉狀況之下。雖然間或受點外來文化上的影響，但這種影響始終未成爲主流。因而中國歷史的週期，在過去的時候始終是在幾個類似情形之下，複合了上一個週期的升降。

　　週期，當然不就是一種簡單的週期。週期的形成決不屬一個簡單的原因，而是複雜的因素湊合而成的。並且週期之內還包括了許多小週期，週期之外還要彙合其他週期造成更大的週期。所以對於人類歷史來說，最大週期是什麼樣的週期，還不是現在的人所能解答。

　　中國的朝代本身是一個週期，這一種的週期代表了興衰和治亂。就一般情形來說，除去特殊短命的朝代不算，一般典型的朝代，大致是二百年至三百年。形成這個期限當然不是一些簡單的問題，不過就其主要方面的原因來說，至少以下各項，是其中比較顯著的。

一、君主家族的興衰與朝代的興衰

　　不僅一個帝王家，一般凡庶閭里人家也是一樣有興衰的週期。俗語所謂「千年房地八百主」，就是對於人家盛衰無常的一個通常看法。尤其對於帝王家，他們的子弟都是封閉而隔絕的，過著非正常的生活，那就破敗更爲容易。之所以能夠維持，是靠著君臣的「名分」，等到腐爛已極，君臣名分不再能發生作用時，

那就要改朝換代了。

　　這是比較容易解釋的，凡是君王專制的政府都是全國的官吏最後向君主一個人負責。君主的權力和責任是非常重大、無限制的。尤其東方型國家，並無和君主對抗的教會，那就君主的地位更爲超過了一切。人究竟是人，一個智慧很高、精力很強的人，也不可能處處精神貫注。在全國的萬幾寄託在一個人身上的時候，也決不可能幾十年如一日，絲毫不發生變態，也不發生厭倦。所以創業帝王在開始創業制度的時候已經會時常照顧不周，而且更會照顧的方面越多，後來發生的弊病更大。這些創業時的定制經過時候越久，越會和後來的情勢不能適應。到了祖制成爲進步的嚴重阻礙的時候，就是這個朝代壽命終結的時候。

　　其次，一個朝代的興衰完全和一個家族的興衰合而爲一，這對於朝代方面來說是更爲不利的。就普通一個家族說來，越是大家庭，越容易崩潰。因爲大家庭中的子弟，差不多都是不學而依賴，不能抵擋住外界的風波。所以一個富貴之家傳了幾代之後，子弟們多半會一代不如一代，最後歸到總崩潰的路上去。至於帝王家中的情況，比普通富貴之家情況更爲嚴重。皇子皇孫往往都是「生於深宮之中，長於婦人之手」，與民間社會毫無接觸，成爲一點世故人情也不懂的人。不但如此，這種教養下的子弟不僅知識薄弱，甚至身體也一代不如一代，最後甚至缺乏子嗣。缺乏子嗣的情形，是從記載上看出的，如同西漢、東漢、唐、宋、明、清，都有這種事實。至於身體的衰弱，不僅從記載上可以看出，畫像也可看得非常明顯。現在歷代帝王的寫眞畫像，是從宋代開始的。宋元明三代保存在故宮博物院，清代保存在北平的大高殿。這些畫像並且都有影印本，可以看得非常清楚：上幾代相貌比較正常，到了快亡國的時候，那就逐漸的瘦削下去，表顯著體質上的退步。試問對廣圓萬里的大國，把一切的生命寄託在一個身體衰弱不堪而又不通人情世故的人手裡，這個國家那有不亡的道理。朝代的政權代表著安定的力量，等到這一個安定力量瓦解時，一個大的混亂就會產生了。

二、政治組織中積弊的加深與朝代的覆亡

在一個君主專制政府之下，主要的是靠「人治」，一切政治制度都是表面的。因為制度也是「法」，法可以限制官吏，限制平民，卻不能限制天子。倘若任何法律制度被天子感覺著不便，就會被天子改訂，而使法律制度變成破碎。況且天子高居於九重之上，具有一個孤立的形勢。做天子的人自己覺著孤危也是人之常情。所以天子最怕的事一是大臣擅權，一是小臣結黨，同時也盡量想打開近臣的蒙蔽。所以開國的君主以及前幾代的君主，會把法屢次改動或者加上許多附加的辦法，或者再在政府機構中加上些駢枝的機關，使法律制度失掉了原形。到了後幾代的君主就更會明白的違法，使法律制度失掉了效用，以至於國家不能維持。以下是政治制度中幾個最著名的例子：

宰相制度發生的問題與其演變對於一個國家的政治進行，最有效率的辦法，是選擇一個有能力的人，使他專負宰相的責任。這樣就和君主立憲國家的內閣比較接近。西漢武帝以前的丞相，就是這樣一種任務。漢武帝是一個英明而猜忌的人，他對於這種專責丞相制度不滿意。首先他不用他祖母的姪子竇嬰而用他母親的同母兄弟田蚡做宰相，後來又不滿意田蚡的專斷，而說：「君署吏竟未？吾亦欲署吏。」這種話。所以在他在位的時期，他是極力摧毀宰相的權力的。他的特殊創作是：

甲、用內朝來代替宰相。內朝是天子周圍一班顧問，以天子的私人秘書組成的一個小團體，天子有他們的幫助，就可以處置許多政務，命令宰相去執行，減輕了宰相在政治上的重要性，使宰相府從一個決策機關變成一個承轉的機關。

乙、用平民做宰相，打破了漢代以貴族來做宰相的傳統。並且大量的把有爵位的貴族降為平民。這樣就使得宰相的地位無形降低。

丙、嚴格控制宰相，並且嚴厲的懲罰宰相，使得宰相畏罪，不敢發表意見，而結果成為「伴食宰相」。

自從漢武帝嚴重的打擊宰相以後，君主削弱宰相的權，不僅成為漢代的傳統，也成為中國君主的傳統。這種進行的路徑是：(1) 從獨相制度變為多相制。

(2) 各朝開始時照例用近臣來奪宰相的權柄，等到近臣變爲實際上的宰相時，又再以另外的近臣來取代，成爲循環不已的現象。而其中最極端的例子，是明太祖廢除宰相，而採用六部分司制，實際總其成的，是翰林院的大學士及內廷的司禮監。後來大學士成爲實際的宰相而司禮監卻成爲超級的宰相。因而明代宦官的禍患就一天比一天深，而終於無法救藥。

天子始終是猜忌宰相的，宰相的權伸張了一點就被壓制下去。因爲每一代的天子都要把朝廷中官吏變成互相監視互相牽制的局面，所受到影響的，自然是官與官之間都是敷衍，誰能敷衍的就名利亨通，誰不能敷衍的，往往得咎。這種局面一代一代的傳下去，自然任何一處的積弊日深，以至亡國而後已。

不僅中央官吏是互相牽制的局面，無法做事，地方政區也是一樣。郡縣制度本來系統非常簡單，可是各朝也是逐漸變成複雜。在各朝開始時期稍整頓一下，但各朝的演變也總是變得複雜而決不會再變簡單，因而地方政區的效率，以及政風，也是越來越不如以前。

三、士大夫家族的問題化與朝代的覆亡

士大夫家族在各朝的演進中，他們對於政治上的活動，還有激烈的競爭，不是像君主那樣世襲的，所以比較皇家，衰敗的要略爲緩慢一點。不過就全士大夫團體來說，各朝的晚期較之各朝初期，其中的問題也是漸次增加的。等到問題惡化之時，也會影響到整個社會的存在性。因此加深了一個朝代的崩潰。

競爭之激烈化，以及競爭失敗者的冒險——在一個一統帝國成立之後，如果君主成爲唯一的力量，沒有別的力量可以抗衡時，那君主將會打擊其他可能發生的社會力量以便於統治。中國歷代的賤商政策就是一個很好的例證。

商人是被法家認爲一種亂世之民的，爲的是所有的榮譽都得出於君主之授予，然後權力之運用才可以方便。倘若做商人可以得到鉅量的貲財，而鉅量的貲財可以購買到社會上的榮譽時，那就君主運用的最大工具「刑」「賞」中的「賞」，可以不必經君主的同意而自由取得。所以各個朝代有的是公開的賤商，有的是法律上暗中賤商。

　　歷代賤商大致說來是成功的。君主雖然未消滅商人(當然也不可能消滅商人)，可是剝奪了商人的社會地位，使得天下士子覺得只有爲皇帝服務才是天下最光榮的道路。這就是只有做官才算榮譽，凡找榮譽的人只有想法去做官才可以。在一個朝代初建之時，政治尚未安定，百姓比較貧窮，爲著起碼生活而忙，想做官的人還少些。到了政治越安定，社會越富足，需要做官的也就越來越多。國家的官有限而請求做官的人無窮，競爭自然越來越激烈，而成爲造亂之因。至於商人被壓制的情形，可以分爲下列三個時期來說。

　　(一)察舉時代：這是指兩漢時代而言。西漢初年一切簡樸，郎官是可以從貲財選拔出來的。這就暗示捐錢還是一條間接求光榮之路。所以社會還較爲安定。到了西漢中葉以後，太學生的數目日漸增加，雖然表示文化進展，可是太學生的出路只爲了做官，就不免有競爭淘汰的現象。這些競爭失敗者並不能「歸田」的，自然還得想法子活下去。王莽時頌功德的有十萬人，這十萬人當然都是職業的頌德者，這就形成了西漢改朝換代的原因之一。

　　東漢建立，教育更爲發達。可是到了東漢晚年，太學竟成爲游談之所，是非之場。黨錮之禍固然是士大夫的不幸，而三國初年的紛爭割據，實際上割據的軍閥也無一處不有士大夫作爲謀士，東漢也就改朝換代了。在東漢晚年較爲安定之時不難想像到許多的讀書人殘酷的受到職業上的限制，一點出路也沒有。這些人爲榮譽起見不能做商人，受體力的限制不能做農人，甚至由於缺乏寺院的組織而不能做和尚！倘若說三國初年的動亂與士大夫職業無因果的關係，是不大可能的事。

　　(二)大姓壟斷時代：魏晉以後察舉的名義仍然存在，不過另外還有九品中正制度，對於朝廷已有地位的人士，更爲方便，並且還有許多最有地位的子弟，不必經過一些考核就可以爲「黃散」(黃門侍郎、散騎常侍)。這種大姓壟斷的情形，到了東晉和南朝，更爲顯著。這是非常不公平的，不過就政治的安定方面來說，卻也有其功用：(1)寒微的家族對於高官已經無望，就不妨去做商人，反而有益社會的安定。(2)君主以外大姓具有政治上的相當力量，可以使君主變而政府的機構不變。但其壞處則爲這一些大姓成爲統治階級已久，其子弟生來就有富貴，以致多數人是不中用的，不能應付突然的事變。所以梁武帝晚期成爲自然崩潰之局。陳朝雖然用了一點新人，卻仍不能抵抗隋師的南進。

（三）科舉時代：這是從隋代到清朝晚期一個長的時期，占了十三個世紀，對於中國近代社會及政治的影響至為深厚。科舉制度自有其優點，因為科舉取士從來未曾計及到世族寒門的區別，這就比較公平，不僅矯正了大姓壟斷時代的過失，並且比察舉制度也公平一些。察舉制度雖然號稱察舉賢才，但到東漢時期早已由世族把持了。科舉卻未曾被把持，尤其到宋代彌封卷制採用以後，更是完全看卷不看人，給從前寒微之族一個比較公平的出路。

不過科舉制度就其對社會安定的貢獻而言，卻是功過相參，並非完全都在正的方面。科舉取士的標準，不論其為辭賦，為策論，為經義，為八股文，都是按文章的好壞來定去取；而文章好壞的絕對標準，卻是沒有的，只憑主試的好惡甚至憑主試臨時的好惡來決斷。「文章自古無憑據，惟見朱衣暗點頭。」已成為應試的口頭語，所以應試的人多少要帶一點投機或賭博的心理。試問把全國的人引誘入賭博之途，這種政治如何可以走到正確的路線上去？

唐代進士很少，而應試的士子甚多，所以在唐代詩文之中，時常看到落第之事。宋代進士雖然名額增加，可是應試的人也增加。明代把舉人也算成資格，可是舉人在明清時代也不易取中，甚至於只要能在府學縣學做一學生(當時叫做秀才)，也可以具有鄉紳的資格。這就使全國人的精神才智都集中到科舉上去。不論科舉考試的內容是什麼(宋代的人已感覺辭賦的無用，明代承經義而改的八股更壞)，都是束縛人心，妨礙學問進展的絆腳石。妨礙學問的進展表面上雖然和政治的安定與否無關，但仔細分析一下，卻不這樣簡單。因為科舉把天下聰明才智之士都限制在這一條路上，必需真能使多數得到滿足，才是安定政局的好辦法。但科舉制度並不能做到多數的滿足，只能使人存一個賭博式的希望。尤其不幸的是舉人、進士的名額都是非常有限的，開國時期一經規定以後，就難得再增。舉人、進士的名額已定，而人口的增加是愈後愈多而且愈快，則科舉的效用也會逐漸的減小。歷代民變中的主要分子，如黃巢、洪秀全以及李自成的宰相牛金星，都是科舉落第的人士。其他一定還有更多不滿意的人，這就表示科舉制度的籠絡人心，在功效上是有個限度的，尤其是到了一個朝代的末期，危險性更為顯著。其中宋代是注意士大夫生活問題的，除去太宗時代曾經一度一榜盡及第以外，並且用種種辦法給予士大夫的恩蔭，讓他們得到了安置，

可是這種無限制綏撫的辦法，也拖垮了國家的財政，使宋代在外族侵襲之下倒了下去。

四、人口問題與朝代興亡

人口問題和朝代的興亡也有密切的關係。雖然以前有些人認為這是朝代興亡的唯一原因，這當然是錯誤的。不過當它是其中的一個重要原因，那就無可非議了。中國人口在春秋初年還相當的少，可是經過了春秋時代，人口的增殖就使得戰爭的規模起了巨大的改變。春秋時代幾個著名戰爭還接近封建時期的比武形式，可是到了戰國時代，那些攻城略地的主力戰，顯然已和以前不一致。著名的大城如臨淄七萬戶之類，也是從前未曾有過。

戰國幾次大戰，兵員損失雖然相當巨大，可是並未曾影響到基本的人口數目。漢朝建國時期經過變亂以後，人口可能減少一些。例如漢高帝封陳平於曲逆縣，其中戶口不及以前就是顯著例子。據《漢書》的〈高惠高后文功臣表〉云：

> 逮文景四五世，流民既歸，戶口亦息，列侯大者已三四萬戶，小國自倍。富厚如之。

漢朝初年的侯國，最多不過萬戶，至文景以後，約當武帝初期，約計六十年，大的侯國（比較肥美的地方）人口已超過了三倍，小國（比較偏僻或者比較瘠薄的地方）人口的增殖已等於從前的二倍。這是一個可觀的數字。到了再過一百四十年到平帝元始時候，戶增殖到一千二百二十三萬，口五千九百五十九萬四千九百七十八，這是一個非常大的數目字，在當時的世界上，也是應當列居首位的。

在這以後，差不多沒有例外的，凡經過一次大的變動，人口數目就大量的削減。經過了長期安定時期，人口數目又重新增加，變成了一個循環性的增減。可是漢末的最大數目，卻一直也是歷朝最大的數目，一直到清朝中葉才打破這個紀錄。

東漢光武中元二年	戶	4,279,634	口	21,007,820
桓帝永壽二年	戶	16,070,906	口	50,066,856

晉武帝太康元年	戶	2,450,804	口	6,163,863
後周大象中	戶	3,590,000	口	9,009,604
陳戶口	戶	500,000	口	2,000,000
總計	戶	4,090,000	口	11,009,604
隋煬帝大業二年	戶	8,907,536	口	46,019,956
唐貞觀時	戶	3,000,000		
唐玄宗天寶十四載	戶	8,919,309	口	52,919,309
宋太祖開寶九年	戶	3,090,504		
宋眞宗天禧五年	戶	8,677,677	口	19,930,320
宋徽宗崇寧元年	戶	20,019,050	口	43,820,769
元世祖至元二十七年	戶	13,296,206	口	58,834,771
明太祖洪武十四年	戶	10,654,362	口	59,873,305
明世宗嘉靖元年	戶	9,721,652	口	60,861,273
清康熙五十年			口	24,621,334
清乾隆四十五年			口	277,554,431
清道光二十八年			口	426,730,000

其中人口數目損失最甚爲：(1) 王莽末年之亂，(2) 三國之亂 (永嘉之亂以後無紀錄所以不知道)，(3) 隋末之亂，(4) 唐末五代之亂，(5) 元末之亂，(6) 明末之亂，這些時候都是經過了大的戰爭。而戰爭時兩方軍隊都是非常殘酷而不人道的，對於占領地區的屠殺和搶劫簡直成爲習慣(民國時代軍閥間的戰爭，除去偶然有搶劫行動以外，絕無大量屠殺之事，甚至中日戰爭中亦不例外。這是打破了洪楊事變及回變以前的先例的)，再加上大戰以後的災荒和瘟疫，更加強了損害的嚴重性。其中比較詳細一點的敍述，在各正史以及軍紀中都可以找出不少。因爲其中的敍述實在太可怕了，現在不想引據在這裡。所可以說的就是最極端的情況，是「千里爲墟」，不僅是人類看不見了，甚至於鳥類也沒有棲息的樹木。過去的城市和農田，完全成爲廢址。這種情況當然不是全國皆然，不過在全國之中卻要占一個分量。

　　所以造成這種情形的，直接原因是戰爭。造成戰爭的原因，無疑的，是由人口過度的膨脹，造成人口過度的膨脹是中國社會的特殊觀念和特殊的社會組織。

　　任何一個民族，都有其原始社會的遺留，中國民族自亦不能例外。不過中國社會的原始遺留一直發生很鉅大的影響，這卻是中國人從來不大自覺到的。中國的社會一直保留著宗族（clan）的組織。這種組織在社會上、政治上、經濟上都是有力量的。它的力量甚至可以遠超過行會（guild）力量之上，而伸張到中國人生活中每一角落。

　　本來宗族在人類社會史上，是曾經占過重要地位的，不過人類自從城邦以至帝國，宗族的功用大都已經漸次失掉，只有中國卻保留宗族的團結。這自然有其特殊原因。第一、儒家的基本道德觀念，「仁」、「義」、「禮」、「智」在原則上並沒有什麼和宗族社會有不可分的關係。不過儒家的禮，卻是事實上根據周代封建制度中的禮制，而周代的封建制度又保留著濃厚的宗族社會的成分。再把根據宗族組織而成的周代禮制推衍出來「親親」的原則。並且還把這個原則算做儒家學說的一部分，於是到了漢代以後，雖然和周代社會全不相同，而團結遙遠的宗親，仍然為社會道德的重要部分。第二、依照中國人的原始信仰，死人和活人是一樣要飲食的，而他們的飲食，卻需要活的人去祭祀。因此祭祀就很重要。但依照中國原始信仰，必需同族才能祭祀，因而「無後」才成為最大的不孝。為得到更好的保證，那就必需「多子多孫」。為著取得「多子多孫」的條件，地位高而養得起眾多人數的人，就當然盡量納妾以求「廣嗣」。這樣富貴之家自然更易形成為大宗族。第三、帝國統治者的獎勵。宗族的團結對於帝國的利害因宗族性質而有所差異。野性的宗族對於政府是危險的，可是馴養過的宗族對於政府卻是忠順而有用的。尤其在唐宋以後，科舉制度成為選士常法，使六朝時期世族控制選舉的局面能夠解除，從此天子對於世族的疑忌也大為減少。因而數世同居的「義門」遂時常獲得褒獎。安分而團結的宗族既在褒獎之列，因而更增加了宗族間的依賴性和安土重遷的特性。這就使得中國人口更為密集，人口問題的嚴重性也更為增加。

　　按著墾田的記錄是如下的數字：

漢元帝元始元年　　　　　　　　8,275,536 頃

東漢和帝永興元年	7,320,170 頃
隋文帝開皇九年	19,404,267 頃
唐玄宗天寶中	14,303,862 頃
宋太宗開寶末	2,953,320 頃
宋眞宗天禧五年	5,247,584 頃
明太祖洪武二十六年	8,507,623 頃
明神宗萬曆六年	7,103,976 頃
清聖祖康熙二十四年	6,098,430 頃
清高宗乾隆三十一年	7,414,095 頃
清德宗光緒中	9,181,038 頃

因爲歷代尺度不同，所以漢代的一頃不等於宋代的一頃。所可以決定的，是中國的平原實在不多，領土中大部分都是山地，除去幾個小型的平原而外，大部分耕地都集中在黃河下游、長江下游以及松遼平原地帶。在民國以前，松遼平原也未曾充分開發，只有黃河下游及長江下游兩處可供利用。因而從漢代以還就一直很少擴展。

中國領土的黃河及長江下游都是季風區域，因而雨量並不十分安定。中國和印度一樣，是時常會發生旱災的。在人口數目已成爲飽和狀態之時，遇見了旱災，饑民第一步是逃荒，第二步就可能叛變。這種情形在王莽末年、唐末、元末、明末以及清代捻亂，情形都甚爲顯明。近人所常稱述的「農民革命」，若就其實際的情況來說，不如說是「饑民叛變」更爲合理一些。這種「餓民叛變」的擴大，以致於推翻一個朝代，當然不能免掉政治上的因素，但是人口的增加和糧食的供應不能調協，無論如何，應是屬於最大的原因。

以上四點朝代改換因素，總是一個新朝代建立起來時候問題少，而建立了一個長的時期以後問題逐漸增多。到了每一種缺點都充分暴露而不能挽救時，就是改朝換代的時候。大致說來，每一個朝代在正常情形之下，應當可以維持三百年左右。其中有幾個例外，也可以解釋的。

（一）西漢和王莽總共二百年，王莽政權實是西漢政權的延伸。按理當可

維持百年左右的，因爲王莽經濟政策錯誤，使天下擾亂，因而加速了亡國的條件。如王莽野心小一點，只求做皇帝而不求做聖人，那長安政府還可敷衍下去，至不能敷衍了爲止。東漢是因爲各皇帝都特別短壽，失去安定的中心，而東漢末期皇帝，又與士大夫決裂，也可以說是一種例外。

（二）西晉是可以做成長期的朝代的，從晉武帝太康元年(西元 280 年)到隋文帝開皇八年(西元 588 年)，恰好是三百年的朝代。只因爲晉武帝處理不當，過度減削州郡兵，不能維持國內的秩序，並且繼嗣立了一個低能的惠帝(其實普通第二代不一定需要英雄，只要正常的人就可以了)，以致天下紛亂。隋代也因爲煬帝消耗國力太過，以致天下紛亂，這都是一些例外。

（三）北宋和南宋實是一個朝代，北宋如對遼的外交得到正常狀況，能維持遼而不攻擊遼，做一個眞正兄弟之邦，則汴京一定可以維持至忽必烈時代爲止。

（四）元代的君主多半對中國情形不熟悉，許多地方仍用游牧社會的方式，並且始終給中國士大夫一種差別的待遇。不爲中國中等階級所支持，所以不能持久。

以上幾個稍短的朝代，都有特別的情形。若就正常的情形來說，各朝政治成績最劣的是明代，明代的許多制度可以說已達荒謬的程度。不過明代中央政府大體上可以說和士大夫還能相處(魏忠賢當政時已快亡國了)，所以能勉強維持二百多年。

在各朝代之中，最能夠成功維持二百多年安定的是明清兩代，其實比較漢唐以及宋，明清可能是條件較差的兩代。明代是一個荒謬的朝代，君主多半昏庸，而政治則爲以宦官爲眞宰相的離奇制度。清代則是一個外來的君主，雖然他們素質還好，但滿漢間的民族問題，始終未曾公平的處置順適[1]。在這兩朝的條件並不特優情勢之下，其年代似乎不應當超過兩漢中任何一代。可是居然發生了歷史中的奇蹟。這卻不能不看重士大夫尊君的心理因素。因爲從宋代以

1　外來民族成爲中國君主的，周代當然是一個最成功的例子。不過這是上古的事，殷周間的民族關係，究竟尚難詳說。此外，北魏孝文亦是極成功的例證。孝文以後北魏政治雖然因腐敗以至於亡，可是鮮卑人和漢人關係從此大爲好轉。一直到隋唐時期，鮮卑仍然爲當代的貴族。清代皇帝（尤其是乾隆）誤會了北魏漢化而亡，盡量的保存滿洲人的滿洲特質，後來特質並未能保存下去，可是滿漢的界限，卻造成清朝亡國一個主要的原因。

後，理學的力量一天一天的龐大，「忠臣不事二主」已成爲不可動搖的一個控制社會心理的巨大力量。因而「革命」就是「造反」，造反就是逆倫大案而爲社會所共棄。這樣就使得明代君主如武宗、熹宗之流無論如何昏暴，世宗、神宗無論如何荒唐，也都會有忠臣去支持。清朝的君主既是外來，他們也就不敢大意，而且名分已定，維持清室也成士大夫中的正常規道。這種心理上的影響，其力量超過一切，就把成問題的朝代維持下去。

當然，這種道德是「片面的道德」，是「奴隸的道德」，從清末甲午及庚子兩次戰役以後，隨著清政府的衰弱及革命勢力的興起，就已經不能作爲鼓舞人心之用。再加上民國初年五四運動的興起，更給予一個根本上的打擊。無論如何，這種片面上的道德，在邏輯上確有問題，甚至可稱爲騙局。但就社會功能方面來說，無論在理論上是如何荒謬，卻確實做到一種對政治上安定的作用。誠然，它在政治上及社會上的功用，是緩和危機而並非消滅危機。內在的危機只在表面上壓制一時，到不能壓制下去的時候，仍然會爆發變亂的。可是只要把變亂推後數十年至一百年，那就在數千年歷史之中變亂間的距離變爲更長，變亂的次數變爲更少，這就無形中救護了不少人的生命和財產。現在一切都已過去，爲著安定將來的政治和社會，更爲合理的方法是應當去用的。但過去「君臣名分」這一種約定在歷史上的意義，也未容忽視。

以上所說的是朝代週期，是屬於政治性的，也就是所謂「治亂週期」。這種治亂週期和文化可以有相互的影響，但是其本身的原因，要超過文化上的原因。所以治亂週期的產生，以政治原因(即以上所舉的四種原因)爲主要原因，而文化上的原因(如上面所舉忠君思想對於政治的影響)也有時可成爲輔助的原因。

過去李四光在《中央研究院史語所集刊》外編蔡元培先生六十五歲慶祝專號做過一篇關於中國歷史上治亂週期的分析。他根據每年戰爭的次數，做成圖表，來看出中國歷史上朝代以外，對於治亂方面更大的週期性。這種方法是探取地史的方法適用在歷史方面的。不過拿「戰爭」來做標準，雖然有其客觀性，可是戰爭的性質(如內戰或對外戰爭)，戰爭的規模，以及戰爭發生的區域，都彼此不等，因而分析的結果，其可信的程度，還需要打一個很大的折扣。他的結論認爲中國歷史每一個長的治亂週期，可以分爲下列數節：(1) 戰爭時期，(2) 土

木工程時期，(3) 第一個安定時期，(4) 第二個安定時期。然後再回到戰爭時期。

戰國、南北朝、南宋都屬於第一期，秦、隋和元都屬於第二時期(一個短期而建設的朝代)，西漢、唐及明屬於第一安定時期，而東漢、北宋及清屬於第二安定時期。所以在理論上，民國可能屬於戰爭時期而以後則因為現在文化及生活方式不同屬於不可知之列 。他這種分法的確可以解釋一部分狀況，但也甚有牽強附會之處。例如北宋和清已經不相似，而秦、隋和元更不相似，尤其五代一段和明末清初更完全不一樣。所以只能說在大致昇降的曲線上有一點相近之處，並不完全準確。他的重要啓示，是中國從戰國以後，確有幾個政治週期，和朝代有關，卻又不能完全受朝代的拘束。

用戰爭的多寡來判定一個時期的治亂，當然是可以的。不過戰爭只是政治混亂的結果而非它的原因。必須找到其原因以後，才能完成歷史的解釋，否則就代表不出什麼意義。現在照分析的結果，除去三代以前不算外，共有三個治亂週期，在這三個治亂週期比較之下，至少有下列的各項疑問：

(1) 秦、隋、元這種特殊形式的朝代，是為什麼形成的，他們彼此間相同點在什麼地方，相異點在什麼地方？

(2) 第一個朝代的短命性質是否是必然的？

(3) 以後接著兩個安定的朝代，是否可能只有一個或者可能多於兩個？為什麼過去常為兩個？

(4) 為什麼第二個安定朝代以後，會再有一個大戰爭時代？

這四個問題，是可以據歷史上的事實，給予答覆的。

(一) 秦、隋和元的相同處，都是在結束分裂局面以後，統一而有力量的政府，這個政府不僅可以有效的控制全國，並且在國境方面也沒有抗衡的敵國，所以都可以放手實行新的辦法而不必有所顧忌。因為實行的辦法過於離開現實，就會引起了政治上的難題，而成為亡國的原因。其中以秦的政策脫離現實最遠，所以秦亡國最快。隋和元比較秦要現實一些，未曾追求神話式幻想，可是也都未做到「安靜」撫民。不過煩擾的程度，可能以秦為最甚。隋在煬帝時期，雖不及秦(不是有目的的暴政)，可是也達到了一個相當的程度。元雖然是外國

人，可是對於老百姓的生活，比秦及隋似乎又要好一點。這種政策緩急的差別，可能就是其統治時期長短也有差別的原因。

這種特殊形式朝代的成因，統治者對於新環境的心理反應恐怕比其他的原因都重要。秦、隋及元，都是在紛亂後的統一者，這種統一的成功，的確使人特別興奮[2]。這種過於興奮的心理狀態，可能影響到一個新的朝代的正常制度。其中的秦始皇帝就因為得到了自古未有的成功，就自命為「德過三皇，功高五帝」，要對於法家之學做一個新的試驗，想利用一種新的方法，完成他的一世二世傳之無窮的希望。隋煬帝卻因隋代政治上空前的成功，因而充滿了誇耀的心理，對於政治，對於文學，對於一切的土木營造，以及對於外國的戰爭，都想贏得了空前的規劃。元代則由先占據中央亞細亞，並無意做以中國領土為限的皇帝，到中國以後並未曾虛心的接收中國的文化及政治上的遺產，因而其政治設施許多地方都格格不入。這些錯誤雖然方式不同，但由於成功過於容易，不肯虛心的、謹慎的來運用舊有的傳統方式，卻都是事實。

（二）統一後的第一個朝代既然因為一般都是自負的，並且有時還要做一種大膽的實驗，所以往往得不到安定，因而引起了國家的擾亂以致亡國。所以第一個朝代往往是短命的朝代是由於人為的因素，而並無命定的跡象可以顯示出來。即就秦、隋、元三朝來說，元朝只有皇室不太會適應，有意的改革並沒有多少，就比較長些，長到將近一百年。因此，任何一個新統一的王朝，依照漢朝那樣與民休息，無所是事的作風，那就也會像西漢王朝一樣的結束，支持二百年的天下。

（三）兩個重複的安定時代，例如東漢對於西漢，宋對於唐，清對於明，都是在政治上的相同之點多過於相異之點。這就表示著，從社會組織及政治制度上來說，兩個重疊的朝代是一個段落。在第一朝代與第二朝代之間，改朝換代的因素只在王室的本身方面，與社會的組織以及政治制度無關。如王室本身的影響減到極小，那王朝的生命也一定可以延長（例如周王室後來無權，因而周代就成為

2　除去秦、隋、元以外，西晉和北宋也有同樣的情形。西晉也是應付不當以致不久亡國；北宋因為大敵當前，不敢放肆，一切盡量向保守方面做去，所以能維持一個較長的時代。此外，王莽雖然不是新統一中國的人，但他過於自信，以為用《周禮》便可致太平，也遭到和秦隋類似的失敗。所以應付不當，並不限於新統一的朝代，而新統一的朝代，則容易成為應付不當。

最長的一代）。所以兩個重複朝代合併為一個長的朝代，並非不可能。只要有減削君權的辦法，如同西洋式的貴族議會就可以應付裕如。可惜在中國未曾想到這樣做。

至於這種類型的朝代，多於兩個，當然是可能的。譬如魏和晉，甚至於前秦，都有機會成為兩漢以後的第三安定朝代。他們結果都失敗了，還都是出於一些偶然的因素。不過從另外一方面來說，在兩個安定朝代以後，建立第三個安定朝代，也的確有其困難。因為經過兩代的長期太平以後，政治組織中的積習以及社會風氣，都一定有陳腐之處，倘若不能做到有效的改革，也就真會積弊叢生，而使第三個朝代無法安定下去。

（四）一個大戰爭時代，表示著前一段落專制局面的總崩潰，不僅在政治方面，還影響到社會方面。繼承這個局面的，往往為外國人，或和外國人有關的朝代，就表示整個的組織不能再維持下去，得靠一個全新的勢力來接收。雖然這個全新的勢力並不意識為一個好的勢力。如其為壞的勢力，那麼以後維持時間的長短，就隨著對於現實適應的程度而決定。

依據以上四項的答案，可以顯示中國歷史的趨勢是有一個大致的軌道。不過這種答案只有在專制的王朝才能適用，假如屬於民主的政治，就容許有例外出來。因此依照過去的歷史來分析，再來解釋過去歷史，大致都是可通。不過倘若今後的中國出了一個西歐或北美式的政治，那以前的歷史例證就將全部不能適用了。

今後中國歷史的演進，顯然的是向工業與民主走去，不論這條路是如何曲折，終究阻止不了這個一定的趨向。其次，中國今後的歷史的演進是走向世界化或國際化的途徑，過去一切關閉自守以及許多民族自我本位的觀念，也一定被歷史的時間所打破。雖然因為中國是一個龐大的國家，一切反應會是非常緩慢，但其路程的方向將不會有多大的疑問。因而今後中國的歷史將不會和前一週期一樣，也就不能利用過去歷史的記錄，來完全預測今後發生的事件。

附　記

此篇本來是為亞洲歷史學會寫的宣讀稿子，因為去信太晚，無法排入宣讀節目，所以在《大陸雜誌》發表。也許還有供朋友們討論的機會。

戰國七雄及其他小國[1]

一、戰國七雄

戰國時代是由於三家分晉這一件事形成的。從春秋中葉以來,晉國一直是掌握中原的霸主。晉國領土擴張的結果,不僅是中原最大的國家,並且也是中原最占戰略形勢的國家。如其晉國掌握這種形勢不變,那就將來統一中國的任務,應當是由晉國負擔而不是由秦國負擔。經過二三百年的演變,終於由秦國統一中國。這件事的關鍵當然是由於三家分晉。三家分晉的原因卻在晉國開始強大的時候,已埋伏下這個因素。

晉國的強大是從晉獻公開始的。晉獻公並不長於治國,卻長於用兵。在他滅耿、滅霍、滅魏那一次,賜趙夙耿,賜畢萬魏,以為大夫[2]。後來晉公子重耳出亡,趙夙之弟趙衰,畢萬之子魏犨都是從重耳周歷各國的。等到重耳返國,趙衰和魏犨的後人都變成世襲的晉卿,再加上韓氏、智氏(亦即荀氏)、范氏、中行氏,共為六卿。晉國的軍力掌握在六卿手裡,晉侯沒有直接指揮的力量。結果晉侯大權旁落,六卿成為實際的統治者。

周元王元年(475 B.C.)是《史記‧六國表》開始的一年。依司馬遷的意思,從這一年算起,成為另一個時代,也就是戰國的開始。司馬光《資治通鑑》開始時代要晚些,是起於周威烈王二十三年(403 B.C.),王命韓虔、魏斯、趙籍為諸侯一事算起,比《史記‧六國表》晚七十三年。這是因為《春秋》止於周敬王三十九年(481 B.C.),孔子卒在周敬王四十一年(479 B.C.),司馬光故意推晚幾十年,表示不敢銜接《春秋》。其實為著分期方便起見,還是司馬遷〈六國表〉

1　本文為《中國上古史》待定稿第三本之一章,審閱人:陳槃先生。

2　《左傳》閔公元年(藝文本),頁188。

的提示，要比較清朗一些，照〈六國表〉，春秋以後就是戰國，不會有一段非春秋、非戰國的時期。

這一年的前後，也曾發生過許多大事。敬王四十二年(478 B.C.)楚滅陳。元王元年，越圍吳；到元王三年(473 B.C.)，越滅吳。在此後九年(元王十二年，465 B.C.)，晉國趙氏滅代。越和代都可以說是新起的國家，這兩個新起的國家都不是華夏。越國君主是否華夏當不敢說定，越國的人民確切不是華夏(這和吳國情形也許類似，吳國的君主確切是周的宗室，但吳國的人民確切不是華夏)[3]。代國從前不見於記載，以方位來說，當然就是白狄的狄更改的國名。這都顯示著當戰國開始的時候，數不盡的外族，已經接受了華夏的文明，並且形成了國家的組織，走上了西周以來楚國的舊路。

晉國諸卿之中，趙孟(趙氏)是列卿的首席，有相當的力量，只是當時智氏(荀氏)也強大起來。最先智伯荀瑤聯絡趙、韓、魏三氏滅了范氏及中行氏，范氏及中行氏的家族奔齊(489 B.C.)。六卿之中只剩了四卿，四卿之中又以趙、智兩支為較強，韓、魏兩氏只有團結起來，在趙、智二氏之中作一選擇，來維持自己的存在。首先韓、魏和智氏共攻趙，在周貞定王十四年(455 B.C.)，把趙襄子圍在晉陽。

智、韓、魏三家決河來灌晉陽，到了周定王十六年，晉陽的失陷已經是旦夕的事了。荀瑤得意之下，透露了撲滅韓、魏兩氏的可能性，韓、魏又和趙氏聯絡，向智氏反撲，滅了智氏[4]。從此形成了三家分晉的局面。當韓、魏倒戈擊智氏的時候，趙氏已經垂危，而韓、魏卻掌握著成敗的契機。到了三家分智氏土地的時候，韓、魏所得的利益一定比趙氏為優厚。這樣就使得趙的優勢減損，而三家成為平衡的局面。

在那個時期，七國的形勢已經初步形成了。只是七雄是後來的事。當戰國時代的初期，對於區域的設想，是九分天下而不是七分天下。孟子曾經說，「海

---

3 越國據《史記·越王句踐世家》稱為夏禹之後，當然有此可能，不過積極證據不夠。吳國為吳太伯之後，在證據方面就充分的多了。《論語·述而篇》：「(昭公)娶於吳，為同姓，謂之吳孟子。」所以吳為諸姬，是不成問題的。

4 見《戰國策·趙一》(商務排印本)，18/1-2。

內之地，方千里者九，齊集有其一」，這種計算方式，和後來各種區畫方式，不論是七雄，或者是九州（〈禹貢〉的九州），都不相同。這種方式最好拿《周禮‧職方氏》的九州來比較，因爲《周禮》的成書時代應當是戰國初期，所以《周禮》上記載的時代也正和這個時代的情況符合。

(1) 東南曰揚州，其山鎮曰會稽，其澤藪曰縣區，其川三江，其浸五湖。

（地區上應爲越國）

(2) 江南曰荊州，其山鎮曰衡山，其澤藪曰雲夢，其川江漢，其浸潁湛。

（地區上應爲楚國）

(3) 河南曰豫州，其山鎮曰華山，其澤藪曰圃田，其川滎雒，其浸波溠。

（地區上應爲韓國及二周）

(4) 正東曰青州，其山鎮曰沂山，其澤藪曰望著，其川淮泗，其浸沂沐。

（地區上應爲齊國）

(5) 河東曰兗州，其山鎮曰岱山，其澤藪曰大野，其川河泲，其浸盧維。

（地區上應爲魯、宋、衛諸國）

(6) 正西曰雍州，其山鎮曰嶽山，其澤藪曰弦蒲，其川涇汭，其浸渭洛。

（地區上應爲秦國）

(7) 東北曰幽州，其山鎮曰醫無閭，其澤藪曰貕養，其川河泲，其浸菑時。

（地區上應爲燕國）

(8) 河內曰冀州，其山鎮曰霍山，其澤藪曰楊紓，其川漳，其浸汾潞。

（地區上應爲魏國）

(9) 正北曰并州，其山鎮曰恆山，其澤藪曰昭餘祁，其川虖池、嘔夷，其浸淶。

（地區上應爲趙國）[5]

5　見《周禮‧夏官‧職方氏》（藝文本），498-500。

這裡最顯著的是，華山是豫州的山鎮，顯示著雍州的秦不能領有華山。而巴蜀區域未曾列入（和〈禹貢〉不同），也顯示著那時地理知識不包括巴蜀區域在內[6]。

句踐滅吳，在戰國初期是一件大事。越滅吳以後，雖然有句踐遷至瑯邪一說[7]，但越的都城應當實際上在吳（即今江蘇的吳縣），一直到後來漢代的會稽郡，仍然以吳爲郡治，並不以山陰爲郡治，這個傳統是相承有自的。句踐滅吳以後，越兵橫行江淮之間，稱爲霸主。不過也只是宋魯幾個國家附越，越王句踐並且未能如吳王夫差那樣，舉行對於齊晉諸大國的盟會。到周定王四年（465 B.C.）也就是滅吳後第八年，句踐卒，越國也就隨著衰微，到周顯王三十五年（334 B.C.）越王無疆伐楚，爲楚擊破，楚滅越。越據有吳地約一百四十年。當越滅吳以後，顯然的，楚是越的大敵人。越所以能夠縱橫江淮間，也是許多小國假借越的力量來牽制楚。但是戰國初期一百四五十年中，正是楚的對外擴展時期，楚的政治清明而越的政治昏亂，越終於敵不過楚。等到越滅亡以後只有三十年，楚懷王在藍田之戰中大敗，從此楚亦不能再振，這件事以後再說。以下還是敍述戰國諸國興亡的關鍵部分，三晉間的起伏。

三晉之中在這一期的大事是魏國的興起。魏國興起的原因大致是：（一）魏國的領土是屬於晉國的故地，占有地理上的優勢。（二）魏國開始的時候，領導的人是魏文侯和魏武侯，都是能力甚高的人物。

魏文侯的元年，有兩種不同的說法[8]，第一是《竹書紀年》以周貞定王二十四年（445 B.C.）爲魏文侯元年，第二是《史記》以周威烈王二年（424 B.C.，即秦靈公元年）爲魏文侯元年。《史記》根據《秦紀》，所以以秦靈公元年爲標準，應當不誤。但《竹書紀年》亦是《魏紀》。子夏曾爲魏文侯師，子夏少孔子四十四歲，

6　慎靚王五年（秦惠文君稱王第九年，316 B.C.），秦滅蜀。在此以前，蜀不算華夏，《周禮》不提到蜀境，應在此以前寫成，〈禹貢〉把蜀境算中國，應當在此以後寫成。

7　《水經注·濰水注》：「瑯邪，山名也，越王句踐之故國也，句踐併吳，欲霸中國，徙都瑯邪。」（商務排印戴校本，五冊第十八頁）按此記載不見於《史記》，真確性待考。不過據《史記·越王句踐世家》，越大致是徙都於吳的，所以後來會稽郡治在吳。

8　照《史記·六國年表》秦惠王就有兩個元年，秦惠王在十三年始稱王，到十四年更爲元年，再即位十四年而卒。所以魏文侯有兩個元年是可能的。（以後秦始皇從秦王尊爲皇帝，漢高帝從漢王尊爲皇帝卻不改元。）

孔子卒時，子夏二十九歲，周貞定王二十四年，子夏六十三歲，時代相及。若到威烈王二年，子夏已八十四，就顯得太老一點了。所以這兩個年代應前者為繼位之年，後者為僭諸侯名號之年。到威烈王二十三年又正式得到周室的承認。

　　當三家分晉的時期，最重要的人物，要算魏文侯了。當他在位的五十年中，迎接了新發展的政治思想，採取了儒、法並用的路線，成為中國歷史上第一個正式用「雜霸」為施政標準的人。《史記·魏世家》說：

> 文侯卜相於李克，曰：「所置非成即璜，二子何如？」李克對曰：「君不察故也。居視其所親，富視其所與，達視其所舉，窮視其所不為，貧視其所不取，五者足以定之，何待克哉？」文侯曰：「先生就舍，寡人之相定矣。」李克出，過翟璜之家，璜曰：「聞君召先生卜相，果誰為之？」李克曰：「魏成子為相矣。」翟璜作色曰：「臣何負於魏成子？西河之守，臣之所進也；君內以鄴為憂，臣進西門豹；君謀欲伐中山，臣進樂羊；中山已拔無使守之，臣進先生；君之子無傅，臣進屈侯鮒。臣何負於魏成子？」李克曰：「子之言克於君，豈將比周以求大官哉？且子安與魏成子比？魏成子食祿千鍾，什九在外，東得卜子夏、田子方、段干木，此三人君皆師之，子之所進五人者，君皆臣之，子惡得與魏成子比？」翟璜逡巡再拜曰：「璜鄙人也。」[9]

這一段大致是戰國時的小說，因為時間關係上不對。用西河守吳起和伐中山，都是魏文侯晚年時的事（伐中山在魏文侯三十九年，用兵三年，就四十一年了）。但卜子夏到那時已經一百零二歲，魏成子決不會是那時薦卜子夏，而應當是文侯初年。所以魏成子薦卜子夏、田子方、段干木，是魏文侯初年的事，而翟璜薦李克、吳起、西門豹、樂羊、屈侯鮒是魏文侯晚年的事[10]。也就是魏成子是魏文侯早年的相，翟璜是魏文侯晚年的相。在魏文侯早期用魏成子為相已經有相當的成績，而魏文侯晚期闢土地、盡地力以圖富國強兵，更是以翟璜為相，用吳起、李克、西門豹、樂羊各名臣以後的事，而法家哲學的規模就在魏先行出現了。

9　見《史記·魏世家》（瀧川《會注》），44/9-11。

10　瀧川《考證》云：「屈侯鮒，《說苑》作屈侯附，《外傳》作趙蒼。」又翟璜據《呂氏春秋·下賢》，為魏文侯上卿，上卿即相之職位。

在這些人當中，李克亦卽李悝[11]，是中國法制史上一個非常重要的人。《晉書 · 刑法志》說：「秦漢舊經其文起自魏文侯師李悝，撰次諸國法，著《法經》。以爲王者之政，莫急於盜賊，盜賊須劾捕，故著〈網捕〉二篇。其輕狡、越城、博戲、借假、不廉、淫侈、踰制爲〈雜律〉一篇，又以縣律縣其加減，是故所著，六篇而已，然皆罪名之制也。商君受之以相秦，漢承秦制，蕭何定律，除參夷連坐之罪，增部主見知之條，益事律興、廄、戶三篇，合爲九篇。」漢的九章法，是中國法家的基本系統，一直到《大明律》和《大淸律》，都是從這個系統下來的，溯其源流，還是要推到魏文侯和李悝。

其次關於經濟方面的計畫和記述，李悝也是一個非常重要的人。現在李悝三十二篇已經亡失，但《漢書 · 食貨志》對於李悝書卻有一段徵引，說：

> 李悝為魏文侯作盡地力之教，以為：「地方百里，提封九萬頃，除山澤邑居，叁分去一，為田六百萬晦。治田勤謹則晦益三升，不謹則損亦如之。地方百里之增減輒為粟百八十萬石矣。」又曰：「糴甚貴則傷民，甚賤則傷農，其傷一也。善為國者使民毋傷而農益勤。今一夫挾五口治田百晦，歲收晦一石半，為粟百五十石。除十一之稅十五石，餘百三十五石，食人月一石半，五人終歲為粟九十石，餘百四十五石，石三十，為錢千三百五十，除社、閭、嘗新、春秋之祠，用錢三百，餘千五十。衣人率用錢三百，五人終歲用千五百，不足四百五十。不幸疾病死葬之費，及上賦領，又未與此。此農夫所以常困，有不勤耕之心，而令糴至於甚貴者也。是故善平糴者，必謹觀歲有上中下孰，上孰其收自四餘四百石，中孰自三餘三百石，下孰自信餘百石，小饑則收百石，中饑七十石，大饑三十石。故大孰則上糴三而舍一，中孰則糴二，下孰則糴一，使民適足，賈平則止。小饑則發小孰之所欽，中饑則發中孰之所欽，大饑則發大孰之所欽而糴之。故雖遇饑饉、

11　《漢書 · 藝文志 · 法家》：《李子》三十二篇，名悝，相魏文侯，富國強兵；《唐六典 · 刑部注》：魏文侯師李悝，集諸國刑書造《法經》六篇，一盜法，二賊法，三囚法，四捕法，五集法，六具法。又《漢書 · 藝文志 · 兵家》有《李子》十篇，當亦是李悝，因古代兵刑相通，至於《漢書 · 溝洫志》言魏襄王時史起治鄴（《水經注 · 濁漳水注》言襄王時史起為鄴令即據此），當亦為李悝事傳聞之誤。李悝不在襄王時。

　　《漢書 · 藝文志》列李悝為法家第一人，而《藝文志》則列《管子》於道家，其實《管子》的立場，法家意味遠過於道家。其書雖晚出，但齊人道管晏之言，也難說全然無徵的。

水旱，糴不貴而民不散，取有餘以補不足也。」行之魏國，國以富彊。[12]

李悝固然重農，但重農的一個目的是「使民不散」。而「使民不散」的意思是為的兵源充足。所以和商君「農戰」的目的，並無二致。這自然毫無疑問的，是法家的思想。《漢書·藝文志》把李悝列在法家中的第一人，以後才是商君、申子、處子(劇子)、慎子、韓子(韓非子)等。從這裡也可以看到三晉法家的原始及其發展了。

為著盡地力，使民不散，因此灌溉也成為魏文侯治魏時期的重要工作。《史記·河渠書》對於戰國時代灌溉事業先說到秦蜀郡守李冰，再說到魏國的西門豹「引漳水溉鄴，以當魏之河內」。然後再說韓國使水工鄭國修建秦的涇渠。使人覺到先有李冰的離堆，次有西門豹的漳渠，然後才有秦的涇渠。不過司馬遷在這裡是隨手敍述，未曾注意到時代的先後。秦取蜀在秦惠文王時期，比魏文侯最後一年要晚到六十多年(涇渠當然比李冰離堆更後)。所以離堆比漳渠至少要晚到六十多年。也就是據現在所知的史料來看，西門豹的漳渠，在灌溉事業上，要算比較早的一個重要建設，其餘的著名渠工，都在漳渠以後。

魏文侯在政治和經濟方面的趨向，是迎接新時代的來臨，而不是保存舊制的。所以魏文侯時代的建樹，就形成了春秋和戰國不同的分際。其中最重要的理論指導者當然是李悝。李悝的著作分兩部，一部分是《法經》，另一部分是《李子》《法經》的系統保存在後代律書之中，現在還可看到其概略，《李子》除去《漢書》引的那一段以外，其他三十二篇都已亡失。若就這一段看《李子》的作風，似乎「談今」重於「說古」，而其精要部分，又可能為申韓諸家所襲取而更加精粹，以方《李子》，反而顯得《李子》凡俗。這也許是漢人對於《李子》不夠重視，以至後來亡失的原因。

魏國據有晉國主要的部分，並且侵蝕了衛國[13]的大部分土地。在戰國初期形

---

12 《漢書》(藝文補注本)，頁514。

13 《史記·衛康叔世家》：「是從三晉彊，衛如小侯」(瀧川《會注》)，37/28。《正義》曰：「屬趙也」，按《正義》誤。〈衛世家〉下文云：「懷君三十一年，朝魏，魏囚殺懷君，魏更立嗣君弟是為元君，元君為魏婿，故魏立之。元君十四年，秦拔魏東地，秦初置東郡，更徙衛野王縣，而並濮陽為東郡。」(37-29)可見衛實際上為魏的小侯，魏才可以任意廢立，若屬趙，魏就無力干涉了。

成爲最強的國家。但魏國立國最大的缺點，還是三晉諸國領土犬牙相錯，各國都不成功爲一戰略的單位。魏國東面到了大梁，然後向西北經河內、上黨而到安邑，再踰河占有關中的東部，這就形成了一個狹長帶形國家，如有戰事，在調動及指揮上就吃了大虧，何況三晉的領土是晉國時的食邑變成，在因襲上有許多清理不完的「插花地」。在這個國家之中，又有別的國家許多領土上的島嶼。在收稅方面不感覺什麼，可是管理方面就有許多不便了。這種情形在現代中國是比較少見的，除去著名的河北境內的「山東飛地」以外，在地圖上差不多看不到。可是如其看一看歐洲中古的歷史地圖，也就可以知道在封建時代的傳統中，領土的交錯是如何的複雜。這就注定了韓、魏兩國後來攻守中的困難。但是調整領土也不是一個簡單的事[14]，後來韓、魏兩國想交換一部分領土也未曾成功。到了戰國晚期「韓上黨」和「魏上黨」顯然是並存的兩個區域，畫戰國地圖的，依近代領土的常識，卻無法解決這個困難。如其比較一下歐洲中世的情形，就不難了解當時的大致了。

魏國的國境，實在說來，要分爲三個主要部分：第一部分是河內，以鄴爲中心；第二部分是河東，以安邑爲中心；第三部分才是大梁。當魏文侯時，魏應當都鄴，所以漢代的魏郡以及後來的魏縣，都在鄴。到魏武侯才遷都安邑[15]，到魏惠王再遷大梁。

魏文侯爲什麼要選擇鄴這個區域呢？鄴的地區比河東肥沃，而形勢比河東開展。過去商代都城就在這附近，應當是基於類似的理由。當著魏文侯建國之時，爲著富國強兵，爲著開發土地，就得招集別國的人過來。河東附近不是人口密集之處，而鄴的附近，國家較多，招集人民也比較容易，自然會選擇到這個地方。

至於魏武侯都安邑，卻因爲 (1) 是舊晉封疆之內，(2) 因爲有河山之固，有險要可恃。晉國是比較可以固守的。當城濮之戰以前，狐偃就勸晉文公說：「戰也！戰而捷，必得諸侯；若其不捷，表裡山河，必無患也。」[16] 到魏武侯建都安

14　韓、魏易地事，見《戰國策·西周策》(商務排印本)，2/14。

15　《史記·魏世家》魏武侯二年，「城安邑，王垣」(瀧川《會注》)，11/12。此爲魏都安邑之始，至惠王時又遷都大梁。

16　《左傳》僖公二十八年 (藝文本)，頁272。

邑的時候，也曾經以河山之險而自恃。《戰國策 · 魏策》一：

> 魏武侯與諸大夫浮於西河，稱曰：「河山之險，豈不亦信固哉？」王錯侍
> 坐曰：「此晉國之所以強也，若善修之，則霸王之業具矣。」吳起對曰：「吾
> 君之言，危國之道也，而子附之，是危也。」武侯忿然曰：「子之言有說
> 乎？」吳起對曰：「河山之險不足保也，霸王之業，不從此也。……君從
> 臣而勝降臣，城非不高也，人民非不眾也，然而可得并者，政惡也。從是
> 觀之，地形險阻，奚足以霸王矣。」[17]

當然西河當有兩說，一為山西西部的西河，另一說為山東及河南間的區域，因
為河水經過，也有時被人稱作西河。這裡明明說「河山」之險，西河不僅有河，
而且有山，只有山西西部才是這樣的，魯豫間的地帶就只有河，沒有山。並且
明明說「此晉國之所以強也」，那就除去山西南部以外，絕對不可能指別的地方。

　　關於這一段來說，雖然好像只是些常談，但是表示國家政策和地區關係的
意義卻非常重大。魏武侯是重視「河山之險」的，吳起卻認為政略比「河山之險」
更為重要。這當然形成了魏國後來國策決定性的變革。就當時趨向來說，除去
齊、燕不曾遷都以外，秦後來遷都咸陽，韓遷移鄭，趙遷移邯鄲，以及魏遷都
大梁，都是一致的循著進攻利便的方向，都不曾對防守的安全上有任何考慮。
其中尤其是魏惠王的遷都大梁，是依照吳起的策略，而一反魏武侯的設計，而
這一個設計所冒的風險也遠較魏武侯的原案為大。照魏武侯和王錯的志向，不
過只求代晉而興，而魏惠王的志向卻是繼周而興。照魏武侯的原案，如充分達
到成功，因為山河阻礙，發展不易迅速；如其失敗，卻可保守原有領土不失。
若照魏惠王的新案，如其成功，固然新的王朝出現，但魏國的國力究竟不是真
能控制全局，反而使得「西喪地於秦七百里」[18]，求恢復武侯時的規模而不可得。
到後來「為張儀之言」的，就明白的說，魏是「地四平，諸侯四通，條達輻湊，
無名山大川之險」[19] 了。河東的形勢，本來不下於關中，在春秋時代，晉國實際
上是全國的指揮站。等到魏國放棄河東以後，關中就逐漸加強它的重要性。等

17　見《戰國策 · 魏策》(商務排印本)，1/1-2。

18　見《孟子》(藝文影吳志忠《集注》本)，1/7。

19　見《戰國策 · 魏策》(商務排印本)，1/3。

到秦併天下，關中的百二河山成為建都上的最重要條件，而婁敬和張良的勸漢高帝建都關中，就顯然的恢復到魏武侯及王錯的立場，不再用吳起的只顧政略不顧地理的那種意見了。

二、戰國時的中原小國

在各小國之中，最先要談到的是「二周」，二周指「東周」和「西周」。東周是鞏，在今河南鞏縣；西周是河南，在今河南洛陽西的舊王城。從周考王以後，周室的殘餘王畿，分裂成為東西二周，周王只是一個掛名的共主，不僅不能指揮諸侯，即就王畿而言，周王亦不能直接領有，沒有尺籍寸土了。

《周禮》的基礎是在封建制度上。自天子、諸侯、大夫、士以至於庶人，層層的地位和封土是互相重疊著。諸侯的土地並非直達庶人，而是中間隔著封人[20]，再由封人納稅給諸侯。天子更不是直達庶人，而是取給於諸侯的貢賦。即就天子畿內來說，也都分封了天子的大夫，再由大夫上納貢賦。到了春秋、戰國，許多的諸侯在國內已經逐漸變質，取消了封位和封土互相聯繫的制度。但在周室殘餘王畿之內，是不容許改革的。因為周王的統治是在名義上而不在實質上。這個名義就寄託在舊有的封建制度上，若除去封建制度，專顧實質，那麼所謂「周天子」就毫無意義了。因此就不容改革，而周畿內就成為最保守的一區[21]。

周初雖然以魯和燕為周公和召公的封地，但周公未嘗就國於魯，召公也似乎未曾就國於燕。周公和召公的封號，終西周之世，都是在畿內輔佐周王，和魯侯及燕侯屬於另外繼承的系統。屬於周公一系的(可能為周公的次子)，是封

---

20 封人，據《周禮·地官》：「掌王之社壇，為畿封而樹之。」這個封人是一種職務。但有封土的士，卻具有另外的命意，也叫做封人。《左傳》隱公元年：「潁考叔為潁谷封人」，《注》言「封人典封疆志」，語意未明，《疏》言「傳言祭仲為祭封人，宋高哀為蕭封人，《論語》有儀封人，此言潁谷封人，皆以地名。」案《莊子·天地篇》，又有華封人。至於封人的地，只是一種「田」，如晉文公賜介之推之後「以緜上為之田」，和晉獻公「賜趙夙耿，賜畢萬魏，次為大夫」。其規模大小，各不相同，封人的田較小，而食邑較大，大夫是地位高於封人的。

21 周東遷以後，尚有三川之地，不小於宋衛，也可能不小於晉獻公時的晉，但卻一直不能振作。對於戎狄的戰爭，齊、晉都可以克捷，周人對於伊川之戎卻是屢戰屢敗。當然齊國經過了桓公和管仲的整頓，晉國自獻公以後無公室，其官職的升降以立功為準則，而周室便做不到。

於邠，爲周室的故地，所以《詩經》的〈豳風〉（卽邠地之風），也是屬於周公這一系的。到了幽王時西都傾覆，邠地也隨著淪陷，所以在東周時代，周之畿內諸侯不再有邠。但周、召二公在春秋時期尙曾出現過，應當還是隨平王東遷來的[22]。只是周、召二公並無西周時的力量，也就沒有西周時的地位。

在周考王卽位[23]時，封他的弟揭於舊王城以繼舊周公的地位，就是河南桓公，也就是西周之始；其孫惠公在考王晚年又封其少子班於鞏，後來就稱在鞏的周爲東周。從此以後，王畿就分裂爲東周和西周，一直到秦先滅西周，以後再滅東周爲止。

河南（西周）封國的形成，除去在西周王的排場上，對於舊周公的地位，有其需用以外，在當時國際政治的實質上，河南的封國，也許還有其必要。考王的卽位，是從內爭得來的。考王的父貞定王崩，太子去疾卽位，去疾弟叔弒王，去疾子嵬再殺叔卽位，卽位後卽封其弟揭於河南，其中顯然是河南之封是對於揭的酬勞。而且揭的謚號是桓，也正是代表揭曾有武功，甚至於可能考王是由於揭所擁立的。因而王畿內的實權在揭的手裡，所以有非封不可之勢。後來揭的孫子惠公繼爲河南公還能封其少子於鞏，可見周王畿內是由河南公控制著的。到了此時周王不僅在全中國只剩虛名，在周王畿內也只有虛名了。

在《戰國策》中很少提到周王，和其他國家邦交的事，一般只提到東周君和西周君，這就表示著周王已不負實際的行政事項了。在二周之中，西周君似乎比較重要些，所以西周君有時便單稱周君。不過西周和東周的國號仍然都是周。爲表示分別起見，他們自己鑄的錢，也標出西周或東周。至於他們的封號，雖然在戰國時通稱做「君」，但「君」只是通稱，並非「貶號」[24]。西周君依照受封時

22　周召如《左傳》桓十八年，莊王與辛伯「殺周公黑肩」，僖十年「周公忌父王子黨，會齊隰朋立晉侯」，文五年「王使召伯來會葬」。這裡的周公及召伯，都是王的卿士，與魯國及燕國之君無關。

23　440 B.C.，見《史記》（瀧川《會注》），4/76。

24　《史記・衛康叔世家》：「平侯八年卒，子嗣君立，嗣君五年，更貶號曰君，獨有濮陽。」（瀧川《會注》，37/29)按此處說，嗣君獨有濮陽，是正確的，至於說君爲貶號，卻未必是事實。譬如戰國時，魯也或稱「魯君」，宋也或稱「宋君」。但魯君一直是魯侯，宋君是先稱公，後稱王，都不曾貶號。秦君是「秦伯」或「秦公」，到惠文王時稱王，但有時也稱「惠文君」。所以君不算貶號。不過在六國之中，封爵往往只限於「君」，而「應侯」、「穰侯」之類，又好像比「君」高些，這也只是戰國時的習

標準，應當是「周公」，東周君原爲西周君所封，依照晉封曲沃，鄭封京的舊例，應當是「周叔」「周伯」或「鞏叔」「鞏伯」的。

在周赧王五十九年(秦昭襄王五十二年)，秦使將軍摎攻西周，周赧王盡獻其邑三十六，口三萬。周天子及西周君同時亡國。再過六年秦相呂不韋並滅東周。舊史或以東周君爲主來紀年，不過東周實力及身分都不能和西周君來比，除去作史的以外，當時的人不會把東周當作殘餘的正統的。

在三晉之東，齊、楚之間有戰國人所稱道的「泗上十二諸侯」[25]。泗上的諸侯以地域論，當然是以魯和宋爲主，加上了滕、薛各邦。但是以戰國時的記載來說，數來數去，也數不到十二(連魯季孫的費及稍遠的衛也包括進去)。所以泗上十二諸侯，在戰國人心目中，只代表一個區域，至於其中所包括的，究竟是現存的國家，或者只是舊存的故國，當時的人並未那樣精密去想。當然，「兩周」及「泗上十二諸侯」自有其實質上的意義，在戰國時代，除去這兩個區域以外，只有一個中小型的國家——中山，在趙、魏之間，其餘大國與大國之間，已經再無小國了。

宋——這是舊日中小型國家中一個最值得注意的國家。宋和魯、衛本來國力應當類似的，不過到了後來，魯、衛和二周一樣，一直由衰微以至於滅亡，宋卻到了後來，一度發展國力，然後滅亡。可能是由於宋人民族意識特別堅強。至於魯、衛二國，似乎就沒有特殊的民族意識了。

宋人立國的原則，是對外爭取和平，對內團結一致，準備守禦。在春秋時代已經看出宋人的拚死守城[26]，到春秋晚期又發動國際間的弭兵運動。戰國時的墨家很可能就代表宋人思想，而宋鈃也可能源出宋的家族。但是宋人原則上本來是和平的，如其宋人的團結意志，被有野心的統治者利用，也會成爲侵略勢力。

慣制度了。

25 泗上十二諸侯，見於《戰國策・楚》一，張儀為秦破從，連橫說楚王曰：「大王悉起兵以攻宋，不至數月，而宋可舉。舉宋而東指，則泗上十二諸侯盡王之有矣。」(商務排印本，頁 5b) 淮泗之間殘存之國不少，在戰國初期，應當存魯、衛、宋、滕、鄒諸邦，但難以實指其國。〈齊策〉五 (商務本，12/3)「魏王……又從十二諸侯，朝天子」，此亦當即泗上十二諸侯。

26 僖公二十七年冬 (《經》及三《傳》均未記月)，楚人圍宋，二十八年夏四月，晉人與楚戰於城濮，楚師敗績，宋圍始解。宣公十四年九月，楚子圍宋，十五年夏五月，楚師去宋。襄公二十七年，宋向成為弭兵之會。

　　宋是到宋王偃而亡的。宋王偃的事蹟只見於《戰國策》[27]，而《史記‧宋世家》也顯然是鈔自《戰國策》的《戰國策》的記載在宋亡以後，其中不免有敵國的宣傳，也不見得完全符合於事實，《孟子》所記宋賢大夫薛居州在宋王前已顯著孤立，而不能補救時弊，那就宋王偃的政治應當確有若干失策，只是射天一類的行爲，或者是把舊商時武乙的傳聞附會上去罷了。

　　宋王偃利用了宋人團結的力量，滅滕取薛，奪取楚人淮北之地，使宋變成了一時的霸主。宋王偃是在十一年時自立爲王，至四十七年被齊閔王所滅，宋王偃出奔衛，計在王位三十六年，時間都要算很長的。這種在位時間長，而終於失國的情形，可比於商紂、梁武帝、唐玄宗一類(以及當代伊索比亞的塞拉西)，都不是沒有能力的人。反之，還應當是有能力、有成就，因爲成功而驕泰，終於遠賢臣親小人而亡國。宋國本是小國，在王偃的前十年，居然能闢土開疆以至稱王，和齊、楚、魏等國到同等地位，這是不簡單的。稱王以後，尚能支持三十六年方才被齊所併，也不是簡單的事。孟子批評宋王偃的時候，應當還在齊宣王時，不會更晚到閔王時代。當時孟子正去齊過薛，可見宋國尚未取薛。但宋國既然成爲強國，則宋國必已取楚國淮北之地，而且宋徙都彭城也不是一件偶然的事。所以在王偃初年，一定也是大致遵循春秋以來宋國傳統的外交路線，聯齊拒楚。當齊伐燕之役，宋國至少的對齊是親善的中立，使齊無後顧之憂。直到宋滅滕取薛(薛是齊大夫田嬰父子的食邑，非任姓舊國)，這才變更了親齊的國策。當然宋是羨慕薛的富有，但把宋的地位變成了十分孤立，卻不能不歸咎於不用賢臣的影響。

　　但宋王偃似乎還被後來宋國的遺民追憶著。宋王偃亦稱宋康王，顯然是出於宋人的追謚。而且宋建都彭城即徐國的故地，而徐偃王行仁政而亡其國的傳說，又多少有些影射故宋王偃的故事[28]。所以宋王偃在前後的行爲上或者在某些不同人物觀察的角度上，是互相矛盾而大有出入的。現在雖然材料太少，不能明瞭其中的曲折，不過從宋和齊兩國關係上去推斷，也許是一個接近眞相的看法。

　　魯——魯是周公舊國，猶重《周禮》[29]，因而魯國也是在國內行封建之制的。

27　《戰國策‧宋策》(商務排印本)，32/2。

28　見錢穆《先秦諸子繫年》，頁 318；又〈宋都彭城考證〉，見《繫年》頁 322。

29　見《左傳》閔公元年(十三經注疏本)，11/3。

自從魯國行稅畝之制，魯國的徹底封建制度似乎已經有所變化。但從莊公時代起，三桓(孟孫、叔孫、季孫)的勢力就慢慢的開始。尤其因為季氏維持魯國安定的功最大，因而季氏後來也權力最大。從昭公到哀公，一直是公室和三桓衝突著。不過三桓的力量，究竟還不如晉的六卿，或者齊的田氏，並不能取公室而代，魯的公室還留下一些勢力。

在春秋晚年以後的魯國，只能根據《史記・魯世家》所記簡單的公號及年歲，無法明瞭以後三桓和公室的關係究竟怎樣。不過看一看魯穆公時對於子思的尊重，以及孟子在魯時，魯平公尚有用人之權。並且孟子還說：「今魯之方百里者五」[30]，就是說魯國尚有方二百里略強的領土，看來公室保留的權力尚不算小。只是季氏已獨立如小侯，孟孫、仲孫卻並無下落，也許已經獨立，也許被公室消滅了。不過當時魯國在諸大國之間，實力仍然不足稱道。最後還是在楚考烈王遷都於陳以後，把魯國滅掉。

衛——在戰國各國之中，衛是最後一個滅亡的國家。秦併天下，衛君角仍然保持著封號，一直到秦二世元年，才廢衛君角為庶人[31]。計秦併天下後，衛國還維持了十二年，這是商、周以來，最後亡國的一個封建諸侯。顯然的，秦的滅衛，用不著使用武力，只下一封詔書，就把這一個封建的殘餘廢棄了。

衛國本來是商的王畿，比較上算是大國，春秋時陳桓公尚有「宋、衛實難[32]，鄭何能為」這句話，可見春秋初年衛國實力尚不小。自從衛懿公亡國以後，齊桓公再封的衛，已不如前。到了戰國時代，衛實際上等於魏國的附庸，到衛元君十四年，秦拔魏濮陽、黎陽等地，置東郡。秦徙衛於野王縣，至此更附屬於秦，直到秦廢衛為止。

衛國本來封號為侯，到衛嗣君時，更貶號曰君。但《史記・衛世家・索隱》：「樂資據《紀年》以嗣君卽孝襄侯。」[33]那麼貶號之說，並不如何確實。大約戰國時大國均已稱王，小國不論後來封號是什麼，公、侯或伯，一般是只稱君的。

30　見《孟子・告子》下 (吳志忠本)，12/10。

31　《史記會注考證》，37/30。

32　《左傳》隱公六年 (《十三經注疏》本)，4/2。

33　《史記會注考證》，37/39。

衛當時大約對外稱君，而自己國內尤其在宗廟中仍保持公侯的稱號。

中山——中山原爲白狄鮮虞[34]，所以在春秋時不預中原的盟會。但因爲和中國相處旣久，中山的華化已深。到了魏侯滅中山，更封魏公子爲中山君。從此中山也成爲華夏中一國部分。但是中山和魏中間缺乏直接的交通。到了後來中山也就成爲獨立國，並且也自稱爲中山王。

中山是燕、趙間的一個強國。但它的形勢比起來卻不如燕和趙便利，因爲燕可以向遼東發展，而趙自占有代地之後，更可北進到陰山。中山因爲缺乏這種便利，是受限制的。近年中山遺址的發掘，更證明了中山華化的徹底。最後趙武靈王採用了游牧人的戰術，也就進而滅取中山。

義渠——秦國所以後來能夠強大的原因，主要的是對於西方及南方的開闢。對於北方，卽陰山河套一帶，從秦的上郡北上，反而不如趙國從北邊容易（這也是後來歸綏區由山西畫管而不由陝西畫管的原因）。所以秦的發展是南取巴蜀，西取隴西，都是因爲地形便利的關係。

天水本來是秦人的主要根據地，從天水而西，度隴山卽達隴西金城的盆地，從金城渡河而西，過烏鞘嶺卽達武威。武威以西卽是河西走廊，和天山南北路。除去有一些沙漠以外，並無大山的阻塞，這在古代交通上，不會有什麼大問題的。所以在張騫奉使西域以前，從中國到西域，間接的交通(不是中國與西域的直接的使節)，當然是有的。在《史記》〈匈奴傳〉及〈大宛傳〉以及《漢書》中的〈西域傳〉，西域早已稱中國人爲「秦人」，這個秦的名稱，決不是在秦始皇統一中國以後方才開始，而是在春秋、戰國以來，西域和中國的關係，就是只有和秦國打交道。在西域方面，只知道有秦，而不知道有其他各國，在中國方面(直到漢武帝初年)知道西方有些國的名字(如同月支、渠搜、康居之屬)，也間接運到了西方的出品，卻不知西方國家詳細的位置。

據《史記‧匈奴傳》說：「岐梁山涇漆之北，有義渠、大荔、

34　《春秋》昭十二年：「晉伐鮮虞」，范寧《穀梁集解》：「鮮虞，姬姓，白狄也。」《疏》：「鮮虞，姬姓，白狄者，《世本》文也。」見《穀梁傳》(《十三經注疏》本)，17/12。

、朐衍之戎。」[35] 其中以義渠爲最大。和秦的關係見於《史記 · 六國表》「秦
厲共公六年，義渠來賂」。此後一直和秦保持和平與戰爭的接觸。其中比較重要
的是：

> 厲共公三十三年，伐義渠，虜其王。

> 躁公十三年，義渠來伐，侵至渭南。

> 惠文王七年，義渠內亂，庶長操平定之。

> 惠文王十一年，伐義渠，取二十五城。

所以秦對於西方邊疆，只有義渠一個國家，關係最爲深切。這是義渠爲秦西疆
以外最大的國家，也就是最重要的國家。據《史記 · 匈奴傳》，義渠在岐梁山和
涇漆之北，這已指明義渠在今平涼及寧夏一帶。依照《漢書 · 地理志》，漢的北
地郡有義渠道[36]，約當今甘肅省寧縣的附近，也就是義渠縣當爲義渠國的都城
所在，正和《史記 · 匈奴傳》所指的義渠地望相符。但是在秦的西邊是整個的今
甘肅省，而重要的國家卻只有一個義渠。所以義渠決不是只有一個漢北地郡的
境界，而是應當至少包括安定和隴西才夠分量。亦卽今甘肅的大部分，除去河
西走廊(可能爲別的國家)以及漢時的天水郡(爲秦的根據地)以外，其他部分應
當大致屬於義渠的區域。

當戰國時到秦漢之際，甘肅省的西部應當有兩個重要民族，一個是月氏，
另一個是烏孫，大致說來，應當月氏在東，烏孫在西。烏孫的原住地區，依照《漢
書 · 烏孫傳》[37]，是在敦煌、祁連間。漢在霍去病招降昆邪王以後，原想把烏
孫召還居住原地。烏孫不來，漢廷才設置酒泉諸郡。現在的問題是烏孫的舊地
究竟有多大？可能是河西走廊西部，也可能是河西走廊全部。按《漢書 · 西域傳》
來看，烏孫是一個西域大國，應當在今俄國的哈薩克斯坦大部分地區。若僅僅
只有漢敦煌一郡地方，其勢不能容納這個戶口殷繁的烏孫民族。若認爲據有河
西走廊，又無處可以容納另外一個殷繁民族——月氏。所以這個問題，就成了

35　見《史記會注考證》，110/9-10。

36　見《漢書補注 · 地理志》（藝文影印本），頁 811。

37　見《漢書補注 · 西域傳》（藝文影印本），66 下，頁 1658。

歷史上無法解答的問題。歷來研究秦漢西域的人，都只好對此存而不論。

　　爲解決這個困難問題，只有把月氏的故地，認爲比河西走廊更東一點。如其這樣處置，那月氏故地和義渠故地，就不免有些重疊了。

　　月氏的故地依照《漢書‧地理志》，安定郡有月氏道[38]。按照《漢書補注》及楊守敬的地圖，義渠道在北地郡之西，而月氏道在安定郡之東，兩地是彼此接壤的。從義渠道或秦義渠縣應當設在義渠的都城，而都城若和別的民族月氏接壤，那就相當不合理。所以在義渠國勢力興盛的時期，月氏應當就附屬於義渠。甚至於可以說，秦併義渠東部以後，義渠的遺民別爲月氏。這才比較容易來解釋義渠及月氏境界重疊的原因。

　　依照古音來講，義渠和月氏大致可以相通的[39]。不過以讀音相通，來解釋相鄰地區甲卽是乙，也有危險。譬如突厥和突騎施音讀可以相通，突厥並不是卽等於突騎施。伊朗和伊拉克讀音可以相通，伊朗更絕不等於伊拉克。把義渠和月氏來找其中關係，音讀只是一個附屬的條件。主要的還是來解釋古代月氏和烏孫住地的分配問題。

　　不論義渠和月氏關係怎樣，月氏原來中心在安定郡，應當是值得注意的事。秦闢地西進，以臨洮爲塞，安定轉在塞內，所以月氏勢必西遷求安身之地。等到月氏再受匈奴壓迫，就不惜旅行萬里，遷至嬀水地區，這一套民族西移事實，恐怕其開端還要從秦對於義渠的進展算起。

　　巴蜀──在四川盆地之中，東部爲巴，西部爲蜀，蜀因爲在成都平原，更爲致富，所以蜀更爲重要。甲骨文中已有蜀字，而〈牧誓〉中助武王伐紂各民族，亦有蜀人。但巴蜀和中國距離較遠，巴蜀兩地和中原雖有交通，在政治上是獨

38　見《漢書補注‧地理志》(藝文影印本)，頁809。

39　義字的上古音，高本漢設計為 ngia → ngji^e(董同龢的設計為 ngiai → ngie)。渠字，高氏設計為 g'^io → g'^iwo(董氏設計為 g'^iag → g'^iwo)。月字，高氏設計為 g^iwat → j^iwat(董氏設計為 ng^iwăt → ngiwat)。氏，高氏設計為 d^ieg → zie(但從氏之底、祇、軝則為 g'ieg → g'jie。又氏字，董氏設計為 kieg → kie)；所以義渠和月氏在通轉上是有可能的。依董氏，義渠為 ngiai — g'^iag，月氏為 ng^iwăt — ^kieg，除去了月字有一個收聲 t 以外，兩者是相近的，但 t 連接了 ^k 為 t^k 時，t 的音值也會變化的。

立的，在文化上也形成了和中原不同的文化。

到秦惠王時派遣司馬錯和張儀滅蜀[40]，於是蜀成了秦的一部分。因為蜀富於礦產，秦人到蜀去開發的，往往致富。尤其是秦把呂不韋的門客及滅六國以後的六國俘虜遷到巴蜀去，這樣蜀更進一步的開發，到了漢代以後就成了關中地區最重要的資源供給地帶了。

三、魏惠王時代

從周烈王六年(370B.C.)至周慎靚王二年(319B.C.)，共計五十二年，是魏惠王在位的時代，也就是魏、齊、秦、楚各國勢力升降的關鍵時代[41]。大致說來，魏文侯的趨向，是充實自己的實力，魏武侯的趨向，是利用河山之險來鞏固自己的國家，可以說都是近於守勢的。到魏惠王因為有兩代的積蓄，國富兵強，所以把守勢的國策改為攻勢的國策。攻勢的國策還是有大規模和小規模的不同。

（一）最小的攻勢是和關東諸國和睦相處，繼續依著西進的方向專壓迫秦國，取豐鎬為根據地，來配合安邑的形勢。這種政策之下，距離領袖中原，朝服齊、楚，蒞中國而撫四夷的標準還很遙遠。但從此魏國可立於不敗的地位，並且可以使後代樹立霸業或王業的基礎。

（二）次小的攻勢是恢復晉國的統一。全力幫助韓國的南進，略取楚地，而藉此機會攻略趙地。結果是韓、魏平行的發展。這樣下去，距離王霸之業，也十分遙遠。但魏國就正式承受了舊晉的基業，而國家的前途在表裡山河之下，也就非常鞏固。

（三）最大的攻勢，亦即是魏惠王實行的路線，這是一個大的賭博。魏國並不希圖作春秋時代的晉，而是想憑著自己比較上優越的實力(其實魏國當時比較

40　見《戰國策‧秦》一（商務排印本，頁5)「司馬錯與張儀爭論於秦惠王前，司馬錯欲伐蜀，張儀曰不如伐韓。」「卒起兵伐蜀，十月取之，遂定蜀。蜀主更號為侯，而使陳莊相蜀。蜀既屬，秦益強，富厚輕諸侯。」

41　見《史記》卷44〈魏世家〉。《戰國策‧魏》一：「魏武侯與諸大夫浮於西河，稱曰：『河山之險，豈不亦信固哉？』王錯侍坐（對）曰：『此晉國之所以強也。若善脩之，則霸王之業具矣。』……吳起對曰：『河山之險不足保也，霸王之業，不從此也。……』」此後雖委託吳起守西河，但魏武侯的基本觀念，仍然重視河山之險的。

諸國任何一國都強些，可是弱於任何兩大國的聯合力量，所以還是不可信恃的），搜取中原最富庶之區（卽冀、兗、豫、徐四州的交界地帶）。此計畫如其成功，那魏國將代替商、周而起，不止於春秋的晉；如其失敗，那就魏武侯以後慘澹經營到的河山之險，也失去了。

當時魏如果取守勢，那就和文侯及武侯時代差不多，在惠王五十一年之中，許多爭城爭地之戰都是可以避免的，如其採（一）項的攻勢，將來統一中國的，雖然不一定是魏，卻也決不可能是秦。那麼後來焚書坑儒之禍，完全可以避免了。如其採取（二）項的攻勢，雖然韓國也會和魏國在中原形成競爭的局面，使魏國無所獨占。但秦國將長此被壓抑著不能東進，將來的情況也就不同。至少可使秦不能在秦始皇時代完成統一，那麼中國文化的方向就全不相同了。可是最不幸的，魏惠王憑著兩代的積蓄，變成席豐履厚的富家子弟心情，過於急功近利。他自己治國治軍的能力看來並不算不好，對於百姓也還好，並且對於賢士也相當的尊重。如其謹愼將事，不僅可以成爲一代賢君，還可以把治績延長到五十一年。無奈他的好戰性格，耽誤了魏國，也耽誤了天下。

當魏惠王時代，各國的君主也相當的整齊，所以魏國也失去了兼弱攻昧、取亂侮亡的機會。這時候秦是獻公（惠王十年秦孝公卽位），韓是懿侯（惠王九年韓昭侯卽位），趙是成侯（惠王二十二年趙肅侯卽位，後元九年趙武靈王卽位），齊是田桓公[42]（惠王十四年齊威王卽位），楚是在魏惠王二年楚宣王卽位，惠王三十二年楚威王卽位，除去燕的君主賢肖不詳以外，其他各國都是適逢賢主。這種情形就使魏國勉強進取的政策終歸失敗，而使魏的地位低降，以致變成了戰國後期二等強國的魏。

秦國在秦獻公以前，國家屢次發生政爭，國勢衰弱，所以原來屬秦的河西地，

42　田桓公，實際上在田齊系統中，仍被認為「齊桓公」的，與春秋時的齊桓公同謚。據《史記》46〈田敬仲完世家〉：「田常卒……子襄子盤代立相齊，常謚為成子，……襄子卒，子莊子白立，……莊子卒，子太公和立，田太公相齊宣公……（齊）宣公卒，子慶公貸立，……太公乃遷康公於海上。……齊太公和立二年，和卒，子桓公午立。」《索隱》：「《紀年》：齊康公五年，田侯午生，二十二年，田侯剡立，後十年，齊田午弒其君及孺子喜而為公……與此系不同也。」按《史記・齊世家》多謬誤，當以《紀年》為正。不過《紀年》的「田侯午」和《史記》的「田太公」都不是他們的自稱，所以稱「田」，是用以別於舊齊的。

都為魏國所奪。到魏惠王元年，秦獻公已立了第十五年了。到獻公二十一年(魏惠王七年)與魏戰於石門(在今陝西三原縣西北)，秦勝魏，魏損兵六萬，不過這個紀錄是司馬遷依據《秦紀》[43]，其中或不免誇張之處。因為當時秦、魏之界是沿著北洛水，而三原附近又在北洛水以西七十多公里，顯然的，是魏軍乘勝輕敵，被秦軍反攻所擊潰。到獻公二十三年(魏惠王九年)，秦虜魏將公孫痤(《史記·商君列傳》少好刑名之學，事魏相公叔痤，亦即此人，為秦遣歸者)，不過秦勝魏的程度，卻記載不詳細[44]。此後魏還是為爭形勝，而東遷大梁。顯然的，魏並不以秦為意，也表示魏的損失並不嚴重。

戰國前期的戰爭觀念，和戰國後期不同，和秦統一天下以後更不相同。當時還多少承襲了春秋時代的看法。「兼弱攻昧」的原則，只限於對付小敵(如晉獻公的滅耿、滅霍、滅虞、滅虢)，或者是在特殊情形之下，克服了大敵(如越滅吳、三家滅智氏)。經常的做法，是爭取中小國家成為「與國」，然後率領與國加入戰鬥，或者發起中原的盟會，憑藉與國的協力，來在會場中抑制敵人。這是春秋時國與國在戰爭與和平中的原則。而其形式當溯於春秋初年濡葛之戰，周王率虢、衛、陳、蔡之師伐鄭軍，這個戰役中王師不幸失敗，以致於周王不再有號召力量來討伐諸侯，於是召陵伐楚之役是齊侯、宋公、陳侯、衛侯、鄭伯、許男、曹伯聯合侵蔡，蔡潰，遂伐楚；城濮伐楚之役是晉侯、宋公、齊國歸父、崔夭、秦小子憖，率師次於城濮。當時楚國被認為不是華夏的，自晉文公以後以至春秋晚期，差不多都是晉、楚爭霸的歷史，也可以說是華夏攘夷的歷史。除去吳、晉爭霸一小段以外，在晉、楚兩方都是著重在爭取與國。其中宋、鄭兩國正在晉、楚勢力

43　《史記·六國表·序》：「秦既得意，燒天下詩書，諸侯史記尤甚，為其有所譏刺也。詩書所以復見者，多藏人家，而史記獨藏周室，以故滅。惜哉，惜哉！獨有《秦記》，又不載日月，其文略不具，然戰國之權變，亦有可頗采者。……余於是因《秦記》，踵《春秋》之後，起周元王，表六國時事。」所以《史記·六國表》的主要根據，是《秦記》這部書。《秦記》是秦人自己的史書，秦始皇焚燒六國史籍，《秦記》是未被焚的。

　　凡是史籍都是史官所記，也就是官書，《秦記》當然是秦政府的官書。秦的官書怎樣會流傳到漢代呢？這當然是在秦亡國以後，有人替漢朝保存下來，否則在項羽燒秦宮室時，就被燒掉了。這個保存的人是誰？除去蕭何收秦圖籍一件事以外，不可能有第二個機會。所以《秦記》也是蕭何收取的各項圖籍中的一部書，劉大櫆〈焚書辯〉因為持論強悍，成為一篇著名的文章，其文過分貶斥蕭何，也有不符事實之處。

44　見《左傳》宣公十二年，仿作《古文尚書·仲虺之誥》沿用之。

交會之處，因而宋、鄭就成爲兩國極力爭取的對象，爭取宋、鄭就是奠定霸業的基礎。戰國初年魏惠王政策中的觀念，也還是沿襲春秋時的傳統而來。用這個觀念來衡量梁惠王的幾件大事，就知道戰國晚期的看法，如同范睢所說，「遠交而近攻，戰勝而攻取，得寸則王之寸，得尺則王之尺」[45] 是不適於戰國初期的情況的。也就因此不難明瞭魏惠王爲什麼力戰四方而終於一無所獲，正證明時代正在逐漸的改變，而局內人並無法警覺，因而魏惠王就成爲時代大改變中的犧牲者。

魏惠王共在位五十二年，前三十六年爲稱君的時代，後十六年爲稱王的時代。在這五十二年之中，後十六年的局面差不多已經決定，沒有多大的變化，比較重要的關鍵時期還是前三十六年那一個段落。

其中比較更重要的，是從安邑遷都大梁那件事。徙都大梁的原因，依照《史記 · 魏世家》認爲「秦用商君，東地至河，而齊、趙數破，安邑近秦，於是徙治大梁」，並且把時間排到惠王三十二年，這是不對的[46]。依照《水經 · 渠水注》引《竹書紀年》時爲惠王六年，在石門之戰前一年，並無秦國的威脅，其出於爭取形勢，自無疑問[47]。這件事是決定魏國命運的一件大事，因爲魏國都城已經離開晉、唐的舊地而遷入宋、衛之郊。魏國的地理環境不再是舊晉的地理環境，而是宋、衛的地理環境。其結果是河西、涇、洛之區遠在都城拱衛範圍之外，影響到後來輕易入於秦國之手，而魏的西邊遂無寧日，秦強魏弱從此決定。其次則魏國成爲兗豫平原的國家，容易捲入淮、泗間恩怨之叢，尤其對於齊國變成敵對的形勢，這對於魏國前途是很不利的。

魏惠王爲什麼要遷都？因爲史料不夠，這個答案是無法正確的。只是《史記》所說避秦之強一說那是絕對錯誤罷了。比較上可信的是，向三晉的東部和南部大平原建立都成是當時的一種風氣，除去魏國以外，還有趙國的建都邯鄲和韓國的建都新鄭。所以魏國的建都大梁不是一件孤立的事。但是動機是什麼？仍然沒有答案。最容易得到的解釋是爭取「形勢」，換言之，就是爭取「戰略地位」，這是很

45　《戰國策 · 秦》三范睢說秦王曰：「王不如遠交而近攻，得寸則王之寸，得尺則王之尺也。」(商務排印本，頁30)

46　《史記》(瀧川《會注》本)44，〈魏世家〉，頁20-21

47　《水經注 · 渠水注》(商務排印戴校本，4/47)：「《竹書紀年》，梁惠成王六年四月甲寅，徙都大梁是也。」

容易被一般讀史的人所接受的。不過戰略地位的標準，隨著解釋的人而有所不同，非常難得把某一種作成客觀的答案。如其專以形勢來論，邯鄲固然是據有戰略上的形勢，晉陽又何嘗不是據有戰略上的形勢？大梁固然是據有戰略上的形勢，安邑又何嘗不是據有戰略上的形勢？所以除去形勢以外，還有別的因素，這很值得討論。

孟子說：「善戰者服上刑，連諸侯者次之，闢草萊、任土地者次之。」[48] 這三件事，正是戰國初年強國的需要。同樣的，都城地理的選擇，也就是選擇一個地方，便於戰鬥，便於聯絡諸侯，並且也便於闢草萊、任土地。這裡面為了作戰，當然先有一個假想敵人，就魏來說，魏的假想敵人是在東而不在西，因為東方是富饒之區，而西方乃偏僻之地。既然要在東方作戰，並且魏國戶口眾多之區也在東而不在西，為了徵集軍隊的方便，為了徵取糧秣的方便，為了調動開拔的方便，都城是一個軍隊屯聚指揮的中心，也就要選在東部了。其次，當時其他國家的都邑也大都在黃河下游平原中（包括濟水流域），這一點大梁比安邑又要方便些。至於荒地的開墾，安邑在汾水下游一個河谷之中，即使北洛水流域的「馮翊」平原加入，面積仍然有限，遠不如黃淮平原一望無涯，那樣好的遠景。卻不料這片沃土是天下的強國都想得到的，爭取而得固然可以霸天下，爭取而不得就不足以守固有的規模了。

魏惠王就在東進原則下，發動了兩次主力戰，其中一次是桂陵之戰，另外一次是馬陵之戰。

桂陵之戰實際上是一個連續的戰役，其結果可以說還是魏國把形勢控制著的。當魏惠王十六年時（355B.C.），趙國伐衛取漆和富丘，因而衛被逼向趙國入朝。這時衛本來是向魏入朝的國，魏便在惠王十七年伐趙，包圍了趙國的邯鄲。到惠王十八年時，趙向齊求救。在這年的十月，魏雖然攻取了趙國的邯鄲，卻被齊將田忌在桂陵將魏師擊敗。到惠王十九年魏國聯絡韓國在襄陵擊破齊國和宋、衛的聯軍。因此齊國便邀請楚國的景舍出來調停。在惠王二十年（351B.C.）時，因為魏國在西面又受到秦國的威脅，才答應了趙國的和議，在漳水上和趙國成立盟會，歸還了趙國的邯鄲。

48　《孟子·離婁》上（吳志忠本），7/11。

當著魏國東方軍事正在吃緊之際，秦孝公在魏惠王十七年時（354B.C.）開始發動對魏的攻擊，奪取了河西的少梁，到了魏惠王十九年迳渡河攻取了魏的舊都安邑。到了魏國和齊、趙講和以後，魏國移師反攻，收復了魏的失地。於是魏和秦在彤講和，恢復了戰前的局面。

這時候就一般形勢來說，是魏國控制全局的局面，但魏國的力量還是敵一國有餘，敵天下不足，一定要靠平衡的狀態來維持下去的。魏在實力的比較上還不足以作春秋式的霸主，魏惠王卻有心去做盟會中的霸主，於是在魏惠王二十七年（344B.C.），發起了逢澤之會[49]。

逢澤之會可以說是魏惠王勢力發展的頂點，也可以說是戰國時代連橫局面的開始（這個連橫之局是以魏為中心的，可惜兩年後魏國戰敗，就不能再主持這種局面了）。在逢澤之會當中，除了齊、秦都參加以外，韓、趙、宋、衛、魯各國的國君也都參加，由魏來領導一同去朝周天子，這是黃池之會以後從來未曾有過的大型盟會。

魏惠王的霸業奠定了，論功行賞，魏相白圭因此受封。但是魏惠王似乎得志滿盈，不善於處此過分的順境，因此在逢澤之會後二年發動攻韓，形成了馬陵之戰。

魏惠王二十九年（342B.C.），魏軍攻韓，三戰三勝，直入韓國。韓向齊求救。齊以田忌、田嬰為將，孫臏為軍師，伐魏救韓，魏國也以太子申、龐涓為大將應戰，兩軍相持一年之久。終於齊方的孫臏設計了一個誘敵之策，齊兵假裝退

49　瀧川《考證》：桂陵，「今山東曹州府鉅野縣」；馬陵，「今直隸大名府元城縣東南」；彤，「今陝西同州府華州」。（並見瀧川《史記會注》，44/17-18。）至於逢澤之會，依照楊寬《戰國史》的考訂，其中盟主有異說，據《戰國策·秦》四有詳載，是魏為盟主，而據《史記》〈周本紀〉、〈秦本紀〉及〈六國表〉，則好像是秦為盟主。楊氏用《戰國策》，這是對的，因為《戰國策》為私史，而《史記》〈周本紀〉、〈秦本紀〉及〈六國表〉都是根據《秦記》（沒有別的可據），秦史是故意加以歪曲的。至於逢澤之會的年代，楊氏認《史記·周本紀》作周顯王二十五年（344B.C.），〈秦本紀〉作秦孝公二十年（342B.C.），楊氏因為《戰國策·秦策》五，和〈齊策〉五都認為逢澤之會在馬陵之役前，馬陵之役在魏惠王二十七年十二月開始，即342B.C.，則逢澤之會當以344B.C.為是。（又《史記·六國表》周顯王二十五年「諸侯會」，又是年魏國「丹封名會，丹，魏大臣」。照瀧川解釋，丹為魏相白圭之名，所以白圭以此會受封。）至於《戰國策》所說的，朝天子是一回事，而魏惠王的「乘夏車，稱夏王」又應當別是一事，朝天子在前，事在逢澤之會之時，至於稱夏王，似乎是在逢澤之會以後的事。

卻，沿途減竈，魏國的追兵就鬆懈了警戒。最後到了馬陵附近沿途狹窄的道旁，佈滿了強弩。當集中的魏兵經過時，萬弩齊發。主將龐涓戰死，魏太子被俘，但是因爲重傷的緣故，也不久死亡。魏兵本來是訓練過的精銳之師，自從經過這次大敗之後，精銳完全損失。接著韓、楚和齊、秦四面來進攻。魏國便除去尚能自守以外，再也不能振作起來了。

　　魏國和齊國戰爭之中，損失了精銳的兵員，因而對於西方秦人的進攻，不能有效的防守。最不幸的，是自從秦孝公即位以後(361B.C.，魏惠王十年)的數年中，衛鞅自魏逃到秦國，秦孝公任用了他，實行變法，使得秦從固有的封建組織解放出來，採用魏國實行過的李悝政法，並且執行得更爲徹底些。這就把秦國變成了一個能征善戰的國家 [50]。到秦孝公十二年(350B.C.，魏惠王二十一年)，並且爲著向東方用兵方便的緣故自雍遷都到咸陽。雖然在逢澤之會時，秦也派了公子少官參加，但是到了魏國被齊國擊敗之後，衛鞅就率師伐魏，用詐術俘虜了魏公子卬。雖然在魏惠王三十三年(338B.C.，孝公二十四年)孝公死，衛鞅亦被殺。繼位的秦惠王(是時尚稱惠文君)承襲了富強的基業。秦惠王八年，魏割黃河以西地方入秦，到秦惠王十年，魏再割黃河以西的北部地方，上郡入秦。自此以後，秦、魏就以黃河爲界，重新恢復了春秋時期秦、晉的舊界。並且此時魏的實力漸衰，不能比春秋時的晉，所以秦更爲所欲爲了。

　　秦雖然開始露頭角，但究竟還是一個長時期積弱的國家，不爲其他強國特別重視。這時在一般人認爲舉足輕重的，還是舊日領袖群倫的魏和新起每戰必勝的齊。所以在魏惠王三十七年(334B.C.，齊威王二十四年)，魏惠王和齊威

50　關於秦孝公變法以及攻取的事，見《史記·商君列傳》(瀧川《會注》本，68/1-23)。商君之法在中國的影響是非常大的。後來秦併天下，也以此法為基礎。漢代以後的中國法律，雖有些地方改從輕典，還是以此法為藍本。直到今日，商君之法的精神，仍然無法消除。其中最為影響深遠的，例如「擔保制度」就一直伸延下去，不曾廢止過。《居延漢簡》「葆小張掖有義里」(29.67)就顯示著漢代官方是用人保人的辦法，是從秦法「連坐」而引申出來的。在舊籍中，如《尚書》、《國語》、《左傳》，以及金文中都看不到「連坐」的辦法，甚至於在《周禮》所表現的，「警察國家」的意味相當的重，也沒有「連坐」這個辦法。因為只有未成年人，可以有監護人，嫌疑犯可以被政府監視。至於廣泛的「保任」辦法，等於授權使保人可以監視被保人，對於被保人的私權，受到了嚴重的侵害，這是不公平的。在另一方面，保人連帶負責的範圍太廣，形成了一種「陷阱」，對於保人也是不公平的。在西方法律中，就根本沒有「人保人」的制度。但從另一方面看，也可以看到商君之法，對於中國社會影響之大了。

王在徐州舉行了一次相會，互尊爲王。這時周王已無足輕重，有實力的，加上
楚王，共有齊、楚、魏三個王國，而秦國還不算在內。齊、魏相王，也就表示
魏國採用了惠施的建議，開始了新的連橫局勢。這也可以算連橫的眞正開始[51]。
此後也仍有幾次齊、魏的相會，如魏惠王後元十一年(324B.C.)與齊、韓會平河，
和魏惠王後元十二年(323B.C.)和齊威王在鄧相會。但在此事的次年(322B.C.)
魏相惠施去，走向楚國，而張儀代惠施相魏。就表示著魏國的政策有了一個大
的變化，而秦國的分量也就從此加重了。

四、東方諸國勢力相互抵銷與秦國勢力的增長

從《史記》和《戰國策》看來，戰國只是一個合縱連橫的局面。合縱是六國聯
合排秦，連橫是六國共同事秦。不論合縱或連橫，都是以秦爲中心。這只是戰
國晚期以及漢代的用法，在當時合縱或連橫開始的時候，應當魏國是縱橫的中
心。而合縱或連橫也只是爲魏國爭求與國的打算。當時的國際形勢，秦國只是
列強之一，並未發展成爲一個「超級強國」，不一定是一個必須「迎」或「拒」對象。
魏國連秦固然是「連橫」，魏國連齊也是「連橫」。只有連楚才算「合縱」。再進一
步，撇開了魏國，齊國連秦算是「連橫」，齊國連楚算是「合縱」，才漸漸的與後
來看法相近，這只是時勢發展的結果。只看戰國作合縱連橫的創始者，公孫衍、

51　齊魏相王應當是魏先稱王，是時齊的勢力已經很大，魏不能不承認齊的地位，始有齊
　　魏相王之舉。〈齊策〉五：「蘇秦說齊閔王曰：昔者魏王擁土千里，帶甲三十六萬，
　　恃其強而拔邯鄲，西圍定陽，又從十二諸侯朝天子。以西謀秦，秦王恐之，寢不安席，
　　食不甘味。盡埭中爲戰具，竟爲守備，爲死士置將，以待魏氏。衛鞅謀於秦王曰：……
　　以一秦而敵大魏，恐不如，王何不使臣見魏王，則臣請必北魏矣。秦王許諾。衛鞅見
　　魏王曰：……大王不若北取燕，東伐齊，則趙必從矣；西取秦，南伐楚，則韓必從
　　矣。……大王不如先行王服，然後圖齊楚。魏王說於衛鞅之言也，故身廣公宮，制丹
　　衣柱，建九斿，從七星之旗，此天子之位也，而魏王處之。於是齊楚怒，諸侯奔齊。
　　齊人伐魏，殺其太子，虜其十萬之軍。」(商務排印本，卷12)這一段的敘述，雖然
　　有些誇張，也有一些事實，但魏惠王先樹立一個霸主的資格，拿這個做階梯，再稱王，
　　是其預定的計畫，他決不會因衛鞅的遊說，而突然決定升格。(《周禮》一書甚至可
　　能是魏惠王命人編的，〈冬官〉尚未成書，應是因馬陵之敗而停止。因爲這樣一部大
　　書，具有那樣多的材料，非私人的力量所能辦到。而其時代也應當在魏惠王時，稍後
　　觀念就不同了。)又說衛鞅建議，是先伐齊、秦，這和事實也有出入。魏惠王是伐韓，
　　韓求救於齊，才有馬陵之戰。所以魏的計畫還是預備盡先統一三晉，這和智伯的步驟，
　　仍是一致的。不過此篇所記，其次序是先朝王，次稱王，然後再向鄰邦用兵。用兵失
　　敗才與齊相互稱王，來做下台地步，則與事實相符。

張儀都是魏人[52]，並且都做過魏相，惠施是宋人，但也做過魏相。至於蘇秦那個人，實際上比張儀和公孫衍名望要低，他和張儀並論，是出於漢代初年關東諸侯以下的游士（至早亦不會早過平原、信陵時期）因為有一個「合縱」的需要，才憑空創作出儀、秦並起的物語。這樣就使得戰國中期的真相，被這些小說性的敘述攪得混亂起來。

戰國初年魏國是占有諸侯領袖地位，為當時最強的國家，要維持這個地位，不能純靠戰爭，而是要靠外交手段的，魏惠王輕易的採用戰爭方法，以致消耗了國力，一經戰敗，很難收拾。再加上魏惠王後來年已老邁，也無法振作起來，因此中國的重心就落在齊、秦兩國的頭上。尤其是齊國，威王、宣王、湣王三朝從 357 B.C. 至 284 B.C.，約計七十四年為齊的最盛時期，等到湣王死後，齊再復國，領土和國力都不能和從前比，就不再為中國的重心了。

齊國在春秋時已是強有力的國家，不過齊國賢君不多，而國內封建的負擔也重，只有在齊桓公時期，經過了管仲一番整頓，外面也得到宋襄公的輔助，成為一時的霸主，桓公死後霸業亦衰。齊景公用晏嬰，雖然名著諸侯間，諸侯的領袖還在晉國手中，此後政權漸次奪到陳氏手中。陳齊的桓公是在 375B.C. 篡位自立的，到威王嗣立已經是陳氏的第二代了。

威王是相當振作的，他任用鄒忌為相。其相業幾乎可與以前的管、晏相比擬。而靖郭君田嬰在當時也是很得力的名臣。鄒忌的相業，因為現存的史料不夠，沒有方法明瞭[53]。不過在威王時代應當還有其他的名臣，幫助威王，而不能僅以鄒忌為限，是可以想見的事，至於田忌為將，那又是見於記載的了。

魏惠王時代正是東方和西方諸大國都適逢各有賢君的時期。魏國當然是承

52　《孟子‧滕文公》下：「景春曰：公孫衍、張儀，豈不誠大丈夫哉，一怒而諸侯懼，安居而天下息。」孟子與張儀為同時人，當時只張儀與公孫衍並稱而不及蘇秦。詳見錢穆先生《先秦諸子繫年‧蘇秦考》（頁 285-294）。至惠施為相在白圭之後，見《諸子繫年‧惠施仕魏考》（頁 281-282）。此外法國的馬伯樂 (Henri Maspero) 也曾以為儀秦縱橫之說，為小說性質，發表的時間更早。(見 Henri Maspero: La China Antique, pp. 337-338, Paris, 1927. 又見 Henri Maspero: Le Roman de Sou Tsin, ap, Études asiatiques publiées a locaasion dú 25° anniversaire de 1' École Française d' Extreme-Orient. Publ. E. F. E. O. pp. 127-141.)

53　鄒忌為相事，見《戰國策‧齊策》一 (商務排印本，8/2-30)。又見《史記‧田齊世家》（《會注》本，46/20-24)。

襲兩代舊業，國富兵強。但是東西二鄰國，齊和秦，在不聲不響中整軍經武，勵精圖治，卻被魏惠王輕輕的忽略掉了。秦孝公比魏惠王即位晚九年，齊威王卻比魏惠王晚十四年。這兩個賢君的出現較魏惠王為遲，都是對魏不利的。因為魏國很容易疏忽掉他們，馬陵之戰，魏國輕率的進攻盟國韓國，還是由於疏忽齊、秦的結果。

就齊、秦兩國情況來說，在魏國眼中的分量，應當是秦不如齊的。在上古時代，土地大小固然相當重要，而人口多寡尤其重要，因為人口的數目是兵源也是財源。人口過剩的問題，是中古以後，尤其是近世的事。在上古時代，只有人口缺乏的問題而無人口過剩的問題。這是因為越到古代，衛生及治療的經驗越缺乏，這樣就可能使死亡率比出生率小得有限，甚至於大於出生率，一個國家的人口增加，就會非常遲緩。

當戰國時期生產工具及農業技術都有超時代的進展，因而人力的需要更為顯著，戰國比春秋人口的數量應當已經大量增加，不過比較當時的人力需要，還是不夠。所以一方面主要的國家是在努力「盡地力」，另一方面卻又在努力招徠（或者甚至俘獲）人口。秦孝公元年，也就是魏惠王遷都那一年，大家都在爭著遷都，其中經濟上（尤其在人口增殖及土地開闢兩點上）的意義是不可以忽略的。換句話說，當時爭取的是「富源」，而並非爭取的是「形勢」，富源是經濟上的價值，形勢是軍事上的便利。魏遷都大梁，就軍事上的便利說，不僅遠遜於安邑，並且也遠遜於鄴，因為一點「河山之固」[54] 也沒有。但大梁和鄴來比，大梁卻比鄴在經濟交通上優越。

大梁即現今的開封，現今開封、蘭封一帶，受歷年黃河氾濫之災，成為瘠土。不過古代黃河是從今河南北部（下河內地方）向北流至今天津入海，所以開

---

54 《戰國策》張儀為秦連橫說魏王曰：「魏地方不過千里，卒不過三十萬人，地四平，諸侯四通，條達輻湊，無有名山大川之阻。」（商務本，22/3）這事就後來魏國失掉了許多地方，專就大梁附近來說，是這樣的。因為除去大梁而外，魏尚有河內、河東，都有山川之阻（若加上西河區域，那就更不一樣了）。單就大梁而論，大梁西北，尚有黃河，說沒有大川，是誇張的。不過大梁附近較少山川，難以據守，也是事實。大梁的優點是在黃河三角洲上一個交通重點，一方面是黃河，另一方面是汴渠，貿易便而據守難。古代的情況，和北宋時的情況也有幾種相似之處。直到元代把運河東移，這個情況才改變。

封一帶不受河災，而兗豫區域正是人口集中地區，魏惠王企圖以這個地區爲中心來發展也不是沒有道理的。只是他當時忽視齊、秦兩國的潛勢力，遷都以後和齊國的衝突加深，而對秦國東進的威脅，又不在他注意防範之中，再加上他年紀已大，暮氣漸深，不能和新進的齊、秦齊頭並進，這就注定了魏國漸衰，而齊、秦兩國代起的命運。

齊國在威王時已代魏而形成東方的霸主，到宣王時其霸主地位更爲鞏固。其中最重要的事，還算伐燕並且取燕這件事。

齊宣王伐燕[55] 及齊湣王伐宋兩次戰役，對齊國來說是牽涉到齊國國運的大賭博，並且也牽涉到以後全中國的問題。因爲齊宣王伐燕一事，就齊國的立場來說，如其齊國能鞏固燕國土地的占有，對齊國當然是絕對有利的。但是在齊的政策方面卻犯了一個大錯誤。原來齊國伐燕，是差不多勢如破竹，一舉而下燕，主要原因是由於燕國的政治不得民心，燕人歡迎齊軍的緣故。在齊國方面就不能認定燕國是征服的領土，照傳統的辦法把燕民當成俘虜，而是要盡量的用和平方式去安撫，以求獲得燕民的擁護[56]。按照客觀的形勢，齊國是很容易辦到的。無奈齊師入燕，燕民「簞食壺漿」的歡迎，而齊國方面卻擺出了征服者蠻橫的面孔來。終於燕民叛變，而燕昭王（前王噲之子）被燕人擁立，燕國恢復了一部分的土地。後來燕國因爲事實上的需要，仍然和齊國講和（齊國也征服不了燕），變成了齊國的衛星國。可是到了客觀形勢對齊國不利的時候，燕國便終於倒戈來摧毀齊國。

燕王噲是 320B.C. 立爲王的（當齊宣王卽位的前一年），卽位九年，把王位讓給燕相子之。後來燕太子被人擁戴和子之相攻，燕王噲又暗中幫助太子平，於是燕國大亂，子之殺太子平。齊國乘勢攻入燕國，王噲和子之被殺。王子職

55　《史記》認伐燕為齊湣王，而《孟子》中明明記為齊宣王。孟子為當時的人。《戰國策》且謂孟子說「此文武之事，不可失也」，雖然孟子否認有「勸齊伐燕」之事，《戰國策》根據當時謠傳，不堪憑信，但時代不誤。錢穆的《諸子繫年》及楊寬的《戰國史》均認為是宣王時事，其說可從，參見〈齊伐燕乃宣王六年非湣王十年辨〉（《諸子繫年》頁 365-366）。

56　齊兵入燕，紀律不好，因而失掉民心，不能有效的占領。見《孟子・梁惠王》下（吳志忠本），2/13。

被立爲王，卽燕昭王[57]。這件事情的經過，史籍不詳，其中疑問太多，很值得討論一下。

這其中是有很多問題的。第一是燕王噲爲什麼要禪讓，第二是子之究竟是一個怎樣的人，第三是子之拿到王位以後，燕國的內亂究竟是怎樣一種情況，太子怎樣的得到一些人擁護。這些問題都是燕國局勢的關鍵問題，可是在文獻上卻找不到記述。

燕王噲禪讓一事，除去傳說性的堯舜禪讓以外，在中國歷史上是一個獨一無二的事。如其是受逼迫而禪讓，那子之在燕應掌有大權（和同時趙國主父下的李兌相類似）；如其燕王噲自願禪讓，那子之就應當是一個不平凡的人物。但是燕王噲後來支持太子和子之相爭，那就顯示燕王噲的志願有些勉強[58]，也有些矛盾。所以不論如何，子之在燕國當權，決不是一個短期間的事，而子之相業的成就使他在燕國樹立了聲名和威望，也應當是一個不容否定的事。再加上說客的謀略和遊說，才會形成一個禪讓的局面。

依照歷史上的記述，春秋時代的霸主，全靠名相的輔助，幾乎沒有例外。到戰國初期，也是一樣，這當然可以有理由去解釋，因爲一般君主出身富貴的家庭，生於深宮之中，及長最多亦不過能「馳馬試劍」，不會像一般士族子弟那樣潛心學問並留心觀察社會的變化、民生的疾苦，以及政治上的權詐。這就已經君不能和相相比，再加上君只是從嫡長中承襲，相卻是從許多官吏之中挑選，君的能力不能和相比，更是一個顯然的事。戰國初期正是相爭雄長，全國大勢未定之時，以後的變化正多，因而國相的重要性可以牽涉到廣大的局面。如其國相有所建樹，在當時人的心目中一定也較爲顯著。子之的受禪，應當有其時代的背景存在。

就戰國諸子的引據，子之的名未被人說到，大約不是一個思想家而只是一個行政人才。不過在那時政治的趨向來說，從李悝、申不害，到商鞅，直到時

57　燕昭王爲王子職，非太子平。見注77。

58　依照當時情況看，齊田氏及晉三家，篡奪之事已成習慣，淖齒對齊湣王也是存心篡奪。正如曹丕所說「舜禹之事，吾知之矣」。《孟子》說：「子噲不得與人燕，子之不得受燕於子噲。」其中曲折，決不是那樣簡單的。

代再後的韓非，這些對於行政技術上有貢獻的人，都是法家。（當然對於政治精神的了解，是儒家的孟子而不是法家的韓非，只有孟子才是中外無倫，古今鮮對的人。但因爲孟子的造詣在政略而不是政術，就當時形勢來說，總不免曲高和寡，不切實際。所以戰國時行政技術，應以法家爲主。）所以子之屬於法家型的行政技術家的可能比較大。

這是由於當時時代上的客觀需要是這樣的。當時是一個從封建社會變成官僚社會的過渡時代，舊有的封建組織都成爲政治進步的障礙，所以從春秋以來，新起的強國都是要摧毀舊有貴族階級的。燕和秦一樣，都是舊有的封建國家，一切較爲落後，燕王噲元年，正是秦惠王的後五年，秦國變法的成功，燕國當然是知道的。那麼若想在行政技術上有所成就，其採用較新的途徑，而多少追隨著秦的轍跡是不難想到的。

這種改革是會引起了封建貴族的反抗，因而會形成政治上的問題，以前楚國的吳起和秦國的商鞅都做了改革的犧牲品，甚至於稍後的趙武靈王也有屬於改革中犧牲的疑竇。燕王噲和子之可能是同心的改革者，因爲時勢的不利，也可能被迫而讓位子之，以求壓服國內的政治困難。但是政治的危機並未因讓位而稍減，終於在政治的混亂中引起了鄰國齊師的入侵，而使燕國幾乎亡國。

齊宣王在位十九年（319-301B.C.），齊湣王在位十七年（300-284B.C.）[59]，這三十五年中爲齊、秦並立時期，也就是齊、秦各自發展的時期，只是齊的霸業因爲湣王的失敗而全部瓦解，反而秦的霸業因爲秦未曾失敗而鞏固下來，後來才成爲秦國的獨霸局面。

在齊宣王的十九年中，除對於燕的一部分領土加以控制以外，並且他的戰略是利用三晉來抵抗秦，對三晉做相當的協助，而自己卻是南下對於楚國地區

59　此據錢氏書，楊氏書與錢氏書同，皆以爲宣王在位十九年，湣王僅十七年，湣王時爲300-284B.C.。但錢氏成書在前，故今從錢氏。綜合錢、楊兩氏著作，所用繫年方法實大同小異。即戰國初期繫年，以《竹書紀年》爲主（大致都是根據王國維的《輯校》本），其中魏國及齊國，《史記‧六國表》錯誤最多，魏文侯誤後二十二年，魏武侯誤後十年，魏惠王後元元年，誤爲魏襄王元年。齊國脫悼子及田侯剡兩代（田侯剡爲田侯午所弒，齊史失記此或爲脫誤之原因），以致齊威王、宣王、湣王俱向前推，而湣王又向後多出二十三年，其他韓、燕各國亦有錯誤。以史事推校，實以《紀年》爲正。（楊書不言見及錢書，雖意見不盡同，仍是其可議之處。）

做相當的進展。這是由於齊相靖郭君及孟嘗君兩代相續的政策是這樣的。靖郭君及孟嘗君不是內政的改革者，而是齊國秩序的維持者，可以說在內政方面是右傾而非左傾的，但在外交方面卻寧可聯楚而不聯秦，以後來的名辭來說傾向是合縱的。所以這個時期齊國國勢的確做到相當的成功。

可是到湣王卽位，和宣王就有很大的不同，對於孟嘗君不再信任，因而孟嘗君出亡到國外去。這可能由於孟嘗君勢力太大，功高震主，被湣王疑忌而去。於是在對外政策上，也就多少有點變動。湣王七年時他驅逐周最而用秦五大夫呂禮爲相，這就變成了親秦的路線（在此以前曾經一度請孟嘗君回來，而周最還是繼續孟嘗君的路線），從此對三晉不再援助，秦人在韓、魏兩國卻都有巨大的發展，這就使中原的均勢難以維持了。

在齊宣王時代，秦對於三晉的進攻，並沒有什麼進展。除去秦武王十四年（齊宣王十三年），秦攻取了韓的宜陽並攻取武遂以外，並無甚驚人的事件發生，而宜陽和武遂也只是兩個較大的城邑罷了[60]。到湣王初期，其政策和宣王時尚無大變動，湣王五年，齊尚聯合韓、魏攻秦，秦歸還了韓的武遂和魏的封陵。但是在齊湣王七年，齊的外交政策有一個極顯著的變化。此時趙武靈王已死過五年，而楚懷王留秦不歸，楚頃襄王卽位也是第五年。齊用秦人呂禮爲相，就表示齊與秦在某些地方合作，而齊和秦各在國外取得某些利益。他們的協商條件雖然不能知道，不過按照後來的發展來看，秦人用力攻三晉，而齊也用力攻淮泗的國家。（這表示著齊人所以不能用全力取淮泗，是由於齊人南進則三晉受威脅，秦人大攻三晉，三晉就無力援淮泗了。）這以後數年間的發展是：

湣王 八 年　秦將白起大破韓、魏之師於伊闕，殺二十四萬，虜魏將公孫喜。

60　在秦惠王時代，第一件事是肅清關中的魏國勢力，第二件事是取蜀以增加財富和兵源。到秦武王時便蓄意東進。《戰國策·秦二》：「秦武王謂甘茂曰，寡人欲車通三川以闚周室，而寡人死不朽矣。」甘茂攻宜陽，五月而不能拔，樗里疾、公孫衍爭之於王，王因早與甘茂盟，卒悉起兵，遂拔宜陽（商務排印本，4/3）。又《戰國策·東周策》：「（趙累）曰甘茂，羈旅也，攻宜陽而有功，則周公旦也；無功，則削跡於秦。秦王不聽群臣父兄之議，而攻宜陽，宜陽不拔，秦王恥之，臣故曰拔。」（商務本，1/2）所以宜陽是韓的一個要塞，秦費了很大的氣力才攻下。秦武王所以被謚為武，應當也是從攻下宜陽的觀點來看的。只是秦武王攻下宜陽後不久即死，甘茂也被秦的舊臣排擠，出亡於齊。此外楚也派了景翠救韓，可是秦故意許楚歸還上庸，楚王意志動搖，景翠也在觀望形勢（並見《國策·東周策》及〈秦策二〉），最後秦還是拔取宜陽，打通到三川的後路。

　　湣王 九 年　秦將白起攻韓取宛，攻魏取垣。

　　湣王 十 年　秦將司馬錯攻魏取軹，攻韓取鄧。

　　湣王十一年　秦取魏河東地四百里，取韓武遂地二百里。

　　湣王十二年　秦取魏大小六十一城。

　　湣王十三年　秦與齊互尊爲帝，秦稱西帝，齊稱東帝，但齊用蘇代計取銷帝號，秦亦隨取銷帝號。

　　湣王十四年　秦再取魏垣及曲陽。

　　湣王十五年　秦取魏安邑，齊滅宋。

　　其間秦對魏的蠶食因爲《史記》據的是《秦記》，所以比較詳細，預料齊在滅宋之前，也一定蠶食宋國而對於淮泗各小國亦在蠶食之中，只是秦人記載不詳，現在無法詳知罷了。

　　齊人滅宋的收穫是相當大的，因爲淮水以北的區域，差不多都屬於齊了。齊人當然是躊躇滿志，不過鞏固這一大片土地，需要費相當的氣力。並且齊人滅宋，因爲宋國已是列強之一，宋國向來善於防守，當齊人攻宋之時，在兵員和實力的損失上是非常巨大的。縱然得到了大片土地，消化這大片的土地，使其真正成爲齊國的領土，還需要一個長期和平的時間。這一個長期和平需要齊國努力去爭取，也就是對於鄰國要特別的聯絡。尤其重要的是和宋接境的魏國，首先就受到齊國新領土的威脅。齊國爲爭取魏國，即使分給魏國一些宋國的土地，亦應在所不惜，這就要看齊國當局的態度了。

　　但是齊湣王卻是一個固執而驕傲的人，他決不會及時對於較弱的魏國有所調協，甚至在秦攻魏非常緊急的時候，齊人也不曾救魏。結果在齊人滅宋以後，魏國也就轉入秦國的掌握，齊國變成了孤立的形勢。

　　齊滅宋在286B.C.，次年（285B.C.）秦昭王和楚頃襄王在宛相會，和趙惠文王在中陽相會，於是秦兵來攻，取齊九城。到284B.C.，秦昭王和魏昭王在宜陽相會，和韓釐王在新城相會，燕昭王也入趙去謁見趙王，諸國合縱攻齊之勢立成，但齊湣王以東方天子自居，不曾防範到諸國的傾齊計畫。

　　就在284B.C.這一年之中，秦和趙、魏、韓、燕、楚共攻齊，將齊兵擊敗

於濟水之西。似乎還是秦及三晉爲主力，楚國雖出師，卻態度不同，並未曾參加實際的攻擊行動[61]。等到齊國軍隊在濟西潰敗，秦和三晉之師均暫時停頓，只有燕師追奔逐北，直入臨淄，而齊國就瀕於亡國的境地。

這當然不是出於齊國一般人預料的事。所以變成這種情狀，當然是由於：(1) 燕昭王是一個賢君，樂毅是一個天才的將帥，就當時情況來說，在各國中也很少有這種配合。(2) 齊國的臨淄從來未曾被敵軍威脅過，因此齊人就從來沒有保衛都城的想法。再加上齊湣王滅宋以後把大軍放在南部，北部比較空虛，對於燕國是輕敵的。這樣在燕人一個有力的突擊之下，以楔形突入臨淄，齊王奔逃，各地根本未曾做防守的工作，也隨著潰散。這種情況在三晉就不會有的。長平之戰，邯鄲尚能堅守。濟西之戰，臨淄隨失，實際上燕師並非像秦師那樣精銳，只是樂毅用了一個攻心戰，遂如摧枯拉朽。等到後來莒和卽墨眞的防守一下，燕師也就竟如同強弩之末，一點也施展不上了。

以齊湣王在國際方面的應付來說，雖有錯誤，大致還過得去，並不算一個昏君。只因爲湣王及齊國將相，對於國都防守，毫無經驗，敵軍一到，不能鎮定抵抗，大家都望風而逃，給燕國一個大好機會。從湣王逃走的路線看，是先逃衛，再入魯，然後才到莒，可見是從臨淄西行。那就樂毅大軍可能是沿海的突襲（甚至可能是從海上登陸，襲其無備），所以樂毅是孤軍深入，並未曾與三晉及秦師同時進展。由臨淄入衛國是要經過聊城的，而聊城後來曾爲燕據守，可見齊兵也是可以據守的。所以湣王甚至於還想以聊城爲根據地，收集齊師抵抗，可惜這一點也未曾做到。等到湣王到了莒，莒是替齊國防守的，後來也一直未曾失守。湣王以淖齒爲相，也只是利用淖齒部下的楚軍以爲聲援，楚國大軍並未能開拔到莒（可能淖齒只率領少數的士卒，在莒不算優勢），湣王並未曾有被楚國把莒占領的感覺，湣王的被殺只算是一種政變。等到湣王被殺，淖齒

---

61 據《史記‧田齊世家》（《會注》本，46/41-42）：「四十年，燕、秦、楚、三晉合謀，各出銳師敗我濟西，……燕將樂毅遂入臨淄，盡取齊之寶藏器，湣王出亡之衛，衛君辟宮舍之，稱臣而共其，湣王不遜，衛人侵之，湣王去走鄒魯，有驕色，鄒魯勿內，遂走莒。楚使淖齒將兵救齊，因相齊湣王。齒遂殺齊湣王，而與燕共分齊之侵地鹵器。」瀧川《考證》：「陳子龍曰，觀淖齒救齊，則不同五國也。愚按，淖齒，楚將護湣王者，史誤。」按陳子龍及瀧川略有指示，而出語不詳。一般楚師加入中原事件，多有首鼠兩端、坐觀成敗的意味。秦攻宜陽，楚遣景翠出師，也是態度不明，這一次又是這樣。湣王以淖齒為相，也是為拉攏楚師的政治作用，卻未料及淖齒的野心。淖齒既弒湣王，不久亦被刺。見《戰國策‧齊策六》（商務排印本，3/1）。

也被齊人所殺，在這一個過程中，莒應當有一個時期的混亂，但是莒仍然可以堅守。可見齊國七十餘城一時俱失，只是一種臨時失措的關係。因而後來騎劫挫敗，齊人又收復七十餘城，也就不難看出燕人在齊並沒有什麼穩固的基礎。

　　齊、燕之戰，對於齊、燕兩國都沒有利益，得到好處的，就短期來說是楚、魏，楚、魏兩國共同分取了淮北以東之地；就長期來說是秦。因為楚本來積弱不振，雖得到領土，好處還是有限；魏國早已在齊、秦兩國夾攻之中，不過稍緩一口氣，威脅尚在；秦國卻掃除東方的勁敵，於是戰勝攻取，都是秦國的天下了。

　　當淖齒被殺，齊公室田單曾根據莒城，擊潰了燕師，恢復了齊故地，但在齊襄王在位的十九年中，也只是一個守成之局，沒有什麼發展。到襄王子齊王建即位，他的舅父后勝相齊，完全採取孤立政策，不過問中原諸侯的事，因而秦國逐漸蠶滅各國，齊國未曾有絲毫的援助。等到了最後，王建四十四年之時(221B.C.)，秦國王賁在毫無抵抗之下進入臨淄，把王建俘虜了去[62]。

　　齊國亡了，齊王建被俘了，秦國的政策，當然是不許齊王建再住在齊國以內的。據《戰國策》說齊王建被俘以後，是被秦人置之松柏之間，餓而死。齊人作了一首歌是：

　　　　松耶？柏耶？往建共者，客耶？

　　說王建被餓死，可能有些誇張。不過他是死在俘囚的生活中，那是不成問題的。以此類推，六國之君被秦俘虜的，也可以說都是死在俘囚生活裡的。至於齊國的王族，卻不曾全部被徙到關中，在陳勝起義之後，齊國王族舉事的，形成了一支大力量。一直到漢武帝時代，齊國王族的地主身分似乎還存在。所以徙入關中的豪富，齊諸田和楚昭、屈、景，都還是被徙的對象。至於王建的子孫，似乎只徙到齊國以外，也未曾全部徙到關中，王莽追溯他們王家的祖先到齊王建[63]，

62　《史記》卷46〈田齊世家〉作「秦兵入臨淄，民莫敢格者，王建遂降」。但《戰國策・齊》六，以為王建朝秦，為秦所留，秦遂滅齊。兩說不同。但兩說亦不衝突，因為《戰國策・齊》六，另一節說「后勝相齊，多受秦間金玉，……勸王朝秦，不修攻戰之」。結果王建朝秦被留，而臨淄無戰守之備，就變成「民無敢格者」。

63　見《漢書》68〈元后傳〉（藝文覆《補注》本，頁1703）：「完字敬仲＝齊（按敬仲為諡，非字），齊桓公以為卿，姓田氏，十一世有齊國。……至王建為秦所滅。項羽起，封建孫安為濟北王，至漢興，安失國，齊人謂之王家，因以為氏。」據《史記》94，

他們是從舊齊地後來移至魏郡元城的。這顯示著秦始皇吞併六國以後，所採取的政策，一方面是嚴刑峻法，統制思想，另一方面卻對於六國的貴族還多少採取一點懷柔安撫的辦法。所以王建本人雖然徙到關中囚禁著，他的家族卻還保留著，徙到齊境以外不太遙遠的地方（當然還要監視著），讓齊國的遺民知道他們的王家尚在，藉此可以減少些敵對的心理。依此同樣原則之下，也就不難了解為什麼楚國抗秦的大將，項燕的後人，還可以在楚國住下去。

在七國之中其主動力僅次於秦、齊，而始終維持著大國的資格的，要算楚國了。楚國和其他六國有一個不同之點。其他六國不論怎樣的經過了篡奪和分裂，其王室及百姓的來源，都是周天子治下的部分，楚國卻是曾經長期獨立在周天子之外的。春秋盟會之中，中原霸主的齊桓、晉文，主要是為對付楚國的擴張，依照《左傳》所記「楚人謂乳穀，謂虎於菟」，並且將「穀於菟」聯用成為人名，其辭彙或文法，都顯然和周人所用的雅言有所不同。也就表示楚人的本來語言不是華語，中原國家把楚人認為夷狄，不是毫無根據的。

楚國的王族或楚國的百姓，其言語和文化可能也不是完全一樣的。楚國是個大國，其治下的百姓，還是非常複雜的民族所組成，成為犬牙交錯，或者叫做「插花」的形式[64]。楚人過去本來是商的盟邦，受到深厚中原文化的感染，決不是自周代開始。並且楚公族遷到長江流域以後，逐漸蠶食漢南諸姬。這些漢南諸姬，都在殷函之東，應當為周召分陝之時，周南的故地。後來其國既入於楚，其國的文化當然為楚所吸取。所以到了春秋的時候，不論地方性的語言都是些什麼，在楚國宮廷裡和貴族間一定還是採用華語。當然他們的華語和標準的華語比，是會有些不夠正確之處，但總是華語而不是夷言。這就無怪《楚辭》用韻雖較《詩經》為

亦言田安為故齊王建孫，時齊王族田儋先稱王，田儋死，立齊王建之弟田假為齊王，而田榮亦立田儋子田市為齊王，其後項羽立田安為濟北王，實利用齊王建的王統，成立一個傀儡組織，後田安終被田榮所殺。所謂「漢興失國」，只是田安子孫因為事情太複雜了，來一個籠統的記載。

64　在淮水以南，上古時代各種民族都是定居的民族而非遊牧民族，流動性不大，因而形成民族的分布，也會十分複雜。目前長江下游一帶因為漢化太久，一點痕跡也沒有。漢化滲透稍遲一點的，如湖南省，也只在南部及西部稍稍有一點痕跡。但是最標準的雲南省，就可以看出民族分布交錯的狀況，同樣在法國人如 George Maspero 對於印度支那的調查，從書中所附的地圖看，也一樣的十分複雜。（見 George Maspero: *Un Empire Colonial Française l' Indo-Chine, Paris*, 1929-30.）

寬，卻顯然還是用中原言語來寫，而不曾應用當地民族的土著語言來做基礎了。所以春秋時代，楚國的士大夫和中原人之間，沒有言語上的阻隔，所用的當然是華語而不是楚國的地方語言。當時華語的地位，可能和英語在菲律賓或印度一樣。

這個華化很深的王國，依舊爲中原封建的諸侯所排斥。除齊、晉二邦對楚一直是敵對之外，商朝後裔的宋國對於楚國也未曾建立較好的邦交。楚國東方的吳國，因爲受了晉國的扶持，才強大起來，也形成了楚國的敵國。只有西方的秦國，當春秋末年，吳師入郢，幸虧秦人的救助，楚國才免於覆亡。所以秦、楚之間應當有較好的邦交的。

楚懷王三十年(299B.C.)，對楚來說，可以說是一個最大的轉變。在此以前，大致說來，還算得楚的興盛時期。到懷王三十年以後，懷王入秦和秦來講條件，結果被秦扣留。繼立的頃襄王又是一個不成器的國君，從此楚國就一步一步的衰下去，不能復振。這就使後來的楚人一直思念懷王時代，當秦亡國以後，楚人再立楚後，還要號稱爲懷王的一個原因。

自昭王復國以後，楚國似乎得到新的生命，其中昭王二十七年，惠王五十七年，簡王二十四年，聲王六年，悼王二十一年，肅王十年，宣王三十年，威王十一年，再加上懷王三十年。因爲楚國的國史被秦始皇燒掉，流傳的記載實在太少，可以知道的，就是當這個時期開始，越國滅吳，越國變成了中國東部的大國。但是當句踐死後，越國政治不良，而楚國的政治比較優良，使得越國的領土日益減削。到了楚宣王二十四年(346B.C.)楚人滅越，盡有舊時吳地，直到會稽。於是長江下游包括兩湖兩江之地都成了楚國的領土，楚國就全中國來說，是一個最富有的國家。在文化發展上是有利的，但也養成了奢靡之習。

楚懷王大致說來還是有能力的，原則上對於秦國，還是保持一個距離。秦國對三晉方面的進取過於積極，楚已感到秦的壓力(當然還不能預料秦會滅亡六國)，在初年他並不親秦。可是兩次對秦的戰役都失敗了，第一次，是在懷王十一年五國相約攻秦，懷王並且是縱長，等到五國之兵到了函谷關，就不支而退卻(此次齊兵最後撤走，可見不是齊國搗亂，眞正原因，還不能十分明白)[65]。

65　五國之師伐秦，無功而還，其中似乎無甚勝敗。《戰國策・秦三》說「五國罷成皋」
　　(商務排印本，5/2)，就表示駐在成皋久攻而不下。又〈楚策三〉(16/2)，表示魏損失大，

第二次是秦、韓聯合攻楚，虜楚將屈丐，取楚漢中（楚漢中不是秦漢中，秦漢中為南鄭即西成，在陝西境內，楚漢中即楚上庸，在湖北境內）。因此秦國以後即以漢中為餌，來騙取楚國的合作。楚懷王以後十幾年之中，國家政策就崩潰在上庸問題（或漢中問題）的上面 [66]。

上庸問題就楚國來說，是一個非常嚴重問題。因為上庸地帶接近郢都，上庸一失，郢即暴露在秦軍威脅之下。於是怎樣才可以收復上庸，在當時楚國的朝中，一定是一個非常困難的爭執問題。如其用武力收回，那一定要取得東方各國，齊、韓、魏等國的合作，可是依過去的經驗，東方各國可恃而不可盡恃。如其用和平手段，向秦國交涉退回，那就在國際外交上，受到了秦國的控制，變成俯仰由人。如其秦再用武力爭取上庸，則士氣外援，處處都不堪再用。這在國外就成合縱連橫的爭執，在國內就成為屈原和上官大夫等人的爭執。此時就客觀形勢來說，對秦是有利的。因為秦把上庸操在手中，如其願意憑外交方式歸返上庸，則楚國的算盤當然不會冒著戰爭的危險消耗財力和兵力來爭取不可必得的上庸，所以懷王晚期親秦的路線占了上風，並不是毫無理由的。

秦武王三年（楚懷王二十一年）秦王不聽群臣父兄之議而使甘茂攻韓國的宜陽，確實給楚國以武力收復上庸的機會。宜陽大縣，準備完固，秦兵頓兵於堅城之下，形勢並不太佳。楚國使景翠率兵救宜陽，給秦兵以極大威脅。不過當時懷王的政策，只想以虛聲索還上庸，並無心擊破秦軍，解除西方的恐怖，就演成了一個坐觀成敗的局面。實際上這次宜陽之役，秦國已經使用了全力。如其楚國以重兵襲秦，是會出現第二次「殽之役」的。只可惜楚懷王把和平收回上庸的原則已經決定，即使機會擺在面前也會輕易的放過。終於秦國派馮平到楚，答應歸還楚的上庸，楚也不再盡力援韓了。（此時張儀已死，關於上庸問題，張儀生前可能和楚懷王談過，不過正式騙楚懷王的，是馮平而不是張儀。《國策》和《史記》所載張儀以商於六百里誆楚一事，當由於馮平事申演而成，其事如小說性質，不可信。當然秦確有誆楚之事，只是馮平之名遠遜張儀，因而小說中

欲先對秦講和，並非被擊敗。

66　漢中和上庸都在漢水流域，本來今陝西的南部和今湖北省的西北部是同一的河谷，其間並無明顯的界限。漢代的漢中郡郡治，曾經一度在西成（即陝西興安，見〈仙人唐公房碑〉），也是因為對於東部交通的關係。

的主人成了張儀了。）

　　秦國對於上庸問題既不痛快解決，但也對於楚羈縻不絕。終於在昭襄王二年以秦女爲懷王婦，再於三年（楚懷王二十五年）與楚盟於黃棘，將上庸正式還楚。於是上庸問題暫時獲得解決，而楚的外交也受制於秦了。因爲楚過分走秦的路線，於是在懷王二十六年齊、韓、魏伐楚，楚國以王子質於秦。秦楚上庸的交涉，一拖數年，秦才正式歸還上庸。其中曲折，非常可能由於秦在原則上可以歸還上庸，但不是無條件的，是要楚國解除對齊國的依存關係。《國策》說秦要楚和齊絕交，而楚國絕交後，秦還不信，乃使勇士往罵齊王。其事誠已小說化，但大致說來，秦是不肯無條件歸還上庸的，逼楚絕齊，也多少有事實的根據。自楚、齊之交斷絕，楚國的地位就成爲絕對孤立的狀況。

　　秦孤立楚既已成功，於是秦便和齊、韓、魏聯合起來，來攻楚。楚在這種形勢之下，損失不堪。不用說，上庸又被秦再行奪取了。在楚懷王二十九年之時，楚不堪秦的壓迫，又轉向齊求和，將太子橫爲質於齊，以大軍攻秦，從武關攻入藍田。大戰的結果，仍然是楚師敗潰，殺楚將景缺（可能即當年援宜陽的景翠）。於是懷王又只好親自到秦去求和。秦國此時便把楚懷王扣留起來，懷王後來在秦病死，懷王子橫從齊返楚，立爲楚王，即頃襄王。頃襄王是不振作的，莊辛曾說頃襄王「君王左州侯，左夏侯，輦從鄢陵君與壽陵君，事淫逸侈靡，不恤國事」[67]。那就頃襄王和懷王又自不同。懷王是政策錯誤，頃襄王是生活糜爛。不幸頃襄王在位較長，共有三十六年，也就注定了楚國的滅亡。以後考烈王二十五年，幽王十年，哀王三月。到王負芻立爲楚王，楚已不能支持，五年而秦滅楚。但是這時楚國的抵抗能力還是有的，最先秦王派李信將二十萬人，曾被楚所擊敗，直到秦王令王翦舉傾國之師六十萬人，才能滅楚。就當時的情況來說，如其別的國家能悉心援助，也許情形不同。可惜在戰國時期，國與國間的小型同盟也都沒有忠實的做到，就使秦國有各個擊破的機會了。

　　在三晉之中，因魏據有晉國都城，魏就成了晉國的繼承者，所以以魏最爲重要，其次是趙，因爲趙據有代國的地方向邊疆發展，河套一帶就成爲趙國的延伸，而趙都邯鄲卻是一個充分發展之區。至於韓國，就被擠在中原的一個不

67　見《戰國策・楚策四》，莊辛諫楚頃襄王語（商務排印本，17/1）。

算太大的區域，其發展的可能性，大受限制。使韓國在戰國七雄之中，是一個最弱的國家[68]。戰國時代的戰爭攻取，韓國除去在戰國的初期曾經滅掉春秋殘餘的一個國家——鄭國，以及在桂陵之戰很有效的幫助魏國以外，很少是主動的。可以注意的，還是韓都陽翟在經濟發展中很有地位，直到漢代，陽翟還是在中原算得上一個十分重要的都市。此外關於韓國的領土，還有一個疑問，就是韓的國境可以說只限於今河南中部以及今河南西部，而今河南北部及今山西南部都是屬於魏國的，但是在今山西的東南部，卻還有一個「韓上黨」，和韓國的本國全不相連。這就給予畫韓國地圖的，一個相當的困難。不過這是可以解釋的。因為上黨一區，可能是當時三家分晉時分劃的領土，而不是韓國戰爭攻取的領土。這就形成了「插花地」(如同山東臨清的北面，有些山東地方，完全在河北省境內，情形一樣)。這種類似情況，在歐洲中古封建領主的領土，「插花地」就非常多，因此也就不必懷疑上黨地區的離奇性質了。

趙氏本來是晉國最有勢力的一個卿，自戰國初期趙襄子滅代(代可能為春秋時代的白狄，據有今山西北部，其勢力可能及於內蒙古一帶)[69]，趙的勢力就向北

68　見《史記》卷45〈韓世家〉。韓的地位重要，由於韓控制了三川地方，為秦伐東方各國的孔道。韓的區域大致為漢代的潁川郡、南陽郡及上黨郡的一部分。《戰國策·西周策》說韓魏易地，則韓利於上，魏利於下，因楚趙干涉而未曾成功(見商務排印本，2/3)。已經說「魏有南陽鄭地而過二周」(即魏換得了三川、潁川和南陽)，「韓兼兩上黨以臨趙」(即說韓兼有魏上黨及韓上黨)。這種易地的方式，則魏的河東入於韓，魏保有大梁，而韓則要遷到河東去，彼此都形勢完整。對於軍事上來說，對於韓魏都是有利的，可惜未曾成功。而韓的上黨反成為韓的一個防守負擔。

69　在春秋時期，今山西的北部是白狄的據地，今山西東南部是赤狄的據地。赤狄是「潞」，至於後來稱做「代」則可能為白狄。但在今陝西一帶，也還有白狄。所以《左》成十三，晉呂相絕秦說：「白狄及君同州，君之仇讎而我之婚姻也。」既稱「同州」，那就有一部分白狄不在山西而在陝西了。狄人這種民族，有時也可以寫做「易」，也可以寫做「翟」。據《世本》白狄釐姓，赤狄隗姓，當然就其中著者而言，所包的姓氏不止此。隗即「鬼」亦即「九」，所以鬼方或九方應當和狄有關。至於獫狁，卻似乎不是狄，狁即允，亦即允姓之國，允姓之族本居於瓜州，當在今甘肅西部，但《左》襄十四年，范宣子告姜戎子駒支，姜戎之祖本居瓜州，是姜戎為允姓，允姓為姜姓別支。那就獫狁當為姜戎(或當為羌戎)而不屬於狄這一支了。(所以「薄伐獫狁，至於太原」，這個太原不在今太原，而在今陝西西部或甘肅東部。又此節「主要的是潞」「可能為白狄」「當然就其中著者而言，所包的姓氏不止此」各句，照審閱建議改。)

狄人出現在中國歷史上非常早。商的上代王亥喪牛於易，當然是指狄人。依照狄人和鬼方屬一系的原則，狄人雖有白狄、赤狄(甚至於長狄等)之分，仍有相互關係。而其他山戎、北戎等尚不在內，至於獫狁那就不是狄而是羌了。所以王國維的〈鬼方昆吾獫狁考〉雖然頗有創獲，但西北一帶的戎狄，那就至少有三個系統，或者可以分得

更多些。

至於古代的獯鬻或渾鬻，自亦宜為狄之異名。鬻字與狄字古音本可通用。獯字或渾字可能在北族中為「人」的意思，獯鬻的華話當為「狄人」。甲骨文中有 方，為北方強族，曾有人釋為苦方或二方，但不能與史相應。我在故宮的《慶祝蔣復璁先生七十歲論文集》認為此字當釋為「築」。築字與鬻字古音可通，亦即與狄字、翟字、易字古音可通，而地望亦相符。

此條陳槃先生提出意見云：

> 江永云：「白狄在西河之西，今陝西延安府地也。《傳》云：『余從狄君以田渭濱』，則其地南至渭水。又告秦人云：『白狄及君同州』，是與秦同在雍州也。」(《春秋地理考實》，25/12 a) 案白狄地望，江氏所考近是 (詳拙《春秋大事表・列國爵姓及存滅表譔異》，頁 540-541)。顧炎武云：「(〈趙世家〉)《正義》曰：《地道記》云，恆山在上曲陽西北一百四十里，北行四百五十里得恆山岏，號飛狐口，北則代郡也。《水經注》引梅福上事曰，代谷者，恆山在其南北，塞在其北。谷中之地，上谷在東，代郡在西，此則今之蔚州乃古代國。」(元注：今蔚州東二十里，相傳有代王城。《日知錄》卷 31，代) 清蔚州，即今察哈爾蔚縣。代國地望顧說亦可從 (詳拙著《不見於春秋大事表之方國稿》，頁 124)，白狄與代方位既不同，然則以為一事者，似未可也。

按江永的結論，只能說白狄與秦同在雍州，卻未說白狄的居地只以雍州為限，把雍州以外還有白狄的居地可能，都排除掉。如其江永的論據，在邏輯上不能排除雍州以外還有白狄這一個可能性 (亦即是排除冀州、并州有白狄存在的可能)，江永的論據就似乎無甚意義了。再就《左傳》原文「余從狄君以田渭濱」和「白狄及君同州」兩條來說，也只能證明白狄的疆域到了雍州，卻不能證明白狄的蹤跡一定限在雍州。其「余從狄君以田渭濱」，是不曾供給到任何狄人住地的消息，不僅不能排除狄人住在渭濱以外地方的可能，並且也不能證明渭濱一定為狄人的領土。至於「白狄及君同州」一條這個「及」做「與」字用，雖見於杜注，而杜注卻也不一定完全就符合《左傳》原意。這篇是《左傳》中的〈呂相絕秦〉(成公十三年)，而呂相絕秦又和秦人的〈詛楚文〉措辭造句十分類似。可能是《左傳》直接引用原有書簡，而不是《左傳》作者所敘。因而對於這篇文法的分析，只能以這篇為限，而不便用《左傳》別處的文字來比較。這篇裡面共用了三個「及」字，計為「昔逮我獻公及穆公相好」，「及君之嗣也」，以及「白狄及君同州」，都可以做「以至於」「伸張到」這一類的意義來解釋。「白狄及君同州」固可解為「白狄與君同州」，但也未嘗不可認為「白狄及於與君同州」，亦即有「白狄之境向西伸及與君同州」的命意，那就白狄的主要部分，並不一定非在雍州不可。(譬如《論語・衛靈公篇》「吾猶及史之闕文也」，這個「及」字就和「白狄及君同州」的「及」字可以有類似用法，若改為「與」字，文字仍然可通，可是意義就全然不同了。) 即令及字作與字解，也無法把白狄限在雍州。因為 (一) 雍州的北狄不是不可以在雍州以外還可以據有領土，(二) 白狄本不止一姓 (《春秋表譔異》，頁 508-510)，不能說所有的白狄都在雍州，而沒有到了雍州以外的可能。再就〈呂相絕秦〉這篇的性質說，〈呂相絕秦〉只是一篇對秦人的「檄文」，其中充滿了「外交辭令」，對於經過的事實都有很大的誇張和曲解，並非一個客觀的、嚴格的敘述，其中史料價值是不可以過分高估的。也就是說，這一篇似乎並無太大的強度來糾訂其他客觀敘述性的史料。

其實在槃庵先生著作之中，也並未排除黃河以東，白狄存在的事實。在《春秋大事表譔異》(以下簡稱《譔異》) 中，曾有以下的考證：

冊六，頁 535，廧咎如：「十三年《傳》：『晉侯使呂相絕秦曰，白狄及君同州，君之仇讎而我之昏姻也。』杜解：『季隗，廧咎如赤狄之女也，白狄伐而獲之，納諸文公。』竹添氏曰：『廧咎如即是白狄。若非白狄而獲赤狄之女而納之，豈足為昏姻乎？三年伐廧咎如，討赤狄之餘焉，是赤狄餘民自歸於白狄耳。』案廧咎如為白狄，竹添說是，杜說非也。」

冊六，頁 587，鮮虞：「(始封)，白狄別種。《春秋》昭十二年，晉伐鮮虞，何氏《公羊解詁》：『(晉)不因以大綏諸侯，先之以博愛，而先伐同姓，從親親起，欲以立威行霸。』范氏《穀梁集解》：『鮮虞，姬姓，白狄也。』《疏》：『鮮虞，姬姓白狄也者，《世本》文也。』案楊疏謂鮮虞姬姓之說，出於《世本》。楊氏唐人，當有所據。」

就以上兩條來看，槃庵並未否認在黃河以東有白狄存在過，並未引用〈呂相絕秦〉「白狄及君同州」這一條，認為雍州以外白狄不曾存在，來駁斥竹添及《世本》之說。也就是說，除去雍州境以外，白狄並非沒有存在著的可能。因而江永那一條考證，在邏輯方法上，就有了問題。

廧咎如既然為白狄，那廧咎如的所在地，就值得研討。當然晉文公的出亡，是向東不是向西，所以狄在潞，或潞的附近，沒有問題。在潞附近的地方，晉的疆域在其西，所以廧咎如不應在潞之西。邢及衛在潞之東，所以廧咎如不應在潞之東。周人所屬的溫，原地方在潞之南，所以廧咎如不應在潞之南。只有潞的北部，當今遼縣、武鄉、榆社一帶，當時不是華夏的封國，所以廧咎如應在那一帶。

但是問題來了，這一帶正是《左傳》中的東山皋落氏所在，也就是宅皋狼所在的地方(宅皋狼亦作蔡皋狼)，《戰國策・趙策一》，第二段：「(知伯)又使人之趙，請蔡皋狼之地，趙襄子弗與」，也是一地，或作皋狼，那就是簡稱了)，兩處互相衝突，所以還要做一番解決。

宅皋狼(蔡皋狼)和晉獻公所伐的「東山皋落氏」可能為一個地區的。槃庵在《春秋大事表譔異》第 157 章引洪亮吉《曉讀書齋二錄》上：「〈地理志〉，西河有皋狼縣，今考《左傳》閔公二年，晉伐東山皋落氏，是皋狼係皋落之轉音，非二地也。」槃庵謂「此又一說」，認為：「音轉為皋狼之說，亦可通。」今按皋狼為皋落的音轉，是可以的。不過還要再審核一下，即(一)在音理上是否確實可以音轉，(二)除去聲韻上可以溝通以外，是否還有別的證據。就第一點說，落和狼本雙聲，主要韻相近。而收聲方面，落是入聲字，具有牙音的收聲，而狼是陽聲字，也具有牙音的收聲，所以可以通轉。就第二點說，東山皋落氏不僅應在晉國之東，而且應當在晉以東山脈之中。關於皋落氏，計有三說：(甲)據《水經注・清水注》及《通典》，當在今垣曲縣界內，(乙)據《清一統志》，樂平縣有皋落山，當在今昔陽縣界內，(丙)據《史記・晉世家》張守節《正義》引《上黨記》，在壺關縣城東南山中百五十里的平皋。(見《譔異》頁 521-522) 這三條都不合適。因為據甲說，垣曲縣在中條山中，以晉國位置說，當名為「南山」不應稱為「東山」。據乙說，昔陽在平定縣附近，晉卻在翼，前往昔陽，要走五百多里的山路，其中且多為戎人居地，與情勢不合。若據丙說，壺關在潞城附近，正為狄人住地，晉若再向壺關東南，更非假道於狄人不可，也是不可能的。只因為其地有「平皋」的地名，因而附會上去，當然也是不足為據的。

這是因為東山皋落氏只是歷史上記載的名稱，到戰國時已叫做皋狼，而不再叫做皋落，不曾有流傳有緒的地址傳下來，後人只能以意來指定，其不符事實，也不必驚異。至於皋狼的名稱，現在尚有兩文，可是這兩處都是合理的。據《譔異》頁 521：「皋

擴張。所以戰國時代的趙，是具有兩種不同的性質的：在中原的趙，以邯戰爲中

狼有二：其一，故城在今山西離石縣西北（據《漢書・地理志》西河郡下《補注》云：『永寧州』──州字原誤作縣字，今據《清史稿・地理志》改爲州字──今爲離石縣）。其一，相傳今山西武鄉縣西北五十里有皐狼城（原注：據《地名辭典》，未詳所出）。」現在《地名辭典》的出處，已經查到了。《中國地名大辭典》皐狼條下，所說的武鄉縣西北五十里的原文和清乾隆《大清一統志》是一致的，如下文：

> 皐狼城在武鄉縣西北五十里，相傳智伯求皐狼之地於趙襄子，即此，今爲故城鎮（卷120，沁州）。

但現存較早的史料，卻是《圖書集成》所收的那一條：

> 蔡皐狼城在縣西五十里，即智伯求蔡皐狼之地於趙襄子者，今爲故城鎮（《圖書集成・職方典》354，沁州部）。

這兩條都可能是循相傳舊緒，而非出於後人的懸疑的。因爲漢縣的創立多是沿秦舊制，而秦舊制又多循六國的規畫，所以皐狼的設治，多半是沿故趙國之遺。據漢代的縣名來溯皐狼，應當是最爲可靠的。只是離石在晉國的西北，不在其東。爲了塡「東山皐落氏」這個空白，武鄉一說仍值得重視。又《圖書集成》的〈職方典〉以及《清一統志》都是根據舊的方志（這些方志有的現在已無傳本了），而舊的方志又根據唐代以前的圖經，不可加以忽視的，所以除去離石一條沒有太多問題以外，武鄉這一處的可能性很大。至於有關皐落的四種假設，卻只有昔陽那一條出於方志，還是可以參考，只是不能作爲主要論據罷了。

現在就離石、武鄉、昔陽三處來比較，離石要算做一組，而武鄉和昔陽要算做另一組。因爲武鄉的「故城鎮」是山谷中一個城落可以住人，昔陽的皐落山，卻只是一個山峰，不是可以住人的。所以皐落山可能因皐落氏而得名，卻不能排除皐落氏另外有居住的中心，這個事實的存在。因此就只剩下離石和武鄉兩個皐狼或皐落之墟了。即令此兩處都屬於皐落氏，也不會是同時居住的，而是經過了一度遷徙（此意在《譔異》也提到過）。若是經一度遷徙，應當是武鄉在前面而離石在後，因爲他們如其遷徙過，那是由於晉人通過而退走的，就應當自南而北。如其是自南而北，那就離石是較後的根據地了。所以漢縣設在較後的根據地上，是有理由可溯的。至於在春秋的前半期，那就皐狼（或皐落）自是還以在武鄉（並且其東及於昔陽）爲合理，因爲武鄉對晉國而言，才是東山而不是南山。

如其皐落氏是在武鄉到昔陽一帶，在潞人（狄人）之北就沒有再放置廧咎如的餘地，如其說廧咎如還在更北，那麼狄人（潞人）還要假道於皐落氏來攻廧咎如，更不是一件太可能的事了。除非認爲廧咎如即是皐落氏才可以解決這個問題。

廧咎如和宅皐狼，中間的咎字和皐字，其可以通轉是不成問題的。因爲皐陶即咎繇，這是從來都知道的事。其廧字照高本漢擬定爲 dz^iang，而宅字照高本漢擬定爲 d'ak，因收聲的 ng 和 k 可以通轉，所以廧和宅可以通轉。至於《戰國策》把宅皐狼作蔡皐狼，蔡字應讀若 ts'âd 或 ts'ai，雖沒有牙音的收聲，但皐字的紐（輔音）卻是牙音，若和皐字連讀，仍和宅字的音可以相近，所以也沒有問題。至如字雖然高本漢擬定爲 n'^io，是一個純陰聲字，但董同龢卻已修訂爲 n^iag→n^iwo。其後有一個牙音收聲，所以和狼（lâng）可以通轉，至如輔音部分，n 與 l 同爲舌齒音，問題也沒什麼困難。因此廧咎如和蔡皐狼在音讀上是不會有什麼太大的差異的，只要同在一個地方，就不是不可以同爲一個部族了。

至於宅皋狼（或蔡皋狼）為什麼有時會只用皋狼二字，當然至少可有下列原因：（一）中國對於譯名，往往加以省略，（二）也可能狄人原名的皋狼之前有一個宅字或蔡字作為指示字（如同古代國名前的「有」字），也許更有其他的可能，因為狄人的原名和文法關係現在全然不知道，沒有辦法可以揣度。只要認為宅皋狼、蔡皋狼以及皋狼本是一處，這就夠了。

還有一個問題，就是《史記·秦本紀》的孟增，「是為宅皋狼」。這裡說到了嬴姓與宅皋狼的關係，所以嬴姓的祖先原為宅皋狼的部族。後來嬴姓這一家有寵於商王，又從這個部族出來，他們又形成為隗姓的勢力。再到晉文公出亡赤狄，狄人擄獲了廧咎如兩女，晉文公自取季隗，而以叔隗妻趙衰。其中曲折可能不僅因為趙衰是一個得力的左右，而趙氏和廧咎如本來就有深的淵源，也許是一個原因。

皋狼之族若自東而西徙，到了離石、汾陽一帶，其勢力的分布，也就順便到了黃河之西，漢代的西河郡跨有河東與河西，就區域地理的觀點來說，是合理的。並且西河郡的設立可能溯到戰國時的魏國，而作這個區分辦法，也不是憑空的構想，而是根據了地理形勢和當時人之關係來設置的。

就晉漢間的黃河情況來說，這裡的黃河並不像黃河下游那樣廣闊，至多不過像合川以上的嘉陵江那樣的一個河川，黃河要到朝邑縣以下的三河口，納入涇渭兩水，水量始大。所以上游的交通，黃河並不構成任何阻隔的因素。再檢查一下分層設級的地圖（如同申報館《中國分省地圖》，華岡《中華民國地圖集》等），就知道晉陝間黃河流域的情形和四川嘉陵江流域的情形非常類似。（嘉陵江是長江的一個重要支流，晉陝間黃河也十分類似，只是因為遠在人類歷史以前，黃河本流因為地層上昇被隔斷成為渭水，黃河東北流至河套，侵奪支流，再成為黃河本流，看不出原來支流的痕跡罷了。）嘉陵江兩岸關係之深，是人人都知道的，但陝北和山西關係之深，卻一般為人所忽視。就我自己的觀感來說，我幼小時曾在陝西的鄜縣住過七年，也在陝西吳堡縣的宋家川住過一年，並曾往來過太原與宋家川之間，經過離石、汾陽各處。其中離石、汾陽曾做過東漢及晉魏的西河郡治（參看《譔異》頁541），而鄜州（即今鄜縣）在《通典》中也列入故白狄所居（參看《譔異》頁540），所感到的是晉陝關係之深實遠出一般人所預想。其中宋家川就是從太原到延安的一條主要大道所經。而延安及綏德附近各縣的日用供給，就靠這條大道。至於鄜縣雖然較在延安靠南，可是一般日用品並非自西安販運，而是自晉南的新絳縣販運。甚至在市面上能買到的糕餅，都是從新絳運來的（所謂「絳州點心」），這個事實就說明了人文地理的基礎是自然地理，從唐代的道，宋代的路以至於今日的省，都是為行政上的方便而設，若用道界以及省界來做人文地理的畫分，並以此來論古史，有時未必盡能適合的。

當然，以河為界的不僅是省界，相傳〈禹貢〉九州之界，也是主要以河川為界。在〈呂相絕秦〉中的同「州」，州的意義不明，不過在《左傳》之中，襄公四年已有「芒芒禹跡，畫為九州」的話，牽涉到九州思想的出現。以現在不完備的資料來說，九州的觀念也許很早，州是水包圍著的陸地，九只代表一個虛擬的多數（見汪中〈釋三九〉）。九州自然可以指中原，但區畫九州的境界，更擬定九州的命名，不僅不會太早，而且九州的名稱或界線的擬定，也必然諸家互異。當然，試擬九州的區畫，以重要的河川為主要界線，卻是一個各家共同的原則。四瀆：江、淮、河、濟，至少在春秋戰國之時，是應當被公認的。以此為綱領，幾個主要的「州」，總可以分畫出來。

就四瀆而言，無疑的，黃河在華夏文明之中，是一個最重要的河川。那就黃河的東和黃河的北，自然形成了「冀州」，黃河和濟水之間，自然形成了兗州；黃河之南，自

心，是華化很深的區域，不僅經濟方面有較高的發展，同時也是中原音樂和舞蹈

然形成了豫州；而黃河之西，自然形成了雍州。以這四個州為基本，再加上長江中游的荊州和長江下游的揚州，已形成了六州之數，其他的三州，湊一湊也就湊出來了。所以就人文的形態來說，就民族的分布來說，就交通的道路來說，黃河不是可做界線的，但若依九州的思想，來假設古代的區畫，黃河卻是一個最重要的分界。當呂相絕秦之時，已快到春秋之末，不論九州是否有過擬定的區畫或命名，白狄雖然未必和晉「異州」，只要白狄的蹤跡過了黃河，晉人當然可以引據九州而說「及君同州」這一句話。

這裡並非說河流對於人類毫無分隔的作用。譬如武昌和漢口，重慶和江北，天津市和天津的河北，廣州和廣州的河南，以至於萬華和三重埔，還是多少具有分隔的作用。但從別一方面看，河流不僅有分隔的作用，也還有聯絡的作用，這就夠了。

顯然的，狄和晉的關係是還超過秦以上的。從《左傳》看來，狄和晉的敘述，是直接的關係。而和秦的關係，卻只有從〈呂相絕秦〉這篇敘述找出來。但這篇仍然是出於晉人之口而非出於秦人之口，也就很清楚的意識到，狄人對於晉人的分量，還是超過狄人對秦人的分量的。《左傳》莊公二十八年：「狄之廣莫於晉為都，晉之啟土，不亦宜乎？」這個狄字當然包括了赤狄和白狄，白狄和赤狄雖然別為部落，卻還是一種族，我們無法勉強把山西全省認為只有赤狄，而把白狄限於陝西。《春秋》宣公八年「白狄及晉平」，而《春秋》中秦與白狄的關係，未著一字。這個「白狄」自然是在今山西境內。而非江慎修所設想的，全部都在黃河以西的白狄。《左傳》僖公三十三年：「晉侯敗狄於箕城，郤缺獲白狄子。」箕城據《水經注·過水注》：「水自蔣溪西北流，西逕箕城北，……杜預《釋地》曰，城在陽邑南水北，即陽邑故城也。」陽邑據《清一統志》，今太谷縣東南十五里。其地正在晉陽、榆次附近，與赤狄集中之區域，正相連接，所以山西境內曾經有過白狄，是一個不需疑問的事。

在山西和河北之間，有鮮虞、肥和鼓三個國，這三個國都是白狄。《春秋》昭公十二年：「晉伐鮮虞」，范氏《穀梁集解》：「鮮虞，姬姓，白狄也。」《疏》：「鮮虞姬姓白狄者，《世本》文也。」《左傳》昭公十二年杜《注》：「肥，白狄也，……鉅鹿下曲陽縣西，有肥累城。」又《左傳》昭公十五年：「荀吳伐鮮虞，圍鼓」，杜《注》：「鼓，白狄之別，鉅鹿下曲陽縣有鼓聚」。鮮虞即戰國時的中山國，都城在今河北正定縣西北，靈壽縣附近，肥在今河北 城縣西七里；鼓在今河北晉縣（並見《譔異》），其地正當現在正太鐵路到山西的出口上。和汾陽、離石正在山谷的出口上，遙遙相對，其中只隔一個晉陽平原。而晉陽在春秋時代前期，又非晉人的城邑。這片原來是廣漠的狄疆，因於晉人的啟土，才成為晉人的居留地。所以鮮虞及肥、鼓，與河西的白狄，本是一事。雖因晉陽屬晉，中斷為二，而其為白狄則一，談到白狄時自不宜把東部的白狄除外。

現在再談赤狄的領域和他們的活動。在春秋時代，赤狄活動的記載是從魯閔公時期開始，到魯成公晉人滅潞為止。《左傳》閔公元年：「狄人伐邢，管敬仲言於齊侯。……齊人救邢。」《春秋》閔公二年：「狄入衛。」《左傳》：「十二月狄人伐衛。……及狄人戰於熒澤，衛師敗績。遂滅衛。……衛之遺民男女七百有三人，益以共滕之民為五千人，立戴公以廬於曹。」《注》：「共及滕，衛別邑。」此滕非滕國之滕。自衛都逃出遺民七百餘人，加共滕二邑之民共為五千人。僖公元年《經》：「齊師、宋師、曹伯次於聶北救邢，邢遷於夷儀，齊師、宋師、曹師城邢。」《左傳》僖公五年：「寺人披伐蒲，重耳遂出奔翟。」《左傳》僖公八年：「晉里克帥師……敗狄於采桑。夏，狄伐晉，報采桑之役也」。《春秋經》僖公十年：「狄滅溫，溫子奔衛。」《左

傳》僖公十二年：「諸侯城衛楚丘之郭，懼狄難也。」《左傳》僖十五年：「狄侵晉，取狐、廚、受、鐸，涉汾及昆都，因晉敗也（惠公敗於秦）。」《春秋經》僖十八年：「狄人，邢人伐衛。」（孔《疏》「夷狄既無爵命，非有君臣之別，文多稱戎稱狄。」案《論語》曾言「夷狄之有君」，〈曲禮〉也說過：「雖大曰子」，所以夷狄之君，仍可稱子，此稱人，只是一個「外之」的書法。）《左傳》僖二十三年：「晉公子重耳之及於難也……遂奔狄……過衛。衛文公不禮焉（案衛與狄為讎，重耳自狄來，故衛不加禮）。……及齊，齊桓公妻之。」《春秋經》僖二十四年：「狄伐鄭。」《左傳》僖二十四年：「狄伐鄭，取櫟，王德狄人，將立其女為后（狄女隗氏，見下文）。……王替隗氏。……秋頹叔桃子奉大叔以狄師伐周，大敗周師……王出適鄭，處於氾，大叔以隗氏居於溫。」《經》僖三十年「狄侵齊」。《經》三十二年：「衛人及狄盟。」《經》僖三十六年：「秋，狄侵我西鄙。」《經》文九年：「冬，狄侵宋。」《左傳》文公十一年：「敗狄於鹹，獲長狄僑如……晉之滅潞也，獲僑如之弟焚如（事在宣公十五年）。」《春秋經》宣三年：「赤狄侵齊（又四年，《經》同）。」《左傳》宣六年：「赤狄伐晉，圍懷及邢丘。晉侯欲伐之。中行桓子曰：使疾其民，以盈其貫，將可殪也。」《左傳》宣七年：「赤狄侵晉，取向陰之禾。」（《注》：「晉用桓子謀，故縱狄。」）《春秋經》宣十一年：「晉侯會狄於攢函。」《左傳》：「晉郤成子求成於眾狄，疾赤狄之役，遂服於晉。（《注》：「赤狄潞氏最強，服役眾狄。」）秋，會於攢函，眾狄服。」《春秋經》宣公十五年：「六月癸卯，晉師滅赤狄、潞氏，以潞子嬰兒歸。」《左傳》宣公十五年：「六月癸卯，晉荀林父敗赤狄於曲梁。辛亥滅潞。……秋七月晉侯治兵於稷，以略狄土。」《經》宣十六年：「春王正月，晉人滅赤狄甲氏，及留吁。」從以上各條來看，從春秋初期赤狄強大以迄於赤狄的滅亡，其間至少有幾個重點：（一）赤狄的區域是以上黨地方為主，其中包括若干部落，而以潞為中心。其中領導的國家是潞。（二）赤狄的軍力所及，第一線是邢、衛、溫，以及晉，第二線是鄭和周以及齊，第三線再旁及於魯和宋。（三）晉滅潞時，潞的勢力尚未衰退，只是晉用一種策略，使狄過分用他們的力量，使狄的人民及衛星屬部感到疲倦時，然後用分化的辦法，使狄人的人民及屬部叛離，再行用兵。同時在狄亡國時，潞子已失掉權力，當政的酆舒是一個跋扈的權臣，這當然也是個好的機會（事見《左傳》宣十五年，文繁今不引）。《春秋》所記赤狄的活動較白狄為多，因為赤狄更為接近中原之故。至少從商代起，狄人（隗姓之戎或鬼方）就是商代的大敵，鬼方的地望雖然至今尚有爭論，不過商都在春秋時的衛地，和上黨正相接壤。商人雖征伐鬼方有所克摧，似乎並未能進入上黨的中心地帶，直到晉人滅潞，才算對上黨的控制，告一段落。這一件事當然是漢語民族和非漢語民族間的一件大事。

滅潞以後，所有上黨一帶的狄人就服屬於晉，所以在《左傳》上的記載，如同宣十五年「晉侯賞桓子狄臣千室」，成公二年「齊侯免，求丑父，三入三出，每出，齊師以率。退入於狄卒，狄卒皆抽戈楯冒之。以入于衛師，衛師免之。」注：「狄卒，狄人從晉討齊者。」至昭公三年：「晉人執季蔡意如，以幕蒙之，使狄人守之。」當以狄人從軍。這當然對於上黨的華化是有用處的。

當然在晉人滅潞之時，赤狄的遺民除去服屬於晉以外，還有逃到別的狄人部落的。《左傳》成公三年：「晉郤克、衛孫良夫伐廧咎如，討赤狄之餘焉。咎如潰，上失民也。」照傳統的解釋，廧咎如和「赤狄之餘」是兩回事。杜《注》：「宣十五年，晉滅赤狄潞氏，其餘民散入廧咎如，故討之。」孔《疏》對於「赤狄之餘」雖然認為有劉炫的異說，但加以思辨，仍以杜氏所說為正（原文太繁，在此不引）。也就是說廧咎如只是納赤狄餘民，而廧咎如本族卻並非赤狄。《左傳》成十三年杜《注》：「季隗，廧咎如赤狄之女也，白狄伐而獲之，納諸文公。」這裡杜《注》有一個筆誤，當為「季隗，

的中心；至於北部以舊代國為中心的，卻是一個胡化的區域，產馬匹、習戰陣，和邯鄲附近形成了完全不同的作風。在戰國晚期趙國所以能夠勉強抗秦，也自然依靠這種地區所形成的軍事訓練。

趙國最著名的事，是武靈王胡服騎射。本來中國人服牛乘馬是很早的事。單

廧咎如白狄之女也，赤狄伐而獲之，納諸文公」，才與婚姻事相符。竹添光鴻的《左氏會箋》有所糾正，實際上白狄和赤狄顛倒，當是鈔寫時誤字，決非杜氏原意。槃庵在《諟異》頁535，亦同意竹添氏說，這是對的。至於《諟異》頁555說：「潞氏為赤狄別種，東山皋落氏，廧咎如，甲氏，留吁，鐸辰並然。」未加申說，前後語意不同，當是偶有不照。今依事推究，自以頁535為正。若以廧咎如為白狄，那就從河北的正定、山西的武鄉、離石，再到陝西的綏德、膚施正好聯成一線。這對於古代民族分布的了解，不是沒有用處的。

白狄和赤狄的分際說明以外，今再談及代國的問題。代字與易字，音義兩方俱近，所以代、易二字可以互通。《漢書・食貨志》上：「一□三畎，歲代處，故曰代田」，《注》師古曰：「代，易也」。揚雄《方言》十注：「凡以異語相易，謂之代也。」這都是易和代可以相通的例證。代字從人以弋得聲，所以本來是一個入聲字，《管子》四十二〈勢篇〉：「未得天極，則隱於德，已得天極，則致其力，既成其功，順守其從，人不能代。」直到揚雄《太玄》，當作入聲，如：「將軍入虛，莫之得也，出陰登丘，莫之代也。」把代字讀作去聲，是中古音的讀法。戰國時的代字應當讀如「德」或讀如「直」的，「直」字據董同龢的古音表應當是 d'i^ek，而易字是 diek，狄字是 d'iek，代字與易字和狄字在古音上可以通轉，是不成問題的。所以「代國」即是「易國」，而易國也就是狄國了。晉陽舊為狄疆，漢初封代王桓於晉陽，以晉陽為代，並非沒有根據的。

其實代之為翟，在《史記・趙世家》亦可找到。〈趙世家〉：「當道者曰，主君之子，將克二國於翟，皆子姓也（《正義》：謂代及智氏也）。簡子曰，吾見兒在帝側，帝屬我一翟犬，曰：及而子之長以賜之……當道者曰，兒，主君之子也，翟犬者，代之先也，主君之子且必有代。」這裡已經顯然指明了代是翟。到了趙襄子時，就滅代。代國的主要部分是漢時的代郡，代郡治桑乾，據《清一統志》，在今蔚縣東北（這也是距出土動物裝飾銅器的渾源縣不遠的地方），而代郡的疆域及於山西大同附近。此外代地應尚有雁門郡及上谷郡的大部分，因為以區域地理的原則來說也應當為故代國舊疆。不過無論如何，代國正在中山之北，相距不遠。在春秋之世，已經大致把狄分為赤狄和白狄二組。這種分組方法當見不得精確，只是一個為方便設想的分組。所以不論白狄或赤狄，都包括了不同的姓氏，而同一個姓氏的狄，又可分隸兩組（如隗氏就是顯然的例子），現在分析的結果，可以看出來，中國人以潞國及其役屬各部為赤狄，其他多被認為白狄。代國之狄似乎沒有屬於赤狄的可能，如其不加分別則已，如其以方位來區分，那就應當算作白狄的一部分的。

對於槃庵提出的啟示，主要的應該有三點。第一，代國是否是狄人？第二，白狄是否曾在今山西境內及其以東居住的事實？第三，代人是否可以算做白狄的一部分？在這三點之中，第一點，代人當然是狄，不成問題。第二點，白狄在山西境內及其以東確實居住過，江慎修的議論，失之草率。第三，代在原稿之上，應當加上「可能」二字。

騎在中國古代有過沒有，尚有爭論 70。不過從殷墟的考古來論斷，商代確已有單騎這件事。因而《詩經》的「古公亶父，來朝走馬」，認爲是單騎，也沒有什麼不合理了。趙武靈王胡服騎射一件事應當和後代人的想法略有不同。這件事並非是「單騎」的創始，而是騎兵列陣的創始。中國古代縱有單騎，但用在戰場陣勢上，卻只以車陣爲限。車陣的長處是堅強，而短處是笨拙。與胡人相遇，就只能守而不能攻。這在《史記》、《戰國策》上，看不出所以然。但從《漢書》的〈衛霍傳〉及〈匈奴傳〉來看，卻是比較清楚的。漢代對於匈奴，攻戰時用騎而堅守時就偶然用到兵車 71，趙武靈王希望在北方開闢領土，所以就有利用騎兵的必要，胡服是和騎兵作戰配合的，也有其必要性。

趙武靈王是在周顯王四十四年即位(325B.C.)，在這個時期也就是齊伐燕取燕的時期。趙國對於燕、齊間的問題，似乎並不大過問，而只專心去在北疆開闢疆土，也正是趙襄子以來相傳的政策。胡服騎射的目的，似乎不僅爲著北進，而是採取了胡人的長處，北滅中山，並且向西利用陝北高原的形勢南下窺秦，比較從函谷西進要方便得多。只可惜武靈王滅中山以後，就因內變早死，以致未竟其業，否則戰國形勢就可能改變了。

趙武靈王是在十九年(307B.C.)採用胡服騎射，並開始略取中山的領土及胡地。到二十八年(298B.C.)傳位於少子何，而武靈王自稱爲「主父」，其實這一個決定很不公平。後來武靈王發現了自己的錯誤，又支持長子公子章，因而又激起了公子章的野心，首先叛變。李兌自外定亂，公子章逃入主父宮中，李兌殺公子章，主父也被困致死。從此以後李兌當政，受封爲奉陽君，視趙王如傀儡 72，

---

70 單騎的爭論，見顧炎武《日知錄》卷29(商務《國學基本叢書》本，第五冊上，頁79)，又商代單騎的討論見石璋如：〈殷代的弓與馬〉(《史語集刊》第 35 本)。

71 兵車在上古時代曾經有過戰鬥的效用，不過行動受限制很大，逐漸歸於廢棄。到漢代以後就不再使用了。見勞榦：〈論魯西畫像三石〉(《史語集刊》第 8 本，頁 115)。

72 《戰國策·趙二》，言：「奉陽君妒大王不得任事」，此雖假託蘇秦之言，但李兌既弒趙武靈王，當其當政時，決不能使趙王親理政事，則所言大王不得任事，亦是實情。此種情況，必待李兌(奉陽君)死後，方能改變。但趙惠文王爲武靈王寵妃吳氏所生。吳妃的入趙，生惠文王，據《史記·六國表》，在趙武靈王十六年，其生平原君至早應在武靈王十八年，那就政變時平原君小於十四歲。至〈六國表〉在惠文王元年記「以公子勝爲相，封平原君」，此時趙勝不過九歲，無爲相的可能。惠文王即位時的年齡大致爲十一歲，當然不能親政，執政的人大致是肥義，所以公子章作亂先殺肥義，到了平亂以後，政權就在李兌之手了。

趙國也不能再振作了。

　　戰國四公子之一，趙國的平原君趙勝是趙惠文王(公子何)之弟，後來在趙國很有力量。不過他受封爲平原君，應當在惠文王的晚期。惠文王三十三年卒，次年爲孝成王元年，始以平原君爲相。惠文王已爲武靈王幼子，平原君更爲惠文王弟，在趙國公子章之變時，惠文王年歲已是相當的幼，那平原君年歲就更小了。再過二十九年，平原君開始當政，就年歲算來，是比較合理的。如其趙國內亂時平原君是十四歲，這時平原君大致是四十二歲了。

　　平原君和稍前的孟嘗君(齊的田文)，以及和同時的魏信陵君(魏無忌)，楚春申君(黃歇，也可能是楚的公族)[73]，並稱四公子，其所以得名，除去都是公族的公子以外，更重要的因素是「養士」。他們都召集了不同性質的食客，多至三千人。這些食客們就成爲四公子的宣傳者。稍後，秦國的呂不韋(文信侯)也以養士著稱，只是沒有被加入四公子之列。這種養士的風氣，直到漢朝初期尚沿襲下來，如同梁孝王及淮南王安也都以養士著稱，不過時代究竟不同，所收到的效用也不如戰國時代了。

　　在《史記》的〈平原君列傳〉中，司馬遷的評論說：「平原君翩翩濁世之佳公子也。然未睹大體。鄙語曰『利令智昏』，平原君貪馮亭邪說，使趙陷長平兵四十餘萬衆，邯鄲幾亡。」這個評論是不夠深刻的。平原君的問題，是當時趙國應當澄清內政，整飭軍備，而不是豢養游士，以取虛譽。上黨地方形勢險要，爲著趙自己的國防設想，如有機會收取，自不宜輕易讓給秦，使秦兵從太行東下，直搗邯鄲。說是「利令智昏」，是不太公平的。其次平原君的錯誤不是接受馮亭，而是錯誤在棄廉頗而用趙括。這種判斷當然也是不容易的，但也不能放棄「春秋責備賢者」的原則。

　　平原君在趙孝成王十五年死(251B.C.)，死後十三年而趙王遷繼趙悼襄王嗣位(趙王遷娟妓之子，悼襄王廢嫡子趙嘉而以遷爲太子)。遷信讒，殺名將李牧，於是秦在趙王七年大破趙軍，虜趙王遷而去。故太子趙嘉在北方自立爲代王，但趙國已經殘破，無力抗拒秦軍，代王嘉立六年，代國也被秦所滅。

　　七雄之中最偏僻的是燕。在春秋時代的盟會，燕是未曾加入的，這並不表示

73　孟嘗君、信陵君、平原君皆王族。至於春申君，也應當認為王族為是。參見錢穆《先秦諸子繫年・春申君乃頃襄王弟，不以游士致顯辨》。

燕在春秋時代是一個微弱不足道的國家，而是春秋時代是一個從齊、楚對立變爲一個晉、楚對立的時代，燕國的敵國外患是從西北方過來的戎狄，因此可能對參加中原盟會去對付楚不太熱心，雖偶有記載可是相當的少。

《詩經‧大雅‧韓奕篇》說：

> 溥彼韓城，燕師所完，以先祖受命，因時百蠻。王錫韓侯，其追其貊，奄受北國，因以其伯。實墉實壑，實畝實藉，獻其貔皮，赤豹黃羆。

燕師的燕，鄭玄認爲燕是太平時候，燕師是平時所發的師旅，甚爲牽強。遠不如《詩經正義》引王肅說，把燕認爲「北燕」比較通順。到了朱熹作《詩集傳》，也採用王肅而不採取鄭玄，這是對的 74。如其燕師爲北燕之師，那就對於「奄受北國」的「北」字，也毫無障礙。因爲韓國所防的爲北方蠻夷，而爲方伯，則與北燕正在同一方位上。尤其把貊解作朝鮮半島的濊貊也在疆界上沒有甚麼困難。這首詩是在宣王時代的，也就證明了燕國在宣王時已是大國。本來周、召同功，燕國也就不能比較周公後人的魯國相差太遠。

當〈韓奕〉詩做的時候，燕國是惠侯（召公十世孫）當政 75，到了齊桓公同時，燕國的君是莊公，遭山戎侵犯，齊桓公救燕，始得與中國再聯絡 76。這以後也偶見於《春秋》。只是地處偏北，和中原關係不多，所以記載較少。不過燕國確爲召公之裔，周之宗親，這是不會有什麼疑點的。在金文中燕國亦稱爲郾 77。所以燕國的舊封不僅在河南延津附近的舊南燕縣有其可能，而且河南郾城附近的故秦郾縣也非沒有這個可能。

74　鄭玄因惑於韓在關中之說，不敢釋「燕」爲北燕。但解釋「燕師」爲平時，本屬曲解。而且貊明明在東，並無在周邊居之事。況「奄受北國，因以其伯」，更非在東北不可。韓如在周畿內，北國無使韓「奄受」的可能。至於韓爲「畿內」之方「伯」，更不可想像。近大韓民國學者即指三韓之韓，亦即「韓奕」之韓，其言可據。

75　見《史記‧燕召公世家》。

76　《春秋穀梁傳》莊公十三年：「燕，周之分子也，貢職不至，山戎爲之伐矣。」范寧《注》：「言中山戎爲害，伐擊燕，使之隔絕於周室。」以後燕和齊，仍有來往。《春秋經》昭三年：「北燕伯款奔齊」，六年：「齊伐北燕」，以納其君入燕。

77　《說文古籀補》及《金文編》在郾字下均收有郾王戈，但仍無法證明郾王即是燕王。此項郾王戈，據說是河北易縣燕下都發現的，尚無確證。民國六十三年在遼寧北票發現了郾王職戈，據楊寬說燕昭王當名職不當名平，在此證實，見《考古》七三年四月份〈燕王職戈考釋〉。

　　到了易王元年（332 B.C.），至易王十年，燕君自稱爲王。這裡可以看出燕國在遼東所據的土地相當廣闊，因而有自稱爲王的資格了。到了易王子燕王噲嗣位（320B.C.），次年當爲齊宣王元年。王噲三年時以國讓其相子之，燕國大亂，太子平及將軍市被攻子之，因構難數月不決。齊宣王使匡章將兵伐燕，燕士卒不戰，齊兵入燕，燕王噲、燕相之子、燕太子平並死，齊遂取燕。

　　此時趙武靈王聞燕亂，召公子職於韓，立以爲燕王（《史記 · 趙世家》），這就是後來的燕昭王 78。當這個時候，齊國似乎尚未能對燕國的全境做一個全盤有效的控制，而燕就乘這個未定局面之中，藉著趙國的支援，做復國的工作 79。到了昭王二十八年（285B.C.，齊湣王十六年）以樂毅爲上將軍，與秦、楚、三晉合謀伐齊，齊兵大敗，湣王走死。燕兵入臨淄，盡取齊國的七十餘城。只有聊城、莒、卽墨三城未下。

　　昭王三十三年卒，子惠王立，不用樂毅，齊田單自莒反攻，又盡復齊地。惠王立七年卒，燕王喜立。至燕王喜二十七年（228B.C.）秦滅趙，趙公子嘉自立爲代王。二十八年，太子使荊軻獻督亢地圖於秦，因圖襲刺秦王，不克。秦使將軍王翦擊燕。二十九年，秦拔燕的都城薊（今北平），燕王逃往遼東。三十三年，秦取遼東，虜燕王喜。

附 戰 國 年 表

　　本表因周威烈王 23 年以後較爲複雜，故從此年開始，未從周元王元年開始。

　　西 元 前　周 紀 年　列　　國　　紀　　年

78　關於燕昭王名平抑是名職一事，司馬貞《史記索隱》曾有討論，司馬貞說：「按上文太子平攻子之，而〈年表〉又云：『君噲，及太子，相子之皆死。』《紀年》又云：『子之殺公子平』，今此云立太子平，是爲燕昭王，則〈年表〉《紀年》皆謬也。而〈趙系家〉云（按司馬貞唐人，避太宗諱稱世家爲系家）：『武靈王聞燕亂，召公子職於韓，立以爲燕王，使樂池送之。』裴駰以此系家無趙送公子職之事，當是遙立職而送之，事竟不就，則昭王名平，非職明矣。進退參詳，是〈年表〉既誤，《紀年》因之而妄說耳。」按裴駰《集解》在〈趙世家〉中說：「當是趙聞燕亂，遙立職爲王，縱使樂池送之，竟不能就。」是裴駰及司馬貞都是以公子職雖然爲趙所立，至竟不能入燕國，以後燕國之昭王仍爲公子平。但假如公子職不能入燕國，而以寓公在趙終其身，則公子職之兵器決不可能在燕下都發現，更遠在遼寧發現。而且現在發現燕國兵器皆是「燕王職」所作，是燕王職時曾大量鑄兵，非有相當權力而且相當長時期不可，可知子之殺太子平是事實，而後來立爲王的，是燕王噲其他的公子，曾在韓爲質子的公子職。

79　朱熹《詩經集傳》：「燕，召公之國也。」

403 周威烈王 23 年　　　秦 簡 公 12　　魏 文 侯 44　　韓 景 侯 6　　趙 烈 侯 6

　　　楚聲王 5　　齊田和 3　　燕簡公 12

401	周安王元年	楚悼王元	
399	周安王 3 年	韓烈侯元	
396	周安王 6 年	魏武侯元	秦惠公元
386	周安王 16 年	趙敬侯元	
384	周安王 18 年	齊田剡元	秦獻公元
380	周安王 22 年	楚肅王元	
376	周安王 26 年	韓哀侯元	
375	周烈王元年	齊田午(桓公)元	
374	周烈王 2 年	趙成侯元	韓懿侯元
370	周烈王 6 年	魏惠王元	
369	周烈王 7 年	楚宣王元	燕桓公元
368	周顯王元年		
362	周顯王 7 年	韓昭侯元	
361	周顯王 8 年	秦孝公元	燕文公元
357	周顯王 12 年	齊威王元	
339	周顯王 30 年	楚威王元	
337	周顯王 32 年	秦惠王元	宋王偃元
334	周顯王 35 年	魏惠王後元	
332	周顯王 37 年	韓宣惠王元	燕易王元
328	周顯王 41 年	楚懷王元	
325	周顯王 44 年	趙武靈王元	
318	周慎靚王元年	魏襄王元	燕王噲元
317	周慎靚王 2 年	齊宣王元	
314	周赧王元年		
311	周赧王 5 年	韓襄王元	燕昭王元
310	周赧王 6 年	秦武王元	
306	周赧王 9 年	秦昭襄王元	

300	周赧王 15 年	齊湣王元			
298	周赧王 17 年	趙惠文王元	楚頃襄王元		
295	周赧王 20 年	魏昭王元	韓釐王元		
286	周赧王 29 年	齊滅宋			
283	周赧王 32 年	齊襄王元			
278	周赧王 37 年	燕惠王元			
276	周赧王 39 年	魏安釐王元			
272	周赧王 43 年	韓桓惠王元			
271	周赧王 44 年	燕武孝王元			
265	周赧王 50 年	趙孝成王元			
264	周赧王 51 年	齊王建元			
262	周赧王 53 年	楚考烈王元			
257	周赧王 58 年	燕孝王元			
256	周亡				
254	秦昭襄王 53 年	燕王喜元			
250	秦孝文王元年				
249	秦莊襄王元				
246	秦始皇帝元年				
242	秦始皇帝 5 年	魏景湣王元			
238	秦始皇帝 9 年	韓王安元			
237	秦始皇帝 10 年	楚幽王元			
235	秦始皇帝 12 年	趙王遷元			
228	秦始皇帝 19 年	韓亡			
227	秦始皇帝 20 年	趙亡	魏王假元	代王嘉元	楚王負芻元
225	秦始皇帝 22 年	魏亡			
223	秦始皇帝 24 年	楚亡			
222	秦始皇帝 25 年	燕亡	代亡		
221	秦始皇帝 26 年	齊亡			

引用書目

1.《左傳》(藝文《十三經注疏》本)。

2.《史記》。

3.《戰國策》(商務排印本)。

4.《周禮》(藝文本)。

5.《史記》(瀧川《會注考證》本)。

6.《漢書》(藝文《補注》本)。

7.《孟子》(藝文影吳志忠《集注》本)。

8. 錢穆,《先秦諸子繫年》(香港:香港大學出版社,1956)。

9. 楊寬,《戰國史》。

10.《春秋穀梁傳》(《十三經注疏》本)。

11. Henri Maspero: *La Chine Antique* (Paris, 1927); Le Roman de Sou Tsin.

12.《水經注》(商務排印戴校本)。

13. George Maspero: *Un Empire Colonial Française l'Indo-Chine* (Paris, 1929-30).

14. 江永,《春秋地理考實》。

15. 陳槃,《春秋大事表列國爵姓及存滅表譔異》(史語所專刊之52, 1969)。

16. 董同龢,《上古音韻表稿》(史語所單刊之21,1967再版)。

17.《圖書集成 · 職方典》。

18. 顧炎武,《日知錄》(商務《國學基本叢書》本)。

19. 石璋如,〈殷代的弓與馬〉(《史語所集刊》第三十五本)。

20. 勞榦,〈論魯西畫像三石〉(《史語所集刊》第八本)。

21. 孫詒讓,《說文古籀補》。

22. 容庚,《金文編》。

23. 司馬貞,《史記索隱》。

24. 朱熹,《詩經集傳》。

25.《考古》(1973)。

戰國時代的戰爭

第一章　戰國時代的大勢與軍隊組織的演進

　　從春秋到戰國，在中國文化史上是一個大進展，尤其顯著的是、人口的增加和土地的開闢，在春秋初期的"蓬蒿藜艾"，到春秋後期就成爲"雞犬相聞"，這種顯著的進步，使得各種的政治、社會，和經濟，起了非常大的變化，成爲秦漢大帝國成功的第一步。

　　春秋晚期農業生產的進步，應當是一個值得注意的事。在這以前是比較粗放的，到這時候，從犂和牛的使用，以及鐵耕的使用，使農業生產開了一個新的境界。然後水利的廣泛應用，以及"盡地力"的學說隨著出來，都催促了農業生產進步，來生產更多的糧食，也就可以養活更多的人口，使大都市發展起來，商業和手工業也就隨著在經濟上占重要的地位。

　　從春秋和戰國遺留下的器物來比較，就看出春秋和戰國的器物、性質上有鉅大的差異，春秋器物還是襲殷及周初的傳統。鑄金是一種艱難而鄭重的事，所以稱爲"重器"或"寶器"，是在貴族養活下，世傳的匠人來做的，做出來的器物是絲毫不苟，可是變化並不太大。到了戰國，器物變爲多采多姿，並且除去銅器以外，漆器也非常精美，只是有些方面就不免偷工減料，不如春秋以前的厚重，這就表示戰國時代的藝術已經有些商業化，工匠們的生活已脫離了貴族的豢養，而變成功獨立經營。在論語子張篇中，已說到"百工居肆，以成其事"[1]，這個"肆"，就代表私有的場所，不屬於

＊ 1.本文係中國上古史稿第五本第4章，審查人爲楊聯陞、許倬雲二位先生。

　　2.本文版權屬中國上古史編輯委員會所有。

　　3.本文之姊妹篇論戰爭方法一文，將刊於集刊第三十七本。

（註1）　論語（十三經注疏本）子張篇，XIX/2b.

官營事業的工作室。墨子尚賢篇也說到"工肆之人"[2]，尤其在孟子的滕文公篇，更顯明指明職業上分工的重要，他說：倘若不能有工作上的交換，那就農夫有了過剩的糧食，婦女有了過剩的布；如果有了工作上的交換，那就木匠，車匠都可以獲得食物[3]；他又說：農夫拿糧食來換取用具，陶工和金工就拿用具來換糧食[4]。這就表示著這些手工藝者都是城市的自由人，他們有他們自己的場所，來經營他們的事業，這是很清楚的；和漢代以後的情形已經一樣了。

從殷墟的遺址來看，商代都城的規模並不太大，住民也並不太多，不過現在發現的，可能只是其都城的一部分，因為鄭州在商代的城垣已和清代大致一樣了。西周豐鎬的情形還不清楚，依照當時經濟發展情形來說，似乎不會有較大的規模。到了戰國，如同所謂蘇秦向齊王敍述的，臨淄城已有七萬住戶，那就住民可達二十萬至三十萬人，決不是殷商及周初時期所能想象出來的。雖然戰國策記蘇秦張儀的言論，都是在戰國晚期寫成的，並非對於蘇張諸人真實的記述，不過其中描述的狀況，對於戰國晚期仍然相符。臨淄不是短期發展出來的，在戰國初期的規模仍然決不會太小。

關於戰國時代人口數目的增加，在戰國策趙策三，有一段很好的敍述：

趙惠文王三十年，相都平君田單問趙奢曰"吾非不說將軍之兵法也，所以不服者，獨將軍之用衆。用衆者，使民不得耕作，糧食輓賃，不可給也；此坐而自破之道也；非單之所爲也。單聞之：帝王之兵所用不過三萬，而天下服矣，今將軍必負十萬二十萬之衆乃用之，此單之所以不服也"。馬服君曰："君非徒不達於兵也，又不明其時勢，夫吳干之劍，肉試則斷牛馬，金試則截盤匜，薄之柱上而擊之，則折爲三，質之石上而擊之，則碎爲百。今以三萬之衆，而應強國之兵，是薄柱擊石之謂也，且夫吳干之劍材難。夫無脊之厚而鋒不入，無脾之薄，而双不斷，兼有是二者，無鉤、罕、鐔、蒙須之便，操其双而刺，則未入而手斷，君無十餘二十萬之衆，而爲此鉤、罕、鐔、蒙須之便，而徒以三萬行於天下，君焉能乎？且古者，四海之內，分爲萬國，城雖大無過三百丈者，

（註2） 墨子（上海，涵芬樓影印明嘉靖癸丑刊本）尚賢篇，II/3a.

（註3） 孟子（十三經注疏本）滕文公下篇，VIa/8a.

（註4） 同上，滕文公上篇，Vb/2a.

人雖衆無過三千家者，而以集兵三萬，取此奚難哉？今取古之爲萬國者，分以
爲戰國七，不能具數十萬之兵，曠日持久數歲，卽君之齊已，齊以二十萬之衆
攻荊，五年乃罷；趙以二十萬之衆攻中山，五年乃歸；今者齊韓相方，兩國圍
攻焉，豈有敢曰我其以三萬救是者乎哉？今千丈之城，萬家之邑相望也，而索
以三萬之衆，圍千丈之城，不存其一角，而野戰不足用也，君將以此何之？"
都平君喟然太息曰："單不至也。"[5]

戰國策是劉向滙集了從戰國時期及漢代初期、有關戰國歷史的許多片段記載，成功爲
一部書，其中不是一時的記載，也不是一人的記載，其中可信的程度也絕不相等，不
過這一段看來却是比較上可信的。這一段的敍述，正表示戰國時代經濟開發的結果，
人口增加，大都市產生，因而戰術上起了革命式的變化，舊日的戰術不堪再用，必
需增加軍隊的人數來適合新的情況。軍隊人數旣然增加，卽就軍隊中的組織、指揮方
式、補給方式、防守辦法，也就完全隨著變動。

最顯著的是車戰的逐漸廢止，改爲騎兵及步兵，兵車是有它的特殊功用的，它比
較徒步的兵士確實有許多優點，第一：兵車行動迅速，不是徒步的兵所能趕得上；第
二：兵車有馬在前去衝鋒，而步兵用人肉搏，步兵是吃虧的；第三：兵車有車輿，防
衛較好，而況兵車上的士卒不必步行，因而可以穿著較厚的甲冑；第四：兵車上的士
卒還可携帶預備的武器，以備武器破壞時更換的用處。所以兵車和步卒相遇，兵車應
當比步卒占優勢的，這也就是古代要採用兵車的道理。

中國兵車的形式和兩河流域，埃及，波斯，希臘，羅馬是一樣的，雖然兩河流域
及埃及的兵車開始應用的時代，是比中國要早些，所以兵車應用的方法是可以互相比
較的，他們用兵車戰爭時，就是純粹兵車，並不夾雜著步兵；那麼中國古代應當差不
多。商周牧野之戰，據說武王用車三百乘。詩經小雅采芑說："方叔涖止，其車三
千"[6]，這是西周盛時一個最多的數目，到了春秋時代，諸侯兵車之數，大都比此爲
少；例如：隱公元年，鄭莊公"命子封率車二百乘以伐京"[7]；閔公二年齊桓公"使

（註5）　戰國策（上海，涵芬樓影印元至正十五年刊本）趙策三，VI/51a-53a.

（註6）　詩經（十三經注疏本）小雅采芑，XII/10a.

（註7）　左傳（十三經注疏本）隱元年，II/18b.

公子無虧帥車三百乘，甲士三千人以戌曹[8]；僖公二十八年，晉文公與楚戰於城濮，"車七百乘"[9]；文公十四年，"晉趙盾以諸侯之師八百乘納捷菑于邾"[10]；宣公二年，"鄭公子歸生受命于楚伐宋……，宋師敗績，囚華元，獲樂呂及甲車四百六十乘"[11]；成公二年，晉却克以車"八百乘"伐齊[12]。所以，春秋時代軍隊的主力都是兵車，而每次出征兵，車的數目都是不及千乘。至於閔公二年齊侯戌曹用三百乘車，附屬的步兵也不過十倍於兵車的數目。這樣看來，有時應用步兵時，其步兵的數目比較兵車，其比例也不大的。這就和後來周禮的記述全不像了。

楚國的軍制和中原軍制不能盡同，不過據宣公十二年邲之戰以前，欒武子說："其君之戎，分爲二廣，廣有一卒，卒偏之兩。"後文又說："楚子爲乘，廣三十乘，分爲左右"[13]。卒的數目，據司馬法是一百人，兩是二十五人[14]。雖然司馬法是戰國的書，但其數目並無其他說法，那就這一項也許尚無大的變化。假如司馬法可用，其中表示著楚王的衛卒有三十乘兵車，分爲左右二廣，每廣有十五乘兵車，有卒一百人，這一百人再分爲四兩，每兩二十五人。

不過照這樣來說，就牽涉到人數的分配問題，因爲十五人和三十，是三的倍數，而一百是四的倍數，把一百人的卒分爲四兩，和十五乘的數目不能適合，因此我懷疑楚國的卒可能是九十人，而兩可能是三十人；或者卒是一百二十人，而兩是四十人；總之，一卒是靠近一百人的數目。平常兵車是四馬三人，十五乘是四十五人，如一卒爲九十人，那就是有四十五人作爲預備的步卒；如一卒爲一百二十人，那就是有七十五人作爲預備的步卒。總之無論如何計算，和戰國策所記，完全是一種不同的制度。

(註8)　左傳（十三經注疏本）閔二年，XI/10b.

(註9)　左傳（十三經注疏本）僖二十八年，XVI/22a.

(註10)　左傳（十三經注疏本）文十四年，XIX/16a.

(註11)　左傳（十三經注疏本）宣二年，XXI/6.

(註12)　左傳（十三經注疏本）成二年，XXV/8b.

(註13)　左傳（十三經注疏本）宣十二年，XXIII/12a, 16a.

(註14)　杜注左傳引司馬法（XXIII/12a）與周禮（十三經注疏本）夏官司馬法相同，不過周禮說：『凡制軍，萬有二千五百人爲軍。王六軍，大國三軍，次國二軍，小國一軍』(XXVIII/12a)，那春秋時三軍的大國，應有三萬七千五百人，若以千乘計，每乘有三十七人，這就和左傳顯然不同了。

　　因為從春秋到戰國，步卒的用處漸廣，於是步卒的數目和車的比例逐漸增加，在記載上就會有顯然不同的情況，卽如司馬法一書，就自相矛盾，現在舉例如下：

（1）鄭玄注周禮小司徒引司馬法：

　　六尺為步；步百為畮；畮百為夫；夫三為屋；屋三為井；井十為通。通為匹馬，三十家、士一人、徒二人。通十為成，成為井、三百家、革車一乘、士十人，徒二十人。十成為終，終千井、三千家、革車十乘、士百人、徒二百人。十終為同，同方百里，萬井、三萬家、革車百乘、士千人、徒二千人 (15)。

（2）左傳成公元年經疏引司馬法：

　　……；四井為邑；四邑為丘，丘有戎馬一匹、牛三頭、是曰匹馬丘牛；四丘為甸，甸六十四井，出長轂一乘、馬四匹、牛十二頭、甲士三人、步卒七十二人，戈楯具，謂之乘馬 (16)。

　　鄭注論語：『道千乘之國』，亦引司馬法：『革車一乘甲士三人，步卒七十二人。』與小司徒鄭注不同，賈公彥謂『為畿外邦國之法』，可能是後起之法 (17)。

照前說：百井為成，出車一乘、士十人、徒二十人；百里之國，堤封萬井，出車百乘、士千人、徒二千人。照後說：百里之國，堤封萬井，出車一百五十六乘、甲士四百六十八人、步卒一萬一千二百三十二人，這是一個奇零的數目。但是照賈公彥的周禮地官小司徒疏的解釋謂：『宮室、塗巷，三分去一』(18)，所以堤封萬井，實得兵車百乘、甲士三百人、步卒七千二百人。所以，依前說，每車一乘，實得士卒三十人；依後說，那就每車一乘，實得士卒七十五人，並且這七十五人的分配，是兵車上三人，附牛車十二輛，每輛載士卒六人。這種兵車附有士卒的差異，只有當作是兩個不同時期的制度才合適。

　　以現在猜想：司馬法前制，大概是依照戰國初期情形設計的；司馬法後制，大概是依照戰國晚期情形設計的。孫子用間篇："怠于道路不得操事者，七十萬家。"

（註15）　鄭玄注周禮小司徒引司馬法，XI/6b-7a.

（註16）　左傳成公元年經疏引司馬法，XXV/1b.

（註17）　鄭玄注論語（見周禮，XI/10b）。

（註18）　賈公彥疏周禮地官小司徒，XI/10a.

(19) 正可證明孫子出於戰國晚期，不惟不可能出於孫武之手，就是孫臏之名也是出於依託。淮南子兵略篇："吳王夫差地方二千里，帶甲士十萬，"(20) 當然也是根據戰國晚期的記述。至於史記周本紀："帝紂聞武王來，亦發兵七十萬人距武王"(21)。 也顯然是根據戰國晚期的話，因為依照現存殷墟的規模，決不可能容納下七十萬人那樣龐大的軍隊。

第二章　三家分晉的開始及魏國的盛衰

（甲）　三家與知伯之戰及均勢時期

戰國的局面，是從三家分晉以後，使得晉的力量分散，相對的，使得秦和齊的地位增強，從此，晉國獨霸中原的局面，變成為第一步是九國局面，再變為七雄的局面。

晉國的卿本有十一族，魏、趙、狐、胥、先欒、卻、韓、知、中行、范、最後成為韓、趙、魏、知、范、中行六卿，其中以知氏為最強，知伯瑤先率趙氏及韓魏滅范中行二氏，於是晉國只有知氏及韓趙魏四卿，而晉國的國政全由知伯決定。最先，知伯完全占有了范氏和中行氏的地。以後知氏向韓氏及魏氏請地，韓魏把邑給予知伯。知伯再向趙氏請地，趙氏不與，在公元前四五五年（周貞定王十四年）知伯率領韓魏共攻趙氏。

當時趙襄子（趙無恤）據守的根據地是在晉陽(註一) 在知伯伐趙以前 ，趙襄子知道知伯一定要伐趙，因此他和張孟談商量，張孟談說：晉陽曾被趙簡子 (22)。 的才臣董閼于治理過 (23)， 一切有關城郭、倉廩，府庫的積蓄，是完美的；並且在晉陽有公

(註19)　孫子（長恩書室叢書本）用間篇第十三，16。

天子之地方千里，為百里之國百區，如百里之國出車百乘 ，有兵卒七千二百人 ，則天子之畿可出萬乘，步卒七十二萬人；戰國時的秦加上二周，當然是可以的，可是西周時代，大概當沒有這樣多的戶口。

(註20)　淮南子（上海，涵芬樓影印劉泖生影寫北宋本）兵略篇，XV/15b.

(註21)　史記（上海，涵芬樓影印南宋黃善夫刻本）周本紀，IV/10a.

(註22)　晉陽在今山西晉源縣（舊名太原縣），在汾水的西岸，從戰國以後直到唐代，一直為山西區域的重要據點。到宋代初年，平定北漢，為著更容易防守，將太原縣移到汾河東岸，即今太原市。

(註23)　簡子，趙襄子的父親，此段見戰國策趙策一，VI/2.

宮⁽²⁴⁾，牆垣都是用堅實的蒿葦來做牆心，可以做箭材，而且公宮的柱礎用鍊銅來做，取出來就可以做兵器用，這樣晉陽就可以堅守了。

知伯和韓魏的聯軍攻晉陽，攻圍不下，最後決晉水灌晉陽⁽²⁵⁾，晉陽城幾乎沉沒下去了。在這危急之中，韓魏和趙氏聯合起來，反攻知氏，並且決水攻知氏的軍隊，知氏軍隊大亂，知伯被殺。

知伯的亡國在公元前四五三年（周貞定王十六年），開始決水攻晉陽的日期，現在不明白，戰國策說攻趙三月就決水去灌，一直圍困了三年，這是不太合情理的，因為每個城並非都可以用水去灌的，假若可以用水去灌，那就無法支持一個長的時期不被攻下。

對於三家和知伯的戰爭，可以有一些啟示：第一，用蒿或葦夾泥土來築牆垣的，在敦煌漢代長城就被發現過⁽²⁶⁾。敦煌天氣乾燥，雖然經過了二千多年，被鹽分浸過的蘆葦還是很堅固的。山西也是一個乾燥的地方，少數幾年的築牆的蒿葦，一定可以保存的很好，所以發出築牆的蘆葦做箭桿，是一個可能的事；第二，戰事中消耗最多的還是箭鏃，這裏雖然未說明這些銅做什麼用，不過和箭桿一齊來敘述，顯示著銅和箭有相當的關係；第三，特別提示箭的需要，足證當時對於城的防守上，弓箭的重要性。

三家分晉以後，諸國的力量大致是在一種均勢狀態之下，比較上沒有什麼大戰。從知伯之亡，前四五三算起，其間比較重要的事，是：

　　前 408：魏文侯滅中山，命公子擊守中山。⁽²⁷⁾

(註24)　指借晉侯住居的宮。

(註25)　戰國策趙策一說：『城之不沈者，三板』（VI/4b）；史記：『城不侵者三版』（XIII/14a）表示築城之法是用板築。晚周之城如燕下都，邯鄲，以及洛陽等。

(註26)　見斯坦因西域考古記（上海，中華書局，1936），向達譯，130-131.

(註27)　中山本白狄鮮虞之後，魏文侯滅中山，以封其子擊，是為中山武公。沈欽韓漢書疏證（光緒二十六年浙江書局刊）人表考中中云：按本紀：「桓公卒，子威公代立為西周君耳。河南之外，一民尺土，皆非周有，何得為中山之君乎？」……魏世家：「文侯十七年伐中山，使子擊守之。」說苑：「奉使云：文侯出少子擊封中山，而復太子擊。」……魏世家：「中山君相魏……」此是魏所封，趙滅之。……蓋姬姓之中山滅於魏文侯，魏所封之中山又滅於趙主父，而趙世家及年表皆倒置中山武公之文於

前403 ：周王正式承認韓魏趙為諸侯。[28]

前376 ：韓滅鄭，從平陽徙都陽翟，（今河南禹縣）

前364 ：秦獻公大破魏於石門，（今陝西涇陽縣）

前362 ：魏惠王徙都大梁（今河南開封市）

從此以後，秦的勢力才開始發展，當時秦並非魏的大患，魏的發展方向還是在東方，魏的遷都大梁，與其說是避秦，不如說找一個向東用兵方便之地，更為合適一些。

當春秋時期，晉國的領土已經過了黃河，到了三家分晉，魏和秦接境，在戰國時的發展，是：

前418 ，魏城少梁（今陝西韓城縣）

前414 ，魏城籍姑（今陝西韓城北三十五里）

前402 ，魏敗秦鄭下（今陝西華縣）

前398 ，魏伐秦，築臨晉（今陝西大荔縣）、元里（今陝西澄城縣）

前397 ，魏伐秦至鄭，築雒陰（今陝西白水縣）合陽（今陝西郃陽縣）

史記秦本紀說：“秦以往者數易君，君臣乖亂，故晉復彊，奪秦河西地。”[29]此處的晉，是指魏而言。不過魏的伐秦只是乘機關地，並無取秦地為根據地，用全力來擊秦的決心，所以在秦獻公五年（前364）秦獻公破魏石門，斬首六萬；七年（前362）

（上接第7頁）

文侯滅中山之前，故迷惑難考，何以明之？若使中山武公倘是舊時之君，則彼不數年而亡，史取之何義？若以為中山本未嘗亡，則魏克其地而守之，又何處也？是中山武公為魏所始封，以其大事也，故記之耳。（人表所注，上下文不相連，有脫誤。徐廣不知，襲之以注史）』(IX/46-47a)。其說甚是。錢穆先生諸子繫年考辨（香港，大學出版社，1956）上冊中山武公初立考（166-168），更有詳細補充。至於戰國各王年代，史記在齊、魏韓各國均有錯誤，而以齊、魏為太甚，與孟子及戰國策均不相合。自竹書紀年發現後，始能改正其錯誤。竹書紀年本戰國晚期之書，所記商、周之事，多據鄒魯雜說，不可引為典要，但所記戰國年代，則正可補史記之不足。惜紀年原本已亡，今本紀年出於宋、明人所輯，方法甚不謹嚴，不可用，現在以王國維竹書紀年輯校（海寧，王靜安先生遺書第三十六冊）最為完備。雷學洪竹書紀年義證（臺北，藝文印書館據排印本影印1951）雖在王氏之前，創獲亦多，錢穆先秦諸子繫年考辨亦有不少可用者。其對照年代，則參考楊寬戰國史（上海，人民出版社出版，1955）所附表(247-273)。

(註28) 403 B.C.為周威烈王二十二年，此年為資治通鑑開始之年。

(註29) 史記秦本紀，V/22a.

又破魏少梁，虜魏將公孫痤[30]。不過在魏看來，尚非腹心之患，所以後來全力向趙國和韓國發展，致有桂陵之戰（前353）及馬陵之戰（前345），成爲戰國局面的轉變之點。[31]

第三章　桂陵之戰與馬陵之戰

桂陵之戰（前353）和馬陵之戰（前345），是戰國初期對於全局有關的戰爭，就當時情勢而言，魏國是一個最强的國家，因爲文侯和武侯兩代已樹立了堅固的基礎，而惠王又是一個有爲的君主[32]，更增加國家的聲勢。在魏惠王卽位後到桂陵之戰十七年中，魏國對於當時國際間局面的應付，大率是成功的，但魏惠王得意的時期太久了，對於和戰問題不免疏忽，從桂陵之戰起，（前353）使魏的國力受到消耗。

最先，趙成侯伐衞，衞非常危急，向魏求救，魏也感到趙滅衞，魏也受到威脅，於是伐趙，進圍邯鄲[33]。齊威王便遣兵救趙，當時田忌爲將，孫臏向田忌建議說：

> 救鬬者不搏撠，折亢擣虛，形格勢禁，則自爲解耳。今梁趙相攻，輕兵銳卒必竭於外，老弱罷於內，君不若引兵疾走大梁，據其街路，衝其方虛，彼必釋趙而自救，是我一舉解趙之圍而收弊於魏也。[34]

就在這年十月，魏軍攻克了邯鄲[35]。齊迫脅宋衞等諸侯的軍隊，合兵攻魏的襄陵，[36]

(註30)　公孫痤應卽後來魏相公叔痤，見戰國策魏策一，VII/5a.

(註31)　三晉本來從晉分開，不是分封的諸侯，原來三家食邑參互錯綜，領土割裂穿插，爲收取賦稅倘無問題，可是攻守俱不便。魏國初期的優勢，實由侵佔秦地而來，可是受了韓、趙的牽制，也不能全力侵秦，所以魏惠王想先滅趙，却未把齊國可能的干涉打算在內。

(註32)　文侯和武侯已樹立了魏國的基礎，在惠王卽位之初，和公中緩爭位，韓、趙支持公中緩，圍魏，後來韓、趙意見不同，韓主張分立惠王、公中緩爲二國，趙主張全力支持公中緩。韓因意見不合，解圍而去，趙軍也就隨著解圍。所以魏惠王初年，還是相當艱窘的，但是經他的治理，在桂陵之戰時期（353 B.C.，卽惠王十七年）魏國已是當時最强的國家了。

(註33)　戰國策秦策四，III/80a；又史記趙世家，XIII/18a；又史記魏世家，XIV/7b.

(註34)　史記孫子列傳，X/3.

(註35)　史記田齊世家，XVI/12a.

(註36)　水經注（上海，涵芬樓影印武英殿聚珍版本）淮水注引紀年，XXX/14b. 史記田齊世家正義：『襄陵故城在宋州鄒縣也』，XVI/11b.

魏軍還救 ，齊軍大破魏軍於桂陵 [37]。 在這個時期，楚宣王也派軍北上 ， 攻取了魏的睢水、濊水間地方 [38]， 前 352 年，秦國也派軍攻入魏境，並且攻取了魏的舊都安邑。[39]

這一連串魏國的失敗，並未對魏國作致命的打擊，魏國仍有它反攻的計劃。就在前 352 年，魏首先利用了韓魏的聯軍，在襄陵擊破了齊宋的聯軍，齊國只好轉請楚國景舍向魏求和 [40]。 到前 351 年，魏再把邯鄲歸還給趙，魏王和趙王在漳水上結盟，[41]，這樣魏對於東方的局面得到安定了 。 就在前 350 的那年，魏就和秦在彤相會相會的結果不知道，不過此後安邑仍然屬魏，而上郡到秦惠王十年（前 328 ）才被秦占去，那就魏國在此會中大致用外交的方法，索回對秦的失地了。[42]

桂陵之戰雖然魏一度失敗，但到了最後似乎並無多少領土上的損失，所以魏的國勢並未減削。對於魏國前途來說，最好是及時收束，保存實力，那均勢的局面還可繼續維持；如其不然，那就避免刺激東方，專得寸進寸得尺進尺，向秦蠶食，以除後顧之憂 [43]，不料魏惠王好大喜功，在前344年(魏惠王二十六年)，召集了逢澤之會，想做諸國的盟主 [44]。 等到逢澤之會相當成功，再借用了天子的儀仗，打擊了其他鄰國

(註37) 桂陵在山東曹縣東北。

(註38) 戰國策楚第一，V/2a.

(註39) 史記秦本紀，V/24a.

(註40) 水經注淮水注引紀年，XXX/14b-15a. 這次戰爭，韓國的加入魏方，是一個關鍵。韓國加入的經過現在史料不夠，無從知道，不過，看情形是韓國先守中立，等到各國都有損失以後才加入的。韓國加入戰爭，一定得到某種有力的條件，現在也不知道。

(註41) 史記趙世家，XIII/18b.

(註42) 在今陝西華縣，見史記魏世家，XIV/8a. 戰國策齊策五言：魏王『西圍定陽』(IV/48b)。大致其前曾擊敗秦。

(註43) 後來漢武帝為對付匈奴，先掌握西域；諸葛亮為對付北方 ，先平定滇南 ，為比較上迂廻而正確的辦法。

(註44) 逢澤在今開封市東北，這個會應由魏召集的。史記秦本紀周本紀及六國年表雖然稱由秦召集，不過司馬遷的紀年以秦紀為基礎，此處顯然是秦人曲筆。戰國策秦策四：『魏伐邯鄲，因退為逢澤之遇，乘夏車，稱夏王，一朝為天子，天下皆從』(III/80b-81a)；又戰國策齊策五：『魏王擁土千里，帶甲三十六萬，恃其強而拔邯鄲，西圍定陽，又從十二諸侯朝天子，以西謀秦，秦王恐之……衞鞅見魏王曰：「大王之功大矣，令行於天下矣。今大王之所從十二諸侯，非宋、衞也，則鄒、魯、陳、蔡，此

的自尊心，原來的盟國韓國也背棄了，但做慣領袖的魏國並不能忍受下去，舉兵伐韓，因而發生了馬陵之戰。公元前 344 年，魏國攻韓，韓向齊求救，這個戰事一直相持了一年多，到公元前 343 年十二月，齊魏才在馬陵遭遇（今山東省鄄城東北），魏將龐涓自殺，魏太子申被俘而死。[45]

關於這場戰役，史記孫子列傳中說的比較詳細，它說：

> 魏與趙攻韓，韓告急於齊，齊使田忌將而往，直走大梁，魏將龐涓聞之，去韓而歸，齊既已過而西矣，孫子謂田忌曰"彼三晉之兵素悍勇而輕齊，齊號為怯，善戰者因其勢而利導之，兵法百里而趨利者蹶上將，五十里而趨利者軍半至，使齊軍入魏地為十萬竈，明日為五萬竈，又明日為三萬竈，龐涓行三日大喜曰，我固知齊軍情，入吾地三月，士卒亡者過半矣，乃棄其步軍，與其輕銳，倍日並行逐之，孫子度其行暮當至馬陵，馬陵道狹而旁多阻隘可伏兵，乃斫大樹白而書之曰："龐涓死于此樹之下"於是令齊軍善射者萬弩夾道而伏，

固大王之所以鞭蓍使也，不足以王天下，大王不如北取燕，東伐齊，則趙必從矣；西取秦，南伐楚，則韓必從矣，大王有伐齊、楚心，而從天下之志，則王業見矣。大王不如先行王服，然後圖齊、楚」魏王說於蘇軼之言也，故身廣公宮，制丹衣，柱建九斿，從七星之旗，此天子之位也，而魏王處之，於是齊、楚怒，諸侯奔齊，齊人伐魏，殺其太子，覆其十萬之軍』。所以魏惠王是先召集了逢澤之會，做諸侯的盟主，在會後又受了商鞅的欺騙，僭用了天子的儀仗（不過大致還未稱王，齊、魏相王是以後的事，在 334 B.C.），因而魏國變成了孤立的局面。逢澤之會應由魏惠王主盟，錢穆先秦諸子繫年83節曾有詳考可參看；楊寬戰國史亦曾論及，不過楊氏認為：魏惠王僭天子即在逢澤之會，大概是不對的，因為逢澤之會，魏君率諸侯朝周，當時只想做盟主，不會同時僭王禮的 (162)。至於錢氏說：『又按秦本紀：「孝公七年，與魏惠王會杜平」；年表亦云：「與魏惠王會杜平」，時為魏惠王十六年。韓世家：「懿侯五年，與魏惠王會宅陽」，據表，會宅陽在惠王五年，然史公於魏系實有誤，則宅陽之會在何年，尚待考。惟梁之稱王，遠在徐州相會之前，此又一證也』（先秦諸子繫年上冊，256）。今案史記魏世家：『索隱曰：「紀年云：惠成王三十六年改元稱一年」』(XIV/10a)，是在適在徐州相王的時候，所以魏惠王的改元，係因稱王而改元；此外秦惠王十四年改為元年，也是由於稱王而改。所以魏惠王的稱王，似以在徐州相王時才改為是，（史記稱魏君為惠王，亦是信筆而書，在此未曾思索）。

(註45)　史記孫子列傳：『索隱曰：「王劭按紀年：梁惠王十七年，齊田忌敗梁桂陵，至二十七年十二月，齊田盼敗梁馬陵。」』(V/3b)。十二月應為夏曆十二月，實際上已到了 342B.C. 了，因為不詳日子，無法換為新曆，所以仍書十二月）。

期曰"暮見火舉而俱發，"龐涓果夜至斫木下，見白書，乃鑽火燭之，讀其書未

畢，齊軍萬弩俱發，魏軍大亂相失。龐涓自知智窮兵敗乃自刭，曰遂成豎子之

名，齊因乘勝盡破其軍，虜魏太子申歸。[46]

這是一個很著名的故事，但是其中還有小說化的地方，未可全信，因爲(1) 馬陵之戰

是相持已久以後之戰，史記所說好像戰事一發生就決勝負，於實際情況不合。(2) 馬

陵在大梁東北，不在大梁西南，史記稱齊兵已過大梁而西，於實際情況不合，所以縱

令減竈和伏弩兩件事是眞實的，也得加以斟酌才可以，依照史記索隱引紀年，馬陵之

戰在魏惠王二十七年十二月，顯然這是一個年終的撤退，齊軍不是過大梁西進，而是

向臨淄東退，龐涓看到減竈的情況，認爲齊軍已潰，冒險輕進，以圖立功，使在馬陵

被伏弩擊潰，這使得魏國的地位大爲衰落。

到前341（魏惠王二十九年），齊趙和秦相繼伐魏[47]，據史記商君列傳，商鞅遺

魏將公子卬書，希望和公子卬相見罷兵，公子卬和衞鞅會盟，衞鞅伏甲虜公子卬，因

再擊破魏軍，於是秦據有魏國河西許多地方。[48]

秦對魏是根據商鞅的原則："秦之與魏譬若人之有腹心疾，非魏幷秦，秦即並

魏"[49]，它的對策是集中全力攻魏，所以接著在前338又和魏在岸門接戰（今山西河

津縣南），俘虜了魏將魏錯。

魏在這個時期不能不對東方的齊表示屈服，爲著聯絡齊國，在前 334 年採用了魏

相惠施的路線，率領了各小國的國君，到徐州（今山東滕縣東南），和齊威王相會。

(註46)　史記孫子列傳，V/3b-4b.

(註47)　史記魏世家：『索隱曰：「紀年云：二十九年五月，齊田肦伐我東鄙；九月，秦衞鞅伐我西鄙；十月，
邯鄲伐我北鄙，王攻衞鞅，我師敗績。」』(XIV/9a)。按年月當以紀年爲是，不過史記要稍詳細一
些。大致是公子卬先被俘，魏王親自攻秦又遭敗績。公子卬被俘以後，後來一直在秦，未送他返魏。
秦本紀：『（惠文君）七年，公子卬與魏戰，虜其將龍賈，斬首八萬人。』(V/25b)，當即此人，所
以公子卬絕非惠王之子，可能只是魏國的公族，所以受秦的利用。

(註48)　史記商君列傳：，VIII/5b-6a.
又秦本紀：『（惠文君）十年 (328 B.C.)，魏納上郡十五縣。』(V/26a)，在此十三年以後，所以此
次伐魏所得，只是河西的一部份。

(註49)　史記商君列傳，VIII/5b.

這次大概把齊威王尊爲盟主⁽⁵⁰⁾。齊也得到相當的滿足，和魏得到一時的和平。

不過秦國對於魏國的進攻都未曾停止，屢次戰役結果，不僅河西地全部入秦，河東的焦（今河南陝縣東），曲沃（今山西曲沃縣）汾陰（今山西榮河縣北）史氏（今山西河津縣西）也都被秦攻佔，直到前 329 年（秦惠王九年魏惠王後元六年）魏和秦講和，秦歸還魏的河東地方，魏也把河西十五縣，南北七百里的地方，正式割給秦國，從此以後，秦完全據有黃河之險，地位穩固了，秦惠王就在前 324 年正月正式稱王。⁽⁵¹⁾

第四章　合縱連橫與當時的和戰

魏的衰落和齊秦的强大，使得戰國的時局有了一個出人意料之外的變化。本來周室是天子，周室衰微，晉國興起，使人們覺得有以晉繼周的可能，魏國據有故晉的中心，正夠上這一個資格，魏惠王的虛矯行動，也未嘗不是受到這種鼓勵，但是魏惠王失敗了，變成了一個平常的國家了。三晉二周的人士，自然會想到如何處理這個時局。

在春秋晚期，爲了時局問題，宋國的人曾想到弭兵運動，這是因爲戰爭對於宋國有切身的利害，而且發動的宋國貴族，目的是維持現狀，而不是爲取得本身的富貴。戰國中期也是問題時代，但發動縱橫運動的是三晉二周之人，一方面由於擁魏的可能歸於幻滅，而另外的，他們都是平民或者是沒落的貴族，想造成一個新的局面來取得富貴。

合縱連橫是以韓魏的立場爲主的，此時韓魏兩國以外，東西南北都是敵人，也都可以做朋友，問題是怎樣去選擇。對於秦或齊的爭取，應當都算連橫，對於楚或趙的爭取，應當都算合縱，"橫成則秦帝，縱成則楚王"實是比較晚期的說法。

縱橫以外，另外一種辦法，是韓魏易地，這樣韓魏的軍隊比較容易調動而謀復興

（註50）　史記田齊世家：『（齊）起兵擊魏，大敗之桂陵，於是齊最强於諸侯，自稱爲王，以令天下。』（XVI/12a）。按齊的稱王，是魏嬰送去的，而且是在馬陵之戰以後，不是在桂陵之戰以後，不過此時齊的地位增强許多，爲諸侯之長却是事實。

（註51）　據秦本紀十四年更爲元年（V/26b），卽 324 B.C.；韓的稱王則在 325 B.C.。秦、韓是同時稱王的，不過秦正式改元在次年，故今以改元算起。

的前途，因爲魏此時主要的區域是河內及河東，而中間隔了一個韓國的上黨，韓國主
要區域是韓國的潁川和上黨，而中間卻隔一魏國的河內，所以韓魏希圖把領土交換一
下，以便於攻守，交換的辦法是魏拿河東來交換韓的潁川；交換的結果是韓得二縣魏
亡二縣（並且潁川河南西部富力實不如河東），但魏國盡包二周多於二縣。在易地之
後，韓得到晉國初期的形勢，而魏則可以繼承周室的地位，兩面都是光采的。二周被
魏包圍，卻非常恐慌，於是聯絡楚趙來制止，於是韓魏交換領土之事未曾成功。[52]

　　韓魏在軍事上沒有更好的出路，只有利用外交上解決的辦法，這樣縱橫家就被政
府支持而成爲戰國中期流行的策略，在戰國初期當然是不需要的，到了戰國晚期，縱
橫之術也因爲均勢已經打破而過時了。

　　縱橫之術都是失敗的。連橫的目的本來是造成以秦爲盟主的和平局面[53]，可是
秦的過去傳統及客觀形勢，却是利於戰勝攻取，所以主張連橫的張儀及或橫或縱的公
孫衍，雖然都是魏人，都希望造成和平局面，因而對魏有利的辦法，卻始終未曾實
現，顯然的合縱連橫都有些變質了。

　　最先講縱橫的只是公孫衍和張儀，當時稱爲"一怒而諸侯懼，安居而天下熄"，二
人都是魏人，而在秦發跡的。據史記秦本紀：惠王五年（前333年），陰晉人犀首爲大
良造[54]；惠王十年（前328）魏人張儀爲秦相[55]；惠文王後三年（前322）張儀爲魏
相[56]；後八年（前317）張儀再爲秦相[57]；後十二年（前313）張儀爲楚相[58]。但

（註52）　戰國策西周，I/8.
　　　　　上黨（今山西東南部山地）分爲兩上黨，在易地計劃之中，兩上黨均屬於韓，故韓幾乎全有晉本部之
　　　　　地。

（註53）　倘若只是對於秦統一四方的設計，就用不著逳結諸侯了。其實合縱連橫之術，還是從春秋盟會變來。
　　　　　齊桓是一個連橫的局面，晉文是一個合縱的局面，魏惠王逢澤之會，也可稱爲合縱，齊、魏相王則是
　　　　　連橫；只是當時公孫衍、張儀尚未出來罷了。

（註54）　史記秦本紀：陰晉即今華陰，時爲魏邑；犀首爲公孫衍的別；名大良造爲秦官名（V/25b）。據史記
　　　　　秦本紀：『（孝公）十年，衞鞅爲大良造』（V/24a）。當時衞鞅是秦相，所以『犀首爲大良造』，亦即
　　　　　『公孫衍爲秦相』。到惠王十年，才以張儀爲秦『相』，那是採用了東方各國的名稱了。

（註55）　史記秦本紀，V/26a.

（註56）　史記秦本紀，V/26b.

（註57）　史記秦本紀，V/26b.

（註58）　史記秦本紀，V/27a.

是張儀在秦和楚間的策略是失敗的，以致引起秦楚間的戰爭，彼此都有損失，張儀也被排斥，就在前310年死在魏國。[59]

公孫衍與張儀是不和的，實際說來，公孫衍和張儀的策略，也不見得有多大的出入。當公孫衍做秦大良造之時，他就伐魏，在雕陰（今陝西鄜縣）一戰，俘虜了魏將龍賈，佔據了河西的一部，等到張儀做了秦相，他仍回到魏國做魏國的將領。合縱之事，應當是惠施還在公孫衍之前，在魏惠王後十三年時（前322）曾想"以魏合於齊楚以按兵，"但因秦伐魏取曲沃，平周，縱約未得到結果，惠施去職，起張儀為魏相，但魏國的政策仍然是擺動的，在前319年起用公孫衍為相，執行合縱的政策，韓魏趙燕齊，率領匈奴共攻秦，秦使庶長樗里疾抵禦，在修魚(韓邑在今河南滎縣)一戰，虜韓將申差，敗趙公渴、韓太子魚，斬首八萬。這一次規模大的合縱，歸於失敗了，秦在東方局面安定了，就在第二年（前318年）遣司馬錯滅蜀，蜀既屬秦，秦更富強了。前314年，公孫衍再伐秦，和秦在岸門在(今山西河津縣)交戰，又為秦所敗，損失軍員萬人。秦又在第二年（前313）派樗里疾伐趙，俘趙將趙莊。

現在所知道的，總是秦得到勝利，秦在此時國力已經比韓魏強大的多，總是容易得勝，不過現在所據的史料，以史記根據的秦紀最為完備，魏方的竹書紀年只有殘缺的片段，所以也不能斷定魏方一次勝利也沒有。

從現在殘餘史料來看，公孫衍的聲望並未因伐秦失敗而受嚴重的打擊，反之，秦國對於他仍然相當的重視，在張儀死後，公孫衍曾一度相秦，和樗里疾甘茂先後都做了秦相[60]。按著；東方的著名人物是齊的孟嘗君田文和趙國的秦陽君李兌聯絡東方

(註59)　史記張儀列傳索隱引紀年，X/19a.
　　　張儀為楚相，顯然是秦送去的，其目的在破壞齊、楚間的和好。現存戰國策的材料，有自相衝突之處，和史記材料亦矛盾（因為爭執中心漢中六百里，和商於六百里實是一個地方，這個地方也就是上庸地方，和漢代稱南鄭為漢中的不同）。最近情理的可能，大致是秦、楚上庸的邊界本來不清楚，張儀大致主張對邊界讓步，曾楚伐齊，可是秦國政情複雜，張儀的允諾不曾兌現，引起了楚的伐秦，大戰於藍田，楚兵雖被擊敗，但秦軍也一度危險，所以張儀在秦在楚都遭受不滿（張儀主張以漢中與楚應即此時的事）最後只有到魏去逃避，就在310B.C.（秦武王元年，魏襄王九年）抑鬱的死於魏國。
(註60)　除公孫衍、張儀以外，和他們同時的，還有陳軫，也是一個謀士，兼任秦、楚，見史記本傳。和張儀同時的人有蘇秦，曾游說燕、齊和趙，與燕相子之為婚姻，320B.C. 他死於齊。蘇秦雖在燕尊顯，可是按著燕、齊局面來說，當時無合縱的必要，不過蘇秦死後，蘇秦的兩個哥哥蘇代和蘇厲，都是做的合縱工作，蘇秦成為戰國合縱的代表，大都是由於蘇代、蘇厲後來的事附會上去的。漢書（上海，涵芬樓影印北宋景祐刊本）藝文志，蘇子三十一篇，張子十篇，史記和戰國策大率把其中內容採取進去，可是蘇子和張子都是戰國晚期，甚至西漢初期的傳述多與事實不合，史記蘇秦列傳更加上司馬遷個人的看法（例如以伐燕為齊湣王之屬），以至有更多矛盾之處。

各國的關係和秦來抗衡，最後齊潛王滅宋而消耗了齊的國力，並且引起他自己的自滿和東方各國的敵視，終於龐大的齊被新起的燕國毀滅了，等到齊國重建，已經不是從前的齊國，在因循而孤立的政策之下，坐視了秦國的混一天下。

以下再敍述秦惠王時代以後的戰爭：

(甲) 秦惠王的滅蜀：

這是前316年的事。原巴蜀和中原是有來往的，不過巴蜀地勢險阻，自己形成了一種新的文化，和華夏有關，卻與華夏並不盡同。此時蜀在今四川西部，以成都平原為中心，巴在今四川東部，以江洲（卽今四川重慶）地區為中心。因為巴蜀二國相攻，秦有了可乘之機，當時蜀分封的苴侯向秦求救，張儀和司馬錯在秦惠王前爭論，司馬錯主張伐蜀，張儀主張伐韓，結果秦惠王用了司馬錯和張儀伐蜀，第一步滅蜀[61]，第二步吞併了苴國和巴國。蜀既屬秦，因為蜀產物豐富，給秦財源上一個極大的幫助。

(乙) 燕的內亂及齊的伐燕：

這是戰國時代東方一件大事。前320年燕王噲立，子之為相，很受信用。前318（燕王噲三年）燕王噲慕堯舜禪讓的名譽，把國讓給子之，子之為人並不善於治國[62]，人民嗟怨，因而將軍市被和太子平率兵進攻子之。前314年子之殺了市被和太子平，燕國人心在惶恐之中，因此齊宣王派匡章率兵攻燕，五十日內，攻下燕國，殺了燕王噲和子之，但是齊軍入燕紀律不佳，燕民並不歡迎，並且趙國也不願齊國占有燕國，趙國召燕王噲另一兄子公子職於韓，遣樂池送到燕國，立為燕王，這就是燕昭王。當然燕國也未曾完全恢復舊有的領土，燕國的一部分仍齊兵占據。

(丙) 秦楚藍田之戰的前後：

當齊宣王伐燕之時，韓魏情形也起了變化，此時魏惠王死了，繼立的魏襄王並非一個有能力的君主，因而對秦收復失地的願望冷了下去。就在前314那年，

(註61) 當時封秦公子通為蜀侯，使陳莊相蜀。到昭襄六年 (310B.C.)，蜀侯大軍反，秦使司馬錯再定蜀。

(註62) 子之可能是一個三晉法家的實行者，而不是一個貪瀆的人，因為在三晉法家作風之下，吳起、商鞅也都是不滿人意的。王噲能斷然讓國，也絕不是一個平常的人，但過激的改革總會出問題的。

秦大破韓於岸門，迫使韓國向秦求和，並將太子爲質於秦。次年，魏襄王也和秦惠王在臨晉相會，於是韓魏兩國變成爲連橫的局面。

這時齊和楚是合作的。在前 312 年，楚柱國景翠圍韓的雍氏（今河南禹縣東北），秦助韓攻楚 [63]，齊國援楚，會合宋國的軍隊攻魏的煮棗（今山東荷澤縣西南），一面又深入魏地，直到河東的曲沃，趕走曲沃的秦軍 [64]，使秦國深受威脅。

這的確是一個合縱的好機會，不過楚懷王爲人却是貪小利而無遠見的，秦國在此時遣張儀到楚國，拉攏楚國退出戰爭，給與楚國商於的領土 [65]，楚國受到了引誘 [66]，和齊國不再合作，因此秦兵向齊國進攻，在濮水上一戰，擊潰了功過去伐燕立的齊將匡章，並且殺了齊將贅子。[67]

但是秦國的意思只是把楚國騙出戰爭，並無意向楚割地，戰爭完畢以後，張儀已囘到秦國，楚國派遣受地的使臣並不能接收到土地，楚王大怒 [68]，再起兵攻秦，丹陽（在今河南淅川縣境）一戰，楚軍大敗，楚將屈丐被殺，於是楚再增援反攻，一直進入武關，在藍田大戰，可是楚軍這一次失敗了，接著韓軍又南攻

（註63） 見史記秦本紀（V/27b），六國年表（III/24b）及韓世家（XV/6b-7a）。

（註64） 見史記越世家齊使者語（XI/9），又戰國策秦第二稱：『齊助楚攻秦，取曲沃』（III/15a），曲沃魏地，此時秦兵駐紮著。

（註65） 見戰國策秦策二，III/15. 按此篇物語成分甚重，但其背景則是眞實的，策稱秦欲伐齊，實際此時齊、楚皆在對秦戰爭中，並不那樣的簡單絕齊而已。商於與楚上庸（即漢中）連界，實即秦之條件爲擴展楚的漢中。及楚撤兵而不得地，始再伐秦，但此時齊兵已敗退，並恨楚失信，不肯再援楚，最後引起楚的大失敗。當楚懷王欲聽張儀時，屈原是反對的（見史記屈原列傳，XXIV/3a）。後來楚懷王對秦仍然不能堅定而有遠見，以至於被秦扣住，而楚襄王又不爭氣，楚國便無可爲了。

（註66） 楚國可能在緊急中撤退囘來，不過戰國策中却未說到，不過有一點是可靠的，即楚兵未撤，即不必再動員伐秦了，可是據戰國策秦第二：楚國伐秦是再度出兵的，III/16b.

（註67） 戰國策齊第六：『濮上之事，贅子死，章子走』（IV/1a），史記六國年表作：『虜聲子於濮』（III/14b）。

（註68） 這次楚王及秦國的不守信用，都到了不可想像的程度，不過這還是因襲春秋遺風的，春秋時代誠然有不少人重視信用，但也有不少守信的例子如晉、楚之盟，楚人衷甲，就給人不好印像，至於晉的方面，如晉惠王許秦焦瑕，即位後遂不與，以及襄公居喪而潛師襲秦，使秦軍在殽雙輪不返，都是不太光明的事。戰國以後，遂變本加厲，結果還是沒遠見的吃虧的，不過楚懷王當時也許有不得已的情形並非完全守信的。

楚至鄧（今河南鄧縣）楚軍就不得不撤回去。[69]

（丁）　宜陽之役：

韓雖是秦的與國，可是秦並未因此對韓鬆懈。秦惠王死，秦武王卽位，（前310
年。張儀死在前308年）秦武王向甘茂說：“寡人欲容車通三川，以窺周室，而
寡人死不朽矣”[70]。於是甘茂自請伐韓國的宜陽（今河南宜陽縣）。宜陽是韓國
西方重鎮，秦國元老重臣都不贊成去攻，可是秦王決心攻擊。韓將公仲侈率兵二
十萬去援，楚將景翠亦遙爲接應。甘茂圍宜陽數月，終於將宜陽攻下，於秦是的
勢力便直接到了洛陽附近了。秦武王占有宜陽以後，第二年就死去，楚國得到休
息的機會，便在秦滅宜陽的第三年（前306年）乘機滅越，把舊吳越地方，收歸
楚的領土。

第五章　田文和李兌的合縱

齊秦濮上之役，齊本來可以得勝的，因爲楚懷王中途背棄，以致齊兵敗績，這比
平時兩國斷絕關係嚴重的多，所以從此以後，齊楚間的關係轉爲惡劣。在秦的方面，
因爲不願韓魏的親附，伐韓取了宜陽，也使得韓魏轉變了親附的態度。到了秦昭王卽
位，在前304年（秦昭王三年）和楚國在黃棘相會，歸還了楚國的上庸；又在前303
年秦攻韓攻魏，奪取了一些地方，於是秦楚成爲結盟的國家，而齊國和韓魏修好。

前301年，齊宣王死，齊湣王繼嗣。在齊宣王晚年，孟嘗君田文已經做齊的宰相
[71]，湣王卽位說：“寡人不敢以先王之臣爲臣”，使孟嘗君退休，可是不久就發現了
孟嘗君的能力，又使他復位。自從濮上之役以後，齊的政策是伐楚，所以就在這年發
動了垂沙之役。

(註69)　史記楚世家，X/27a.　又戰國策秦策四，III/32.　又戰國策楚策一，V/20a.

(註70)　甘茂，楚下蔡人。事見史記甘茂列傳，XI/4a.

(註71)　戰國策齊策四，IV/39a.　又史記孟嘗君列傳索隱引紀年：『梁惠王後元十三年四月（322 B.C.，卽齊
威王三十五年），齊威王封田嬰于薛，十月，齊城薛。十四年，薛子嬰來朝。十五年，齊威王薨』，
XV/2a.　又史記孟嘗君列傳稱：『梁惠王卒。（齊）宣王九年，田嬰相齊』，XV/1b.　按實則田嬰早
已相齊，宣王九年的田嬰常爲田文之誤。田文宣王九年（311 B.C.）爲齊相，至齊襄王初年卒。襄王
元年爲 283B.C.，故從田文爲相至其死時，約爲三十年至三十五年，事實上是可能的。

首先，孟嘗君就把齊秦韓魏四國聯合起來，發動了對楚的攻勢，齊國仍用濮上之役的主將匡章，會合了魏將公孫喜、韓將暴鳶共同擊楚，直到楚國的方城[72]，殺楚將唐昧，取重丘，楚懷王只得講和，把太子橫爲質於齊，秦國爲著向齊表示和好，也派涇陽君到齊作質，秦國還請孟嘗君去做秦相。[73]

但是秦國對於孟嘗君在東方的力量還是畏懼的，秦國只想把孟嘗君留在秦國，不讓他出來，這個計劃被孟嘗君知道了，潛行逃出函谷關，趙國便乘此機會推薦樓緩爲秦相，而孟嘗君便仍然聯絡韓魏和秦相抗。

公元前二九八年，以孟嘗君爲主，聯絡齊韓魏三國大規模向秦進攻，直到函谷關。這時候楚國守著中立，趙和宋比較親秦，也不敢做實際的援助，秦國便只好講和，歸還了韓的武遂和魏的河東地方，於是韓魏和秦又恢復到以函谷關及黃河爲界的狀況了。

孟嘗君幫助韓魏獲得了防守的形勢，主要的功能是使韓魏可以自守，不致太受秦的威脅，因而韓魏就具有緩衝的形勢，而使齊國可以在東方發展。就在這個時期以後，齊國北助趙滅中山，南滅宋，而成爲東方的霸主[74]。

孟嘗君在齊湣王初期名望很高，並且養士三千人，其中儘多才智之士，這樣會引起湣王的嫉忌的，就在前274年，田甲劫齊湣王，湣王懷疑和孟嘗君有關，孟嘗君出走，其後雖證明和孟嘗君無關，孟嘗君也就從此退休了。

孟嘗君封地是薛，孟嘗君告歸也就是到薛去，但是不久又流亡到魏國[75]，就在這個期間，宋王偃滅滕滅薛[76]，而孟嘗君免相後，合縱之約也解掉了。在前293

(註72) 這時各國都在邊境築長城，方城就是楚國沿山建造的長城。據左傳：齊桓公伐楚，楚使屈完稱：『楚國方城，以爲城，漢水以爲池，雖衆，無所用之』，杜注以爲方城山名 (XII/13a)，不過楚國的長城，也是建在方城上的。

(註73) 史記秦本紀，V/29a. 又楚世家，X/30a. 又孟嘗君列傳註，XV/3b-4a.

(註74) 佐趙滅中山在周赧王二十年 (295 B.C.)，見史記六國年表 (III/26b)。滅宋在周赧王二十九年 (286 B.C.)，見史記六國年表 (III/27b) 及田齊世家 (XVI/17b)。不過據史記，湣王時期一直到284B.C.，燕才與三晉擊齊，這表示著燕國只守殘餘國境，所以不爲齊國敵視。

(註75) 戰國策東周，(蘇厲)爲周最謂魏王，及謂周最語，言：『薛公故主，輕忘其薛』(II/7)，以伐齊。

(註76) 史記宋微子世家：『(宋王偃)東敗齊，取五城，南敗楚，取地三百里，西敗魏軍，乃與齊魏爲敵』，VIII/16b. 按滅薛當亦在敗齊軍時，孟嘗君必自薛出奔，及齊滅宋，他才再回薛。

年，秦伐韓魏，秦將白起在伊闕斬首二十四萬；到前290，秦奪了魏河東地方四百里和韓武遂地方二百里；前289，秦遣客卿錯取魏大小城六十一 [77]；前286年，魏納安邑及河內 [78]，秦的勢力大為擴張，從此以後不能再制止了。到了288年十月，秦昭王因為屢次勝利，自稱西帝，並推尊齊湣王為東帝，不過齊王感覺稱帝還不够資格，在十二月自行取消，秦昭王不久也把帝號取消。

這時宋國已經逐漸强大起來，擴張了許多地方。齊國為想開闢疆土，就在秦伐魏之時也去伐宋(前286年)，終於把宋滅掉，可是宋國從來是以善守禦著稱的，因此齊國的損失也甚為鉅大，使得其他國家攻齊之時，齊國沒有還手的力量。[79]

齊國這時領土包括了全宋，其中包圍著魯衞等國的領土，並且還有楚國的淮北地方，這些地方並未被齊國消化，還要大部分的軍隊去駐紮，都是給齊一個非常不利的形勢前。285年，秦昭王和楚頃襄王在宛相會，又和趙惠文王在申陽相會，楚趙同意了秦的看法，韓魏此時國力薄弱，不得不從楚趙秦的聯盟，於是共同去伐齊，攻取了九個城，燕國本來想對齊報復的，因為懼齊，不敢舉動，此時也乘機和趙會合，隨著趙國去伐齊。

齊國在這個時期受著了三面的攻擊 [80]，齊兵戰敗，燕國的兵乘機追到臨淄，臨淄被燕攻陷，齊湣王出奔到莒。楚國此時表示援齊，楚將淖齒被任為齊相，可是淖齒又叛變了，齊湣王被殺，齊人王孫賈會同莒人四百人共殺淖齒，莒人和齊國流亡的官

(註77)　史記六國年表，III/27. 又史記秦本紀言：『錯攻垣（今山西蒲縣）、河雍（宜陽），決橋取之』，V/30b.

(註78)　此時河東已全入秦，只有安邑孤城尚保留，故秦再取安邑，見史記六國年表，III/27.

(註79)　戰國策燕策一：蘇代說燕王噲（此噲字誤，係後人添入附注，此燕王實是孟昭王）曰：今夫齊王長主也，而自用也，南攻楚五年，稸積散；西困秦三年，民憔悴、士罷敝；北與燕戰，覆三軍、獲二將；而又以其餘兵，南面而舉五千乘之勁宋，而包十二諸侯，此其君之欲得也，其民力竭也』(IX/7b-8a)是滅宋以前曾破燕，但史記無之。

(註80)　這就是齊國在戰國時期比秦吃虧的地方。韓、魏形勢最劣，是四面受敵的。齊國是個半島，並且還有『濟清河濁，足以為限，長城鉅防，足以為塞』。不過聯合攻齊，那也不能幾面作戰，這和東方各國攻秦，幾次不能入函谷情形不大一樣。楚國地區大，江河太多，軍際不好調動，故當時亦不如秦、燕國帶上遼東，平原廣濶地脈膏腴，並且也是只受敵一面，一切條件實遠出關中之上，可惜並未開發，所以到漢代還說：天下之勢，秦得百二了。

員，找到湣王的太子法章，立做齊君。(81)

齊宗室遠屬田單從臨淄奔亡到即墨。此時齊國各城，只有莒和即墨未被燕軍攻陷，這兩座齊國的孤城，從齊襄王元年（前283，燕昭王二十九年）到齊襄王五年（前279．燕昭王三十三年），一直未被燕軍攻下，就在這個期間，齊國的即墨大夫戰死，城中的人推田單為主，去抵抗燕軍。(82)

擊破齊國的燕軍主帥是樂毅，在五年之中，樂毅除去占領臨淄以外，並且平定了齊國七十多城，都改為燕國的郡縣。前279年，燕昭王死了，昭王子惠王立為燕王，燕惠王本來不滿意樂毅，此時齊人向燕王反間，說樂毅本可以平定莒和即墨，所以留著這兩城的目的，為著取齊國人心，而自立為齊王，於是燕惠王便騎劫代樂毅，樂毅奔趙。(83)

田單先向燕軍約降，使燕軍懈怠，然後收集城中，得到一千多隻牛，把牛角上綁上兵刃，把牛尾綁上蘆葦，再灌上油脂，晚間鑿城為數十個洞，燒牛尾，使壯士五千人隨牛後，牛被炙熱，衝燕軍陣，燕軍大敗，燕將騎劫被殺，燕軍取占城邑，也都在此時叛歸齊國，田單再從莒把齊王迎到臨淄，齊王任田單為相。

從此，齊國是復國了，不過齊國却不能再和宣王湣王時代相比。第一：齊國失掉了許多地方，例如宋國的舊地及楚國淮北地區被楚國攻佔了，齊國西部一個富庶地區陶 (84)，也被秦國拿去，來封昭王的舅魏冉了，對於齊國的財源人力來說，損失甚大；第二：齊國因為形勢較為孤立，所以不大介入中原的戰役 (85)，他們想到湣王時，因為參加歷次戰役，領土大為擴張，最後引起了各方的敵視，幾乎亡國，所以到了襄王以後，把齊國的政策大改，變成絕對孤立的立場，使秦國從容併吞各國。

（註81）　戰國策齊策六，IV/50b-51.

（註82）　史記田單列傳：田單是齊國王室的疏族，為臨淄市掾，在湣王逃莒時，田單也逃到安平（今山東臨淄東），敎他的宗族把車改造一下，使車軸較短，並以鐵包住，後來再逃的時候，其他未包鐵的車軸往往斷破，而單的族人安然到了即墨，XXII/1.

（註83）　樂毅本來是趙人，燕昭王禮賢下士，樂毅入燕，此時仍返趙。

（註84）　陶在戰國初期就已經是水運交通中心，范蠡稱為陶朱公，就是在這個地方經商。後來漢代為濟陰郡，在漢代是人口最密的地方。

（註85）　齊、秦均不可介入戰役，不過秦國貧，非戰伐不能身存，齊國富，可以不必攻戰。

復興後的齊國是不包括薛的，薛在孟嘗君晚期形成了一個獨立的小國，在孟嘗君未免去齊相之時，他是主張合縱排秦的，免相以後，他逃亡至魏，及宋人滅薛，他的態度應當是反宋的，等到齊國殘破，他的薛，因爲各國對他尊重的緣故，大致仍在他的手中，所以齊國復國以後，薛並未屬齊，齊襄王對他仍然不敢侵犯，直到孟嘗君死後，薛才被齊攻取。(86)

和孟嘗君同時被人注意的人物是趙武靈王和李兌。趙武靈王元年是在前 325 年，到二十四年（前302年）實行胡服騎射，因爲用了胡人的長技，東起上谷，西至九原，開闢了許多地方，這些地方都是產馬之區，所以趙國的兵力也強大了起來，當時他怎樣贏得了戰爭，現在完全不知道，得到了這些地方以後，他對於原有的部落怎樣管理，對於這樣地方怎樣經營，現在也完全不知道，現在只知道漢代對於這些地區管理的狀況，漢代管理的辦法當然是承襲秦代的，而秦代就可能是承襲趙國的。(87)

在趙武靈王27年時前（299年），他傳位給他兒子惠文王（第二年卽前298，爲惠文王元年），自稱爲主父。傳位的原因據史記趙世家說：因爲他好向北方發展，把國事交給惠文王(88)；實在的原因也許是這一年就是楚懷王被扣的那一年(89)，武靈王可能有鑒於楚懷王的事，立子爲王以作準備(90)。不過武靈王對內還有繼承問題的，武靈王原有長子章，其後娶吳國妃子又生子何，武靈王愛子何，立爲惠文王，可是對於原來太子仍有扶持的意思。前 295 年，子章爭奪君位，被李兌及公子成殺死，李兌及公子成懼禍，包圍主父宮，主父餓死。

(註86)　史記孟嘗君列傳，XV/7b.

(註87)　漢代對於北邊狀況，散見於史記、漢書中，各紀、傳及漢書地理志，尤其敦煌漢簡及居延侯簡發現以後，使我們明瞭的更多了一些。

(註88)　史記趙世家，XIII/27.

(註89)　楚懷王被扣的事，見史記楚世家，事在 299 B.C.，卽楚懷王三十年（X/30b-31a）。楚懷王雖然失掉齊的盟國這件事非常失敗，可是楚懷王本人似乎尙有能力，所以 318 B.C. 時，楚懷王曾爲縱約之長。他被扣以後，太子在齊，曾經一度引起國內的恐慌。後齊國送還太子，立爲楚王（卽楚頃襄王），楚國政治才得到安定。可是頃襄王的能力卻不如懷王，所以楚人一直想念懷王，到秦亡國以後，楚人還立懷王之孫爲楚懷王。

(註90)　宋王偃立太子爲王，稱宋元君，大概亦在此時，至趙太子章作亂的時候，宋國亦發生內亂，宋元君出走，由宋王偃再當國事。

　　不過李兌還是主張合縱的，在前288年（趙惠文王十一年），李兌曾約齊楚韓魏五國攻秦，此時齊國已經不由孟嘗君當政，對於攻秦已不像從前熱心，結果五國軍隊到了成皋（卽河南省的虎牢關），不能再進，沒有多少成績。

　　五國攻秦時李兌已老，李兌死大概在以後數年中（前284左右），蘇秦死時則在以前二十餘年（314左右），其時秦的力量未顯，所以蘇秦佩六國相印合縱排秦是不確的，不過李兌當政時，蘇代蘇厲可能是李兌的助手，因而蘇秦的傳說可能多半是蘇代和蘇厲的事。

第六章　魏冉及呂不韋的東略

甲、魏冉的東征

　　就齊國方面來說是孟嘗君，就秦國方面是魏冉，他們兩個都是當時的關鍵人物。

　　秦武王死了，武王無子，由他的弟弟秦昭襄王繼嗣（或簡稱昭王）。秦昭王是秦武王的異母兄弟，他的母親原來是楚國人，昭王旣立，他的母親被尊爲宣太后，宣太后的弟弟名曰羋戎，封爲華陽君[91]，宣太后的母親改嫁以後所生的異父弟名叫魏冉[92]，魏冉最有能力，在惠王和武王時已有相當的政治地位，武王死，魏冉利用政治上的關係擁立昭王，宣太后聽政，而魏冉由將軍繼樓緩爲秦相。

　　魏冉最重要的工作是提拔白起爲大將，在此以前，秦和六國的戰爭雖然偶有勝利，多年講來還是打一個平手，自從以白起爲大將以後，秦國往往有壓倒的勝利，這就建立了秦滅六國的基礎[93]。秦昭王十四年（前293），正是孟嘗君出走第二年，魏冉遣白起攻韓魏，在伊闕（卽今河南洛陽的龍秀）殺了韓魏二十四萬人，魏冉受封爲穰侯（在今河南鄧縣東南），到昭王十七年（前290），又使白起攻魏，取河東地方四百里；攻韓，取武遂地方二百里，十八年又攻魏河內，取大小六十一城[94]，至昭王二

（註91）　見史記穰侯列傳，XII/1a. 姓羋氏，應當是楚國的宗室。

（註92）　所以魏冉應當原來不是楚國人。秦、魏關係太深，居民錯雜，所以秦人中亦有魏姓。

（註93）　見史記白起列傳，XIII/1-2a. 到漢代還把歷來名將白起與韓信並稱，稱爲『韓、白』。

（註94）　見史記穰侯列傳，XII/2. 在此，河東與河內並稱，足徵河東與河內均爲魏國的郡，後來漢代的河內郡卽亦承此而來，漢書地理志以爲漢河內始於楚、漢時的殷國，誤。（至 286B.C.，秦取魏河內，那是指已取河內郡的全部了）。

十六年（前281年），白起攻楚，拔楚都鄢郢（今湖北江陵），燒夷陵（今湖北宜昌）楚墓，楚王逃走，秦置南郡，封白起爲武安君[95]，次年因再取楚國的巫，黔中郡[96]，到昭王三十二年（前275年），魏冉自將兵攻魏，通大梁，魏割溫求和，昭王三十三年，魏冉大破韓將暴鳶。三十四年，魏冉與白起及客卿胡傷再攻韓趙魏的聯軍，大敗魏將芒卯於華陽（今河南鄭縣南），進至大梁，當時趙軍聯合燕軍來救，秦兵才退，把所占韓魏地方，連同從前楚國的上庸地方，合爲南陽郡。

此時秦軍已成爲破竹之勢，齊國雖已復興，可是不願多管中原之事，因而秦國稍休息一下，便再東進了。前207年（秦昭王三十七年），秦聯合韓國，遣胡傷攻魏國的閼與（今河南武安縣西），趙王問羣臣策，趙奢說：“其道遠、險、狹，譬如兩鼠鬥穴中，將勇者勝。”因令趙奢去救閼與，既出邯鄲三十里，下令軍中說：“以軍事諫者死”，堅壁留二十八日不行，更增築營壘，秦人認爲他頓兵不進，於是趙奢兼程西進，二日一夜達到陣地，立卽以一萬人據北山之頂，居高臨下，大破秦軍，遂把閼與的圍解掉，自此以後，魏冉不再大舉進兵。

在閼與之戰以前，魏冉曾派兵取齊國的剛壽二城（在山東壽張附近），來擴張陶的領土，至此又有閼與之敗，秦昭王已年長，和魏冉的權力上已有不甚調協的地方，此時魏人范雎游說秦昭王，挑撥昭王和太后及魏冉的情感。昭王四十二年（前265年），宣太后死，昭王信了范雎的話，把魏冉罷免，魏冉回到陶，在陶病死。

這幾年秦國仍然逐漸向東前進[97]，於昭王四十三年（前264年）開始攻韓，在四十六年（前261年）引起了長平之戰，秦軍大勝，但戰爭仍拖延下去，直到秦昭王五十年（前257），魏信陵君救趙，秦軍大敗，然後戰爭才結束，這個戰爭前後拖延七年。

（註95）　魏冉此時加封陶爲封邑，見史記穰侯列傳，XII/2b.

（註96）　在貴州及湖南西部。此時楚將莊蹻已取滇（雲南省），因路絕，不能通楚，自立爲滇王，從此以後，中國型的文化又到了雲南了。

（註97）　據戰國策秦策三：范雎說秦王以遠交近攻之策，III/42a. 實則魏冉之策亦是遠交近攻，只是魏冉曾去直接爲秦擴張領土，也打算把陶變成萬乘之國罷了（秦策三：『攻齊之事成，陶爲萬乘，長小國』，III/35b）。秦王相信范雎，其實他對外並無奇謀，只是魏冉當政三、四十年，勢力太大，羣臣多不可信，只重用范雎來牽制羣臣，以打擊魏冉的勢力。等到秦王的勢力已穩固，而范雎亦無對外大功，所以終於罷免。

乙、長 平 之 戰

長平之戰是戰爭史上一個恐怖的戰爭，趙國損失兵員四十五萬，秦國損失兵員的數目雖然沒有詳細的紀錄，不過估計起來可能也達到二三十萬，兩方死亡可能在七十萬人以上，就結果來說，可以說只是一個歷史上的悲劇，兩方都未得到多少代價。

從秦昭王四十三年起，白起攻韓陘城(在今山西曲沃北)，四十四年斷韓太行山的"羊腸道"，四十五年拔韓的野王(在今河南沁陽)，韓上黨通韓的路斷絕，韓上黨守馮亭降趙，趙封馮亭爲華陵君 (98)。四十六年(前261年)，秦使王齕攻上黨，趙軍據守長平(在今山西高平)，以廉頗爲主將。廉頗主張是取守勢，秦軍屢次攻陷趙鄣和趙壁 (99)，以致趙國將士及兵員頗損失，秦國屢次挑戰，廉頗不出 (100)，相持一年。趙王因爲廉頗不能得勝，甚爲不滿，幾度去責問廉頗，至昭王四十七年(前260年)，趙王(趙孝成王)決心要更換主帥，此時藺相如已臥病，而趙奢已經死了，無有可換的人，只有想到趙奢的兒子趙括，曾向趙奢學兵法，因此就改任趙括爲主將。

主將的更換當然表示戰略的更換，而且趙奢的強力進攻的主張，又是當時非常著名的，這樣就不能被秦人知道，因此秦便特派白起前來主持，而以王齕爲副手，嚴守秘密，不准軍中洩漏，使趙括不知道秦軍準備。

趙括是一個具有冒險精神却經驗不夠的青年人，據說他學兵法時，自負甚高，以爲天下無敵，嘗和趙奢談兵事，他的父親也不能難倒他，但他父親不以爲然，說，兵，是死地，而趙括談的太容易了，這是不可以的。當任他作將時，趙王也向藺相如問，藺相如不以爲然，說趙括只能讀其父書，可是他不能通變，如同把瑟柱膠上去鼓瑟，不可爲將，趙王不聽(101)。

依照趙奢的戰略，是利用龐大的兵力，用勇將來指揮，力量大者勝，這是一種攻擊的戰術而非守勢的戰術，不過也得判明敵情才可以。趙括學過兵法，自然也非完全

(註98) 見史記白起列傳 (XIII/1b-2) 及漢書馮奉世傳 (XLIX/1a)。

(註99) 鄣是前哨的小城，可以駐紮千餘士卒 (見居延漢簡考釋考證之部亭鄣，41-42)。壁是營壘的牆壁，大軍據守時臨時時建築的。

(註100) 這也是一種戰略，諸葛亮北伐，司馬懿堅壁不出，就是一例，因爲敵人不出，屢次進攻營壘，損失亦大。

(註101) 見史記藺相如列傳，XXI/8b. 膠柱鼓瑟，指瑟的弦下均有柱，瑟柱是活動的，不可膠在瑟上。

輕舉妄動，不過自負太過了，把敵方未認識清楚，就用四十萬大軍輕於一擊。

秦兵先把第二線的壁壘建築非常堅固，和趙兵相遇，秦軍詐敗退却，趙軍乘勝追到秦壁，秦壁堅，不能攻進，可是趙兵集中進攻之時，秦軍却用二萬五千人截斷趙軍與趙壁的聯絡，又以一萬五千人斷絕趙壁與後方的聯絡，趙軍此時只好再築壁堅守。

秦王聽到這個消息，親自到河內指揮，並發動全國十五歲以上的壯丁全到長平。到這年九月，趙兵和秦兵相持已經四十六日，趙軍缺糧，只有用力衝出，可是秦軍衆多，趙卒出不來，趙括親自領精兵攻戰，被秦兵射殺，四十萬趙卒全部投降，白起把這些降卒全部坑埋了 [102]，只留年小的二百四十人遣囘趙國。十月，秦兵定上黨郡，趙國前後已損失四十五萬人，但秦兵也損失過半。[103]

秦軍乘勢取得趙國的太原郡，可是秦兵罷困已極，不能不撤囘休息，直到昭王四十九年九月（前258年），秦再發兵，使白起將兵，白起有病，並且料定不能取勝，不肯出發，秦王罷免白起，他在陰密（今甘肅畫台縣）被迫自殺，秦相范雎起用鄭安平為攻趙的主帥，進攻邯鄲，趙國非常危險，楚魏雖派有救兵，可是都畏懼秦軍，不敢輕進。[104]

邯鄲在危急之中，幸趙人尚能上下一心，在圍困中堅守，不過邯鄲的陷落也是時間早晚的事了，幸虧魏信陵君（魏無忌）決心救趙，設法竊到魏王的虎符，帶了勇士入晉鄙軍，擊殺了晉鄙，奪得指揮權，選精兵八萬人北上，大破秦軍，楚春申君亦遣景陽夾攻秦軍，秦軍破散，鄭安平率殘餘二萬人降趙。

從這次戰役以後，秦國在函谷關東部所占地方相繼失去，陶旣被魏所占，范雎的封地汝南也被韓所占，只是河東一帶也許還留下若干秦軍的據點。

(註102) 三國志（上海，涵芬樓影印中華學藝社借照宋紹熙刊本）魏書鍾會傳：『會已作大坑白棓數千，欲悉呼外兵入，棓殺坑中』(XXVIII/37a)，此蓋白起坑趙卒，項羽坑秦卒舊法，故坑埋數萬人非不可能，不過秦兵已損失過半，趙軍不會損失更多，所以當時絕不可能遺剩下四十萬人，所謂四十萬人，不過號稱四十萬人罷了。

(註103) 秦兵損失過半，見史記白起列傳，XII₁/5b. 所以白起後來不願再做主將，以致被秦王逼死。

(註104) 據戰國策趙策三：此時魏安釐王遣晉鄙救趙，止於蕩陰（今河南湯陰），不敢進，只使客將軍新垣衍說趙王，希望趙尊秦為帝，以此求和，平原君猶豫未肯。此時魯仲連適趙，以辭折服新垣衍，適信陵君奪晉鄙軍，趙因得救，VI/12b-66a. (其中惟『今齊湣王已益弱』，時爲齊王建，非齊湣王，湣字涉上文齊湣王事誤衍）。

丙、呂不韋的東略

自從信陵君援趙之役以後，秦軍大敗，魏冉東進的形勢大半失去，幾乎恢復到孟嘗君時的情況[105]，並且秦昭王已老，也憚於用兵[106]，直到前249年（卽長平之戰十年以後），莊襄王卽位，以呂不韋爲相，才開始又向東方發展。

呂不韋韓人，是邯鄲的大商人，莊襄王爲質於趙，呂不韋說趙王使莊襄王歸秦，並資助爲太子，嗣爲秦王[107]，等到莊襄王成爲秦王，呂不韋就以擁立之功成爲相國，他這種進取型的人，當然不會省事的，他就在當年滅東周，攻取韓國的成臯和滎陽，建立了三川郡，次年（前248年），又攻取趙國太原郡的楡次等三十七城，到前247年，又攻佔了趙的上黨郡，並命蒙驁攻入晉陽，建立太原郡。

這時秦轉向攻魏，魏的情況非常危急，寄住在趙國十年之久的信陵君，爲了要拯救宗社的覆亡，決心回到魏國[108]。信陵君在當時已成了偶像式的人物，魏安釐王很

(註105) 長平之戰，表面上趙國大敗，損失了四十五萬人，可是秦軍損失也非常鉅大，雖然接近邯鄲，秦軍的力量也不能再進，非休息軍隊不可了。秦軍損失這樣大，也是遇到勁敵的原因，在此廉頗和趙括都有功。史記根據傳說，不免有以成敗論英雄之處，後來信陵君非常漂亮的成功，也和長平之戰有關，白起不願再戰，實不免有顧惜名譽之處，因爲秦軍實不堪再戰了。
白起是一個軍事天才，坑趙卒所發生的後果，他自己後來也未嘗不知道，這也是他的死的直接原因。史記白起列傳集解引何晏說：『白起之降趙卒，詐而阬其四十萬，豈徒酷暴之謂乎？後亦難以重得志矣！向使諸人皆豫知降之必亡，則張虛捲猶可畏也，況於四十萬被堅執銳哉？天下見降秦之將，頭顱似山，歸秦之衆，骸積成丘，則後日之戰，死當死耳，何衆肯服？何城肯下乎？是爲雖能裁四十萬之命，而適足以彊天下之戰，欲以要一朝之功，而乃更堅諸侯之守……其所以終不敢加兵於邯鄲者，非但憂平原之補袒，諸侯之救至也，徒諱之而不言耳，若不悟而不諱，則毋所以遠智也，可謂善戰而拙勝』，XIII/6b. （此外 256 B.C.，楚亦乘中原有事，東向滅魯）。
(註106) 只有秦昭王五十一年滅西周一事，不過滅周是不需要多大兵力的。
(註107) 見史記呂不韋列傳（XXV/1b-4）及戰國策秦策五（III/75b-76）。史記和戰國策略有異同，可能國策是較早的傳說，而史記又增加了後出的傳說，因爲秦始皇原爲呂不韋姬妾一事，國策無之，國策只有，呂不韋和嫪毐衝突那一件事，這是呂不韋本爲權略之士，他的故事越來越多，史公好奇，所以都被採取上了。
(註108) 信陵君在趙立功，但因竊符事，久居在趙，不敢歸。秦伐魏，魏王使使者請公子，公子仍不歸。毛公、薛公往見公子曰：『公子所以重於趙，名聞諸侯者，徒以有魏也，今秦攻魏，魏急，而公子不恤，使秦破大梁，而夷先王之宗廟，公子當何面目立天下乎？』語未及卒，公子立變色，告車駕馳歸救魏。魏王見公子，相與泣，而以上將軍印授公子。其後秦聞揚言於魏，言信陵君將被諸侯立爲魏王，魏安釐王罷公子軍職，信陵君遂與賓客縱酒作樂，四歲，病酒卒，其年魏安釐王亦卒。事見史記信陵君列傳，XVII/7-8a.

成功的徵到韓趙楚等國的軍隊,擊敗秦軍。此後秦國只在前 244 攻取韓國十三城未,曾大舉。[109]

到秦始皇五年(前 242)信陵君既死,秦始遣蒙驁攻魏,奪取了魏酸棗(今河南延津縣)二十城,置東郡;六年(前241), 韓魏楚趙衞五國共攻秦,秦出兵,五國兵退回;七年(前240), 蒙驁攻趙死,取趙三城,八年(前239), 秦有膠毒之亂;九年(前238), 呂不韋免,這兩年秦雖未擴充領土,不過侵略東方的基地已經穩固,此後就是秦始皇自行當政的期了。

附記:本篇由楊聯陞先生及許倬雲先生看過,提出許多珍貴意見,特此志謝!

引 用 書 目

1. 論語(十三經注疏本)。
2. 墨子(上海,涵芬樓影印明嘉靖癸丑刊本)。
3. 孟子(十三經注疏本)。
4. 戰國策(上海,涵芬樓影印元至正十五年刊本。)
5. 詩經(十三經注疏本)。
6. 左傳(十三經注疏本)。
7. 周禮(十三經注疏本)。
8. 孫子(長恩書室叢書本)。
9. 淮南子(上海,涵芬樓影印劉泖生影寫北宋本。)
10. 史記(上海,涵芬樓影印南宋黃善夫刻本。)
11. 西域考古記(斯坦因著,向達譯。上海,中華書局,1936.)
12. 漢書疏證(沈欽韓撰。光緒二十六年,浙江書局刊。)
13. 先秦諸子繫年考辨(錢穆撰。香港,大學出版社,1956.)
14. 竹書紀年輯校(王國維撰。海寧王靜安先生遺書第三十六冊。)
15. 竹書紀年義證(雷學淇撰。臺北,藝文印書館據排印本影印,1951.)
16. 戰國史(楊寬撰。上海,人民出版社,1955.)
17. 水經注(上海,涵芬樓影印武英殿聚珍版本。)
18. 漢書(上海,涵芬樓影印北宋景祐刊本。)
19. 居延漢簡考釋之部(勞榦撰。臺北,中央研究院,歷史語言研究所專刊之十四,1960.)
20. 三國志(上海,涵芬樓影印中華學藝社借照日本藏宋紹熙刊本。)

(註109) 在長平之戰以後,燕曾乘趙損失,遇而伐趙,爲廉頗所敗,以後燕趙互相攻擊,並無決定性的勝利。

戰國時代的戰爭方法

第一章　軍隊的組織

　　戰國時代軍隊的組織，是從春秋時代的組織改變而成的。春秋時代的軍制，在左傳內可以看出一點，不過並不甚詳細。大致說來，黃河流域的國家是一種制度，而楚國是另外一種制度。黃河流域各國是以『軍』為單位，從一軍、二軍、三軍、最多可以到六軍；而楚國的軍制，卻是『其君之戎分為二廣，廣有一卒，卒偏之兩』，但有時也組織成為三軍。所以軍的制度，本來是一種戰時的臨時佈署。晉國在春秋中葉以後，經常的分為六軍，可能是六卿專政的結果，而非原來就有的定制。詩經大雅常武：

> 赫赫明明，王命卿士，南仲大祖，大師皇父，整我六師，以脩我戎，既敬既戒，惠此南國(註一)。

詩疏云：

> 天子六軍，軍各有將……中軍之將尊，故特命之，使揔攝諸軍也。左傳稱晉作諸軍，常以中軍之將為元帥，元帥是其軍也。諸侯三軍分為左右，可得有中軍焉。天子六軍而得有中軍者亦當分之為三，中與左右各二軍也。春秋桓五年：『蔡人、衞人、陳人從王伐鄭』；左傳曰：『王為中軍，虢公、林父將右軍，周公、黑肩將左軍』，是天子之軍分為左右之事也(註二)。

所以古代的軍，人數是依照出動的情況去規定，有固定人數的，應當是『師』以下的人數。但是依照周禮和漢代追述古制的白虎通義，就將『軍』的人數也加上規定了。

（註一）　詩經（十三經注疏本）大雅常武，XVIII/1b。
（註二）　同上，大雅常武正義，XVIIIV/2b-3a。

以下是周禮和白虎通義的說法：

周禮夏官司馬說：

> 凡制軍，萬有二千五百人爲軍。王六軍，大國三軍，次國二軍，小國一
> 軍。軍將皆命卿。二千有五百人爲師，師帥皆中大夫。五百人爲旅，旅
> 帥皆下大夫。百人爲卒，卒長皆上士。二十五人爲兩，兩司馬皆中士。
> 五人爲伍，伍皆有長(註一)。

白虎通義三軍篇：

> 國有三軍何？所以戎非常、伐無道、尊宗廟、重社稷、安不忘危也。何
> 以言有三軍也？論語曰：『子行三軍，則誰與？』詩云：『周王于邁，
> 六師及之』。三軍者何法？法天、地、人也，以爲五人爲伍；五伍爲
> 兩；四兩爲卒；五卒爲旅；五旅爲師；五師爲軍。二千五百人爲師，萬
> 二千五百人爲一軍，三軍三萬七千五百人也……雖有萬人，猶謙讓，自
> 以爲不足，故復加二千人。因法月數，月者，羣陰之長也，十二月足以
> 窮盡陰陽，備物成功，萬二千人亦足以征伐不義，致天下太平也。穀梁
> 傳曰：『天子有六軍，諸侯上國三軍，次國二軍，下國一軍』(註二)。

就以上兩段來說，白虎通義的『師爲一軍』，是保存比較早期的形式，周禮的『五師爲一軍』，反而是比較後起的。當然白虎通義是東漢時代集舊聞雜說而成，而周禮却是純然戰國時代的遺書，就成書的先後說，白虎通義應當在後，不過白虎通義還可以徵引到周禮以前的材料，所以白虎通義的說法，還是比較早一些。

其中的問題，是白虎通義本身有一個矛盾，因爲既然說天子六師爲一萬五千人，下文却又說爲一萬二千人，並且還說『法』十二月的數目，可見十二是不誤的，則一萬五千人的五字，應爲一萬二千人之誤。

這裏似乎不應該由於『淺人的竄亂』，因爲假如爲『淺人的竄亂』，絕不會留一個矛盾點出來，而可能由於『更淺』的抄手造成的錯誤。原來『五旅爲師』的『五』字，非常可能爲『四』字的壞字（因爲漢時四字作亖，爲四畫，和五字的Ｖ形可能有

(註一) 周禮（十三經注疏本）夏官司馬，XXVIII/2a。

(註二) 白虎通（抱經堂叢書本）三軍篇，IIa/9b-10a。

時相混），假如抄成五字，再抄的人會把一萬二千的數目校正一下，變爲一萬五千，這就與後文不合了。

漢承秦制，和戰國時代的兵制有密切的關係，尤其應當是沿襲戰國後期的制度而成的，所以漢代制度非常值得做爲參考之用。據後漢書百官志的司馬彪本注說：

> 其領軍皆有部曲。大將軍營五部，部校尉一人，比二千石；軍司馬一
> 人，比千石。部下有曲，曲有軍侯一人，比六百石。曲下有純，純長一
> 人，比二百石(註一)。

所以漢代的編制是：

　　　　將軍——部，校尉——曲，軍侯——屯，屯長。

依照史記陳涉世家：『發閭左適戍漁陽，九百人屯大澤鄉，陳勝、吳廣皆次當行、爲屯長』(註二)，那就一屯爲四百五十人大致和周代的旅相當，則漢代的曲也正和師相當。若照戰國稍後之法，那就一校尉爲一軍，而將軍則爲元帥，與戰國一般的情況也是符合的。

這種以『屯』爲單位的制度，也就是以五百人爲單位的制度，和周禮及白虎通義的記述，旅以下的單位，也是可以接得上的，卽：

屯（卽旅）五百人——卒，百人——兩，二十五人——，伍，五人。不過依照漢代的制度，卒稱爲隊，隊有隊率(註三)。隊以下似沒有『兩』這個名稱，而只有什伍之制，下一級也可能和烽燧中一樣稱爲士吏。因而從漢代的制度來看，那就七國時代秦的制度，可能和秦帝國一樣，也就和漢代一樣，卽：

郡縣制度＝太守(守)—都尉(尉)━┳━縣——鄉——亭——里——什——伍

　（邊塞制度)…………都………┛━候官一候長一隊長一士吏一戍卒

軍事組織＝將軍————校尉————軍侯一屯長一隊率一？——什——伍

(註一)　後漢書（上海，涵芬樓影印宋紹興本）百官志的司馬彪本注，XXIV/10a。

(註二)　史記（上海，涵芬樓影印南宋黃善夫刻本）陳涉世家，XVIII/1b。

(註三)　見漢書（上海，涵芬樓影印北宋景佑刊本）申屠嘉傳：『爲止村官顀張，從高帝擊項籍，遷爲隊率』，XII/6a。隊的人數據左傳襄十年：『以成一隊』下，杜注：『百人爲隊』(XXXI/4a)，據新唐書（上海，涵芬樓影印淸殿本，1916）兵志：『士以三百人爲團，團有校尉；五十人爲隊隊有正；十人爲火，火有長』(XL/3a)，雖數目少於漢制，但亦可以比較。

當然，在戰國時期，每一個國的制度，會有各國的地方性的，如荀子之議兵篇說：

> 齊人隆技擊，其技也，得一首者則賜贖錙金，無本賞矣。是事小敵毳，
> 則偷可用也，事大敵堅，則渙然離耳。
> 魏氏之武卒，以度取之，衣三屬之甲，操十二石之弩，負矢五十個，置
> 戈其上，冠軸帶甲，嬴三日之糧，日中而趨百里，中試則復其戶，利其
> 田宅，是數年而衰，而未可奪也。
> 秦人其生民也陿陀，其使民也酷烈，劫之以埶，隱之以阸，忸之以慶
> 賞，鰌之以刑罰，使天下之民，所以要利於上者，非鬭無由也。阸而用
> 之，得而後功之，功賞相長也，五甲首而隸五家，是最爲衆彊長久，多
> 地以正，故四世有勝，非幸也，數也（註一）。

這裏只舉了齊、魏、秦三個國家的辦法，其他國家仍然不知道的。到了漢代，應當繼承秦國的制度，但實際上除去地方上『什伍』的組織留下過去的一點痕跡，以及賜爵之事也留了一點痕跡而外，六國時代的舊制已經看不見了。這就是說，因戰爭功績而在社會上留下的差別待遇和不同的身份，是早期社會的遺留，漢代已不再是階級制度（caste）的社會，除去了極少數的通侯勉強保持一點封建的形式以外（並且這些少數的通侯（註二），也很難傳了幾代而不被取消掉），在一般平民之中不能形成特殊階級，自是當然之事。

此外，漢代還有一種屬於六國時代的遺留，這就是『材官』的制度。漢代的常備兵（即所稱爲的『正卒』）有步兵、騎兵和船兵三種，其步兵有時稱爲材官。據漢書鼂錯傳、申屠嘉傳（註三）注，材官應爲經過訓練，而有技擊能力的兵士。材官在漢代是有地域性的如宣帝紀神爵元年：發三河潁川、沛郡、淮陽及汝南材官（註四）；多屬於戰國時的韓、魏地區（沛郡雖然不是韓、魏舊地，不過漢高帝一家就是秦時從魏徙去

（註一）　荀子（上海涵芬樓影印古逸叢書本）議兵篇，X/5b-7。
（註二）　通侯（原作徹侯，避漢武帝諱改）指秦漢時期有封土的侯爵。
（註三）　漢書鼂錯傳，XIX/10b。及申屠嘉傳，XII/6a。
（註四）　同上，宣帝紀，VIII/16b。

的，當時從魏國徙沛的，一定不僅劉家一家）。又漢書高帝紀十一年；發巴、蜀材官（註一）；也非常可能是秦時滅韓、魏以後，把韓、魏的人徙到巴、蜀，這種材官的辦法，還是魏的制度，而非秦的制度，所不同的，是漢代（也許秦代也是一樣）採用了魏國訓練的辦法，卻未如同荀子中所說的『中試則復其戶，利其田宅』僅僅做了一個『材官』，一般的待遇比普通的步卒可能好一點，這就是後期的中國制度，而非早期的中國制度了。在此要特別聲明的，即漢代的材官仍屬於徵兵範疇之內，並非募兵，只是選拔徵兵內特別有材力之士，給以特殊待遇罷了，所以向上推至戰國，如荀子所說的，也是各國中徵兵中的『選兵』，徵兵之制，即春秋時所謂『賦』，是一個傳統制度，戰國時並未曾改變，一直到西漢還依照戰國以來的舊法，到東漢以後，募兵才漸次採用，而徵兵的痕跡仍然存在。

其次，趙武靈王胡服騎射一事（註二），是一件被人稱道的大事，不過，這件事對於中國文化史上的價值究竟有多大，還是值得再加檢討的。當然，詩經上所說的『古公亶父，來朝走馬』（註三），照于省吾認為『走馬』即是『騶馬』，即是『養馬』，應當是一種曲解，『走』原有本義，轉一個彎釋為『騶』，再轉個變釋為『養』，其可信程度自隨著彎子的數目而遞減，所以養馬的解釋是不可信的，走馬應當即是『馳馬』。馳馬不一定非單騎不可，馳車亦是馳，語意雖較晦，卻非絕不可能。石璋如先生曾發現殷墟中單人單馬的墓葬，似頗有單騎的可能。左傳齊、晉戰於鞌（宣公二年），『鞌』字除馬鞍以外，無其他的用法，駕車用轅軛，不用鞌，有鞌必然騎馬。鞌可能即是山東濟南的馬鞍山，在濟南城的西南（華不住山在濟南城的東北，從馬鞍山退到臨淄的大道，正經過華不住），這個山直到現在還非常像一個馬鞍，可見春秋時已以山形名地，那軍騎一事，似乎不從趙武靈王才開始。

不過無論如何，單騎是一回事，騎射是一回事，騎射的士卒組成行陣來戰鬥，又是一回事，這些都不是很簡單的，一下子就能採用的。人類文化史中的任何一種發

（註一）　同上，高帝紀，1b/16b。

（註二）　此事 H. G. Creel 曾有詳考，見 American Historical Review LXX No. 3。

（註三）　詩經大雅緜，XVI之II/15b-16a。

明，看來好像簡單，其實有些要經過數千年或數萬年的演進，或者經過數百年或甚至數千年，才從別的民族探取。中國的兵車及車戰的戰術，來源不詳，不過這種複雜的器物和這樣複雜的技巧，世界上絕不可能發明第二次，而細部全同（例如美洲印第安人有的文化已經很高，可是就是發明不了車子），其間傳播和探取，一定有一個非常不簡單的經過。那麼騎射的技巧及騎兵的組成，也不會是一個短期間的事。

趙武靈王胡服騎射，『胡』的這一個名稱也是可以注意的，以前就只稱赤狄和白狄，赤狄以潞爲主要，爲晉所滅，白狄包括鮮虞、代等，大部份也爲趙所滅，因此，中國北方的邊界擴充很遠，從此又和新的北方民族又有新的接觸。就在這個時期，大漠南北又出了新的覇主，和南方的中國力量成爲對峙的形勢，這就是匈奴，或者被稱爲『胡』。胡是不用車戰而用的是騎戰，這種新的戰術是相當有用的，因而就被趙武靈王探用了（ 370 B.C. ）。

這其中包含一個非常重要的文化探取的問題。在趙武靈王胡服騎射以前，晉國是被許多『戎、狄』所包圍的，這些戎、狄有的和子姓、姬姓爲同族，只是文化上的差異，也有些屬於完全不同的語言系統，和中國標準文化並無多少類似之處。這些種類不同的戎、狄，在春秋二百四十年中，相繼的成爲三晉組成的大部份，所以三晉文化之中，已深切的包含有非華夏的文化。到了趙武靈王接收胡服騎射其中所謂胡人，又不是春秋時代的『舊夷、狄』，而是新接近的民族，他們帶來了新戰法，新技術，逼著華夏文化非再加一次改變不可。

這一個改變，並不代表趙國一國的改變，秦國也不久變爲騎兵的國家。戰國策蘇秦說楚說趙，稱楚和趙爲『車千乘，騎萬匹』，說燕，稱燕『車七百乘，騎六千匹』；張儀說楚說韓，均言秦有『車千乘，騎萬匹』，當然蘇秦、張儀的議論，是戰國末期縱橫家的追述，和蘇張當時情況不合，不過戰國末期，各國已紛紛訓練騎兵，也可以看出來了。史記李牧列傳稱：李牧居代雁門備匈奴，乃有選騎萬三千匹(註一)；這是我國晚期的事，也可見萬騎數目的估計不爲虛假。不過戰國晚期，每一個國中的步兵總是幾十萬人，騎兵和步兵，數目比較上並不算多，這大致受了馬匹數目的限制，國內戰爭時，騎兵還只是包抄、截、擊等用，其主力戰還應當依靠步兵的。

（註一） 史記李牧列傳，XXI/11b。

第二章　戰國時期的兵器

　　戰國時期已經到達銅鐵並用的時代，鐵器製造方法的來源不能完全明瞭，究竟是中國本土的發明？還是由於國外的傳播？抑或一部份方法由於國外的傳播，而在中國境內又加以進展？抑或中國已知有鐵，鍊鐵技術却是外來的？現在推究起來，都有證據不足之感。不過無論如何，從兵器的形式上來看，戈是從中國大陸衍進出來的兵器，而矛就可能有外來的因素，劍和匕首就顯然有更多外來的因素，其中關係並不簡單，以彼例此，鐵的發現和鍊鐵技術的應用，其中經過自然也不是一個簡單的過程，要加以討論，自然還需要更多的考古上的發現。

　　周禮上的記載，以及新發現的戰國器物，是討論戰國制度的兩個重要來源。周禮的本文以及考工記寫成的時期，現在雖然不能完全明瞭，不過絕對是戰國的遺文而非漢人所能仿造，已經可以百分之百的斷然肯定，只是在戰國的什麼時期，還得加以估量。大致說來，周禮和考工記都充分具有大一統的思想，而且設計完密，似乎不應當過早；但從另外方面來看，還保持著顯明的封建體制，也沒有戰國晚期十萬二十萬軍隊應付一個戰役的觀念，所以更不可能在戰國晚期，大致周禮以屬於戰國中期，魏惠王至齊湣王的時代的可能性最大，實在說來，此時世祿之制已歸於破壞，只是周禮的編輯者多少有些『法古』的思想，所以設想的，還是封建的組織形式超過了官僚組織的形式，假如周禮的時代在戰國中期，即 280 B.C. 至 360 B.C. 之間。

　　依照殷墟的發現來看，只有戈、矛、斧（和其同類的兵器），刀和箭鏃，沒有劍，也沒有戟，當然，也可以說初期的戟是戈矛的合併，本柄腐朽則戈矛分開，不過在遺址中，並無戈和矛頭被發現時正好如戟的排列的證據，因此就不能說商代已經有戟的使用。

　　到了尚書的顧命，這是被公認爲眞的一篇，其中說到許多兵器原文是：

　　　　二人雀弁執惠，立於畢門之內，四人綦弁，執戈、上刃夾兩階阰，一人

　　　　冕執劉，立于東堂；一人冕執鉞，立于西堂；一人冕執戣，立于東垂，

　　　　一人冕執瞿，立于西垂；一人冕執銳，立于側階(註一)。

（註一）　尚書（十三經注疏本）顧命，XVIII/24a。

這些兵器的形製，在漢、魏時已經不能完全知道，尙書孔安國傳雖然說『惠，三隅矛。……劉、鉞屬。……戣、瞿皆戟屬。……銳、矛屬也。』(註一)但孔穎達疏就對尙書孔安國傳有一點批評，孔穎達疏說：

> 此經所陳七種之兵，惟戈經傳多言之。考工記有其形制，其餘皆無文。傳惟言：惠、三隅矛；銳亦矛也；戣瞿皆戟屬；不知何所據也。劉、鉞屬者，以劉與鉞相對，故言屬，以似之而別，又不知何以爲異。古今兵器名異體殊，此等形制皆不得而知也。鄭玄云：『惠狀蓋斜刃，宜芟刈；戈卽今之句孑戟；劉蓋今鑱斧；鉞大斧；戣瞿蓋今三鋒矛；銳、矛屬，凡此七兵，或旋矜，或著柄』。周禮：戈長六尺六寸，其餘未聞短之數。王肅惟云：『皆兵器之名也』(註二)。

孔穎達疏對於尙書孔安國傳及鄭玄說各有論述，鄭玄注已亡，在此可以看到其大致，其實尙書孔安國傳及鄭玄，各有正確及錯誤的地方，卽：

鄭玄解『惠』爲斜刃、宜芟刈，大致不誤。尙書孔安國傳以惠爲三隅矛，誤。

尙書孔安國傳以戣、瞿皆戟屬，是。鄭玄以爲三鋒矛，誤。（嚴格說起來，戣和瞿都是戈屬，不是戟屬，只是漢、魏時人把戈也認爲是『平頭戟』或『句戟』，稱戣和瞿爲戟屬，雖然不準確，却並非錯誤）。

按『惠』當爲『歲』的假借字，惠和歲雙聲，而脂、微同部，所以可以互轉。歲卽『劌』，有刈割之意。再就歲的本字來說，歲从步从戌，戌象斧鉞之形，但按之於甲骨，歲之所从，仍與一般之斧鉞略有區別，歲所从之戌作(壬，有時歲卽逕作此形而不从步(註三)，這應當代表一種具有兩孔的石鐮刀，在殷墟發現的數目非常多，這種石鐮刀加上木柄卽成爲(壬形，每收獲一次爲一歲，故歲象(壬形，其从步的，那是表示人們到田地裏取割禾、取麥、這種鐮刀本爲農具，但亦可做兵器來守衞，所以鄭玄說惠『宜芟刈』是正確的。

(註一) 尙書（孔安國傳，上海，涵芬樓影印宋槧本）顧命，XI/9b。

(註二) 孔穎達疏尙書（十三經注疏本）顧命，XVIII/24b-25a。

(註三) 見金祥恆續甲骨文編（臺北，1959），II/19。又金祥恆釋歲（大陸雜誌二十九卷 10-11 號，臺北，1964）。

至於尙書孔安國傳解戣爲三隅矛，那就純然出於揣測，並無積極的證據，和鄭玄把戣、瞿當做三鋒矛，其錯誤是一樣的。尤其戣字从戈，更顯然的是戈、戟一類，不可能屬於矛類。戣和瞿淸代已有不少發現，都是靤器上的銘文決定的(圖版Ⅰ、Ⅱ)，應當不至有誤(註一)。大致戣爲◁◻形，其援略作三角形，主要用援的尖部去啄擊，和矢爲句擊的，多少有些不同。瞿形爲◁，雖然也是橫擊，可是援的後部有像箭頭後部的兩翼，又和戣略有不同。

戣有時亦寫作癸※，因此有人猜想壬癸的癸是從兵器的戣字假借而來，但甲骨的癸字作⊗，就一點也不像兵器，並且也不作兵器的意思用，所以認癸字原是兵器，却是說的太早了一些，癸字大致就是往古的一個記號，並無意義在內(註二)，戣字作癸，只是一個聲音的假借。瞿字从瞿，却可能從後面的兩翼好像兩目，從瞿的引申意義出來的。

不過這一些兵器，可能做爲儀仗的功用比較大，在正式的戰場上，却是戈和弓矢比較重要。左傳的作成時代，應當已到戰國初期，在其中所表現出來的，還是以戈和弓矢最爲重要。到了春秋晚期，才有劍的記載。

再從周禮考工記上所記述的兵器來看，這是已到了戰國中期的狀況，在考工記中說：

> 金有六齊。六分其金而錫居一，謂之鐘鼎之齊；五分其金而錫居一，謂之斧斤之齊；四分其金而錫居一，謂之戈戟之齊；參分其金而錫居一，謂之大刃之齊；五分其金而錫居二，謂之削殺矢之齊；金錫半，謂之鑒燧之齊(註三)。
>
> 冶氏爲殺矢(註四)。刃長寸，圍寸，鋌十之，重三垸，戈廣二寸，內倍之，胡三之，援四之(註五)。

(註一)　見周緯著中國兵器史稿（北平，三聯書店出版，1957），107。又馮雲鵬縋金石索（道光二年，滋陽縣署藏版）金索二。又陸懋德中國上古銅兵考（北京大學國學季刊，第二卷，第二號，1929。

(註二)　甲骨文中干支都不好解釋，不過甲作十，癸作⊗，却可能都是從文字以前的刻木記號轉寫下來的，甲的號就是代表十日之始癸代表十日之終，並無別的意思可說。

(註三)　周禮冬官考工記，XL/9b-10a。

(註四)　殺矢，鄭玄注周禮冬官考工記：『殺矢，用諸田獵之矢也』，XL/10b。

(註五)　周禮冬官考工記，XL/10b。

桃氏爲劍。臘廣二寸有半寸，兩從半之，以其臘廣爲之莖圍，長倍之，中其莖，設其後，參分其臘廣去一，以爲首廣而圍之。身長五其莖長，重九鋝，謂之上制，上士服之；身長四其莖長，重七鋝，謂之中制，中士服之；身長三其莖長，重五鋝，謂之下制，下士服之(註一)。

矢人爲矢。鍭矢參分，茀矢參分，一在前，二在後；兵矢田矢五分，二在前，三在後；殺矢七分，三在前，四在後。參分其長而殺其一，五分其長而羽其一，以其筍厚爲之羽深(註二)。

廬人爲廬器。戈柲六尺有六寸，殳長尋有四尺，車戟常，酋矛長有四尺，夷矛三尋……凡爲殳，五分其長，以其一爲之被而圍之，參分其圍去一以爲晉圍，五分其晉圍去一以爲首圍。凡爲酋矛，三分其長，二在前一在後而圍之；五分其圍去一以爲晉圍，參分其晉圍去一以爲刺圍(註三)。

弓人爲弓。……(註四)

所以在考工記中所記述的，只有下列各種兵器：

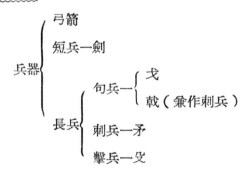

這是很清楚的，考工記中所用的兵器，和顧命中所用的兵器，屬於另一的一個系統，所以不會是西周的制度，但從另外一方面去看，鍊銅的技術仍然繼承殷商舊來的系統，一點也沒有用鐵做兵器的痕跡，可是在戰國晚期的箭鏃，用鐵做骨架已經很常

(註一)　同上，冬官考工記，XL/13。
(註二)　同上，冬官考工記，XLI/9b-10。
(據三)　同上，冬官考工記，XLI/20-2I2a。
　　　　按鄭玄注：晉圍指矛戟後部銅鐏的圓徑，首圍指矛頭的圓徑，刺圍指木柄入双處的圓徑，XLI/22a。
(註四)　同上，冬官考工記，XLII/13-26a。

見，這是周禮成書未到戰國晚期的第一點；漢代普遍用弩做爲戰爭中的應用，而弩機的發明卻是在戰國時代，周禮及考工記只說弓而不說到弩，這表示在周禮及考工記的成書時代比較弩的發明爲早，這是周禮成書未到戰國晚期的第二點。

依照考工記所記的兵器，弓、箭、劍和矛的形製，雖然在要求詳備條件之下，還有加詳考訂的必要，可是大致說來，是不會有多少誤會的，其中還成問題的戈、戟和殳。

依照采桑壺（圖版Ⅲ）和戰跡鑑（圖版Ⅳ）的圖像，戰國時代所用的兵器，除了弓箭和劍以外，還有句兵和矛，這和周禮上的兵器種類，大致上是相符的，問題只在戈、戟雖同爲句兵，但戈、戟有什麼區別？還有殳究竟當認作什麼兵器？爲什麼什麼兵器都被發現過（除去了弓容易腐爛未曾發現，但箭鏃却被發現很多），而殳却是一個例外，未曾被發現過。

依照考工記的記述，戈是相當清楚的，問題只是『戟是什麼？』如其戟無法弄清，那麼戈的形製也會被戟攪得混亂了，這是從清代以來就已經成爲爭執的問題，到現在才被公認爲大致可以解決了，就是說，戈只是一種句兵專爲橫擊之用，若戈上加上一個向前的矛頭，就成爲戟，這一點雖然被認爲已經解決了的，但是戟的起源。戟的開始應用的時代、戟的形製（是否矛頭應聯在戈上等）以及戟在什麼場合應用，還是未曾解決的問題，如這些問題不能解決，那麼被公認可以解決的辦法，就隨時可以發生根本上的疑問。

首先要解決的，是標準戈的規格，因爲這是一個基本的觀念，必須要決定的。戈的標準規定以後，才能談到戟的變化。

說文認戈爲『平頭戟』這是非常正確的，戈、戟本是同類，漢代用戟而不用戈，稱戈爲戟，應用了一個普通的名稱，是可以的，所要解釋的，是這『平頭』二字，平頭指除去戈頭及戈柲以外都是非常簡單的，同時也指戈援是平直的，援和戈柲大致成爲直角，依照周禮說：

> 戈廣二寸，內倍之，胡三之，援四之，已倨則不入，已句則不決，長內
>
> 則折，短內不疾，是故倨句外博，重三鋝（註一）。

（註一）　同上冬官考工記，XL/10b-12a。

其中自然也有戰國時特殊的度數，不過戈援與胡（當柄之處）成爲直角，那却是做戈的主要條件，這種規格，從殷墟中發現的戈來看，都是相符的。

第一件要澄清的觀念，是戈究竟從什麼兵器或工具演進的，這一點李濟認爲是石斧 (ax) 變成的，而郭寶鈞認爲是石刀 (knife) 變成的，現今尚未獲得一致的同意，不過假如對史前的工具做一比較的觀察，一定會支持李濟的假定。

第二，郭寶鈞從衞墓的發現有一種岐出的角質物尸，認爲是戈的附屬品，不過甲骨文的戈，大都作壬，有時作朩(註一)，其作丰形的可能爲別一字，不是戈字，金文有時作戈，那是上爲首畫的變形，下爲末畫的變形，並非附加物，不足爲據。

角質物誠然與戈同出一坑，但同出一坑並不表示一坑中只許有一種兵器。我認爲角質物係用一手持作防衞的(卽干、戟的變形)，而戈則爲在另外一手持作攻擊的，這種自衞的工具有些盾牌的性質，是從『干』到『戟』的過渡，和戈是另外一種獨立的兵器，而非戈的附屬品。郭氏雖然認爲戈、角同音，戈應爲角的變轉（此與戈從石刀而來爲另一種意見），其實戈古音在歌部，而角古音在幽部，二字並不同音，不能輕易的認爲可以互轉。

誠然，郭寶鈞的戈、戟餘論實爲戈、戟研究中一項非常重要的文獻，不過郭氏有貢獻也有荒謬之處，爲澄清戈、戟研究的內容，不能不有一番正謫的工作。

以下再討論有關戟的問題。戟的演變遠較戈爲複雜，因爲戈最先爲尖頭石斧，再演變爲殷墟式的戈，再演變爲周代有胡的戈(註二)，然從經過戰國晚期，（圖版V）直到漢代歸入戟的系統以內，來源去脈仍是明瞭的。至於戟，那就演變相當複雜而隱晦，一直成爲古史研究的一個迷津。

戟字从倝从戈，但金文一般都是作⿴戈肉，从戈从肉，應爲古截字，截字不見於金文，小篆作𢧵，从雀聲，與古音不合（段玉裁已發現有問題），應當是从⿴戈肉而譌變出來的，這個字有截斷的意，亦有攔阻之意，戈、戟之戟，攔阻之用更重於截斷，顯然用了截字的引申義。此外尙有一個戞字，說文說也是戟，其實此字也是古截

（註一） 此字下面巾形，郭寶鈞認爲木製之鐓，是。其實戈下本有鐓，此字不過偶然加强表示而已。

（註二） 其演變經過可參看李濟殷墟銅器五種及其相關之問題(中央研究院史語所蔡元培論集，北平，1933)，73-104。

字(註一)。

小篆的戟字从軑，此字在金文中也偶然看見，說文只說从軑省，未言形聲或會意，不過幹或軑在塞部，而戟字在魚部，相距尙遠，不便作爲形聲，應以作會意說爲近，劉熙釋名說··『戟，格也，旁有枝格也』(註二)，所以戟爲扞格之用，軑字在古代與干字應原爲一字，从軑卽是从干：也就是說戟在古代曾以欄阻或捍格爲主要的功用，从軑，表示戟戈上的功用，與聲讀無關。

甲骨的干字作單，是竿和盾的組合體，上面的岐出物，郭沫若曾據現代非洲的盾釋爲毛羽，不過這種毛羽大致不僅爲裝飾之用，也應有實際的效用，亦卽持下面柄部時，這些羽毛可以打格敵人的戈，並進而犯敵人的面部，使敵人視線發生混亂，進而用另外一隻手，以戈襲擊敵人，所以在古籍中，干、戈是並用的。

這種盾牌式的毛羽，到金文中顯然更加以改變，成爲丫，表示羽毛加長了，竿部加長了，而盾部縮小了。此外還有作丫的，也可能是干字，這就是說干和盾已形成爲二物，干除去防禦上的功用以外，還有干犯敵人的功用。

這雖然突然聽來有些離奇，不過根據采桑壺就顯明的可以證實，戰國時確有一手持干一手持戈的戰鬥。此外干有盾義又有竿義，干卽有防扞之義，又有干犯之義，再從干字的造字情形來貫通大禹謨『舞干羽于兩階』(註三)和詩經『子子干旄』(註四)的毛羽，如其不如此解釋，就不可能解釋得通。

這也就是干和戟有類似之處的原因，也就是戟从軑會意的原因。

從宋代黃伯思以來，直到程瑤田、羅振玉、馬叔平、郭沫若、郭寶鈞、胡肇椿、蔣大沂（圖版Ⅵ、Ⅶ）周緯諸氏，對於戟制各有其創獲，而其說亦各有其困難之處，現在主要一點是『無徵不信』，不能僅根據想像，如郭沫若謂戟爲戈、矛之合體，戟之發現不多，由於柲腐爛之故，這是需要考古發掘上證明才可，不能憑空來說，郭寶

(註一)　戟字在詩經與作字叶，在魚部，收聲爲友，但漢代戟音棘，在脂部，收聲爲尤（左傳已借棘爲戟，此中或有曲折，可能春秋時讀音已有變化），而夏字意同戟，戛字則與夏同韻，只是夏屬見母，戛屬從母，雖然有 ts-，K- 兩系互階，及淸濁互換問題，在中國古音通轉的原則上，却是允許的。

(註二)　劉熙釋名（漢魏叢書本），Ⅳ/6a。

(註三)　尙書（十三經注疏本）大禹謨，Ⅳ/4b。

(註四)　詩經國風鄘于旄，Ⅲ之Ⅱ/3。

鉤謂戈與角形物質曾聯附爲一，也一樣的需要遺跡證明，不然，便是無探信可能的揣測。

衞墓出土的銅戟（圖版Ⅷ）聯合援（戈）、刺（矛）爲一，確實是一個有價值的發現，不過這種銅戟也是出土不多，不能認爲普遍的例證，並且衞墓尚發現過鉤頭之戟，再加上羅振玉所藏的『雞鳴戟』、長沙左家山發現的木戟（圖版Ⅸ）以及漢畫像上有前刺及沒有前刺（矛頭）而只有一個伸出而向後彎長竿的戟（圖版Ⅹ、ⅩⅠ）；戟的形製實在變化太多，用戈、矛合體來解釋戟，實在是一個不充分的假設。

所以，與其說戟是戈、矛的合體，不如說戟爲干、戈的合體，干的功用爲支架，戈的功用爲椓擊，這兩種功用合併起來，就成爲戟。因爲戟的開始應用較晚，因而戟一直沒有象形的字，而會意的字也一直不甚固定，直到漢人用了干（㪺）、戈合體的會意字，才將戟字固定下來，可是戟的形製一直成爲爭論。其實現在戟的發現已經很多，假如依據某一種特殊的形式指爲標準的戟，而把其他的形式算做戟的別體或指爲戈，那是不能解決問題的，只有從功能方面著眼，把戟的支架作用特別提出來，那就除去單雙平頭是戈以外（不論有無胡，或胡上的孔多少），其餘都是戟。戟的各種形式是可以做一些分析的，不過從分析戟的形式，却無法來斷定何種是戟，何種不是戟。

戟的別名稱爲『有方』，在墨子、韓非子及漢簡中均見到過。史記秦始皇帝紀集解引如淳漢書注稱爲『矛双下有鐵橫方，上曲句』(註一)，鐵橫方的解釋雖然不太令人滿意，可是指『有方』爲戟，却無可疑。其實方和旁古字通，有方即有旁出的戈，凡是有旁出的戈，不論旁枝向那個方向（與援成直角，或者爲援後部的伸長），也不管是什麼形狀（爲刺爲双，或爲鉤），一律都是戟，這樣戈和戟就不會含混了(註二)。

另外一種成問題的兵器，就是殳，照詩經上看：

伯兮朅兮，邦之傑兮。伯也執殳，爲王前驅(註三)。

這裏說殳是一種很『神氣』的兵器，只有『邦之桀』才爲王執殳，再依照從殳的字來

（註一）　史記秦始皇帝紀集解引如淳漢書注，Ⅵ/45a。

（註二）　陳瑞靈：戰國時代鋒双器之研究（臺大考古人類學刊 21-22 合刊）搜集戟形不少，可參考。

（註三）　詩經國風衞伯兮，Ⅲ 之 Ⅲ/12。

看，顯然的，殳的殺傷效力是相當高的，可惜自從馬融的毛詩傳及鄭玄周禮注，對於殳都說的不夠清楚（註一），因而到了後世的注家及談古兵制度的，都把殳當作一個長棍子，試問殳只是一個長棍子，怎樣可以成為觀瞻壯美的儀仗？而且又怎樣能發生代表性的殺傷效果？

依照考工記的本文來檢討殳含有下列性質：

（１）殳前後有銅質做的首，在前部。

（２）殳和矛為同組的兵器。

（３）殳的首部，和戈、戟的鐏有類似的地方。

再把殳的造字來說，殳字從几，象一種飛鳥，而從殳的投字，卻有遙擲的意思，所以殳可能有遙擲的功用，再依照周禮考工記，殳的柄較矛略短而後部較細，這也是具有標槍的性質（註二），方的柄特別長，那就專為遙刺，而不是為遙擲，所以殳和矛同為一組兵器，可是功能上不同，因而設計上就有區別了。

在古兵器中，一直未曾有殳的發現，這就是殳成為謎的兵器，現在既然可根據周禮在矛類的兵器去找，其中最可能是殳的，就是春秋、戰國中間最大的矛頭，被稱為越王矛的。這個矛頭是日本細川侯爵所藏，周、漢遺寶曾把影片收入，後來容庚據此作鳥書考，可惜其中六個字除越王二字以外，都不清楚，後來他再作續考，致書日本，請梅原末治設法，梅原從細川侯處攝到清晰的影片，其中六個字都可以描下，可惜除最後一字辨明為賜字外，其他的字還是無法辨認。

現在既然從『殳』的觀點來看，那就六個字（見圖版XII）都可以辨認了。其文為：

越王作殳以賜。

『作』字和『以』字指明了也是不成問題的，剩下的就是殳字，此字從結構分析，顯然不是矛字，也不是戟字，所從的是一個鳥形，和一個未能立刻決定的形狀，不過從作字來看，那個𠂤形只是一個裝飾，可以不管，那就是一個鳥形，一個屮字的變形。在金文、甲骨文中，長尾鳥和短尾鳥並無嚴格的區別，所以鳥形可算作几，而屮形正

（註一）　這當然因為漢代已不再用殳，所以馬、鄭也僅憑揣測。

（註二）　參看明茅元儀武備志（明天啟元年刊本）標槍條，CXL/9b。

是 彐 形的反面，所以此字應爲殳字。

如此字爲殳，則古代矛主要可分爲二類，大型而無雙耳的爲殳，小型而有雙耳的爲矛，其他小型無耳的也可能是矛，因爲矛的種類不少。

如越王矛能假定爲越王殳，那就侯家莊所發現的大矛頭（圖版XIII）也可能加以命名了，此矛頭因爲太大，並且很像鐏，所以報告中只假定爲鐏(註一)，不過考工記尊稱殳頭爲鐏，可見殳頭確有像鐏之處，報告稱之爲鐏是對的，不過爲著正名，侯家莊的鐏假若當作殳（因爲和越王殳類似的關係），或者更合適一些，不過侯家莊的鐏或大矛頭，還是當作儀仗使用的殳，而非在戰場上用的，因爲矛尖並不銳利。可是從另外一方面去看，這種矛頭比任何兵器都大，都美麗，顯示用在前部的可能比用在後面的可能性大的多，現在用越王殳來比較，更可以決定是放在矛桿前面的一種儀仗了。但是殳或矛，從殷墟到戰國初期的變化並不大，而戈戟的變化却非常大，這應當和從車戰變爲騎戰有很大的關係，和外國兵器劍的引進，也有很大的關係。此外如大軍團的廣泛應用，宮中衛卒武器的標準化，這些都使得武器的形製起了變化，尤其戰國以後，機械設計的應用，使得弩機的發明成爲戰術上一個根本的改變，再加鐵的應用和鐵的精鍊也在這個時期開始，這對於整個文化方面來說更是非常巨大的。另外劍的應用也極爲重要，當由高去尋先生另文發表，此處不再詳述！

除去了以上所說攻擊用的兵器以外，還有防守和通訊用的工具。因爲在發掘的結果中甚少發現，所以很難論列。其中墨子備城門以下各篇談到防守及通訊的事，頗值得注意。這幾篇雖然不一定出於墨子或墨子以後的墨家，其爲戰國時候所作，大致可信。漢簡中所記多和這幾篇可以互相發明，正是漢代許多方式承襲戰國的證據，現在只發一個大凡在此，至於詳細的考訂因爲太瑣碎而沈悶，所以不再說了(註二)。

附記：本篇由楊聯陞先生及許倬雲先生看過提出許多珍貴意見，特此志謝。

引 用 書 目

1. 詩經（十三經注疏本）。

(註一) 見梁思永、高去尋侯家莊報告（中央研究院歷史語言研究所，臺北，1962）上册，70。

(註二) 其中烽燧部分，見居延漢簡考釋，在此不再及。

2. 周禮（十三經注疏本）。

3. 白虎通（抱經堂叢書本）。

4. 後漢書（司馬彪注。上海，涵芬樓影印宋紹興本。）

5. 史記（上海，涵芬樓影印黃善夫刻本。）

6. 漢書（上海，涵芬樓影印北宋景佑刊本。）

7. 新唐書（上海，涵芬樓影印清嚴本，1916。）

8. 荀子（上海，涵芬樓影印古逸叢書本。）

9. 尙書（十三經注疏本。又孔安國傳：上海，涵芬樓借吳興劉氏嘉業堂藏宋刊本影印。）

10. 續甲骨文編（金祥恆撰。臺北，1959。）

11. 釋歲（金祥恆撰。臺北，大陸雜誌，第二十九卷，10-11號，1964。）

12. 中國兵器史稿（周緯撰。北平，三聯書店出版，1957。）

13. 金石索（馮雲鵬撰。道光元年，滋陽縣署藏版。）

14. 中國上古銅兵考（陸懋德撰。北京大學，國學季刊，第二卷，第2號，1929。）

15. 殷墟銅器五種及其相關之問題（李濟撰。北平，中央研究院，史語所蔡元培論集，1933。）

16. 釋名（劉熙撰。漢魏叢書本。）

17. 戰國時代鋒双器之研究（陳瑞麗撰。臺大，考古人類學刊，21-22 合刊。）

18. 武備志（茅元儀撰。明天啓元年刊本。）

19. 侯家莊報告（梁思永、高去尋撰。臺北，中央研究院，歷史語言研究所，1962。）

戰國時代的戰爭方法 圖版

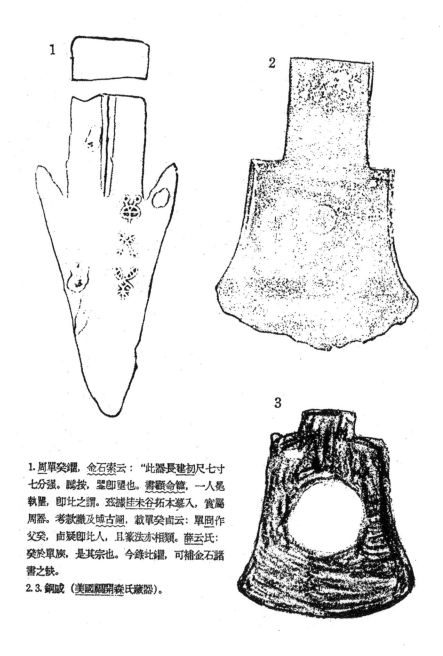

1. 周單癸罍, 金石索云: "此器長建初尺七寸七分强。鵬按, 罍即罍也。書顧命篇, 一人冕執罍, 即比之謂。茲據桂未谷拓本摹入, 實屬周器。考款識及城古圖, 載單癸卣云: 單卣作父癸, 卣疑即比人, 且篆法亦相類。薛云氏: 癸於單族, 是其宗也。今錄此罍, 可補金石諸書之缺。
2. 3. 銅戚 (美國福開森氏藏器)。

▲圖版壹　周代異形銅戚銅瞿 (見《周緯中國兵器史稿》)

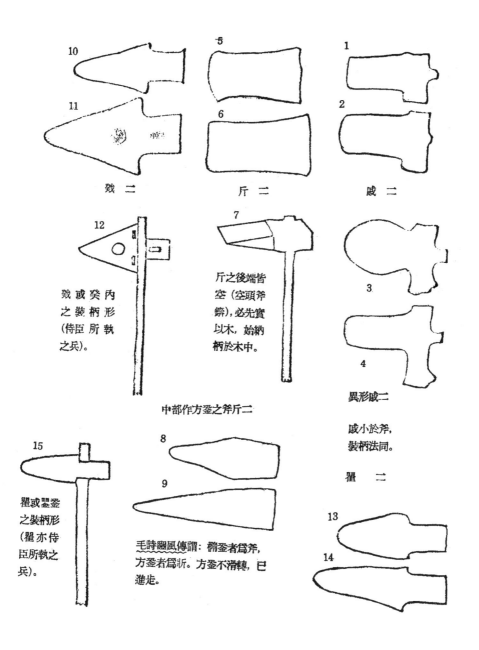

▲圖版貳　周代戚、斤、戣、瞿等銅兵圖型（見陸懋德著《中國上古銅兵考》）

▲圖版叁　采桑壺摹本

▲圖版肆　戰跡鑑摹本

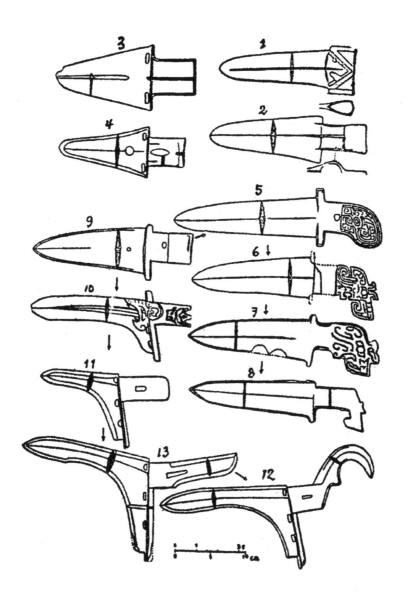

▲圖版伍　各地出土商周戰國戈型式變遷略圖（採梅原末治氏圖）

▲圖版陸　漢磚上的戟（采自蔣大沂漢代戈戟考的畫摹）

▲圖版柒　漢磚上的戟

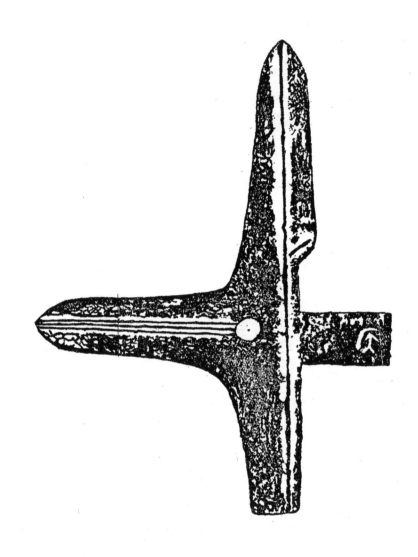

▲圖版捌　衛墓出土侯戟戟

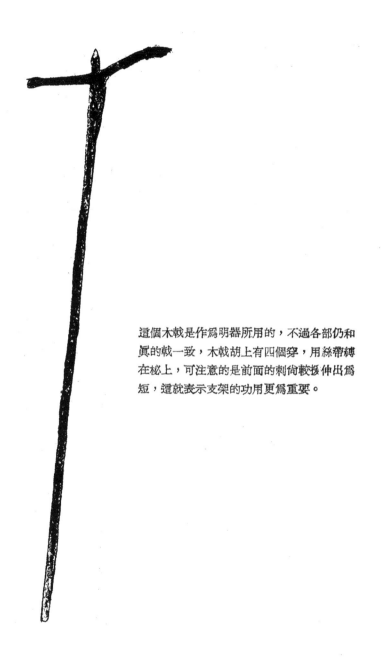

這個木戟是作爲明器所用的，不過各部仍和眞的戟一致，木戟胡上有四個穿，用絲帶縛在柲上，可注意的是前面的刺尙較援伸出爲短，這就表示支架的功用更爲重要。

▲圖版玖　長沙左家公山戰國墓葬出土的木戟

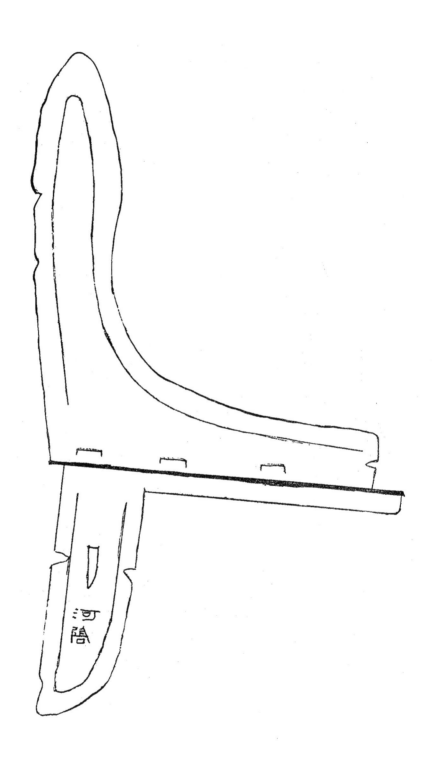

▲圖版壹　零河陰戟

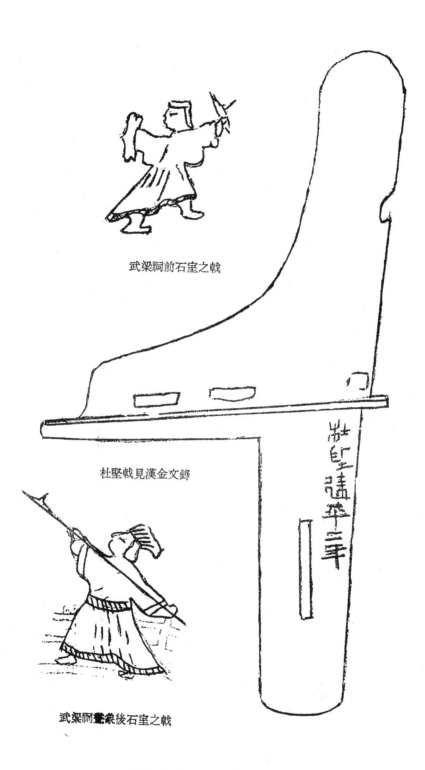

武梁祠前石室之戟

杜堅戟見漢金文錄

武梁祠靈后石室之戟

▲圖版壹壹　建平戟及漢書上的戟

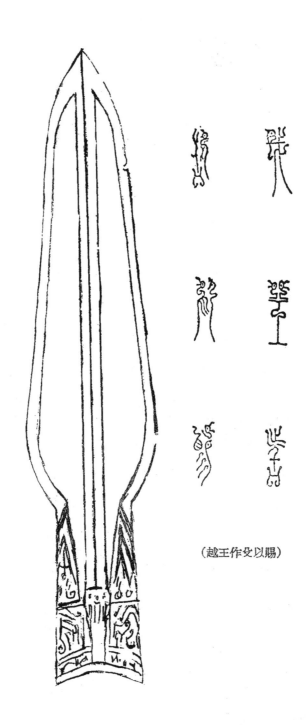

（越王作殳以賜）

▲圖版壹貳　越王殳（日本細川侯爵見周漢遺寶及容更鳥書考）

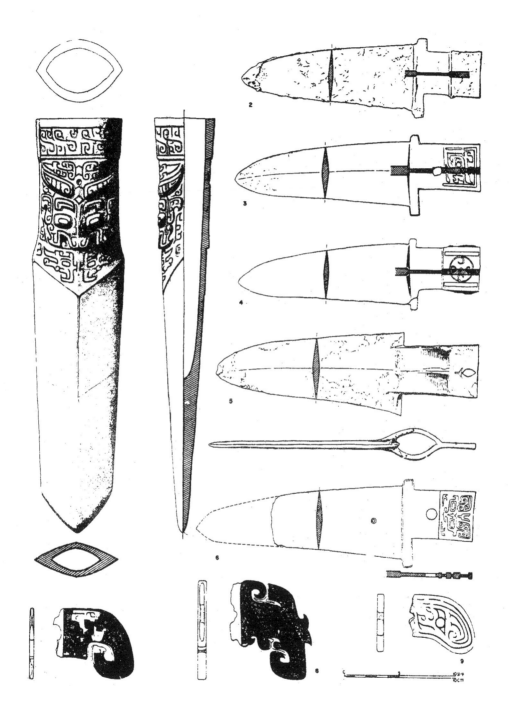

▲圖版壹叁　墓內出土之銅器

論齊國的始封和遷徙及其相關問題

　　這篇是對於文化大學研究所博士班學生陳茂進君論文提出討論意見的一部分。陳君的論文研討齊國從西周到戰國文化的進展，是一篇內容充實的論文。有些部分在台灣已經討論過，這篇只是對於齊國初期提出的見解。對於濟水與齊國，九河與齊國，齊國命名的由來，齊國國都的遷徙與向東開發，和營邱與蒲州的地望，都在討論的範圍中。本篇的結論是齊的建國時間是在周公踐奄以後。此時鎮守東方特別重要，把魯衛齊地方建立三個大國，互爲聲援。地形的選擇是基於周室的需要，臨淄地形僻在東陲，山環海抱，受敵一面，便於據守。但爲了鎮懾殷遺，夷輔周室，並不是很理想的地方。若是依照地理的位置，交通的要道，以及古文化的基礎，營邱所在應當是在漢代濟南郡治的東平陵附近，亦卽今山東章邱縣附近。

　　其次，依照《史記·封禪書》說：「齊之爲齊以天齊也」，天齊指天齊淵，但濟水亦從齊，也應當和天齊淵有關。舊說天齊淵在臨淄，此爲齊都臨淄以後，祀天齊於臨淄，絕非原始意義，因爲臨淄係淄河所經，非濟水所經，並且臨淄所傍的淄河，其源頭亦不在臨淄。所以溯濟水源頭，或者亦是尋覓天齊淵所在的一法。濟字亦或作泲，與渡河的濟，別是一義。但後起附會的義，認爲濟水發源於晉，伏流渡河並爲濟水。這是一個錯誤的認定，在翁文灝的《錐指集》中，早已經指出來。濟水既然不可能渡河東下，那就濟水源頭和天齊淵可能恰好相逢，而齊國創建反而在後，齊國得名也當然在後。齊國的始封本來是和魯衛同型的國家，齊國的發展，與其說是由於領土的擴張，不如說是經濟的升級，從經濟的升級再導出領土的擴張。

　　本來周人出自西北，不論姬氏部屬或姜氏部屬都是標準的大陸民族，對於海上的發展，是不可能設想到的。《史記》中記載太公的設施，實際上都只是太公的

神話，由於後來人設想的解釋，絕非出於眞實的文獻。當武王伐紂時，太公是一位高年的勇將，《詩經》的「維師尙父，時維鷹揚」這是一個實錄（太公是邑姜的父親，伐紂時武王約五十餘歲，則太公歲就應已過七十）。世傳《太公兵法》、《太公陰符》，已多出於附會，若謂太公居齊，居然走在時代尖端，釐定了新的經濟政策，對於出身西北的戰場老將來說，這簡直是一個不可想像的事。後來齊國特殊的經濟政策，應該從齊國的特殊地理環境產生出來，這是客觀形勢的演變，不是任何一個人所能憑空創造的。太公（或者太公之子丁公伋）封齊，以及齊的特殊發展都是偶然的。當然周公主持封建的時候，如其周公使伯禽居營邱，而使太公居奄，那以後伯禽的子孫，如有行政的方向，仍然會是齊國式的，而太公子孫，如有行政的方向也會是魯國式的。形勢比人強，這是應當承認的事實。

後來齊強魯弱，此非周公所能預料，也非太公所能預料。周公把伯禽封於魯，當然是殷商的舊部以奄爲最強，魯也根據在奄的舊地，魯的初封，當然有領袖群倫之概。當時周公分封同姓不少，只有齊是異姓，爲一個大國來伴魯，細想起來，頗有令人驚奇的感覺。太公在武王伐紂時已立大功，在二叔流言時，太公也顯然是支持周公的，不過這還不夠，似乎當有另外更重要的原因。因爲周公受流言的損害，認爲將「不利於孺子」。分封諸國，最好有一個重要的國家，可以證明絕對不是周公的同黨，在同姓中找不到，只有在異姓之中，太公望最爲合格。太公望是武王方面的外戚，而成王正是太公望的外孫。周公把太公國安置到齊，正表示周公安排一個純武王方面的力量在魯國旁邊，來證明他自己絕無貳心。（當然純武王方面尙有唐叔虞，不過他年齡太小了，還有樹立弱小來做傀儡的嫌疑。不過周公對叔虞仍然十分優厚，晉國正當河東的中心肥沃之地，較一般鄰國爲豐裕，所以後來有力量來統一河東。）在這種情形之下，太公望應當是經常留在京師，不會長期在齊的，和周公經常在京師，不長期在魯一樣。

以下再討論齊的疆域與濟水及九河的問題。

黃河與濟水的關係，在中國歷史上，本來是一個糾纏不清的問題。之所以把這個問題變得越來越複雜，大致不外兩項：（一）九河的問題從來就聚訟紛紜，始終未曾解決過，（二）濟水據說是發源在今河南的濟源縣，或在山西垣曲縣的王屋山，不論濟水是否卽故大淸河，一定要穿過黃河才能入海，而河流穿過河

流，畢竟是一個不合理的事。再加上清代銅瓦廂河決，奪大清河入海，又來了一個新的問題。

九河之說始見於〈禹貢〉。不過〈禹貢〉本文並未實指九河的名。按照汪中〈釋三九〉的原則，九河可能是多數支流的稱謂，不見得每一條支流都可以實指。在大河的三角洲，分支入海，幾乎成為通例。現今埃及的尼羅河，印度的恆河，北美的密西西比河，南美的亞馬遜河，無不是這樣的。荷蘭人造陸，正因為荷蘭就是一個萊因河的三角洲，才可以增添出來新生地。《爾雅‧釋水》所稱的九河，是徒駭、太史、馬頰、覆鬴、胡蘇、簡、絜、鉤盤、鬲津共為九河。這是就古代有名字的河汊湊出來，其沒有名字的還不在內。這些河流紛紜交互，決不是一般人所想到的，從某個地方起一條一條的平行入海，共為九河的那樣整齊。再加上這些河汊還會時常變遷，商不同於周，周也不同於漢。即就漢人所說，也和前代當然殊異。古來言九河的甚多，無一書可以說得清楚。

依照《漢書‧溝洫志》，徒駭最北，鬲津最南，其他已經不能實指，其中鬲津一支，就和濟水有些相混。其實從歷山的山麓直達天津，中間都是沖積平原，並無一線高地作為濟水與黃河的界線。歷城的歷本與鬲同音，在《說文》中有一「□」字，即為「鬲」的另外寫法。所以歷城也就是鬲城，而九河中最南的鬲津，也就是鬲地一帶的河汊。這樣實在與濟水也就並無明顯的界限了。鬲津最南鄰於濟水平行，甚至於一部分可流入濟水。這就成為河濟不分，而河以南的濟水，其源可以被認為在河之北，而河內的濟水可以穿河而南，流入濟南的濟水了。

按地理上的性質來說，河內的濟水與濟南的濟水，完全是不相干的兩條河流。濟南的濟水，古代入海，當然為四瀆之一，而河內的濟水，流入黃河，卻不是四瀆之一。至於銅瓦廂決口以前的大清河誠然是濟水，但九河時代的濟水卻不是這樣。九河時代的濟水因為歷城以西的各水都被九河所截取，濟水的正源，實為瀿水。瀿水並非像現今的小清河直流羊角溝入海，而是據《水經‧濟水注》所說，瀿水自歷城北流在瀿口入濟，然後納南方流入諸河，一直到海。《戰國‧秦策》說：「濟清河濁足以為限」，是九河及濟水，同為齊國的險阻，濟水接近九河，可能鬲津有小部分流入濟水。在九河之中，徒駭河實為黃河主流，所以即使鬲津有小部分入濟，仍無礙於濟水之清的。

除此以外，九河時代所以不引起河患的，還是九河雖濁，但含泥量似乎是漢代以後才逐漸增加的，九河時代不如此重濁。《漢書‧溝洫志》，王莽時大司馬史長安張戎言：

> 水性就下，行疾則自刮除成空而稍深，河水重濁，號為一石水而六斗泥，今西方諸郡，以至京師東行，民皆引河渭山川水溉田，春夏乾燥，少水時也，故使河流遲貯而稍淺，雨多水暴至，則溢決，而國家數隄塞之，稍益高於平地猶築垣而居水也。可各順從其性，毋復灌溉，則百川流行，水道自行，無溢決之害矣。

此議因議論不決，卒未施行。其中自有困難，不過這個原則是對的，不失為名論。水道宜沖刷而不宜停積，全靠築堤防，結果河道愈墊愈高，以致橫決，此種情況，自漢已然。不過張戎之論精采之處，還在認出開墾有害於治河一件事，只是他說得還不夠透澈。其次河患出於渭水(以及汾水)，並非黃河本身的淤積，在張戎此論中，也表示出來，這也是他的特見。

黃河的河患既然導始於渭水和汾水的淤泥，而淤泥的產生由於水土保持不良，當然與渭水和汾水兩流域的農耕開發有因果的關係。汾水流域的大量開發由於晉國和後來的三晉把過去游牧民族的牧地改成農田，渭水流域的大量開發由於秦國也把過去游牧民族的牧地改成農田。在開墾農田的時候，往往過分使用土地，這種情形在春秋中葉即已開始，到了戰國時期，在「盡地力」原則之下，就更為顯著。《孟子‧離婁篇》上：「故善戰者服上刑，連諸侯者次之，辟草萊，任土地者次之。」所說的「辟草萊，任土地」，就是指當時極為流行的「盡地力」主義。水土保持最簡單的原則，是維護原有的地形，保持原有的生態。但盡地力的辦法，正和水土保持的原則相反。這就無怪到了漢代初年，渭水上游的開發才完成，而黃河水患就從此開始了。開發的是隴西貧瘠土地，河患受災的是關東富庶之區，這個開發是非常不值得的。可惜歷史上從來無人主張保持隴西的一半草萊，而救關東富庶之區的提議。因為九河時代渭水上游尚未開發，也就成為縱使九河一小部分流進濟水，也不妨礙濟水的清的一個大原因。

論文中曾提到齊和濟二字的關係，這是很有意思的。此字在《說文》中作泲，而濟水在《說文》中認為「出常山房子縣贊皇山入於汦水」，是另外一個濟水。不過

沛水的沛，在經典中均作濟。則《說文》中的沛字可能是一個別構，仍以作濟水爲是。齊之與濟，雖尚不敢說有直接關係，但齊的得名由於天齊淵而得名，濟水的得名亦當是發源於天齊淵而得名，其中天齊淵應當是一個關鍵。

就齊國、濟水和天齊淵的關係，我曾經想用齊字的造字來找它們相互的關係，結果並不如理想。不過既然對此問題這樣的探討過，也就值得申述出來。

《說文·齊》：「禾麥吐穗上平也，象形。」這個字上面並不平，這一點徐鍇的《說文繫傳》有一個解釋說：「生而齊者，莫若禾麥也；二，地也；兩旁在低處也。」這是說禾和麥上面都是齊的，齊字上面不齊是表示地面不齊。這真是一個不得其解而勉強造成的曲解。齊字假若是象禾麥齊頭，何必再用地面不平來自相擾亂？所以象形所象的是別的形狀。王筠《說文釋例》曾認爲臍的本字爲齊，但齊字也不象臍形。人只有一個臍，不可以有三個臍。在甲骨文中，齊字都是用三個圓形帶尖的來表示，所以不可能指臍。我也曾想到齊字可能是薺字的本字，不過如其象薺，當指薺菜的實(種子)。薺菜的實確不只一個，而是許多個高下排列著，但薺菜的實是很小的心形，前端凹入，後面凸出，和金文及甲骨的齊字都不相合，所以不能勉強保證。

在各種不同的試探中，惟一的可能，原為齊字的本義的，只有一個齋字。《說文》：「齋，稷也，从禾齊聲。」此字既从齊得聲，所以齊字就可能為字的本字。字亦可寫作粢(亦可寫作次禾)。《禮記·曲禮》下：「稷曰明粢。」此字在《說文》中收在食部下作餈，與饎字皆為同字的異體。饎字从齊，所以齊原為稷的別稱，應當不錯。在穀類之中，最容易混淆的為禾黍。其中就大類來分，大致禾為一類，黍為一類。其中又各有黏與不黏的。禾的穗都是密結而倒垂的，黍的穗都是稀疏而挺直的。稷為黍類，穗是稀疏挺直而米粒不黏的那一種。今來比較甲骨和金文，甲骨的齊字有兩種寫法 ⿱⿰ 和 ⿱，即帶尾的和不帶尾的，金文的齊字也有兩種寫法 ⿱ 和 ⿰，即尾部分開和連結的，這四種寫法，拿來用稷的穀粒和穗來解釋，都可以解釋得通。不過齊雖象稷形，但古音與稷不能通轉，仍以認爲齊和稷爲兩個不同的字爲是。齊和粢，以及齊和穧卻都可以通轉，但清代治《說文》學者，有時用今音來解釋，還是要避免的。

齊字既然本義當爲稷，臍字是先用齊字爲假借字，然後再加肉旁，作爲形聲

字。天齊淵的齊是從臍字的假借字得來，與齊字本義指稷的無關。只是齊國的國名卻從天齊淵得來。假若把齊字證明原來指稷，溯齊國的命名，也只有天齊的齊可說。前面已經分析過，在九河時期，歷山山麓以外，都是九河支流所在，在歷山西面不可能有別的濟水源頭，只有濼水才是濟水正源。濟水也是以齊得聲，所以天齊淵為濟水之源，於理正合。天齊淵舊說在臨淄以南，既屬濟水中下流，不應以此來祠祀濟水，再加上水源充沛，也比不上濼水的源頭。《漢書・郊祀志》：「齊所以為齊，以天齊也；其祀絕，莫知起時。」可見在漢代雖知道齊國有天齊的祀典，對於這個祀典的始末，已經不大明瞭。又〈郊祀志〉說：「天主祀天齊，天齊淵，水居臨淄南郊山下者。」是天齊淵在臨淄，只是為著齊都臨淄祭祀的方便。猶之〈郊祀志〉所說祭江水在蜀，到了後來卻改在江都。祭祀所在不一定一成不變，如其齊都不在臨淄，天齊之祀，會遷就齊都。尤其是齊始封時臨淄不在齊境，那更沒有越境祠神的可能。

　　陳君論文中指出齊國的強大，是和萊國長期爭鬥最後據有萊國的結果；又齊都確實有過三個地方，前人有些人主張齊都一直在臨淄是錯的。這兩點都是十分正確的意見。現在先討論第一點，齊國領土的擴張。齊國是周初封建的國家，其時代當在周公東征，踐奄之後。太公望的封地，在武王克殷以後，應當是呂而不是齊。所以後來齊侯伋還稱為齊侯呂伋。當周公定亂之後，太公望年事已高，是否就國到齊，史無確證，不過呂伋確已開始經營齊國，和伯禽經營魯國是一樣的。在武王及周公封建諸侯時，也確有一個分寸，雖然不是像孟子所擬，只是方圓百里，但當時設計中的大國，也不過漢郡那樣小大，至少不會超過兩郡。當時的齊、魯、宋、衛都是預定中的大國，其面積差數，不會相差太遠。所以魯國大致是限於泰山郡和魯國，宋國大致限於陳留郡和梁國，衛國大致限於河內郡，齊國的始封也不過只有濟南郡和平原郡。《史記・齊世家》所說：「萊侯來伐，與之爭營丘，營丘邊萊，萊人夷也。」這一處齊與萊爭營丘，亦即萊人想占有齊的國都，《史記》應當還是有相當根據的。雖然當時未必太公就在齊國，但情況應當是相當嚴重的。齊國後來關地千里，當然是東進的結果，而不是始封就是如此。但假如始封就在臨淄，那臨淄應當至少是一個小區域的中心而不可能在邊界上。也就是齊國始封時齊國的疆域大致包括清代的青州府（益都距離臨淄甚近，實際上是代替臨淄而起的城市，與臨淄仍在同一重點上）。膠東半島的肥沃地區及交通線均為齊所控

制，在此情形之下，萊夷只能退處山區，已不能為大患了。當周初時的情形，決不是如此，所以齊和萊的爭鬥，齊的根據地是齊國區域，而萊的根據地是膠東區域，而青州一片肥沃平坦的土地，才是爭執的對象。等到獻公遷都臨淄，表示膠河一帶，齊國已完全有效的控制，這當然是長期東進的成果。

第二點，齊國從營丘遷薄姑，從薄姑遷臨淄，表示著齊國東進的成就，是不可以否定的。這裡先要談到的是齊國的來源是周室的分封，因此和周室的聯絡，交通道是一個最重要的事。齊國的主要部分，在濟水之南，所以從濟水源頭一直東去必需控制在齊國軍力之下，才能得到和周室聯絡不受困擾，在東進時候後路安全。在這裡歷城和章邱是兩個重點。歷城向來屬於齊，沒有人反對過。章邱地方正當歷城向東大道的通路，就多少可能有些疑問。因為這裡有一個相傳所謂譚城的問題，譚城被指稱在重要的大道上，龍山鎮附近。即使譚只是一個方圓五十里的小國，也會阻塞齊國主道的通路。簡直不可想像，齊國這樣一個富有侵略性的國家，居然臥榻之側，可以從容讓他人酣睡。

對於這一個問題的解釋，我是認為譚決不在龍山鎮，龍山鎮的所謂譚城，並非春秋的譚國的遺址，把譚城放在龍山鎮的，是出於《左傳》莊公十年杜預《集解》稱譚在濟南平陵縣西南(《水經注》從杜預說，在濟水下也有敍述)。不過杜預此說是很有問題的。此說在《左傳》莊公十年，但經文及傳文都說到「齊師滅譚，譚方奔莒」，但在地形上龍山鎮距莒甚遠，也無路可以奔莒。古地同名的甚多，這裡杜預根據的是否在漢代圖經中有一個譚，卻不敢說，不過即使此處有一個地名叫譚鄉或譚亭的，也不是齊桓公所滅的譚，齊桓公所滅的譚當別有其處。

在莒國附近的並無譚國，卻有一個郯國。郯譚二字本屬相通，譚國即郯國是不成問題(《史記·齊世家》作郯，不作譚，是)。問題在郯國在春秋時還存在很久，直到昭公時尚見於經傳。但這也不難解答。因為齊桓公卒後，齊國大亂，當然對於少數民族不能完全控制。郯國是少昊之後，是有深厚文化的國家，並不太容易消失。齊桓公滅譚(卽郯)，因為譚不恭順。後來的郯國對魯還相當恭順，對齊更不用說，這樣就在春秋時代存在下去也是合於情理的。最後還是楚滅郯，齊國不曾滅郯。至於《春秋經》或作譚或作郯，那是因為史料來源不同，不足為怪。

龍山地區雖然不是譚城，但在文化卻有其深厚的累積，漢代濟南郡治並不在

歷城，而是在這個區域中的東平陵。當然是東平陵有其重要性和累積的繁榮。這個重要性也是要溯及到春秋和戰國中的齊國的。在東平陵附近有一個陽丘縣；也就是今章邱縣的附近。陽丘和章邱在音讀上是可以相通的(雖然《水經注》認爲陽丘與章丘是兩處，可見北魏時陽和章讀音已不接近了)。但現在問題是假設的營丘也可能在這裡，不過音讀的通轉上，尚多少有一點需要斟酌的。陽字和營字的輔音照說是不能相通的，但陽和營都是陽平三等，陽平表示輔音的元音化，輔音較爲模糊，三等表示有一個輔音化的介母，使得主要輔音的特徵更爲弱化，因而二字的讀音可以類似。所以營丘和陽丘在適當條件下不是不可以互相通用的。

當周公東征成功以後，封建諸侯，是依照重點下幾個重要的棋子，其中更重要的棋子是魯、衛、齊、燕，魯在在曲埠，衛在汲縣，燕在雄縣，都是東部中國大平原上的交通重點，只有臨淄情形不同。臨淄和咸陽情形有些類似，卽臨淄和咸陽都在地方性的中心，進可以戰，退可以守，但就古代全國性的經濟及交通來說，沒有太多的意義。齊的分封目的，是爲拱衛周室的。如就拱衛周室的意義來說，東平陵附近比臨淄附近重要得多。如其營丘在東平陵附近(卽山東章邱縣附近)，齊的始封意義，就大得很多。何況濟水源頭也在不遠，濟有諸泉，尤其是趵突泉，是山東最大的泉源，更可能是舊的天齊淵。「齊之爲齊」也正在此處。所以營丘正可能是章邱附近某一個古城，包括城子崖在內。

所以齊的始封的營丘，是在津浦鐵路線稍東，以後逐漸東移。胡公遷薄姑，獻公遷臨淄，實際上還是在同一的地理區域內。只是薄姑(今博興)太偏北一點，經營東方不如臨淄的方便。臨淄現在因爲膠濟鐵路不曾經過，看來似乎偏僻一點，不過膠濟線爲開採博山的煤礦，修得偏南一點，從益都到濟南的大道，是應當走臨淄、長山、鄒平、章邱而到濟南市的。膠濟路從青州開始，就不經過一個縣城，這是當時德國人特殊的設計，如由國人自修，可能就不一樣了。這樣看來，薄姑是一個舊址，臨淄卻是一個新城，臨淄的設計，也是一個新的設計。但其中還有變遷和後來的發展，也是齊國建都以後的事。

臨淄所以稱爲臨淄，卽因東據淄水爲險。如有需要擴張的時候，只能向西不能向東。臨淄遺址中，民間建築物集中東北角，就表示這個城曾經擴大過，

而東北角是舊城所在地。許多城市都擴大過的。一種是保存舊城，加建新城，例如北平的外城，濟南的外城，天水有五個城，只有中間一個是舊城，向東加了一個，向西加了三個。另一種是撤掉舊城一部分，以舊城爲基本來建新城，例如北平長安街以南，是明代撤舊城擴大的，南京城的西南兩方是舊城，而東方及北方，擴大了許多；西安城的南北西三方是舊城，東方擴大了，再建新城。後面的三個例子，如其不依文獻的記載，僅靠現狀是不能推斷其擴大過的。臨淄城的大城，在春秋時的齊國還不至於這樣大，應當是戰國時擴大的。至於小城，更應當後起，是王宮擴大以後又修建一個宮城。這種擴大城圈，擴大宮殿，都是七雄僭稱王號以後的事。魯國在春秋戰國始終不算雄國，其都城宮殿決不太大，現在曲阜的故城遺址不小，應當是漢代封魯王國以後仿齊趙等國制度而作的。魯恭王就是其中一個主要擴建的人。至於較貧的諸侯王，如長沙號稱爲卑溼貧國，就未曾擴大城圈，同於臨淄、曲阜、邯鄲等地，長沙王的宮，大致也不過長沙城內省政府那一片地方而已。

現在再對於薄姑的問題討論一下。薄姑，《史記・齊本紀》云是齊胡公徙此。亦作蒲姑，〈書序〉：「成王既踐奄，將遷其君於蒲姑，周公告召公，作將蒲姑。」但〈書序〉亦或作亳姑。「周公薨，成王葬於畢，告周公，作亳姑。」薄姑、蒲姑或亳姑雖寫法不同，但仍是一字，決無問題。《史記正義》引《括地志》說：「薄姑城在青州博縣東北六十里」，《續山東考古錄・青州府博興縣》：「薄姑國在東南十五里，今柳橋」，實是一地。亳姑爲亳的長讀，緩讀下去就成亳姑，急讀下去，就成爲亳。凡殷商的人到的地方，都可稱亳，殷商的人亦可稱亳。《左傳》昭公二十年傳：「晏子對齊景公曰，昔爽鳩氏始此地，季萴因之，有逄伯陵，蒲姑氏因之，而後太公因之。」蒲姑氏是指居住亳的人，應指殷商的人（商的本名可能就是亳，居商稱商，居殷稱殷，所以亳即商）。如其把亳讀作蒲姑，應是當時山東半島對於亳字的當地特別讀法。所以蒲姑氏也可以專指居住齊地的殷人。若以蒲姑爲商代封國，即是一個誤會的看法。因爲如其不把蒲姑氏（即亳人）當作殷人，那後來的亳社、亳王一類的名稱都無法解釋了。

上文雖然證明蒲姑及亳姑爲亳的別稱，但文獻中還有一些矛盾之處，仍然還得解釋。現在認定的是太公的營邱，過去的住民，就是蒲姑，蒲姑是殷民在

那裡的自稱或者是周圍住民拿來稱殷民的方言。晏子對齊景公說的「蒲姑氏因之」，這是說的殷民，至於〈書序〉所稱遷奄民於蒲姑，這個蒲姑當指齊地，卽營邱一帶（蒲姑的轉變，也是這一類人），包括齊地的邊疆在內，等到把殷民和奄民遷到齊地以後，因爲東方的威脅較重，所以在東方邊疆地帶築城戍守，這個城也叫做蒲姑，等到這裡草萊開闢，開發成熟，胡公便從營邱遷到這裡作爲國都。等到獻公卽位，對於這個地方的位置不滿，更有計畫的築一個新城遷去，這就是臨淄的開始了。

附　記

　　寫本篇時，早已想到齊國命名的天齊淵，也就是現在的趵突泉。齊字的三個方孔，也就應當指的是趵突泉的三個泉眼。距離不遠的城子崖，這是龍山文化的中心，按理來說，其重要性非屬於營丘不可。當時因這個想法較爲唐突，未敢直說出來。現在想來，只要合理，就不妨說出。

秦的統一與其覆亡[1]

一、從封建到統一的趨勢

至少從殷商晚期開始，中國已經建立了一個帝國的雛形。這個帝國是一個早期的帝國，其中一切都含著比較原始的遺留，尤其在社會的長成方面，深深的保留了氏族社會的形態。至於土地的開發，也並非雞犬相聞，野無曠土。而是在中國的主要部分，分散著許多城邦。到了周朝初年，摧毀了殷商的中心政權，也只是在表面上取得了諸侯共主的地位，實際上對於諸侯並不能做有效的控制。只有在武王時期，短短的幾年中，維持了安定的局勢。等到武王逝世，周室的內部起了紛爭，所有舊有的城邦也就乘機起了變化，然後才有周公東征的動作。

所以武王克商，只能算周朝「帝國」的序幕，要等周公東征以後，才算正式奠定了周朝「帝國」的規模。

先就華夏民族勢力的膨脹這點來說。關於華夏民族，表面上看來，華夏民族好像是一個單純的民族，實際上卻不盡然。不錯，華夏民族的社會組織上，偏重血緣一點，尤其是男性系統下的傳統，這似乎還是歷史時期一步一步發展的結果，並且歷史時代的所謂「華夏」也不見得真是原始的華夏從血緣上推進而成的。

原始的華夏文化大致是在黃河中下游地方有這麼一個中心[2]，在這一個中心附近和這一個中心仍然會彼此學到了相互的影響。並且在這四周，還有不少流動

1　本文為《中國上古史》第四本之一章，審閱人：沈剛伯先生。

2　「西安半坡」的發現，將詳細的石器文化推到五千年以前。不過「西安半坡」的文化是否即是原始的華夏的一種，還需要進一步的證明，此時尚不能作任何決定性的討論的。至於華夏文化的中心，究竟在黃河流域那一處為合適？除去關中平原以外，例如汾水平原，以及河內河南區域，也都大有可能。也就是說「三輔」、「三河」及梁陳附近，都是古代文化的可能產生地帶。

的民族，一直接到塞外。這些流動的民族，當文化中心的政權有實力的時候，他們便附著於文化中心的政權，成爲附庸的性質。如其文化中心政權的力量瓦解，他們也可能侵入文化中心，接受了傳統的文化，而自己也冒充舊有的民族。所以中心文化一直發揚擴充，繼續不斷。至於領導的集團是否古來一系相承，就無從追究了。不過如其新的民族來到文化中心，他們也當然吸收前朝的貴族作爲新朝貴族的一部分[3]，前朝的平民作爲新朝平民的一部分。所以結果還是混合的民族，相依下去。

這種混合的情形，越往後越加強，也就使得華夏文化的中心，越來越擴大。商代的勢力範圍，比夏代可能要大，周的勢力範圍就比商大。到了春秋戰國，周天子雖然一點力量也沒有，但是春秋的霸主，戰國的各王，也都向邊境伸展勢力，使得華夏文化在不同的地區發展起來，等到機會成熟了，同樣的文化，自然會對於統一的情勢形成絕大的幫助。

再就政治組織的演變來說。西周到春秋時期，我們可以說他們是「封建城邦政治」。因爲當時的列國，實際上是由於兩種不同的來源，第一種源於氏族，部落社會發展下來的城邦；而第二種卻是周天子將其親戚插花式的分封天下，建立成封建的諸侯。但是如其將第二種的來源追溯一下，那還是周公征管、蔡三年戰爭結束以後，將打平了的叛亂城邦，給姬、姜二族分封統治，只是換了一些統治的公侯，而諸侯間的政治基礎還是建築在固有的城邦上。

在商周的政治組織下，高層統治階級的構成，還是以氏族爲中心的社會組織。這個氏族組織，以周代爲標準，是天子爲天下的大宗，天下的姬周族，都統在天子氏族組織之下。以下是諸侯，是一國的大宗，凡是一國之內，都統在諸侯氏族組織之下。再下是大夫，是一家的大宗。成爲大夫以後，就被「命氏」，這一個「氏」的人都統在大夫氏族之下。這種統治，不僅是政治的、血緣的，而且是經濟的。依照周代封建的原則，大夫以下不應該再有私產。如其有勉強可稱爲私產

3　這是牽涉到古代傳說性的歷史的。依照《左傳》的傳說，黃帝二十五子，其得姓的十二人，這十二個姓氏的宗派，把夏商周三代都包括在內，但是姜姓的齊不在內，嬴姓的秦不在內，羋姓的楚當然更不在內。本來姜姓自稱爲炎帝神農氏之後，和黃帝不是一支，周的姬姓，甚至商的子姓也不是沒有問題的。《左傳》「大戎狐姬生重耳，小戎子生夷吾」，到春秋時姬姓和子姓尚都有戎人，則商周是否原屬戎人，自可懷疑。

的話，那只是王子直屬土地，或者大夫的土地，給予一個「租佃」的權利。只是一個長期使用權，而不能說是私產。換句話說，不僅平民不應該有私產，士也不會有私產，最小的私產單位，是大夫的家。當然這種情形，至少在春秋時期已經改變了。

在春秋魯國的開始「稅畝」就是一個顯著的例子[4]。《春秋》記魯國最詳，所以記上魯國初稅畝，其實這種辦法，絕不是從魯開始的。因為魯國是一個最保守的國家，齊、晉等國比魯國改變得還迅速些。這種舊的「井田」制度的破壞，是逐漸而成的。只是春秋時的「稅畝」只是在國內的一部分實行，到秦孝公用商鞅，就在全部國內，無保留的改變了。

至於改變的原因，國與國間的軍事行動，應當是最大的原因。周代開始，周公是一個偉大改革者，以後就一直循周公所定的制度，成為極端保守的政治。西周的中央政府的責任就是以維持周公的成法為主。在這個原則之下，周王的統治，其中的第一件事，要維持諸侯間的和平共存。除去外敵以外，諸侯間是不容許戰爭的。等到西京傾覆，各諸侯城邦之間，失去了維持和平的機構。凡是有野心的諸侯，都可以隨心所欲，擴充領土。凡是能夠把國家軍事化的，就容易得到勝利；反之，維持舊有的封建形式的，也就歸於失敗。經過了這種自然淘汰的結果，剩下來的國家一定是強大的國家，而強大的國家也就是改革過的國家。經過春秋二百四十年的過渡時期，終於形成戰國時代，淘汰下來的七個戰國（戰國指有力作戰的國家），其中秦國是改變最徹底的國家，最後是秦國吞併其他六國。

這裡所指出的，戰爭只能認為是周初到秦，社會和政治變化（甚至可以說是革命）的一個主要因素。其實周代創建的宗法、封爵和井田三位一體的制度，其本身也是隨時在緩慢變動之中，而不是依靠「周禮」所能維繫的。這其中當然要牽涉到人口的增殖，土地的開發，溝渠灌溉的增進，道路交通的改善，穀類新種的

4　稅畝，就是表示井田制度的破壞，還遠在商鞅以前。周代的制度，是宗法、封爵、井田三位一體，井田制度破壞，其餘的也破壞了。井田當然不是孟子設想的那樣整齊。不過是分公田私田，公田由佃戶耕種，公田收入歸公，應當不誤。這就是「助」的辦法。「助法」不行，就不分公私一律抽稅，就是「稅畝」，也就是「貢」。在「貢法」之下，諸侯是一級地主（大地主），大夫是二級地主（二地主），如有士，還可能是三級地主。如其諸侯直接抽稅，不再轉手，只給大夫和士薪水，那就是「徹」了。參見註4。

培植，遠方國外文化的輾轉輸入，自由人的增加，工業技術及貨幣的衍進，因而引起商人社會地位的新估計。當然冶鐵技術的發展以及牛耕的應用，也都是不可忽視的因素。這些因素加起來，自然會形成政治與社會的基本改變。

在春秋時代中管仲無疑的是一個重要人物，齊桓公是春秋時代的第一個霸主，實際上是管仲造成的霸業。傳世的《管子》誠然是一部戰國人編纂的書[5]，但傳述舊聞，也不是毫無根據。晉文公繼起，使晉國成為長期霸主，其積極的因素，自然是晉文公居齊甚久，從齊國學來若干知識，但背景方面也是晉國在獻公時已不再有血緣性的公室當政，於是整軍經武，成了一個軍事性國家，侵占了許多新地盤，使晉文公有所憑藉。這種晉國政治的形式，就開創了戰國時代從封建政治變為官僚政治的雛形，使帝國的形式走上第一武的路上。

從春秋到戰國一般的政治趨勢，就是廢封建而為郡縣，用後代的話來講，就是「改土歸流」，把世襲的「土官」改為由中央委派的「流官」。如其到處都是流官，那就自然而然的走到大一統的路上去。秦始皇的大一統，廢封建而為郡縣，不過是對於全中國做一畫一的行動罷了。

二、秦始皇的翦滅六國

5　管子在先秦諸子之中，是屬於法家的。其實在管子時代，還不曾有法家這個學派。但管仲的政治趨向，那就毫無疑問，應當歸入法家的。孔子是把全部精神寄託在周公時代的。周公時代是西周的極盛時期，不過周公一切的設施，自然由於周公時代的特殊背景。孔子一心想恢復周代的盛世，但時代已經變了，孔子時代的問題不再是周公時代的問題，所以孔子所想到的辦法，也就自然而然的走向「強公室，杜私門」的路上去，而當前魯國的三家，就成為孔子心目中的敵人了。《論語》中孔子回答哀公「年饑用不足，如之何」，是「盍徹乎」？這句便是「廢井田」「開阡陌」的先聲。孟子言「周人百畝而徹」，又說「雖周亦助也」，這就開啟後世的大疑。其實田賦只有兩種可能辦法，即服勞役或納粟米。徹可以增加公室收入，顯然不是勞役或粟米的區分，而只是取銷中飽，直接抽收，那麼助、貢、徹的區分就在管理的方法上。所以助是公室及封人各有田地，各人有各人的佃戶（或農奴）來助勞役；貢則公室的田地已分給封人，從封人之手再貢獻粟來給公室；徹是封人不再有田地或佃戶，一律由公室徵收（勞役或粟米），封人的生活費由公室發給。這當然是強公室、杜私門一個最好的辦法。雖然實行起來並不簡單，但主張「徹」和廢井田、開阡陌，還是一貫的。這一種以「農戰」為主的國家政策，當然深深影響到秦的法律。就湖北雲夢縣臥虎地新發現的《秦律》來看，其中有「田律」、「金布律」、「關市律」、「司空律」、「徭律」。「廄苑律」、「傅律」、「置吏律」、「軍爵律」、「捕盜律」、「捕亡律」、「內史雜律」，顯為李悝《法經》中「盜法」、「捕法」、「雜法」等發展而來。而其中含有「農戰」的意味很深。

在西周時代，秦國本屬王畿內一個微不足道的諸侯。他們的祖先據說是和夏禹同時的伯益的後人。禹治水，伯益治禽獸。到了商紂時期，伯益後人飛廉做了紂的重要幫手，商亡以後被周公所殺。他的後人因為善於馭馬，當周穆王時代，造父為穆王御車，平定了徐偃王之亂，受封於趙城，他的族人就以趙為氏[6]。趙氏族人非子在周孝王時，為周孝王養馬，甚有成績，受封於秦，算做一個附庸[7]。

在西周被犬戎攻擊的時候，秦襄公曾派兵援周，到了西京傾覆，秦襄公又派兵援助遷到洛陽的周平王。為著周天子再無力量顧及到關中的舊疆，秦國就乘此時機，收容周的遺民，然後解決涇渭平原的遊牧部族，周也承認了秦的勢力，列為諸侯[8]。到秦穆公時代，秦就成為西方的霸主，穆公死於前 621 年，這時秦的地位已經非常重要了。

春秋時代秦、晉兩國世為婚姻，秦國的文化方面受到晉國的影響很大。到了戰國初年，三家分晉，魏文侯稱霸中原，魏文侯所用的李悝，便是中國第一個做成成文法的人，也可以算是中國法家系統的創建人，不僅影響到三晉的制度，而且也影響到秦國政治的方向。秦孝公時代，魏臣衛鞅本想給魏國變法，使魏國更適於法家的理想，成為絕對的君權國家。無奈魏國究竟是一個中原國家，牽涉太多，不是實行法家思想的最好地方，於是衛鞅逃到秦國，大受秦孝公的重用。

秦孝公即位在前 362 年，這時秦的軍力已經增強。在孝公即位前二年，秦獻公已大破三晉的聯軍。到孝公即位，更採用衛鞅的主張，提高君權，打擊貴族，貫徹土地私有政策，把農奴一律變為平民，而由政府用「什伍」的方法組織起來，秦就一變而成為真正「農戰」的國家。

秦國的基本區域，關中平原，本來也算一個肥沃的地區，不過比起黃河三角洲，那就規模小得多了。當中國的長江流域和遼河平原未開發以前，黃河三角洲在中國財富之區要數到第一位。戰國時代，所有國家的視線都集中在這一區，鄰

6　這個趙氏族人一直是以御車出名的。造父的後人趙夙為晉獻公的御，滅了耿、霍和魏。趙夙受封於耿為大夫，就是晉大夫趙孟一支的先世。秦的先世因為也是「諸趙」的一支，所以《史記》稱秦始皇姓趙氏。

7　附庸是小規模的諸侯，地方太小不列於正式等次的。當時約為公元前 900 年左右，秦在今甘肅的天水。

8　秦的爵是伯，春秋時鄭伯和秦伯，過去都是畿內的封國。

近的幾個大國，都因爭這一區把實力耗盡。秦國距此一區較遠，反而可以置身事外，整軍經武，選擇一個最有利的時機，提兵東進。等到東方國家發現秦國是一個可怕的敵人時，再來防禦秦的略地已經太遲了。

東方國家犬牙相錯，各人有各人自己的利益，若想不管占便宜吃虧而來專對付秦，是一個困難的事。在這種狀況之下，變成三晉損失士卒，而齊國坐觀成敗。至於楚國雖然和秦交界，卻不是當著秦向東發展的衝途，秦的侵楚較秦的侵三晉比較緩和些。因此當三晉危急之時，楚的援助不過虛張聲勢，沒有直接的效果。到楚境受侵時，三晉感到一時鬆了一口氣，當然也不會積極攻秦來移禍到自己，有時甚至還想借著機會在楚境擴張領土。在這樣不合作情形之下，秦國對東方的蠶食自然是非常有效。到了秦始皇即位的時期，秦的領土除去現在的陝西、甘肅、四川，並且還擴張到現在的山西、河南的西部以及湖北的西部。差不多在東經 114 度以西的中原地帶都是屬於秦國的領土了。

秦始皇是前 259 年出生的，在前 247 年繼他的父親莊襄王嗣位爲秦王。在他繼任以前，卻有一段傳奇性的故事。

莊襄王是秦昭王太子孝文王的兒子，孝文王的兒子有二十餘人，他不是長子，本來在兄弟中是無足輕重的。他被派到趙國做交換的「質子」。質子是一個苦差事。雖然戰國的習慣，質子沒有什麼危險；可是一方面和本國的政治隔離，另一方面是秦、趙時常失和，當兩方用兵之際，質子就失掉經濟的來源，會時常鬧窮。此時有一個韓國的大商人呂不韋在趙國都城邯鄲經商，看到這種情形，就認爲是一個設投機事業的最好機會。

秦昭王這時已經老邁，孝文王繼承王位是旦夕的事。孝文王寵愛的「華陽夫人」是最有做王后的希望的，不過華陽夫人無子，將來的太子是誰，還不能決定。呂不韋看透了這一點，於是一方面供給莊襄王（名異人）的生活費，另一方面用金錢的力量設法找關係游說華陽夫人，使華陽夫人了解莊襄王的容貌和能力都夠上繼承人的資格，將來立爲王嗣後，可以成爲華陽夫人的黨羽。結果呂不韋的計畫成功，華陽夫人接受了莊襄王成爲她的兒子。後來孝文王嗣立，華陽夫人成爲王后，而莊襄王成爲太子。

　　孝文王嗣立時已五十多歲了，立了一年就死去，莊襄王就正式繼位。當莊襄
王在趙國做質子的時期，因爲得到呂不韋的資助，和趙國豪家之女結婚[9]，生了
一個兒子，名字叫政，後來就是秦始皇。

　　當莊襄王在位時，呂不韋擁立有功，本已重用他做相國，等到莊襄王嗣位七
年死去，呂不韋就取得了輔政的地位，加上了「仲父」的尊稱，受封了洛陽周的舊
疆作爲他的食邑。他仿效齊孟嘗君、魏國信陵君等貴族招集「食客」的舊例，也從
東方各國招集了諸子百家的謀士三千人，照他的計畫編成了一部《呂氏春秋》。

　　《呂氏春秋》在《漢書·藝文志》中被稱爲「雜家」的，因爲是一部「兼儒法，合
名墨」的書，不過追溯這一部書編纂的宗旨，並非像宋代初年編纂《太平御覽》、《冊
府元龜》等四部大書，爲修書而修書，除去集成彙集而外，其中並無建立一個哲
學系統的目的。至於《呂氏春秋》那就完全不同了[10]，它是以道家思想爲主，把其
他思想及學術，歸納於道家原則之下，預備著秦國統一天下以後，作爲治天下的
方案。但是呂不韋的權勢太大，太后方面也樹立另外的勢力來抵抗呂不韋。這是
歷史的常例，當權臣把持朝政之時，宮廷方面一定會利用宦官來牽制。這時太后
也就利用宦官嫪毐，招集了門客一千多，並且把衛尉、內史、佐弋，都位置了嫪
毐的黨羽，和呂氏相抗拒[11]。

9　關於秦始皇的母親，《史記》上有矛盾的記載，一處說是豪家女，另一處卻說呂不韋
　　的姬妾。豪家女不可能做人姬妾的。但秦亡國迅速，而呂不韋餘黨甚多，所以其中一
　　定有造謠出來對秦始皇不利的讕言，自以豪家女一點較爲可信。

10　先秦諸子思想之中，只有儒家是綜會廣博，其他各家除去表達自己一部分思想之外，
　　並無集成文化的宏圖。先秦道家纂述，《老子》不過是一些格言，《莊子》不過是一
　　些論辯，關於禮樂書數，在道家書中一點也看不出來。道家只說「無為而治」，「無
　　為而治」只是一個空洞的理論，從來未曾實行過。呂不韋是真想用道家理論治國的人，
　　《呂氏春秋》是一部道家治國的創始藍圖。等到漢代，《呂氏春秋》所輯的〈十二紀〉，
　　除去道家的《淮南子》以外，儒家的《禮記》也把它收進去，略加改定，成為〈月令〉
　　篇了。

11　嫪氏在別處作樛，嫪氏為趙人，《史記》、《漢書》的〈南越傳〉的樛氏也是趙人，
　　二者當為一家。因為姓氏在秦漢時期寫法往往不同，如晁氏可寫作鼂，袁氏可寫作轅，
　　喬氏可寫作橋，楊氏可寫作揚等等。《史記》記載嫪毐係根據傳說，未必可信，不過
　　《戰國策》言呂氏、嫪氏對立情形，大抵可認為真象。嫪氏趙人，與太后同鄉，應當
　　本是太后的私人。況宦官接近女主，容易得到信任，例如東漢宦官之權，就是從鄧太
　　后時開始的。衛尉是掌宮殿守衛，內史是管理京畿地方，佐弋是掌弋獵之官。（至於
　　嫪音廖，樛音鳩，兩字似乎不同音，那是因為上古音從翏，輔音是複輔音「kl」，可
　　以讀為「k」，可以讀為「l」的原故。）

莊襄王是前 247 年去世的，當時秦始皇尚幼，到了前 239 年，秦始皇已經二十二歲，要行冠禮（成人禮）可以親政了。自然他是不願追隨呂不韋的政策的，他要走他自己的路了。

秦國都城是咸陽，秦王的冠禮卻是在雍（陝西鳳翔）舉行的。當秦始皇到雍行禮的時候，嫪毐就舉行叛變，向雍進攻。秦始皇也命令昌平君和昌文君等領兵抵抗。交戰的結果，嫪毐的兵敗了。他就把嫪毐及其同黨重要的人處死，牽涉的黨羽被免除爵位而流放到房陵（今湖北的房縣）的有四千多家。

秦始皇既平了嫪毐之亂，勢力大增，就對呂不韋動手起來。他認為呂不韋縱容了嫪毐，在前 237 年把呂不韋免去相國的職務，離開咸陽，住在洛陽的封地去。但是呂不韋的社會地位太重要了，他無法拒絕東方各國士人的拜訪來往，六國的使者也不斷的訪問。呂不韋畏罪自殺，他的門客仍然給他辦喪事。於是秦始皇命令，凡是呂不韋的門客如其是故晉人（東方人）一律驅逐出境，如其是秦人而年俸祿在六百石以上（即有朝籍的中等官員以上），一律免職也遷到別處。繼此以後嫪毐及呂不韋的勢力被剷除淨盡，秦始皇便很容易的布置他的主張了。

戰國時代儒、墨雖然同為顯學，但作為一個君主，對這種「自苦為極」的墨家是不會考慮的，只有儒家及其他各家了。儒家在秦始皇的時代，荀子是當時的大師。和荀子對立的孟子強調人民的重要，以及對於君主的「草芥寇讎」的論調，也自然為君主所不喜。在這種狀況之下，儒術方面當然是以荀學為主的（在齊、魯的儒生也會暗中用孟子原理，但公開來說，孟學一定被壓抑的）。荀卿的禮治論本近於法家，而性惡論更是替法家找根據。當時秦始皇對於他的政敵呂不韋的道家精神既然不至再採用，而儒家又是顯學占優勢的時期，再加上秦的傳統受三晉的影響向來較深，則秦始皇的傾向法家，就是一個順理成章的事了。當然百分之百法家，不參雜一點別家思想也是不可能的，在秦始皇政治之中，我們可以看出來的，也不可否認的，當多少有些儒家荀學的成分存在著。這一點對於秦來說雖然不太顯著，可是對於代秦而興的漢來說，還是十分有用的。

當秦始皇親政的時期，東方的局面大致已看出了，東方諸國只是勉強支持，秦的吞併天下，只是時間問題了。但是東方諸國彼此還是不合作的。前 236 年，

趙攻燕，燕兵敗。秦便以救燕爲名攻取趙的上黨郡[12]，一直威逼到趙的河間。這時趙只有調回防禦匈奴的李牧，用邊防軍來抵抗秦。把今綏遠一帶的趙地放棄了。李牧抗秦甚爲得手，曾屢次擊敗秦軍。但是李牧名望抬高，又受了秦的反間，趙王在疑忌心情之下，在前 229 年殺了李牧。從此趙國無可用的將了。

在六國之中，韓爲最弱，在前 233 年，韓王安被秦脅，對秦獻公稱臣，並獻南陽地。到了前 230 年，秦將內史騰領兵入韓都，虜韓王，以韓國爲穎川郡。在前 228 年，秦遣王翦攻趙，趙不能抵禦，於是秦兵攻入趙都邯鄲，趙王被俘。趙公子嘉率宗族逃到代郡，自立爲代王。但六年以後，前 222 年，仍被秦軍所滅。

當秦滅趙以後，在前 227 年時，秦大破了燕、代的聯軍，攻入燕都薊，燕遷到遼東。秦暫時停兵一下，在前 225 年遣王賁攻魏。魏人堅守大梁。秦人引黃河的水來灌大梁。守了三個月，大梁城壞，魏王假投降。秦滅魏。在前 224 年，秦已滅韓，滅趙，滅魏，並且打垮了燕、代，於是就計畫攻楚。秦國首先低估了楚國的實力，只用李信領兵二十萬人進攻，楚國由大將項燕應戰，被項燕擊潰。秦只有起用王翦領兵六十萬人攻楚，俘虜楚王，項燕再立昌平君負芻爲楚王，和秦兵再戰，項燕戰死，並俘虜楚王負芻。在前 222 年再平定楚的江南地帶。

就在滅楚的這一年，秦派王賁攻進了燕的遼東，俘虜了燕王喜，再回師滅代，俘虜了代王嘉。這樣全東方只剩下齊一個國家了。齊國因爲齊相被秦收買，認爲秦兵不至於攻齊，一直沒有做任何攻守的戰備。齊國本來富庶，四十多年不曾受兵，完全忘掉了戰爭。等到王賁的大軍從燕南下，齊國完全沒有抵抗，就進入了齊都臨淄，把齊王及齊相都俘虜了，齊也就滅亡了。秦始皇就從前 233 年到前 221 年，十三年之間完成了統一全中國的任務。

三、秦的施政及秦的滅亡

就郡縣制度在中國歷史上來說，確實開了一個新局面。雖然六國之中也各個施行郡縣的方式，但是將中國這一個大區域，用郡縣制度統治在一個中央政府之下，那就是一個新的嘗試。就秦的政治來說，《呂氏春秋》確是一個統一政策的藍

---

12 上黨郡本屬韓，在前 260 年時，秦攻韓，上黨路斷降趙。秦攻趙，雖然秦將白起坑趙卒四十萬，可是秦兵還是被信陵君魏無忌所擊破。秦兵退回，所以上黨仍爲趙有。

圖。不過《呂氏春秋》究竟是個「閉門造車」的設想，並非從統一的經驗得來，其中不完備之處實在太多。何況秦始皇有他的驕傲感，有他的自信心，決不願再抄襲他的政敵呂不韋的舊作。他當然為著表示權威要另外設計。

但是有一點，秦始皇仍然多少受到呂不韋的影響。呂不韋希圖兼容並包，秦始皇初期的政策似乎也多少有些兼容並包的企圖。秦始皇是生在趙國的邯鄲，到十三歲才回到秦國。過繼的祖母華陽夫人是楚國人。莊襄王見華陽夫人楚服去見，華陽夫人把他的名字改為楚。邢就到秦以後，在生活上一定不少地方接受了趙國和楚國的方式，這些地方若說對於秦始皇不生影響是不可能的。所以秦始皇的思想方式、私生活方式，一定會兼取秦國和東方的因素。秦始皇併吞六國以後，把六國宮殿仿造在咸陽北阪上，這一點也證明了秦始皇對於六國文化的嚮往。從此看來，秦的畫一制度，其中一定有六國的因素存在著。但秦始皇的法家傾向，尤其是他的晚年，更顯著極端專斷的態度，這樣就把兼取的事實遮掩住了。

在秦始皇二十六年時（前 221 年），六國盡滅，新的帝國成立了。始皇就命令丞相及御史大夫議帝號。當時丞相王綰，御史大夫馮劫，廷尉李斯及博士[13]等同議說：

> 古有天皇，有地皇，有泰皇，泰皇最貴。臣等昧死上尊號。王為秦皇，命為制，令為詔，天子自稱曰朕。[14]

秦始皇同意了他們的建議，只是不用秦皇，而合併皇字與帝字稱為「皇帝」。並且認為諡法是「子議父，臣議君」，不再用諡法，自稱為始皇帝，以後以二世、三世相稱。

當這個時期戰國陰陽家的「五德」說已經非常流行了。五德是金木水火土，用

13　六國時之博士，備君王顧問。秦設七十博士，仿照孔子七十弟子的數目。這種博士是以儒家為主的；因為儒家對於前代的禮治最為熟悉的原故。秦的博士如伏生、叔孫通等，到漢時尚生存。

14　關於三皇的傳說，為天皇、地皇、人皇，而無泰皇。泰皇乃是東皇泰一之簡稱，亦即上帝，此為神號，而非人號。對於稱天子，有些不合適。（帝即禘，是一種祭祀，用於上帝或祖先的。不過到戰國以來，帝字用在設想上統一天下的君王，已經習慣了，所以沒有什麼問題。）秦始皇用綜合的公式，合併用皇帝二字，確為較好。制是回答群臣奏書的詔書，是一種指令式的，詔是從天子發出的「訓令」式詔書。

相克或相生的方式，遞傳朝代。其五行的數字，是依照《尚書‧洪範篇》，水爲一和六，火爲二和七，木爲三和八，金爲四和九，土爲五和十。秦代周而興，應當屬爲水德，色彩是黑色，數目是一或者是六，因爲一太少，所以用六來紀。符節用六寸，以六尺爲步，天子的車用六馬來駕[15]。九卿的數目雖然是九，但加上三公，共爲十二，仍爲六的倍數。外郡在始皇二十六年時，共爲三十六。不過後來的郡數卻有增設，大約不限於六的倍數。

秦的郡數，最先置郡的，是秦及六國境域。其中關中地方，屬於內史，不在郡數之列[16]。計爲隴西、上郡、北地、漢中、蜀郡、巴郡、河東、河內、三川、穎川、太原、上黨、東郡、石易郡、邯鄲、雁門、鉅鹿、代郡、漁陽、上谷、雲中、右北平、遼東、遼西、南陽、南郡、黔中、齊郡、琅邪、長沙、九江、泗水、楚郡、薛郡、東海、會稽，共爲三十六郡。其後降東越，置閩中郡；取陸梁地，置南海、桂林及象郡；收復舊趙國的河南地，置九原郡；大約爲四十一郡，或者到了四十三郡[17]。

秦修長城是在歷史上非常著名的。只是秦的長城並非秦始皇開始才修，而是在六國時各國已經各有長城，其在北邊的有燕和趙的長城，秦代把燕、趙和秦的舊長城聯貫起來，加強工事就做成了。秦的長城是東起浿水，西至臨洮，就是從今韓國的大同江岸開始，包括遼河區域，再經過今內蒙古的北部，利用陰山爲塞，再向西南到洮水附近[18]。至於河西走廊的北部，卻不包括在內，這一段是漢武帝

15　古代的馬車是駕一馬或二馬，駕一馬的雙轅，叫做轅；駕二馬的單轅，叫做輈。更華貴的兩馬以外再前方左右各一馬，共爲四馬，周天子亦只用四馬；周穆王的八駿，指兩個車的馬而言。秦代才開始在四馬以外又加二馬。魏晉人作《尚書‧五子之歌》、「予臨兆民，懍乎若朽索之馭六馬」，就不是古制了。

16　郡本來是指邊區的，戰國各國的郡，都不指王都所在的地方。秦的卅六郡也不算都城所在的內史。內史列入卿之內，不列入郡守數目之內，到了西漢，三輔(京兆、左馮翊、右扶風)仍然不採用郡的名稱。

17　考證卅六郡的郡名，主要的據《漢書‧地理志》，不過《漢書‧地理志》也有疏略的地方，不能完全整理出來。過去如全祖望、王國維、錢穆等都悉心考訂卅六郡的郡名，只是他們都忽略了河內這一個區域。河內是商的故都所在；魏文侯所重視的鄴也是此處，到魏惠王時仍是一個重要區域。漢代對於三河(河內、河南、河東)的重視，僅次於三輔。這樣一個地方，秦決不能不置郡。只是《漢書‧地理志》把河內標出楚漢之際的殷國，把秦代設郡漏掉了，是應當補入的。

18　在臨洮地方，今甘肅和青海交界處附近。

時開發河西四郡以後才開始修築的。

秦代是用三公九卿制度的。三公是丞相、太尉和御史大夫。丞相總管全國的行政，太尉總管全國的軍事行政，御史大夫是御史的首領，也就等於皇帝的秘書主任，凡所有詔書是皇帝交御史大夫來辦，然後下給丞相的[19]。在丞相以下，九卿和郡守是平行的，原則上九卿處理畿內事務。但演變結果，九卿有時也管到外郡地方有關九卿職守內的事務了。

至於九卿的名稱，和漢代略有不同，但從漢代的材料還可以追溯出來的，即[20]：

(1) 廷尉　掌刑法。

(2) 奉常　掌祭祀。

(3) 衛尉　掌宮殿禁衛，郎中令掌執戟，原屬衛尉，漢代列為九卿。

(4) 太僕　掌車馬。

(5) 典客　掌賓客及朝會，漢代改大行令再改名大鴻臚。

(6) 宗正　掌宗室。

(7) 少府　掌宮廷庶務。

(8) 中尉　掌京城守衛，漢武帝時改為執金吾。

(9) 內史　掌京畿地方行政，秦代財政已別為治粟內史，漢代改為大司農。

在地方行政上，是以郡守為領袖，守下為「丞」，是守的副手；有「尉」，管地方上的軍事。另外若干郡派一個御史監督，稱為「監」（漢初不再由御史監郡，由

19　史官的職務本來是卜筮兼記錄，後來就專指文書一類的事。御史指皇帝的秘書，等到秦時兼任彈劾的事，再到漢代，御史大夫成為副丞相（御史出外任彈劾之職，由御史中丞成為首領）。漢代御史大夫之任既尊，自為一府，於是皇帝秘書一任，就調少府屬官尚書來擔任，尚書令成為秘書主任。長期演變的結果，後代尚書令變成了宰相，尚書也成為閣員了。

20　因為郡守或漢時的郡太守，只管京畿以外的地方行政，所以和九卿職等不同。有關外郡的事，是由丞相直接下書，不關九卿，這和後代的六部情形不同的。不過有些九卿牽涉到地方上的，也令九卿和地方直接處理。例如太僕管皇帝車馬，但有時也管軍馬，其牧場就可能分佈到外郡了。內史掌京畿的地方行政，卻也掌管收支，湖北雲夢所發現《秦律》的〈倉律〉說：「入禾稼，芻藁，輒為廥籍上內史。」所以秦代的內史是掌財務的。漢代分內史為三輔，仍然列為九卿。再加從衛尉分出的郎中令（後改光祿勳），亦即九卿加光祿勳、大司農、左馮翊、右扶風四卿，所以漢代號稱九卿，實際是十三卿。

丞相派丞相史監郡。武帝時再由天子派任,稱爲「刺史」)。郡下設縣,縣長在大縣稱令,小縣稱長。縣長以下也有縣丞和縣尉。縣以下再分爲四五「鄉」,一鄉分爲若干「里」。鄉的事務由鄉嗇夫管,里的事務有里魁管。原則上是二十五家至百家爲「里」(大致爲一平方里面積爲準)。此外在主要的道路上,十里的距離設一「亭」(按距離不按面積),亭有亭長,主修整道路,逐捕盜賊。從丞相府至縣廷,其辦事人員分爲各「曹」(近代稱爲「科」),其主持人稱爲掾,輔助人稱爲屬或史,一律由各機關首長任用,不隸於「朝籍」的。

秦始皇統一全國以後,便畫一了全國的一切制度。因爲新的制度是有計畫的,中國各處便很快的適應了新的制度。在六國時期各處有各處不同的寫法。秦始皇採用簡化過的周代傳統篆書,號爲小篆(舊的繁體稱爲大篆),作爲書寫的標準[21]。統一了天下的度量衡,並且在度量衡器上,刻上詔書。在戰國時各國所用的錢制極不一樣。當然圓錢最爲方便,秦就一律採用圓錢,以半兩重爲標準,錢文是「半兩」二字[22]。

秦始皇統一天下以後,便在各國舊地屯戍重兵,以防反叛。並將收到的六國兵器,鑄成了十二個巨大銅人,排列在宮廷前部。這十二個銅人都是胡人的容貌和服裝(可能是斯克泰人的容貌和服裝。大致鑄造的方式,受斯克泰文化的影響)。他又在咸陽的北阪上,仿造了六國的宮殿。但最大的宮殿,卻建造在渭水之南。這個宮殿到秦亡尙未修好,所以不曾命名。因爲前殿是四方流水的屋頂,卽四阿式,所以被叫做「阿房」(參看頁 116、117 第一、二、三、四圖,這些圖是採用報告原圖)。後來漢代的長樂宮是阿房附近別殿被毀的殘餘,而未央宮卻又是依傍長樂宮的地位新建的宮殿[23]。

21　但是小篆寫法還是比較持重的,後來程邈採用了楚人的筆法來寫小篆,更爲方便,用在辦公上比較迅速,稱爲「隸書」。到了漢代隸書更爲通行,所有的文籍都用隸書來寫了。《六經》在戰國時本用各處古文來寫,漢代也用通行的隸書來寫,就被叫做「今文」的經典。

22　當時齊國用的是刀形錢,三晉用的是鏟形錢,周及秦用的是圓形錢。秦統一天下後一律用圓錢,並用「天圓地方」的觀念,錢是圓的,孔是方的,這種形式一直流行到後代。秦錢重半兩,所以鑄上半兩二字。可是秦亡以後,私鑄錢很多,輕重不等,也鑄上半兩二字。

23　秦始皇墓被項羽發掘,取其金玉寶器,不過墓內的建築以及殉葬的陶瓦明器,顯然是項羽看不上的。晚近秦始皇墓的陶俑和真人一樣大小,並備有真的兵器,就已大量出

　　秦始皇受到〈堯典〉的天子巡狩四方的影響，並且又受到了燕、齊方士的影響，派遣方士去求神仙[24]，他自己也到處巡行，一方面爲鎭壓六國的遺民，另一方面也想遇見仙人，給他仙藥。他西至隴西，北到北地、碣石，東至泰山、芝罘、成山、鄒嶧、琅邪，南至會稽、洞庭、衡山。他在泰山、鄒嶧、芝罘、琅邪、會稽、碣石，均立石頌功德[25]。當然他自信統一了中國，消除了戰國時代對於人類的威脅，這種貢獻是不小的。他當然也不會預料到他的統治下潛伏了無數的問題[26]。

　　秦始皇的刻石，表明了秦代的政治方向，〈琅邪刻石〉說：

> 惟二十六年，皇帝作始，端平法度，萬物之紀。以明人事，合同父子，聖智仁義，顯白道理。東撫東土，以省卒士，事已大畢，乃臨於海。皇帝之功，勤勞本事，上農除末，黔首是富。普天之下，摶心壹志，器械一量，書同文字。日月所照，舟輿所載，皆終其命，莫不得意。應時勤事，是惟皇帝，匡飭異俗，臨水經地。憂恤黔首，朝夕不懈，除疑定法，咸知所辟。方伯分職，諸治經易，舉錯必發，莫不如畫。皇帝之明，臨察四方，尊卑貴賤，不踰次行。姦邪不容，皆務貞良，細大盡力，莫敢怠荒。遠邇辟隱，事務肅莊，端直敦忠，事業有常。皇帝之德，存定四極，誅亂除害，興利致福。節事以時，諸產繁殖，黔首安寧，不用兵革。六親相保，永無寇賊，驩欣奉教，盡知法式。六合之內，皇帝之土，西涉流沙，南盡北戶。東有東海，北有大夏，人跡所至，莫不臣者。功蓋五帝，澤及牛馬，莫不受德，各安其宇。

在這裡可以看出來，在秦始皇二十六年統一天下以後，所定的政策，是法、儒兼

土，不過這只是其中的一部分。

24　始皇屢次遣方士入海求仙藥。徐福當然是其中最重要的一個人。徐福曾入海過兩次，第一次失敗了回來，然後說「未能至，望見之焉」。第二次再去，遂不返。相傳徐福到了日本，自有可能。日本亦有徐福墓，其事真偽亦無確證。不過中、日、韓的相互交通，春秋、戰國時已經成熟。徐福即使到了日本，其重要性不必誇張。因為到了日、韓的人，不是只有一個徐福。秦、漢之際，天下大亂，這些時候從中國逃亡到日本、到韓國的大量「亡人」，其對於文化上的重要性要更值得重視。

25　秦始皇刻石，現在只琅邪刻石尚存，但已多漫漶。泰山刻石僅存數字，但現存二十九字的拓本尚不少。鄒嶧山刻石只有宋代翻刻本，多失神態，長安本稍好一些，但和原本泰山及琅邪相去尚遠。泰山刻石一般人認為李斯所寫，並無確據。李斯是整理小篆的人，是否真擅長書寫就不能決定了。

26　許多事實上問題往往不屬於理論以及學派的。譬如賈誼作〈過秦論〉，但賈誼之學出於吳公，而吳公之學又出於李斯，李斯又是一個秦代政治設計人。

用的。譬如「合同父子，聖智仁義」「日月所照，舟輿所載，皆終其命，莫不得意」皆是儒家的原則。所以秦始皇的政策，還是漢朝時期的所謂「王霸雜之」，和漢代政治的方向並非完全不同。所以秦的法律到漢代一直採用，修改的部分不多。這部法律也就成為中國各朝的法律藍本，一直到清代。其失敗的原因還在執行的態度方面。

人類的社會，是息息相關的，也是休戚相關的。人君，最高的執行人，也是社會的一部分，他在社會裡面而不可能超出社會之外。他不可能把人類社會變成一個無機的機械，而他安然在機械外面操縱。法家任術，是想把人類社會做成一個類似的無機體；法家任術，是想把人君做成無機體以外的操縱人。縱然理想相當合於邏輯，可是執行起來一定困難重重，譬如依照法家的原則，君主應當具有不測之威，任何人不能猜度的，所以宮禁中事成為極端秘密。始皇嘗到梁山宮，望見丞相車騎眾多，始皇不悅。或以告丞相，丞相減損了車騎。始皇大怒，認為左右漏泄了他的話，於是盡殺了隨從的人。以這件事情為例，洩漏秘密的人當然被處罰，可是更多無辜的人，也無故被處罰。演變的結果，一定使群臣失掉良心上的責任感，而只是被迫的相互欺詐，對於國家的前途仍然是危險的。

秦始皇的絕對法家傾向，在政治效率上是強的，但是總不免充滿了冤抑和虛偽，總會使人感覺到是風暴前夕的寧靜。不是沒有人想設法去補救，而是當時一切的設施不能容忍任何改革。秦始皇三十四年（統一中國後的第九年）始皇置酒咸陽宮，博士七十人來進酒。博士僕射周青臣上功德說廢封建立郡縣，人人安樂，無戰爭之患。博士齊人淳于越指責周青臣當面諂諛，主張實行封建。始皇將這個意見交給群臣來議，丞相李斯說：「現在天下在皇帝統制之下，是非只有一個標準。私人的學術對於國家的政策，往往有人心中認為不是，出外又群相批評，以為和主上不同是高尚的，以致成為謗議。照這樣不禁，那就君主的勢力要減削，而臣下的黨羽也會形成。不如以禁為是。臣請史官的記載除去《秦紀》以外都要燒掉。除去博士官所管的，天下敢有藏《詩經》和《書經》的處死刑，倘若以古代批評現今的，並罪及家庭。其醫藥、卜筮、種植等類的書不燒。不得私相傳授學術，若有人願學的，一律從官吏去學習。」這個極端性的建議，秦始皇批准了，古今第一次禁書的事件就形成了。

　　這裡談到的是天下的書都燒掉，只有兩種少數的例外：（一）博士官所職的，（二）醫藥、卜筮、種樹等一類的技術性書籍。實際上在當時是明白的，在後世無法明白。例如「博士官所職」，這些書是博士官有一個圖書館？還是博士官准許私自帶一分自己學術分內的書？這就區別很大。秦代博士情形，雖然不十分清楚。但漢承秦制，漢代博士職務內的書籍，都是出於「師承」，顯然是博士自己的書，不屬於公共圖書館。不過倘若博士去職，博士私人的書違反了「挾書之律」，就得銷毀了。其次漢代皇帝的書，是屬於「中秘」的。秦代皇帝自己不可能沒有書，這些書依秦代情形應屬於「御史」不屬於「博士」。李斯建議中當然不能指斥到皇帝的財產，那麼御史的藏書，當然屬於例外（可是歷來講歷史的，都未曾注意到這件事），這就無怪後來蕭何入秦，先收御史的圖籍。御史的圖籍，也就等於漢代中秘的圖書。最可惜的是六國的史書在始皇三十四年這一次全部焚毀，甚至御史也不藏此類的史書。蕭何只能收到一部《秦紀》，後來司馬遷做《史記》，根據《秦紀》做成了〈秦世家〉和〈六國表〉。只可惜《秦紀》太簡略，只有年分而無日月，這就無可如何了[27]。

　　焚書是根據韓非子的理論而來的，下一步就是坑儒了。坑儒的理論應當是從《荀子・宥坐篇》「孔子殺少正卯」一事而來的。先秦諸子及各書無孔子殺少正卯事，在《荀子・宥坐篇》才初次出現。〈宥坐篇〉是否荀子所作，當然有問題，不過總是荀子系統下的篇章，和韓非子等法家比較接近的。坑儒一事是這樣的：原來徐福一去不返，到了始皇三十五年，方士侯生和盧生又逃跑了。始皇大怒，說諸生可能造妖言來煽惑黔首（老百姓）」。使御史按問，諸生轉相告引，於是挑選出來諸生之中有嫌疑的四百六十餘人，都在咸陽活埋掉。此後諸生再不敢隨便發言了。

　　秦始皇的晚年，尤其是三十四五年後，性情好像是更暴躁些。非常可能是服食藥劑的結果[28]，但是仙藥還是不斷的求訪，驪山的大墓還是繼續的修造，秦始

27　清劉大櫆〈焚書辯〉，責蕭何入秦，不收取《六經》舊籍，以致博士所藏在項羽燒秦宮時完全燒毀，此說不確。項羽燒秦宮室，損失甚大，不可諱言。不過司馬遷的主要根據的一部書《秦紀》，除屬於蕭何所取以外，別無可能。所以御史所掌的圖籍，不僅輿圖和檔案，顯然尚有書籍在內。漢代中祕的書，一定也有一部分是秦御史所掌的書，除《秦紀》外尚有別的書籍，只是其中《詩》、《書》及六國史記都已被毀罷了。

28　後代許多皇帝如魏道武帝、魏太武帝、唐憲宗、唐武宗，均因服方士金丹性轉躁急，

皇自己還是不斷的巡遊各處。到了三十七年七月，始皇行到平原津(今山東平原縣境)，發起病來，病越來越嚴重。當時長子扶蘇因為進諫坑儒的事，被始皇派到北邊，監督蒙恬的邊防軍。也可能他認為他的長子有鴿派的傾向，到北邊去接近軍事，變得鷹派一些，才接近他的理想。因此只有少子胡亥隨從他。但是他的病越來越重，行到沙邱鄉(今河北平鄉縣東北)就死了。遺詔給扶蘇會喪而葬，也就等於指定扶蘇為繼承人。

當這個時候秦始皇的近侍是中車府令宦官趙高[29]，他曾經教過胡亥法律，所以陰謀立胡亥為繼承人。和李斯商量，李斯原先不贊成，但是趙高說扶蘇若立，必以蒙恬為相，李斯是不能安然退位返家的(因為焚書坑儒都是李斯同意的，而扶蘇卻不同意)。於是趙高和李斯毀滅了真詔書，做假的詔書賜扶蘇及蒙恬死，而立胡亥為二世皇帝。

趙高和李斯這種行為是無法得到人同情的，於是就變成了「日暮窮途，倒行逆施」了。這時胡亥受到了趙高的挾制，深居宮中，公卿大臣都見不到面。趙高再把李斯殺掉，自為「中丞相」，專斷一切朝政。政治混亂，東方的叛變一天一天的擴大，秦國的前途就無法挽救了。

二世元年七月，正是秦始皇死去一整年的時候。泗水郡蘄縣的大澤鄉(今安徽宿縣以南)，停著九百多被徵發去戍守漁陽(河北北部)的兵卒，天大雨不止，這支開拔的邊防軍已經不能如期到達指定的地方。秦法嚴，將吏失期的要處死。隊中兩個屯長(大隊長)，陳勝和吳廣，就逼著只好激勵這些怨恨的兵士一同造反。

他們冒著扶蘇及項燕的名字[30]攻城據邑，繼續前進。到了楚國故都陳縣的

喜怒無常。唐武宗常問李德裕以外事，對曰：「陛下威斷不測，外人頗驚懼，願陛下以寬理之，使得罪者無怨，為善者不驚，則天下幸甚。」與秦始皇晚年的情形頗有點像，只可惜李斯不如李德裕，不能以寬濟猛，只以猛濟猛，於是天下不可挽救了。

29　《史記》上說趙高是「諸趙之疏族」，所謂「諸趙」和齊「諸田」及漢初「諸呂」是同樣的稱呼。當然趙高不是趙國的人，因為不可能把六國遺民放在左右。秦、漢的近衛郎官，只用「六郡良家」，就因接近皇帝，不用函谷以東人的緣故。如是秦國的人，那就秦國一定有一個可稱「諸趙」的大族。再和《史記》說秦始皇「姓趙氏」這一句比較，也就會明白趙高是皇族中的遠支，所以有機會掌權了。趙族分東西兩支，參看《史語集刊》31本，勞榦：〈關東與關西的李姓與趙姓〉。

30　陳勝、吳廣初起時假借扶蘇(秦)、項燕(楚)為名，可見當時東方叛變的目的，政治性比六國舊國的民族性為大，這就表示著戰國時代交通頻繁，中國各處的文化已經融

時候已有步兵數萬人，騎兵千餘人，車六七百輛了。陳勝便自立爲楚王，而以吳廣爲假王 [31]。他們的兵力一天一天增加，各處響應的地方也一天一天的擴大。雖然後來秦將章邯的軍隊擊潰了陳勝、吳廣，陳勝和吳廣都被部下所殺，但項羽及劉邦的軍隊終於擊潰秦軍。當劉邦的軍隊入了武關，胡亥責問趙高，趙高弒殺胡亥，立胡亥的兄子名子嬰的爲秦王。子嬰刺殺了趙高，但時間實在太遲了，關內無兵可調，子嬰降了劉邦。劉邦雖然對於子嬰還想保全，可是項羽繼至，他的兵力較劉邦爲大，劉邦只好聽項羽處分。於是項羽殺子嬰，屠咸陽，焚秦宮室，大掠而東。從此關中殘破，秦代的經營歸於毀滅。關中重新締建，是漢代以後的事了。

附 記

此篇係由沈剛伯先生審查，審查後四個月，沈先生卽逝世，成爲他最後一次審查上古史計畫稿件。特此敬記悼忱。

本篇寫成時，秦簡和秦始皇陵的俑，尚未發現，所以這些材料都未加入。

合，所以漢代仍然成功的統一著。但從另外一點看，項燕卻是楚人崇拜的英雄，這也是項梁和項羽能夠起來的原因。

31　假是「假借」的假，也就是代理的意思。後來「假節」的假，也和這裡同一用法。

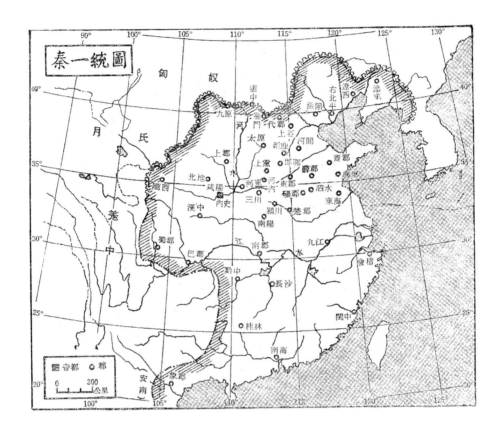

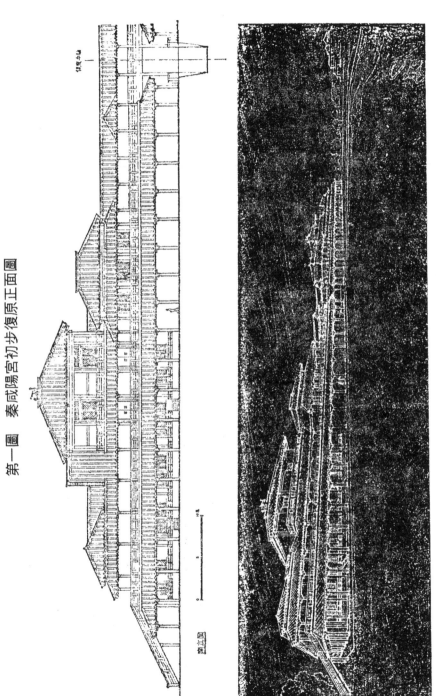

第一圖　秦咸陽宮初步復原正面圖

第二圖　秦咸陽宮初步復原透視圖

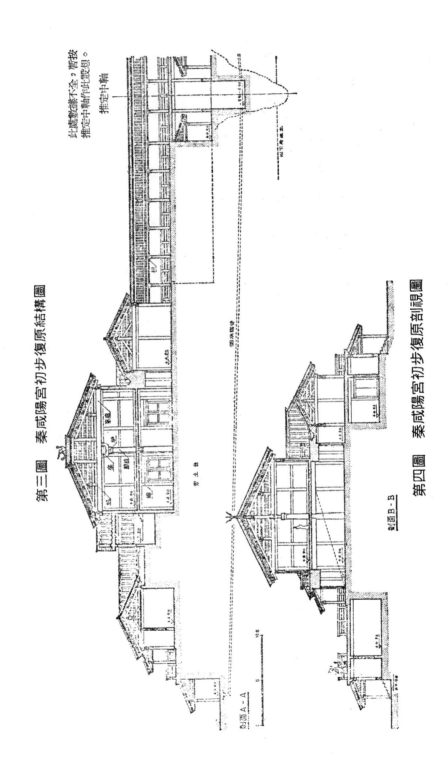

第三圖　秦咸陽宮初步復原結構圖

第四圖　秦咸陽宮初步復原剖視圖

秦漢九卿考

秦之卿制本襲自周。周之卿制，據周禮則爲六卿，據王制則爲九卿。六卿之制，爲冢宰、司徒、宗伯、司馬、司寇、司空：而冢宰實爲首輔。九卿之制，則其上有三公，其下有二十七大夫，八十一元士。三公爲司徒、司馬、司空。九卿之職則禮記注疏未舉其說。惟考工記匠人，「外有九室，九卿朝焉」。注以「六卿三孤爲九卿，卽周禮六卿更增少師、少傅、少保。詩十月之交：「皇父卿士，番維司徒，家伯維宰，仲允膳夫，聚子內史，蹶維趣馬。」孔疏云：「皇父爲卿士之官，謂卿之有事，兼攝羣職也，其番氏維爲司徒之卿，家伯維爲冢宰之卿」，尚書洪範：「王省維歲，卿士維月，師尹維日」，則與周禮及王制皆不甚相合。若更溯之堯典，則天子而下有四岳，四岳之次有九官，曰司空、曰稷、曰司徒、曰士、曰共工、曰虞、曰秩宗、曰典樂、曰納言。九官之制是否出於唐虞實錄，未可確知，然司空之職，與共工重複（空字與工字通用）恐已早有錯亂改竄。且與周制相去甚遠，亦未可作爲比證。

更參以金文、國語、左氏傳及戰國諸子，亦復時相違異。是知古之公卿，亦自隨時異制，固不可一概言之。惟漢之制，溯原於秦，而始皇平定天下之時，固嘗釐定新制也。

秦之三公爲丞相、太尉、御史大夫，而九卿則爲中二千石。然九卿之職，則異說紛歧，仍當考正。今於秦制依據之書當以漢書百官公卿表爲主，班固作漢書，秦之典制，尚有存者，堪供依據，然百官公卿表僅於漢官之下標注秦官，其分晝列次非依秦時舊制，重爲鉤稽，必有違失，固當詳爲訂正，始符考信之旨。今列舉如次，再爲辨別之：

一、太常：漢書百官公卿表曰：「秦官，掌宗廟禮儀。」據史記叔孫通傳，高帝拜通爲太常，漢官典職亦云惠帝改太常爲奉常，是漢初沿秦制，本曰太常，惠帝改爲

奉常，據百官公卿表，則景帝中六年又改名太常，是秦世、漢高帝時，及景帝以後以至東漢皆名太常，而後世承之也。

二、衛尉：漢書百官公卿表曰：「秦官，掌宮門衛屯兵。」表注云：「寺在宮內。」又百官公卿表云：「景帝初更名中大夫令，後元年復爲衛尉。」王先謙補注云：「中大夫令見直不疑傳，此亦依秦官名，始皇紀有中大夫令齊，又有衛尉揭，然則秦時中大夫令、衛尉，本二官也。」漢世屬官有公車司馬、衛士、旅賁三令（百官公卿表）。公車司馬令掌殿門，衛士令掌徵調入宮之衛卒，旅賁令蓋掌膂力之士。

三、中大夫令：見史記秦始皇本紀。

四、郎中令：見史記秦始皇本紀，以趙高爲之。漢書百官公卿表曰：「郎中令，秦官。掌宮殿掖門戶，武帝太初元年更名光祿勳，屬官有大夫、郎、謁者；皆秦官，又期門、羽林（案皆天子之隨從武士）皆屬焉。」

以上衛尉、中大夫令、郎中令有相互關係，考見後文。

五、太僕：漢書百官公卿表曰：「秦官，掌輿馬，屬官有大廄、未央、家馬三令，各五丞一尉；又車府、路軨、騎馬、駿馬、四令丞。」按趙高曾以中車府令（史記集解曰：「伏儼曰，主乘輿路車。」以宦者爲之，故曰「中」也。）爲郎中令，任用事，見史記秦始皇本紀。

六、廷尉：漢書百官公卿表曰：「秦官，掌刑辟，有正，左右監，秩皆千石」。

七、典客：漢書百官公卿表曰：「秦官，掌諸歸義蠻夷，屬官有行人、譯官、別火三令丞。及郡邸長丞。」又曰：「武帝太初元年更名大鴻臚，初置別火。」

按漢官有典屬國，掌蠻夷降者，此爲武帝時所置，蓋武帝時匈奴降者甚多，居於中國境內，稱爲屬國，以屬國都尉就地領之，而京師設典屬國以領諸屬國都尉下之蠻夷。其國境外之諸國，國境內之諸侯王，諸郡之上計吏及太守入京師述職者，則皆屬於大鴻臚。秦時未設典屬國，則凡外國之事，諸郡守入都之事，皆屬典客也。

八、宗正：漢書百官公卿表曰：「秦官，掌親屬，屬官有都司空令丞、內官長丞，又諸公主家令、門尉皆屬焉。」

九、少府：漢書百官公卿表曰：「掌山海池澤之稅，以給共養。屬官有尚書，符節、太醫、太官、湯官、導官、樂府、若盧、考工室、左弋、居室、甘泉居室、左右

司空、東織、西織、東園匠十二官令丞、又胞人、都水、均官三長丞。又上村中十池監，又中書謁者，黃門、鈎盾、尙方、御府、永巷、內者、宦者七官令丞，諸僕射，署長，中黃門皆屬焉。」

案少府所屬，範圍甚廣。其內尙書一署所關尤重。然漢世尙書令早已略同公卿，非少府所能過問矣。

十、將作少府：漢時為京師二千石官。漢書百官公卿表曰：「秦官，掌治宮室，有兩丞，左右中侯；景帝中六年更名將作大匠。屬官有石庫、東園主章、左右前後中校七令丞，又主章長丞，武帝太初元年更名東園主章為木工。」

十一、內史：漢書百官公卿表曰：「內史，周官，秦因之。掌治京師。景帝二年分置左右內史。左內史武帝太初元年更名京兆尹，屬官有長安市廚兩令丞，又都水鐵官兩長丞。左內史更名左馮翊，屬官有廩犧令、丞、尉；又有都水、鐵官、雲壘、長安四市四長丞皆屬焉。」

十二、中尉：漢書百官公卿表曰：「中尉秦官，掌徼循京師，有兩丞、侯、司馬、千人，武帝太初元年更名執金吾。屬官有中壘、寺互、武庫、都船四令丞。都船武庫有三丞兩尉。又武道、左右中侯、侯丞，及左右京輔都尉、尉丞、兵卒皆屬焉。初寺互屬少府，中屬主爵，後屬中尉。——自太常至執金秩皆中二千石，丞皆千石。」

十三、主爵中尉：漢書百官公卿表曰：「主爵中尉，秦官，掌列侯。景帝中六年改名（主爵）都尉。武帝太初元年更名右扶風。治內史右地，屬官有掌畜令丞，又有都水、鐵官、廄、雝廚，四長丞，皆屬焉。與左馮翊、京兆尹，是為三輔，列侯吏屬大鴻臚。」

十四、治粟內史：漢書百官公卿表曰：「秦官，掌穀貨，有兩丞，景帝後元年更名大農令，武帝太初元年更名大司農，屬官有太倉、均輸、平準、都內、籍田五令丞，斡官、鐵市兩長丞。又郡國諸倉、農監、都水六十五官長丞皆屬焉。」

以上各官在漢代為中二千石，亦稱為卿。

十五、太子太傅、太子少傅：漢書百官公卿表曰：「太子太傅、少傅，古官。」

案此二官乃漢時所置，秦無。

十六、詹事：漢書百官公卿表曰：「詹事，秦官，掌皇后太子家，有丞。屬官為

太子率更家令丞僕、中盾、衛率、廚、廏、長丞。又中長秋、私府、永巷、倉廏、祠祝、食官令長丞。諸宦者皆屬焉。……長信詹事，掌皇太后宮，景帝中六年，更名長信少府。」

十七、將行：漢書百官公卿表曰：「將行，秦官，景帝中六年更名大長秋。或用中人，或用士人。」

十八、典屬國：漢書百官公卿表曰：「典屬國，秦官，掌蠻夷降者。」

以上各官自將作少府至典屬國，在漢為秩二千石，惟典屬國昭帝時因蘇武為之，改秩中二千石，後復為二千石。

綜以上所記，自太常至典屬國，凡有十官，若內史再分左右，則成為十九官，超過九卿數目二倍。自將作少府以下，在漢為二千石，可不稱為卿，然自太常至治粟內史，亦有十四官（若內史分左右，則有十五官），仍遠超過九卿之數。是其中必有變遷，而當重為理董者也。

自東漢遷都洛陽，三輔之秩減於二千石，於是續漢書百官志以：㈠太常，㈡光祿勳，㈢衛尉，㈣太僕，㈤廷尉，㈥大鴻臚，㈦宗正，㈧大司農，㈨少府為九卿。而執金吾及太子太傅則皆稱為中二千石，於是九卿與中二千石遂釐然有別。而在漢書紀傳及百官公卿表，實無「卿」與「中二千石」之分，是在西漢時，凡「中二千石」皆卿也。

更就三輔言之，漢書張敞傳言，為京兆尹，「備位列卿，待罪京兆」，王尊傳亦言，為京兆尹，「備位九卿」。朱買臣傳言，徵為主爵都尉，「列於九卿」，此皆三輔為九卿之證。其言或言列卿，或言九卿，亦足證三輔列於諸卿，亦即在九卿之內也。三輔列於九卿，則西漢之時名為九卿，而其數已過九，特承秦制而言，但就其官職之來原，而不拘於一定之數目耳。

今若就其因革而合併之，則九卿之數，可列於下。

㈠太常

㈡衛尉——中大夫令及郎中令當本屬於衛尉，中大夫令一職漢時廢去，而郎中令則仍列於九卿。

㈢太僕

㈣廷尉

㈤典客——典屬國之職亦附入。

㈥宗正

㈦少府——將作少府之職乃由少府而分者。詹事及將行之職亦當故屬少府職掌之
　　內。

㈧內史——其後分爲左右內史，再改爲京兆尹及左馮翊。又治粟內史亦故內史之
　　職，漢時改爲大司農。

㈨中尉——秦時列爵本由武功而設，故亦由中尉掌之，其後爵秩更由主爵中尉職
　　掌，原非地方官，漢時以其官兼治內史右地，遂漸變爲左扶風。

　其太子太傅則自漢高帝九年，拜叔孫通爲太子太傅，是爲置官之始，原非秦官，
故不列於九卿之內。其中大夫令及郎中令，當爲中大夫令領諸大夫，而郎中令領郎
中，皆爲宮中侍從之職。漢世無中大夫令，諸大夫屬於郎中令。而郎中令「掌宮殿掖
門戶」與衞尉「掌宮門衞屯兵」者相近。凡諸郎「掌守門戶，出充車騎」與衞士不同
者，特郎爲官，衞士爲卒而已。是其職守本可相通也。又秦官凡九卿之職，皆不稱
「令」，而「令」「長」之職，乃九卿及二千石之屬官，其中大夫令及郎中令之稱
令，亦故爲千石以下之官，非九卿；亦猶尚書令故屬少府，自漢以後其名未改其職漸
尊，寖假而駕乎九卿之上，成爲輔相，然故爲少府之屬官，猶班班可考也。

　九卿之秩咸爲中二千石，中二千石舊訓爲「滿二千石」。漢書宣帝紀神爵四年：
「潁川太守黃霸治行尤異，秩中二千石。」注：「如淳曰：『太守雖號二千石，有千
石，八百石居者，有功德茂異，乃得滿秩，霸得中二千石，九卿秩也。』晉灼曰：
『此直謂二千石增秩爲中二千石耳，不謂滿不滿也。』師古曰：『如說非也。霸舊已
二千石矣，今增爲中二千石，以寵異之，此與地節三年增膠東相王成秩，其事同耳。
漢制，秩二千石者，一歲得一千四百四十石，實不滿二千石也。其云中二千石者，一
歲得二千一百六十石，舉成數言之，故曰中二千石，中者滿也。』」案顏注之說出於
司馬彪續漢書百官志之「百官受奉例」，其所舉者中二千石奉月百八十斛，合爲一歲
得二千一百六十石，二千石奉月百二十斛，合爲一歲得一千四百四十石。此自東漢之
制非西漢之制。章懷注引古今注曰：「建武二十六年四月戊戌增吏奉如此，志以明

之。」（王先謙集解李祖楙曰：「光武紀建武二十六年正月詔增百官奉，其千石以上減於西京舊制，六百石增於舊秩。」案四月當爲正月。）其說是也。是西京奉例，舊制早亡，不可以東京之數，強爲比附，因爲釋中爲滿之說，亦難以盡信。鄙意中二千石之中，亦如中尉之中，猶言京師。京師之二千石乃對郡國之二千石而言，秦時九卿而外，於京師更無其他二千石，故居中之二千石皆九卿，九卿在皇帝之左右，故亦略尊於郡守。此當爲中二千石之秩高於二千石之秩之由來也。漢世以後，在京師別置比卿之官，而其秩減於中二千石，於是京師原有中二千石以外又有二千石，於是論者不得其說而輒以滿二千石釋中二千石。然此自魏晉以後說者所論，漢世固自知之，不必多爲解釋也。漢書循吏傳言，宣帝常稱曰：「庶民所以安其田里，而亡歎息愁恨之心者，政平訟理也，與我共此者，其爲良二千石乎？」二千石指太守國相而言，不包括京師二千石，如水衡都尉、城門校尉之屬，亦自源於秦時舊制也。

從儒家地位看漢代政治

　　今天我們討論的題目是「從儒家地位論漢代政治」。為什麼討論這個題目呢？因為我們要探討漢代政治是個怎麼樣的政治、漢代政治之影響有多大等問題，就必須先觀察漢代的儒家地位。近代政治制度大多始於秦漢，至今雖有若干受西方影響，但中國傳統還是存在的。甚至於新的法律，其中還保有固有的法律精神，這仍是從秦漢沿襲而來。我過去之所以研究漢代歷史，就是想研究中國歷代制度與漢的關係。但這個問題過於龐大，其中傳遞的細節，當然不是一兩部書的敘述所能完全表示出來，但這個相承的關係，是不容忽略的。

　　關於儒家的地位，在最近五、六十年來，一直是個爭執很多的問題。從漢、唐、宋至元、明，很少人以為儒家地位有問題的。到了十九世紀晚期，因為受西洋學術史影響，看到西洋史中各家平等看待的原則，學術正統這個觀念，並不被重視，而中國卻不只有一個儒家，這就使寫中國哲學史的人，要別換一個寫法。所以認定了中國的學術，尤其在戰國、秦、漢以前，是有許多派的，而儒家只是其中一支。今天我們所要討論的是，儒家地位在中國傳統上，究竟是正統，還是其中一支？如其是正統，應當是什麼樣的正統？如其是一支，這一支的重要性是怎樣？因為討論漢代政治，不能不牽涉到儒家地位，二者實是息息相關的，但是為了澄清概念，我們還是先討論儒家地位問題。

　　關於儒家地位，應當依據傳統的舊說，認為是「主流」的，因為中國文化是從儒家思想保存下來的。為什麼呢？我們除去依據《論語》一書來看以外，還可以由孔子可能閱讀的其他書籍看出來。在孔子以前的書籍，例如《易經》、《詩經》以及《尚書》的一部分，都可以認定曾由孔子看過，其中《尚書》的問題較複雜，今且不論。關於《易經》，有許多人懷疑成書於孔子之前或孔子之後，近來經過客觀討論，大多認為應成書於孔子之前，例如《論語》中引過《易經》的「不恆其德，或承之羞」，

而《易經》中許多證據，更證明出於周初，此意屈萬里先生就曾申論過。至今雖然還不知道《易經》作者是誰，但它在周初完成，是不成問題的。此外《詩經》更是孔子所常誦讀的。孔子思想至少應當追溯到周公的，自周公起，仁愛觀念已加入政治之中，而《易經》之中雖有被道家援用的觀念，但更正確地說，《易經》之中儒家觀念似要重於道家觀念，可知在孔子之前，儒家思想已超過其他，中國儒家已重仁義。這個觀念在周初已經形成(參考傅孟眞先生的〈性命古訓〉)，至於孔子更是金聲玉振，集其大成，將傳統加以更廣泛、更正確的詮釋，因此孔子地位在春秋之後就已確定了。同時我們看老子、墨子、莊子等思想，雖然有些採自儒家，但他們所攻擊的也是專對儒家。爲什麼呢？只因爲儒家是主流，其他都算是別派，儒家的分量越重，受到攻擊的可能也就越多，因此，毫無疑問的，儒家是中國傳統中最重要的思想。如其要樹立一個新的思想也就只有攻擊儒家了。我們看，由秦漢以來，儒家的重要地位是不容忽略的。不只是立儒家博士的漢文帝、漢景帝，甚至秦始皇，乃至韓非，他們的思想也都不能脫離儒家。雖然在表面上漢代儒家地位，有時高，有時低，有時顯著，有時低落，但無論如何，漢時儒家的地位已被確定。這是在討論漢代儒家地位時，應該注意到的。

現在我們要講到漢朝政治制度。漢的制度實承襲秦時制度，在秦的制度中，法家思想是顯性的，而儒家思想則是隱性的。秦朝制度歷經商鞅、韓非逐漸形成。商鞅之學實際上也受到儒學的影響，脫離不了孔子的思想(因爲三晉思想形成於魏文侯時代，當時子夏實爲大師)。至於秦始皇，雖然是反孔、反儒家的，但他也無法完全根除孔子對當時的影響。在此我們不能不討論法家問題。法家思想追蹤至最後，仍然是希望能以仁道、倫常治國，這倫常的價值實則爲儒家思想的內容。誠然法家在刑法上與儒家不同，較爲嚴厲，但基本哲學上還是不能擺脫儒家的。秦朝雖不談儒家之學，但儒家的影響在當時實已存在。乃至到了漢朝，就實際上是以儒家思想立國、治國了。

漢初蕭何是開國大臣，而張良、陳平和韓信號稱開國的「三傑」，但就內幕的影響來說，對漢最重要的卻是漢高祖之弟楚王交。他在當年受了不少儒家教育，曾從浮丘伯學詩，影響了劉邦的思想，不容忽視。在漢以前，各國的王，沒有一個祭祀孔子的，到了漢代，劉邦是歷史上第一個以太牢祀孔子的人。這對於中國

政治方向的影響至為重大，除了楚王交以外，沒有人可以使劉邦這樣做的。漢文帝雖然表面上是道家，但建立儒家博士的制度，文帝是漢代第一人，而且詔博士作〈王制〉篇，影響到漢代制度的標準，也是頂重要的。其後經過景帝，再到武帝，更是明白地正式罷斥百家，表彰儒術。這不僅是樹立漢代的標準，而且也樹立許多朝代的標準，後來漢宣帝曾一度認為漢家自有制度，「本以王、霸雜之」，不能捨「漢法」用「周政」，但實際上儒家是講原則性的，而法制則是必須在客觀立場上管理政治，二者之中，一站在道德立場，一站在技術立場，兩者正互相為用。中國歷來政治，以儒為主，以法為輔，二者交互使用；不只是漢，中國各朝多半是這樣的。在這種狀況下，毫無疑問的，是以儒家為最高原則，再以法家為客觀的判斷，這就是漢代政治制度的主要基礎。這一種政治制度由漢延綿而下，直至明朝、清朝，都是這樣。其中基本問題，只是中國幾千年的專制獨裁政體，其中的陰影，如何擺脫，卻是當前的課題。

此外，在漢代又有另外一個問題，漢代有很多儒生與掌政的一些惡勢力奮鬥，例如：西漢的劉向、蕭望之對於宦官，對於外戚王氏；東漢從李固、杜喬，以至於陳蕃、李膺和黨錮中的名流，他們的奮鬥，都是代表著原則的問題。除去儒家以外，法家對於這種對惡勢力的奮鬥，也不是不加注意的。譬如西漢的郅都，東漢的董宣，都是法家，保護「法」的立場，也非常明顯。可見漢時的這種爭執，並不是真正儒家與法家的爭執，而是國家整體與個人利益如何平衡的問題。再換句話說，就是自由與保守之爭的問題，尤其一般人喜歡談的，東漢晚期清流與宦官外戚之爭，更與儒家有直接的關係。關於宦官和外戚這一個問題，顯然的儒生站在一方面，而惡勢力站在另一個方面。這在儒家方面，早已想到了「禪讓」，主張不能以一個家族主宰一國大政，因為如果由一家世襲承繼帝位，歷經四、五代後，一定會產生無能的君主。例如西漢歷經數朝已經漸呈衰象，至東漢末，帝王更是無能。關於這一點，孟子早就主張選賢與能，並且更提出了「故國喬木」這一個原則。換言之，就是孟子雖然主張「禪讓」，但「禪讓」難於實行，只好想到用「貴族政治」來代替一姓的繼承。這是很有眼光的，因為民主政治的前身，就是「貴族」和「皇室」爭權。有名的「大憲章」就是這樣形成的。只可惜孟子的理想未曾實行，也無法演進到國會的成立，是中國歷史上一個不幸。當然，國會制度也不是十全十美的，國會制度也有國會制度的缺點。這就在一個國家還得培養政治家去善於

運用了。東漢後期政治轉到外戚宦官手中，並非儒家所能預想的。儒家的主張實際上可說是國會制度的前身，或至少以貴族政治的方式來過渡，但是對於把持政柄的宦官外戚，那就在儒家的原則下是不能姑息的。但是這種正義的主張，是失敗了，東漢末期，形成了黨錮之禍。到了曹魏，又變成一種法家式不計是非的政治。這就使得儒生失望而漸次走向清談這條路上去。永嘉之禍有人歸罪於王弼、何晏，這是不太公平的，王、何的責任，還抵不上賈充。是誰造成了賈充這種人生觀？毫無問題的，要推究到法家主張的魏武帝三令了。但我們應該知道，直至南北朝，還是有潔身自好，不走入空談而努力於肩負實行儒家思想的儒生。卽就事功來說，當中原喪亂之時，「午夜聞雞」、「中流擊楫」，又那一個不是出於倫常大道的鼓勵？到了唐、宋，有許多儒生仍然從事這種努力。而這種傳統，可以說是淵源於漢，也就是說，儒家的傳統地位是確立於漢政治之中的。

　　　　※　　　※　　　※

問：請勞先生爲我們談談漢代的「黃老之治」。

答：「黃老之治」是屬於道家思想，「黃」指的黃帝，「老」則指老子。黃和老可能是兩種不同的思想，不過漢代的人談黃老著重在政治，那就「黃」的成分比「老」多了。「黃老之治」概略說來是道家思想，也就是「無爲而治」。但儒家並不是完全反對無爲，甚至法家也曾講無爲而治，所不同的只是程度問題。道家之無爲講的是完全不做；儒家則是「恭己以正天下」；法家則是藉著「法」和「術」，來控制天下，就可以省卻繁複的手續了。所以中國歷來的政治中，主張改革的一定是儒家和法家，道家因爲主張一切無爲，就認爲改革是多事了。

問：那麼孟子的思想又如何呢？

答：毫無問題的，孟子比孔子更主張民治。他的「民爲貴，社稷次之，君爲輕」那種論調，是以前所未有的。民治以貴族政治爲過渡一件事，他也曾想到，所以他說「所謂故國者，非謂有喬木之謂也，有世臣之謂也。」只是最困難的，是古代中國雖有會議這件事，卻無成系統的表決制度，這就阻礙中國民主政體的實現。

問：請問漢代和西域的關係怎樣？勞先生對於「義渠」這個國家有什麼新的看法？

答：由《史記》和《漢書》的記載可以得知：在漢代以前，中國與西域之間，後來的「河西」地帶，是大月氏居住著，在秦漢之際爲匈奴趕走，到了中亞細亞，延續存在了很久，以後不只成爲中西文化之關鍵處，佛教亦是由此傳入。但從《戰國策》中和《史記・秦本紀》看出，秦國以西並無月氏國名，只有一國名爲義渠，這是互相矛盾的。但依照上古音的讀法，「義渠」和「月氏」可以通轉，而且到了漢代，北地郡的義渠縣又和安定郡的月氏道非常接近。可能這一個部族在設義渠縣時，官方稱爲義渠，到設月氏道時，官方又稱爲月氏了。月氏是有許多部落的，譬如漢代月氏建國以後，在今青海地方尚有「湟中月氏」。而「月氏道」又是一部分月氏，那麼義渠縣也是一部分月氏，就不足爲奇了。所以我曾假定此二者是相近，甚或是相同的一個國家，但至今尚未成定論。

問：您是否也可以談談王莽的政治？

答：王莽的思想，基本上是屬於儒家的，雖然他有些政策近於法家，這是要改革，就需要集中權力的緣故。政治上改革往往是必要的，但改革也十分冒險，改革也往往會失敗，因爲任何改革，一定要事先有充分調查，要有事實根據，確定可以改革再予以改革，材料若搜集不夠，改革就會出毛病。現代問題已經這樣不容易辦，古代資料不夠，而且政治及經濟上的看法更不成熟，失敗的可能當然更大了。王莽時代，政治、經濟和社會上問題，要改革的當然不少，不過他卻拿一部《周禮》作爲「枕中鴻祕」，這就太危險了。《周禮》只是戰國初年的人所作一部「理想國」藍圖，不僅其中制度根本未曾實行過，而且所有的思想背景、社會背景及經濟背景，都是非漢代的，拿到漢代用，也是無法適合的。自然有關漢代的問題，除去極富於法家色彩的賈誼，曾經主張過許多改革的方案以外，在漢武帝的時候，董仲舒曾主張限田，這是一個社會政策的一個重要嘗試，雖然有許多阻礙，不能實行，但在社會經濟的改革上，不能說不占重要的一頁。王莽的政治也有很多理想部分，關於價值評論上，是不能夠用一兩句話說定的，不過關於奴隸制度一件事來說，東漢的奴隸，有顯著的減少，這是漢光武定「賣人法」的緣故，卻也可以說是王莽舊法的延伸。人類社會太複雜了，用一種理想去做往往失敗。但也會遺留一部分制度下來，成爲後代的根據。

問：今天聽了勞先生的高見，突然有種聯想：有些人不重視現代思想，但現代思想之中，如三民主義的思想實有其可取之處，您是否談談這方面的問題？

答：我想這個社會，忠恕之道是必須存在的。「忠」是盡己之心，「恕」是推己及人，也就是己所不欲，勿施於人。換句話說，是要誠懇負責，隨時想到別人。一個人做事一定要如此，才能免去不必要的爭執。忠恕這二個原則一定要維持，它們不只是儒家的原則，甚至在各種宗教中，都有這種思想的存在；忠恕二字足可以推之四海而皆準。但世上不可能每個人均爲聖人，必須有禮法輔助這二個原則，「禮」是在社會樹立的標準，「法」是制裁的工具，使用於禮的標準之下，若有人不遵照這個標準，可以受到社會的制裁，但這是不夠的，還是要有「法」來強制執行。中國法律當今雖行使新的法典，但立法精神還有不少地方保存固有的傳統，這是必要的。至於三民主義是屬於現代思想，現代思想在目的上是要解決現代問題，卻也和傳統的問題和傳統事實不能完全隔離。中山先生曾推重《禮記》的〈禮運大同篇〉，雖然陳澔的《禮記集說》認爲「大約出於老莊之見」，但從另一方面看，這正是儒家思想的擴大，而更適合於現代思想。這是一個世界性標準，應當算做一個正確的方向。

問：陶淵明的思想似乎受道家影響很深，那麼他是否也有儒家觀念存在呢？

答：關於陶潛，依照他的作品來看，可說有很深的道家思想，主要是因爲他那個朝代久經戰亂，所以他主張讓人民休養生息，他的〈桃花源記〉確實是老子思想的代表，具有無政府色彩。但以他的社會背景而言，也不能脫離儒家之思想影響。

問：您是否談談蘇東坡與王安石的政治意見？據我所知，蘇東坡是既受了儒家，又受了佛家思想的人。

答：關於這一點，我們可以說，任何朝代政治的爭執，都可以分爲若干派；有最偏左的、有最偏右的，還有中而偏左或中而偏右的。實際上，當時王安石這派人最走極端，但亦有中而偏左、中而偏右之人，蘇東坡卽屬於中而偏左之人，他對於「免役法」的意見，就是同情於王安石的，若就其一般看法說，不但與王安石不同，就是與司馬光也有所不同。做政治的人要顧及現實的，王

安石太固執了，不曾顧及到現實，蘇東坡是顧及現實的，可惜他平日口頭上容易得罪人，所以他也不容易爬上去。

問：如果論及當今中美關係，勞先生的意見如何？

答：美國對於中國的研究可算是極爲誠心了，但外國人究竟是外國人，要研究一國之文化，原來卽爲困難之事，非但美國人不易了解我們，我們亦不易了解美國。而讓他們了解，仍然要從我們了解他們做起。我們要下手的，不僅是現代美國人情風俗，更重要的還是美國的思想背景和歷史背景。不錯，美國一般人中，沒有什麼思想的最多。但美國思想的主流，還是人權與自由，再加上西部邊疆發展的事實，這種模式的代表，應是美國大學中的知識分子。其中人數的比例，在美國人中當然還是少數，但影響到美國政治前途卻相當的大，我們如何去了解，需要作相當的努力。如其在美國思想的基礎上找一個和我們可以調和的出路，那就更需要相當的努力了。

問：儒家對宗教的看法怎樣？

答：孔子曾說：「禱之久矣」，可知孔子並非一個無神論者。不過在許多宗教的經典之中，有的薈集一些民族傳說，有的強調一些神奇故事。拿孔子的「知之爲知之，不知爲不知」，「未知生，焉知死」，「不語怪力亂神」的原則來衡量，這些部分都是不能接受的。漢代緯書盛行，加上孔子許多神奇的面貌，這和孔子的主張並不符合。孔子「不可知論」在哲學上是合理的，但作爲一個宗教，就缺乏對一般民眾說服的力量了。所以儒家在原則上，可以作爲一個宗教，卻始終不能成功爲一個宗教。卽使有經典，有教會，有教士，也不能成爲一個宗教。但是就社會功能方面來說，確實仍然需要一些宗教。因此中國傳統上，只好借用別的宗教來和儒家思想合作。有些宗教卻是關閉式的，而不是開放式的(所以把「入教式」當成天經地義)，但到了供儒家應用以後，就不能再像從前那樣封鎖關閉了。既然儒家在道德律已經自己有了一套，只借別的宗教來補充自己的不足，這在別的宗教看來，也許不夠專一。但在各宗教之間，樹立了客觀、平等的看法，使得各宗教之間，有尊重別人的可能，這是中國傳統上的成就。試看一看黎巴嫩和愛爾蘭的不幸，我們更會了解儒家立場的必要了。

霍光當政時的政治問題

一、緒論

霍光當政的局面在中國歷史上是一個創局。漢武帝的內朝政源,是天子的祕書室。但因爲將軍也可以加入內朝,所以霍光是以大司馬大將軍的名義,來做內朝領袖的。自從建立了這一個制度上的慣例,到東漢時許多外戚,就以大司馬大將軍或者大司馬車騎將軍秉政。魏晉南北朝以後,大司馬大將軍就變成了篡奪的階梯。但影響最大,而成爲一種固定制度的,那就要算日本的幕府制度。幕府制度的優劣,固然難有定評,不過霍光當政這一段在世界政治制度上樹立了一個新局面、新形式,是不容否定的。

霍光也只是時勢所造成的英雄。當然他本人處事的能力是可以說相當優秀。但他在這個特殊情況,前所未有的局面中,也是隨事應付,並無遠見。這也就是《漢書》中批評他「不學無術」這個評語所由來。在他所處理各項事件之中,如立昭帝,在昭帝時所執行的國策;昭帝之死,立昌邑王、廢昌邑王;擁立宣帝的各項機會之中,有得有失。總算運氣不錯,不僅都平安度過,而且還成績很好。只可惜他的夫人毒死許后,以他們的女兒來繼立爲后,這才是一個最大的失著。但他既不能防範於事前,又不能當機立斷,補救於事後,這才種下了失敗的因素。霍光當政確是無意於篡奪的,但他並不能想到一個妥善的安排[1],或者急流勇退,或者找妥繼承人,甚至於建立日本式的傳統。他只是任其自然推演下去,這是他沒有遠見的地方。這也就是他究竟還是一個常人,而非超越了常人。

---

[1] 諸葛亮生時以丞相錄尚書事,中外事無所不掌。但他並不曾安排他的家族作為繼承人。他死後,蔣琬繼為大將軍,費禕為尚書令,過了十一年,蔣琬死,姜維繼為大將與費禕並錄尚書事。這種不以家族子弟繼承權力的辦法,當然是諸葛亮生前預定的,可惜霍光並未想到。

其次，關於霍光平生最重要的事蹟，還有廢君立君這一項，其中仍以廢君一事，最爲聳人視聽。在傳統標準上說，廢君是不可以的，不過像昌邑王這種愚昧而荒謬的君主，不堪繼承大統。在傳統的史家觀念，也不能不承認這件事是一個從權的處置。在君主時代，如其當情況有變化時，要新立國君，基於「立親」條件之下，對於繼承人的品格有時可能完全忽略掉。昌邑王這一個例子，一直到明代的朱由崧（福王），清代的溥儁（大阿哥）的被指定，還是一樣的「覆車重軌」。

關於「立君」這一件事，霍光當政是經過三次立君的，第一個被立的君是昭帝。昭帝的被立，不能說完全出於武帝的預定計畫。雖然據說昭帝未生以前，武帝曾在鉤弋夫人的門上署有「堯母門」三字，表示要預立昭帝，這也不太正確。因爲還未能決定鉤弋夫人生男生女，怎能就指明爲皇嗣？況且漢代名叫堯、舜、禹、湯的多得很，難道每一個叫堯、舜、禹、湯的，都有想立爲皇嗣的野心？當然，堯的命意，代表聰明特達的才智，也就不能排除武帝對於所有諸皇子都不滿意，而想生出一個更優秀皇子的期望，卻不能證明昭帝就是武帝早已指定的繼承人，亦卽昭帝的被立是由於許多偶然因素造成的，這卻不容否定。

昌邑王的被立，可以說霍光在昭帝早死的時候，本來未作萬一的準備，臨時應付，不免慌張而造成錯誤。當時如考慮周全，開始便立宣帝，就省去許多不必要的後果了。其實昌邑王爲李夫人的孫子，出身的基礎上和霍光本來是敵對的，只因那時李氏已經消滅，不成威脅，而廣陵王胥尚在，燕王旦一支爲新的敵人，爲了對付有燕和廣陵兩支，只有把昌邑這一支容易控制的找出來。等到發現昌邑王決不可用時，也只有再使用非常手段了。

宣帝的被立，也不是偶然的。就人際關係來說，宣帝的基礎上，對於霍光實在較昌邑爲親。但霍光卻未敢一下就立宣帝。這是在法的方面，宣帝的出身還是有罪。雖曾公開赦免，但和燕王旦的兒子，並無基本上的區別，就不免增加困難，等到昌邑王一廢，才顧不及了。等到宣帝被立以後，在政治上一點未發生波瀾，這是霍光始料所不及的。宣帝遭到大赦，是昭帝始元元年七月的大赦，其回復原籍，也是在昭帝卽位後，霍光當政時期，可是一直沒有被封位號，這就比昌邑王要遜一籌。除非霍光早日能斷然處置，不顧一切，擁立宣帝才可以。但霍光的進身，是由於小心謹慎，不論他的能力怎樣，他的魄力被長期壓抑，自然不能一下

就開展起來，這也是無可如何的了。

再次，霍光當政的時期，對於漢代制度，是有很大的影響的。原來從漢武帝開始創立了「內朝」的制度，把皇帝的「文學傳統之臣」，或者可以說是皇帝的「賓客」，作成了一個議事的團體。其中本來除尚書一直在宮中以外，其侍中、常侍、給事中、諸吏、散騎、左右曹等都是從別的官加上去的，變成了天子的「智囊團」。將軍與此無關，應當不在內朝團體之內，後來衛青和霍去病被天子親近，因此將軍也加入內朝的團體中。昭帝即位以霍光爲大司馬大將軍領尚書事，霍光卒後，宣帝以張安世爲大司馬車騎將軍領尚書事。從此以後，外戚權臣當政的，就以大將軍或車騎將軍領尚書事成爲一種制度，直到南北朝時，還是如此。

就政績來說，武帝時代，用兵四方，財源匱乏。再加上巫蠱之變，天下騷然。後來昭宣之治，當然要溯源於武帝「輪臺之悔」。但那時只定立一個方向問題。保養生息，爲時已晚，確實的施行與民休息政策，自然是要算霍光當政那段時期。而在這個時期，轉換政策的契機是始元六年召集賢良文學對於鹽鐵問題的討論。這一次討論會，名義上是對於鹽鐵問題，而實際上是對於武帝時法家政策的一個全部檢討。這一件事，據《漢書》六十〈杜延年傳〉，是杜延年的建議，丞相田千秋未曾表示過意見。《鹽鐵論》所說的，他是「括囊不言，容身而去，彼哉彼哉」。看這次鹽鐵討論，不論御史大夫桑弘羊多麼能言善辯，但從宣傳方面來說，御史大夫總是落在下風。國家政策也就此轉移下去。田千秋身爲丞相，總是一個召集人，只要他處於中立地位，就是賢良文學的勝利了。

二、巫蠱事件與霍光的任用

霍光被任爲顧命大臣的首席大臣，是從巫蠱事件發展以後，經過了許多曲折，然後因情勢所趨，終於形成這項重託的。本來漢武帝是歷代在位最長的其中的一個。凡是一個國君的在位時期較長，也就是變化較多。尤其是太子問題，經歷了一段冗長的期間，很不容易安定下來。因爲太子就是君位繼承人，覬覦君位的人已不少，尤其是想擁立一個新的太子，藉此圖謀占一席「定策功」的人更多。所以太子的位置就成爲衆矢之的。再加上君主常有新寵，而原來的正后，不免年老色衰，這就更影響了太子的安定性。漢武帝在位很長，以元朔二年生衛太子(前

127 年)，元狩元年(前 122 年)立爲皇太子，到征和二年(前 91 年)，巫蠱事件影響到太子的死，太子一直立了三十一年。在這三十一年之中，風浪是很多的。尤其齊王閎的出生，就給衛太子一個重大的威脅(齊王閎是元狩六年受封的，較立太子晚六年，齊王閎不知是那一年出生，算來大概較衛太子不過小六七歲)。這種「奪嫡」的風浪，還能拖到十幾年，自然最大的原因，還是武帝不願輕易的更換太子。

依照《資治通鑑》卷二十二，天漢二年所記，漢武帝和衛太子的思想是有距離的，對於事的看法，武帝嚴而太子寬。但武帝在一般情形之下，還是信任太子。這並不表示武帝和太子之間有一致的看法，而是拿其他諸子和太子比較，其可靠性還不如太子。爲了國家的前途，對於人選是不容含混的。武帝知人善任，在《漢書・倪寬傳・贊》說得非常明白。但武帝究竟是一個多內寵的人，衛皇后的出身，也不是出於世家大族，而是出於一般的歌伎，與後來武帝的寵姬，情況並無二致，這就無法壓制別人傲倖之心。不僅如此，朝中內外的局面到李夫人得寵後，又進一步的惡化。李夫人生有皇子，李氏家屬，李延年以宦官在武帝左右，李廣利被任爲大將。內外相結，自然不難在朝中樹立黨羽。李夫人雖然早死，但勢力已暗中布置成功。李氏的黨羽深知武帝對於太子廢立問題，非常持重，不能輕易動搖。他們就只有等待機會，來陷害太子。

武帝晚年，體力漸衰；再加上服食丹藥，性情變爲暴躁，從武帝晚年用刑過重，就可以表現出來。尤其武帝是十分迷信，既迷信丹藥可以長生，也迷信巫詛可以致疾。到武帝晚年，巫蠱事件的發生，逐漸增加，也繼續擴大。這當然表示武帝的身體逐漸變壞，疑神疑鬼；更有機會使李氏黨羽，分布內外，作有計畫的用巫蠱問題來傾害太子。其中江充表現最爲突出，不過丞相劉屈氂，御史大夫閻丘成，以及後來謀反的馬何羅、馬通等，顯然都是李氏的黨羽。尤其是巫蠱事件起時，太子欲向武帝自陳，被阻不能相見，這當然也是李氏黨羽安排的。巫蠱事件的結果，使武帝後顧空虛，就無法使武帝不十分痛心的。後來雖然立昭帝，但昭帝幼弱，顧命大臣無論怎樣也不如衛太子更爲可靠。這就變成了一個不得已的局面。等到武帝把事情看明白以後，發現了李氏一系的陰謀，來一個徹底的報復，肅清了李氏的一切勢力。

當巫蠱事件時，漢武帝雖誅衛氏，但株連不算太廣。衛伉雖然被殺，衛青的孫子並未連帶到。《漢書 · 外戚恩澤侯表》說：「(宣帝)元康四年，詔賜(衛)青環錢五十萬，復家。」「(成帝)永始元年，青曾孫玄，以長安公乘為侍郎。」「(平帝)元始四年，賜青玄孫賞為關內侯。」證明衛青的後裔仍然存在。這裡可以看出漢武帝對於衛氏的處置，尚有分寸，不像他對於李氏那樣的鏟除淨盡。霍光是霍去病的異母弟，他經過巫蠱之禍，還能任武帝侍中，未被株連。這是後來昭宣之治能夠建立的契機。

昭帝及霍光當時被漢武帝指定的，可以說都是最適當的人選。尤其是當著漢武帝用武多年，府庫空虛，人民不得休息，霍光小心謹慎，處事條理分明，加上宰相田千秋沈著持重，有智處事，正好配合做成一個守成之局，使宇內豐盈，人民安樂。(這也就是倘若巫蠱之禍不發生，真能由衛太子繼承以後，最可能的局面。)武帝所能預料到的，也就僅止於此。至於此後的變化，如上官桀與燕王的勾結，昭帝的不幸逝世，昌邑王的不堪君位，宣帝的嗣立以及霍顯弑許后的事件，那就非任何人所能預料的了。

鉤弋夫人賜死那一件事，照《漢書》所載，乃是「從幸甘泉，有過見譴，以憂」，並非賜死。照《漢書 · 武帝紀》，武帝是後元元年春正月行幸甘泉，二月巡幸北邊再薦於甘泉泰時，赦天下。是二月薦泰時後，即返長安，而鉤弋夫人以受譴未隨行，旋以病死於甘泉，因葬甘泉。至後元二年二月，武帝寢疾，才臨時立昭帝為太子，並不在原有計畫之內。其武帝預謀昭帝，乃賜鉤弋夫人死一說，係出於褚少孫《補史記》文。褚少孫言多鄙陋，所補多未可信。當鉤弋夫人見譴之時，正在李氏黨羽陰謀奪嫡事件以後，武帝當時年老，並因服食問題，影響心理上很大，情況很不正常。「宮省事秘」，謠傳甚多。褚少孫根據道聽塗說，輕易將前朝舊聞，以無根之談，形諸筆墨，以致成為一種印象，認為武帝曾對人表達過，而不知其純出揣測。所不幸的，是北魏期時期荒謬的模仿，毫無人情味，最後引起了胡后的反擊，引起大亂，那真是不足為訓了。至於昭帝出生，被題為「堯母門」，這一個問題，並經司馬光指責。其實堯、舜、禹、湯，在漢代常作命名，並不見得有儲嗣的問題，也不足深究了。

三、昭帝時代的政治問題

　　漢武帝的遺命，立昭帝而使霍光輔政，並任命其他的大臣來協助霍光，對武帝來說，是一個萬分不得已的處置。卽使除掉鉤弋夫人，免掉了母后干政的可能性，但這種幼君在大臣輔政之下，還是一個很不安定的局面。就中武帝顧命最成功的，是選擇霍光爲主要輔政大臣，而張安世爲霍光的輔助。霍光忠誠並且公正，張安世老成持重，能和霍光同心共事，這才是把局面維持下去的主要力量。金日磾爲人正直，不幸早死，否則也一定是霍光的有力幫手。至於上官桀和桑弘羊，那就是武帝對人的認識有了錯誤了。桑弘羊後來和霍光發生裂痕，可能還是政策上的關係。桑弘羊是純法家思想，和霍光重視現實，認爲在客觀條件之下，要把武帝時代的作風扭轉過來不同。因此政策上的路線，越走越遠，而終於爆發不可收拾。至於上官桀和霍光的裂痕，完全出於個人恩怨上面。再加上上官桀與霍光爭權，又加上官桀的左右和蓋邑公主的慫恿，也就一發而不可收拾。這也是歷史上寡頭政治常見的情形，這也是漢武帝原來設計，由好幾個人輔政中，必然的內在的發展。所幸的是漢朝的「運氣」還算不錯，雖然有許多變化，後來還是向好處發展，不是向壞處發展。結果還是形成了「昭宣之治」。

　　霍光首先遇到的問題，就是和上官桀的衝突。依照《漢書》九十七〈外戚傳〉上，上官桀本來是武人出身，以材力爲武帝所器重。後來又捕馬何羅反叛有功，在武帝顧命時，以霍光爲大將軍，上官桀爲右將軍，都接受遺詔輔政。原來上官桀的兒子上官安娶霍光的女兒，兩家相處得不錯，霍光遇到休假的時候，就由上官桀代爲處理事件。上官桀的孫女，亦卽霍光的外孫女，想納入宮配昭帝，當時只有六歲，霍光以爲太小，不可以。但是上官桀竟然設法讓她進入宮中，成爲皇后。衛后廢後，尙餘小女蓋邑公主尙存，此時在宮中照顧昭帝。長公主行不端正，寵她的客人丁外人。上官桀想爲丁外人求職，又想活動爲丁外人封侯，霍光持正，屢次不聽，因此上官桀和長公主勾結燕王，告霍光罪過。所幸昭帝精明，知道他們互相勾結的情況，昭帝更親近霍光，疏遠上官桀父子。最後上官桀父子謀叛，上官桀和上官安被誅，燕王及蓋邑長公主亦自殺。又據《漢書》六十六〈胡建傳〉：胡建在昭帝初年爲渭城縣令，丁外人驕恣不法，使人射死京兆尹樊福。刺客藏公主家，胡建使吏卒圍捕，公主與上官桀率人驅走縣中吏卒，再上書告胡建傷公主

家奴。霍光置其奏不問。後霍光病，上官桀代決事，竟使人捕胡建，胡建自殺。
這也是霍光和上官氏衝突的一個例證。也可以看出昭宣之治是不容易做出來的，
而霍光的持正、顧大局，不能不認爲是一個主要因素。

在這個時期，匈奴因爲漢武帝屢次進攻，實力消耗，已沒有力量大舉內犯。
在中國方面也是需要休養生息。所以客觀的情況，是彼此都需要臨時息兵。從漢
簡昭宣兩期的資料來看，這個時期烽火清明，邊疆平靜，也是促成昭宣之治的一
個大好機會。這時「與民休息」的政策，是在巫蠱事件之後，承「輪臺之詔」的原則
而來。這完全出於客觀的需要，並非有一個理論在後面指導著。這種完全根據事
實，不尚理論的人，可以從早期反對鹽鐵受制的卜式算起(《漢書》五十八)，直到
田千秋、霍光都是屬於這種類型。這些人都不是受過哲學思想訓練過的人，而只
是憑著一般常識和社會經驗，作爲判斷的基礎。當然，《漢書 · 西域傳》所記桑
弘羊輪臺的建議，並非全無道理。他的看法是把輪臺作爲基礎，把河西四郡的郡
縣方式，再向西推進一步。既在西域樹立了郡縣化的基礎，那就大漠以北的游牧
行國，處於兩面受迫的情勢，並且資源匱乏，不能再有所作爲。(因爲三音諾顏
汗及札薩克圖汗等地方爲中心的行國，北面爲西伯利亞，比較寒冷，東面爲戈壁
沙漠，如其在西南兩方同時受逼，就難以作任何進展。)可是這種有魄力的計畫，
後世也不曾做到。這種曠世無人敢做的事，居然桑弘羊還能想到，可見他的作爲，
只是在那個時候，已經不是一個適時的要務了。

這種情況，漢武帝後來是了解的。漢武帝輪臺之詔，也只是認清楚了當時的
客觀情勢，爲了國家一定要做一番休息，決不允許再做新的進取。但在武帝的志
願裡面，並未完全放棄進取。這就是武帝指定顧命大臣之中，桑弘羊還要占一席
地的原因。這也就是後來漢宣帝所說「漢家自有制度，本以王霸道雜之」的立場。
但是這種潛伏的進取思想，帶著有濃厚法家背景。而循著法家的路線走入極端，
難免嚴酷，就是漢武帝時代，一般酷吏所留下的恐怖陰影。巫蠱之禍對當時人的
傷痛猶新，毫無問題的，都不願這種不愉快的事件重新出現。霍光自己是一個重
視現實的人，自然也傾向了對於法家路線的再起願意加以防止。

儒家思想在漢武帝時代也受到某一程度的重視。儒家和法家分途的發展，法
家的成功在政策上，儒家的成功在教育上。這就使得知識青年大多具有儒家的傾

向，再加上當前的事實，需要用儒家的理論來挽救，也當然使儒家思想成爲輿論的指導方針。

昭帝始元六年(81 B.C.)，詔問郡國所舉的賢良文學，民間的疾苦。這是出於太僕杜延年的建議，見於《漢書》六十〈杜延年傳〉。杜延年是著名酷吏杜周的兒子，幼得家教，深明法律。但他卻很能體會法的客觀存在意義，於法能夠持平。據他的本傳說：「(霍)光持刑罰嚴，延年輔之以寬。」因爲在當時杜延年是法律的專家，對於法律的解釋上，他給予一個新方向的指導。使漢代此後，在理論方面，得到新的認識。在始元六年，由賢良文學討論國家的稅制，形成了「鹽鐵」的論議。這個論議，先從鹽鐵爲出發點，再擴張成爲國家整個政策的檢討。這次大型的討論，由桓寬把會議的紀錄保存下來，就是著名的《鹽鐵論》這部書。

在這個討論之中，賢良文學諸人，都是屬於儒家的立場，御史大夫桑弘羊是法家的立場，丞相田千秋是中立的，霍光及杜延年並未參加討論。據桓寬所紀錄的，當時發言的儒生們都是一些絕對的反戰主義者，和桑弘羊的基本式法術主義者，適成對比。中國過去沒有表決這一個辦法，不知道這些極端的反戰主義者，占的比例怎麼樣。不過在儒生中占絕對多數，應當是可信的。這些儒生爲什麼要這樣的主張，也可以看得出來，即在漢武帝在位時期，一切以對外作戰爲第一，不惜用種種的辦法來籌款，影響到的，自然是人民的生活非常痛苦。再加上爲了鎮壓，不惜採用恐怖手段，更使人民吃不消。物極必反，輿論的方向，自然毫無保留的變成極端反戰了。就當時的客觀情況來說，當著數十年繼續用兵，民窮財盡，再加上酷吏的統治，民怨沸騰，決不能再走法家的路線。這一次對於鹽鐵問題的討論，其基本意義上，並不僅僅於鹽鐵問題，而是國家將來政治路線的總檢討。尤其是在歷史意義上，這是在五千年專制政體中，前無古人，後無來者，唯一的天下民意的大規模表現。雖然，這是一次不成熟的民意表演，組織及程序都不完備。但是有這樣一次，總比一次都沒有好得多。可惜後來的當政者，沒有一個人敢這樣做。尤其是宋代元祐初年，確是一個徵求民意的大好機會[2]。倘若能把當時的民意能夠充分表達，民意也是一個龐大的政治力量。若以民意爲基礎，

2　宋代已無薦舉制度，只有各方應科舉的「舉人」(宋代舉人不被銓選，到明代才正式銓選)，但「舉人」也被稱作「孝廉」。清代康有爲以舉人上書，被稱爲「公車上書」，清代並無「公車」，這只是沿用漢朝用語。

來決定政治的趨向,也就可以免除以後政治的波動。可惜當時就是沒有人想到這樣做。這就不能不重視杜延年的見解高明,以及霍光的勇於從善了。

鹽鐵討論的結果,據《漢書》七〈昭帝紀〉,始元六年,秋七月,「罷榷酤官」。但《鹽鐵論》卻說:「公卿奏……請且罷郡國榷酤、關內鐵官,奏可。」就是雖未能完全依照賢良文學的建議,總算是一個讓步,或者可以說是一種妥協。這證明了賢良文學的主張,已經得到了初步的成功。順著這個路線下去,元成以後,已是儒生占優勢的局面,而東漢更成為以儒家哲學來領導的中國。(後來外戚宦官迫害儒生,那是專制政體的弊害,與儒法之爭無關。)

這次「公卿」上奏的公卿,當然是由田千秋領銜,也可知杜延年還列名在內。最後的認可,那是出於內朝的批答,也卽是由霍光代天子來決定的。這次論議既然是儒家一個初步成功,那就決不是要在場發言的人方能引起重視。據桓寬在《鹽鐵論》中的〈雜論〉(卽後序)說:「車丞相(卽田千秋)卽周魯之列,當軸處中,括囊不言,容身而去,彼哉彼哉!」這是對於田千秋一個非常不滿的表示。其實田千秋的政治傾向,可以看得出來,還是主張與民休息的。只是他究竟只是一個事務人才,他不是儒生,對於基本政策問題,他不便參加意見。尤其是取消鹽鐵榷酤的管制,牽涉到國家預算問題,更不是一個負責行政的首長,可以隨便說話。卽使他非說不可,他以行政首長的身分,也應該是相當保留的。所以桓寬責備之辭,若以儒家代言人及宣傳者身分看,是應當的;若以客觀的歷史分析者態度看,那就大有問題了。

四、霍光對於廢立問題與宣帝時代的政治

霍光在昭帝逝世以後,顯著手足無措。這件事對於他事前並未曾有所準備,到事情不幸發生,他的應付辦法,就不免應付失常。當然在昭帝未死以前,昭帝身體也有時「不安」,但昭帝年紀很輕,這不見得是不治之症。他死在夏四月,這時正在初夏,是傳染病流行的季節。在傳染病未明瞭其原因的時代,青壯年人死於傳染病的,比例相當的高[3]。看到霍光應付的匆促,那就昭帝死於傳染病的可

---

3 漢武帝六子,其中三個:昭帝、齊王閎及昌王髆都早逝,早逝的比例占二分之一,不可謂不大。只是昌邑王髆有子,而昭帝無所出,所以《漢書・外戚傳》責備霍光,說

能甚大。就霍光立昌邑王賀，而事前對於昌邑王賀的品行一無所知，這一件事來看，也可以看出霍光誠然有應付的能力，而處事並不周密，也無可諱言。

昌邑王賀是昌邑王髆的兒子，他的祖母就是引起禍端的李夫人。李氏一系本爲巫蠱事件的禍首，那時李氏黨羽雖已盡除，但昌邑王賀一旦到親政的時候，情形就難以預料。《漢書》九十七上〈外戚傳〉所記，在昭帝立後，霍光即以李夫人配食武帝，追上尊號爲孝武皇后，此說卻大有問題。按昭帝生母爲鉤弋夫人，鉤弋夫人名位爲倢伃，李夫人名位不過夫人，斷無不尊鉤弋夫人而追尊李夫人之理。昭帝即位，尊鉤弋夫人爲皇太后，不配食武帝，反而以李夫人配武帝，這是對昭帝不敬的。只有昌邑王即位時，曾追尊李夫人而誤傳，恐不足爲典據。《漢書·外戚傳·李夫人傳》頗有乖誤，譬如齊人少翁設帷帳招魂，武帝望著似李夫人，而作「是耶，非耶？」之歌，據《史記》乃王夫人的事，《漢書》就以爲李夫人事，顯然有誤。可見屬辭此事，未盡精純。因而此事也不足取信了[4]。但在這裡也可以看出來，武帝晚期，局勢混亂，傳聞多誤。

霍光的立昌邑王，實可以說是霍光一生中的最大敗筆。他並非李氏黨羽，立昌邑王對他的前途，還是相當不利的。只是廣陵王胥跂扈驕恣，已經出了名，他不敢再去顧問。燕王旦諸子，在燕王旦反叛以後，和他是不能合作的。他只好權衡利害，兩害相權取其輕，勉強立昌邑王賀。實際他此時如其更有魄力些逕立宣帝，即可免除了廢君立君之煩。這個錯誤，也可用班固的〈孝元帝贊〉所說「牽制文義，優柔不斷」來批評。其實昌邑王賀這種人君，以太后旨廢去是應該的，這是非常事態下從權的必要。無奈後來權臣廢立，都循了這個典型。霍光確實應無篡奪的想法，仍然不免對於後來政治上創下了一個新例了。再就是廢君立君，對於霍光自己，在宣帝時也不免造成疑忌，形成不利的因素。原來昭帝是信任霍光

<hr />

霍光只希望皇后生子，防範太過了。

4　《漢書》多採雜書小說，其中卷65〈東方朔傳〉，多取資於今尚傳世的《東方朔別傳》（見《太平御覽》457），本傳中所有遊戲不經之書，也都出於《東方朔別傳》。《漢書·藝文志·雜家言》載有東方朔二十篇，而《東方朔別傳》不在其列。此等別傳可能出於元成以後迄於東漢初年，未入中祕，故不爲向、歆所採。《漢書·外戚》言李夫人與《史記》違異，亦由未採《史記》，而係直接採其他別傳而成。李夫人可能在昌邑王時即被尊爲孝武皇后，但未必能入宗廟配享。到宣帝既立，又恢復了衛后的地位。至於謂在昭帝初立時，即捨鉤弋而尊李夫人，不合情理，今不取。

的，並未曾有多少裂痕。可是宣帝對霍光就不一樣了。據《漢書》六十八〈霍光傳〉：「宣帝始立，謁見高廟，大將軍光從，驂乘。上內嚴憚之，若有芒刺在背。後車騎將軍張安世代光驂乘，天子從容肆體，甚安近焉。及光身死，而宗族竟誅，故俗傳之曰：威震主者不畜，霍氏之禍，萌於驂乘。」宣帝所以感到「芒刺在背」，當然是霍光曾廢君立君，感到威脅太大的原故。今再回溯到霍光擁立昌邑王時，已有廣陵王胥最為年長，霍光深恐有廢長立少之嫌，所以不敢進一步再立宣帝。其實「廢長立少」的議論，這是錯的。禮「為人後者為之子」(《公羊》成十五)，昭帝已入宗廟，當然只能為昭帝立後。《禮記‧檀弓》，公儀仲子舍其孫而立其子，孔子認為公儀仲子不對，應該「立孫」。所以廣陵王胥已是不能再行考慮了。燕王旦一支以罪廢，只有昌邑王及宣帝可供考慮。在衛氏及李氏之間，衛氏已經昭雪，而李氏未經昭雪，那就宣帝與昌邑王之間，亦不難加以抉擇。只是當時霍光及諸大臣中，明瞭現實情態的人中，通經術的還是很少，這是很可惜的。(至於宣帝許后被霍光夫人毒死一案，霍光最初並未與聞，到了知道以後，非常驚訝，卻又不能揭發，直至霍光死後，被宣帝知道，才嚴加處置。這件事說明霍光雖然極有才能，但到了自己家庭問題，仍然會優柔不決，至於事體不可收拾，這也是非常可惜的。)所以霍光這樣一個有才具，而對國家忠實的人，做了這些不可挽救的錯誤，《漢書》說他可惜「不學無術」，那也是不太錯的。

對於〈巫蠱之禍的政治意義〉的看法

　　蒲慕州先生寫的〈巫蠱之禍的政治意義〉，我看過了以後，很欣賞這篇論文。這篇論文在方法上，是正確的。他先搜集和巫蠱事件有關人物的資料，然後分析他們的政治關係和社會關係。這就可以進一步探討所謂巫蠱事件究竟是一個什麼性質的事件。從這個事件牽涉面的廣闊，我們可以毫無疑問的肯定這個事件是西漢一代中的一個極重大的事件。但究竟因為材料還是不夠，也就無法確實說明其中更深入的問題。只有就其中幾種可能，來推測究竟是那一種可能最為合理，這也就限制了結論的絕對正確性。

　　就政治和社會兩方面來說，巫蠱事件在西漢的政治上，形成了一種「整肅」的效果，這是非常明顯的。「整肅」的行動，在中國歷史上也發生過，而且向來認為是歷史中的不幸事件。譬如唐武后的重用酷吏，獎誘告發；明成祖對於建文舊臣的盡量壓制，以及明太祖屢興文字獄，其後還被清代加以仿效，這都是「整肅」的行動。而現代「三反五反」以及「文化大革命」的整肅，更達到了整肅運動的頂點。不過這些整肅運動都有一個動機。歷史上所有的整肅運動，歸根到底都是為的「鞏固政權」。也就是某一個政權尚不能做到十分穩固的時候，就要實行恐怖政策，清除異己。至於漢武帝晚期的巫蠱事件，卻是漢朝的天下在數代之後，已經相當穩固了。而漢武帝的整肅，又在漢武帝的晚年。誠然，在此以前，東方稍有叛亂，但經過了「繡衣使者」們持節平定，應當不會動搖漢代劉家的基本統治權。所以巫蠱事件誠然是一件整肅事件，但究竟和一般所謂「整肅」運動還是多少有些不同，還需要在複雜情況之中，加以追索。

　　蒲先生的這篇論文中，給漢武帝晚年出現的驚人的政治陰謀一個重要的線索。在論文中指示出來，巫蠱事件中，衛氏和李氏兩家都是其中的主要犧牲者。這是過去研究武帝一代的政治問題中所未曾揭發過的。現在既顯示出來，就可以作進一步的討論，而引申出更可注意的問題出來。

　　衛氏和李氏兩族的政治立場,顯然是敵對的。在這一次「巫蠱事件」演變之下,先整肅了衛氏,再整肅了李氏。結果在兩敗俱傷的大空檔之下,最後的政權仍移入到衛氏系統下的霍光手中。這其中的意義代表什麼?最大的可能,是漢武帝對於這個事件的處理並沒有預定的計畫,和一貫的方針。原先整肅衛氏,是由許多不曾預料到的錯誤造成;後來整肅李氏,卻眞是基於武帝的報復心理,有意的眞正整肅。這也就是說,《漢書》中的許多觀點,並不能完全排除,但其幕後的情況,也還有更加追求和分析的必要。無論怎樣,這是一個非常複雜的事實經過,不能不就各方面的背景及發展來論述。

　　首先,對於漢武帝的問題加以討論。他在位期間有五十四年,在古代帝王中在位年數是很長的。其中有關衛氏及李氏勢力的消長,用年代的先後排列如下:

建元二年(139 B.C.)　　衛子夫開始得幸。

元光元年(134 B.C.)　　始招方士求神仙。

元朔元年(128 B.C.)　　衛太子生,立衛子夫爲皇后,封衛靑爲長平侯。

元朔六年(123 B.C.)　　封霍去病爲冠軍侯,此時王夫人得幸,封王夫人子閎爲齊王,旦爲燕王,胥爲廣陵王(旦、胥,非王夫人子)。

元狩二年(121 B.C.)　　霍去病取河西地。

元狩六年(117 B.C.)　　霍去病薨。

元鼎五年(112 B.C.)　　方士欒大伏誅。

元封元年(110 B.C.)　　齊王閎薨。

元封五年(106 B.C.)　　衛靑薨。

太初元年(104 B.C.)　　李廣利伐大宛。

太初二年(103 B.C.)　　丞相石慶薨,公孫賀爲丞相。

太初三年(102 B.C.)　　大宛降。

天漢四年(97 B.C.)　　立李夫人子髆爲昌邑王(後元二年 87 B.C. 薨)。

太始三年(94 B.C.)	以江充爲水衡都尉。
太始四年(93 B.C.)	祠神人於交門宮，作〈交門之歌〉。昭帝弗陵生。
征和元年(92 B.C.)	冬十一月，發三輔騎士大搜上林，閉長安城門索，十一日方罷，巫蠱起。
征和二年(91 B.C.)	正月，公孫賀下獄死，諸邑公主、陽石公主皆坐巫蠱死。七月，按道侯韓說，使者江充等掘蠱太子宮，太子殺江充，發兵與丞相劉屈氂大戰長安中，死者萬數人。皇后自殺，八月，太子在湖邑自殺。
征和三年(90 B.C.)	殺丞相劉屈氂，族誅李廣利家，李廣利降匈奴(其後爲匈奴所殺)。公孫敖坐妻爲巫蠱被殺。
征和四年(89 B.C.)	田千秋訟太子冤，任爲丞相。
後元元年(88 B.C.)	昌邑王髆薨。侍中僕射馬何羅與重合侯馬通謀反，侍中金日磾、奉軍都尉霍光、車騎都尉上官桀討平叛亂。鉤弋夫人被譴以憂死。
後元二年(87 B.C.)	二月，立子弗陵爲皇太子，帝崩。遺詔以霍光、金日磾及上官桀輔政。

漢武帝在治理國家方面，對內推行儒術兼採法家思想的原則，對外採取擴張政策。論起來是比較英明的君主。但在私生活方面，卻是十分迷信，一方面迷信神仙丹藥，另一方面也迷信巫術。在女寵方面也和一般的君主一樣，不是對皇后專心，而是還有隨時受寵的妃妾。因爲相信神仙，這才會重視方士，服食方士的丹藥；因爲相信巫術，這才會等到服食丹藥發生疾患時，就要懷疑有人做巫蠱厭勝之術來陷害。尤其是越到晚年，疾患增多，而懷疑也就更爲加重。再加上武帝隨時有受寵的妃妾，如其正在受寵的妃妾，生有皇子，那就「奪嫡」的陰謀，事實上必然發生。因而群臣中自然也各樹黨派，而最後就變成複雜的政治問題，可能在漢武帝不能完全預料的情況之下發生。

漢武帝究竟還是一個非常精明的皇帝，若想欺騙他，並不太容易。但對於一個絕對集權的君主，總有辦法加以欺騙的。只是演變得更爲複雜，而事件前途的

變化，一定出於各方當事人的意料以外。巫蠱事件就是一個很明顯的例證，犧牲了數萬人，結局還是由霍光和漢宣帝來收拾。如其沒有巫蠱事變，漢宣帝以後幸而安然的繼承皇位，這兩種不同的漢宣帝差異有多大，就難以想像了。

漢武帝求神仙，服食丹藥，而這種丹藥的材料，無論那一種方劑，都離不開鉛和汞，有時且雜有砒和銅(雄黃就是砒的化合物，曾青為銅的化合物)。這些原料任何一種都是有劇毒的。雖然某些化合物可能毒性小一點，但長期服用仍然可以慢性中毒。漢武帝對於方士雖然還是有些懷疑，他並不是一直信任某一個方士。但他還是相信真可以有神仙之術那一件事。直到他將死以前，才略有所悔悟，但已經太遲，無補於巫蠱事件的損害了[1]。

服食丹藥可以嚴重的影響君主的性情，變得非常急躁，因而影響到政治，這是毫無問題的。現在在下面舉出魏道武帝、唐憲宗和唐武宗三個例證，來看出丹藥對於政治的影響。

> 《魏書》卷二〈道武帝紀〉：天陽六年，「初，帝服寒食散，自太醫令陰羌死後，藥數動發，至是逾甚。而災變屢見，憂懣不安，或數日不食，或不寢達旦。歸咎群下，喜怒乖張。謂百寮左右人不可信，……終日竟夜獨語不止，若傍有鬼物對揚者。朝臣至前追其舊惡，皆見殺害。其餘或以顏色變動，或以喘息不調，或以行步乖節，或以言辭失措，帝皆以為懷惡在心，變見於外，乃手自毆擊，死者皆陳天安殿前，於是朝野人情各懷畏懼。……冬十月，戊辰，帝崩於天安殿，時年三十九。」

> 《舊唐書》十五〈憲宗紀〉：「元和十四年，「上服方士柳泌金丹藥，起居舍人裴潾上表切諫，以金石含酷烈之性，加燒鍊則火毒難制。若金丹已成，且令方士自服一年，觀其效用，則進御可也。上怒，己亥，貶潾為江陵令。」「十五年，正月甲戌朔，上以餌金丹，小不豫，罷元會。……上自服藥不佳，數不視朝，人情洶洶。庚子……是夕上崩於大明宮之中和殿，

1　《資治通鑑》卷22：「征和四年，……還幸泰山，修封，見群臣，上乃言曰：『朕即位以來，所在狂悖，使天下愁苦，不可追悔，自今事有傷害百姓，靡費天下者悉罷之。』田千秋曰：『方士言神仙者甚眾，而無顯功，臣請皆罷斥遣之。』上曰：『大鴻臚言是也。』於是悉罷方士候神人者。是後上每對群臣自歎嚮時愚惑為方士所欺：『天下豈有仙人，盡妖妄耳。節食服藥差可少病已。』」其實「差可少病」還是門面話，服食丹藥只有引起疾病的。又此更可參看《史語所集刊》7/4，勞榦：〈中國丹沙之應用及其推演〉。

享年四十三。時以暴崩，皆言內官陳弘志弒逆，史氏諱而不書。」

《資治通鑑》二四一〈唐憲宗紀〉：元和十五年，「上服金丹多燥怒，左右宦官往往獲罪，有死者，人人自危。庚子暴崩於中和殿。時人皆謂內常侍陳弘志弒逆，其黨類諱之，不敢討賊，但言藥發，外人莫能明也。」

《舊唐書》十八〈武宗紀〉：會昌六年，「帝重方士，頗服食修攝，親受法籙。至是藥躁，喜怒失常。疾既篤，旬日不能言。宰相李德裕等請見，不許，中外莫知安否，人情危懼。是月二十三日宣遺詔，以皇太叔光王柩前即位，是日崩，時年三十三。」

所以服食丹藥後，第一是性情變成煩躁，喜怒失常。第二是性情變成多疑，猜忌得過分，以至親人都不相信。這兩點與漢武帝當巫蠱事件發生時的性情相合。凡是一個事件的發生，構成的因素都不是簡單的。其中服食丹藥這個因素，是應當加以注意的。

巫蠱事件，其中的一個重要因素，是出於漢武帝的迷信，尤其對於巫祝中的蠱詛迷信。沈欽韓《漢書疏證》二十七：

祟在巫蠱：巫為祝詛。蠱則使鬼也。《唐律疏議》，造畜蠱若貓鬼之屬。獨孤傳，其貓鬼每殺人者，取死家財物，潛移于畜貓鬼家。《隋書・地理志》論揚州云，其畜蠱法，以五月四日聚百種蠱，大者至蛇，小者至蝨，合置器中相啖食。一種存者留之，蛇曰蛇蠱，蝨曰蝨蠱。行以殺人，因食入人腹內，食其五臟，死則其座入蠱主之家，三年不殺他人，則畜主自鍾其弊。赤稚有蛇蠱，蜥蜴蠱，蜣螂蠱，視食者久暫卜死者遲速。蠱成先置食中，增百倍。歸或數日，或經年，心腹絞痛而死。家中之物皆潛移去。魂至其家為之力役，猶虎之有倀也。

得桐木人：《唐律疏議》，厭事多方，罕能詳，或圖畫形像，或刻作人身，刺心釘眼，繫手縛足。《嶺表錄異》，嶺南多楓樹，老則有病瘤，忽一夜遇暴雷驟雨，其樹贅則暗長三數尺，南中謂之楓人，越巫云取之雕刻神鬼，則易致靈驗。按武帝中歲喜用越巫，巫蠱之禍所由起也。

這裡把養毒蟲作蠱的舉動，可以向上推至商代。《說文解字》：「蠱，腹中蟲

也,《春秋》傳曰,皿蟲爲蠱,晦淫所生也。」(此據段氏依宋本改)《左傳》昭公元年:「醫和視晉侯疾,曰,是爲近女室,疾如蠱,非鬼非食,感以喪志……女陽物而晦時,淫則生內熱,惑蠱之疾,今君不節不時,能無及此乎?」《周易》:「女惑男,風落山,謂之蠱,皆同物也。」甲骨文亦有蠱字 ,從虫虫從皿 2。顯然的這一字是會意字。表示器皿中的昆蟲,而其意爲蠱惑。在《說文》及《左傳》中提到了蠱,又和女色相關。倘若求在昆蟲、器皿、蠱惑、女色中的聯繫,只有認蠱字在早期原義之中,曾經有人把昆蟲放在器皿之中,做成媚藥來作爲,而使用這種方法的人,又應當出於巫師或女巫(古代醫和巫是有相關的,例如「人而無恆,不可以作巫醫」等等,都可以表示巫醫相關)。那就蠱術屬於巫術的一種。凡屬於巫術厭勝之類,即使不是採用昆蟲毒性,也被稱爲蠱。《太上感應篇》出於宋世。其中就有「埋蠱壓人,用藥殺樹」,是一些罪過。《太上感應篇》是道教的經典,和漢代巫蠱事件,時代也不相及。但這裡所禁止的「埋蠱壓人」和巫蠱事件所發生的,正是一回事。所以中國民間厭勝的巫術,到宋代仍然通行著。

而且這個「蠱」的名稱來稱「厭勝」也還在保持著。巫蠱事件並不是一個孤立的事件。相信巫蠱厭勝可以真的有效的,在當時社會裡是非常普遍的。相信的不止一個漢武帝,這才會把這個事件攪得那麼嚴重。除征和初期巫蠱事件以外,還有不少。例如:

《漢書》卷六〈武帝紀〉:元光三年……皇后陳氏廢。捕為巫蠱者,皆梟首。

《漢書》四十四〈衡山王傳〉:后乘舒死,立徐來為后。厥姬得幸。兩人相妒,厥姬乃惡徐來於太子曰徐來使婢蠱殺太子母……坐巫蠱,前后乘舒,棄市。

《漢書》四十四〈濟北王傳〉:寬坐與父式王后,光姬孝兄姦,詩人倫,又祠祭祀祝詛上。有司請誅……王自剄死,國除。

《漢書》四十五〈息夫躬傳〉:……躬邑人,河內掾賈惠往過躬,教以祝

2　甲骨文蠱字多為從蚰從皿(蚰即昆蟲的昆),也有從虫(即虺字)從皿的。大致原來虫、蚰和蟲,本來可以通用,如同原來中和艸也可通用一樣。這種分別是後起的。

盜方，以桑東南指枝為匕，畫北斗七星其上，躬夜自披髮立中庭，向北斗持匕招指祝盜。人有上書言躬懷怨恨，非笑朝廷，所進侯星宿，視天子吉凶，與巫同祝詛。……躬母勝，坐祠祝詛上，棄市。

《漢書》五十三〈江都王傳〉：建恐誅，心內不安，與其后成光共使越婢下神詛咒上。與郎中令等語怨望。……有詔宗正廷尉即問建，建自殺死。

《漢書》六十三〈廣陵王胥傳〉：始昭帝時，胥見上年少無子，有覬欲心，而楚地巫鬼。胥迎女巫李女須使下神祝詛。女須泣曰，孝武帝下我，左右皆伏。言吾必令胥為天子。胥多賜女須錢，使禱巫山。會昭帝崩，胥曰女須良巫也。殺牛塞禱。及昌邑王徵，胥復使巫祝詛之。後王廢，胥寖信女須，數賜予財物。宣帝即位，胥曰太子孫何以反得立。後令女須祝詛如前……居數月，祝詛事發覺，有司按驗，胥惶恐，藥殺巫及宮人二十餘人以絕口，公卿請誅胥。胥……以綬自絞死。天子加恩赦王諸子皆為庶人。

《漢書》七十二〈王吉傳〉：子崇，為御史大夫，數月，是時成帝舅安成恭侯夫人放寡居共養長信宮，坐祝詛下獄，崇奏封事為放言。……左遷為大司農。

《漢書》八十〈東平王傳〉：是時哀帝被疾，多所惡事，下有司，逮王后謁下獄，驗治，言使巫傅恭，婢合歡等祠祭祝詛上，為雲求為天子，雲又與知災異者高尚等指星宿者，言上疾必不愈，雲當得天下。

《漢書》九十四〈匈奴傳〉：會母閼氏病，律（衛律）飭胡巫言先單于怒曰：「胡故時祠兵，常言得貳師以社，今何故不用。」於是收貳師，貳師怒曰：「我死必滅匈奴。」遂屠貳師。會連雨雪數月，畜產死，人民疫病，穀稼不孰。單于恐，為貳師立祠室。（這是表示匈奴亦有巫祠的風俗，可見當時不論漢胡都是迷信，又武帝信越巫，可見越人也是這樣。）

《漢書》九十六〈西域傳〉：候者言聞漢軍當來，匈奴使巫埋羊牛所出諸道及水上以詛軍，單于遺天子馬裘常使巫祝之。

《漢書》九十七〈外戚傳·陳后〉：后又挾婦人媚道，頗覺。元光五年，

上遂窮治之，女子楚服等坐為皇后巫蠱祭祝，大逆無道，相連及誅者三百餘人。（按陳皇后廢處長門宮，經過多年，廢后病死。）

《漢書》九十八〈元后傳〉：皇太子（元帝時為皇太子）所愛幸司馬良娣病且死，謂太子曰，妾死非天命，迺諸娣妾良人更祝詛殺我。太子憐之，且以為然。

從以上的材料看來，巫蠱祝詛事件在漢代皇室中實在非常普遍。而且在漢武帝時期，陳皇后的被廢，也是一種巫蠱事件。但是規模遠較衛皇后的巫蠱事件小得多。所以兩者相比，並非漢武帝居心要窮治其事，而是衛太子持節發兵與丞相激戰長安中所致。按照太子少傅石德的建議，只是收捕江充等，發兵是其後的發展。倘若在收捕江充，即殺掉江充，以除後患，然後再向武帝請罪。按照其他巫蠱的例子，可能武帝只廢皇后和太子，如同陳皇后失掉地位還保全性命的故事。至不濟，太子和廣陵王胥那樣被逼自殺，但諸子除去失掉地位以外，還都得以保全，不像衛太子的結局那樣不幸。所以衛太子終於矯節發兵的原因[3]，就可能是當時客觀環境，逼著太子叛亂才能自保。這就表示當時是反衛氏及衛太子的勢力，已經形成氣候，連丞相劉屈氂也是反衛氏的集團的重要人物。這一點除去漢武帝當時被蒙蔽以外，在當時的統治階層中，已成了公開的秘密。

漢武帝是一個在位時期較長的君主，凡是在位時期較長的君主，其太子的地位，往往會有些變化的。其中重要的原因，是早期寵幸的后妃經過時間太久而色衰，新進的寵幸如其有皇子，便可能有奪嫡的企圖。再加上皇子們互相爭競，更增加太子位置的不安定性。衛皇后本來出身微賤，陳皇后以巫蠱原因去位，更容易引起後來寵姬的覬覦。在漢武帝寵幸王夫人時，這種情形就已開始發生。《史記》卷六十〈三王世家〉，附褚少孫《補史記》說：

3　據《漢書》63〈戾太子傳〉：「及冠，就宮，上為立博望苑，使進賓客，從其所好，故多以異端進者。」又「出武庫兵，發長樂衛，告令百官，曰江充反，乃斬充以徇。炙胡巫上林中。遂部賓客為將率，與丞相劉屈氂等戰。」所以和太子議事的人，還有一般賓客。這種緊急狀況中，在太子部下，就不免形成一種群眾心理。一般群眾心理是偏向於激動的，凡是冷靜而深思熟慮的主張，在群眾運動中是很難於接受的。這個事件誠然是江充陰謀發動，而劉屈氂有意把事件擴大，把事件嚴重化。但太子的部下也有其責任。

> 王夫人者趙人也，與衛夫人並幸武帝。而生子閎，閎且立為王，時其母病，武帝自臨。問之曰，子當為王，欲安置之。……王夫人曰願置之雒陽。武帝曰，雒陽有武庫敖倉，天下衝阨，國之大都也。先帝以來，無子王雒陽者，餘盡可。王夫人不應，武帝曰，關東之國，無大於齊者，齊東負海，而城郭大。古時獨臨淄中十萬戶，天下膏腴地，莫盛於齊者矣。……王夫人死而帝痛之，……子閎王齊，年少年有子，立不幸早死。

這已表示在武帝寵王夫人時已有強宗奪嫡的趨勢。皇子閎的作齊王，還是相當勉強的。只是王夫人早死，齊王閎又早死，沒有鬧出大事來。

但是漢武帝時的太子地位，還是一直不十分穩定的。《資治通鑑》卷二十二，征和元年，記載衛太子的事，說：

> 初，上年二十九，乃生戾太子，甚愛之。及長，仁恕恭謹。上嫌其材能少，不類己。而所幸王夫人生子閎，李姬子旦、胥，李夫人生髆。皇后太子寵浸衰，常有不自安之意。上覺之，謂大將軍青曰：「漢家庶事草創。加四夷侵陵中國，朕不變更制度，後世無法……太子敦重好靜，必能安天下不使朕憂。欲求守文之主安有賢於太子者乎。聞皇后與太子有不安之意，豈有之耶？可以意曉之。」大將軍頓首謝。皇后聞之，脫簪請罪。

按衛青是元封五年(106 B.C.)卒，這當然是元封五年以前的事。到太初二年(103 B.C.)李廣利伐大宛。到此以後，李夫人的族人逐漸大用起來。但李夫人也在此期間死去，成為政治波動最強烈時期。依照《漢書》九十七〈外戚傳〉上，說：

> 皇后立七年而男為太子，後色衰。趙之王夫人、中山李夫人有寵，皆早卒。後有尹婕妤、鉤弋夫人（即趙婕妤）更幸。[4]

在這個時期之中，李夫人死後，漢武帝寵幸的姬妾，尹夫人及邢夫人皆未生子，只有鉤弋趙夫人在太始三年(94 B.C.)生昭帝。使得情況更為複雜。據《漢書》九十七〈外戚傳〉，說：

4　褚少孫《補史記》稱：「尹夫人與邢夫人同時並幸。」這是在李夫人死後的事。據〈外戚傳〉稱尹夫人為尹婕妤，婕妤僅次於皇后，這是李夫人生時所未得到的封號。至於鉤弋夫人在〈外戚傳〉稱為：「孝武鉤弋趙婕妤，昭帝母也，家在河間。」這是趙夫人也得到了婕妤的封號。

> 後衛太子敗，而燕王旦、廣陵王胥多過失；寵姬王夫人男齊懷王，李夫人
> 男昌邑哀王皆早薨；鉤弋子年五歲，壯大多智，上嘗言類我。

按齊王閎是元封元年(110 B.C.)卒。在巫蠱事件發生前，已早卒。昌邑王髆係後元二年(88 B.C.)卒，此時未卒。只是昭帝「壯大多智」而昌邑王無聞就表示他並不「多智」，不爲武帝所欣賞。昭帝的多智，可以從〈昭帝紀〉處理燕王事件看出。昌邑哀王的性格雖然完全不知道，但從〈昌邑王賀傳〉，張敞在宣帝元康四年的報告，說他「精狂不惠」，不惠就是不慧。從遺傳方面推測，那就昌邑王的智力並不如何的高，其可能性還是非常的大。

在這個時期，李夫人的黨派，勢力卻早已形成。而武帝繼嗣問題，卻對於李氏一黨，展望起來，並不十分順利。因爲李夫人本人已死，只靠朝中的勢力來維持，而武帝的新寵，卻是已生有皇子的鉤弋夫人趙氏。這樣情勢延伸下去，如其走保守的路，那衛后太子，已有名分在前，一切不變，將來的天下是衛氏一系的。如其要變，就晚變不如早變，因爲拖延下去，又可能形成一個趙氏的新勢力，而李氏夾在中縫裡可能一無所有。這就在迫切形勢之下，李氏一系的勢力，非要發動攻勢不可。

對於李氏黨羽陰謀襲取政權的記載，因爲還沒有發展起來，就徹底失敗了。在正史上的敍述是不夠的。這是蒲先生這篇文中提出的線索。從這一個線索看出來，在李夫人未死時，李夫人和李延年就開始有代替衛氏的設想。起先是出於宮廷中，再伸張到外面，由將相兩方面下手。這是李夫人生時，還未及成功。等到李夫人死後，因爲已經布置好，工作還在繼續下去。

在將的方面用的是李廣利，在太初元年(104 B.C.)，開始被遣伐大宛，前後四年。這一次遣大軍，行萬里，規模極爲龐大，樹立了在西域方面的勢力基礎。但糜費也實在太多，倘若不是一個寵妃之兄，任何人也不會得到這樣大的支持的。自李廣利立功封爲海西侯，他在社會的地位，可以和衛青相提並論。(但是他並沒有抵上衛青的親近，因爲當太初四年〔101 B.C.〕李廣利回來，李夫人早已死去。)再過兩年，天漢二年(99 B.C.)，李廣利再出師擊匈奴。此後每出師皆以李廣利爲帥，也可見李氏的勢力還是相當的大。

太初二年(103 B.C.)公孫賀繼石慶為丞相,這是李氏攻擊衛氏的白熱戰開始。公孫賀是屬於衛氏系統的人,如其做了丞相,必定變為李氏系統攻擊的目標。石慶本不屬於任何系統,只由於謹慎處事,才勉強支持下去。公孫賀接手,他自己已經預料難以處理,所以不肯拜丞相命。但他究竟是一個武人出身,不懂急流勇退之道。為了逐捕京師大俠朱安世(逐捕京師亡命,本來是京兆尹的職責),以丞相之尊而做京兆尹分內的事,來替驕奢的兒子贖罪,對於丞相的體統已經有所損害,而給天子看不起。朱安世既屬京師大俠,按《漢書》九十二〈游俠傳〉,當時京師游俠為萬章、樓護、陳遵、原涉之流,幾乎沒有一個不以權貴為靠山。朱安世的靠山,顯然不是衛氏,那就非常可能以李氏為靠山的,因此李氏所需要搜集衛氏的罪狀,藉此便可以用到,而把衛氏系統的丞相轉到李氏系統的手中[5]。

接替公孫賀的是劉屈氂。《漢書》六十六〈劉屈氂傳〉稱:

> 劉屈氂,武帝庶兄中山靖王子也,不知其所以進。征和二年,制詔御史……其以涿郡太守劉屈氂為左丞相,分丞相長史為兩府,以待天下遠方之選。[6]

> 其明年(征和二年)貳師將軍李廣利將兵出擊匈奴,丞相為祖道,送至渭橋。與廣利訣。廣利曰:「願君侯早請立昌邑王為太子,如立為帝,君侯長何憂乎?」屈氂許諾。昌邑王者,貳師將軍女弟李夫人子也。貳師女為屈氂子妻,故共欲立焉。

劉屈氂的立場和李氏非常接近。他應當就屬於李氏的系統。李夫人是中山人,劉屈氂是中山靖王勝的兒子,和李氏出身於中山,完全相同。所以他們的淵源,同出於中山地方,是沒有疑義的。劉屈氂從涿郡太守一步而登相位,不知其所以進,就表示他在公卿中的資歷是秘密的。如其了解他和李氏的特殊關係,這

---

5 朱安世事件,其中還有些問題,第一,朱安世本以任俠犯禁被逐捕,後來為什麼又釋放了?這是因為漢武帝重視巫蠱問題,已經超過了案問游俠,朱安世是以告發之功來抵游俠之罪的。第二,漢武帝後期,凡屬牽涉到巫蠱問題的人,不論原告或被告,後來無一人可以倖免。為什麼朱安世獨無交代?這是因為朱安世究竟還是一個小人物,巫蠱事件牽涉到的大人物太多,對這種小人物實在沒有這麼多的筆墨再提了。(譬如南宋鄭虎臣殺賈似道,見到的到處都是,而鄭虎臣之死,卻很少人說到。)

6 分丞相為左右,而缺右丞相,顯然是因為任劉屈氂太突然,藉此以安眾。右丞相始終未補進新人。後劉屈氂敗,田千秋為相時,只是仍為丞相,並無左右之分。

一點就不難解釋了。

這一點朝臣不能完全懂得，漢武帝自己卻是了解的，所以後來清除李氏勢力的時候，劉屈氂也就在清除之列。此外還有大鴻臚商丘成，曾經在巫蠱事件中加以重任，並且升任御史大夫，到後元元年御史大夫商丘成有罪自殺，〈公卿表〉云「坐祝詛」，這是武帝時期坐祝詛或巫蠱而死的最後一個人[7]。在這種狀況之下，在巫蠱事件中僅有剩餘下的馬通和馬何羅，也終於謀反被誅[8]。於是李氏的勢力徹底清除，而遺詔輔政的人，入於平亂的霍光、金日磾之手。

在巫蠱事件中有一個關鍵人物是門者令郭穰，《漢書》六十六〈劉屈氂傳〉說：

> 是時治巫蠱獄急，內者令郭穰告丞相夫人，以丞相數有譴，使巫祠社祝詛上，有惡言。及與貳師共禱祠，欲令昌邑王為帝。有司奏請案驗，罪至大逆不道。

這是清除李氏勢力的一個關鍵(但也是漢代宦官用事的一個開始)。又《漢書》八〈宣帝紀〉說：

> 邴吉為建尉監，治巫蠱於郡邸獄。……至後元二年，武帝疾，往來於長楊五柞宮。望氣者言長安獄中有天子氣，上遣使者分條中都官獄，繫者輕重皆殺之。內謁者令郭穰夜至郡邸獄。吉拒閉，使者不得入。曾孫賴吉得全。

據《漢書》十九〈百官公卿表〉：「又中書謁者，黃門，鉤盾，尚方，御府，永巷，內者，宦者，八官令丞」(此皆屬少府爲宦官的職務)。內者和謁者是兩個不同的令，不過有時可以重兩令的，如中書令可以兼謁者令，就成爲「中書謁者令」，如其內者令兼謁者令，就成爲「內者謁者令」。其「內謁者令」就是「內者謁者令」的簡稱。這裡郭穰的態度是清楚的，他是反李氏勢力的，他到郡邸獄，只是奉命行事，邴吉閉郡邸獄不得入，他知道皇曾孫在那裡也就算了。當然他會向武帝解釋的，武

7　〈功臣表〉作「坐於廟中醉而歌」，與此似有衝突。不過在廟中如其歌辭有譏刺語，也就可被認爲「祝詛」。商丘成本來與巫蠱事有牽連，其終被武帝整肅是不可避免的事。

8　《漢書‧武帝紀》後元元年注引孟康云：「征和三年言重合侯馬通今此言莽。明德皇后(馬援女，明帝馬后)惡其兄人爲反者，易姓莽。」實以作馬者爲是。

帝知道他的曾孫在那裡，也就不願深究了。當然這件事還可能根本就是一個陰謀，要根本除掉衛氏的殘餘勢力。只因爲邴吉的堅決防禦及郭穰的不徹底執行，使這個陰謀不曾得逞，而漢宣帝最後還是在風暴之中站立起來。

在巫蠱事件中，完全表示沉默的，是司馬遷的態度，司馬遷此時應當還是中書令。不過他的立場和衛氏及李氏都是格格不入的。他是李陵的好友，因李陵而得罪。李陵之父李敢爲霍去病射死，而司馬遷得罪是被認爲欲沮貳師將軍。這一點武帝也是清楚的，所以他不至於牽涉到某一方面。他在這個期間中，變成了十分謹慎，完全只執行例行事務，不表示任何意見。所以記載中就看不到他。他的《史記》中，實在說來，缺〈景紀〉〈武紀〉，也就是缺了武帝有關的史實。他的〈封禪書〉有些譏諷，但譏諷不大，而且這些譏諷之辭也還是後人加上的嫌疑。其中最被人認爲「謗書」，最嚴重的，還是那篇收在《漢書》六十二〈司馬遷傳〉中的〈報任安書〉，雖然未收入《史記》，但對於司馬遷的影響還是很大。不過這封信卻也實在有問題，是否司馬遷的親筆，還值得懷疑。

這封信敍述司馬遷的生平、志向及他寫《史記》的動機及原則，確是一篇非常好的文字。不過對於當時的朝廷說的話是相當的重。假若在司馬遷生時公開出來，是毫無問題的一篇誹謗書，不論是那一個皇帝都可能治以重罪的。漢武帝看到就更不用說了。在這篇中明白指出「今少卿抱不測之罪」，明明指的是任安牽涉到巫蠱事件而被捕的那一件事。則是任安還在獄中，司馬遷怎敢將這封信送到獄中去？現在居然是送給任安，未出任何事故，這才是一個不可想像的事。倘若認爲這是一封寫而未發的信，那也是不可能的。因爲武帝晚年征和後元時期，正是一個恐怖時代[9]。不論是否當事人，都是一樣的戰戰兢兢的生活著[10]，誰也不敢放肆。這封信太放縱了，不像那種氣氛下的人受到精神壓迫下所敢寫的，而且任何人不能保證不受搜查，誰也不會肯寫這封「詆逆」的文章，來準備作爲自己的罪證。《史記》

9　這是據蒲先生論文中的意見，在武帝晚期，已成爲恐怖時代。這個時期的文字，一定不可能放言無忌的。若輕率的認爲司馬遷膽敢這樣寫，便失掉了時代的意義。

10　當巫蠱事件時期，一切都是因在恐怖之中而失常了。《漢書》30〈藝文志〉：「孔安國者孔子後也，悉得其書（指孔壁中《古文尚書》）以考二十九篇，多十六篇。安國獻之，遭巫蠱事未列於學官。」這是說《古文尚書》因巫蠱事被耽擱下去了。這也是巫蠱事件引起一切都不正常的旁證。（至於昭宣帝時代未能列入學官的原因，是因爲孔安國早卒，此時博士中已無人能作章句，遂遭擱置了。）

中缺〈景紀〉和〈武紀〉,這就是一個非常明顯的證據。因爲本紀是大事表,凡寫正史,一定要先寫好本紀,一切才好下手。決無事後來寫本紀之理。所以缺景、武兩紀,正是司馬遷十分小心,惟恐觸犯時忌,把寫成的本紀毀掉了。本紀尚且不敢留存,更何況敢有形跡分明的誹謗文字?所以〈報任安書〉決非司馬遷親筆,甚至於〈封禪書〉都可能有人動過手腳。

〈報任安書〉鋒利恣肆,和司馬遷一般文筆,好爲一詠三歎的,筆法並不一樣。說起來反而很像他的外孫楊惲〈報孫會宗書〉那種筆調。從他的性格來說,他可能爲司馬遷打抱不平,也爲他本人打抱不平而借題發揮。《史記》本來是藏在司馬遷家,後來由楊惲拿出來行世的,《史記》的行世楊惲誠然有功,但按照楊惲的想法,對《史記》有所修改,那就完全把司馬遷的性格改變了。(當然即使其中有出於楊惲之手的,但所敍事實仍然可據。)如其楊惲做了手腳,任何人都不知道。現在已經知道武帝晚年眞的是一個恐怖時代,那司馬遷〈報任安書〉就一定有問題,而《史記》中譏諷漢武之言,是否眞是司馬遷的原文,也就更值得做一番檢討了。

附 記

本篇係討論漢武帝晚期事,而公孫敖事在此以前,經蒲慕州先生看出,予以刪除,特此誌謝。

論漢代的內朝與外朝

　　中國官制有系統的機構，據現在可以知道的，祇有到漢代纔最完備。漢代以前常然在各期也會有他自己的系統，但現在祇有零星的官名存下來。從現在不完全的材料看來，當時的整個系統是無法復原的。周禮一書雖然有不少寶貴的材料，不幸的是早巳被人增添修改作成了一部建國計畫，這書祇能代表『一家之言』而不能算某一代的官制實錄。加以始皇焚書，六國史記盡從毀滅，祇能知道從秦制因襲下來的漢制，再遠便很難推定了。

　　漢代官制的組織，分爲中都官及郡國官，凡在京師的都屬於中都官，凡在外郡和諸侯王國的都算郡國官。其屬於邊郡的武職及西域的官都算做邊官。中都官郡國官和邊官可互相轉調；中都官，郡國官的分別祇在職務上，其遷轉的限制不似後代的嚴。

　　中都官又分爲內朝和外朝，漢書劉輔傳云：

　　於是中朝左將軍辛慶忌，右將軍廉襃，光祿勳師丹，太中大夫谷永俱上書。

注，孟康曰：

　　中朝，內朝也。大司馬，左右前後將軍，侍中，常侍，散騎，諸吏，爲中朝，丞相以下至六百石爲外朝也。

劉奉世漢書刊誤曰：

　　案文則丹永皆中朝臣也。蓋時爲給事中，侍中，諸吏之類。

錢大昕三史拾遺曰：

　　漢書稱中朝漢官或稱中朝者，其文非一。惟孟康此注，最爲分明。蕭望之傳：『詔遣中朝大司馬車騎將軍韓增，諸吏富平侯張延壽，光祿勳楊惲，太僕戴長樂，問望之計策。』王嘉傳：『事下將軍中朝者，光祿大夫孔光，左將軍

公孫祿，右將軍王安，光祿勳馬宮，光祿大夫龔勝（龔勝傳又有司隸校尉鮑宣）。』光祿大夫非內朝官，而孔光與議者，加給事中故也。此傳太中大夫谷永亦以給事中故得與朝者之列，則給事中亦中朝官，孟康所舉不無遺漏矣。光祿勳掌宮殿掖門戶，在九卿中最爲親近，昭宣以後，張安世，蕭望之，馮奉世，皆以列將軍兼光祿勳，而楊惲爲光祿勳亦加諸吏，故其與孫會宗書自稱與聞政事也。然中外朝之分，漢初蓋未之有，武帝始以嚴助主父偃輩入直承明，與參謀議，而其秩尙卑。衞青霍去病雖貴幸，亦未干丞相御史職事。至昭宣之世，大將軍權兼中外，又置前後左右將軍，在內朝預聞政事。而由庶僚加侍中給事中者，皆自託爲腹心之臣矣。此西京朝局之變，史家未明言之，讀者可推驗而得也。

按中國自有史以來皆屬君主專制政體，全國的所有官吏都祇對君主負責。君主是政治上最後的威權所在。在這種政治組織之下，決不會有比較永久的法治可說。漢代經常的政治設施是由丞相來管，但天子不一定常常和丞相接近的，例行的政事雖然從丞相和九卿及郡國官吏聯絡，國家大計的決定卻常常另有一般人替天子策畫。等到國家大計決定好了，再來交給丞相照辦。所以漢代政治的源泉往往不由於丞相而由另外一般人，這就是所謂『內朝』。『內朝』的起原或由於軍事的處置不是德業雍容的宰相所能勝任，因此將大計交給另外的人，但內朝和外朝旣有分別，漸漸的在非軍事時期也常常有天子的近臣來奪宰相之權，因此宰相便祇成了一個奉命執行的機關了。

漢代的政治是以武帝爲轉捩點，內朝外朝的分別便是在武帝時代形成的。在漢的前代，秦的宰相是掌實權的。秦始皇帝雖然權石量書，親理庶政，但綜天下的政治的，還是丞相。趙高在二世時當政，本爲變例，但因爲丞相綜理政務，所以他還要加上一個『中丞相』的名義。到了漢代初年，漢高帝顯然將天下的政事信託給蕭何掌管。孝惠時曹參爲相，仍然受領着天下的政治。在漢書曹參傳說得很明白：

參代何爲相國，舉事無所變更，壹遵何之約束。擇郡國吏長大，訥於文辭，謹厚長者，卽召除爲丞相史。吏言文刻深，欲務聲名者，輒斥去之。……惠帝怪丞相不治事，以爲『豈少朕與？』……參免冠謝曰：『陛下自察聖武孰

　　與高皇帝？』上曰：『朕乃敢望先帝。』參曰、『陛下觀參孰與蕭何賢？』
上曰：『君似不及也。』參曰：『陛下之言是也，且高皇帝蕭何定天下，法
令旣具，陛下垂拱，參等守職，遵而勿失，不亦可乎？』

從這一節看來，在惠帝時期，除天子和丞相以外，在君主和丞相之間，並無可以干
預政事的人。自然也就無所謂『內朝』。到了文帝時候，也可以看出天子和丞相的
關係，漢書陳平傳：

　　上益明習國家事，朝而問右丞相勃曰：『天下一歲決獄幾何？』勃謝不知。
問：『天下錢穀一歲出入幾何？』勃又謝不知。汗出洽背，媿不能對。上以
問左丞相平，平曰：『各有主者。』上曰：『主者為誰乎？』平曰：『陛下
卽問決獄，責廷尉，問錢穀責治粟內史。』上曰：『苟各有主者，而君所主
何事也？』平謝曰：『主臣！陛下不知其駑下，使待罪宰相，宰相者，上佐
天子，理陰陽，順四時，下遂萬物之宜，內填撫四夷諸侯，內親附百姓，使
卿大夫各遂其職也。』

這一段對於天子和宰相的關係也可以明顯的看出來。在這一個時候，天下的大計是
決於丞相。所以天子對於國事是詢問丞相而不是在丞相以外還有一些人。陳平以後
是張蒼，無大改革。其後申屠嘉為相，尚能折辱文帝的幸臣鄧通。到景帝時鼂錯始
以內史貴幸用事，景帝用鼂錯議侵削諸侯，『丞相嘉自紬，所言不用』，後竟因為
此事歐血而死。但申屠嘉和鼂錯的爭執，還是在朝廷大議之中，並非在朝廷中另外
有一個『內朝』的組織。甚至於申屠嘉為宗廟事還說：『吾悔不先斬錯，乃請之，
為錯所賣。』可見丞相遇必要時還有斬有罪大臣之權，也可見丞相的政治地位了。

　　武帝時的丞相有衛綰，竇嬰，許昌，田蚡，薛澤，公孫弘，李蔡，莊青翟，趙
周，石慶，公孫賀，劉屈氂，田千秋。就中以田蚡最稱信任，漢書田蚡傳曰：『當
時丞相入奏事，語移日，所言皆聽。薦人或起家至二千石，權移主上。上迺曰：「君
除吏盡未？吾亦欲除吏。」』在這種狀況之下，君臣之間自然便要生出疑忌，所以
漢書田蚡傳又說：『後淮南王謀反，覺。始安入朝時，蚡為太尉，迎安霸上。謂安
曰：「上未有太子，大王最賢，高帝孫；卽宮車宴駕，非大王尚誰立哉？」淮南王
大喜，厚遺金錢財物。上自嬰（竇嬰）夫（灌夫）事不直蚡，特為太后故，及問淮南

事，上曰：「使武安侯在者，族矣。」』從此可見武帝對於田蚡，君臣之間是不甚相得的，竇嬰和淮南王兩件事，祇是最後的原因而已。田蚡以後，薛澤，公孫弘之流爲相，不過取其雍容儒雅，朝廷事是不由丞相的。漢書張湯傳：『湯每朝，奏事語國家用日旰，天子忘食，丞相取充位，天下事皆決湯。』萬石君傳：『是時漢方南誅兩越，東擊朝鮮，北逐匈奴，西伐大宛，中國多事。天子巡狩海內，修古神祠，封禪興禮樂，公家用少。桑弘羊等致利，王溫舒之屬峻法，兒寬等推文學，九卿更進用事，事不決於慶，慶醇謹而已。』這是很顯然的。國家最高的統治權在天子，『朕卽國家』，宰相祇對天子負責，天子願意委託宰相，宰相便有權，天子不願意委託宰相，宰相便沒有權。漢書杜周傳杜周說：『三尺安出哉？前主所是，著爲律；後主所是，疏爲令。當時爲是，何古之法乎？』杜周這幾句話依照法理的解釋，的確不錯。天子本身就是國家的最高立法機關，當然天子的意志便是法律，無所謂不對。

不過就此時的情況說來，還是『九卿更進用事』，九卿在後來仍屬外朝，此事雖然影響到丞相的失勢，但和中朝外朝的分別，還不能說便是一囘事。中朝的起源是見於漢書嚴助傳說：

擢助爲中大夫。後得朱買臣，吾丘壽王，司馬相如，主父偃，徐樂，嚴安，東方朔，枚皐，膠倉，終軍，嚴葱等並在左右。是時征伐四夷，開置邊郡，軍旅數發。內改制度，朝廷多事。婁擧賢良文學，公孫弘起徒步至丞相。開東閤，延賢人，與謀議。朝覲奏事，因言國家便宜。上令助等與大臣辨論，中外相應以義理之文，大臣數詘。

注，師古曰：

中謂天子之賓客，若嚴助之輩也。外謂公卿大夫也。

在這裏很可以看出來，便是武帝時因爲國家多事，天子除去任用大臣之外，又添了不少的賓客。這一般人在政府的組織上，本來是沒有地位的。但因爲天子是法制的最後源泉，旣然天子要這樣做，政府組織自然也必須隨着天子的意思改動。這便是漢代內朝與外朝分別的起原。漢書司馬遷傳報任安書：『卿者，僕亦嘗廁下大夫之列，陪外廷末議』所謂『外廷』也就是『外朝』，可見在武帝時候不惟有此事實，

而且有此稱謂了。

漢書劉輔傳注引孟康曰：『中朝，內朝也；大司馬，前後左右將軍，侍中，常侍，散騎，諸吏，爲中朝。丞相以下至六百石爲外朝，』這其中的中朝官實在還可分作兩類；大司馬，左右前後將軍爲一類；侍中，常侍，散騎諸吏爲另一類。後一類自武帝時已經是天子左右的親近臣僚。前一類的武職是自霍光秉政以後纔成爲當朝的機要官職。武帝時天子的賓客，大都是掛着侍中頭銜與政的。但武帝時的將軍都是領兵出征，並不參與朝廷政治。甚至衛青和霍去病並爲將軍，加大司馬，親信無人可以比擬，但他們也都從來不過問國家的大計。到霍光纔用大司馬大將軍的名義當政，權力在宰相以上；從此將軍屬於中朝了。大司馬漢代是不輕易給人的，除去霍禹嗣霍光爲大司馬，後來因爲謀反被誅以外，祇有宣帝特以張安世，哀帝特以董賢爲大司馬；其餘作大司馬的，大都屬於外戚了，

內朝官屬於近臣一類的，除去孟康說的還應當有左右曹，給事中，尚書，計爲：

1. 侍中。

2. 左右曹。

3. 諸吏。

4. 散騎。

5. 常侍。

6. 給事中。

7. 尚書，

在這幾種之中又可以分爲三類；據漢書百官表云：

侍中，左右曹，諸吏，散騎，中常侍，皆加官。所加或列侯，將軍，卿大夫，將，都尉，尚書，太醫，太官令，至郎中，亡員，多至數十人。侍中，中常侍得入禁中。諸曹受尚書事。諸吏得舉法。散騎騎並乘輿車。給事中亦加官，所加或博士，議郎，掌顧問應對，位次中常侍。中黃門有給事黃門，位從將大夫，皆奏制。

從上文看出來可分爲以下各類：

第一類　得入禁中的，有侍中和中常侍。

第二類　天子的親近執事之官，有左右曹和散騎。

第三類　掌顧問應對的，有給事中，

以上都是天子的近臣，並且多是加官的。其不是加官，本職就是天子的近臣，職務和第三類接近的，便是尚書。

總括以上的三類，統屬於天子的近臣，因爲接近天子，結果將宰相的權侵奪了去。所以這些官職以官階而論原來不算很大。但在政治上的地位卻無與比倫了。現在再對於各官依次分述一下：

（甲）侍中

據漢書朱買臣傳說：『拜買臣爲中大夫，與嚴助俱侍中。』可見侍中的名稱實是加到中大夫上面的，侍中並非本官的名稱。當時在武帝元朔年間，和這同時的，有『去病（霍去病）以皇后姊子年十八侍中。』（漢書本傳）按衞皇后以元光五年立，大抵也應在元朔時。此外便是漢書霍去病傳的『苟彘以御見侍中』。據鹽鐵論，桑弘羊十五爲侍中，也應當是武帝初年的事。

關於侍中的職事，有下列的記載：

漢舊儀：侍中，無員。或列侯，將軍，衞尉，光祿大夫，侍郎，爲之。得舉非法，白請，及出省戶休沐，往來過直事。

漢舊儀：侍中左右近臣，見皇后如見帝；見婕妤，行則對壁，坐則伏茵。太平御覽職官部引漢官儀：侍中周官也。侍中金蟬左貂，金取堅剛，百鍊不耗；蟬居高食潔，目在腋下；貂内勁悍而外温潤，貂蟬不見傳記者，因物論義。予覽戰國策乃知趙武靈王胡服也；其後秦破趙，得其冠以賜侍中。高祖滅秦亦復如之。孝桓末侍中皇權參乘，問貂蟬何法，不知其說：復問地震，云不爲災，左遷議郎，侍中便蕃左右，與帝升降。切問（據書鈔）近對，拾遺補闕莫密於茲。

續漢書百官志：『侍中秩比二千石』（劉昭注曰：『漢官秩云：「千石」，周禮太僕于寶注曰：「若漢侍中」。』）本注曰：『無員，掌侍左右，贊導衆事，顧問應對；法駕出，則多識者一人參乘，餘皆騎在車後。本有僕射一人，中興轉爲祭酒，或置或否。』

續漢書百官志注引蔡質漢儀曰：侍中常伯選舊儒高德，博學淵懿，仰瞻俯視，切問近對，喻旨公卿，上殿稱制，參乘佩璽秉見。員本八人，舊在尚書令僕射下，尚書上。今官入禁中，更在尚書下。司隸校尉見侍中，執板揖，河南尹亦如之。又侍中舊與中官俱止禁中，武帝時侍中莽何羅挾刃謀逆，由是侍中出禁外，有事乃入，畢即出。王莽秉政，侍中復入，與中官共止。章帝元和中，侍中郭舉與後宮通，拔刀驚上，舉伏誅，侍中由是復出外。

後漢書獻帝紀引漢官儀：侍中左蟬右貂。本秦丞相史，往來殿中，故謂之侍中。分掌乘輿御物，下至褻器虎子之屬。武帝時孔安國爲侍中，以其儒者，特聽掌御唾壺，朝廷榮之。

按此節不經，當爲淺人妄增，章懷誤引耳。乘輿御物乃少府所掌，不由侍中，據續漢書百官志云：『少府掌中服御諸物衣服，寶貨，珍膳之屬。』是乘輿御物明由少府掌之也。其少府屬官，如，『太醫令，諸掌醫』，『太官令，掌御飲食』，『守宮令，主御紙筆墨，及尚書財用諸物及封泥』，而宦者尚有：『掖庭令，掌後宮』，『永巷令，典官婢侍使』，『御府令，典官婢作中衣服及補浣之屬』，是乘輿御物於少府屬官之中，各有主者，固不煩侍中爲之。況侍中在武帝時本以加於郎大夫之親近者，其人多爲文學材力之臣，與少府無涉；東漢改屬少府，然以儒者爲之，其職尤尊；安得前漢侍中逾與少府事乎？抑乘輿御物可掌者多矣，筆札飲膳之屬無一不可掌，豈侍中必褻器虎子之屬始得而掌，偶得掌御唾壺，朝廷始以爲榮乎？況武帝時之爲侍中者，嚴助，朱買臣，皆從容謀議，爲天子賓客；霍去病以親戚貴幸；荀彘上官桀俱以材武；皆不必司褻器爲宦者之事也。宮中豈少人，何至使之一皆司褻器乎？至於孔安國亦未嘗爲侍中。史記孔子世家云：『安國爲今皇帝博士，至臨淮太守，蚤卒。』未言爲侍中之事。漢書儒林傳言『安國爲諫大夫』亦未嘗爲侍中。然漢書所言安國事尚有未可遽信者，即令漢書可信，漢書言安國之古文尚書久未得立於學官；若安國誠得爲侍中，且暮見天子，則其古文不必待至巫蠱時始上矣。按晉武帝時會稽孔安國嘗爲侍中，唾壺事或從此而訛，以致混兩孔安國爲一人。又其前『本秦丞相史，往來殿中，故謂之侍中』亦誤以御史之來源爲侍中之來源。詳漢官儀此文自『本秦丞相史』起至『朝廷榮之』止，無一語不誤，應仲遠通達古今，料不至此。此必六朝漢官儀卷子中，淺人或加旁注，鈔胥者誤爲正文，遂爲李賢所據，俗語不實，流爲丹青，此之謂也。

同上：至東京時屬少府亦無員。駕出則一人負傳國璽，操斬蛇劍參乘。與中官俱止禁中。

北堂書鈔設官部引漢官儀：漢成帝取明經者充為侍中，使辟百官公卿參議可正，止殿行則負璽，舊高取一人為僕射，後改為祭酒。

初學記職官部引漢官儀：史丹為侍中，元帝寢疾，丹以親密近臣得侍疾，候上獨寢時，丹直入臥內，頓首伏青蒲上。

文選陳太丘碑注引漢官儀：侍中周官號曰常伯，選於諸伯，言其道德可常尊也。

文選東京賦注，藉田賦注，安陸王碑注引漢官儀：侍中，周成王常伯任侍中　殿下稱制，出卽陪乘，佩璽抱劍。

初學記職官部引漢官儀：侍中冠武弁大冠，亦曰惠文冠，加金璫附蟬為文，貂尾為飾，謂之貂蟬。

通典職官部引漢官儀：漢官表曰，凡侍中，左右曹，諸吏，散騎，中常侍，皆加官也，

北堂書鈔設官部引漢官儀：漢因秦置侍中舍人。

> 按漢書周緤傳：『以舍人從高帝，常參乘』，然武帝以後常以侍中參乘，是高帝時以舍人任侍中事也。

從以上各則看來，侍中在天子近臣之中，要算最為尊顯的。在天子平時生活之中，除去游宴後宮以外，通常是侍中在左右，贊導一切諸事。天子出外也選侍中的見聞較廣的，來準備著天子的隨時詢問。遇見朝會的時候，侍中也要接著天子的委託，質問公卿，或對公卿傳話。所以侍中對於政治上的地位，非常重要。因此侍中的選任也往往是和天子有特殊關係的。

兩漢書中所見的侍中，現在再列舉如下：

盧綰，以客從，入漢為將軍，常侍中。

衞青為建章監，侍中。

霍去病以皇后姊子侍中。

朱買臣與嚴助俱以中大夫侍中。

荀彘以御見侍中。

李陵少為侍中建章監，使將八百騎深入匈奴，拜為騎都尉。

留侯子張辟彊為侍中，年十五。

何並傳，邛成太后外家王氏貴，而侍中王林卿通輕俠。

上官桀，以未央廐令，親近，為侍中。擢為太僕，受遺詔，輔政。

王商父武，武父無故，（以宣帝舅封列侯。）商擢為侍中，中郎將。元帝時至右將軍，光祿大夫。

史高以外屬舊恩為侍中。

史丹，自元帝為太子，丹以父高任為中庶子，侍從十餘年，元帝即位，為駙馬都尉，侍中，出常驂乘。

史丹九男以丹任並為侍中，諸曹，親近常在左右。

師丹徵少府，光祿勳，侍中。

房鳳以五官中郎將為侍中。

王駿以光祿勳為侍中。

劉歆以奉車都尉為侍中，又以中壘校尉為侍中，光祿大夫。

淳于長以水衡都尉為侍中。

馮逡以郎召欲以為侍中，復罷。（石顯傳）

董賢以駙馬都尉為侍中。

韓增為郎，諸曹，侍中，光祿大夫。

張安世子千秋，延壽，彭祖，俱為中郎將，侍中。

張放為侍中，中郎將，監平樂屯兵，左遷北地都尉。復徵入侍中，太后以放為言，出放為天水屬國都尉。復徵為侍中，光祿大夫，秩中二千石。

張安世傳，自宣元以來，為侍中，中常侍，諸曹，散騎，列校尉者，八十餘人。

吾丘壽王中郎將侍中，復徵光祿大夫侍中。

霍光以郎稍遷諸曹侍中。

衛尉王莽子忽侍中。（霍光傳。）

霍山奉車都尉侍中，領胡越兵。

金日磾以黃門馬監遷侍中，駙馬都尉。

金日磾兩子賞，建俱侍中，賞爲奉車都尉，建駙馬都尉。

金安上少爲侍中，至建章衞尉。

金敞爲騎都尉，侍中。

金敞子涉本爲左曹，詔拜侍中，成帝時爲侍中騎都尉。

金涉兩子，湯，融，皆侍中，諸曹，將，大夫。

金欽，光祿大夫，侍中。

侍中樂成侯許延壽拜彊弩將軍。（趙充國傳。）

于定國子永以父任爲侍中，中郎將。

灌夫傳，夫家居，卿相侍中賓客益衰。

　　以上見漢書。

臧宮，偏將軍，侍中，騎都尉，輔威將軍。

來歷，以公主子爲侍中，監羽林右騎，遷射聲校尉。

鄧蕃，尚顯宗女平皋長公主爲侍中。

鄧康，越騎校尉，侍中，太僕。

鄧弘，鄧閶，侍中。

寇榮，爲侍中，誅廢。

耿承，襲公主爵爲林慮侯，侍中。

邳肜，以故少府爲侍中

傅俊，偏將軍，侍中，積弩將軍。

馬武，振武將軍，侍中，騎都尉。

竇憲，以郎稍遷侍中，虎賁中郎將。

竇景，瓌皆侍中，奉車駙馬都尉。

馬康以黃門郎爲侍中。

卓茂，更始以爲侍中祭酒。

魯恭以魯詩博士拜侍中，遷樂安相，又爲議郎拜侍中，遷光祿勳。

張酺以侍郎為侍中虎賁中郎將，

爰延，徵博士，舉賢良，再遷為侍中。

延篤，拜議郎，稍遷侍中。

歐陽地餘，以侍中為少府。

魯丕，以中散大夫遷侍中，免，復為侍中左中郎將。

劉寬，以太中大夫遷侍中，轉屯騎校尉。

伏無忌，侍中，屯騎校尉。

宋弘，以侍中為王莽時共工。

蔡茂，哀平間以儒學顯，拜議郎，遷侍中，自免。

宣秉，隱居不仕，更始徵為侍中，建武元年拜御史中丞。

承宮，以左中郎將拜侍中。

趙典，四府表薦，徵拜議郎，再遷侍中，出為宏農太守。

趙謙，以故京兆郡丞，獻帝時遷為侍中，司空。

蘇竟，以趙郡太守拜侍中。

楊厚，以議郎三遷為侍中。

陰識，以關都尉為侍中，守執金吾。

陰興，以守期門僕射遷侍中，拜衛尉，領侍中，受顧命。

馮魴子柱，侍中；柱子石，侍中，稍遷衛尉。

鄭弘，以平原相拜侍中，代鄧彪為大司農。

梁安國，以嗣侯為侍中，有罪免。

梁商，以黃門侍郎遷侍中，屯騎校尉。

梁冀，初為黃門侍郎，轉侍中，虎賁中郎將。

曹充（曹褒父），持慶氏禮為博士，拜侍中，曹褒，以河內太守徵為侍中。

賈逵，以左中郎將為侍中，內備帷幄，兼領秘書。

司馬均，位至侍中（賈逵傳）。

桓郁，以郎稍遷侍中，監虎賁中郎將。

桓焉，以郎三遷為侍中，步兵校尉。

丁鴻，襲父爵，拜侍中，兼射聲校尉少府。

以上見後漢書。

所以侍中在西漢時是加官，到東漢便有專任尚書的，侍中僕射到東漢改為侍中祭酒，然而這種官職自更始時已經有了。因此，侍中的專任可能是更始時開始的。至於侍中的人選方面，東漢和西漢也不盡同；在西漢的侍中大都屬於以下的各種人。

一、皇帝的舊友，如盧綰。不過當時有無侍中一職名稱，尚有問題。

二、皇帝的外戚；如衞靑，霍去病，史高，史丹。

三、皇帝的佞幸；如淳于長，董賢。

四、文學侍從之臣；如嚴助，朱買臣，吾丘壽王。

五、材武之士，如苟彘，上官桀。

六、功臣子弟，如張安世，金日磾諸家子弟。

七、重臣及儒臣，如師丹，劉歆，蔡茂。

在這七類之中，前六類作侍中的，都可以說是由於親信，到第七類便不然了，都是師儒重臣。但元成以前的侍中，祇有前六類，哀平以後纔有第七類。到東漢以後，凡佞幸，材武，以及文學侍從，都不再為侍中，祇有外戚，功臣子弟，和重臣及儒臣三類了。所以侍中的演進，由親而尊，略可看出。

通典職官典云：

侍中，周公戒成王立政之篇，所云常伯，常任以為左右，卽其任也。秦為侍中本丞相史也，使五人往來殿內東廂奏事，故謂之侍中，漢侍中為加官。凡侍中，左右曹，諸吏，散騎，中常侍，皆為加官。所加或列侯，將軍，卿大夫，將，都尉，尚書，太醫官令。至郎中，多至數十人。侍中中常侍得入禁中，諸曹受尚書事，諸吏得舉非法。漢侍中冠武弁大冠，亦曰惠文冠，加金璫附蟬為文，貂尾為飾，便繁左右，與帝升降，舊用儒者，然貴子弟榮其觀好至乃襁抱受寵位，貝帶傅脂粉，綺襦紈袴，鵕鸃冠。（惠帝時侍中鵕鸃冠，貝帶，傅脂粉。張辟彊年十五，桑弘羊年十三，並為侍中。）直侍左右，掌乘輿服物，下至虎子之屬。武帝時孔安國為侍中，以其儒者，特聽掌御唾壺，朝廷榮之。本有僕射一人，後漢光武改僕射為祭酒，或置或否。而又屬少府，掌贊導衆

事，顧問近對，喻旨公卿，上殿稱制，乘笭陪見。舊在尚書令僕射下，尚書上。司隸校尉見侍中，執板揖。舊與中官俱止禁中，因武帝侍中馬何羅挾刃謀逆，由是出禁外，有事乃召之，畢即出。王莽秉政，侍中復入，與中官止禁中。章帝元和中，郭舉與後宮通，拔佩刀驚上，舉伏誅，侍中由是復出外，秦漢無定員（蔡質漢儀曰：「員本八人」。漢官曰：「無員，侍中舍有八區，論者因言員本八人。」）魏晉以來置四人，別加官者則非數。

這一段大部根據漢官諸書，排列的相當清晰，然而也有矛盾的地方。例如說『張辟疆年十五，桑弘羊年十三，並為侍中』，張辟疆和桑弘羊非同時的人。又前說『秦為侍中，本丞相史也，使五人往來殿內東廂奏事，故謂之侍中。』而後面卻說：『秦漢無定員』，彼此衝突。至於說『舊用儒者』，亦與事實不合。又說：『惠帝時侍中，鵁鶒冠，貝帶傅脂粉』，是出於漢書佞幸傳：『漢興，佞幸寵臣，高祖時有籍孺，孝惠有閎孺，此兩人非有材能，但以婉媚貴幸。與上臥起，公卿皆因關說，故孝惠時郎侍中皆冠鵁鶒，貝帶，傅脂粉，化閎籍之屬也』。佞幸傳所說的，是『郎侍中』，史記佞幸傳亦作『郎侍中』，究屬後來的侍中，抑或是侍中的郎官，尚有問題；通典先言儒者而後言佞幸，也與時代的先後不合。況荀彧和上官桀都是武帝的侍中，這般人祇能和武弁大冠相稱，再也不能鵁鶒冠貝帶。也可證明通典的以偏概全了。

侍中任務的消長，和漢代政治的得失。關係和當重要。侍中是除此以外再無他官可以入宮禁的士人官吏。除去文景時代無為而治的君主以外，例如武帝時代，光武時代，明帝章帝時代，以及王莽時代，都是宦官不以得志的時代。這便不能說不是天子親近侍中的結果。因為天子無論如何賢明，他總要和人商量得失。大臣元老見天子時往往較為嚴重，天子往往不能事事商量，因此事權便很容易到了近臣之手，近臣如無士人，便要歸到宦者了。此外，成帝至平帝，是外戚文治，侍中不入內無妨，東漢和帝以後是宦官戚互相消長的局面，大體說來是天子年幼，母后專政的時期，總是外戚得勢；到天子年長，天子和外戚對立，結果是天子利用宦者的力量除掉外戚，宦官便得勢了，外戚的團體有許多，宦官的團體最後還是一個，長久的維持下去。爭競的結果，除非外戚篡位，最後的勝利，總在對於天子更為親近的

宦官方面，侍中雖然有一個時期作成和天子親密的左右，但總是士人，對於後宮不便，終究代替不了宦官的作用。

（乙）其他內朝官

（左右曹．諸吏，散騎，中常侍，給事中。）

左右曹，也是屬於內朝的加官。漢書百官表稱做加官，已經在前面引證到了。漢舊儀中也有兩段如下：

左曹日上朝謁，秩二千石。

右曹日上朝謁，秩二千石。

所以左右曹也是天子的親近之官。不過這兩個官職是『日上朝謁』，而不是『日侍左右』，所以對於天子總有些夠尊重卻還不十分夠親近之感。因此左右曹的人選和侍中也就有些不同了。

在漢代任左右曹的，計有：

韓增，少為郎，諸曹，侍中，光祿大夫。

劉德子安民，為郎中，右曹，宗家以德得宮宿衛者二十餘人。

劉岑，為諸曹，中郎將，列校尉。

劉歆，哀帝崩，王莽持政，莽少與歆俱為黃門郎，重之。白太后，太后留歆為右曹太中大夫，遣中壘校尉。

劉向傳：時恭，顯，許，史子弟，侍中諸曹皆側目於望之等。

蘇武。武官（典屬國）數年，昭帝崩。武以故二千石與計謀立宣帝，賜爵關內侯，食邑三百戶。久之衛將軍張安世薦武明習故事，奉使不辱命，先帝以為遺言，宣帝即時召武待詔宦者署。數進見，復為右曹典屬國。以武著節老臣，令朝朔望。號為祭酒，甚優寵之。……又以武弟子為右曹。

王商傳：商子弟親屬為鮒馬都尉，侍中，中常侍，諸曹，大夫，郎吏者，皆出補吏。

史丹傳：九男皆為侍中諸曹，親近常在左右。

薛宣子況，為右曹侍郎。

張禹傳：長子宗嗣……三弟皆為校尉，散騎，諸曹。

王嘉傳：孫寵，右曹光祿大夫。

夏侯勝子兼，爲左曹太中大夫。

董賢傳：董氏親屬皆侍中諸曹奉朝請。

淳于長，列校尉，諸曹。

息夫躬，宋弘，皆光祿大夫　左曹，給事中。

張延壽，徵爲左曹，太僕。

杜延年，太僕，右曹，給事中。

楊惲，常侍騎郎，左曹，諸吏，光祿勳。

陳咸，以郎抗直數言事，遷爲左曹。

霍光，以郎稍遷諸曹侍中。

霍光傳：昆弟，諸壻，外孫皆奉朝請，爲諸曹，大夫，騎都尉，**給事中**。

孔光傳：霸，次子捷，捷弟喜，皆列校尉，諸曹。

金安上四子，常，敞，岑，明。岑，明皆爲諸曹，中郎將，光祿大夫。

金敞子涉，本爲左曹，上詔涉拜侍中。

辛慶忌，左曹中郎將。

以上是西漢時代的。至於東漢的，則有：

邳彤，以故少府爲左曹，侍中。

堅鐔，以揚化將軍爲左曹。

綜上各例，可見諸曹和侍中是有分別的。漢宣帝以霍光爲右曹，可見右曹在親近之官以內還表示着相當尊重，這種尊貴而親近的耆宿，在侍中之中尚找不見相同的例子。至於韓增，霍光，金涉和邳彤，俱以諸曹轉爲侍中，那是因爲諸曹不是不夠尊重，而是不夠親近。然而侍中後來也漸漸失去親近的意味，所以祇有光武時的功臣，邳彤和堅鐔爲諸曹，以後便無所聞了。

諸吏和左右曹相同，是天子近臣中的執事之官，和侍中常在天子的左右，左右曹每日朝謁，其間又有不同。百官表說諸吏是一種加官，已見前引。漢書中又有一段：

成帝紀，建始元年：『封諸吏光祿大夫關內侯王崇爲安成侯』。

注，應劭曰：

> 百官表，諸吏得舉法案劾。職如御史中丞，武帝初置，皆兼官。所加或列侯
> 卿大夫爲之。無員也。

這裏說『武帝初置』是不十分對的。因爲賈山是文帝時人，當時上書已經說：『今
方正之士皆在朝廷矣，又選其賢者使爲常侍諸吏，與之馳歐射獵，一日再三出，臣
恐朝廷之解弛，百官之墮於事也。』所以在文帝之時已經有『諸吏』一官，祇是當
時是『侍從馳驅』，而不是『舉法案劾』罷了。

漢代爲諸吏的，有以下各則見於漢書各傳：

> 劉向傳（附楚元王傳後）：『元帝初即位，太傅蕭望之爲前將軍，少傅周堪爲諸
> 吏光祿大夫。』注：『師古曰：加官也。百官公卿表云，諸吏所加或列將軍
> 卿大夫，得舉不法也。

> 馮奉世傳：『右將軍典屬國常惠薨，奉世代爲右將軍典屬國，加諸吏之號，
> 數歲爲光祿勳。』

> 張禹傳：『元帝崩，成帝即位，徵禹，寬中（鄭寬中），皆以師賜爵關內侯。
> 寬中食邑八百戶，禹六百戶，拜爲諸吏光祿大夫，秩中二千石，給事中，領
> 尚書事。』

> 孔光傳：『上甚信任之，轉爲僕射，尚書令。有詔，光周密謹愼，未嘗有
> 過，加諸吏官。……數年，遷諸吏光祿大夫，秩中二千石，給事中，賜黃金
> 百斤，領尚書事。後爲光祿勳，復領尚書事，諸吏給事中如故。凡典樞機十
> 餘年。』

> 霍光傳：『徙次壻諸吏中郎將任勝爲安定太守。』

> 辛慶忌傳：『拜爲右將軍，諸吏散騎給事中。』

> 平當傳：『哀帝即位，徵當爲光祿大夫諸吏散騎。復爲給事中。』

> 蕭望之傳：『代丙吉爲御史大夫，五鳳中，匈奴大亂，議者多曰：「匈奴爲
> 害日久，可因其壞亂舉兵滅之。」詔遣中朝大司馬車騎將軍韓增，諸吏富平
> 侯張延壽，光祿勳楊惲，太僕戴長樂問望之計策。』

> 楊惲傳：『遷中郎將，擢爲諸吏光祿勳，親近用事。』

又，答孫會宗書曰：『惲幸得列九卿，諸吏宿衞近臣，上所信任，與聞政事。』

從以上的各條可以看出諸吏的加官是加到參與謀議的大臣的，凡諸官加諸吏的，都是位置在九卿將軍以上，並且得到天子信任的。他們的職務是實際與聞大政，處在樞機的重臣，而不是文學侍從，或外戚貴游，隨侍天子左右之職。

散騎之官照前引漢書百官公卿表與侍中同爲加官，據類書所引的漢官儀，計有兩節：

秦置散騎，又置中常侍，漢因之，兼用士人，無員，多爲加官。（初學記職官部引。）

秦及前漢置散騎及中常侍各一人，散騎騎馬並乘輿車，獻可替否。（北堂書鈔設官部及太平御覽職官部引。）

所以散騎最初祇是『騎馬並乘輿車』的一個人，後來便成了無定員的加官了。（這兩段合併起來，祇有如此解釋的）。漢代加散騎之號的，大都爲諫大夫以上至於九卿。其見於漢書的，有：

劉向，散騎諫大夫給事中，擢散騎宗正給事中。

于永，散騎光祿勳。

張禹傳，長子宏嗣。……三弟皆爲校尉，散騎，諸曹。

張霸，散騎中郎將。

張勃，散騎諫大夫。

其中尚有辛慶忌及平當，加諸吏散騎之號，見前引。可見加官中尚有加別的官，以後又再加散騎的，是散騎自有本官的特質，漢官儀言散騎之職爲天子的騎從，常得其實。散騎在未加到較尊的官職之前，當由常侍騎郎衍變而來，史記袁盎傳云：『盎兄子種爲常侍騎，持節夾乘，』索隱：『漢舊儀，持節夾乘輿騎從者。』此卽漢書張釋之傳的『騎郎』，師古注引如淳曰：『漢注，貲五百萬得爲常侍郎。』此外尚有所謂『武騎常侍』的，史記李將軍列傳：『用善騎射，殺首虜多，爲漢中郎，廣從弟李蔡亦爲郎，皆爲武騎常侍。秩八百石。』索隱：『謂騎郎而補武騎常侍也。』以上的『騎郎』，『武騎常侍』，『散騎』，自卑而尊顯然可見。由此也可知道，

散騎--職本導源於騎從的郎官，因其接近天子，其中漸漸的參有重臣，因此也加到九卿諫大夫各職了。

中常侍據漢書百官表說是加官，已經在上文引到。並謂：『侍中中常侍得入禁中。』據續漢書百官志云：『中常侍千石，本注曰，宦者，無員。後增秩比二千石。掌侍左右。從入內官。贊導內衆事，顧問應對給事。』漢舊儀：『中常侍宦者，秩千石。得出入臥內，禁中諸宮。』通典：『中常侍……永平中始定員數，中常侍四人。』續漢書百官志王先謙集解引李祖楙曰：『西京初惟有常侍，元成後始有中常侍之名，然皆士人。中興用宦者，又稍異焉。朱穆疏：「舊制侍中中常侍各一人，省尚書事，黃門侍郎一人，傳發書奏，皆用姓族。自和熹太后以女主稱制，不接公卿，乃用閹人（原文作乃以閹人為常侍。），假貂璫之飾，處常伯之任。」政愈乖矣。是中興之初尚用士人，後改制則不復舊也。』按李說有些是對的，但參詳，朱穆上疏的本文，也有應當斟酌的地方。後漢書朱暉傳附朱穆傳云：

> 徵拜尚書，穆既深疾宦官，及在臺閣，旦夕共事，為欲除之，乃上疏曰：『案漢故事，中常侍參選士人，建武以後乃悉用宦者；自延平以來，寖益貴盛。假貂璫之飾，處常伯之任，天朝政事，一更其乎，權傾海內。』（注，璫以金為之，當冠前附以金蟬也。漢官儀曰：『中常侍秦官也，漢興或用士人，銀璫左貂。光武以後，專任宦者，右貂金璫。』常伯，侍中。）後穆因進見口陳曰：『臣聞漢家舊典，置侍中，中常侍，各一人。省尚書事；黃門侍郎一人，傳發書奏；皆用姓族。自和熹女主稱制，不接公卿，乃以閹人為常侍，小黃門通命兩宮，自是以來，權傾人主。』

照朱穆前後所說看來，所謂『漢家舊典』當指西漢而言，至光武帝的建武時期，常侍已經全用宦官了。不過尚以侍中參省尚書事，用黃門侍郎傳通詔命的。到了殤帝延平元年，和熹鄧太后當政，不接見公卿，於是省尚書事的祇有中常侍，傳達詔命的也祇有宦官的小黃門了。於此宦官便『權傾海內』了。這也是逐漸而成，曾經變更幾次的。後來的五侯十常侍也是在社會習慣上，在政治制度上，必然的趨勢；『未嘗不太息痛恨於桓靈』，也不過惡居下流之意罷了。

關於漢代常侍及中常侍，在漢書中有下列幾個例子：

東方朔傳：『時有幸倡郭舍人，滑稽不窮，常侍左右。』

又：『上以朔爲常侍郎，遂得愛幸。』

又：『初建元三年，微行始出；北至池陽，西至黃山，南獵長楊，東遊宜春；微行常用飲酎已。八九月中與侍中，常侍武騎，及待詔隴西北地良家子，能騎射者，期諸殿門。……微行以夜漏下十刻迺出。』

司馬相如傳：『以貲爲郎，事景帝爲武騎常侍，非所好也，』

王商傳：『商子弟親屬，爲侍中，中常侍，諸曹，大夫，郎吏者，皆出補吏。』

孔光傳：『立拜光兩兄子爲諫大夫，常侍。』

照這裏看來，常侍本來是接近天子的郎官，甚至倡優，本無定職；到王商和孔光的時期，中常侍和常侍便成了貴族子弟的加官。加官的作用，自然是能在禁中，接近天子起居的。到光武帝時始繩嚴分內外，中常侍悉用閹人，常侍的一個名稱在東漢時也未曾加到任何士人官職上。東漢末年旣誅宦官，中常侍復用士人，到魏時又與散騎合爲散騎常侍了。宋書百官志下云：

散騎常侍四人，掌侍左右；秦置散騎，又置中常侍，散騎並乘輿車，後中常侍得入禁中。皆無員，並爲加官。漢東京省散騎，而中常侍因用宦者。魏文帝黃初初置散騎，合於中常侍，謂之散騎常侍，始以孟達補之，久次者爲祭酒，散騎常侍秩比二千石。

魏晉以後大都以貴族子弟來做，是一個政府要津的階梯。

給事中一職，據漢書百官公卿表云：『給事中亦加官（注：師古曰，漢官解詁云：『常侍從左右，無員，常侍中。』）所加或大夫，議郎，掌顧問應對，位次中常侍。』漢舊儀云：『給事中無員，位次中常侍。』漢書百官表注：『晉灼曰：「漢儀注」「諸吏給事中，日上朝謁平尚書奏事，分爲左右曹；」魏文帝合散騎中常侍爲散騎常侍也。』通典職官典引漢舊儀：『諸給事中，日上朝謁，平尚書奏事，分爲左右曹，以有事殿中，故曰給事中。多名儒國親爲之，掌左右顧問。』此所言給事中的左右曹，和另外左右曹的加官，卻自有不同，漢書各傳對於給事中和左右曹是不相混的。

給事中一職，在西漢時期，近臣加上的甚多。如：

漢書楚元王傳附劉向傳：『復拜爲郎中，給事黃門，遷散騎諫大夫，給事中，與侍中金敞拾遺於左右。四人（向，敞，太傅蕭望之及少傅周堪）同心輔政。』

楚元王傳附劉向傳：『徵堪詣行在所，拜爲光祿大夫，秩中二千石，領尚書事。猛復爲太中大夫，給事中。顯（石顯）幹尚書事，尚書五人皆其黨也，堪希得見，常因顯白事，事決顯口。』

馮奉世傳：『參字叔平……少爲黃門郎給事中，宿衛十餘年。……參昭儀少弟，行又敕備，以嚴見憚，終不得親近。』

終軍傳：『爲謁者給事中。』

匡衡傳：『上以爲郎中，遷博士，給事中，……遷衡爲光祿大夫，太子少傅。』

張禹傳：『禹小子未有官，上臨候禹，禹數視其小子，上卽禹牀下拜爲黃門郎給事中。』

孔光傳：『元帝卽位，徵霸（孔霸）以師賜爵關內侯，食邑八百戶，號襃成君，給事中。』

又：『遷諸吏光祿大夫，秩中二千石，給事中，領尚書事。後爲光祿勳，復領尚書諸吏給事中如故，凡典樞機十餘年。』

史丹傳：『右將軍給事中，徙左將軍光祿大夫。』

薛宣傳：『上徵宣，復爵高陽侯，加寵特進。位次師安昌侯，給事中，視尚書事。』

薛宣傳：『博士申咸給事中。』

谷永傳：『徵永爲太中大夫，遷光祿大夫給事中，元延元年爲北地太守。……對曰……臣永幸得給事中，出入三年，雖執干戈，守邊垂，思慕之心常存於省闥。』

師丹傳：『徵入爲光祿大夫，丞相司直。數月，復以光祿大夫給事中。由是爲少府光祿勳侍中，甚見尊重。』

韋賢傳：『（爲）博士給事中，進授昭帝詩。』

魏相傳：『宣帝卽位，徵相入爲大司農，遷御史大夫。四歲，大將軍霍光薨，上思其功德，以其子禹爲右將軍，兄子樂平侯山領尙書事。相因平恩侯許伯奏封事，言：「春秋譏世卿，惡宋三世爲大夫。……今光死子復爲大將軍，兄子秉樞機，昆弟諸壻據權埶，在兵官；光夫人顯及諸女皆通籍長信宮。或夜詔門出入，驕奢放縱，恐寖不制。宜有以損奪其權，破散陰謀，以固萬世之基，全功臣之世。」又故事諸上書者，皆爲二封署，其一曰副，領尙書者先發副封，所言不善，屏去不奏。相後因許伯言，屏去副封，以防壅蔽，宣帝善之。詔相給事中，皆從其議。』

丙吉傳：『遷大將軍長史，霍光甚重之，入爲光祿大夫給事中。』

夏侯勝傳：『（以故長信少府）爲諫大夫，給事中。』

儒林傳：『士孫張爲博士，至揚州牧，光祿大夫，給事中。』

息夫躬傳：『與宋弘皆光祿大夫，左曹，給事中。』

杜延年傳：『（爲）太僕，左曹，給事中。』

蔡義傳：『擢光祿大夫給事中，進授昭帝，拜爲少府。』

陳咸傳：『（以故少府）爲光祿夫夫給事中。』

霍光傳：『昌邑王賀……旣至，行淫亂，光憂懣，獨以問所親故吏大司農田延年，延年曰：「將軍爲國柱石，審此人不可，何不建白太后，更選賢而立之。」……光迺引延年給事中。陰與車騎將軍張安世圖計。遂召丞相，御史，列侯，中二千石，大夫，博士，會議未央宮。』

霍光傳：『昆弟諸壻外孫皆奉朝請，爲諸曹大夫，騎都尉，給事中。』

又：『光薨，上始躬親朝政。御史大夫魏相給事中。顯謂禹，雲，山：「女曹不務奉大將軍餘業，今大夫給事中，他人壹聞，女能復自救耶。」』

又：『出光姊壻光祿大夫給事中張朔爲蜀郡太守。』

金日磾傳：『欽太中大夫給事中。』

平當傳：『以明經爲博士，公卿薦當論議通明，給事中。每有災異，輒附經術言得失。』

又：『爲太中大夫，給事中。』

孔光傳：『拜爲光祿大夫，秩中二千石，給事中。位次丞相。』

又：『莽白太后；帝幼少，宜置師傅；徙光爲帝太傅，位四輔，給事中，領宿衞，供養，行內署門戶，省服御食物。』

蕭望之傳：『儒生王仲翁，……至光祿大夫給事中。』

蕭望之傳：『賜望之爵關內侯，食邑六百戶，給事中，朝朔望，位次將軍。』

董賢傳：『以賢爲大司馬衞將軍……雖爲三公，常給事中，領尚書，百官因賢奏事……董氏親屬皆侍中，諸曹奉朝請，寵在丁傅之右矣。』

從上看來，給事中一職的性質，在諸加官中又和其他的加官略有不同。其他的加官大都起於天子隨侍左右或者是隨從車騎的近臣。給事中一職卻是自有此職以來加上的都是顧問應對之臣而非文學侍從之臣，（漢書東方朔傳稱朔爲太中大夫給事中，未可盡信。）在佞幸中也祇有董賢一個特例。這一點和左右曹相近，而給事中所負的任務更爲切實，所以有諸吏或左右曹再加給事中的。因爲給事中負有實際的任務，所以各官加上給事中的更爲廣泛；據以上所記，自大司馬，御史大夫而下，凡故丞相，將軍，列侯，關內侯，九卿，太傅，光祿大夫，太中大夫，諫大夫，博士，議郎，郎中，黃門郎，謁者，無一不可加上給事中的職務。

（丙）尙書

尙書一職，孟康未曾提到。實在尙書也是應屬於內朝的。史記三王世家，霍去病請封王子奏，以御史臣光守尙書令奏未央宮；制乃下御史，並及丞相。昭宣以來，有領尙書事的人，臣下奏事分爲二封，領尙書事的發其副封，不善者不進奏（霍光傳及魏相傳），大致說來，用人和行政，定於禁中、宰相奉行而已（見張安世傳）。元帝時，蕭望之領尙書，石顯以中書令管尙書事，尙書五人，皆石顯的黨羽，蕭望之途爲所制。這卻是尙書組織的內部問題，不涉於丞相以下的事。

尙書的職權自漢以後是日就增進的。所以增進的原因，這是很顯明的。在專制政體之下，天子爲一切權力之源。天子信託丞相，丞相便有事可做；天子要自己管事，而又一個人的精力管不過來，那就祇有將政事從宰相之手移到近臣之手，中國歷朝政治總是近臣奪宰相之權，等到近臣變了宰相，那就又產生了新的近臣再來奪權，這樣便一層一層的推之不完，剝之不已。

西漢初年無爲而治的局面之下，宰相以下至於太守縣令，祇要有法令可據，便不必再請示上峯的意見。重要的事到了丞相府也大致都可以解決了。除去諸侯王和四夷的事件，有丞相府不能解決的，天子纔召集廷會來解決，這已經很少了。照這樣看來，宣室前席祇問鬼神，正是當然如此，不足爲異的。所以權力之源，雖在天子，但天子有權而不用，自然天下事祇好循歷來的成法了。到了武帝，他安心要開創一個新的局面，他有心要自己管事，因此天子的左右另外有了一般幕僚而給天子管詔令的祕書機關，尚書，也變成了特別重要了。天子的幕僚便是以前聚出的各項加官，天子的祕書機關便是在後代特別重要而成爲丞相代替者的尚書臺。

尚書本是少府的屬官。據漢書百官表，少府有尚書，符節，太醫，太官，湯官，導官，樂府，若盧，考工室，左弋，居室，甘泉居室，左右司空，東織，西織，東園匠，共十六官令丞。所以尚書祇是少府下一個給天子管書札之官，從和尚書具有同等位置的十五官令丞看來，對於朝政的位置並不高。所以就設官的情狀看來，最初尚書決不能參與到朝政。

到了後漢，尚書的位置格外重要，所以續漢書百官志關於尚書的也格外加詳。雖然官制上仍屬少府，實際不過『以文屬少府』罷了。這和侍中亦在後漢屬少府，不爲加官，是一樣的。他們在任何方面，早已非少府所能顧問的了。

續漢書中關於尚書的職掌，有如下列：

尚書令一人，千石。本注曰，承秦所置。（注：荀綽晉百表注曰，唐虞官也，詩云，仲山甫王之喉舌蓋謂此人。）武帝用宦者，更爲中書謁者令，成帝用士人，復故。掌凡選署及奏下曹文書衆事。（注，蔡質漢儀曰：『故公爲之者，朝會不陛奏事，增秩二千石，故自佩銅印墨綬。』）

尚書僕射一人，六百石。本注曰，署尚書事。令不在則奏下衆事（注，蔡質漢儀曰：『僕射主封門，掌授廩假錢穀。凡三公列卿　將，大夫，五營校尉　行復道中遇尚書僕射，左右丞郎，御史中丞，侍御史，皆避車，豫相迴避。衞士傳不得迕臺官，臺官遇後乃得去。』臣昭案，獻帝分置左右僕射。建安四年，以執邸爲尚書左僕射是也。獻帝起居注，郗慮官執金吾。）

尚書六人，六百石。本注曰，成帝初置尚書四人，分爲四曹。（注，漢舊儀曰：『初置五曹，有三公曹，主斷獄。』蔡質漢儀曰：『典天下歲盡課事。三公尚書二人，典三公文

書；吏曹尚書典選舉，齋祀屬三公曹。靈帝末，梁鵠爲選部尚書。』）常侍曹尚書，主公卿事。（注，蔡質漢儀曰：（主常侍黃門御史事，世祖改爲吏曹。』）二千石曹主郡國二千石事。（注。漢舊儀亦云：『主刺史。』蔡質漢儀曰：『掌中都官水火盜賊辭訟罪眚。』）民曹尚書主凡吏上書事。（注，蔡質漢儀曰：『典繕，治功，作監池苑囿盜賊事。』）客曹尚書主外國夷狄事。（注，尚書：『龍作納言，出入帝命。』應劭曰：『今尚書官，王之喉舌。』）世祖承遵，後，分二千石曹，又分客曹爲南主客曹，北主客曹。（注，周禮天官有司會，鄭玄曰：『若今尚書。』）

左右丞各一人，四百石。本注曰：掌錄文書期會，左丞主吏民章報，及騶伯史。（注，蔡質漢儀曰：『總典臺中綱紀，無所不統。』）右丞假署印綬，及紙筆墨諸財用庫藏。（注，蔡質漢儀曰：『右丞與僕射對掌廩假錢穀，與左丞無所不統。凡宮中漏夜盡，鼓鳴則起，鐘鳴則息。衛士甲乙徼相傳，甲夜畢，傳乙夜；相傳盡五更，衛士傳言五更，未明三刻後雞鳴，衛士踵丞郎趨嚴上臺。不畜宮中雞，汝南止雞鳴。衛士候朱雀門外，專傳雞鳴于宮中。』應劭曰：『楚歌，今雞鳴歌也。』晉太康地道記曰：『後漢固始，鮦陽，公安，細陽四縣衛士習此由於闕下歌之，今雞鳴是也。』）』侍郎三十六人，四百石。本注曰一曹有六人，主作文書起草。（注，蔡質漢儀曰：『尚書郎初從三署詣臺試，初上臺稱守尚書郎中，歲滿稱尚書郎，三年稱侍郎；客曹郎主治羌胡事，劇遷二千石或刺史；其公遷爲縣令，秩滿自占縣去，詔書賜錢三萬祖餞，他官則否。治嚴一日，準調公卿陵廟乃發。御史中丞遇尚書丞郎避車執板往揖。丞郎坐車執板禮之，車過遠乃去。尚書言左右丞，『敢告者，如詔書律令。』郎見左右丞對揖，無敬稱，曰左右君。郎見尚書執板對揖，稱曰明時。見令僕執板拜，朝賀對揖。』）令史十八人，二百石 本注曰，曹有三（人），主書；後增劇曹三人，合二十一人。（注，古今注曰：『永元三年七月，增尚書令史員。功滿未犯禁者，以補小縣墨綬。』蔡質曰：『皆選闌臺 持節上稱簡精練有吏能爲之。』決錄注曰：『故事，尚書郎以令史久次補之，世祖改以孝廉爲郎。』）

其尚書的職事見於漢官各書的，有：

北堂書鈔設官部引王隆漢官解詁：『尚書出納詔令，齊衆喉口。』

又：『尚書唐虞曰納言，周官爲內史：機事所總；號令攸發。』

又：『士之權貴不過尚書，其次諸吏。

漢舊儀：『尚書四人為四曹，常侍曹尚書主丞相御史事，二千石曹尚書主刺史二千石事，民曹尚書主庶民上書事，主客曹尚書主外國四夷事。成帝初置尚書五人，有三公曹，主斷獄事。』（據孫星衍校本，下同。）

又：『尚書令主贊奏封下書，僕射主閉封；丞二人，主報上書者，兼領財用，火燭，食廚。漢置中書官，領尚書事；中書謁者令一人，成帝建始四年罷中書官，以中書謁者令為中謁者令。』

又：『尚書郎四人，其一郎主匈奴單于營部，一郎主羌夷吏民，民曹一郎主天下戶口墾田功作，謁者曹一郎主天下見錢貢獻委輸。』

又：『中臣在省中皆白請，其宦者不白請。尚書郎宿留臺中，官給青縑白綾被或錦被；幃帳，氈褥，通中枕；太官供食，湯官供餅餌果實，下天子一等；給尚書郎佐（原作伯，蓋草書佐字近于伯字也，伯字不可解，今校作佐，佐即曹佐，漢簡書佐常省作佐。）二人，女侍史二人，皆選端正者從直，佐送至止車門還，女侍史執香爐燒薰，從入臺護衣。』

唐六典一引漢官儀：『尚書令主贊奏，總典紀綱，無所不統。秩千石。故公為之朝會不陛奏事，增秩二千石。天子所服五時衣賜尚書令。其三公，列卿，將五營校尉，行複道中遇尚書（令）僕射左右丞皆迴車豫避。衛士傳不得紆臺官，臺官過乃得去。』

又：『尚書令秦官，銅印墨綬，每朝會，與司隸校尉，御史大夫中丞，皆專席坐，京師號為三獨坐，其尊重如此●』

又：『僕射秩六百石，（故）公為之，加至二千石。』

文選王文憲集序注引漢官儀：『獻帝建安四年，始置左右僕射，以執金吾營邸為左僕射，衛臻為右僕射。』

後漢書光武紀注引漢官儀：『尚書四員，武帝置，成帝加一為五。有侍曹尚書，主丞相御史事；二千石尚書，主刺史二千石事；戶曹尚書，主人庶上書事；主客曹尚書，主外國四夷事；成帝加三公曹，主斷獄事。』

初學記職官部引漢官儀：『初秦代少府遣吏四，一在殿中主發書，故謂之尚書，尚猶主也。漢因秦置之，故尚書為中臺，謁者為外臺，御史為憲臺，謂

之三臺。』

唐六典一引漢官儀：『尚書令，左丞總領綱紀，無所不統；僕射右丞掌廩假錢穀。』

北堂書鈔引漢官儀：『左右丞，久次郎補也。』

初學記職官部引漢官儀：『左右曹受尚書事，前世文士以中書在右，因訛中書為右曹，又稱西掖。』

北堂書鈔設官部引漢官儀：『尚書郎四人，一人主匈奴單于營部，一人主羌夷吏民，一人主天下戶口，土田，墾作，一人主錢帛，貢獻，委輸。』

初學記職官部引漢官儀：尚書郎初從三署郎選詣尚書臺試，每一郎缺，則試五人，先試箋奏。初入臺稱郎中，滿歲稱侍郎。』

太平御覽職官部引漢官儀：『尚書郎初上詣臺稱守尚書郎，滿歲稱尚書郎滿中，三年稱侍郎。』

北堂書鈔設官部引漢官儀：『郎以孝廉年未五十，先試箋奏，初上稱郎中，歲為侍郎。』

唐六典一引漢官儀：『能通蒼頡史篇，補蘭臺令史，滿歲補尚書令史，滿歲為尚書郎；出亦與郎同宰百里。郎與令史分職受書。令史見僕射尚書執板拜，見丞郎執板揖。』

初學記職官部引漢官儀：『尚書郎主作文書起草，夜更直五日于建禮門內。』

北堂書鈔設官部引漢官儀：『尚書郎給青縑白綾被（或）以錦被，幬帳氊褥，通中枕，太官供食，湯官供餅餌。五熟果實，下天子一等。給尚書史二人，女侍史二人，皆選端正從直。女侍史執香爐燒，從入臺護衣。奏事明光殿省，皆胡粉塗畫古賢人烈女。郎握蘭含香趨走丹墀，奏事黃門，郎與對揖。天子五時賜服，賜珥赤管大筆一雙，分墨一丸。若郎處曹二年，賜遷二千石刺史。

唐六典二引漢官儀：『曹郎二人，掌天下歲盡集課，有尚書曹郎，有考工郎中一人。

初學記文部引漢官儀：『尚書令僕丞郎，月賜渝麋大墨一枚小墨一枚。』

北堂書鈔引漢官儀：『漢舊置中書官領尚書事。』

初學記職官部引蔡質漢儀：『尚書奏事于明光殿省中，盡古烈士，重書行讚。』

又，居處部引蔡質漢儀：『省中皆以胡粉塗壁，紫朱界之，畫古烈士。』

書鈔設官部引蔡質漢儀：『尚書郎晝夜更直于建禮門內。』

就以上的各則看來。漢官各書言及尚書的比較多，也就可以知道尚書臺對於漢代政治上格外重要了。以下再就兩漢書中有關尚書臺諸官的具列下來。

昭帝立，霍光為大司馬大將軍領尚書事，宣帝地節二年薨。（霍光領尚書事見昭帝紀及張安世傳。）

宣帝地節二年，霍山為奉車都尉領尚書事，三年七月伏誅。（霍光傳）

宣帝地節三年，張安世為大司馬車騎將軍領尚書事，元康四年薨。

（附樹鏻漢官答問曰：『表云地節三年，安世為大司馬車騎將軍，考安世傳言光死數月，魏相上封事，宣帝遂以安世為大司馬車騎將軍領尚書事。光以二年三月薨，則安世之拜，不當在三年也。安世領尚書，後歲餘霍氏謀反夷宗。則表以此二事同列於地節三年之下，其誤甚矣。』今按仍當從百官表。蓋光以三月薨，而魏相上封事于次年二三月間，仍未踰一年也。魏相傳言：『大將軍霍光薨，上思其功德，以其子禹為右將軍，兄子樂平侯山復領尚書事。相因平恩侯許伯奏封事，言春秋譏世卿，惡宋三世為大夫……國家自後元以來，祿去王室，政縣冢宰，今光死子復為大將軍——劉敞曰「禹不為大將軍，字之誤也」——兄子秉樞機，……宜有以損奪其權，破散陰謀，以固萬世之基……又故事諸上書者皆為二封署，其一曰副，領尚書者先發副封，所言不善，屏去不奏，復因許伯白去副封，以防壅蔽。宣帝善之，詔相給事中，皆從其議。霍氏殺許后之謀始得上聞，乃罷其三侯令就第。親屬皆出補吏。』霍光傳：『光薨，上始躬親朝政，御史大夫魏相給事中。……會魏大夫為丞相，數燕見言事，平恩侯與侍中金安上等徑出入省中。時霍山自若領尚書，上令吏民得奏封事，不關尚書，群臣進見獨往來，於是霍氏甚惡之。』張安世傳：『光薨，後數月御史大夫魏相上封事曰「……車騎將軍安世事孝武三十餘年。忠信謹厚。……宜尊其位以為大將軍……」……安世深辭弗能得，後數日竟拜為大司馬車騎將軍領尚書事。數月罷車騎將軍屯兵更為衛將軍，兩宮衛尉城門兵屬焉。時霍光子禹為右將軍——據此知魏相傳大將軍為右將軍之誤，百官表亦作右將軍——上亦禹為大司馬，罷其右將軍屯兵。』就此三傳合觀之，霍光薨後宣帝即以霍山領尚書事。于是御

史大夫魏相因平恩侯許延壽上書，去尚書副封，而霍氏弒許后之事乃得上聞。四年四月遂以張安世為大司馬領尚書事，而霍山猶領尚書事自若。至是年七月霍氏誅而張安世遂專領尚書事矣。惟張安世傳云：『禹謀反。夷宗族，安世素小心畏忌，已內憂矣。』其言隱約，似有所指者。顏師古注曰：『忌者戒盈滿之辭』猶未得其微意也。今案趙充國傳云：『初破羌將軍武賢在軍中時與中郎將卬宴語，卬道車騎將軍張安世始嘗不快上，上欲誅之，卬家將軍以為安世本持囊簪筆，事孝武帝數十年，見謂忠謹，宜全度之。安世用是得免。』安世為車騎將軍在昭帝崩後，迄于地節三年七月戊戌，轉為衛將軍，至七月壬辰，誅霍氏。……長歷是年七月無戊戌壬辰，表誤——是安世為衛將軍與霍氏見誅乃同月之事耳。當霍氏未誅時，宣帝方與霍氏為敵，不應欲誅大臣。及霍氏就誅，則安世早任為衛將軍矣。惟方誅霍氏時，安世為衛將軍未久，故以車騎將軍稱之。是宣帝或竟欲以霍氏牽及安世也。蓋宣帝誅霍氏之前，魏相，許延壽，金安上皆與宣帝而敵諸霍；而張安世獨依違于二者之間無所建白。是時宣帝或疑其黨於霍氏而欲誅之。是安世之領尚書事蓋未能盡監察牽制之職責，而充國時任後將軍少府——據百官表，此時少府為宋疇，充國蓋是長樂少府——曾與廢霍氏之謀，故能為安世解說，此則由充國傳知之，證以安世傳而益明者也。）

神爵元年，韓增為大司馬車騎將軍，領尚書事，五鳳二年薨。（韓王信傳）

　　于定國以御史中丞遷光祿大夫平尚書事（本傳）

　　張敞為太中大夫與于定國共平尚書事（本傳）

至宣帝寢疾，引外屬侍中樂陵侯史高，太子太傅望之，少傅周堪至禁中，拜高為大司馬車騎將軍，望之為前將軍，光祿勳堪為光祿大夫，皆受遺詔輔政，領尚書事。（蕭望之傳）——高永元元年免，望之及堪初元二年免，堪後又拜光祿大夫，領尚書事。

　　元帝初元元年，石顯以中書令幹尚書事，成帝即位罷死。（石顯傳）

　　劉向傳：『周堪拜為光祿大夫，領尚書，張猛為太中大夫，給事中；顯幹尚書事，尚書五人皆其黨也。堪希得見，常因顯白事，事決顯。』

成帝即位，王鳳為大司馬大將軍領尚書事，陽朔三年薨。（外戚傳）

張禹為諸吏光祿大夫，給事中，領尚書事。河平四年罷。（張禹傳，外戚傳。）

鄭寬中以光祿大夫領尚書事。（儒林傳）

孔光以光祿大夫領尚書事，遷光祿大夫領尚書事如故，永始二年遷御史大

夫。（孔光傳）

陽朔三年，王音爲大司馬驃騎將軍領尚書事（代王鳳），永始二年薨。（外戚傳）

　　永始間，薛宣以故丞相爲列侯加特進給事中，視尚書事，尊寵任政。（薛
　　宣傳）

永始二年，王商爲大司馬衛將軍領尚書事（代王音），元延元年薨。（外戚傳）

元延元年，王根爲大司馬驃騎將軍領尚書事（代王商），綏和元年免（外戚傳）

綏和元年，王莽爲大司馬領尚書事（代王根），二年免。（外戚傳）

哀帝即位，師丹爲左將軍領尚書事，月餘，徙爲大司空。（師丹傳）

建平元年，傅喜爲大司馬領尚書事，二年免。（外戚傳）

建平二年，丁明爲大司馬衛將軍領尚書事，元壽二年免。（外戚傳）

元壽二年，董賢爲大司馬衛將軍給事中領尚書事，三年，自殺。（佞幸傳）

平帝即位，王莽爲大司馬領尚書事。（平帝紀）

後漢章帝即位，以太傅牟融，趙憙錄尚書事，融建初四年薨，憙五年薨。
（本紀）

後漢和帝即位，鄧彪以太傅錄尚書事，及竇氏誅，以老病免。（後漢書鄧彪傳）

殤帝延平元年，遷張禹爲太傅錄尚書事，永初元年秋，免。（後漢書張禹傳）

安帝時馮石遷太傅，與太尉劉憙參錄尚書事，順帝既立，免。（後漢書馮魴傳）

順帝即位，桓焉爲太傅與太傅朱寵並錄尚書事，視事三年，免。（後漢書桓焉
傳）

冲帝即位，李固爲太尉，與梁冀參錄尚書事，桓帝立，爲梁冀所殺。（後漢書
李固傳）

質帝崩，胡廣代李固爲太傅，錄尚書事，以病退位。（後漢書胡廣傳）

冲帝即位，梁冀爲大將軍與太傅趙峻，太尉李固參錄尚書事。元嘉元年，每
朝會與三公絕席，十日一入平尚書事。百官遷召皆先到霸門，牋檄謝恩，然
後敢詣尚書。延熹二年，伏誅。（後漢書梁商傳附傳）

永康元年，陳蕃爲太傅錄尚書事，爲王甫所殺。（後漢書陳蕃傳）

中平六年，何進爲大將軍，錄尚書事（後漢書何進傳）

獻帝初平三年，周忠爲太尉，錄尚書事，初平四年以災異免。（後漢書周覬傳）

初平四年，朱儁爲太尉，錄尚書事，明年秋以日食免。（後漢書朱儁傳）

以上領尚書事。至於其他和尚書相關的史料，現在再列舉於下：

漢書劉向傳：『元帝初卽位，太傅蕭望之爲前將軍，少傅周堪爲諸吏光祿大夫，皆領尚書事甚見尊任。更生年少于望之，堪。二人重之，薦更生宗室忠直，明經有行，擢爲散騎宗正給事中。與金敞拾遺于左右，四人同心輔政，患苦外戚許史在位放縱，而中書宦官弘恭石顯弄權。望之，堪，更生議欲白罷退之，未白而語泄，遂爲許史及恭顯所譖愬，堪更生下獄，及望之皆免官，語在望之傳。其春地震，夏，客星見昴卷舌間，上感悟，下詔賜望之爵關內侯，奉朝請，秋，徵堪，向，欲以爲諫大夫。恭顯白皆爲中郎。冬，地復震，時恭顯許史子弟侍中諸曹皆側目于望之等。……更生坐免爲庶人，而望之亦坐使子上書自冤前事，恭顯白令詣獄置對，望之自殺。天子甚悼恨之，乃擢周堪爲光祿勳，堪弟子張猛光祿大夫給事中，大見信任，恭顯憚之，數譖毀焉。……左遷堪爲河東太守，猛槐里令。……後三歲餘，……徵堪詣行在所，拜爲光祿大夫，秩中二千石。領尚書事。猛復爲太中大夫，給事中。顯榦尚書事（注，師古曰，『榦與管同，言管主其事』。按榦从倝从干，說文解字無之，當爲榦之俗體。然漢碑已有其字，則其譌誤已始自漢世矣。說文榦字，大徐音烏括切。段玉裁曰：『匡謬正俗云，「榦音筦，不音烏括反」，引陸士衡愍思賦爲證。按其字倝聲，則顏說是也，然俗音轉爲烏括切。又作榦作斡，亦於六書音義無甚害也。』又曰：『引申言之。凡執柄樞機運皆謂之榦。賈誼鵩鳥賦云，「斡流而遷」，張華勵志詩云，「大儀斡運」，皆是也。或假借筦字，楚詞云，「筦維焉繫，天樞焉加，」或作斡字，程氏瑤田云，「考工記，旋蟲謂之榦，蓋斡之譌也。」』此言顯榦尚書事，卽言顯以中書令管尚書臺事；堪雖領尚書事，不如顯之可以直忠置其事也。然後世知斡爲榦之誤字者甚鮮。相沿別榦與斡爲二字，榦爲烏括切，榦爲古案切；而榦又與榦之別體杆，桿等字相淆混，於是音義愈不可究詰。迄於今日，「榦事」一詞猶爲世俗所常用，然書作「管事」或「筦事，」必羣相駭怪，若書作榦事。則鮮不以不誤爲誤矣。）。……尚書五人皆其黨也，堪希得見，常因顯白事，事決顯口。』

鄭崇傳：『以丞相屬爲書尚僕射。』

何並傳：『是時潁川鍾元為尚書令，領廷尉，用事有權。』

蕭望之傳：『初宣帝不甚從儒術，任用法律；而中書宦官用事，中書令弘恭石顯久典樞機，明習文法，亦與車騎將軍高（史高）為表裏。論議常獨持故事，不從望之等。恭顯又時傾伏見詘。望之以為中書政本，宜以賢明之選，自武帝游宴後庭，故用宦者。非國舊制，又違古不近刑人之義。白欲更置士人，繇是大與恭顯忤。上初即位，謙讓重改作，議久不定。』

成帝紀建始四年：『罷中書宦官。初置尚書五人。』注：『臣瓚曰，漢初中人有中謁者令，孝武加中謁者令為中書謁者令，置僕射。宣帝時任中書官弘恭為令，石顯為僕射。元帝即位，數年，恭死，顯代為中書令，專權用事，至成帝乃罷其官。』

孔光傳：『博士選三科，高第為尚書。……光以高第為尚書，觀故事品式。數歲。明習漢制及法令，轉為僕射，尚書令，加諸吏官。』

翟方進傳：『遷為丞相司直，從上甘泉，行馳道中，司隸校尉陳慶劾奏方進，沒入車馬。既至殿中，慶與廷尉范延壽語。「時慶有章劾，自道行事以贖論，今尚書持我事來，當於此決。前我為尚書時，嘗有所奏事，忽忘之，留月餘。」方進於是舉劾慶曰：「桼慶奉使刺舉大臣，故為尚書。知機事，周密壹統，明主躬親不解，慶有罪，未伏誅，無恐懼心，豫自設不坐之比。又暴揚尚書事，言遲疾無所在，虧損聖德之聰明。奉詔不謹，皆不敬，臣謹以劾。」慶坐免官。』

師丹傳：『尚書劾咸（申咸）。欽（炔欽）幸得以儒官選擢，備腹心。迺復上書妄稱譽丹，前後相違，不敬。』

師丹傳：『書尚令唐林上疏，……上從林言賜丹爵關內侯。』

丙吉傳：『霍氏誅，上親政，省尚書事。』

陳遵傳：『嘗有部刺史奏事過遵，值其方飲。……見遵母叩頭自白，當對尚書，有期會狀。』

司馬相如傳：『上令尚書給筆札。』

張安世傳：『少以父任為郎，用善書給事尚書，精力於職，休沐未嘗出，上

幸河東，嘗亡書三篇。詔問莫能知，唯安世識之，具作其事。後購求得書以
相校，無所遺失。上奇其材，擢爲尚書令。』

霍光傳：『山曰今陛下好與諸儒生語，人人自使書封事，多言我家者。嘗有
上書言大將軍事，主弱臣強，專制擅權。今其子孫用事，昆弟益驕恣，恐危
宗廟。災異數見，盡爲此也。其言絕痛。山屏去不奏其書。後上書者益黠，
盡奏封事，使中書令出取之，不關尚書。』何焯義門讀書記曰：『使中書令
出取，不關尚書，一時以防權臣壅蔽，然自此浸任宦堅矣。成帝以後，政出
外家，有太后爲之內主，故宦豎不得撓。不然，霍氏之後，必有五侯十常侍
之禍。』

金日磾傳：『欽……太中大夫給事中，欽從父弟遷爲尚書令，兄弟用事。』

陳湯傳：『先帝寢疾，然猶垂意不忘，數使尚書責問丞相，趣立其功。』

後漢書光武紀：『建武五年，尚書令侯霸爲大司徒。』

後漢書朱暉傳：『元和中肅宗巡狩，問暉起居，召拜爲尚書僕射，歲中遷太
山太守，上疏乞留中，上許之。……後遷尚書令。』

又：『是時穀貴，縣官經用不足，尚書張林上言。』

又：『穆居家數年，在朝諸公多有相推薦者，於是徵拜尚書。穆旣深疾宦
官，及在臺閣，旦夕共事，志欲除之。』

樂恢傳：『徵拜議郎，入爲尚書僕射。』

何敞傳：『以高第拜侍御史，入爲尚書。』

張敏傳：『舉孝廉，五遷爲尚書。』

胡廣傳：『舉孝廉，旬月拜尚書郎，五遷尚書僕射……代李固爲太尉，錄尚
書事。』

韓棱傳：『（以郡功曹）徵辟，五遷爲尚書令。……肅宗嘗賜諸尚書劍唯此三
人特以寶劍。自手署其名曰，韓棱楚龍淵，郅壽蜀漢文，陳寵濟南椎成。『

周榮傳：『子興尚書郎。

周景傳：『（以故將作大匠）引拜尚書令，遷太僕，衞尉。』

郭躬傳：『弟子鎭……辟太尉府，再遷延光中爲尚書。……再遷尚書令。』

陳寵傳：『辟司徒鮑昱府……三遷肅宗初爲尙書。』

又：『皇后弟竇憲薦眞定令張林爲尙書。』

陳忠傳：『遷廷尉正，擢爲尙書，使居三公曹。……以久次轉爲僕射……遷尙書令……拜司隸校尉……出爲江夏太守……復留拜尙書令。』

陳忠傳：『上疏諫曰：今（安帝時）之三公，雖當其名，而無其實，選舉誅賞一由尙書，尙書見重於三公，陵遲以來，其漸久矣。』

班勇傳：『尙書問勇曰，今立副校尉，何以爲便？又置長史屯樓蘭，利害云何？』

翟酺傳：『遷侍中，時尙書有缺，詔將大夫六百石以上試對政事，天文，道術，以高第者補之。……酺對第一，拜爲尙書。』

又：『權貴共評酺及尙書令高堂芝等。』

仲長統傳：『昌言法誡篇曰：光武皇帝慍數世之失權，忿彊臣之竊命，矯枉過直，政不在下。雖置三公，事歸臺閣。自此以來，三公之職，備員而已。然政有不理，猶加譴責。而權移外戚之家，寵被近習之堅。親其黨類，用其私人。內充京師，外布列郡。』

梁節王暢傳；『永元五年，豫州刺史舉奏暢不道，考訊辭不服。有司請徵暢詣廷尉，和帝不許。有司重請除暢國徙九眞。帝不忍，但削成武單父二縣。』

陳禪傳：『尙書陳忠劾禪。』

陳龜傳：『（以故度遼將軍）復徵爲尙書令。』

橋玄傳：『轉司徒……策罷，歲餘爲尙書令。』

崔寔傳：『拜遼東太守，行道，母劉氏病卒……服竟召拜尙書。寔以世方阻亂，稱疾不視事，數月免。』

楊震傳：『帝舅大鴻臚耿寶薦中常侍李閏兄於震……震曰；「如朝廷欲令三府辟召，故宜有尙書勅，遂拒不許。」』

楊秉傳：『拜太中大夫，左中郎將。遷侍中，尙書，出爲右扶風。』

又：『徵拜河南尹……單超弟匡客任方刺兗州從事，突獄亡走，尙書召秉詰責。』

又；『詔公車徵秉，不至。有司並劾著大不敬，尚書令周景與尚書邊詔議奏……明王之世必有不召之臣。』

又：『尚書召對秉掾屬曰：「公府外職而奏劾近官，經典漢制有故事乎？」』

楊賜傳：『拜少府，……以病罷，……拜賜尚書令，數日出爲廷尉。』

楊彪傳；『代朱儁爲太尉，錄尚書事。……及車駕還，復守尚書令。』

張晧傳：『尚書僕射，出爲彭城相。』（自大將軍府掾屬5遷。）

又：『永寧元年徵拜廷尉。晧雖非法家而留心刑斷，數與尚書辯正疑獄，多以詳見從。』

張綱傳：『冀乃諷尚書以綱爲廣陵太守。』

王龔傳：『徵拜尚書，擢司隸校尉。』

王暢傳：『梁商特辟舉茂才，四遷尚書令，出爲濟相，……免……是時政事多歸尚書。桓帝特詔三公，令高選庸能。太尉陳蕃薦暢，清方公正，有不可犯之色，由是復爲尚書。尋拜南陽太守。』

種暠傳：『徵拜議郎，遷南郡太守，入爲尚書。……擢暠度遼將軍。』

杜根傳：『初平原郡吏成翊亦諫太白歸政，坐抵罪。與根俱徵。擢爲尚書郎，……免歸……後尚書令左雄，僕射郭虔，復擧爲尚書。』

欒巴傳：『遷沛相，所在有績，徵拜尚書。』

劉陶傳；『三遷爲尚書令，以所擧將爲尚書，難與齊，乞從冗散，拜侍中。』

劉瑜傳：『以侍中平勳爲尚書令。』

虞詡傳：『帝問諸尚書，尚書賈朗……證詡之罪，帝疑焉。

虞詡傳：『遷尚書僕射，……永和初遷尚書令。』

又：『寧陽主簿詣闕訴縣令之枉。……帝大怒，持章示尚書，尚書遂劾以大逆。詡因謂諸尚書曰：「小人有怨，不遠千里，斷髮刻肌詣闕告訴而不爲理，豈臣下之義。」』

張衡傳；『初出爲河間相，徵拜尚書。』

蔡邕傳；『轉治書侍御史，遷尚書。』

劉寬傳：『出爲東海相……再遷尚書令。』（碑云司徒長史拜尚書，出爲東海相）

伏湛傳：『爲平原太守，……徵拜尚書，使典定舊制，拜爲司直。』

郭賀傳：『以司徒掾累官尚書令，拜荊州刺史。』

馮勤傳：『以郎中給事尚書，拜尚書，尚書令，大司農。』

鄭均傳：『以公車特徵，拜尚書……乞歸，拜議郎。』

趙謙傳：『以故司徒爲尚書令。』

馮衍傳：『子豹，以武威太守徵爲尚書。』

郅惲傳：『子壽，以冀州刺史三遷爲尚書令，擢爲京兆尹，以公事免，復徵爲尚書僕射。』

襄楷傳：『詣闕上書，上卽尚書問狀。』

郭伋傳：『以雍州牧轉尚書令，出爲中山太守。』

樊宏傳：『準……宏之族曾孫也。……爲河內太守……以疾徵……三轉爲尚書令，光祿勳。』

馮鮪傳：『（孫石）遷太傅，與太尉東萊劉喜參錄尚書事。順帝旣立，石與喜皆以阿黨閻顯江京等策免。』

鄭弘傳：『淮陰太守四遷，建初爲尚書令。舊制尚書郎補縣令長丞尉。弘奏以爲臺職雖尊，而酬賞甚薄，請使郎補千石令，帝從其議。出爲平原相，徵拜侍中。』

左雄傳：『徵拜議郎，……拜雄尚書。再遷尚書令。遷司隸校尉。初雄薦周舉爲尚書，舉旣稱職，議者咸稱焉……坐法免，後復爲尚書。』

左雄傳：『案尚書故事無乳母爵邑之制，唯先帝乳母王聖爲野王君。』

左雄傳：『是時大司農劉據以職事被譴，召詣尚書。』

左雄傳：『每有章表奏議，臺閣以爲故事。』

周舉傳：『轉冀州刺史，……司隸校尉左雄薦舉，徵拜尚書。』

黃瓊傳：『拜議郎，稍遷尚書僕射。……遷尚書令，稍遷太常。』

韓韶傳：『尚書選三府掾能理劇者，乃以韶爲嬴長。』

陳寔傳：『（潁川）太守高倫，被徵爲尚書。』

陳紀傳：『豫州刺史嘉其至行，上尚書圖象百城以厲風俗。……拜太僕，又

徵爲尙書令。』

李固傳：『公卿舉固對策曰，……又詔書禁侍中尙書中臣子弟，不得爲吏察孝廉者，以其秉威權，容請託故也。而中常侍在日月之側，聲勢振天下，子弟祿仕曾無限極……今可爲設常禁，同之中臣。……今陛下之有尙書，猶天之有北斗也。斗爲天喉舌，尙書亦爲陛下喉舌。……尙書出納王命，賦政四海，權尊執重，責之所歸。……今與陛下共理天下者，外則公卿尙書，內則常侍黃門。』

李固傳：『舊任三府選令史，光祿試尙書郎，皆特拜，不復選試。』

杜喬傳；『爲太尉……覃鬷舉氾宮爲尙書。喬以宮臧罪明著，遂不肯用。』

史弼傳：『弼由北軍中候遷尙書，出爲平原相。』

史弼傳；『父敞順帝時以佞辯至尙書郡守。

史弼傳：『裴瑜位至尙書。』

盧植傳：『爲侍中，遷尙書。』

皇甫規傳：『爲度遼將軍……徵爲尙書……遷宏農太守。』

陳蕃傳『稍遷拜尙書……徵爲尙書令……免……徵爲尙書僕射……以蕃爲太傅，錄尙書事，諸尙書畏懼權官，託病不朝，蕃以書責之。』

陳蕃傳：『永康元年，竇后臨朝。……蕃爲太傅錄尙書事，……（爲宦官曹節王甫等所殺）。』

陳蕃傳：『上書曰，「陛下宜割塞近習豫政之源，引納尙書；朝省之事公卿大夫五日一朝。」……不納。』

樊準傳：『帝幸南陽，準爲功曹召見。帝器之，從車駕還官。特補尙書郎，再遷御史中丞。』

徐防傳：『舉孝廉爲郎，辭貌矜嚴，占對可觀，顯宗器之，特補尙書郎，職典樞機，周密畏愼。奉事二帝，未嘗有過。和帝時稍遷司隸校尉。』

左雄傳：『廣陵孝廉徐淑年未及舉，臺郎疑而詰之。』

黃瓊傳：『尙書周永，昔爲沛令；素事梁冀；幸其威執。坐事當罪，越拜令職。』

王允傳：『拜太僕，再遷，守尙書令。』

黨錮傳序：『初桓帝爲蠡吾侯，受學於甘陵周福，及即帝位，擢福爲尙書。』

黨錮傳：『劉淑……拜議郎……再遷尙書，建議多所補益，又再遷侍中。』

又：『杜密……太山太守……去官，……桓帝徵拜尙書令，轉河南尹。』

又：『劉祐……初察孝廉，補尙書侍郎。閑練故事，文札彊辨；每有奏議，應對無滯，爲僚類所歸。除任城令。……河東太守。……再遷延熹四年拜尙書令，又出爲河南尹。』

又：『魏朗……出爲河內太守。……尙書令陳蕃薦朗公忠亮直，宜在機密，復徵爲尙書。』

又：『尹勳……邯鄲令，……五遷尙書令。』

又：『羊陟……冀州刺史，……再遷虎賁中郎將，城門校尉，三遷尙書令。……拜陟河南尹。』

又范滂傳：『尙書責滂所劾猥多，疑有私故。』

又：『滂繫獄，尙書霍諝理之。』

竇武傳：『（宦官）召尙書官屬，脅以白刃，使作詔板，拜王甫爲黃門令。』

何進傳：『尙書得詔敕，疑之，曰請大將軍出。』

鄭太傳：『以公業爲尙書侍郎。』

孔融傳注引典略：『路粹建安初以高第擢拜尙書郎。』

荀彧傳：『及帝都許以彧爲侍中守尙書令。』

董卓傳：『集議廢立，百僚大會……尙書盧植獨曰：「昔太甲既立不明昌邑罪過千餘，故有廢立之事。今上富於春秋，行無失德，非前事之比也。」卓大怒，罷坐。』（植以故北中郎將徵爲尙書，見本傳。）

董卓傳：『及其在事，雖行無道，而猶忍性矯情，擢用羣士。乃任吏部尙書漢南周珌，侍中伍瓊，尙書鄭公業，長史何顒等。以尙書韓馥爲冀州刺史。』

又：『催汜等更以（賈詡）爲尙書典選。』

又：『使侍中劉艾出讓有司，於是尙書令以下，皆詣閣謝。』

劉表傳：『劉光，尙書令。』

劉矩傳：『太尉胡廣舉矩賢良方正，四遷尚書令。』

周紆傳：『召司隸校尉河南尹詣尚書譴問道劍戟士收紆。』

陽球傳：『舉孝廉拜尚書侍郎，閑達故事，其章奏處議常爲臺閣爲崇信。』

又：『遷將作大匠……頃之拜尚書令。』

又：『球出謁陵，節勅尚書令召拜，不得稽留尺一。』

孫程傳：『迎濟陰王立之，是爲順帝，召尚書令，僕射以下從輦。』

曹節傳：『節遂領尚書令。』

戴憑傳：『帝卽勅尚書解遵禁錮。』

張馴傳：『徵拜尚書。』

周澤傳：『孫堪，徵爲侍御史，再遷尚書令。』

李育傳：『再遷尚書令。』

黃香傳：『拜尚書郎……拜左丞……累遷尚書令……後以爲東郡太守•……
復留爲尚書令，增秩二千石。』

劉梁傳；『召入拜尚書郎。』

周嘉傳：『舉爲孝廉拜尚書郎。』

陸續傳：『祖父閎，建武中爲尚書。』

李郃傳：『五遷尚書令。』

樊英傳：『令公車令導尚書奉引賜几杖。』

單颺傳：『爲漢中太守，公事免，拜尚書。』

周黨傳：『乃著短布單衣，穀皮綃待見尚書。』

王霸傳：『建武中徵到尚書。』

漢陰老父傳：『尚書郎張溫異之。』

東夷高句驪傳：『（宮死），子遂成立，姚光上言欲因其喪發兵擊之，議者皆
以爲可許，尚書陳忠曰：「宮前桀黠，光不能討；死而擊之非義也。」』

綜以上各條，關於尚書的職任可歸納出下列的幾件事：

（1）尚書的職守

a. 最初尚書爲管天子筆札的官，屬於少府，

b. 因為管筆札，成為給天子下詔令和保管擋案的官。

c. 內朝和外朝在武帝以後有了分別，於是內朝的定案便從尚書臺通過，再下給三公。

d. 尚書的任務加重，於是昭帝以後，當政大臣加上領尚書事衡，來處理國家的政務。

e. 宣帝為防權臣的擅權，更由中書處置尚書的文件。到成帝時始改。

f. 光武以後將內朝的官職多歸裁併，專任尚書。此時宰相的職務也成為具文。

g. 東漢的晚期，宦官的中常侍和小黃門又成了新的內朝，控制着尚書臺事。

（2）尚書的選任：

a. 尚書令由故三公，九卿，將作大匠，侍中，尚書僕射，尚書丞，州牧，太守轉任。

尚書令轉為三公，九卿，司隸校尉，三輔，太守，諸侯相及刺史。

b. 尚書僕射多由尚書轉任，或有由議郎及三公屬轉任。

尚書僕射多轉任尚書令，但亦有為諸侯相的。

c. 尚書以故將軍，侍中，議郎，侍御史，三公屬，北軍中侯，博士，太守縣令轉任，或以尚書郎累遷。

尚書轉為尚書僕射，侍中，司隸校尉，三輔，太守，諸侯相，侍御史。

尚書令在西漢已有由九卿來領職的。不過在西漢時其例尚少。到東漢時，尚書令作三公，三公作尚書令，已經不算希有的事了。尚書本來只管章奏，但到了東漢，朝中的詢問，糾舉，辟召，以及一切的國政，原由丞相和御史大夫擬議的，現在都完全歸入尚書之手。這就是『雖置三公，政歸臺閣』。

尚書和中書的關係，各書中頗有含混不明的。續漢志說：『尚書令一人千石，本注曰：承秦所置。武帝用宦者，更為中書謁者令，成帝用士人，復故。』通典卷二十二便成着這個說法，以為『漢承秦置尚書，武帝游宴後庭，始用宦者為中書之職，成帝罷中書宦官，置尚書五人。』又；『成帝去中書，更以士人為尚書。』照此說來，漢初本有尚書，到武帝時改為中書，成帝時纔恢復尚書

的制度。今按漢武帝以司馬遷爲中書令，在太始年間，司馬相如傳的『尚書給筆札』，應在元光以前；史記三王世家的守尚書令在元狩六年；雖不足爲武帝時未曾改尚書爲中書之證，但張安世爲尚書令；卻在武帝的晚期；並且昭宣元三代的尚書也並見前引，可見說是成帝時總恢復尚書；是不足爲據的。

這裏誤會的原因，是由於石顯傳說：『望之………以爲尚書百官之本，國家樞機，宜以通明公正處之。武帝游宴後庭始用宦者，非古制也。』蕭望之傳說：『望之以爲中書政本，宜以賢明之選，自武帝乃用宦者，非國舊制，白欲更置士人。』成帝紀建始四年：『罷中書宦官，初置尚書員五人』百官公卿表：『建始四年更名中書謁者令爲中謁者令，初置尚書員五人。』據這幾段的表面文字來看，當然是武帝置中書宦者來代替尚書，到成帝時重置尚書五人，但據其他的材料看來，卻不如此簡單（見前引），武帝到成帝時，尚書有令一人，僕射一人，尚書四人。此時另外有中書令一人，中書僕射一人。中書所管的，仍是尚書的事，所以在石顯傳稱爲『尚書百官之本』而在蕭望之傳，則稱爲『中書政本』。可見中書並非獨立於尚書之外的。至成帝時『初置尚書員五人』是在四人之中，加多一人，成爲五人。並非至此纔初置尚書。

至於劉向傳所說：『（五）鹿幹尚書事，尚書五人皆其黨也』一事，在元帝時不應有尚書五人，或連僕射而言，總爲五人。因爲僕射也是秩六百石，和尚書相同的。又按百官公卿表『建昭元年：尚書令五鹿充宗爲少府』。（在賈捐之傳中言其爲尚書令事，在朱雲傳中言其爲少府事，和石顯是同黨的。）劉向傳所說，應在初元時，此時五鹿充宗或已爲尚書令，或仍作尚書，未能明晰，然從五鹿充宗事，也可以知元帝時尚書的人選了。

三國魏黃初元年，曹丕改祕書爲中書，以劉放爲中書監，孫資爲中書令；是爲後世中書省之始，雖然其名和西漢的中書相同，其內容卻是不同的。

（丁）將軍

將軍和大司馬一職，在孟康所說是屬於中朝。而錢大昕三史拾遺則稱：

衛青霍去病雖貴幸，亦未干丞相御史職事。至昭宣之世，大將軍權兼內外，又置左右前後將軍，在內朝預聞政事。

在漢代除大將軍以外，尚有車騎將軍（金日磾，竇憲，鄧騭，閻顯，何苗。）衞將軍（張安世，王商。）驃騎將軍（王根，董重。）皆輔政重臣，各置幕府，有長史，從事中郎，功曹，主簿，議曹，司馬，軍司空，武庫令，軍市令，校尉，等。而出征時大將軍管五部，部校尉一人，軍司馬一人；部下有曲，曲有軍侯一人；曲下有屯，屯長一人。又有假司馬，假侯，皆管副貳。其別營領屬，爲別部司馬。又有將兵長史之類。此篇不擬詳述，擬在『漢代幕府考』一文中論之。

關於外朝諸官，本篇亦不擬詳述，擬另作『漢代公卿考』一文。現在止將內朝和外朝的關係大致說一下。在丞相和御史大夫的時代，丞相是非常重要的。雖然用人行政無所不統，但大體說來，京師之事有九卿直接天子。郡國之事卻由丞相統率。丞相五日一朝天子，若有政事，丞相具奏以聞，亦得引見。所以外朝以丞相爲主，而丞相實天子（治者）和郡國（被治者）的聯繫。漢代郡守和國相，雖然對天子而言是被治者，但在施政方面，還有比較大的自由，所以天子止要安心清靜無爲，丞相對天下事舉其大綱，是不太困難的。因此自高惠文景以還，用不着內朝外朝的分別。

到了武帝時代，丞相和郡守國相之權雖然尚仍舊貫，但天子方面對於丞相的壓力增加了。天子方面的壓力，便自然形成了一個集團，便是內朝，內朝結論總匯的所在，便是尚書。在這種狀況之下，尚書的組織便會龐大起來。

然而丞相府還是一個完整的機關，內朝的成立使得若干國家大計被內朝奪了去，但習慣上的用人行政，總還保持一貫的成例。到了司徒，司空，太尉，三府成立了，一個有力的丞相府再變成沒有力量的三個府，尚書臺接受了丞相府的事權，三府只成了一個承轉機關。尚書和侍中官位隆重了，尚書和侍中關係疏遠了，於是新的內朝，中常侍和小黃門，隨着起來。

漢代尚書的職任及其與內朝的關係

一、尚書與中書的關係

　　尚書這一個職務，在西漢時代，逐漸演變，到東漢時代，尚書臺就變成事實上的宰相府。在各種官制書當中，只表示尚書一職每次演變的結果，卻把演變的原動力分析得不夠。不錯，尚書令及尚書都不是高官，只因為被天子重用才逐漸的把重要性升格上去。但在滿朝臣列之中，和尚書令同等的「令」還有很多，為什麼尚書一職，獨得機緣？當然還可以作進一步的解釋。尚書是近臣，但這種「近臣」原來近到甚麼程度？和天子的關係究竟是怎樣的？這又是一個值得討論的問題。還有更重要的，尚書和中書的關係及其分合究竟是怎樣的，以及尚書究竟屬於內朝還是屬於外朝？這都形成了爭論，而應當加以澄清的。

　　尚書問題在兩漢時代不僅是一個重要問題，而且是一個複雜問題。因為是一個重要問題，所以牽涉到對於兩漢的政治事件，而必需做到正確的了解。因為是一個複雜的問題，所以必需把這些糾結之點，加以疏解。最先，要討論的還是一個相沿不斷的疑問，尚書和中書的同異以及分合的問題。

　　對於這一個問題，歷來討論的確實不少。現在以陳樹鏞的《漢官答問》作代表，把他的意見引證如下：

　　〈成帝紀〉云：「建始四年，罷中書宦官，初置尚書員五人」（按以前尚書只有四人），〈百官公卿表〉云「建始四年，更名中書謁者令為中謁者令，初置尚書員五人」，《通典》因之，遂（以）為「漢承秦置尚書，武帝遊宴後庭，始用宦者，為中書之職。成帝罷中書宦官，置尚書五人」，又云「成帝去中書，更以士人為尚書」。一似武帝時有中書，無尚書；成帝時去中書，乃置尚書。又似成帝以前尚書即中書，用閹人為之，成帝乃用士人。考《史

記・三王世家》有「守尚書令丞」之文,〈司馬相如傳〉有「尚書給筆札」
之語,則武帝時已有尚書,不得云成帝時初置矣。〈霍光傳〉云上書者益黜,
盡奏封事。輒使中書令出取之,不關尚書。是尚書中書本二官,不得合為
一矣。霍光於昭宣之世領尚書,張安世宣帝時領尚書,張敞、于定國宣帝
時平尚書,蕭望之、史高元帝時領尚書,則武昭宣元四朝未嘗無尚書矣,
然猶可曰武帝時更以閹人為之。考張安世武帝時為尚書令,〈賈捐之傳〉:
五鹿充宗為尚書令,賈捐之亦欲為之,則元帝時尚書令非閹人,不得云「成
帝時乃用士人」,明矣。

〈成帝紀〉注引《漢舊儀》云:「尚書四人為四曹,成帝置五人,有三公曹。」
此甚分明,蓋成帝罷中書而加一尚書,非罷中書始置尚書也。(陳氏自注:
〈劉向傳〉云,「石顯幹尚書,尚書五人皆其黨」,此元帝時不當有五人,
蓋四人之誤。)然則漢初有尚書,武帝有尚書又有中書,中書是宦者,尚
書是士人,昭宣元因之,成帝乃罷中書獨有尚書。尚書在省中,較丞相為
近天子,故領尚書者奪丞相權。中書是宦者,得出入臥內,較尚書又近,
故宣帝使中書出取尚書章,以奪霍氏權。元帝時石顯以中書令而制尚書之
蕭望之也。然〈佞倖傳〉云:「望之以尚書為百官本,宜以通明公正處之,
武帝遊宴後庭,故用宦,非古制。宜罷中書宦官。」〈蕭望之傳〉以為「中
書政本宜以賢明之選。自武乃用宦者,非國舊制,白欲更置士人」。一言
尚書,一言中書,又似尚書即中書。考此二文本同一事,不當有異。班氏
兩錄其文,而又言為誤,遂使讀者不能明矣。蓋尚書政事之本,以士人為
之。武帝以士人不可出入後庭,乃以宦者為中書,出取尚書章奏。元帝之
世至以中書令而幹尚書。望之之意以為尚書政事之本,不可使宦者干預,
宜罷中書。〈佞倖傳〉所載是也,〈望之傳〉所云則誤矣。

中書前所未有,武帝始置即以宦者為之,何得云「武帝乃用宦者,非舊制」
乎?武帝之置中書,以其可以出入臥內耳,何得謂之為「政本」乎?〈佞
倖傳〉言,欲去中書可也,去中書則專用尚書也。此言「白欲更置士人」。
夫中書本以宦者可出入後庭,更用士人為中書何為乎?觀此文知〈成帝紀〉
及〈表〉所謂成帝初置尚書者,班氏蓋以為武帝以宦者為中書,成帝廢中
書初置尚書,而蕭望之當元帝時欲去中書宦者改用士人也。誤矣。幸有〈佞
倖傳〉足以證〈望之傳〉之誤,不然,以為出於望之之口,無從辨之矣。[1]

---

1 《漢官答問》卷1,頁11上、下,振綺堂叢書本。

又王國維的《太史公行年考》說：

> 案《漢書》本傳「遷既被刑之後，為中書令，尊寵任職事」，當在此數年中（太始元年前後）。《鹽鐵論·周秦篇》：「今無行之人，一旦下蠶室，創未愈，宿衛人主，出入宮殿，得由受祿食太官享賜，身以尊榮，妻子獲其饒」云云。是當時下蠶室者，刑竟即任以事。史公父子素以文學登用，奉使扈從，光寵有加。一旦以言獲罪，帝未嘗不惜其才。中書令一官設於武帝，或竟自公始任此官，未可知也。

> 又案《漢書·百官公卿表》，少府屬有中書謁者、黃門、鉤盾、尚方、御史、永巷、內者、宦者、八官令丞。中書令即中書謁者令之略也。《漢舊儀》（《大唐六典》卷九引）中書令領贊尚書出入奏事，秩千石。《漢書·佞倖傳》：「蕭望之建白，以為尚書百官之本，國家樞機，宜以通明公正處之，武帝遊宴後庭，始用宦者，非古制也，宜罷中書宦官。元帝不聽。」〈成帝紀〉：「建始四年春，罷中書宦官，置尚書員五人。」《續漢書·百官志》：「尚書令一人，承秦所置，武帝用宦者，更為中書謁者令，成帝用士人，復故。」據此，似武帝改尚書為中書，復改士人用宦者。成帝復故。

> 然《漢書·張安世傳》：「安世武帝末為尚書令。」〈霍光傳〉：「尚書令讀奏。」〈諸葛豐傳〉有尚書令堯。〈京房傳〉：「中書令石顯顓權，顯友人五鹿充宗為尚書令。」事皆在武帝之後，成帝建始之前。是武帝雖置中書，不廢尚書，特於尚書外增一中書令，使之出受尚書事入奏於帝耳。故〈蓋寬饒傳〉與〈佞倖傳〉亦謂之中尚書，蓋謂中官之幹尚書事者，以別於尚書令以下士人也。《漢舊儀》（《北堂書鈔》卷五十七引）：「尚書令並掌詔奏」，既置中書，詔誥答表，皆機密之事。蓋武帝親攬大權，丞相自公孫弘以後，為李蔡、莊青翟、趙周、石慶、公孫賀等，皆以中材備員，而政事一歸尚書。霍光以後，凡秉政者無不領尚書事。尚書為國政樞機，中書令又為尚書之樞機，本傳所謂尊寵任職者，由是故也。[2]

以上兩節對於中書與尚書的分析都是很精粹的，其中許多重要問題還是成為懸案，一直到目前還需做進一步明確的勘定。在陳樹鏞及王國維兩節意見，的確給我們許多啟示（這也就是本篇中不將這兩節加以刪節的原因）。但若干關鍵問題，

2　藝文影印密均樓《觀堂集林》，頁 130。

尚留給我們，不曾加以解決。其中的問題，如：(1) 中書令是否卽是宦官做了尚
書令，就改稱爲中書令？(2) 中書令、中尚書令、中書謁者令是否爲一個職務的
異稱，如其是一個職務的異稱，那就中那一個應當算正式的名稱？(3) 中書令和
尚書令職司上究竟有無相異之處，如其職司相同，那中書令和尚書令的關係究竟
是一個什麼關係？(4) 中書令以下是否別有部屬，如同「中書」之類，如其別無部屬，
那就尚書是否也算中書令的部屬。這些問題才是和漢代中樞政治有關，而需要加
以澄清的。

　　關於第一項，自秦代卽是這樣的。在太僕以下有車府令，但趙高任車府令，
卽稱爲中車府令，甚至代李斯爲丞相也稱爲中丞相。所以士人的官職，不屬於後
宮系統的，如其改任宦官去做，就要在上面加一個中字作爲識別。尚書令本來是
士人的職務，但漢武帝任司馬遷去做，當然也要加上一個中字。也就牽涉到第二
項的問題，宦官去做尚書令，正式的名稱應當是「中尚書令」，中書令只是中尚書
令的簡稱。至於中書謁者令那又是中書令再兼上中謁者令的職稱，兩職合併就稱
爲中書謁者令。實際上應當是中尚書令兼中謁者令。當然這個職名就嫌太繁了。
中書謁者令一稱，見於《漢書・百官公卿表》，少府屬官有「中書謁者令丞」。又《北
堂書鈔・設官部》引《漢舊儀》：

> 尚書令主贊奏，下書；僕射主閉封；丞二人主報上書者，兼領財用、火燭、
> 食廚。漢置中書官，領尚書事，中書謁者令一人。成帝建始四年罷中書官，
> 以中書為中謁者令。[3]

這裡中書謁者令的名稱，起源不會太早。據《漢書》六十二〈司馬遷傳〉，司馬遷的
職務只是中書令，並非中書謁者令[4]。〈元帝紀〉初元二年：「中書令弘恭、石顯譖（蕭）

3　　四部備要，漢官六種本，《漢舊儀》，頁 2 下

4　　中書謁者令的名稱見於《續漢書・百官志》：「尚書令一人，千石，本註曰承秦所
　　置，武帝用宦者，更為中書謁者令，成帝用士人，復故。掌凡選署及奏下尚書曹文書
　　眾事。」《漢舊儀》說：「漢置中書令領尚書事，中書謁者令一人，成帝建始四年罷
　　中書官，以中書為中謁者令。」照《續漢書》說，中書謁者令是武帝時置，但拿《漢
　　舊儀》來校，顯然此說出於《漢舊儀》（衛宏作《漢舊儀》，是東漢時人；司馬彪作《續
　　漢書》，是西晉時人）。在武帝和元帝時都只有中書令，可見中書謁者令是成帝初年
　　所改，再第二步改為中謁者令。這一點司馬彪可能有所誤會。

　　當然除去了以上的解釋以外，還有別的解釋，這種解釋卻是不對的。這種解釋以為中

望之等，令自殺。」又《漢書》七十八〈蕭望之傳〉：「初宣帝不甚從儒術，任用法律，而中書宦官用事。中書令弘恭、石顯久典樞機，明習文法，亦與車騎將軍高爲表裡，論議常獨持故事，不從望之等。」又「(鄭)朋出揚言曰，我見，言前將軍小過五，大罪一。中書令在旁知我言狀。」又《漢書》卷九十三〈佞倖傳〉：「宣帝時任中書官，(弘)恭明習法令故事，善爲請奏，能稱其職。恭爲令，(石)顯爲僕射。元帝即位數年，恭死，顯代爲中書令。」這裡說的都是中書令，並無中書謁者令。那就顯出來中書謁者令是成帝初年所改，將中書和謁者合併，正表示著準備罷中書，使中書令兼理謁者事務作爲過渡，然後再把中書謁者令的中書方面的職務去掉，就專爲中謁令了。所以中尚書令與中書令是同一的官職，而中書謁者令又是後期的發展。

第三項和第四項也是具有相互的關係。據《漢書》七十八〈蕭望之傳〉稱爲「中書政本，此宜以賢明之選，……白欲更置士人」，而九十三〈佞倖・石顯傳〉則爲：「以爲尚書百官之本，國家樞機，宜以通明公正處之」，並且還說「語見〈望之傳〉」，可見班氏作兩篇列傳的時候，曾互相關照過，不宜有誤。那就在東漢時期，據班固所了解的，就是中書的含義和尚書是相通的，陳樹鏞以爲〈蕭望之傳〉有誤，這種意見實在證據不足。但是如其承認班固的了解是對的，中書令所負的責任也在

書謁者令在武帝時已是這樣，不過中書令爲本職，謁者令是一個不太重要的兼職，所以一般只說中書令，其中「謁者」兩個字就被省略了。他們以爲原來尚書要奏事上去，由左右曹及諸吏兩種加官的重臣接受的，到武帝時重用中書，中書爲宦官，不必再要左右曹及諸吏奏尚書奏議，所以就由他加一個謁者令的職務來接收尚書的奏議，這就是中書令兼謁者令，總稱爲中書謁者令的由來。這個假設看起來好像沒有問題，其實仍然是不可信據的。

要把這一個假設的缺失說明白，第一步是把 (1) 左右曹及諸吏 (2) 謁者，兩種職務加以澄清，知道這兩個職務絕對不相干，不能互相替代。那就知道縱使把中書加上謁者的名義，也不是爲代替左右曹及諸吏的職務而加上的。

謁者在《漢書・百官公卿表》說：「謁者常實讚受事，員七十人，秩比六百石，爲僕射。」《續漢書・百官志》說：後漢「常侍謁者五人，比六百石。本注曰：主殿上時節威儀。謁者三十人，其給事謁者四百石，其灌謁者郎中，比三百石。本注曰：常實贊受事及上章報問。將、大夫以下之喪，掌使弔。本員七十人，中興但三十人，初爲灌謁者，滿歲爲給事謁者。」又「謁者僕射一人，比千石。本注曰：爲謁者臺率，主謁者，天子出，奉引。」可見謁者的職任，只以未央前殿朝會及宮外事務爲限。尚書、侍中一類近臣與天子之間，用不著謁者來參加服務，更不能代替比較地位高的如左右曹及諸吏的地位。因而有些人猜想爲增加宦官的作用，把中書令給予一個謁者令的地位，是根據不夠的。

尚書方面，那就在武帝以後成帝以前，至少有一些時期還有尚書令，如王國維所舉出的，〈張安世傳〉安世武帝末爲尚書令，〈霍光傳〉在廢昌邑王時尚書令讀奏，〈諸葛豐傳〉在元帝卽位後，曾由尚書令下司隸校尉諸葛豐書，〈京房傳〉元帝時石顯專權，五鹿充宗爲尚書令，都顯示著昭宣之際及元帝時確有尚書令一官。就這一點來說，又必需把置尚書令一事，在可能範圍內的不同情形加以分析。

這是毫無疑問的，旣已設置中書令就具有尚書令的實質。如其沒有尚書令，那中書令就是尚書令；如其保存了尚書令所處理的是屬於政策上的，而尚書令不過是一個傳達的工具。所以在武帝晚期以後，到成帝初年以前，只有兩種可能，第一，中書令就是尚書令，所以並無一定要設尚書令的必要，只有在某種特殊狀況之下，才會中書令和尚書令並設；第二是尚書令只算中書令屬下一個管經常事務的官，所以在設中書令的時候，尚書令一職還保留著，這仍然不妨害尚書和中書屬於同一種樞機職務的原則。現在史料不夠，無法決定那一種可能性是對的，但是無論如何，就尚書的行政功能來說，只要有中書令，中書令就是尚書機構的正式主官，不管有沒有尚書令，都是一樣的。

在這一個分析之下，第三項和第四項的問題也就很容易來答覆。卽中書與尚書的任務並沒有什麼不同，只是只要有中書，中書便是尚書方面的主管。至於中書令的部屬，也很容易指出，中書令的部屬就是尚書臺中所有的官吏。如其在中書令以下還設有中書僕射（〈石顯傳〉，弘恭爲中書令時，石顯爲中書僕射，弘恭死，石顯遷爲中書令），那麼中書僕射應當是一個尚書僕射的缺，撥歸中書僕射，其地位在尚書令之下，事實上是中書令的副貳。如其此時有尚書令，中書僕射的實權，應當在尚書令之上的。至於西漢時代全尚書臺都在中書令（以及中書僕射）指揮之下，除去他們是宦官得入天子臥內以外，其他諸人都是在尚書機構中辦公的。這一點就和曹魏的中書，雖然名稱相同，實際上並沒有任何相承的系統。

再看一看中書令的設置，就現存的史料來看，似乎只是武帝晚年有過，宣帝親政以後及元帝時期有置，到成帝初年廢止。其中昭帝時代以及宣帝初年，似乎就沒有中書令的痕跡。非常可能在昭帝時代及宣帝初年霍光攝政時期，根本就沒有中書令。因爲中書令是由天子重用宦官而產生的。在昭帝時代及宣帝初年都是由霍光當政，也就不需要重用宦官，到宣帝親政時爲著和霍氏的勢力對立，又要

利用宦官來保持秘密，就把武帝晚期的中書令制恢復了。這就表示從武帝到成帝，中書令一職並非一直繼承下去，而是其中還有一些存廢的經過在內的。

二、尚書與內朝的關係

尚書的職務和西漢時代所謂「內朝」，或所謂「中朝」，是無法分開的。本來「內朝」並非一個合法的組織。天子的「朝」向來就只有一個，從商代以來，就是這樣。依照金文中的記錄，天子朝會群臣，也一直就是這樣，其中並無「中」「外」之分。這種情形，再到漢代的高、惠、文、景，除去了例行扈從天子的郎及大夫等以外，並無其他的特殊人物從朝臣中指定出來，作為天子的賓客，再間接干涉丞相御史的政務。直到武帝時代這種情形才逐漸變更，形成了外戚干政以及權臣干政的現成憑藉。這就是所謂「內朝」，和由宰相率領的九卿各署的「外朝」形成了對立的形勢。這是逐漸變成的，在正式的職官系統上，卻沒有合法的地位存在著。但因為權之所在，不能不承認這個事實。

內朝究竟是那一些官？《漢書 · 劉輔傳》師古《注》引孟康舊《注》說[5]：「中朝，內朝也。大司馬、左右前後將軍、侍中、常侍、散騎、諸吏為中朝，丞相以下至六百石為外朝也。」這裡對於內朝的分別，解釋得比較清楚，一般講內朝的都根據此則。只是對於內朝官職，舉出的很不完全，當然就要引起一些爭論。他敍述的本意，只是用舉例的方法，來說明內朝、外朝的不同，對於什麼是內朝和什麼是外朝，並不曾給予一個定義。這種解釋的方法是可能引起後人的誤解的。但是非常可惜，除去這一段孟康的解釋以外，再找不到其他的舊注。也就使內朝的意義，仍然含晦不清，以致有進一步澄清的必要。

再就孟康《注》所舉的內朝官來說，他原意只是舉例來說明內朝，並非意在把內朝所有的職官全舉出來。因而漏掉一些是不足為異的，其中至少把同樣性質的給事中和左右曹都漏掉了。據《漢書 · 百官公卿表》說：

> 侍中、左右曹、諸吏、散騎、中常侍皆加官。所加或列侯、將軍、卿大夫、將、都尉、尚書、太醫、太官令，至郎中、亡員。多至數十人。侍中、中

5　藝文本《漢書》，頁1430，孟康所舉的官名不夠，錢大昕已指出（並見《補註》）。

常侍得入禁中，諸曹受尚書事，諸吏得舉法，散騎騎並乘輿車。給事中亦加官，所加或大夫、博士、議郎，掌顧問應對，位次中常侍。中黃門有給事黃門，位從將大夫。皆秦制。[6]

此處的加官都是表示天子的親近之臣，屬於宮中的官職。其中的左右曹和給事中都是孟康所不曾說過的。在這裡也可以看出來，在漢代的「禁中」、「宮中」（或省中）與一般朝會所在是有些不同的。一般朝會在未央宮的前殿，百官在六百石以上的，以丞相為首，可以在此朝會。但前殿以內和前殿兩旁都不能進去的，「殿中侍御史」可以到達的範圍，也以此為限。《漢書·百官公卿表》指出來的，內朝官職也有不同的限制，侍中、中常侍得入禁中，別的加官卻不能[7]。這是說即使可以入宮門（不以前殿為限），在宮門以內，還有一個禁中，而禁中就更為嚴密些。若用後代的例子來說，清代大臣例行入朝，以及引見一般官吏都是在乾清宮，但上書房以及軍機處卻在宮中前部，另有其地。入直軍機的人能夠到的，還是以此為限。軍機處在宮中，天子可以時常臨幸，但入直軍機的人，宮中許多地方仍不能去。這些人只是得見天子的時候多些，比平常官吏多到一處宮廷，並不代表可以在宮中行動自由。這種情況的申述，也許可以更幫助對於漢代內朝的了解。

　　但是無論如何，內朝的官吏與外朝的官吏還是有一個極大的區別，內朝官吏的辦公地點就在宮中，天子可以隨時到來，隨時指示，和外朝官吏的辦公地點在宮外，只有在前殿正式朝會之時，才可以看到天子，完全不同。從另一方面來看，內朝的官吏是隨時可以召見，他們的意見如被接納，再由天子下詔給丞相九卿，和外朝官吏如有意見，只能用書面上奏天子，再由天子下詔來答覆，完全不同。換句話說，內朝的作用是制詔的擬定，外朝的作用是制詔的執行，其中關鍵就在制詔擬定的人，若沒有制詔擬定這一回事，內朝就無存在的必要。

　　所以若要追索內朝的權力所在，第一步就需要追索章奏在天子宮中由什麼人收受保管，第二步還要追索天子的制詔由什麼人來擬寫，如其這些人是什麼人追索不到，那就談內朝的政治就只是一些空話；如其這些人追索到了而不在左右曹、

<hr>

6　藝文本《漢書》，頁 309。

7　但是一般內朝各臣，進入時仍要通報，只有宦官不要通報。此外一般內朝臣不能入天子臥內（臥室），只有宦官可以。除非在一種特殊狀況下，例如漢武帝病篤，大臣接遺詔時，在天子臥內。

諸吏、給事中任務之內,那當然要把尙書的地位注意到的。不論尙書爲內朝的主體或者是內朝的附屬,尙書與外朝的關係當然遠遜於內朝的關係,尙書對於天子的關係,也當然超過了丞相的關係。尙書之附於少府之下,不過僅僅只是一個「以文屬焉」的關係。不論在東漢時期尙書令少府管不著,卽是在西漢時期尙書令也是少府管不著的。決不允許用這一個邏輯,認爲尙書令是屬於少府,少府屬於外朝,所以尙書令也屬於外朝。就政治的功能來說,尙書令早已超過了少府所管的範圍。在事實上,尙書令不僅不是少府的屬員,而且當尙書令具有宰相的權力時,尙書令還是少府的主管了。

三、從辦公地點來說明內朝外朝的關係和區別

漢代職官之中,至少應當有兩種不同的區別,一種是列於朝籍的,另一種是不列於朝籍的。漢代定制只有在六百石以上的官才能列於朝籍,其六百石以下的官都是不列入朝籍的。當然這些列於朝籍的官也還是以在京師的官吏,能經常入朝的爲限,其京師以外的官吏卽使是地方首長,太守及王國相,除去被召入京,有資格入朝以外,在平常時期,事實上因爲不在京城也無法參與朝會。依照漢初定制,朝就只有一個朝,本無內外之分;把丞相以下分爲外朝,當然在一個事實上的內朝(並非法律上的內朝)創立了以後的事。

既然被稱爲「朝」,那就一定有一個朝的地點。外朝,毫無疑問的,就是未央前殿。天子的正式朝會在那裡,而丞相也根據那裡的決定,開始發揮權責。如其內朝既然也具有了朝的功用,那就內朝也是要和外朝具有類似的組織,而不是一盤散沙。這一個機構的樞紐在那一處?才是眞正的基本問題所在。

武帝的作風,和高惠文景都不相同。高帝時雖曾一度對於蕭何有點懷疑,但這是由於誤會蕭何有貪汙的疑案,而非想把宰相之權,完全收歸君主之手。到了武帝在元光時代和田蚡的衝突,由於權勢之爭,就非常明顯。首先他對田蚡說:「君署吏竟未?吾亦欲署吏。」以後到了田蚡死後,還對田蚡有深刻的批評,這是文景時代所未曾有的。

文景時代的宰相權責,是春秋戰國以來習慣上的成規,並且也經過了道法兩

家設計之下，形成一種行政的軌道，不必由君主多爲費力。到了武帝時代開始，他不滿過去的官僚政治，一定要創出一個新局面來，這種新局面執行的方向，並無過去的經驗來指示，更無成規可循，因此武帝就採用一個盡量裁抑丞相的辦法。《漢書》六十六〈公孫劉田王楊蔡陳鄭傳〉說[8]：

> 公孫賀……遂代石慶爲丞相，封葛繹侯。時朝廷多事，督責大臣。自公孫弘後，丞相李蔡、嚴青翟、趙周三人比坐事死。石慶雖以謹得終，然數被譴。初賀引拜爲丞相，不受印綬。頓首涕泣曰：「臣本邊鄙，以鞍馬騎射爲官，材誠不任宰相。」上與左右見賀悲哀，感動下泣曰：「扶起丞相。」賀不肯起，上乃起去，賀不得已拜。出，左右問其故，賀曰：「主上賢明，臣不足以稱，恐負重責，從是殆矣。」

其後公孫賀果坐罪死。又《漢書》四十六〈萬石衛直周張傳〉說[9]：

> （石）慶爲丞相，封牧丘侯。是時漢方南誅兩越，東擊朝鮮，北逐匈奴，西伐大宛，中國多事。天子巡狩海內，修古神祠，封禪，興禮樂，公家用少。桑弘羊致利，王溫舒之屬峻法，兒寬等推文學，九卿更進用事，事不關決於慶，慶醇謹而已。在位九歲，無能有所匡言。嘗欲請治上近臣所忠，九卿咸宣，不能服，反受其過，贖罪。元封四年，關東流民二百萬口，無名數者四十萬。公卿議欲徙流民於邊以適之。上以爲慶老謹，不能與其議，乃賜丞相告歸，而案御史大夫以下議爲請者。慶慚不任職，上書曰：「臣幸得待罪丞相，疲駑無以輔治，城郭倉廩空虛，民多流亡。罪當伏斧質，上不忍致法，願歸丞相侯印，乞骸骨歸，避賢者路。」上報曰：「間者河水滔陸，氾濫十餘郡，隄防勤之。是勞，弗能陻塞，朕甚憂故巡方州，禮嵩嶽，通八神以合宣房，濟淮江、歷山濱海，問百年民所疾苦。惟吏多私，徵求無已，去者便，居者擾，故爲流民法以禁重賦。乃者封泰山，皇天嘉況，神物並見。朕方答氣應，未能承意，是以切比閭里，知吏姦邪。委任有司，然則官曠民愁，盜賊公行，往年觀明堂，赦殊死，無禁錮，咸自新，與更始。今流民愈多，計文不改，君不繩責長吏，而請以興徙四十萬口，搖蕩百姓。孤兒幼年未滿十年，無罪而坐率，朕失望焉。今君上書言倉庫城郭不充實，民多貧，盜賊眾，請入粟爲庶人。夫懷知民貧而請益賊，動危之而辭位，

8　藝文本，頁 1306。

9　藝文本，頁 1054。

欲安歸難乎？君其返室。」[10] 慶素質，見詔報反室，自以為得許，欲上印綬。
掾史以為見責甚深，而終以反室者，醜惡之辭也。或勸慶宜引決，慶甚懼，
不知所出，遂復起視事。慶為丞相，文深審謹，無他大略。後三歲餘薨，
諡曰恬侯。

從上兩則看來，漢武帝對於丞相的控制，可以說已經發展到極端的程度。他的目
的，是收歸全國政務的決定入於天子之手，而把丞相變成為一個純事務性質的官
吏。他所用的人，李蔡和公孫賀都是武人，而石慶是一個樸實的人，還出身於樸
實謹厚傳家的石氏，都不是由幹練明達的文吏出身的。至於在此以前的公孫弘，
雖然稍稍不同，但公孫弘也是一個自甘做傀儡的人。何焯《義門讀書記》說：「淮
南輕弘，至有發蒙振落之語，當日治其獄，無有不聞於上者，皇恐避位，蓋亦非
得已也。」這確也是實情。據〈公孫弘傳〉稱「上乃使朱買臣等難弘，發十策，弘不
得一」。《史記集解》引韋昭曰「弘才非不能得一，不敢逆上耳」。這也確得其情實。
因為公孫弘能夠在要緊關頭顯示拙，所以後來漢武帝居然使他代薛澤為丞相，並
且打破了漢代以列侯為丞相的慣例，以無爵的人封為平津侯。這也是漢武帝一方
面裁抑列侯，另一方面又裁抑丞相，一個「一箭雙雕」的辦法。

公孫弘是一個天資相當高的人，他深知漢武帝的企圖是怎樣的，因而他應付
得宜，以高年終於相位。後來的李蔡趙周輩都不合標準，直等到武帝選上了石慶。
武帝對於石慶的辦法以及對於石慶的態度完全和對於公孫弘不同。武帝知道公孫
弘是怎樣一回事，公孫弘也知道武帝是怎樣一回事，彼此間相照不宣。一個安心
要控制，一個甘心受利用，這就成為最好的搭檔。武帝自然不願公孫弘去職，但
大致還是客氣的。到了石慶，武帝明瞭石慶，可是石慶並不太了解武帝。武帝以
奴隸畜石慶，其辦法是一方面給吃飽，一方面卻用鞭撻。石慶累得嚴譴，並不代
表武帝要放棄他，而是覺得石慶雖然聽話，但也要加以相當的鉗制，然後這個奴
隸才能服服帖帖、戰戰兢兢的做下去。後來石慶辭位的奏，正表示石慶不夠精明，
沒有猜準武帝的意思。武帝在重大事件中不找石慶，並不代表武帝廢棄石慶，而

10　漢武詔書中多漢令習慣用法，不易解釋。其中如「氛應」指雲氛和瑞應，「然則」此
　　處言雖然「知吏姦邪」而信託委任謁者級吏員，「但」仍然「官曠民愁」，不臻理想。
　　「計文」指每年上計文書中所列的數字(與實際不符)。「君其返室」指「你應當回
　　去想一想」，即不許之意。所以石慶再視事，武帝也就聽任他了。

是武帝正要用這一個伴食宰相。石慶如能安之若素，那當然可以平安無咎。無奈石慶卻藉此上辭呈。武帝當然會大怒的。等到詔書下來，受到深責。在無辦法中找到再起視事，一個無辦法中的冒險辦法。後來石慶居然可以做下去，就不難看出武帝的意思了。當然這種特別貶抑丞相，控制丞相，即使仿效武帝作風的宣帝，也不再採用下去，因為控制丞相的軌道已經成熟，有一個成形的內朝可以充分利用了。

當石慶為相時，「九卿更進用事」，這是非常值得注意的。這些「更進用事」的九卿們，決不止是在未央前殿天子朝見群臣們才有機會見面，而是除去正式朝會以外，天子可以特召入宮會見的。據《漢書》四十八〈賈誼傳〉：「後歲餘，文帝思誼，徵之。至入見，上方受釐，坐宣室，上因感鬼神之事，而問鬼神之本。誼具道以所以然之故。至夜半，文帝前席，既罷，曰吾久不見賈生，自以為過之，今不及也。」這是漢代徵郡國二千石入京的故事。這種情形尚有特召長談之事，那就天子用事的九卿，更不必說一定有長談的事了。宣室的座落，據《漢書‧注》蘇林曰：「宣室，未央前正室也。」應劭曰：「釐，祭餘肉也。漢儀注祭天地五畤，皇帝不自行，祠還致福。」《史記索隱》引《三輔故事》云「宣室在未央殿北」。蘇林和司馬貞二說表面上雖然不同，其實二說並不衝突。古時前堂後室，未央前殿南向，所以前殿在南。而前殿所附的室在正殿的北部，這個部分，正應當是天子齋戒所居，所以受釐也在此處。皇帝接見應召的官員，似乎是依照天子的方便而臨時決定，並無一個固定的處所。所能知道的，就是未央前殿只是一個供大規模朝會的大禮堂，平時接見應召的臣工，並不像正式朝會那樣拘於形式，而是皇帝及接見的官員，都可以暢所欲言，不受時間的限制。賈誼在漢文帝時代，只是一個偶見的召見，並且是天子和郡國二千石直接談話，其中並無丞相參與其間。至於武帝時代，「九卿更進用事」，這些用事的九卿，其由天子隨時特召，和天子直接商酌國家大計，應當和這個特殊召見的情形，相差不會太遠，即 (1) 接見的地方，一定在宮內，不會在宮外，在宮內的某一便殿，不會在未央前殿正式的會所。(2) 接見的時間不會固定的，也不會有任何的限制。——所不同的，可能從郡國召來的高級官吏，其入宮的名籍 11 是臨時性的，而「更進用事」的九卿，因為經常要

11　《漢書》52〈竇嬰傳〉：「孝景即位為詹事。帝弟梁孝王朝，因燕昆弟飲。是時上未立太子，酒酣，上從容曰，千秋萬歲後傳王。太后驩。嬰引卮酒進上，曰，天下者高

入宮和天子商酌國本,那就有一種較爲長期性的特別名籍了。

又《漢書》五十〈張馮汲鄭傳〉:

> （汲黯）……召爲主爵都尉,列於九卿。……上方招文學儒者,上曰吾欲
> 云云,黯對曰:「陛下內多欲,而外施仁義,奈何欲效唐虞之治乎?」上
> 怒變色而罷朝,公卿皆爲黯懼。上退,謂人曰:「甚矣,汲黯之戇也。」……
> 大將軍青侍中,上踞廁視之。丞相弘宴見,上或時不冠。至如見黯,不冠
> 不見也。上嘗坐武帳,黯前奏事,上不冠,望見黯,避帷中,使人可其奏。
> 其見敬禮如此。[12]

就以上所引的來看,〈汲黯傳〉指出來的,顯然是兩種情況,一種是正式的朝會,
一種是朝會以外的召見。

其中最值得注意的,是「大將軍青侍中」[13] 這一句。據衛青本傳,衛青未曾加
上這「侍中」的名義。這裡稱爲侍中的,當然有兩種可能,第一、是衛青只是以大
將軍名義入宮,只有侍中的任務,並未加侍中的名義。第二、是衛青以大將軍加
侍中,只是本傳中漏掉未提。在這個兩個可能中,第一可能應當是正確的,第二
個可能卻不太合理。雖然第二個可能說明了衛青曾爲建章監加侍中,後來爲大將
軍,只要未出征時,侍中的名義仍然存在。但是證據並不夠充實。如其採用第一
個可能,卽衛青是天子的親信,等他以大將軍立功邊境以後,在他不出征的時候,
他雖然不必再加「侍中」的名義,仍然可以以大將軍的身分,奉陪武帝,而在事實
上等於具有侍中的職務。這樣在漢代就成爲「故事」,凡是大將軍都可以獲得入宮
的許可。等到武帝崩逝時前,以霍光爲大司馬大將軍 [14],金日磾爲車騎大將軍,

祖天下,父子相傳,漢之約也,上何以得傳梁王。太后由此憎嬰,嬰亦薄其官。因病
免。太后除嬰門籍,不得朝請。」《資治通鑑》胡注:「門籍,出入宮殿之籍也。」
案竇嬰病免,因係外戚,當有門籍。

12 藝文本《漢書》,頁 1099。

13 曾任侍中者,往往受他職時,如其當需在天子左右,侍中之加官不予解去。《漢書》
68〈霍光傳〉:「任光爲郎,稍遷諸曹,侍中……爲奉車都尉,光祿大夫。……上以
光爲大司馬大將軍,日磾爲車騎將軍,及太僕上官桀爲左將軍,搜粟都尉桑弘羊爲御
史大夫,皆拜臥內床下,受遺詔,輔少主。」也可能霍光爲光祿大夫時仍加侍中,不
過還需要證明。爲簡接起見,所以在此不支持此一可能。

14 關於武帝遺詔中的輔政大臣,《漢書》中本紀及列傳中是互有出入的。〈昭帝紀〉作
「大將軍光秉政,領尚書事,車騎將軍金日磾、左將軍上官桀副焉」。〈田千秋傳〉

上官桀爲左將軍，又是從這一件「故事」引申而來。過去霍光本來有宮門門籍，而按照過去衛青的成例，大將軍也當然有資格進入宮內。其輔少主行使職權也當然應在宮門之內。又據〈霍光傳〉「光時休沐出，桀輒入代光決事」。此段證明了光是在宮中決事，光的「出」，是指「出宮」，而上官桀的「入」是指「入宮」。這和丞相府在宮外，丞相在宮外決事，是不相同的。

據《漢書》六十六〈公孫劉田王蔡陳鄭傳〉：田千秋代劉屈氂爲丞相，「武帝疾，立皇子鉤弋夫人男爲太子，拜大將軍霍光、車騎將軍金日磾、御史大夫桑弘羊及丞相千秋，並受遺詔輔道少主。武帝崩，昭帝初卽位，未任聽政。政事壹決大將軍光。千秋居丞相位，謹厚有重德，每公卿朝會，光謂千秋曰，始與君侯俱受先帝遺詔，今光治內，君侯治外，宜有以教督，使光毋負天下。千秋曰，唯將軍留意，卽天下幸甚。終不肯有言，光以此重之。」[15] 此處霍光對千秋對說，「光治內，君

作「後歲餘，武帝疾，立皇子鉤弋夫人男為太子，拜大將軍霍光、車騎將軍金日磾、御史大夫桑弘羊及丞相千秋，並受遺詔輔道少主」。〈霍光傳〉：「後元二年春，上游五柞宮，病篤，……上以光為大司馬大將軍，日磾為車騎將軍，及太僕上官桀為左將軍，搜粟都尉桑弘羊為御史大夫，皆拜臥內牀下，受遺詔，輔少主。明日，武帝崩，太子襲尊號，是為孝昭皇帝。」（藝文本，頁1323）這三段對於受遺詔的人數，互有詳略。〈昭帝紀〉中漏掉田千秋、桑弘羊，〈田千秋傳〉漏掉上官桀，〈霍光傳〉中漏掉田千秋，只有霍光、金日磾，在各紀傳中未曾漏掉。總計受遺詔的，應當是霍光、金日磾、上官桀、田千秋和桑弘羊五人。後來田千秋因為自己是丞相，對樞機事不願過問，其政局更迭，多與田千秋無關，所以一般不再提田千秋，只有在田千秋本傳中卻非提到他不可。但本傳既然說到他，當然他是受過遺詔的一個人，這是史書中的詳略問題，決不可以全憑臆斷，說田千秋本傳不可信據的。至於〈田千秋傳〉中所說的次序，田千秋當在御史大夫桑弘羊之後，那是因為田千秋是傳主，而他的重要性又的確不及其他的人，為敘述方便，當然放在最後。再就漢代傳統，詔書是先下御史大夫後下丞相，詔書丞相在後也不是一個特殊的事。此外《漢書》62〈司馬遷傳〉，〈報任安書〉云：「僕亦掌廁下大夫之列，陪外廷末議，不以此時引維綱，盡思慮，今已虧形，為掃除之隸，在闒茸之中，乃欲卬首信眉，論列是非，不亦輕朝廷，羞當世之士？」（藝文本，頁1254）此處的「參外廷末議」，語意明白，是指未受刑以前，作太史令時，太史令六百石，故能參與朝議。此處正可以證明太史令是外朝官，中書令雖然「尊寵任職」卻不能「參外廷末議」，若只拈出「陪外廷末議」幾個字認為司馬遷為中書令時的事，這就錯了。（不過中書令不專外廷事，是因為中書令是宦官的原因。若就尚書令及尚書而言，尚書令千石，尚書六百石，雖然其工作仍在內廷，若為士人而非宦官，但就其千石及六百石的身分來說，應當可以參加外廷朝會，不因為工作在宮中而受影響。）不僅如此，「陪外廷末議」一語，決不是對於「尚書為中朝官」一事的不利證據，而且還是一個有利的證據。因為按全文來說，司馬遷參加外廷，是做太史令時事，到了任中書令即不能再參加外廷。中書令的工作既然限於內廷，而中書又是和尚書共同工作的，那就顯然的，無疑的尚書的工作，也是內廷的工作了。

15　藝文本，頁1308。

侯治外」，這是毫無問題的，「光休沐出，桀輒入代決事」，所出入的內，是一回事，也就是後來所謂的內朝和外朝。這裡既然說「決事」，那就一定有一個辦公廳，其中有辦公的僚屬，而不是霍光或上官桀唱獨腳戲。同時既然稱「決事」，也必有文書，才能發生效用，而這些文書又是些什麼文書？如這些問題不能解決，那麼「決事」、「治內」等等的名稱，就毫無意義。

據《漢舊儀》(《六典》本)說：「丞相典天下誅討賜奪，吏勞職煩，故吏眾。」[16] 我們看到《漢書‧百官表》及《漢舊儀》，就知道丞相府確實是有組織的。但在〈田千秋傳〉卻說「光治內，君侯治外」。如其內和外在同等權量之下辦公行文，但「外」有組織，而「內」無組織，是不可能的。在丞相府中，其僚屬組織，在記載中是很清楚的，反之，在宮中辦公行文的組織，也是很清楚的。宮中辦公行文的組織，不是別的，只有「尚書臺」才合格，只有「尚書」才是真正的辦公行文的僚屬。若天子需要治事，需要行文，這都是尚書的事，不屬於別人的任務。當霍光輔政時，昭帝尚幼，不能親自批答奏章，霍光治內決事，有時上官桀代為決事，所決的一定是奏章上的，發出的也一定是由昭帝具名，由尚書擬定，再經霍光以及上官桀核定後的制詔。如其不在尚書辦公地點來決事，那就實際上是無處可辦。這是事實上的問題，非這樣不可。

如其把尚書算做外朝官，那就《漢書》已說明了田千秋治外，尚書當然要算田千秋的屬下，如其尚書管接收奏章和發出制詔，那就是漢代的奏章不是上天子，而是上丞相；制詔也是由丞相發出，不是由天子發出；不是由宮內發出，而是由丞相府發出。這個結論，就成了一個驚人的結論。在此不必多為舉證，就看漢代的制詔，都寫明了是奏未央宮，然後詔書下御史大夫，御史大夫下丞相，丞相下中二千石、二千石。表明了丞相無權發制詔，制詔還是先經御史大夫，再下丞相[17]。當西漢時代，宮中和府中，職責分明。丞相府和尚書所發的文書，絕對不是同一的類型。這是一個不容混淆的事。

內是宮中，外是宮外，在宮中辦事的，就是內朝的官，在宮外辦事的，就屬

16　四部備要，漢官六種，《漢舊儀》上，頁6。

17　見《史記》60〈三王世家〉(藝文複印本，頁818、819)及《敦煌漢簡》及《居延漢簡》。

於外朝的官，據《漢舊儀》[18]：

> 尚書四人，為四曹，常侍曹尚書，主丞相御史事（按尚書主丞相御史事，所以丞相管轄不了尚書的工作），二千石曹尚書主刺史二千石事，民曹尚書主庶民上書事，主客曹尚書主外國四夷事。

> 尚書令主贊奏封，下書；僕射主閉封；丞二人主報上書者，兼領財用、火燭、食廚。漢置中書官，領尚書事，中書謁者令一人。成帝建始四年，罷中書官，以中書為中謁者令。

> 中臣在省中皆白請，其宦者不白請。尚書，郎宿留臺中，官給青縑白綾被，或錦被，帷帳，氈褥，通中枕。太官供食，湯官供餅餌，果實，下天子一等。給尚書，郎、伯二人，女侍史二人，皆選端正者。從直，伯送至止車門還，女侍史執香爐燒薰從入臺護衣。

> 五官屬光祿勳，不得上朝謁，兼左右曹諸吏得上朝謁。

《漢舊儀補遺》：

> 中書令領贊尚書出入奏事，秩千石。

> 中書掌詔誥答表，皆機密之事。

《漢官儀》：

> 初秦代少府遺史四，一在殿中，主發書，故號尚書，尚猶主也。漢因秦置之，故尚書為中臺，謁者為外臺，御史為憲臺，謂之三臺。左右曹受尚書事，前世文士以中書在右，因謂中書為右曹，又稱西掖。尚書郎主作文書起草，夜更值五日，于建禮門內。

> 尚書郎給青縑白綾被，以錦被（以字前缺一「或」字），帷帳、氈褥，通

18　四部備要，漢官六種，《漢舊儀》上，頁2；《漢舊儀補遺》上，頁3下；《漢官儀》上，頁14下。

中枕。太官供餅餌。五熟果實，下天子一等。給尚書史二人，女侍史二人（《漢書》作尚書郎，抄寫致誤，當以此為正），皆選端正，從直女侍執香爐燒從入臺護衣，奏事明光殿省，皆胡粉塗畫古賢人、烈女。

《漢舊儀》及《漢官儀》一類職官的書因為累經反覆抄寫，未曾好好的來校對，因而其中脫落和錯誤很多，《漢舊儀》和《漢官儀》的裡面也有不少相同的地方，現在看到其中異文，也可以大致找出來一點抄寫的錯誤。不過無論如何，尚書以及替尚書辦事的尚書郎，其辦公地點，毫無問題的是在宮中而不是宮外。從天子到丞相，是先經過尚書再到丞相，決不是由天子先下丞相再從丞相到尚書。那麼依照霍光所說，霍光治內而丞相田千秋治外，尚書當然在屬於「內」的機構以內，決不可能尚書是由丞相領導之下辦事，一個屬於「外」的機構。

據《漢書》八十一〈孔光傳〉：

是時博士選三科，高第為尚書，次為刺史，其不通政事，以久次補諸侯太傅。光以高第為尚書，觀故事、品式，數歲明習漢制及法令，上甚信任之。轉為僕射、尚書令。有詔，光周密謹慎，未嘗有過，加諸吏官。（按《漢舊儀》「左曹日上朝謁，秩二千石，右曹上朝謁，秩二千石」，又「五官屬，光祿勳，不得上朝，兼左右曹，右曹諸吏，得上朝謁」，是諸吏與左右曹相類似，尚書令本千石，加諸吏當可秩至二千石。）以子男放為侍郎給事黃門。數年，遷諸吏光祿大夫，秩中二千石，給事中，賜黃金百斤，領尚書事，後為光祿勳，復領尚書事，諸吏給事中如故。凡典樞機十餘年，守法度，修故事，上有所問，據經法，以心所安而對，不希指苟合。如或不從，不敢強諫爭，以是外而安。時有所言，輒削草藁。……沐日歸休，兄弟妻子燕語，終不及朝省事。或問光溫室省中樹皆何木也？光嘿不應，更答以他語，其不泄如是。[19]

這一處非常明顯，指出孔光從博士調任尚書以後，就一直在尚書臺服務，從尚書做到尚書僕射、尚書令，再用「諸吏」銜加秩，然後再轉為光祿大夫、給事中，加秩到二千石，用領尚書之名義來往尚書臺服務，再轉為光祿勳，正式列於九卿，但保留「諸吏」的名義得入內朝，就便做「領尚書事」的工作。所謂「典樞機十餘年」

19　藝文本《漢書》，頁 1462。

就是在尚書臺服務十餘年。尚書臺是在宮中而不在宮外，因而他爲了對於國家的機要，保持絕對的祕密，他就不僅對於國家的大政，絕對不談，甚至於有人問到溫室省中的樹是些什麼樹，他都不加答覆。從〈孔光傳〉來看，尚書的辦公處所是在宮中，這是一點疑問也沒有的。如其尚書辦公是在宮中，所做的事是國家的機密，並且是政務的機樞，是向天子直接負責、就近負責，而爲內朝機構的中心，若將尚書認爲「外朝」的官，那就當然與漢代的情況不合了。

現在的疑問是《漢書》七十七〈劉輔傳 · 注〉引孟康曰「中朝，內朝也，大司馬、左右前後將軍、侍中、常侍、散騎，諸吏爲中朝，丞相以下至六百石爲外朝」，其中並未提到尚書。但是這點並不足爲尚書不在內朝的證據，因爲其中確實屬於內朝的官職，如同車騎將軍、左右曹、給事中，在孟康所說的都未曾提到，就不能據這一段話來否認掉。孟康的目的，只是爲了解釋內朝的性質，隨手就便舉了幾個例子，原來意思並非做內朝官職的通盤敍述，只能根據他所舉的說是內朝官，卻不可以認爲他所未舉到的就不是內朝官。

自然，〈孔光傳〉所記雖然非常明白，也許有人還可以說孔光屬於西漢晚期，不能完全證明武帝昭帝的事，但《漢官儀》已經說明了，尚書在秦代已在殿中發書，從秦代到西漢晚期，不僅尚書沒有在宮中以外任事的證據，而且也沒有在宮中以外任事的可能。那就〈孔光傳〉所說的情實原是西漢的傳統，只是〈孔光傳〉更格外強調一下，這是不應該有什麼疑問。《漢官儀》說「漢明帝詔曰，尚書蓋古之納言，出納朕命，機事不密則害成，可不愼歟？」20 正顯明的表示著，到了東漢明帝時期，尚書還是一個最高的機密處所，如其要說是屬於外朝，對於天子而言，較爲疏遠，恐怕是不合事實的。

20　四部備要本，《漢官儀》卷上，頁14。

漢代政治組織的特質及其功能

(一) 緒　　論

　　漢代的政治組織，是中國最早被記載下來的實際政治組織，而且曾經作過許多時代的模範的。在漢代以前，周禮雖然是很重要一部書，到現在仍然存在著，可是這部書只能當作一部戰國時代某一個學人的理想著述。其書根據的只是戰國的初年的古代知識，再配合上當時的環境，成為一部建國的理想方案，卻不是一部曾經實行的書。因此漢書百官表和續漢書百官志便成為中國政治組織上的最重要記述了。

　　當秦始皇統一了中國，實行郡縣制度，給予中國歷史上很深遠的影響，漢代是一個較長的朝代，漢代一切模仿秦制，給予二千年以後的也就是從秦制下來的規範。

　　秦代的制度確實比上代變動很大。拿左傳中表現出的列國制度來看，比較周禮中的組織還稍為接近一點，距離秦代的制度更遠。這就顯示秦代制度對古代的遺留修改的很大。顯然的秦制和周禮制度是走向兩個極端：秦制是極端的走向現實；周禮的制度是極端的走向理想。

　　秦制最重要的特徵，第一點可以說是最簡單而明白的，第二點可以說是集權的信託制度。就第一點來說，因為制度簡單，執行的官吏才不多，據漢書百官公卿表說，西漢的吏員自佐史至丞相一共十二萬二百八十五人，比後代任何一代都少。就第二點來說，秦漢的皇帝誠然掌握著國家最高的權力，但一般政務還是在原則上完全交給丞相去辦，皇帝只是責成丞相。再由丞相把地方的政務信託給郡太守，由太守全權處理郡內的事。

　　但是這種簡明的監督辦法，只有在幾種特殊情形之下的君主才能適應得好：(1)草創時代的君主，如同漢高帝；(2)不願多事更張的君主，如同呂后時代的呂后；(3)非常

守法的君主，如同漢文帝。如其不屬於這幾種情形，如同很有才華但是非常不能守法的漢武帝，這就會把這種「信託」式的機構整個破壞。漢代到了武帝以後，雖然可以說還是信託式的傳統，可是被擾亂的不純。等到東漢時代就更進一步的破壞，一直到晚清尚不能恢復舊時的原則。

推求這種委託制度的逐漸崩潰，主因還是由於這種制度的創立，受實際政治的原因大，受政治理論指導的原因小。法家和道家的所謂無為，所謂君人南面之術，只是申明一項原則，並不曾說明君相間委託關係的重要。在諸子百家中，只有人說國君無為是對的，卻從未曾有人說過國君侵奪宰相之權是不對的。所以文景之世，天子尊重宰相固然很好，武宣之世天子侵奪相權，也沒有什麼不好。依照田蚡傳[①]中武帝對於田蚡說「君署吏竟未？吾亦欲署吏。」史漢之中都沒有對於田蚡同情的表示。其實這件事正是武帝侵奪相權的一個開始，也是這種委託制度破壞的開始。

這種「君相委託制度」的方式，很有不少歷史學家討論著，稱為「君權」及「相權」的問題。不過分君權及相權為兩項，似乎受到了近世政治學理論上立法權及行政權對立的關係，而拿來比附。如其拿來適應國君和宰相間權力的問題，那就仍會遇見困難。因為立法權和行政權的區分，是法定的，是憲法根據三權分立的理論來訂立的。至於君權和相權之間，就從來未曾有法律來保障，也未曾有政治理論來指導。只是當時因為這種的歷史因素形成了一時的君相委託制度，一直到近代的歷史學家才覺得這種君相分權分事比較最為合理。這是參酌西方的責任內閣制度才會有這種觀念。我們固然覺得這種君相委託制度是比較好的制度，卻是也要知道二千年來的古人未曾有一點自覺，認為這是好的制度。如其古代的君相分權論能夠正式形成，那就決不會等到明代還演變到那樣極端，以及明太祖正式宣布永遠廢除宰相那樣的荒謬主張，而結果使明朝一代司禮監才是真宰相，以致於明代政治的黑暗到了一個不可挽救的地步。

如其宰相能夠事權專一，有效的推行職責，被稱為委託制度的原因，就是因為宰相權力的來源純粹由天子所授予。而天子之權力，除去可認為上帝授予以外，在過去的理論上，並不認為任何人可以給予或剝奪天子的權力。天子是「富有四海」的，在四海之內，土地和人民都是天子私有的，只有天子有充分的權力可以處分，如同一個富

翁有權充分的處分他自己的財產一樣。宰相的地位和一個富翁的財產經理（manager）也完全相同。經理只向富翁一個人負責，富翁卻不必對於任何人負責。依此例來推，宰相只向天子一個人負責，天子就不需對世界上任何一個人負責。天子對於全國人民的養育培護，只是道義上的責任，並無絲毫法律上的責任。所謂「天生民而立之君」②只是哲學上及宗教上的意義，並不是法律上的意義。所以君權是無限的，相權卻是有限的，所謂相權只是國君給予或委託的，相權的大小完全由國君任意來決定。決不可能把君權及相權放在同等地位之上。

秦代天子和丞相的關係究竟怎樣，現在因爲史料實在不夠，詳細情形不能完全斷定。不過從下列幾點來看，秦代的宰相也是很受牽掣，不能放手去做事的：(1)秦代曾設左右兩丞相，這就表示秦代並不專任一人，到兩人意見不同時，只有由天子作最後決定。(2)御史大夫之職秦代已有，漢代詔書先下御史大夫，再下丞相，當係沿秦舊制。御史大夫一方面是副丞相，另一方面還是天子的秘書長，對於決定政策時，有很大的作用（到了漢代御史疏遠了，才有尚書來做秦御史的事）。(3)秦始皇的「衡石量書」③故事，就證明了天子是要管事的，並非「垂拱而治」的。

漢代初年，在漢高帝和漢惠帝時期，蕭何這個相國，確實不同凡響，他是非常有權，而且非常獲得信任的。在他當政的時期，在實質上和責任內閣制度不同，可是在功能方面卻和責任內閣有相似之處。這一個傳統延伸到漢武帝時期方才改換，這不能不說是漢代政治的一個巨大的幸運，更不能不說是中國政治史上一個奇蹟。但這是許多因素湊成的，並非君相之間有這種必然的現象。

就漢代開國時的情況來說，劉邦和蕭何之間早就有不平凡的了解。劉邦出身武吏，對於政事本來不會太了解。蕭何卻在作縣吏的時期就已成爲出衆的人才，這在當時劉邦早對於蕭何的能力不僅有所認識，而且還一定是欽佩的。到了後來劉邦領兵在外，蕭何居守，後方的民政，完全委託給蕭何，而蕭何也著實表現的忠實可靠而且成績優異。到了天下平定，內外無虞，蕭何的事權，漢高帝當然沒有更張的必要。等到漢高帝死後，孝惠是一個寬厚的人，不再更換蕭何。後來曹參繼任，也一仍舊貫。至於當政的君主如呂后、文帝、景帝，也都順應著從前的「故事」。尤其文景也都受到黃老影響，主張無爲，使宰相之權不再減削。這才鋪定了漢興六十餘年安定的政治軌

道。

但是這種形式的政治軌道，不論是如何成功，或如何合理。究竟是一種偶合的現象，卻不容易正常的存在下去。因爲天子既然在法律上具有全能的地位，除非他是一個虔誠的道家無爲主義的信仰者，決不會安於做一個端拱的偶像。等到出了一個想做事而客觀條件下又要他做事的君主。那麼這種委託制度就一定被破壞了。

再就那種委託制度來說，實際上也是一個不完全的委託制度，更談不上君相分權或責任內閣的制度。如其可以稱做相權，那麼相權應當覆蓋整個的行政系統，才算合理。可是漢代丞相管理下的行政系統，並不是那樣。丞相的正式屬員，只有丞相府內的掾屬由丞相辟署。郡太守和王國相，就行政系統來說，大致還可以算丞相的屬員。至於九卿的地位，雖然在丞相領導的系統以內，天子的詔書是由丞相下九卿，但九卿的任命還是多出自天子意旨，不由丞相保薦，而且九卿以管理天子的私事居多，這就是九卿制度和內閣閣員的制度有一個極大的區別，不能相提並論。至於御史大夫，那是天子用來監察丞相的副丞相，不僅不在丞相府之內，並且行政系統也和丞相屬部完全獨立，是直接天子另外一支官屬，更與丞相無關了。

九卿的職守，多半是爲天子服務的，爲國家服務的不多。只有廷尉，大司農是主要爲國家服務的。其九卿的權限與丞相的權限接觸時，權限怎樣畫分，現在因爲漢令遺失，不能完全知道。不過大致都是根據「故事」，即習慣法來處理的。因爲九卿都是天子親任，雖然丞相可以表示意見，卻沒有最後決定之權。那麼九卿和丞相的關係，就決定在丞相個人的背景，而不決定在法律的系統。因此，九卿掌握下的職守，就有很多非丞相所能完全決定的，也就是漢代天子對於丞相的委託，實在是很不完整的了。

就這一個不完整的委託來說，也只能有效的維持到高、惠、呂后、文景五個時代，到了漢武帝以後，就把丞相的事權相當減削，還對於丞相的監視，相當嚴屬。昭宣以後，對於丞相的確較武帝時客氣些，可是丞相的事權卻是在定制下的減損。而尚書（或中尚書）正式的代表了丞相的最後決定權。

這個趨勢演變下去，代表的是宰相制度的混亂，甚至可以說是宰相制度的毀滅。起先是成帝時代盲目的復古，把宰相制改爲三公制。經過了幾番的演變就成爲光武帝

時代以後的三公制，名義上是三公，實際上是把宰相之權分爲尚書令和三公（太尉、司徒、司空）互相牽制的制度。這當然是宰相制度的消失。東漢後期的政治始終是外戚宦官互相消長的局面，雖然由於君主的短命，④ 而宰相制度已經消失，政治失了中心，未嘗不是其中原因之一。

（二） 天子的地位

天子是中國各邦共主的特稱，這個名稱可以溯至周初，到了秦代再加上了皇帝一個名稱，但是在秦漢時期 ，天子和皇帝可以互用的 。 秦漢皇帝六璽，其中三璽稱皇帝，是用在秦帝國境之內的，另外三璽稱天子，是大率用在秦帝國國境之外。

皇帝一個名稱是秦始皇在統一全中國以後，自己加上去的新稱號，意思是德過三皇，功高五帝 。 帝字在甲骨文已有，這是一個假借字，從原義花蒂借用作爲一種祭祀，然後再用作過去有功和有德的共主（王）。皇字卻是一個形聲字，從王聲，加上一個放光的太陽（卽楷書的「白」字部分），來表示輝煌的意思，再引申用做古代想像中帝王 ，「三皇」 ⑤ 。把這兩字合併來用是秦代新的設計。而皇帝這兩個字的連用，也就表示開始了一個新的制度。

從商代以來（夏代也許已有王這個名稱，不過現在所能找到的當時紀錄是從商代開始），中國的共主，已經稱王。不過當時王的地位究竟怎樣，和當時「諸侯」的關係究竟怎樣，現在尚不能做詳明的解答。到了周代，王的地位總算比較清楚。王已經成爲封建國家中的正式領袖，王在許多封建國家之中，的確有他的固定的法律地位。但是到了春秋時代，邊遠的國家楚國以及吳國和越國都曾經稱王，到了戰國時代，中原的大國也先後稱王，使得王不再成爲全中國共主的稱號。

但是戰國時期全國的人士還是想到將來還會有一個共主出現。這一個共主（也就是天子）是不能再用王字來稱呼的，因此就想到一個「帝」字。最先當齊秦兩國勢力平衡之時曾想到互尊爲帝，齊稱東帝，秦稱西帝。後來各自取銷。等到秦國在長平之戰以後，也有人計畫尊秦爲帝，⑥ 不過還未曾實現，秦卽被信陵攻敗。等到秦統一天下，秦始皇就詔朝臣「議帝號」這裏所說的「帝」正表示當時已認爲「帝」就是天下

的共主，只是秦始皇認爲他自己很不平凡，需要更尊顯些的稱號罷了。其後「皇帝」一個稱號，實際上還是合併博士所提議「天皇」、「地皇」及「泰皇」所共有的「皇」字，再把「帝」字加上去的。

所以皇帝仍是特出的王，或者是特出的天子，他的基本地位仍然是天子。這也就是秦漢皇帝六璽，皇帝和天子是互稱的。天子所以稱爲天之子，是因爲天子爲天的代表。換言之，只有誰能掌握全國，誰才有資格來代表上天。除非一個人眞能用武力推翻前朝，或者被天子指定他是繼承人，他才有代表上天的地位。依照歷朝習慣的繼承法，只有天子的嫡子長子，才有資格來做合理的繼承人。在立長條件之下，所有嫡子之中，只有最長的才合資格，最長的有了問題才依次及其次子。在立嫡條件之下，長而非嫡之子就不在選擇之內。庶子爲兄嫡子爲弟也應當以嫡爲優先。這種繼承法是周代實行的。⑦漢代依然循著這種規例。

爲著避免爭執，縱然要立嫡立長，在任何一個皇帝未死之前，如其已有子嗣，就先立太子，以防不測。只有秦始皇是一個特殊的例子。依照立嫡立長的成例，秦始皇的嫡長子扶蘇早應立爲太子，但是扶蘇卻未被立爲太子，⑧以致引起秦代後來的繼承問題，而形成了趙高的陰謀事件，成爲秦朝亡國的總原因。

天子旣然是天的代表，當然權力的授予是從上天而來的，不是代表某一部分或全部分的人民。他和人民的關係，是因爲人民是屬於天的，天授予他以權力，來管理天所領有的人民。天子所以專有祭天的權，其他任何人都無權祭天，就因爲只有天子才是天的代表，才有資格直接與天交通。其他任何人都是需要天子的轉達。照此推演，天子的權力是天授予的，⑨其他大小官吏都是天子獲得天所授的管理權以後，再授予相當的權給予各個階級的官吏。在這個原則之下，官吏都是爲天服務，而不是爲民服務。官吏都是民的主人而不是民的雇傭。這是天子、百官、人民相互的基本關係，所有一切法律制定的基本原則，都可以從這裏得到解釋。

因爲天子本人是一切權力的基本來源，所以天子本人也就是最高的立法者。史記杜周傳有一段說的很清楚⑩：

客有讓周曰：「君爲天下決平，不循三尺法，專以人主意指爲獄，獄者固如是乎？」周曰「三尺法安出哉？前主所是，著爲律；後主所是，疏爲令。當時爲

是，何古之法乎？」

在這裏司馬遷是不同情杜周的。但是他引據杜周的話，用來分析杜周的立場也是相當有道理的。因爲三尺的成文法，是由天子創制，也是由天子修改。在定「律」著「令」方面，只有天子才是權威。執行的人，也只有隨著天子的意向去做，才算合法，此外也別無辦法。張湯、杜周、趙禹一類的人，司馬遷列入酷吏，實際也只是執行的人，這般人如其在文帝時期，也會依照文帝的意旨去做的。張安世、杜延年屬於酷吏的第二代，性情也轉爲寬厚，但他們的基本認識還是一樣的。他們都是律學專家，深知法律的最後統治權所在，來做處理上的適應辦法。

因爲天子是最高的權威，他有權可以任意處置的。但是爲了國家的前途設想，天子在某種場合之下，是應當對於權力的行使，有自行節制的必要，所以講理的君主有時會採納臣下的忠言，範圍他自己的權力，來做合理的使用。例如史記張釋之傳說：[11]

其後拜釋之爲廷尉。頃之，上行出中渭橋，有一人從橋下走出，乘輿馬驚，於是使騎捕，屬之廷尉。釋之治問曰「縣人來，聞蹕，匿橋下，久之，以爲行已過，卽出，見乘輿車騎卽走耳。」廷尉奏當，一人犯蹕，當罰金。文帝怒曰：「此人親驚吾馬，吾馬賴柔和，今他馬，固不敗傷我乎？而廷尉乃當之罰金？」釋之曰「法者天子所與天下公共也，今法如此而更重之，是法不信於民也。且方其時，上使立誅之則已，今旣下廷尉，廷尉天下之平也。一傾而天下用法皆爲輕重，民安所錯其手足，唯陛下察之。」良久，上曰：「廷尉當是也。」其後有人盜高廟坐前玉環，捕得。文帝怒下廷尉治，釋之案律盜宗廟服御物者爲奏，當棄市。上大怒曰：「人之無道，乃盜先帝廟器，吾屬廷尉者欲致族之，而君以法奏之，非吾所以共承宗廟意也。」釋之免冠頓首謝曰：「法如是定也，且罪等。然以逆順爲差，今盜宗廟器而族之，有如萬分之一假令愚民取長陵一杯土，陛下何以加其法乎？」久之文帝與太后言之，乃許廷尉。

這一段是有其代表性。照張釋之的奏言，是承認天子對於法律有最後的決斷權的。三尺法由天子訂立，廷尉也只對天子負責。不過廷尉的職守是嚴格的執行法律，法律卻不應隨時變動，換言之卽法律是不溯旣往的，任何一種案件，只能依照現行法律來判決。卽令新頒布的法，凡在事件以後頒布的，也不適用。這是爲著把國家安定下去，

有其必要。天子當然有權隨意處置，不過法官亦自有其立場，法官有義務陳明其立場，使天子了解。所以就事論事，張釋之確實是一個公正的法官。但他的觀點卻顯然的還是法家的觀點，而且只有漢文帝那樣賢明的皇帝才能接受他那種以法為主的意見。

漢文帝守法而謹慎的作風雖然對限制天子濫用權力而言，確實可以說是創業傳統的良規，但就當時代表當時青年學者思想的賈誼來看，就認為是可以「痛哭流涕」而需要加以改革的事。⑫漢武帝就是賈誼理想的實行者，對匈奴加以討伐，對諸侯王加以控制，對豪彊加以壓抑，因此就不能不加強天子統治的權力，而對漢家的成法就不免破壞。這一次破壞的結果，漢初因為偶然機會形成的丞相委託制度也就不再容易的實現了。

自從漢代經漢武帝把守法的傳統攪亂了以後，後世的儒生很少再痛哭流涕，而是想如何去限制天子的權力，這就是「祖宗之法」在後來，尤其在宋代以後，被人強調的原因。因為天子也具有「人」的身分，天子也應當孝。天子誠然有權，但卻不可以隨便冒犯祖宗。這種限制雖然仍舊沒有法律上的地位，但卻強有力的具有道德上及風俗習慣上的地位，也可以發生一些作用。不過同時卻有很大的流弊。就是凡是祖宗成法都是古老的，甚至失了時效的，過分強調祖宗成法，就不免陷於過分守舊的困境，使得一個朝代不能應付變動的局面。晚清的衰亡，是一個最顯明的例子。

中國天子無限的威權，追溯到最後，只有發展出「君權天授論」。從「君權天授論」出發自然會引申出「符應說」和「災異論」。符應一點是帝王方面極力希求的來證明他位置的合理，而災異一點卻是有思想的臣下推演出來希望限制帝王的濫作威福。這兩件事實在是一件事的兩面，而為西漢的儒生尤其是西漢晚期的儒生最流行的學問。

符瑞和災異牽涉到原始信仰。但在戰國時期鄒衍已經有計畫的整理和擴大。秦始皇自命以水德王，凡數用六為節，顯然用了鄒衍遺說，漢初對於水德和土德的爭執，也是一樣出自鄒衍。到了漢武帝元光元年，漢武帝策賢良，明稱三代受命，其符安在，災異之變，何緣而起。董仲舒的對策，正答覆了這個問題，⑬他說：

臣謹案，春秋之中，視前世已行之事，以觀天人相與之際，甚可畏也。國家將

有失道之敗，而天廼先出災害譴告之。不知自省，又出怪異以警懼之，尚不知
變而傷敗廼至，以此見天心之仁愛人君而欲止其亂也。自非大亡道之世者，天
盡欲扶持而全安之，事在彊勉而已矣。…臣聞天之所大奉使之王者，必有非人
力所能致而自至者，此受命之符也。天下之人，同心歸之，若歸父母，故天瑞
應誠而至，書曰「白魚入于王舟，有火復于王屋，流爲烏，」⑭此蓋受命之符
也。

在這裏漢武帝和董仲舒都是相信符應和災異的，漢武帝來問，董仲舒也用這個範圍來
答。董仲舒的意思，也未嘗不想用災異論來控制帝王的行動。但是董仲舒這種想法是
極難發生效力的，因爲對於災異問題，必需要有權威的解釋，才能發生效力。中國敎
會和敎士的勢力，從來不曾樹立起來，這項權威性解釋就無從找出。卽令發生了所謂
災異，解釋也不會一致的。一經爭論，控制的力量就全部消失了。董仲舒傳就這樣
說：⑮

先是遼東高廟、長陵高園災，仲舒居家推說其意，草藁未上。主父偃候仲舒，
私見嫉之，竊其書而奏焉。上召視諸儒，仲舒弟子呂步舒，不知其師書，以爲
大愚，於是下仲舒吏當死，詔赦之。仲舒遂不敢復言災異。

這就是災異的提示不能發生效力的事實，因爲災異的解釋並無固定的方式，漢書五行
志引的洪範五行傳可以說是集災異論的大成，假如推溯每一個解釋的理由，都可以找
到另外幾個不同甚至相反的解釋。漢代儒生的嘗試失敗也是一種當然的結果。對於君
主的控制，仍是毫無辦法的。

關於封駁詔書的事，漢代也曾經有過，一次是哀帝下詔增封董賢，並賜傅太后家
人侯國食邑，丞相王嘉封還詔書，但次年王嘉免相賜死，而增封董賢諸事，仍然貫澈
下去。另一次是東漢桓帝時宦官指使人上書告李膺等共爲部黨，桓帝下詔逮捕黨人，
太尉陳蕃不肯連署下郡國，但陳蕃也被免職，並未能壓下這一番事實。至於天子用
人，有時被丞相御史大夫所控制，如成帝想用劉向爲九卿，屢次都被外戚王氏當政將
軍及丞相御史所阻，因而不能得大位，這也是成帝用劉向並不十分堅決，他要和王家
各將軍及丞相御史商量的原故。成帝並未曾充分的使用皇帝的權力，如果成帝一定非
用劉向不可，那是任何人不能抑制住的。所以依照上述幾個例子，並不能證明丞相可

以有獨持主張的權力，這也就成爲西漢時代災異之說被一切儒生接受，而想來利用的原因。到了東漢災異說已變爲無效，儒生才走到黨人的路，到三國時黨人的路也證明走不通，於是才會走上消極的清談的路，來逃避現實了。

(三)　內朝和州制的建立

依照秦漢時代的中央制度，參考傳統政府的源流，秦漢丞相的權位，還算不了一個正式的內閣（cabinet），但從漢高帝到漢景帝，這時丞相的功用的確已和正式的內閣很爲接近。從皇帝來說要把一切政治行動，都通過了這個近似的內閣下達全國，是非常不方便的。文景時代天子事務不繁，有這樣一個綜持政務的丞相，已經相當夠用。到了武帝時代，他自己要做事。自己要多作主張，丞相的主要功用是在執行決策和承轉詔書方面，其中最高的決策，卻另有一部分天子的近臣，天子的賓客，以及天子的顧問，這些人就成爲一個顧問的機構，這就是所謂「內朝」。丞相御史大夫以及九卿都不在「內朝」之列。丞相照例一直不入內朝的，但昭宣以後，九卿有時加上某些名義，可以算做內朝的分子。

這一個變革，雖然在功能上是天子減削了丞相之權，使丞相變成了一個常務官，國家主要的政務，由另外一個團體去決定。但從另一方面看，還有一個複雜的政治背景。在漢代初年，不僅丞相的權很大，並且丞相在慣例上一定在各通侯中選擇。這些通侯多數是高帝時立功的功臣的後裔。因此，功臣後裔就自然形成了一個貴族的團體。依照漢初情況來說，這些功臣是幫助漢高帝定天下的，高帝崩後，他們還擁有一部分實力，呂后對他們也不能怎樣。呂后死後，大臣誅諸呂之事，就是這些功臣聯合發動的，所以漢文帝到長安，還要考慮再考慮，不能無所顧忌。文帝時代的最大成就，就是把京師的兵權逐漸的轉移到文帝親信之手。然後景帝方才收回諸侯王國的權柄。但是不論文帝或者景帝，在政治上還是依照著過去的成規，不曾輕易變動。因此丞相一職就成了貴族集團的代表人，因而貴族政治的氣味非常濃厚，漢初「文景之治」也就是從這一點出發的。

到了武帝立爲天子，他是一個雄才大略的君主，他不願受到一般習慣法的拘束，

同時他要用另外一般 自己的智囊團不願 和一般拘束成法的九 卿二千石來商談國家大計，他的左右賓客，甚至於他親近的宦官，就形成了另外一羣人（並且他還有意的把丞相擯除在這一羣人之外），這一羣人就形成了所謂「內朝」和國家正式（formal）的朝廷中，用丞相來領銜的百官的相對。因而以丞相爲領袖的就被叫做「外朝」。演變結果，內朝是主決策的，外朝是主執行的。

關於內朝的解釋，是根據漢書劉輔傳顏注引孟康的話：⑲

> 「中朝，內朝也。大司馬，左右前後將軍、侍中、常侍、散騎、諸吏爲中朝；丞相以下至六百名爲外朝。」

錢大昕在他的三史拾遺有一個更詳的說明是：

> 「漢書稱中朝官或稱中朝者，其文非一，惟孟康此注最爲分明……給事中亦中朝官，孟康所舉不無遺漏矣。然中外朝之分，漢初蓋未之有，武帝始以嚴助、主父偃輩入直承明，與參謀議，而其秩尚卑。衞靑霍去病雖貴幸，亦未干丞相御史職事，至昭宣之世，大將軍權兼中外，又置前後左右將軍，在內朝預聞政事，而由庶僚加侍中給事中者，皆自託爲腹心之臣矣。此西京朝局之變，史家未明言之，讀者可推驗而得也。」

但是內朝（或中朝）的制度，據孟康所說，再由錢大昕所補充，就知道西漢末年的制度，不是漢武帝時當時的情況。內朝的官職也是後來逐漸增多，而內朝的習慣法也是後來逐漸完備，在漢武帝時候還是相當的草創,和後來不盡相同的,漢書嚴助傳說：⑰

> 繇是獨擢助爲中大夫，後得朱買臣、吾丘壽王、司馬相如、主父偃、徐樂、嚴安、東方朔、枚皋、膠倉、終軍、嚴葱奇等，並在左右。是時征伐四夷，開置邊郡，軍旅數發，內改制度，朝廷多事。屢舉賢良文學之士，公孫弘起徒步，數年至丞相；開東閣，延賢人與謀議，朝覲奏事，因言國家便宜。上令助等與大臣辨論，中外相應以義理之文，大臣數詘（注師古曰：中謂天子之賓客，若嚴助之輩也，外謂公卿大夫也。）

在這裏可以看出漢武帝時候內朝已經開始形成，其中成分卻還簡單，其中天子賓客，如嚴助、朱買臣、主父偃、東方朔、徐樂都是中大夫，吾丘壽王是光祿大夫侍中，只有司馬相如因爲不肯參與公卿國家之事，他的名義是郎，未加上大夫的名號。至於後

來內朝最重要的成分，將軍；在漢武帝時衛青及霍去病都是絕對不與聞政務，不在內朝之列。其在武帝時代，「更進用事」的九卿，及御史大夫張湯，也都仍是外朝的官吏，未曾加上內朝的什麼名義。這種情形還是漢初的傳統，武帝把這傳統擴大了些罷了。因為在文帝時候，賈誼已經是中大夫，在天子左右，有不少的建議，因此才引起周勃和灌嬰（周勃封絳侯與灌嬰並稱絳灌）的不滿。文帝為調協起見，才把賈誼送出去，作王國的太傅。這一件事正可以證明內朝外朝的衝突，在漢文帝時已具有雛形，而賈誼所要做的，和漢武帝的主張也非常接近，只是文帝能夠謙讓未遑，把漢初制度延長了一個時候。

在內朝中，照一般的看法，是不把尚書算在內的。依照漢書劉輔傳師古注引孟康的說法，就未將尚書算在內。但是尚書的功能方面卻顯然是內朝的樞紐，談內朝的職事，不能把尚書除外。其所以孟康不把尚書當作內朝官的，大約有幾個原因：一、尚書職守自西漢以後時在變化，尚書雖然在內朝中甚為重要，但就外朝來說，尚書也要參與的，所以列入外朝也不算全錯。尚書要主持天子的詔令，在西漢時已算做「三獨坐」之一，到東漢時更為重要，他的權會超過宰相。就體制來看，而不就功能來看，尚書就更像純外朝的官。二、孟康是三國時人，三國時承東漢之後，和西漢距離更遠，而況三國時中書也都任用士人算做外朝的一部分了，他當然更會受當時制度的影響，把尚書不放在內朝之內。三、內朝和外朝的分別，實際上也只照習慣上的分法，若按照國家成文定制，尚書令不僅無三獨坐的明文，而且還是少府的部屬。既無定制的明文，所以列入內朝的官職，會有些出入。但這只是就表面而言，若追溯權力的來源，那就顯然的尚書是參與內朝，執行內朝的決定，再到外朝去做形式上的傳達者。依照漢書張安世傳，說安世領尚書事，「職典樞機」，以謹慎周密自著，「外」「內」無間，每定大政已決，輒移病「出」，聞有詔令，乃驚使之丞相府問。這就表示內朝的政務，是比較秘密的，尚書雖然是其中的關鍵，卻不大容易被人注意，只看到尚書在外朝宣布詔令，便以為尚書的職守在外朝。但就實際性質來說尚書列在外朝，真不過只是一個內朝的代表罷了。

因為尚書是詔令必經的機構，所以西漢的元輔重臣，會加上領尚書事，平尚書事，視尚書事等名義。到了東漢就一律用錄尚書事的名義。其中最重要的還是霍光的

「領尚書事」，因爲領尚書事，就是管制詔令的事，也就是可以有權指揮尚書令及尚書。這種權力實際上就是攝政，而金日磾和上官桀不過是霍光的副手，後來到宣帝初年，于定國爲光祿大夫平尚書事，也一樣不過是霍光的助理，比金日磾及上官桀還差一點。至於成帝時孔光和張禹的領尚書事，雖然也稱做領，因爲客觀環境不同，和當時薛宣的視尚書事，都不過只是加入內朝的官衙罷了。到了東漢尚書令的權更大，「雖置三公，事歸臺閣。」⑳領、平、視等等的名義不再適用，只可用錄尚書事，錄就是錄省，指可以過問的意思，並非尚書令的上司。也就是這些元老大臣在內朝中，有他的一個地位。其中如太傅、太尉、司徒和司空，都可以加上「錄尚書事」的名義。這和西漢時期純粹外朝長官如丞相，御史大夫、大司馬、大司徒、大司空等從不加領尚書事平尚書事等名義的完全不同。這也就表示著尚書已有內朝轉成外朝的趨勢，而尚書令的職權漸漸的宰相化了。「錄尚書事」一職，在東漢時期本是安置元老的，後來建安時曹操輔政，加上了「錄尚書事」的頭銜，從此錄尚書事一個頭銜，就成爲權力的代表。後來曹爽、司馬師、司馬昭都加了「錄尚書事」，而在蜀漢，諸葛亮、姜維、費禕也都加「錄尚書事」。到兩晉時期，如賈充、梁王肜、東海王越、王導、桓溫、謝安、會稽王道子、劉裕等都加錄尚書事，也就表示錄尚書事權責的重要。

　　再就內朝的情形來說，將軍要算內朝的核心，而常侍則爲內朝的重要結構，這兩種職務，就是東漢外戚宦官能夠相代執政的憑藉。常侍或中常侍都是從侍中一職轉變而成的，而將軍在武帝時不屬於內朝範圍而是霍光輔政時才以大將軍的身分加入內朝，金日磾及上官桀也各以將軍的身分加入內朝。這件事是否漢武帝的遺意，在漢書中字裏行間頗有疑問，不過不論是否漢武帝的意思，其將軍一職在霍光輔政加入內朝顯然的是內朝性質有一個畫時代的改變。而西漢後期外戚的權柄從這一個組織開始，東漢從外戚當政演變爲宦官當政而形成了權臣篡奪，和這個制度的形成有密切的關係，也是一個不容否定的事實。

（四）　漢代的人事和選舉問題

在漢代政治活動的場所上，有幾種不同的人物在那裏消長，其中有功臣（其後成爲新貴族）、有宗室、有外戚、有宦官、有文吏、有儒生，各人有各人不同的背景，就形成了消長和爭執的局面。

當着漢朝開始的時候，蕭何和曹參秉政，他們在當時行政中樞，並未曾受到任何的牽制。當時代表的政權，可以說是文吏的政權，蕭曹政權可以說是一種現實傾向的政權，他們這些文吏，並無什麼深遠的理想，他們只希望樹立一個清明，有效而安定的政權，來維持現狀就夠了。他們鑒於秦代政治的失敗，他們知道秦朝的失敗是由於煩擾，卽政府管事太多，而實際上推行時又不能免除弊病，所以他們推行的是一種無爲而治的政策。雖然秦代的法律還是一直保存著，只是執行的態度有一個極端的轉變，這就樹立了漢代初年的長期太平。而這種過分消極態度，也就爲儒生所不滿。

蕭曹都是功臣而兼文吏的，他們的身分是功臣，他們的作風是文吏，等到蕭曹死後，繼承他們當政的人，便都是功臣身分，其作風雖然繼承蕭曹的舊貫，但卻是盲目的繼承，比蕭曹本人們更少了一番了解。所以把這些人歸類，只能歸入到功臣一組，不過他們所任用的人，除去功臣子弟任子爲郎的以外，還以文吏出身爲主，所以漢朝初期，還是文吏當政的時代。

到了漢武帝卽位，用人不拘一格，除去貴族和文吏以外，儒生也開始抬頭。罷黜百家表章儒術原則也開始實行了。可是他也並不完全信任儒生，時常也用文吏來牽制。並且除去儒生文吏以外，武人也有時加入任用的班次。他對於丞相始終是防範而壓制，以致丞相隨時都戰戰兢兢的來過日子，同時又把原來丞相史刺州之權，收歸天子變成刺史的官職。所以這個時期可以說是天子專斷的時期。不論那種背景的人臣，都是平列的在天子管制之下。

天子從宰相方面收回了更多的權力，天子直接的權力增大了，天子處理的事務增多了，天子更需要更多的助手。過去和天子接近的只有郎和大夫，大夫由他官遷補人數有限，郎的選任都是有任子，算貲以及少數的六郡良家子，學識和經驗都很有限，

不足應付當前的重大需要，所以爲了徵集人才，才有了新的選舉制度，這種新的設計，從漢武帝即位時期已經開始，可知武帝在即位前已經有這種設計了。

這種舉賢良的制度，提拔出來的當然是集中於兩種人，第一種是儒生，第二種是文吏，儒生是從學問的造詣來選拔，文吏是從服務的成績來選拔。這兩種人數的比例增加了，一方面改變了漢代官吏的素質，另一方面也增加了工作的效能。這和漢武帝時對四方征伐開闢疆土，國家支出迅速增加，但尚能維持下去，這與漢武帝任用人才，也並非沒有關係。

當然，這種任用賢才的創意，還是要溯源到漢高帝，然後惠帝四年、文帝二年、十五年，都頒發過類似的詔書，而這一類型的詔書，正是要徵集賢才。高帝十一年的詔書，是：㉑

> 蓋聞王者莫高於周文，伯者莫高於齊桓，皆待賢人而成名。今天下賢者智能豈特古之人乎？患在人主不交故也，士奚由進？今吾以天之靈，賢士大夫，定有天下以爲一家，欲其長久世世奉宗廟亡絕也。賢人已與我共平之矣。而不與吾共安利之可乎？賢士大夫有肯從我游者，吾能尊顯之。布告天下，使明知朕意，御史大夫昌下相國，相國酇侯下諸侯王，御史中執法下郡守。其有意稱明德者，必身勸，爲之駕，遣詣相國府，署行義年，有而弗言者免。年老癃病勿遣。

這種舉賢的觀念，顯然的，還是戰國時代尊重賢士的觀念延長下來的，尤其漢高帝生平最佩服的是信陵君，而信陵君正是號爲尊賢下士的人。

孝惠時期只置「孝弟力田」員額，免去賦稅，並非擔任公職，稍稍不同一些。到了文帝時期，又和高帝時有點類似了，其中是：㉒

> 文帝二年詔曰：乃十一月晦，日有食之，〔二三執政〕舉賢良方正能直言極諫者以匡朕之不逮。」

> 文帝十五年，詔「諸侯王、公卿、郡守、舉賢良能直言極諫者。」

十五年的策問，並且見於漢書鼂錯傳。㉓但是舉的次數還是較少，而且公卿大臣也並不見一定舉人。到漢武帝時雖然有建元元年及元光元年兩次著名的策問賢良，而成爲定制的還是元朔元年的詔書：㉔

公卿大夫所使總方略，壹統類，廣教化，美風俗也。夫本仁祖義，褒德祿賢，
勸善刑暴，五帝三王所繇昌也。朕夙興夜寐，嘉與宇內之士，臻於斯路，故旅
耆老，復孝敬，選豪俊，講文學，稽參政事，祈進民心，深詔執事興廉舉孝，
庶幾成風，紹休聖緒。夫十室之邑，必有忠信，三人並行，厥有我師。今或至
闔郡而不薦一人，是化不下究而積行之君子雍於上聞也。二千石長官紀綱人
倫，將何以佐朕，燭幽隱，勸元元，厲蒸庶，崇鄉黨之訓哉？…有司奏議曰…
今詔書昭帝聖緒，令二千石舉孝廉，所以化元元，移風易俗也。不舉孝，不奉
詔，當以不敬論，不察廉，不勝任也，當免。奏可。」

從此以後，察舉的規模從此大定，西漢末年雖然比武帝時察舉的次數更為頻繁，東漢
時更嚴格規定了每年察舉，但正式規模卻是從武帝時奠定下的，東漢時期進一步的辦
法，是從文帝及武帝以來，只有對策。到了東漢順帝時，更清楚定明「諸生試家法，
文吏試章奏，」[29] 就和隋唐時代以後的科舉辦法有些近似了。

　　察舉制度奠定了考試制度的基礎，對於中國人事上的貢獻（甚至於可以說對於人
類人事制度上的貢獻），是不容忽視的。察舉及考試制度對於政治上和社會上的影響
是顯明的，將貴族制度下所壓抑下的平民階級的人才，給與提升的機會，使得政治機
構隨時有新的細胞加入，不至於腐化太速；並且對於社會上也造成了社會轉換（social
mobility）的機會，使得國家政治比較上接近於全民社會的，而不屬於某一階級所專
斷（中國歷史上確有不少出身寒賤的人才，從考試制度中得到政治和社會地位。有些
西方學者認為考試制度對於選拔寒微並無用處，這一點是不能同意的）。這也造成
了中國的社會不僅和印度的社會全然不同，而且比較歐洲及日本的封建社會也很不一
樣，這可能說是漢代以後察舉及考試制度的貢獻。雖然如此，假如就認為這就是「中
國式的民主政治」如同有些中外學者主張的，那也失之於籠統，把兩種全然不同性質
的辭意，混作一談。民主是指政府受人民的控制，政府的權力來源是人民所授與，政
府只向人民負責的而言。至於薦舉，科舉等等考試制度，只是在任何政府（包括立憲
政體及專制政體）之下，所採取的一種人事制度的方式，與民主政治的原則本來不在
一個層次上。在民主政治原則之下，凡是公民都有同等的權利和義務，都對於政府有
同等服務的機會，不應當有世襲身分的限制，這就使得邊遠和貧窮的人有到政府成為

負責人之一的可能。在薦舉以至科舉的制度下，也曾提拔了不少巖穴之士，成爲白屋公卿，使得世族政治失去一些效用，但仍然和民主政治有極大的區別。就二者顯明的區別來論計有：(1)從孝廉進士到公卿，還要經過一個長時期的升轉，從未聞直接考公卿，更不曾直接考天子，民主政治卻直接選出多數黨領袖成爲責任內閣，並且還可以民選總統。(2)民主政治不僅要人民選舉行政首長，更重要的還是立法權及代議制，薦舉及科舉卻從來與立法權不曾涉及。所以民主政治和薦舉及科舉制度雖然在減損世族勢力這一點上互相重合，但民主政治卻還有它特有的更大範圍。因此民主政治和薦舉與科舉制度還是兩回事，不必相提並論。

再就察舉制度來說，對於兩漢時代的人事方面，的確有其功效。尤其對於儒生服務的機會方面，薦舉制度的幫助甚大。但這種功效也不能持久不變。因爲(1)從光武以至明章，雖然不能信託某一個宰相，而且也未曾信託尚書及尚書令。不過這些擔任要務的重臣都還是儒生出身的。到了和帝以後情形就轉變了。最先外戚擅權，以後宦官執政，都是利用過去內朝的權力，而儒生就不再能占重要的決定位置。(2)就以察舉本身來說，也是漸漸的變質，在各郡之中還是世家大族，更占上風。世家大族利用察舉上優先的機會，使得世家大族的地位更形穩固。這就形成了準貴族政治。等到曹魏實行九品中正法，薦舉的決定，卽在京師，當選的人更限於在京師的豪族，而外郡的豪族又畫出到範圍之外，這樣具有優先地位的家族，就更大爲減少，選舉的方面就更爲狹小，魏晉的世族政治才更進一步的形成。不過依照東漢晚期察舉的形勢來看，也會一步一步演成世族政治，只是九品中正的辦法更加速世族政治的實現罷了。

註① 漢書五十二，田蚡傳，藝文本 933 頁。

② 左傳襄十四年藝文十三經注疏本卷 32，562 頁。

③ 史記六，秦始皇本紀，藝文本 126 頁。

④ 見趙翼廿二史劄記。

⑤ 三皇在漢代爲天皇、地皇，及人皇。惟此見於秦始皇本紀的作泰皇，並且說泰皇最尊，此泰皇當非人皇而當屬楚辭中天皇泰一之別稱。

⑥ 見戰國策趙策所言新垣衍的建議。

⑦ 周人立嫡立長的制度，見王國維殷周制度論。

⑧ 秦始皇不立太子的原因，可從史記秦始皇本紀中看出，因爲秦始皇諱言死，認爲立太子是一個不吉之事。

⑨ 例如論語稱「堯曰咨，天之歷數在爾躬，」孟子說「天與之。」以及秦璽的「受命于天，旣壽永昌，」都是「天授」的觀念。

⑩ 見史記一二二，1287頁，漢書六十，1035頁。

⑪ 見史記一〇二，1122頁，漢書五十，908頁。

⑫ 見漢書四十八賈誼傳。

⑬ 見漢書五十六，979頁。

⑭ 此引今文尙書泰誓，不見於現存本尙書。

⑮ 漢書五十六，988頁。這個意見曾經由胡適之先生在北京大學中國哲學史講堂中提示過。

⑯ 漢書七十七，1260頁。內朝制度參看勞榦論漢代的內朝與外朝，中央研究院史語集刊第十三本。

⑰ 漢書六十四上，1078頁。

⑱ 漢書六十二，1059頁，司馬遷爲中書令，尊寵任職。中書令卽中書謁者令，又稱中尙書令，宣帝時弘恭石顯俱曾做過，中書令卽尙書令之職，以士人爲之，稱尙書令。以宦者爲之稱中書令。至曹魏時始並置尙書令，中書監及中書令，俱用士人。

⑲ 續漢書百官志尙書令，注引蔡質漢儀曰「故公爲之者，朝會不下陛奏事，增秩二千石。」（下字原衍，據惠棟注補）後漢書三十六，339頁。

⑳ 後漢書七十九，801頁，仲長統傳。案仲長統昌言理亂篇言獨相之重要，可謂古今至論。淸沈欽韓博極羣書，於此竟不能了達，足見知言之不易。又漢代尙書制度參見陳樹鏞漢官答問（卷一pp. 9—11）（振綺堂叢書本）及周道濟「秦漢政治之研究」（pp. 49—65）（五十七年刊本）。

㉑ 漢書一下，39—40頁。

㉒ 漢書四，56—57頁及60頁。

㉓ 漢書四十九，900頁。

㉔ 漢書六，74—75頁，又此詔殘簡，亦見於居延漢簡偶有異文，可資參校。

㉕ 後漢書九十一，927頁。

〈漢代政治組織特質及其功能〉英文摘要

SOME CHARACTERISTICS OF THE POLITICAL ORGANIZATION OF THE HAN DYNASTY

LAO KAN

The political organization of the Han dynasty differed considerably from that of the pre-Ch'in era, as reflected in the *Tso-chuan*, the *Chou li*, and the "Wangchih" ("Royal Institutions") in the *Li chi*. Throughout the imperial era, Chinese government followed more or less the Han pattern, which was characterized by being both simple and effective.

One of the most important features of the Han system was the delegation of high authority to the chancellor, an institution which was formed perhaps largely by accidental historical circumstances but brought over sixty years of peace and prosperity to the people. This institution was not identical with the responsible cabinet of the West but there are functional similarities. The trouble was that the Chinese system was at best a customary law. The emperor, being the highest law-maker and law-breaker, was always to exercise his power. Under emperors Wen and Ching, who favored in general a laissez-faire policy, this custom was maintained. Han Wu-ti, who believed in a different political philosophy, however, made it impossible for this institution to continue. After the reform of Wu-ti, the course of development in Chinese history was mainly for those who were close to the emperor to encroach on the power of the chancellor and to promote themselves to take his place. In turn, gradually, there would be others who were still closer to the throne to encroach on the power held by these people and to promote themselves. In a similar manner, supervisory and censorial officials encroached on the power of executive officials, and this often led to the creation of new supervisory and censorial officials to supersede the old. This made the whole system of central, regional and local governments highly complicated and clumsy—a situation that lasted until the end of the Manchu Ch'ing dynasty.

Of course, the position of the emperor was extremely important in imperial China. Religiously, he was the only son-of-Heaven. In society he was the only super-man, all powerful and highest in status. Trying to provide a checking force, ancient intellectuals promoted a theory that the emperor derived his power and authority from Heaven. Han philosophers in particular stressed that the theory on mutual response between Heaven and man (*t'ien-jen kan-ying* 天人感應), and that of calamities and abnormalities (*tsai-i* 災異), which Heaven sent as warnings to the ruler. These theories, however, were difficult to verify, and people's faith in them declined already from the later part of Han times.

The development of imperial authority reached a climax under Wu-ti. By that time, the so-called kingdoms or principalities were actually governed by statechancellors (*kuo-hsiang* 國相) appointed by the emperor. The various nobles enjoyed only revenues from their "enfieffed" terrirories but exercised no polotical autherity over the land or the people. Many of the marquises were even obliged to stay and live at the capital. The military aristocrats at the beginning of the dynasty had become powerless. The political power and authority had been centralized. Combining Confucian and Legalist schools of thought, Wu-ti had a new political philosophy and was successful in both internal control and external expansion, particularly in his wars against the Hsiung-nu. As a price for this protection and expansion, the people's burden in taxes and corvee were increased, but their livelihood seems to have had little improvement.

Two major institutions developed under Wu-ti, namely the innercourt (*nei-ch'ao*內朝) and the regional supervisory system. The former led to the creation of such posts as *shang-shu* 尚書 and *shih-chung* 侍中 in later times, whose holders tended to usurp the power of the chancellor. Coming down to the Ming dynasty, the founder even abolished the chancellorship and sometimes real power was in the hands of certain grand eunuches. The latter initiated superviareas called *chou* 州 or province, which was placed over and above local governments on the prefecture (or commandary, *chün* 郡) and district (*hsien* 縣) levels. Eventually, this developed into the four-or-five level regional and local governmental system of Ming and Ch'ing.

The origin of the inner court was Wu-ti's use of literary attendants and brilliant intellectuals as special advisors on government policies. This group greatly limited the voice of the chancellor. Later, when Huo Kuang served as generalissimo and regent, he became the leader of the inner court. These practices became patterns for many people to rise to power under later dynasties. The *shang-shu* were originally keepers of imperial stationary and documents, but they became very powerful under the Later Han.

The creation of the province (*chou*) began in Ch'in times when imperial secretaries (*yü-shih* 御史) were despateched to supervise the prefectures or commandaries (*chün*). Kao-tsu, founder of Han, trusted his chancellor Hsiao Ho and allowed him to send his own secretaries (*ch'eng-hsiang shih* 丞相史) as supervisors. Wu-ti in his process of political centralization, despatched regional supervisors, *tz'u-shih* 刺史 to areas called province. Coming down to Later Han, regional supervisors often led troops and the province became an important level between the central and local governments.

Another important Han institution was the recommendation of talented and worthy people to the government and the accompanied examination system. It eventually developed into the celebrated *k'o-chü* 科舉 system from Sui and T'ang times. This system was undoubtedly influential and contributed to a degree to social mobility in later imperial China. But, in the author's opinion, it hardly deserves the title of "democracy in Chinese style" as attributed by some writers. Such a title can be highly misleading.

禮經制度與漢代宮室

(一) 幾個問題

我們要研究古代的名物制度，最先一着就應當明瞭一切物件的布置，否則頭緒紛繁，無從着手。而與布置最有關的為宮室制度，宮室制度不明，則不惟讀漢以前書往往陷於迷罔，即讀漢人的書，讀六朝人的書，也不能了解生活的實際。固然在幾千年後而材料又未能充分搜輯集中和整理的現在，將幾千年眞面目顯示，本為不可能的，但現在為讀書方便起見，應當作初步的整理。自然本篇的目的只是綜合書本的材料，而周漢以來千餘年的時代，其許多種等威制度是無從顯示的。

本篇研究的對象，為漢代的宮室。漢代宮室的材料雖然不算少，但並無綜合的記載。在儀禮中因為每篇的升降進退都和宮室排列有關，反而易於推尋。儀禮時代當然尚待證明，但和漢代宮室制度大約是在一個系統上。所以為方便起見不得不將儀禮的制度來作底子，參以漢人的注脚。

不過儀禮制度雖然相當的可以看出來，但仍為歷來糾纏聚訟之所在。其中許多糾纏之點是應當在此稍加清理的。

但是要怎樣清理呢？我以為糾纏不清者，大率有幾種：

（一）太相信相傳之明堂制度，以為明堂制度為朝廟的基本，因之愈講愈晦；

（二）但在文字上辨駁，而不論建築上是否可能，與應用上是否合適；

（三）不根據實物，但憑空論，或誤解前人論據。

在此三點分解，糾纏不清之處可除去許多。其中自仍有無實物和文字的參證，毫無辦法的，但也有未嘗不可找文字上的證據來疏通證明的，若實無法，再行闕疑。

現在更縮小範圍，對於等威的問題，暫行不談，如天子諸侯的門數，門名，天子外屏諸侯內屏的是否，天子諸侯究竟有幾朝，大夫有無東西房等。因為這雖非和宮室結構本身無關，但在現在是無從完全明瞭的，與其妄說，何若存疑。

以下就討論幾個小範圍中比較重要的問題。

（甲）宮室的布局

宮室的布局在宮室最爲重要。歷來講宮室布局的，至宋李如圭纔少有頭緒，清儒大率不能和李如圭大異，但其言宮室結構仍不免有不合理處。李如圭儀禮釋宮曰：

> 堂之屋南北五架，中脊之架曰棟，次棟之架曰楣。後楣以北爲室與房。本注曰後楣之下以南爲堂，以北爲室與房，室與房東西相連爲之。案少牢饋食禮，"主人室中獻祝，祝拜於席上坐受"，注曰"室中迫狹"。賈氏曰"棟南兩架，北亦兩架，棟北楣下爲室，南壁而開戶，以一架之間爲室，故云迫狹也"。昏禮"賓當阿政命"，鄭云："入堂深"明不入室，是棟北乃有室也。

清代言三禮宮室者自官本儀禮義疏，江永鄉黨圖攷，任啓運朝廟宮室攷，戴震考工記圖，焦循羣經宮室圖，張惠言儀禮圖等，無不一依李說。但五架之堂自天子下通，甚有問題，且其詳細位置亦無確據。卽依賈疏謂室在北楣下，房之位置是否其南端與室同在北楣下仍是問題。案詩閟宮箋云：

> 大房玉飾俎也，其制足間有橫，下有柎，似乎堂後有房然。

正義云：

> 房謂足下柎，上下兩間，有似於堂房然。

柎指人足下突出之處，謂房類柎，那麼房當突出。否則何不謂室突出，而謂房突出？可見房與室的前墉並不相同。又鄉射記云：

> 序則物當棟，堂則物當楣。

棟指現今的脊檁，楣指現今的金檁及簷檁，序指堂的兩側，房的前面，堂指堂的中間，室的前面，物指射時人所立的地方。堂和序的'物'爲什麼位置不同？這就可見序的後面只到棟，而堂的後面比序爲後，可到北楣。如此房的南便應到棟，比較室爲突出，不能如李說的簡單了。（又房分南北二室，其北曰北堂，當一架之地位所能安置。）

其次關於東西夾的所在。李如圭釋宮曰：

> 序之外謂之夾室，本注曰：公食大夫禮，'大夫立於東夾南'，注曰'東於堂'賈氏曰'序以西爲正堂，序東有夾室，今立於堂下，當東夾，是東於堂也'。又按

公食禮：'宰東夾北西面'，賈氏曰：'位在北堂之南與夾室相當' 特牲饋食禮：
'豆籩鉶在東房'，注曰，'東房房中之東，當夾北'，則東夾之北通爲房中矣。

按其說謂夾室全體在房之南，於此清人之作宮室圖的，都如下圖布置。

北
階

房	室	房
夾室	戶牖　戶　戶 堂 楹　　楹	夾室

側階　　西階　　東階　　側階

此外尚有任啓運的布置法，爲

西廂	西房	室	東房	東廂
西堂	堂			東堂
西夾室	西楹　　東楹			東夾室

任氏的布置法，四庫提要已經駁斥，可不再詳說。現在就論李氏系統下的布置法。
此種布置法不必細細推求，但看夾室的窄而長，便可見結構的奇異。今案李氏引鄭賈
說並未誤，乃李氏誤解。鄭說：'東房，房中之東，當夾北'。此謂東夾之北當東房
之中，未云東夾之北在東房之南。房中之東明謂：房南北之中偏東處與東夾之北東
西相當。卽謂東房東墻之中部爲夾室北部所至。'房中之東'的南面仍爲房南之東，豈

能又爲東房又爲夾室？至賈氏只謂東序（堂之東牆）在東夾之西，也不能證明東夾在東房之南。所以堂與室和房爲主要建築，而東西夾爲附屬建築，雖然與堂同爲南向，但其北牆只到東房的中央。此意只金鶚求古錄禮說的夾室考與此相同，餘人都一仍李說。加以思考便知其不合理了。至其布置當如：（其比例無從詳知，只好從闕，下同。）

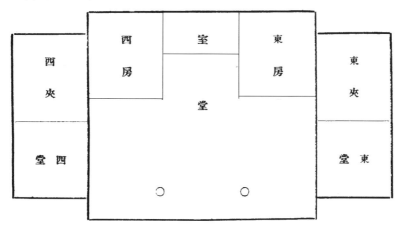

此種布置方法，仍照前人之說，通於廟寢，但危險性極大，只能說是匯合衆說之中，求一個比較近理之說，便於比較漢制而已。若謂此便無所不包，則隨時便可發見例外了。

（乙）兩楹的問題

關於兩楹現在有兩個問題，一爲兩楹以外，是否尚有他楹？一爲兩楹的位置究竟在什麼地方？

兩楹以外是否有楹的問題，見於李如圭釋宮，李氏曰：

> 楹柱也，古之築室者以垣墉爲基而屋其上。惟堂上有兩楹而已，楹之設蓋於前楣之下。

以垣墉爲基而屋其上'是西洋的營造法式，和中國的堂構建築不侔，此種建築在前面安柱子，也只是希臘的普通建築，決不會合於中國的系統。關於這個問題，焦循羣經宮室圖曾經論及說：

> 以廣二十餘丈之屋，只用兩柱，斷無此理。商頌殷武篇云：'旅楹有閑，寢成孔安'。傳云：'寢路寢也'，箋云：'正斲于楹上，以爲栭與衆楹'，云衆楹，非止有二矣。

禮經多言兩楹者，釋名云：'楹亭也，亭亭然孤立，旁無所依也。齊魯讀若輕，輕勝也，孤立獨處，能任上重也'。然則無所依者謂之楹，堂屋之柱多依牆壁而立，其無依者惟堂上之兩楹，非兩楹之外別無柱也。

此論甚爲曉暢，只此段之後緊接說兩楹的位置在'楣棟間'，仍然不合，反不如李說兩楹在前楣之下爲合理。因爲楣棟間無立楹之理，而且'孤立獨處，能任上重'更是簷柱的主要任務。

不過'楣'之一名，甚爲含混，平常有下列諸解釋。

說文：秦名屋檼聯也，齊謂之檐，楚謂之梠，從木，眉聲。

鄉射禮注：五架之屋正中曰棟，次曰楣。

爾雅釋宮：楣謂之梁。注云：門戶上橫梁。

鄉飲酒禮注：楣前梁也。（此梁蓋指標而言。）

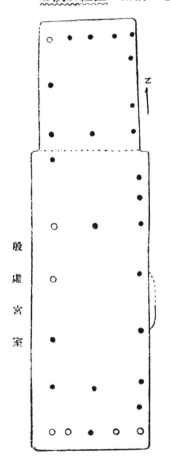

殷虛宮室基址，見安陽發掘報告四期，石樟如先生第七次 E 區報告。黑點爲現存礎石，圓圈爲礎石痕跡。其北部爲夾室，雖與禮經的方向不同，但其結構仍可看出爲附屬的建築。（此爲離宮別館，在 C 區尚有正殿的建築，其構造較爲複雜，須待報告發表後，方能詳爲討論。）

所以楣至少有兩種解釋，一爲門楣，一爲除棟以外凡桁檁統謂之楣，一直到簷際，士昏禮注的‘庪’也是楣的一種。李說‘前楣之下’，應當照江永的增注‘前楣之梁，櫼栿架其上’，方爲合理。自然‘簷柱’之後可以有‘金柱’，但不一定有‘金柱’，尤其鄭注以五架爲標準，平常都是沒有‘金柱’的。

現在再用實物爲證，中央研究院歷史語言研究所在安陽發掘的殷虛宮室基址，柱礎甚多，足證‘旅楹’之制。兩楹緊接臺基，足證兩楹爲‘簷柱’。商代如此，唐宋亦如此，若謂周漢不然，決無此理了。

（ 丙 ）坫 的 問 題

坫的制度以金鶚求古錄禮說坫考所言爲最詳，金氏分坫爲四，一曰堂隅之坫，一曰反爵之坫，一曰康圭之坫，一曰庪食之坫。堂隅之坫，指一般堂角說。反爵之坫指論語‘邦君爲兩君之好有反坫’之反坫說。康圭之坫指明堂位‘崇坫康圭，天子之廟飾也’之崇坫說。庪食之坫則指內則‘大夫於閣三，士於坫一’之坫說。其言堂隅之坫云：

> 士冠禮云：‘爵弁皮弁緇布冠各一匴執以待於西坫南’。大射儀云：‘大師及少師上工，皆東坫之東南，西面北上坐’，又云：‘小射正取公之決拾于東坫上’，又云：‘贊設拾以笥退，奠於坫上’既夕云：‘設栚於東堂下，南順齊於坫’，士虞禮云：‘苴刌茅長五寸，束之實于篚，饌於西坫上’，鄭注云：‘坫在堂角’，賈疏云：‘坫有二，若明堂位云：“崇坫康圭”及論語云：“兩君之好有反坫”之等，在廟中有之。此言坫者，皆據堂上角爲名’。是賈以坫卽堂角平地，非如崇坫反坫之築土也。——然大射儀：‘奠決拾於東坫上’，士虞禮：‘苴刌茅饌于西坫上’，則坫非平地可知，若置之於地，毋乃不敬乎？是亦必築土以爲之矣。爾雅釋宮云：‘垝謂之坫’，郭注云：‘在堂隅，坫墇也’，釋文云：‘墇高貌也’，墇有高貌，明是累土。漢書食貨志云：‘富商賈墇財役貧’，墇財是積財，凡物積累則高矣。張衡西京賦云：‘直墇霓以高居’，墇爲高貌明矣。且爾雅以垝釋垣，說文訓垝爲毀垣，垣是牆之卑，毀垣則更卑，與坫相似，故曰垝，謂之坫，又可見坫爲累土也。其下句云牆謂之墉，墉與坫連文對擧，牆築土而成，則坫亦築土又何疑乎？

案此文前半所引的儀禮上證據都和鄭注賈疏並不相違背，即坫應當爲堂角或堂廉（堂之邊側）的平地。後半金氏說應當築土高出於平地，其理由有二，一卽不敬，一爲坫有高義，不當爲平地。其第一個證據對於鄭賈之說並無正面的反證。而且旣曰奠，當然不在高處，燕禮：‘降席下奠爵’，大射：‘坐取觚，奠於籩下’，都是在地上，豈能說置在堂隅的地平上，便是不敬？第二個證據坫當然有高義，但由庭至堂，如‘升堂矣，未入于室也’，‘將上堂，聲必揚’，總是說升堂或上堂，堂旣高於庭，則由庭視堂邊，總是高於庭中的平地。那麼縱不在堂邊築土牆，也無妨於坫之‘壿’。而且據禮記禮器上說：‘天子之堂九尺，諸侯七尺，大夫五尺，士三尺，天子諸侯臺門，此以高爲貴也’。禮經等差和度數爲聚訟之中心，現在先不說。但天子到士，堂的高度不同，這是當然的。此段至少可以知道在禮器一篇作時，一般人總有許多是三尺之堂。三尺不過合現在的二尺一。二尺一寸當然較庭中之地爲高，仍然可說到壿。但二尺一寸之堂，墜下旣毫無危險，而且也決不會因高而崩裂，那麼再築上土垣，作成屛蔽，可說全無需要。所以在一般人，也可說一般鄉紳（士），是幷不要坫上的土垣的。所以禮經的坫仍應依從鄭賈舊說解釋坫爲堂隅（或堂廉）的平地，其上並無屛蔽。

堂隅之坫旣無土垣，那“反爵”之坫，便好說了。關於反坫之古說見明堂位：

反坫出尊，崇坫康圭，疏屛，天子之廟飾也。

鄭注云：

反坫，反爵之坫也。出尊，當尊南也。唯兩君爲好，旣獻反爵於其上。禮，君尊於兩楹之間，崇高也。康讀爲亢龍之亢，又爲高坫，亢所受圭，奠於上焉。屛謂之樹，今桴思刻之爲雲氣鳥獸，如今闕上爲之矣。（案桴思，漢書作罘罳，此言闕上及門內之屛上皆有桴思也）。

孔疏曰：

反坫者兩君相見反爵之坫也。築土爲之，在兩楹間近南。人君飲酒旣獻，反爵於坫上故爲之反坫也。出尊者，尊在兩楹間，坫在尊南，故云出尊。崇坫康圭者，崇高也。亢舉也，爲高坫受賓之圭，舉於其上也。

按兩楹間本距堂廉之坫不遠。兩楹間近南，正在坫上。不過兩楹間近南原有之坫爲平地，反坫則更‘築土爲之’而已。又‘人君’之堂較高，賈誼傳所謂：‘故陛九級上

廉，遠地則堂高'。為免除人的下墜和堂的崩壞，周圍的殿檻是必須的，'反爵'不過行禮時的作用而已。反坫之稱雖然注重兩楹間，但兩楹外的堂隅，應有相類的高坫。聞王振鐸先生說，北平研究院在燕下都所得的殿檻是用瓦燒成的，極大。那比殿檻再原始些，自然是土築的堂邊圍牆。古代的牆都用版築，厚當至一尺餘，在上奠爵，當然可以。此外逸周書作雒解的'四阿反坫'，據金鶚四阿反坫考所說以為此反坫就是堂隅之坫，因為和四阿連言，而下承'復格'(重斗拱)，'旅楹'等語的原故。但堂隅之坫，而曰反坫，于理未順。若謂反坫為坫上土垣，那就與他處所言的反坫相同，可不必再為分別，比較省去許多煩擾了。

成問題的是康圭之坫，鄭孔都未言所在。按覲禮云：'侯氏坐取圭，升致命，王受之玉，侯氏降階'。禮記亦言：'天子不下堂而見諸侯'，所以也應在堂上，至於在堂上甚麼地方，則不必強解。

庋食之坫，則仍要照一般說法認為夾室中庋食的土牆。

*　　　*　　　*　　　*

以上幾點是宮室布置中成問題的，其餘大可依前人的說法，今作平面圖如下。至於比例，因記載不詳，所以未曾規定。自然此種布置對於廟寢未嚴為分辨，而住宅布置之詳部（即如小寢，即全無辦法），亦未能配合全有根據，不憑推想。這都因為實物未有發見，欲求盡情入理實不可能。除非將此問題暫置不談，若因宮室對於歷史上一切生活相關，而求作初步的整理，便只好先如此做法，留待實物比較有着落時，再來將制度，等威及一切種類，和名稱，分時分地的比較。這種工作作者尚不能完全勝任。現在只好先行整次舊說，並搜集書本上的材料為參考而已。

(二)漢代宮室制度之擬定

禮經制度之成問題的，當然不只上列的幾端。不過因為縮小範圍，只注重宮室的排列，所以只有上列的幾點。以上所舉的除去所謂康圭之坫，無法放置，其餘大都可以暫立個假設。本篇對於舊說相當信任，因為禮經不管是誰做的，他的宮室的制度總是根據作書時的實在宮室制度，而不是憑空做出。禮經的時代，假如有增加附益，至晚也是西漢的著述，對於漢代的宮室制度，正可以證明。鄭玄是東漢人，他是師承有

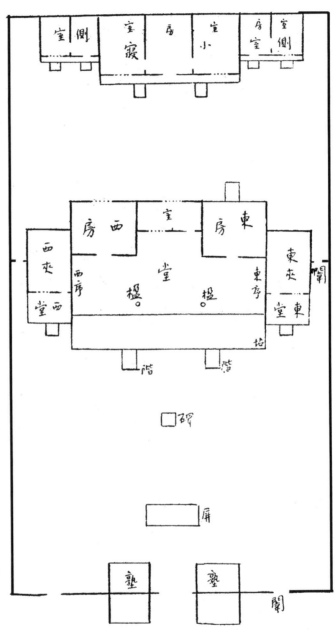

自的，他的箋注若與古制不合的地方，也不過是根據<u>漢</u>制，與本篇的目的，並不衝突（<u>鄭</u>氏好以<u>漢</u>制解經，<u>王應麟</u>的<u>漢</u>制考就輯出不少）。<u>賈公彥</u>和<u>孔穎達</u>的疏服膺<u>鄭</u>氏，只有補充而無違背，況<u>唐</u>人的家法尚淵源有自。所以本篇對於注疏，是要在一定範圍之內，加以尊重。現在將禮經制度和<u>漢</u>制比較，發見衝突地方，並不甚多。因此本篇便以禮經制度爲底本，將衝突的地方，隨時注入。惟<u>周漢</u>合計已千餘年，<u>漢</u>代本身亦有四百

年，當然有不少的變化。現在詳爲審定，原不可能，籠統而言，難言眞確，只可謂聊勝於無而已。

在未說漢制之前，將禮經制度再大致述說一個大綱，以便與前圖及漢制比較。除前所討論的問題以外，大致根據江永的李如圭釋宮增注，焦循羣經宮室圖，和任啓運的朝廟宮室考。因爲關於排列部分，除前面所討論的外，問題較少，所以便直接用他們的結論，不再討論。至如爲什麼如此，則原書具在，自不必詳爲徵引了。

禮經制度大略如次：

外爲大門，大門以內爲寢門。寢門爲三間，中爲門，兩旁爲塾，塾分前後二間，前塾向外，後塾向內。塾有堂，較平地爲高。門內爲屏，屏爲木製，雕以花紋。上有屋，屏後爲碑，碑在庭中向後三分之一。庭後爲正寢，正寢有東西二階。上階爲堂，堂有兩楹。堂後爲室與房，堂之東西墉爲東西序，堂後東房後部亦曰北堂有階至後庭。堂後之室，其前東爲戶，西爲牖，戶牖間爲設屏風處，室有後牖謂之向。堂外東西曰東西夾，夾前有堂曰東西堂。東西堂前各有一階。正寢及寢門旁之門曰闈門。正寢之後曰小寢，小寢之旁有側室，各有室與房及東西階。堂外邊側曰坫，坫上築土垣謂之反坫。凡門，兩扇者曰門，其在房室者爲單扇曰戶。（以上制度，如屏及反坫，在禮經上非士禮所有，爲求備，及便與漢制比較，故亦及之）。

以下所討論的爲漢代制度，因爲除過極簡陋的農民居室以外，在小康之家直到天子的宮殿，雖豐儉不同，但總應在同一法式之下所做出來的。所以除幾個特殊構造之外，不必再分貴族和士庶。

（甲）閭里及門庭之制

漢代長安閭里之制，以現在所知道的，略同於唐代之坊。三輔黃圖云：

長安閭里一百六十，室居櫛比，門巷修直。

漢書萬石君傳：

內史慶醉歸，入外門不下車。萬石君聞之，不食。慶恐，肉袒請罪，不許。舉宗及兄建肉袒，萬石君讓曰：'內史貴人入閭里，里中長老皆走匿，而內史坐

車中自如 ，固當'。迺罷謝慶，慶及諸子入里門趨至家。

可見長安分閭里，里且有里門。此種制度，與唐代大略相同。不過其規畫無從明白，是否和隋唐的長安一樣規畫整齊，就不可知了。

又于定國傳：

> 始定國父于公其閭門壞，父老方共治之。于公謂曰：'少高大閭門 ，令容駟馬高蓋車，我治獄多陰德，未嘗有所冤，子孫必有興者'。

定國東海郯人，可知縣治中也有閭里之制。只陳平傳的'負郭窮巷'，或者不是聚處，沒有里門。但分里的制度，仍舊是有的，偏僻到西北邊郡，也是如此，見居延和敦煌的簡牘。

漢代的門堂為塾，這和禮經的制相同。後漢書齊武王傳云：

> 使長安官署，及天下鄉亭，皆畫伯升像於塾，且起射之。

沈欽韓疏證曰：

> 塾鄉亭所治處 ，吏民投最，故畫其像 ，使人人得射之。食貨志：'里胥坐右塾，鄰長坐左塾'。里宰疏：'漢時在街置室，檢彈一室之民'，即此。

因為漢時的亭兼為傳舍，所以亭長在亭的門塾治事，畫伯升像也在此。又據此言長安官署，可見長安官署也都有塾。只有丞相府無塾，見漢舊儀，這是個特例。至於普通的民居，有無塾的制度，那就不得而知了。

禮經門內的碑，漢代似仍有其制。永和買房券云：

> 漢永和元年
>
> 三月買房一
>
> 處直錢一萬
>
> 後子子孫孫大吉。

這一種刻石未見於他處，不過據在此碑以後發見今尚未發表的居延簡，中有算賞一簡，其中的房也是直一萬。紀載漢代房價的只這兩處，而且都是一萬，可見一萬是漢代的普通房價。而且在發見此石時，未有他處說漢代房價直錢一萬，可證此刻石的真確。碑孔將錢字的半掩去，是先刻碑文，纔穿孔的。但既有孔，當然是碑，而且既然已經穿孔，那就必不是鑲在牆壁上（鑲在牆上，卽失了穿孔的用處了），而必是立在庭中。至於立在庭中何處，現在雖然不能斷定卽是禮經中所放置之處，但在庭的中部亦大有可能。

漢制與禮經所說的不同的，廊廡的制度亦其一端。自然在逸周書作雒解，所言周初的制度，有重亢重廊，但據孔晁注謂重廊為重簷之制，自不能輕指為卽是廊廡之制。漢代是有廊廡之制的，不過據漢書所載廊廡只見宮殿及將相家中，似非一般人所能有，此猶與後世四合院之制不同。（廊廡秦已有，見始皇本紀）董仲舒傳云：

> 及至周室，設兩觀。

此指宮闕而言，又漢書竇嬰傳：

> 迺拜嬰為大將軍，賜金千斤，嬰言灌夫竇嬰布諸名將賢士在家者進之。所賜金陳
>
> 廊廡下。

嬰為外戚大將方有此制。此外惟聞侯覽設闕廡（後漢書宦者傳），可知設此者並不多。至廊廡二字，並無多少分別。竇嬰傳注云：

> 師古曰：廊堂下周屋也，廡門屋也。

王先謙補注曰：

> 先謙曰：說文‘廡堂下周屋’，無廊字。說文新附‘廊東西序也’。本書通用郎，
>
> 董仲舒傳嚴郎是也。自來釋廊廡者，並訓為堂下周屋，本書司馬相如傳，後漢
>
> 申屠剛傳，梁鴻傳注，御覽一百八十引聲類可證。案釋名：‘大屋曰廡，廡幠

也，幠覆也’。廣雅：‘廡舍也’，是廡爲屋舍無疑。後漢順紀靈紀注竝云：‘廡廊屋也’，侯覽傳注：‘廡廊下周屋也’。據此，則廡是廊下之屋，而廊但是東西廂之上有周檐，下無牆壁者，蓋今所謂遊廊，說文新附以爲東西序，是也。廡爲門屋，所未聞也。

案廡爲門屋一語，顔說確未達意。不過在其他處所注，仍認廊廡爲一物，漢書董仲舒傳：

蓋聞虞舜之時，游於巖廊之上。

顔注云：

文穎曰：‘巖廊殿下小屋也’。晉灼曰：堂邊廡，巖廊，謂嚴峻之廊也’，師古曰：‘晉說是也’。

又召信臣傳云：

太官園種冬生蔥韭菜茹，覆以屋廡。

顔注云：

廡周室也。

在此兩則顔師古認爲廊廡同爲周室，並未嘗誤。不過王氏和徐鉉却有不可諱言的錯誤。序是堂的東西牆，廊廡如何能在此處？王氏更謂廡爲東西廂，那更是以後世沿用的名詞，來解釋古制。

（乙）漢代的正寢

漢代關於陵廟的正寢，仍沿着寢的稱呼，史記樂書：

三代以前，未有墓祭。至秦始出寢起於墓側，漢因秦制，上陵皆有園寢。

但府寺的正寢却稱做正堂，曹參傳：

避正堂舍蓋公。

周壽昌補注曰：

正堂齊丞相治事之堂，五行志日食條下有云：‘避正堂’，後書章帝紀：‘幸元氏祠光武顯宗於縣舍正堂’，皆官舍正堂也。

東房在禮經本爲北堂所在，漢時又稱作後堂（漢時有時亦稱作北堂，見古辭隴西行），張禹傳

云：

> 身居大第，後堂理絲竹筦絃，禹成就弟子尤著者，淮陽彭宣至大司空，沛郡戴
> 崇至少府九卿。宣爲人恭儉有法度，而崇愷弟多智⋯⋯禹將崇入後堂，飲食婦
> 女相對。優人筦絃鏗鏘，極樂昏夜乃罷。而宣之來也，禹見之於便坐 注師古曰：
> 便坐謂非正寢，在於旁側可以延賓者也' 講論經義，日晏賜食，不過一肉，巵酒相對，
> 宣未嘗得至後堂。及兩人聞知，各自得也。

在此的‘後堂’，爲甚麼指北堂而非指小寢呢？因爲見彭宣於便坐，不於正寢。如絲竹
在小寢，則與正寢不相連，正寢自可接見恭儉有法度的賓客了。自然照禮經中的一般
宮室，正寢不過三開間，北堂的地位，不過據一間的面積。管絃絲竹，飲食相對，似
不能容。但實際大的宮室決不只三間殷墟的遺址，已經是五間了。張禹的大第，北堂決不狹
小可知。據此，其結構或亦不只五架了。

此外還有個旁證，證明後堂卽係北堂，後漢書馬融傳云：

> 達生任性，不拘儒者之節。居處器服，多存侈飾。常坐高堂，施絳紗帳。前坐
> 生徒，後列女樂，弟子以次相傳，鮮有入其室者。

此所說‘前坐生徒，後列女樂’。顯然是在一個堂上。馬融故是侯家，史言其侈飾，當
然不會比張禹簡陋多少，所以張禹馬融應當是同一情形。不過張禹爲西漢時人，當時
風俗尚方嚴，尚有時要隱蔽，不似馬融的通脫而已。

至馬融的絳紗帳，乃承高堂而言。所說爲堂上之飾，並非拿絳紗來隔前後。北堂
通前堂自有戶，用不着再隔帷帳。景十三王廣川王傳：‘又數出入南戶窺郎吏’，南戶
當指北堂之戶；爲內外之隔的尚有闈門，但闈門是門不是戶。至於帷帳的爲‘盛飾’，
漢書內所見甚多。

> 陳勝傳：其故人嘗與傭耕，聞之，迺之陳，叩宮門曰：‘吾欲見涉’⋯⋯勝出，
> 遮道而呼，涉迺召見，與歸，見殿屋帷帳，客曰： 夥！涉之爲王沈沈者’。
>
> 賈山傳：起咸陽而西，至雍，離宮三百，鐘鼓帷帳，不移而具。
>
> 張良傳：沛公入秦，宮室幃帳狗馬重寶婦女以千數。
>
> 劉澤傳：田生如長安，不見澤，而假大宅，令其子求事呂后所幸大謁者張卿。
> 居數月田生請張卿臨親修具，張卿往見田生，幃帳具置如列侯，張卿驚。

> 貢禹傳：陛下誠⋯⋯罷倡樂，絕鄭聲，去甲乙之帳，⋯⋯天下幸甚。
>
> 晉書元帝紀：有司嘗奏太極殿廣室施絳帳，帝曰"漢文集皂囊爲帷"，遂令冬施青布，夏施青練帷帳。

其他類此的尚多，不具引。以上可證幃帳爲重要的裝飾，而絳帳尤爲奢侈。在漢畫中比較華貴的場面，大率上懸帷帳。馬融的帷帳。當亦是華貴的表示。

其次堂上的重要裝飾，尚有屏風，據漢人說禮者云卽是禮經中的扆。爾雅釋宮，'牖戶之間謂之扆'。郝氏義疏云：

> 覲禮云：'天子設斧依於戶牖之間'，鄭注：'依如今綈素屏風也'，⋯⋯魏書李謐明堂制度論引鄭氏禮圖扆制曰：'縱廣八尺，畫斧文於其上，今之屏風也'。然則屏風與扆制同，但屏風不畫爲異。

其實漢人的屏風仍然是畫的，只所謂雲母屏風或者不畫而已。

> 漢書敘傳：乘輿幄坐，張畫屏風，畫紂踞妲己。
>
> 王莽傳：常翳雲母屏風。
>
> 後漢書宋弘傳：弘當讌見御坐新屏風，圖畫列女。
>
> 後漢書鄭弘傳：代鄧彪爲太尉，時舉將第五倫爲司空，班次在下，每正朔朝見，弘曲躬而自卑。帝問知其故，遂聽置雲母屏風分隔其間，由此以爲故事。

屏風的形製，據太平御覽七〇一引東宮舊事云：'皇太子納妃有床上屏風十二牒，縑成，漆連，銀鉤。'又南史王弘傳云：'微兄遠⋯⋯時人謂遠如屏風，屈曲從俗。'此雖六朝的事，不能斷言漢制亦同，但漢制或當相差不遠。

又案漢書外戚傳云：

> 復詔使嚴持綠囊書予許美人，告嚴曰：'美人當有以子女，受來置飾室中簾南'。美人以葦篋一合，盛所生兒，緘封及綠囊報書予嚴。嚴持篋書置飾室簾南，去帝與昭儀坐，使客子解篋緘，未已，帝使客子偏蒹皆出，自閉戶，獨與昭儀在。須臾開戶，嘑客子偏蒹使封篋及綠綈方底推置屏風東。

據此段，可以知道屏風在室外（屏風也有在室內，障病牀的，見陳咸傳），距戶不遠，戶在屏風東。這仍和禮經的制度差不多，室內另有簾，簾在室北，這大約是北窗的障蔽，續漢禮儀志引漢舊儀云：

> 高帝崩三日，小斂室中牖下，作栗木主，長八寸，前方後圓，圍一尺，置牖中
> 望外，內張綌絮，以郭外。以皓木大如指，長三尺四枚，纏以皓皮四方置牖
> 中，主居其中央。

小斂在寢宮，在此可見其處有室，室有牖。主必南向，今在室中，則牖應當在室
北墉內。張綌絮以郭外，所郭的應爲內庭。皓木置牖中長三尺，則牖也應當三尺
見方。

　　前引外戚傳，知道屏風的東部有戶，現據漢書龔勝傳，知道普通人家，戶也在室
的東南，龔勝傳云：

> 勝稱病篤，爲床室中，戶西，南牖下，東首加朝服拕紳，使者入戶西行南面
> 立，致詔付璽書。

四庫總目儀禮釋宮增注提要說此爲燕寢之制，實則普通人家不見得更有燕寢，且與正
寢制度正合，提要失之無據。玉藻：‘君子之居恆當戶，寢恆東首’，論語：‘伯牛有
疾，子問之，自牖執其手’，都與此相符。上兩則注家都未說爲燕寢，言漢人制度者
亦未有言此爲燕寢的。何以證明此爲燕寢呢？此只能說漢人普通的家宅，其室是戶東
而牖西，牖分南北（因爲稱南牖所以應有北牖，）床在南牖下，和春秋時制及禮經所記尚無
大差異，如此而已。究在燕寢或正寢是不能說的。

　　關於房屋的分隔問題，漢書量錯傳云：

> 營邑立城，製里割宅，通田作之道，正阡陌之界，先爲築室，家有一堂二內門
> 戶之閉，置器物焉。

何謂‘一堂二內’？此卽問題糾結之處。注引張晏曰："二內二房也"，王鳴盛十七史
商榷駁之云：

> 鄭康成謂古者天子諸侯有左右房，大夫士但有東一房西一室，無左右房。房者
> 旁也，在室兩旁也。其制與室不同之處，未能詳析。蓋前爲堂，後爲室，而室
> 之東旁爲一房，此大夫至庶人同者。張晏涵言二房非也。

按房與室，漢代人已不大分別。如說文，釋名，淮南本經訓注，楚辭湘夫人，招魂，
大招注，皆訓房爲室。張晏的二內爲二房的解釋，對漢人之說自通。

　　現在再據明器來證明所謂"一堂二內"之制。現今所見有三個明器形製皆同，其一

爲中央研究院史語所在安陽所購的明器，其二爲長沙左氏在長沙所得的明器，其三爲澳門巨商王氏所得的明器（此器引見史岩著東洋美術史），形製都爲曲尺形。後面爲一間，前面爲一大間，在長沙左氏的明器中，前一間的左旁爲竈孔。（這是比較複雜的，或比較華美的，而且這也決不能包括一切住宅。至於房子和猪欄同列的，那就更不能比較了。）

照現在的推測前爲堂，後爲室，應無問題的。前面的堂不應當有竈孔的，所以應當分隔爲另一部分，那前面就成兩間，後面就成一間，即一堂二內了。（此據長沙左氏明器的照片。史語所藏的，前面兩間，後面一間，與一堂二內之制更符，現已裝箱，不能取出。）

左邊爲竈，也有因襲之迹可尋的。公食大夫禮云：

宰夫設筵，加席几，無尊，飲酒漿飲，俟于東房。凡宰夫之具，饌于東房。

所以東房爲炊饌之所。東房爲婦人之堂，大約也是這個原因。此明器廚房的地位，與

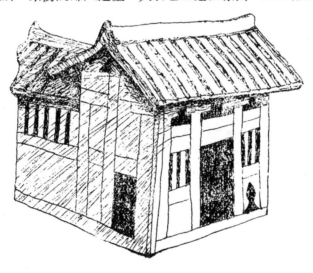

長沙左氏所藏之漢名器

禮經上雖不盡符，但總在東面，應仍由在東方炊饌之制演下。又曹植樂府云：

日苦短，樂有餘，乃置玉樽辦東廚。

可見魏時廚的位置仍在東面。因爲房屋的豐儉不同，決不能說在東面即是在東房，但總在堂東，是可以說的。所以在東面安廚，應當是漢代的通行俗制。

漢代地上尚不見有面墻的紀載。後漢書皇后紀引漢官儀：

皇后稱椒房，取其蕃寶之義也。詩云：‘椒聊之實，蕃衍盈升’。以椒塗室，取

溫煖，除惡氣也。猶天子朱泥殿上曰丹墀也。

又外戚趙飛燕傳：

中庭彤朱，而殿上髹漆。

天子的殿上不過朱泥，尤侈者不過髹漆，可見尚無墁石。又漢書外戚趙飛燕傳：

壁帶往往爲黃金釭，函藍田璧，明珠翠羽飾之。

注云：

師古曰：壁帶壁之橫木，露出如帶者也。於壁帶之中往往以黃金爲釭，若車釭之形也。

釭，廣韻云：‘車轂中鐵也’。所以璧是鑲在木端的，而所謂橫木應當是木穿在牆中，只其端露在牆外。這一類的牆一定是版築的牆，爲堅固起見，不將築牆時的橫木取出。倘若不是版築的牆，那牆便是墁石或土墼所造；若爲墁石或土墼所造，則橫木在牆中不惟不能適合，而且毫無用處，所以應當是版築的。關於壁帶的形狀，王振鐸先生的漢代壙墁圖錄，漢墁曾有作連錢形的，王君謂卽西都賦的：‘絡以綸連┄┄金釭衡璧，狀如列錢’。此卽漢人的壁帶。更可證明漢代的版築，尚用在宮庭之內。

漢代尚無石灰，石灰始見於晉書馬隆傳及張華博物志，所以宮庭只用胡粉。太平御覽職官部引漢官儀曰：

尚書郎奏事明光殿，省中皆胡粉塗壁，其邊以丹漆地，故曰丹墀。

平常的牆只塗以土，爾雅：‘牆謂之墉’，當卽是周禮春官注的‘黝堊其桃，使淸潔也’，也不過塗以土而已。

堂下有兩階，後漢書禮儀志：

正月上丁┄┄乘輿自東廂下，太常導出西向拜止，旋升阼階。

漢書昌邑王賀傳云：

王夢靑蠅之矢積西階東，可五六石，以屋版瓦覆。

漢書蓋寬饒傳：

平恩侯許伯入第，丞相御史將軍中二千石皆賀，寬饒不行，許伯請之，迺往，從西階上，東鄉特坐。

這和禮經之制相同。

其堂邊有闌干，袁盎傳云：

> 臣聞千金之子不垂堂，百金之子不騎衡。

注引如淳曰：

> 衡樓殿邊欄楯也。

朱雲傳：

> 御史將雲下，雲攀殿檻，檻折。┄┄┄及後當治檻，上曰：'勿易，因而輯之以旌直臣'。

漢代不聞有反坫之稱，大槪因爲築土之坫已經變作欄干了。

其次關於兩廂之制，漢代的兩廂，有下列各條的例證。

> 漢書楊敞傳：大將軍光與車騎將軍張安世謀欲廢王更立，議既定，使大司農田延年報敞，敞驚懼，不知所言。汗出洽背，唯唯而已。延年起至更衣，敞夫人遽從東箱，謂敞曰："此國大事，今大將軍議已定，使九卿來報君侯，君侯不疾應，與大將軍同心，猶與無決，先事誅矣。"延年從更衣還，敞夫人與延年參與許諾，請奉大將軍敎令立宣帝。

> 鼂錯傳：酒屏錯，錯趨避東箱。

> 周昌傳：高帝欲廢太子，而立戚姬子如意爲太子，大臣固爭莫能得。上以留侯策止，而昌庭爭之强┄┄卽罷。呂后側耳於東箱聽，見昌爲跪謝曰："微君，太子幾廢"。

> 金日磾傳：莽何羅從外入，從東箱上，見日磾色變，走趨臥內。

> 王莽傳上：太后詔謁者引莽待殿東箱。

> 王莽傳下：見王路堂者，卽張於西廂及後閣更衣中。

> 後漢書周舉傳：陽嘉三年，天子親自露坐德陽殿東箱請雨。

> 續漢書禮儀志：明帝永平二年┄┄養三老五更於辟雍，行大射之禮。┄┄乘輿先到辟雍禮殿，御坐東廂。

在東西兩廂之中，似乎東廂更常見到。古詩"鳴聲何啾啾，聞我殿東廂"，也只說到東廂，或者因東堂接近阼階，爲主人所常到，或有其他原因，不敢決言。(通鑑晉紀注曰：建康太極殿有東西堂，東堂以見羣臣，西堂爲卽安之地，晉制如此，漢制如何，未敢以此相證。)

　　不過有一件事可以注意，卽在西漢的東廂，爲婦人趨避，或人臣待命之所。至東漢便爲天子所臨幸。至魏晉以後，東西堂便爲天子居處聽政之所，更擴充爲平列的三殿，再演變成前後的三殿。此意見劉敦楨先生的東西堂攷。（在營造學社季刊。）

　　在內則作時，已經指夾室爲閤。"大夫於閤三"，據鄭注便是指夾室而言。漢時或指閤爲門，如公孫弘傳的開東閤，師古注閤爲小門，這大概仍是夾室的引申義，因爲閤門多在側邊的原故。在漢代一般的用法，似仍作夾室解。例如：

　　　楊惲傳：戴長樂告楊惲曰：'惲上觀西閤上畫人，指桀紂謂樂昌侯王武曰："天子過此一二，問其過可以得師矣"。畫人有堯舜禹湯，不稱而舉桀紂'。

　　　孔光傳：光警戒衣冠，出門侍。望見（董）賢車，迺却入。賢至中門，光入閤，旣下車，迺出拜謁。

孔光所入的'閤'，應當就是東西廂，因爲平常遇尊者，都在此趨避的。漢代宮庭的閤，已經築樓，楊雄傳稱雄自投天祿閤幾死，在後人的解釋，也都認爲樓。梁冀傳稱冀：'臺閤周迴，更相臨望'，三國志陶謙傳稱笮融作佛寺'堂閤周迴，可客三千餘人'，在此幾段看來，似乎閤仍與堂相輔，而又可以爲觀望，因此閤已經不是與堂相接的小的夾室，而爲與堂幷列，可爲觀覽的建築（又樓便於存庋，天祿藏書，或亦因此）。

　　在漢畫之中，有許多宮庭的畫像，其主要房屋的兩側，有兩層的建築，此例極多。今舉武梁祠，和兩城山兩例於後。這種建築不是廊，因爲廊是周屋；也不是闕，因爲闕應有門。在可能的解釋，只能認爲是閤。不過慬可是受有闕的影響，而將東西廂改築成樓的。

武　梁　祠　宴　飲　圖

兩 城 山 漢 畫 圖

（丙）近古宮宮遺址的例證

關於漢代建築的布局，從現在的濟瀆廟遺址，最可以比較。此廟是北宋初建築的，但保存舊制甚多。其遺址據營造學社的調查，說可與長安雁塔前的雕刻，同爲建築史的重要史料。今除基址以外，尚有明天順時據未坍毀的大殿所作的淵德殿圖，可以看見更詳的結構。

現在與禮經制度及漢制比較，可窺出相同之點甚多。如大門三間其側爲兩塾，門後之拜殿乃由屏所擴充而成（曲阜文廟贊德之殿，登封中嶽廟隆神之殿，與此相同。）

濟 瀆 廟 淵 德 殿

濟 瀆 北 海 廟

以上兩圖采自營造學社季刊劉敦楨先生河南北部古建築調查記。

漢代的西域都護與戊己校尉

(一) 西域的開通與屯田

漢代對於西域道路的開通，是張騫的功勞。也是所謂『鑿空』的事業。張騫先自西域還，再由霍去病擊破匈奴右地，降渾邪王及休屠王，於是西域才和中國直接交通。至於中國正式有效的控制西域，要等待到宣帝時候，設置西域都護，才算開始。

在霍去病擊破匈奴右地以後，到設置西域都護之前，還要有幾個準備時期。就中河西四郡的設置，和西域的經營關係最為密切。河西四郡的設置，前後經過了一個長的時期，至於屯田及開發，經過的時間更要多些，並且河西四郡的設置還牽涉到對西域的兩個問題，卽(一)李廣利的征伐大宛，因為河西四郡是最重要的後方勤務地區，因此加强了河西四郡的經營；(二)張騫到烏孫去，想勸囘烏孫囘到他們的故地，卽祁連敦煌一帶，而烏孫不肯，於是中國自己加强敦煌方面的移民及建置。

河西的建置及移民是成功的。河西四郡的成功，給漢民族以經營邊疆的信心及經驗，於是便在漢武帝的晚期，由桑弘羊的提議，把在河西的經驗推廣到西域，這就成於輪臺屯墾的擬議。輪臺的屯墾，是先從軍屯，逐漸改為民屯，也就是準備將西域地區，逐漸郡縣化。武帝雖然下了一個著名的『輪臺之詔』，打銷了這一個意見。昭帝以後，仍然恢復了一部份計畫。只是原來的計畫十分龐大，後來昭帝執行時，將這一個計畫縮小了。這一點的施行，就成為後來控制西域的基礎，但因為未做到大規模的屯墾以及利用民屯，也就影響到漢代後來對於西域的力量，只能達到一個限度，漢朝對於西域的控制，必需有才能的人，善於利用，才能有效。否則就發生問題了。

漢書九十六西域傳下云：

渠犂城都尉一人，戶百三十，口千四百八十，勝兵百五十人，……西有河，至

龜茲五百八十里。自武帝初通西域,置校尉,屯由渠犁,是時軍旅連出,師行
三十二年,海內虛耗。征和中貳師將軍李廣利以軍降匈奴。上既悔遠征伐,而
搜粟都尉桑弘羊與丞相御史奏言 :『故輪臺以東,捷枝、渠犁皆故國。地廣饒
水草,有溉田五千頃以上。處溫和,田美,可益通溝渠,種五穀,與中國同時
熟。……臣愚以爲可遣屯田卒諸故輪臺以東,置校尉三人分護,各舉圖地形,
通利溝渠,務使以時益種五穀。張掖、酒泉遣騎假司馬爲斥候,屬校尉。事有
便宜,因騎置以聞。田一歲,有積穀,募民壯健,有累重,敢徙者,詣田所。
就畜積爲本業,益墾溉田,稍築列亭連城而西,以威西國,輔烏孫爲便。臣與
分部行邊。嚴勒太守都尉,明蓬火,選士馬,謹斥候,畜葵草,願陛下遣使使
西國,以安其意。(漢書九十六西域傳下)

這一個奏書上了以後,武帝並不以爲然,下了一個著名的詔書,其中云:

今請遠田輪臺,欲起亭隧,是擾勞天下,非所以優民也,今朕不忍聞。……當
今務在禁苛暴,止擅賦,力本農,修馬復令以補缺,毋乏武備而已。郡國二千
石各上進畜馬方略,補邊狀,與計對。(漢書九十六西域傳下)

從此不再出軍。到了昭帝時,方才略加恢復前議。漢書西域傳又云:

初貳師將軍李廣利掣大宛,還過杆彌,杆彌遣太子賴丹爲質於龜茲。廣利責龜
茲曰 :『外國皆臣屬於漢。龜茲何得受杆彌,』卽將賴丹入京師。昭帝乃用桑
弘羊前議,以杆彌太子賴丹爲校尉,將軍屯輪臺。輪臺與渠犁地皆相連也。龜
茲貴人姑翼謂其王曰:『賴丹本臣屬吾國 ,今佩漢印綬來迫吾國而田 ,必爲
害』, 王卽殺賴丹而上書謝漢,漢未能征。宣帝時長羅侯帝思使烏孫還,便宜
發諸國兵,合五國人攻龜茲,責以前殺校尉賴丹。龜茲王謝曰 :『乃我先王時
爲貴人姑翼所誤,我無罪,執姑翼詣惠,惠斬之』。(漢書九十六西域傳下)

這裏再屯田杆彌,顯然是桑弘羊當政時的主張。但因爲當時政治還是保守的,桑弘羊
的主張顯然還未十分貫徹。第一,原來計劃用三個校尉,此時只用一個校尉,並且還
利用胡人爲校尉。第二並未曾照過去的擬議,大量的移民,大量的增築亭隧,並且還
定一個逐漸進行的計劃。這種縮小了的輪臺屯墾,也就深深的影響到漢朝對於西域的
地位。就成功的方面說,究竟有總比沒有好,後來的西域經營,當然還以輪臺的屯墾

為基礎。在壞的方面，是輪臺的屯墾，還是一個非常小規模的屯墾，和河西四郡的經營，簡直不能相比。西漢及王莽時期西域的旋服旋叛，以及東漢時期的「三絕三通」，一直不易永久的固定下來，當然是受了屯墾規模太小的影響。

到了昭帝元鳳四年，這時由霍光單獨當政，桑弘羊已經因謀反誅死。漢朝在樓蘭國設立屯田，不過規模還是很小。漢書西域傳上，鄯善國下云：

> 樓蘭國最在東垂，近漢，當白龍堆，乏水草，常主發導，負水儋糧，送迎漢使。又數為吏卒所寇，懲艾不便與漢通，後復為匈奴反間，數遮殺漢使。其弟尉屠耆降漢，具言狀。元鳳四年，大將軍霍光白遣平樂監傅介子，輕將勇敢士，齎金幣，揚言以賜外國為名。既至樓蘭，詐其王欲賜之。王喜，與介子飲，醉。將其王屏語，壯士二人從後刺殺之。貴人左右皆散走。介子告諭以王負漢罪，天子遣我誅王，更立王弟尉屠耆在漢者，漢兵方至，毋敢動，自令滅國矣。……封介子為義陽侯。乃立尉屠耆為王，更名其國為鄯善，為刻印章，賜以宮女為夫人，……祖而遣之。王自請天子曰：「身在漢久，今歸單弱，而前王有子，恐為所殺。國中有伊循城，其地肥美，願漢遣一將，屯田積穀，令臣得依其威重。」於是漢遣司馬一人，吏士四十人，田伊循以塡撫之。其後更置都尉，伊循官置，始於此矣。

從此以後，漢朝除去渠犂的田官以外，又多了一個在樓蘭伊循城的都尉。當然，一個都尉所領率的人數，決不只四十人，這就對於聯絡上有一個更大的支援。據漢書九十六西域傳上說：「自貳師將軍伐大宛之後，西域震懼，多遣使來貢獻，漢使西域者，益得職(註一)。於是自敦煌西至鹽澤往往起卒，而輪臺、渠犂皆有田卒數百人，置使者校尉領護」輪臺、渠犂各有田卒數百人，那就伊循都尉部下也不會太少的。

在此所要指明的，就是輪臺及渠犂的屯田，被漢武帝否決之後，在桑弘羊當政時復置，當在昭帝始元元年至始元七年間（註二）；至元鳳四年，再設置鄯善的伊循都尉；均未曾前至武帝時代。上引西域傳的兩段「自武帝初通西域，置校尉屯田渠犂」以

（註一）　得職，顏師古註云：「賞其勤勞，皆得拜職也。」今案師古說非。漢人常語言無功效者曰『失職』，得職正為『失職』對語，即言自貳師將軍李廣利征伐大宛之後，西域震懼，而後出使者纔能更有功效。

（註二）　始元七年八月，改為元鳳元年。

及『自貳師伐大宛之後，……而輪臺渠犂皆有田卒數百人』。都是一種大致的敍述。若據此以爲在渠犂的屯田及設置校尉並在武帝時代，那就武帝輪臺之詔便不可通了。在此對於漢書敍述含混之處，是應當加以辨明的。

（二） 西域都護的設立

自渠犂屯田以後，中國在西域有吏士及積穀，便成了設置都護的基礎。漢書七十鄭吉傳云：

> 自張騫通西域，李廣利征伐之後，初置校尉，屯田渠犂。至宣帝時，吉以侍郎田渠犂，積穀。因發諸國兵攻破車師。遷衞司馬，使護鄯善以西南道。神爵中，（時爲神爵三年），匈奴乘亂，日逐王先賢撣欲降漢，使人與吉相聞。吉因發渠黎龜茲諸國五萬人，迎日逐王口萬二千人，小王將十二人，隨吉至河曲，頗有亡者，吉追斬之，遂將詣京師，漢封日逐王爲歸德侯。吉旣破車師，降日逐，威震西域，遂並護車師以西，北道；故號都護。都護之置，自吉始焉。上嘉其功效，故迺下詔曰：『都護西域騎都尉鄭吉，拊循外蠻，宣明威信，迎匈奴單于從兄日逐王衆，擊破車師兜訾城，功效茂著，其封吉爲安遠侯，食邑千戶。』吉於是中西域而立莫府，治烏壘城，鎮撫諸國，誅伐懷集之，漢之號令班西域矣。

漢書九十六西域傳上云：

> 至宣帝時，遣衞司馬使護鄯善以西數國，及破姑師未盡殄，分以爲車師前後王及山北六國，漢獨護南道未能盡並北道也。然匈奴不自安矣。其後日逐王畔單于，將衆來降，護鄯善以西使者鄭吉迎之，旣至，漢封日逐王爲歸德侯，吉爲安遠侯，是歲神爵三年也，乃因使吉並護北道，故號曰都護，都護之置，自吉始矣。

從設立都護以後，西域諸國便時常在中國政府的輔導之下，得到和平及必要的調解。不過西域的屯田，還是以吏士爲主，與河西四郡以移民爲主，全部同於內地的，還不完全一樣。

都護的地位，在西域中是甚爲尊重的，因爲都護就是中國天子的代表。不過都護

一官，並非本官，而是加到別的官上面，成爲加官的。這就表示都護雖然可以將兵，其地位還是一個『使者』，和常設的官，如護羌校尉，以及後漢的護烏桓校尉，還不相同。護羌校尉原爲護羌將軍(見漢書七十六王尊傳)，是一種純粹的武職，也就不是加官。西域都護的加官，除去鄭吉是以騎都尉加上的以外，尚有以別的官加上的。如：

> 甘延壽——漢書七十本傳云：『稍遷至遼東太守，免官，車騎將軍許嘉薦延壽爲郎中，諫大夫，使西域都護騎都尉。』

> 段會宗——漢書七十本傳云：『竟寧中以杜陵令五府舉爲西域都護，騎都尉，光祿大夫』

據漢書百官公卿表：『西域都護……以騎都尉諫大夫使護西域』，則甘延壽作西域都護時，當仍爲‥『西域都護，騎都尉諫大夫』。亦即除鄭吉只有騎都尉爲本職以外，以後的西域都護，當兼有兩職，其一爲騎都尉，其一爲諫大夫或光祿大夫。騎都尉爲武職、而諫大夫或光祿大夫則爲文職。也就是代表西漢對於西域，是武力及政治力量相互爲用。

按照漢代的官階，諫大夫秩八百石，光祿大夫秩比二千石。（均見漢書十九尙官公卿表），不過故二千石可以爲諫大夫，而故二千石及九卿將軍可以爲光祿大夫，所以地位仍然相當尊重。至於騎都尉的官階，據漢書百官公卿表郎中令下：『宣帝令中郎將騎都尉監羽林，秩比二千石』，而續漢書百官志，也稱：『又有騎都尉比二千石，無員(言員額無定)，本監羽林騎』。所以騎都尉亦爲比二千石。依照段會宗及甘延壽傳，西域都護及太守可以互相遷轉，也就是說雖稱爲比二千石，在朝廷看來，仍和二千石是一樣的。

再照漢書百官公卿表來看，『有副校尉，秩比二千石，丞一人，司馬，候，千人，各二人。』副校尉係常置之官，並非加官，亦足見西域都護之爲加官，係因表示都護之爲使者的身分而然。副校尉爲比二千石官，在此係比附郡中的都尉的，丞的位置亦當爲比附郡丞。至於司馬，候，千人之官，據續漢書二十三郡國志，張掖屬國都尉，候官，千人官，千人司馬官各居一城，則此等官職也和邊郡的官職相同的。

續漢書二十四百官志無西域都護，這是因爲以順帝時的官制爲準(註一)。但後漢書

(註一)　司馬彪續漢書的八志，多斷至順帝時，百官志亦然。百官志云：『順帝即位，又以皇后父兄弟相繼爲大將軍如三公焉』即其證。安帝時已棄西域，故順帝時官制中無西域都護。

中的西域傳(後漢書卷八十八)對於西域都護卻敍述甚詳。西域傳云：

> 武帝時西域內屬，有三十六國，漢爲置使者校尉領護之。宣帝改曰都護(註一)。元帝又置戊巳二校尉，屯田於車師前王庭。哀平間自相分割爲五十五國。王莽篡位，貶易侯王，由是西域怨叛。……建武中，皆遣使求內屬，光武以天下初定，未遑外事，竟不許之。……初平中，北虜乃脅諸國，共寇河西，城門盡閉。十六年，明帝乃帝乃命將帥北征匈奴，取伊吾盧地，置宜禾都尉以屯田，遂通西域。于寘諸國皆遣子入侍，西域自絕六十五載乃復通焉。明年始置都護，戊巳校尉。及明帝崩，焉者，龜茲，攻敗都護都陳睦，悉覆共衆。匈奴車師圍戊巳校尉。建初元年春，酒泉太守段彭大破車師於交河城，章帝不欲疲敝中國，以事夷狄，乃迎還戊巳校尉，不復遣都護。二年，復罷屯田伊吾，匈奴因遣兵守伊吾地。時軍司馬班超，留于寘綏集諸國。和帝永元元年，大將竇憲大破匈奴，二年，憲因遣副校尉閻槃將二千餘騎掩擊伊吾破之。三年，班超遂定西域，因以超爲都護，居龜茲，復置戊巳校尉。領兵五百人，居車師前部高昌壁，又置戊部侯，居車師後部侯城(註二)。相去五六百里。六年，班超復擊破焉者，於是五十餘國悉納貢內屬。……及孝和晏駕，西域背叛，安帝永初元年，頻攻圍都護任尚段禧等，朝廷以其險遠，難相應赴，詔罷都護，自此遂棄西域。(註三)……十數歲，敦煌太守曹宗患共暴害，……復欲進取西域，鄧太后不許，但令置護西域副校尉，居敦煌，復部營兵三百人，羈縻而已。……延光二年，敦煌太守張璫上書陳三策。……朝廷下其議，尚書陳忠上疏……以爲敦煌宜置校尉，案舊增四郡屯兵，以西撫諸國，庶足折衝萬里，震怖匈奴，帝納之，乃以班勇爲西域長史，將弛刑士五百人，西屯柳中，勇遂破平車師。自建武至於延光，西域三絕三通。順帝永建二年，勇復擊降焉者。於是龜茲，疏

(註一) 案此處敍述太簡，未盡合事實，尤其元帝設戊巳二校尉，非西漢之制，西漢只有一校尉，見後考。

(註二) 自東漢明帝永平時分戊巳校尉爲二，戊校屯車師前部，巳校屯姑墨在高昌壁者僅係戊校的部下。此時但新置戊校，並無巳校。所謂戊巳校尉，但係戊校尉。其『戊部候』亦係分戊，校尉部下所置。並非戊校以外更有戊巳校或巳校。此處戊巳校尉的『戊巳，』亦只係沿稱，實應只稱『戊校尉。』後漢書四十七班超傳：『初超被徵，以戊巳校尉任尚爲都護』，殿本引劉攽曰：『案是時但有戊校尉，多巳字』，其說是正確的。

(註三) 事詳後漢書四十七梁慬傳。

勒，于窴，莎車等十七國皆來服從，而烏孫蔥嶺以西遂絕。六年，帝以伊吾舊
膏腴之地，傍近西域，匈奴貪之，以爲鈔暴，復令開設屯田，如永元時事。置
伊吾司馬一人。自陽嘉以後，朝威稍損，諸國驕移，轉相陵伐。元嘉二年，長
史王敬爲于窴所沒。永興元年，車師後王復反，攻屯營。雖有降首，曾莫懲
革，自是浸以疏慢矣(註一)。

這裏記述西域的事，比較成系統，在此可以看出來幾點(一)東漢西域都護，是一個實
官的官名，並非加官。和西漢不同。在後漢書卷四十七，班超傳及梁慬傳中所述都
護，也是一樣爲實官官名，並非加官。(二)自安帝時召回段禧以後，便不再設西域都
護。後來再通西域，也只有將兵長史。(三)此處說西漢置戊巳兩校尉是不對的，西漢
只有一個戊巳校尉，東漢始有兩個校尉，詳見後考。

（三） 戊 巳 校 尉

西域都護之下，有戊巳校尉。漢書十九百官公卿表云：

> 西域都護加官，宣帝地節二年初置。以騎都尉諫大夫使護西域三十六國。有副
> 校尉秩比二千石。丞一人，司馬，候，千人各二人。戊巳校尉元帝初元元年
> 置，有丞，司馬各一人，候五人，秩比六百石。

關於戊巳二字的名稱，顏師古注稱：

> 甲，乙，丙，丁，庚，辛，壬，癸，皆有正位。惟戊，巳寄治焉。今所置校
> 尉，亦無常居，故取戊巳爲名也。有戊校尉，有巳校尉。一說，戊巳居中，鎭
> 覆四方，今所校尉，亦處西域之中，鎭覆諸國也。

在這裏有幾個問題，第一，漢書百官公卿表對於副校尉以下各官的官階敍述不清，究
竟那幾個官是比二千石，那幾個官是比六百石。第二『戊巳』之稱既有二說，究竟那
一個對。第三，戊巳校尉還是一個校尉，抑還是兩個校尉。

關於第一點，那幾個官是比二千石，還是比六百石一個問題。因爲續漢書百官志

中無戊巳校尉，以致無法比較。此層唐人也因而不甚了了。後漢書卷二明帝紀：「永平十七年，初置西域都護，戊巳校尉。」章懷太子注稱：「宣帝初置，鄭吉爲都護，護三十六國，秩比二千石；元帝置戊巳校尉，有丞，司馬各一人，秩比六百石。戊巳中央也，鎮覆四方，見漢官儀，亦處西域，鎮覆諸國。」此處對於戊巳校尉的官階，仍然采自漢書百官公卿表。似乎戊巳校尉就是比六百石，就其實，便大成問題。甲，依照漢書百官公卿表，西域副校尉秩比二千石，戊巳校尉與副校尉，不應官秩較低。西域都護比太守，副校尉及戊巳校尉亦略同都尉。不論都尉或屬國都尉皆爲秩比二千石，戊巳校尉亦不致例外。在兩漢的材料中，尙未見到稱爲「校尉」的官，而秩在千石以下的記載。乙、據漢書百官公卿表，都尉有丞，秩皆(按此皆字當爲比字之誤)六百石，戊巳校尉丞秩應與都尉丞同爲比六百石，是百官公卿表此處之「秩比六百石」當指「有丞，司馬各一人，侯五人」而言。而戊巳校尉本官，決無與其丞同秩之理，可以斷言。因此，關於西域都護以下的官秩，應爲：

> 西域都護加官，其本官爲騎都尉光祿大夫或爲騎都尉諫大夫，秩二千石(註一)。
> 丞一人，司馬二人，侯及千人各二人(皆爲比六百石)，副校尉一人，比二千石。戊巳校尉一人，比二千石。戊巳校尉丞一人比六百石，司馬一人比六百石，侯五人，比六百石。

關於第二點。戊巳之稱，究係指「寄居」，還是指「居中」的問題。這是牽涉到戰國至漢人相信五行方位的一個問題。五行的方位，見於呂氏春秋的十二紀，淮南子的時則篇及禮記的月令。大都指寅卯辰爲東方，其天干爲甲乙；巳午未爲南方，其天干爲丙丁；申酉戌爲西方，其天干爲庚辛，亥子丑爲北方，其天干爲壬癸。戊巳之所在，則淮南子以爲當季夏之月，即未月(呂氏春秋仍以屬丙丁，無戊巳所在之處)。禮記別有中央土，鄭玄注：「火休而盛德在土也」。孔穎達正義云：「年有三百六十日，則春夏秋冬各分居九十日。五行分配於四時，布於三百六十日間，以木配春，以火配夏，以金配秋，以水配冬，以土則每時輒寄王十八日也。雖每分寄，而位本未，宜處

(註一) 太平御覽職官部引應劭漢官儀云：『西域都護，武皇帝始開通西域三十六國，其後稍分爲五十餘國，置使者校尉以領護之。宣帝神雀三年，改爲都護，秩二千石。』西域都護的官秩，僅見此處。西域都護雖爲加官，但漢制加官可以有加官之秩，如侍中爲加官，而侍中秩比二千石。見後漢書三十五續漢書百官志。

於季夏之末，金火之間，故在此陳之也。」戊巳雖屬寄治，卻有固定的治所。這一點
正和戊巳校尉的性質相符。戊巳校尉以漢官而設治於西域國家車師境內，故爲寄治。
但卻有一定治所，即屯田於車師前王庭，並非隨時移動。至於車師前王庭，在漢時爲
北道，並非在諸國之中，諸國之中乃都護所在之烏壘城，非戊巳校尉所在。所以釋戊
巳爲寄治是對的，釋戊巳爲中央是不對的，但認爲寄治就是並無一定治所，又是不對
的。

　　關於第三點，戊巳校尉是一個校尉還是兩個校尉的問題。後漢書卷二明帝紀永平
十八年：『北匈奴及車師後王圍戊巳校尉耿恭』。清殿本考證引劉攽刊誤云：

　　檢詳耿恭傳，恭作戊校，此不合有巳字也(註一)。

吳仁傑兩漢刊誤補遺云：

　　顏注百官表有戊校尉，有巳校尉，其容不然。屯田始置校尉，領護田卒。但以
　　屯田校尉爲稱，後乃有戊巳校尉。表初不言有戊校巳校兩官。考前書紀傳，亦
　　無有爲戊校巳校者。如徐普，習護，郭欽，皆兼戊巳爲官稱。獨烏孫傳云：
　　『徙巳校尉屯姑墨。』顏注：『有戊巳兩校兵，此直徙巳校』，以理揆之，是則
　　兵有戊校巳校之分，尉則兼戊巳爲官稱也。顏亦知巳校爲兵，而云兩尉者，殆
　　見後漢書西域傳序言：『元帝置戊巳二校尉』，遂爲此說。而范亦以後漢有戊校
　　尉，因謂元帝所置爲二尉。耳其實兩都設官之制不同，先漢有戊校，巳校，而
　　尉之官稱，則兼戊巳。後漢有戊巳校尉，戊校尉，而各以校兵爲名，其可以此
　　而律彼哉？又東都凡兩置戊巳校尉，永平十七年，恭寵皆爲戊巳校尉者，以此
　　兩人各將戊校巳校之兵故也。永元三年，復置戊巳校尉，將兩校兵如故。又置
　　戊校尉，則所將只戊校兵耳。戊巳校尉自恭寵之後，有任尚，索頵，戊巳司馬
　　有曹寬。凡紀傳言戊巳校尉，無慮十數，並同一辭，雖車師後王傳載戊部侯嚴

(註一)　王先謙集解據汲古閣本，仍作：『恭爲戊巳校尉』集解：『何焯曰：巳字衍。』惠棟曰：『東觀記，袁
　　宏紀皆云「恭爲戊巳校尉，屯後王部金蒲城，寵爲戊巳校尉，屯前王柳中城。」吳仁傑刊誤補遺亦
　　同。今流俗本關寵下止云戊巳校尉，故何氏以恭爲戊巳校尉而衍巳字也，但漢雖有戊巳兩校尉，不應以是
　　改恭傳本文。』先謙曰：『御覽百九十二引續漢書，亦作兩戊巳校尉。』今案劉攽北宋時人，所見之
　　本爲『以恭爲戊巳校尉』與以下『謁者關寵爲巳校尉』對言，極可珍貴。今本關戊下只云巳校尉，無戊
　　字，正是舊文遺跡，並非脫文，何焯據此證恭爲戊校，正是何焯正確之點，而惠棟在此有疏失，東觀
　　記及袁宏後漢紀均無舊本，無從核對。太平御覽引續漢書『兩戊巳校尉』乃是從稱。不能據此證明耿
　　恭及關寵二人之官名均爲戊巳校尉。

皓，戊校尉闕詳，後書言戊校者，獨此一事。其屬又有後部司馬，章懷注：「司馬卽屬戊校尉所統，和帝時置戊校尉鎭車師後部是也。」且戊校尉永元所置，刊誤謂「但和帝以後事，云戊巳校尉者，皆多巳字」，猶之可也。若恭寵爲校尉自在孝明世，乃曰恭作戊校，此不合有巳字，豈別有據耶？又馬融傳：「校隊按部，前後有屯，甲乙相伍，戊巳爲堅。」注謂戊巳居中堅也(註一)。詩曰：「中田有廬」，蘇黃門謂田中爲廬，以便田事。二校之設，自兵屯言之，則以其中堅而命名可也。然二校之外，乃無所謂甲乙諸屯，則其命名之意，殆如詩所云，取其屯田之中，以便田事而已。

言戊巳校尉者，以此說爲最辯。現在要討論的著眼點是(甲)<u>兩漢</u>是否有一個時期將戊巳校尉分爲部。(乙)假如分爲兩部是否卽係兩校尉。(丙)假如分爲兩校尉，是否卽是校尉一名戊校尉，另一校尉名巳校尉。因爲「戊巳校尉」一名，是一個通稱，也是一個泛稱。不能因稱爲「戊巳校尉」，其時就是不分戊巳的，所以不能以此泛稱來反證，所要討論的，只是戊巳兩校分而爲二的一事，是否確切曾經存在。

關於甲項，戊巳校尉確切分爲兩部，並且稱爲戊部及巳部，最好的證據，是<u>曹全碑</u>：

除郎中，拜<u>西域</u>戊部司馬。

碑版文字爲當時遺物，不由傳抄，最爲可據。此事亦見於後漢書一百十八西域疏勒傳。但西域傳就有兩個錯誤，<u>曹全</u>之名誤爲<u>曹寬</u>，而戊部司馬亦誤戊巳司馬。此處官名應據碑版而不應據後漢書是不成問題的。

<u>東漢</u>時代戊巳校尉分爲兩部，一名戊部，一名巳部。再證以<u>兩漢</u>書亦確有戊**部**及巳部的名稱，雖然在兩漢書中不全是這樣，但戊部及巳部之名是正確的名稱。

關於乙項，中心問題在「校」字及「部」字所指的範圍。亦卽是否一校尉領一「校」或一「部」，或者一「校」或一「部」只容許一個校尉。假如一「校」或一「部」領導的軍官，卽是校尉，那就「戊部」「戊校」卽爲「戊校尉」所領，「巳部」「巳校」爲「巳校尉」所領。假如不是這樣，一校尉可領幾個校，或者一個校可容好幾個校尉，那就可

（註一）　<u>馬融</u>傳所稱，見後漢書七十<u>馬融</u>傳廣成頌。<u>顧炎武</u>日知錄亦引此釋戊巳校尉。但戊巳校尉在車師前王庭，似不得以居中堅說。若指爲屯田則居中，似更迂曲，且漢代屯田之軍，原不傳戊巳校尉，此名不應爲戊巳校尉所專有。似仍以寄土而治爲是。

能有好幾種的變化。

　　關於『部』的名稱，據後漢書一百一十四百官志云：

　　　大將軍營五部部，校尉一人，比二千石；軍司馬一人，比千石；部下有曲，曲
　　　有軍侯一人，比六百石；曲下有屯，屯長一人，比二百石；其不置校尉部，但
　　　軍司馬一人。

　　這是說：『部』是一級軍事單位的名稱。部是一級，曲是一級，屯是一級，『部』
爲校尉之部，因此『戊部』便應當是『戊校尉之部』。至於稱作『校』的，當然卽是
校尉的『校』。漢書卷七昭帝紀元鳳四年：『五月，孝文廟正殿火……發中二千石將五
校作治，六日成。』五校之義據顏注：『率領五校之士以作治也。』五校指京師五個
校尉，卽屯騎，步兵，越騎，長水，射聲（註一）。後漢書中，尤常言及五校，所以
『校』卽是屬於校尉的屬部。在漢書的李廣蘇建傳及衛靑霍去病中，也常言及『校』，
其中『校』字普通指校尉之校，但有時也指大將軍屬下之一切稗將，這些稗將可以是
校尉，也可以是將軍。不過這還是由校尉之校引申而出，對此校屬於校尉的原義並不
違背。

　　在此，應當認『校』和『部』，都是屬於校尉的，亦卽每一校尉只有一校，每一校
只應當屬於一個校尉。除非這一部，或校，沒有校尉，（卽所謂『其不置校尉部』），
則由司馬率領，直接於將軍（或比將軍之『騎都尉』）。因此在戊巳校尉爲一校尉時，
應當只有一部，稱爲『戊巳部』；在戊巳校尉分爲兩人任職之時，則應當分爲二部，
其一部稱爲『戊部』，別一部稱爲『巳部』。稱爲『戊部』及『巳部』爲的是便於分
別，決不可以同稱爲『戊巳部』，或者一稱爲『戊巳部』而一稱爲『巳部』。所以漢書
烏孫傳（九十六下）：『漢徙巳校屯姑墨』。據徐松漢書西域傳補注，認爲當是『成帝建
始二年』時事。亦卽到成帝初年，戊巳校尉可能分爲兩校。不過據漢書百官公卿表，
戊巳校尉還只有一人（註二）。很可能戊巳校尉自領戊校居車師前王庭，而別分爲巳校
由司馬率領屯姑墨。此巳校爲無校尉之校。這是一個戊巳分部的開始，再一演變就會

（註一）　西漢本爲七校，中多胡騎及虎賁二校尉。東漢改爲五校，據此，則西漢有時亦用五校。
（註二）　漢書百官公卿表迄於孝平元始元年，於戊巳校尉未曾言有二人，可知至平帝時戊巳校尉當只有一人，
　　　　此爲一不可推翻的證據。後漢書西域傳雖言元帝時置戊校尉及巳校尉二人，很可能如以東漢事來解釋
　　　　西漢制度，范曄爲劉宋時人，遠在班固之後，自不能據後漢書來改漢書。

成爲兩個校尉。

所以西漢西域都護以下的官制，似應爲：

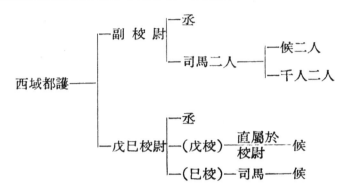

照這種分畫的畫法，當然比較特殊。因爲戊巳校尉本應爲一校，從一校分而爲二，又並無證據說巳校不由戊巳校尉指揮，這是和一般經常制度不能相同的。而這種的分畫法，就成爲東漢分爲二校的開始。

很顯然的，東漢自明帝永年十七年並以耿恭及關寵爲校尉以後，就分爲二校。這兩個校尉當然各有特定的名稱，不會都稱爲『戊巳校尉』，假如各有名稱，自以一種爲戊校尉，一種爲巳校尉爲方便。假如一種戊巳校尉一種巳校尉，或者一種戊校尉而另一種爲戊巳校尉，不惟名稱繁費而不需要並且也徒滋紛擾。吳仁傑認爲西漢和東漢不同，雖未舉出必要的證據，自屬具有識見。至於對於東漢制度，認爲戊校和巳校只限於兵，與校尉無干，指揮戊巳兩校的戊巳校尉和專指揮戊校的戊校尉可以同時並存，那就錯誤了。因爲原則上一校尉只管一校，西漢戊巳校尉並管兩校，而以其中一校分駐姑墨已算特例。若一校尉管一校半，同時另一校管半校，那就是一個不可想像的事。所以東漢時是應當有兩個校尉的，一個是戊校尉，管的軍隊是戊校，一個是巳校尉，管的軍隊是巳校。戊部司馬屬於戊校，歸戊校尉指揮，巳部司馬屬於巳校，歸巳校尉指揮。所有『戊巳校尉』的名稱，只是一種隨便的稱呼，或者並稱二校時所用，而不應當來稱呼二校中的任何一校。

漢代的豪彊及其政治上的關係

一、秦漢的徙民關中與豪族

漢代的豪彊是政治上及社會上的一個問題，豪彊在《漢書》上有許多不同的名稱，例如「豪桀」、「豪族」、「豪猾」、「豪彊」，有時也單稱做「豪」，現在本文所用的豪族或豪彊出於以下各條：

《漢書》七十四〈魏相傳〉：「後遷河內太守，禁止姦邪，豪彊畏服。」

《漢書》七十六〈韓延壽傳〉：「為諫大夫，遷淮陽太守，治甚有名，徙潁川，潁川多豪彊難治，國家常為選良二千石。」

《漢書》七十六〈王尊傳〉：「（為京兆尹）坐免，吏民多稱惜之。三老公乘興等上書訟尊，『拊循貧弱，鉏耘豪彊，長安宿豪大猾東市賈萬、城西萬章、翦張禁、酒趙放、杜陵楊章等，皆通邪結黨，挾養姦軌，上干王法，下亂吏治，並兼役使，侵漁小民，為百姓豺狼，更數二千石，二十年莫能禽討。尊以正法誅案，皆伏其辜，姦邪銷釋，吏民悅服。』」

《漢書》八十三〈翟方進傳〉：「徙方進為京兆尹，搏擊豪彊，京師畏之。」

《漢書》九十〈酷吏・田延年傳〉：「出為河東太守，選拔尹翁歸等以為爪牙，誅鉏豪彊，姦邪不敢發。」

在以上各條也可以看出來《漢書》中所用的「豪彊」或「豪」這個名稱，是含有一種違法的意義在內，政府的官吏是有義務和這些豪族作對的。

在秦漢時期對付這般豪族的國策是徙民。班固〈西都賦〉：

> 若乃觀其四郊,浮游近縣,則南望杜霸、北眺五陵,名都對郭,邑居相承,英俊之城,紱冕所興,冠蓋如雲,七相五公,與乎州郡之豪傑,五都之貨殖,三選七遷,充奉陵邑,蓋以強幹弱枝,隆上都而觀萬國也。

當然天下的豪族是無法全部都被徙到京都,總會在各處遺留一些下去,而且徙到京都以後,只是便於監視,仍然不能使他們一點也不發生作用。因而對於豪彊最為注意的漢武帝時代,設立刺史制度,還是為的對付豪彊,刺史的設立是依六條的原則來監察各郡,其六條的原文,據《續漢書 · 百官志》劉紹《注》引蔡質《典儀》說:

> 詔書舊典,刺史班宣周行郡國,省察政治,黜陟能否,斷理冤獄,以六條問事,非條所問即不省。一條、強宗豪右田宅踰制,以強凌弱,以眾暴寡。二條、二千石不奉詔書,遵承典制,倍公向私。三條、二千石不恤疑獄,風屬殺人,怒則任刑,喜則任賞,煩擾苛暴,剝戮黎元,為百姓所疾,山崩石裂,訛祥訛言。四條、二千石選署不平,苟阿所愛 ,蔽賢寵頑。五條、二千石子弟怙恃榮勢,請託所監。六條、二千石違公下比,阿附豪彊,割損政令。

其中第一及第六兩條明寫著「強宗豪右」及「豪彊」,所以刺史制度除去為著監察二千石(太守)以外,顯然是為來對付豪彊大族的,也可見豪彊在漢代政治及社會上,所占的分量了。

從秦代統一中國以後,對於豪族就已開始注意,把他們遷至關中了[1]。到了漢代,漢高帝和漢武帝仍然繼承了秦代對於豪彊加以限制的政策,而豪彊的分子見於《漢書》的,顯然是六國時代的貴族。

1　《史記 · 秦始皇本紀》:「二十六年……天下大定……徙天下豪富於咸陽十二萬戶。」這十二萬戶豪富,就是代表東方豪彊和富有的家族,正和漢高帝和漢武時的徙民是同樣的理由。只是就現存史料來看,只徙豪富,而六國王家,並不在咸陽,這卻與漢代徙六國王家於關中的,稍有不同。漢代徙六國王家,可能出於婁敬的建議,《漢書 · 婁敬傳》,敬說高祖曰:「夫諸侯初起,非齊諸田,楚昭、屈、景莫與,今陛下雖都關中,實少人,北近胡寇,東有六國強族,一日有變,陛下亦未可安枕而臥也。臣願陛下徙齊諸田,楚昭、屈、景,燕、韓、趙、魏後,及豪傑名家,且實關中。無事可以備胡,諸侯有變,亦足率以東伐,此強本弱枝之術也。」後來漢高帝徙民,是大致依此方針,不過似乎還是以財力為主,其六國之後例如齊王建之後就未徙,而其他各國的嫡系也未看見徙入關中。

《漢書》一〈高帝紀〉：「九年冬十月，徙齊楚大族昭氏、景氏，屈氏、懷氏、田氏關中，與利田宅。」

《漢書》六〈武帝紀〉：「元朔三年夏，徙郡國豪傑及訾三百萬以上于茂陵。」

又：「太始元年春，徙郡國吏民豪傑於茂陵雲陽。」

《漢書》二十八〈地理志〉：「漢興，立都長安，徙齊諸田，楚昭屈景，及諸功臣家於長陵，後世世徙二千石，高訾富人，及豪傑並兼之家於諸陵，蓋亦以強幹弱枝，非獨為奉山園也。」

其中豪彊的成分，高帝時是齊諸田，楚昭、屈、景，到武帝時雖然稱為豪彊，可是另外換了一批人，這就是意識著，經過六七十年的演變，社會的本質雖然變化不大，可是社會中的各個成分已經換了另外一些家族了。他們改變的成因，可以大致看得出來，就是構成為豪彊的因素，是依靠兩種基礎的，第一是經濟的力量，第二是政治的背景，兩種基礎配合的適當，才是構成豪彊的主要條件。

在漢代初年齊諸田，楚昭、屈、景所以成功為豪彊的條件的，還是基於六國時代的殘餘勢力。秦滅六國是歷史上著名的事蹟，可是秦滅六國以後，怎樣來對付諸國貴族，我們卻很少知道。雖然我們據《史記》上諸國世家中的記載，知道諸國王家在亡國以後降為編戶，這仍然不是一個滿意的答覆。因為降為編戶，只是剝奪了封建時期的名號，以及封建時期的封邑，至於私有的財產以及社會上的殘餘地位和在社會上可以發生影響的力量，那就不是僅僅使他們把貴族的身分變為平民的身分所能完全收效。所以當秦政府失掉統馭的力量時，諸國的貴族便紛紛的叛變，由於一方面他們還有號召的力量，另一方面也表示他們還有足夠的財產來做叛變的補給，這就形成高帝時再行大量徙民到關中的大原因。

高帝時徙民的對象是齊諸田，楚昭、屈、景，可是到武帝以後，不再是齊諸田，楚昭、屈、景了。這些豪族徙到關中以後，漢政府也並未加以壓迫[2]，再根據

2　例如《漢書》90 田延年，《後漢書》41 第五倫，都是齊諸田的後人，並無被壓迫的事實。

〈陳湯傳〉：

> 萬年（陳萬年）與湯議，以為今作初陵……子公（陳湯字）妻家在長安，
> 兒子生長安，不樂東方，宜求徙，可得賜田宅供善。湯心利之，即上封本，
> 言初陵之地最為肥美，可立縣。

陳湯是初陵的建議人，得賜田宅，自然是選擇好的[3]。這是特殊例子，不能證明
被徙的人在經濟上會得到幫助，但從別處證據來看，被徙到園陵的人們並非被壓
迫的，還是事實。這些徙到園陵的人們，也就是豪彊，似乎並無不高興的表示，
並且被徙以後，利害相權，各有優劣，他們對於關中還是願意住下去的。現在所
知道的，豪彊被徙以後所失去的，應當是：

（一）失掉了本地「地頭蛇」的地位。

（二）原來的財產不能全部轉到關中，管理上可能不方便。

（三）園陵豪俊很多，再變為優越的豪俊[4]並不容易。

但是從另外方面來看，卻是：

（一）從鄉下遷到長安附近，使得和政治中心及經濟中心接觸，因而找幸運
的機會也就增加。

（二）遷到陵園是一種榮譽。

（三）遷到繁盛地方，對於享受方面也就增進，是一種引誘。

所以遷到關中，除去了比較貧乏而在社會上有力的人（如郭解之流）以外，大都是
比較情願的。這就使得各地方上的豪彊，新陳代謝更為迅速，對於政府來說，新
的勢力基礎未固，控制上總較為容易，也就是對於推行政令，造成了一個有利的

3　按〈高帝紀〉稱被徙的人，與利田宅，這雖是一種優待，可是看情形只是給予一種方
　　便，而非政府對這些富人再給予經濟上的補助，據《漢書》92〈郭解傳〉，解貧不中徙，
　　可見較貧的人，是無法在園陵住下去的，此雖漢武時的事，並非高帝時的事，可是同
　　是一類的事，應當辦法差不多的。

4　《漢書》72〈鮑宣傳〉：「宣既被刑，乃徙之上黨，以其地宜田牧，又少豪俊，易長雄，
　　遂家於長子。」所以在豪彊多的地方，要做豪彊中的豪彊是比較困難的，許多人選擇
　　從偏僻遷到三輔，只是為的其他的機會，而犧牲了原來土豪的地位。

機會。

二、豪彊與經濟上的關係

　　成爲豪彊的條件，是在社會上的力量，而力量的來源，一定要依賴金錢和勢力。勢力是從政治上的地位造成的，金錢則依賴財產上的收入，當然有錢的人不一定就是豪彊，但豪彊的背景，財產卻是一個極端重要的因素。從戰國以後，產業已經漸漸發達，《史記》一二九〈貨殖傳〉稱：

> 秦漢之制，列侯封君食租稅，歲率戶二百，千戶之君，則二十萬，朝覲聘享出其中，庶民農工商賈率亦歲萬息二千，百萬之家即二十萬，而更繇租賦出其中，衣食好美矣。

依照《史記》十一〈文帝紀〉稱：「百金中民十家之產」。所以《史記‧貨殖傳》富人的標準，正是相當普通的人家十倍的財產，至於「千金之家」，那就相當普通人家一百倍了，憑藉這種過人的資產，也自然的可以役使別人。

　　《漢書》九十一〈貨殖傳〉稱：

> 關中富商大賈大抵盡諸田，田牆、田蘭、韋家、栗氏，安陵杜氏亦鉅萬，前富者既衰，自元成訖王莽，京師富人杜陵樊嘉，茂陵摯綱，平陵如氏、苴氏，長安丹王君房，豉樊少翁，王孫大卿為天下高訾，樊嘉五千萬，其餘皆鉅萬矣。王孫卿以財養士，與雄桀交，王莽以為京司市師，漢司東市令也。此其章章尤著者也，其餘郡國富民業兼顓利，以貨賂自行取重於鄉里者，不可勝數。

在這種富力使用之下，自然使許多貧乏的人歸其調遣，例如：

> 《漢書》九十〈酷吏‧寧成傳〉：「武帝即位徙為內史，外戚多毀成之短，抵罪　鉗。是時九卿死即死，少被刑，而成刑極，自以為不復收。迺解脫，詐刻傳，出關歸家（按本傳成南陽穰人），稱曰：『仕不至二千石，賈不至千萬，安可比人乎？』迺貰貸陂田千餘頃，假貧民役使數千家。數年會

赦,致產數千萬,為任俠,持吏短長,出從數十騎,其使民域重於郡守。」[5]

《漢書》一百〈敘傳〉:「始皇之末,班壹避居樓煩,致馬牛羊數千群,值漢初定,與民無禁,當孝惠高后時,以財雄邊,出入弋獵,旌旗鼓吹,年百餘歲以壽終。」

《後漢書》二十四〈馬援傳〉:「後為郡督郵,送囚至司命府,因有重罪,援哀而縱之,遂亡命北地,遇赦,因留牧畜,賓客多歸附者,遂役屬數百家,轉游隴漢間。嘗謂賓客曰:『丈夫為志,窮當益堅,老當益壯。』因處田牧,至有牛馬羊數千頭。」

這裡面所說的役屬數百家或數千家,應當指為他們在農田或牧地服務的人,這些服務的人就是所謂「客」,這種客屬於佃戶及雇傭等類[6]。地主對於佃戶抽的田租,大致是總收穫量的二分之一,這就是董仲舒所說的「或耕豪民之田,見稅什伍」,以及王莽所說的「厥名三十,實什稅伍也」[7]。

這種貰貸給貧民(就是把田租給佃戶),在原則上是被認為合法的,問題只是在理論上把持田地數量太多,是不應該的罷了。就中尤其是皇帝也賜給大臣田地,這種田地當然不會大臣自己經營而是租與別人的,例如:

《漢書》五十四〈蘇武傳〉:「賜田二頃,宅一區。」

《漢書》五十八〈卜式傳〉:「賜式爵關內侯,黃金百斤,田十頃,布告天下。」

《漢書》八十六〈王嘉傳〉:「詔書罷菀(苑)而以賜(董)賢二千餘頃,均田之制,從此墮壞。」

以上雖是很少的例子,不過賜田從二頃到二千餘頃,顯示著是一個常見的事,只

---

5 貰貸言將田租貸與人,見《漢書》24〈食貨志〉「分田劫假」下的顏師古《注》。

6 見《中央研究院歷史語言研究所集刊》23 本〈漢代的雇傭制度〉。

7 並見《漢書》24〈食貨志〉,又:「王莽下令曰漢氏減輕田租,三十而稅一,當有更賦,罷咸出,而豪民侵陵分田劫假,厥名三十,實什稅五也。」

是史籍中未曾一一記上罷了，皇帝既然可以賜田與人，所以臣民也自然的可以買地。例如：

《漢書》三十九〈蕭何傳〉：「今君胡不多買田地，賤貰貸以自汙。」

又《漢書》三十九〈蕭何傳〉：「買田宅必居窮僻處，為家不治垣屋，曰子孫賢，師吾儉，不賢毋為勢家所奪。」

《漢書》七十一〈疏廣傳〉：「所得賜金不為置田宅。」

《漢書》八十一〈張禹傳〉：「禹為人謹厚，內殖貨財，家以田為業，及富貴多買田至四百頃，皆涇渭溉灌，極膏腴上賈，宅財物稱足。」

《漢書》五十二〈田蚡傳〉：「治宅甲諸第，田園極膏腴，市買郡縣器物相屬於道。」

又據《漢書‧王章傳》，王章得罪而死，家屬徙合浦。後來家屬從合浦回來，其故郡泰山郡的太守是蕭育，幫他的家裡的忙，使他們贖回田宅，這也正表示田宅有它固定價格，和後代的情況相類似的。

再據《後漢書》所記，如：

《後漢書》十〈郭后紀〉：「為郡著姓，父昌，讓田宅財產數百萬與異母弟，國人義之。」

《後漢書》十八〈吳漢傳〉：「漢嘗出征，妻子在後買田業，漢還讓之曰：軍師在外，吏士不足，何多買田宅乎？遂盡分與昆弟外家。」

《後漢書》十三〈竇融傳〉：竇憲「以賤直請奪沁水公主園田。」

《後漢書》十四〈馬援傳〉：「防兄弟貴盛，奴婢各千人以上，資產巨億，皆買京師膏腴美田，又大起第觀，建閣臨道，彌互街路，多聚聲樂曲度，比諸郊廟。賓客奔湊，四方畢至，京兆杜篤之徒數百人，常為食客居門下，

刺史守令多出其家,歲時賑濟鄉閭故人莫不周給。防又多牧馬畜賦欲羌胡,帝不喜之,數加譴飭,所以禁過甚備,由是權勢稍損,賓客亦衰。」

《後漢書》七十八〈侯覽傳〉:「前後請奪人宅三百八十所,田百一十八頃,起立第宅十有六區。」

此外東漢人的著作,如:

《通典》一引崔寔《政論》曰:「昔聖人分口耕耦地,各相副適,使人饑飽不變,勞逸齊均,富者不足僭差,貧者無所企慕。始暴秦墮壞法度,制人之財,既無紀綱,而乃尊獎併兼之人:烏氏拟以牧致財,寵比諸侯;寡婦清以攻丹殖業,禮以國賓。於是巧猾之萌,遂肆其意,上家累鉅億之賞,斥地侔封君之土。行苞苴以亂執政,養劍客以威黔首,專殺不辜,號無市死之子,生死之奉,多擬人主。故下戶踦跂,無所跱足,乃父低首,奴事富人,躬率妻孥,為之服役。故富者席餘而日熾,貧者躡短而歲踧,歷代為虜,猶不贍於衣食,生有終身之勤,死有暴骨之憂。歲小不登,流離溝壑,嫁妻賣子,其所以傷心腐藏失生人之樂者,蓋不可勝陳。」

荀悅《漢紀》論曰:「昔者什一而稅,以為天下之中正也,今漢民或百一而稅,可謂鮮矣。然豪彊富人,占田逾侈,其賦大半。官收百一之稅,民收大半之賦,官家之惠,優於三代,豪彊之暴,酷於亡秦。是上惠不通,威福分於豪彊也。今不正其本而務除租稅,適足以資富彊。夫土地者,天下之本,《春秋》之義,諸侯不得專封,大夫不得專地,今豪民占田俄至數千百頃,富過王侯,是自專封也,買賣由己,是自專地也。」

所以豪族或大族的經濟來源,主要是從土地上的收入而來,土地上的收入就是把土地租給佃戶,按季將農田的收穫抽取一半或甚至一半以上,因此豪彊和地主是分不開的,所有的豪彊必須依靠土地上的權益。自然,其中豪彊的收入也有靠牧畜或商業的,不過土地上的收入是各處豪彊中一致的主要收入。

三、豪彊與宗族上的團結及其領導性人物的影響

漢代的豪族原先是繼承戰國時代的社會狀況的,因爲秦統一中國不過十四

年，就成為漢代，所以凡是函谷關以東的人，都是六國遺民。六國舊地(卽漢朝所稱的關東)是中國富裕的地方，因之六國舊地所保存六國時代的風土人情實際上是漢代社會狀態中的主要成分。

秦代雖然承受了商君之法，以法治天下，變成了一種僵化的教條政府以致失敗。不過就對待東方人的政策來說，秦代並非一個西方的地域性政府，而是對於東方人參加秦代的政府，並沒有什麼限制。例如秦始皇晚期左丞相李斯是上蔡人，也就是上書諫逐客的人。右丞相馮去疾和將軍馮劫是一家的人(也可能就是弟兄，見《漢書・馮奉世傳》)，他這一家著名是由於馮亭做韓上黨守，據上黨降趙抗秦，後來戰死於長平，而輔助代王嘉抗秦的代相，又是馮家的人。這種抗秦世家，秦始皇居然用他做將相(雖然後來在二世時期被趙高逼著自殺，這是秦自己內政問題，與地域無關)。就可能秦始皇用人根本沒有地域的觀念，因為他已自命為全中國的皇帝而不是關西區域的秦王了。在這種情形之下，他雖然把關東的大族移徙到關中，也一定和後來漢代相同，只是限制他們政治上的影響力量，卻仍然保護他們的財產[8]。所以漢代的齊諸田，楚昭屈景仍為豪族。很清楚的，這些豪族財產的來源，仍然出於六國時代的封建關係，都不是秦漢時代新興的大族。

齊諸田一直是強宗，據《漢書》三十三〈田儋傳〉說：「儋從弟榮，榮弟橫皆豪桀，宗彊能得人。」而《漢書》六十一〈貨殖傳〉又說：「關中富商大賈，大抵盡諸田，田蘭、韋家、栗氏、安陵杜氏亦鉅萬。」[9]這就是表現著關東的豪傑到了關中以後仍然是富人。

因此豪族的條件，是指在本地有支配的勢力，而其所以能維持這種勢力的來源，還是依靠財富。

---

8 秦代對於他滅過的王室大都是保存的，沈欽韓《漢書疏證・魏豹傳》：「《列女節義傳》云秦破魏，誅諸公子，今此魏豹魏咎皆公子封君，是秦滅國未嘗誅夷，故齊王建亦有子孫，世言秦暴，猶不若後世必盡其種也。陳涉兵起，齊韓趙魏楚皆故國子孫，惟燕王喜走遼東無後。漢得天下鑒之，故徙諸豪傑於關中。」按齊王建子孫，見《漢書・元后傳》。(齊王建據《史記・田敬仲世家》說是遷於共，在今河南濬縣。此外趙王遷被遷到房陵，見《淮南子》。)

9 《史記》122〈張湯傳〉：「湯客田甲，雖賈人有賢操，始湯為小吏時，與錢通，及湯為大吏，所以責湯行義過失，亦有烈士風。」此賈人田甲，當亦是諸田之屬，因為離開豪右的環境，因而做商人了。

漢代豪彊往往不只是一兩個人，而是一個宗族的，大致也是出於過去封建時期大夫合族的習慣。如：

> 《漢書》六十七〈趙廣漢傳〉：「遷潁川太守，郡大姓原褚宗族橫恣，賓客犯為盜賊，前二千石莫能禽制，廣漢既至，誅原褚首惡，郡中震慄。」

> 《漢書》九十〈郅都傳〉：「濟南瞷氏宗人三百餘家豪猾，二千石莫能制，於是景帝拜都為濟南守，誅瞷氏首惡，餘皆股慄。」

> 《漢書》九十〈義縱傳〉：「遷為河內都尉，至則族滅其豪穰氏之屬。」

> 《漢書》九十〈王溫舒傳〉：「捕郡中豪猾，相連坐千餘家。」

> 《漢書》九十〈嚴延年傳〉：「遷為涿郡太守，時郡比得不能太守，涿人畢野白等由是廢亂，大姓西高氏、東高氏自郡吏以下皆畏之，莫敢與悟，咸曰：『寧負二千石，毋負豪大家。』賓客放為盜賊，發輒入高氏，吏不敢追，浸浸日多，道路多張弓拔刃，然後敢行，其亂如此。延年至，……更遣吏分考兩高，窮竟其姦，誅殺各數十人，郡中震恐，道不拾遺。」

西漢時代雖然政策上對豪族的限制有增無減，但事實上並未曾把豪族的聲勢削減下去，在《後漢書‧仲長統傳》有兩段關於豪族的事。

> 〈理亂篇〉曰：「漢興以來相與同為編戶齊民，而以財力相君長者無數焉。清潔之士徒自苦於茨棘之間，無所損益於風俗也。豪人之室，連棟數百，膏田滿野，奴婢千群，徒附萬計，船車賈販，周於四方，廢法積貯，滿於都城，琦賂寶貨，巨室不能容，馬牛羊豕，山谷不能受，妖童美妾，填乎綺室，倡謳伎樂，列乎深堂。賓客待見而不敢去，車騎交錯而不敢進；三牲之肉，臭而不可食，清醇之酎，敗而不可飲；睇盼則人從其目之所視，喜怒則人隨其心之所慮，此皆公侯之廣樂，君長之厚實也。苟運智詐，則得之焉，能得之者，人不以為罪焉。」

> 〈損益篇〉曰：「井田之變，豪人貨殖館舍布於州郡，田畝連於方國，無半通青綸之命而窮三辰龍章之服，不為編戶一伍之長而有千室名邑之役，榮樂過於封君，勢力侔於守令，財賂自營，犯法不坐，死士為之投命，至

使弱力少智之士，被穿帷敗，寄死不歛，冤枉窮困，不敢自理，雖亦由網
禁疏闊，蓋分田無限使之然也。」

這是說豪族就是富族，而富的來源是由於土地，然後再用資金去經商，以至「船
車賈販，周於四方」，這些土地上的收入以及經商的盈餘，就成爲權勢或力量，
使貧戶歸其指使，甚至可以犯法不坐。他所說的「漢興以來」，當然是指西漢而言，
東漢時代還是一樣的，他也說到由於「井田之變」，那就可以推溯至戰國初期。不
過他也受到了時代的影響，他認爲許多利用金錢以致違法的事，是平民不應當做。
誠然，平民固然不應當違法，不過在井田封建之世，貴族卻也可以做更嚴重的違
法，這就有點不能自圓其說了。

　　依照《後漢書》所記，東漢時期，確實有許多顯著而違法的豪族，這些豪族有
許多是在東漢初起之時，他們大致都是反王莽的，對於光武的勢力有的扶助，有
的敵對，這表示光武和其他並起的群雄，在個人利害上是不一致的，在社會的利
益卻是一致的。這些新起的力量顯然都是站在同一的立場來反對王莽，這就表示
著王莽的政策，固然引起了全社會的不安，而對於豪族的打擊，尤其鉅大，所以
引起了全國豪族的反抗。再從另一方面來說，王莽時的豪族並非從王莽時期才成
爲豪族的，他們都是西漢時期的豪族。這些西漢時期的豪族，其產生情形一定也
非常複雜，其成爲豪族的時間長短也一定各不相同。不過既成爲豪族，自然也就
代表著豪族的利益。東漢初起時的豪族，例如：

《後漢書》十二〈王昌傳〉：「時趙繆王子林好奇數，任俠於趙魏間，多
通豪猾，而郎與之親善。……郎緣是詐稱真子輿云……林等愈動疑惑，乃
與趙國大豪李育、張參等通謀規共立郎。」

《後漢書》十二〈劉永傳〉：「遂招諸郡豪傑沛人周建等並署為將帥。」

《後漢書》十二〈彭寵傳〉：「又南結張步及富平獲索諸豪桀，皆與交質
連衡，遂攻拔薊城，自立為燕王。」

《後漢書》十三〈隗囂傳〉：「季父崔素豪俠能得眾，聞更始立而莽兵連敗，
於是乃與兄義及上邽人楊廣、冀人周宗謀起兵應漢。」

又《後漢書》十三〈隗囂傳〉：「九年春，囂……恚憤而死。王元、周宗立囂少子純為王，明年來歙、耿弇、蓋延等攻破落門，周宗、行巡、苟宇、趙恢等將純降。宗恢及諸隗分徙京師以東。」《通鑑》胡《注》：「隗純降而徙其族，以其西州強宗，恐其後復為患也。」

又《後漢書》十三〈隗囂傳〉：「帝因令來歙以書招王遵，遵乃與家屬詣京師，拜為大中大夫，封向義侯。遵字子春，霸陵人也，父為上郡太守，遵少豪俠有才辯，雖與囂舉兵，而常有歸漢意。」

《後漢書》十三〈公孫述傳〉：「及更始立，豪傑各起其縣以應漢。南陽人宗成自稱虎牙將軍入略漢中，又商人王岑亦起兵於雒縣，自稱定漢將軍，殺王莽庸部牧以應成，眾合數萬人。述聞之，遣使迎成等，成等至成都虜掠暴橫，述意惡之，召縣中豪傑謂曰……吾欲保郡自守，以待真主。」

《後漢書》十四〈齊武王縯傳〉：「王莽篡漢，常憤憤懷復社稷之慮，不事家人居業，傾身破產，交結天下雄俊。莽末盜賊群起，南方尤甚，伯升召諸豪傑計議……眾皆然之。」

《後漢書》十五〈李通傳〉：「南陽宛人也，世以貨殖著姓。」

《後漢書》十六〈寇恂傳〉：「上谷昌平人也，世為著姓。恂初為郡功曹，太守耿況甚重之。」

《後漢書》十七〈馮異傳〉：「令二百里內，太守都尉以下及宗族會焉……時赤眉延岑暴亂，三輔大姓各擁兵眾，大司徒鄧禹不能定，乃遣異代禹討之。車駕送至河南，賜以乘輿七尺具劍，敕異曰：『三輔遭王莽更始之亂，重以赤眉延岑之酷，元元塗炭，無所依訴，今之征伐非必略地屠城，要在平定安集之耳。諸將非不健鬥，然好虜掠。卿本能御吏士，念自修敕，無為郡縣所苦。』異頓首受命引而西，所至皆布威信，弘農群盜稱將軍者十餘輩皆率眾降異。」

又《後漢書》十七〈馮異傳〉：「時赤眉雖降，眾寇猶盛，延岑據藍田，王歆據下邽，芳丹據新豐，蔣震據霸陵，張邯據長安，公孫守據長陵，楊周據谷口，呂鮪據陳倉，角閎據汧，任良據鄠，汝章據槐里，各稱將軍，

擁兵多者萬餘，少者數千人，轉相攻擊。」

《後漢書》十七〈岑彭傳〉：「與麾下數百人從河內太守邑人韓歆。會光武徇河內，歆議欲城守，彭止不聽。既而光武至懷，歆迫急迎降。光武知其謀，大怒，收歆置鼓下將斬之。召見彭，彭因進說……光武深接納之。彭因言韓歆南陽大人（師古《注》：大人謂大家豪右），可以為用，乃貰歆，以為鄧禹軍師。」

《後漢書》二十〈銚期傳〉：「時檀鄉五樓賊入繁陽內黃，又魏郡大姓數反覆，而更始將卓京謀欲相率反鄴城，帝以期為魏郡太守，行大將軍事，期發郡兵擊卓京，破之。……郡界清平。」

《後漢書》二十〈祭遵傳〉：「潁川潁陽人也，少好結客，家富給，而遵恭儉，惡衣食。喪母，負土起墳，嘗為郡吏所侵，結客殺之。初縣中以其柔也，既而皆憚焉。」

《後漢書》三十一〈郭伋傳〉：「王莽時為上谷大尹，遷并州牧，更始新立，三輔連被兵寇，百姓震駭，強宗右姓（顏《注》：右姓猶高姓也）各擁眾保營莫肯先附。更始素聞伋名，徵拜左馮翊，使鎮撫百姓。世祖即位，拜雍州牧。」

總括以上的豪族，或稱豪傑，或稱豪俠，或稱大姓，或稱強宗右姓，或稱著姓，或稱豪猾，或稱豪姓，或稱大人，都是在社會上有領導能力卻並不太安分守己的人，所以每遇見動亂的時候他們就成為領袖。尤其可以作為代表的是三輔地區，因為三輔地區就是把其他各處的強宗右姓移去的，到了王莽的晚期還是強宗右姓集中的地區。

這些擁兵據地的豪家大姓，也並非都是強梁之徒或者一些具有野心的分子，而是在一個動亂的時候，為著鄉里的自保，時常不能不有一種自衛的組織，而在這種自衛組織之中，也會形成新的領袖。這種情況是出於客觀的需要，其形式卻也與豪家大姓據地自雄的無多大的分別。這種情況如果延長下去，而沒有一個強有力的中央政府來統一全國，那就會形成中古歐洲及日本式的封建政治，例如：

> 《後漢書》三十三〈馮魴傳〉：「南陽湖陽人也……為郡族姓。王莽末，
> 四方潰畔，魴乃聚賓客，招豪桀，作營壍以待所歸。是時湖陽大姓虞都尉
> 反城稱兵，先與同縣申屠季有仇而殺其兄，謀滅季族，季亡歸魴。魴將季
> 欲還其營，道逢都尉從弟長卿來，欲執季，魴叱長卿曰：『我與季雖無素
> 故，士窮相歸；要當以死任之，卿為何言？』季謝曰：『蒙恩得全，死無
> 以為報恩，有牛馬財物，願悉獻之。』魴作色曰：『吾老親弱弟皆在賊城中，
> 今日相與尚無所願，何云財物乎？』季慚不敢復言，魴由是為縣邑所敬信，
> 故能據營自固。時天下未定而四方之士擁兵矯稱者甚眾，唯魴自守，兼有
> 方略，光武聞而嘉之，建武三年徵詣行在所，見於雲臺，拜虞令。」

這種聚眾自守的方式，顯然和平時一般壓抑鄉民的豪強不同，也和動亂時期自加
封號的不同，但究竟和一般豪強及僭號的流於同樣形式，所不同的只是領導的人
的態度不同。類似的情況也可以在東晉時期發現。東晉時期塢堡的主人就彼此態
度完全不同，最顯著的是東晉北伐的指揮人祖逖和祖約，在兩個性格完全不同的
人領導之下，就發生完全不同的結果。

到了東漢平定天下以後，據地的豪強被消滅了，中央政治的力量推行到各
處，但是地方性豪彊的勢力也並未消滅，尤其是京師的貴戚以及南陽的功臣都成
爲豪彊，所不同於西漢的，只是西漢的豐沛和三輔，在東漢時不再具有重要性了。
這只是地域性的變易而非實質上的變易。

> 是時天下墾田多不以實，又戶口年紀互有增減。十五年詔下州郡，檢覈其
> 事，而刺史太守多不平均，或優饒豪右，侵刻羸弱，百姓嗟怨，遮道號呼。
> 時諸郡各遣使奏事，帝見陳留吏牘，上有書，視之，云：「潁川弘農可問，
> 河南南陽不可問。」帝詰吏由趣，吏不肯服，祇言於長壽街上得之。帝怒。
> 顯宗時為東海公，年十二，在幄後言曰：「吏受郡敕力，當欲以墾田相方
> 耳。」帝曰：「即如此，何故言河南南陽不可問。」對曰：「河南帝城多近臣，
> 南陽帝鄉多近親，田宅踰制，不可為準。」

所以東漢時代豪右情形與西漢又略有異同了，今舉後漢豪右之例，如下：

> 《後漢書》二十六〈趙熹傳〉：「後拜懷令，大姓李子春先為琅邪相，豪
> 猾並兼，為人所患。熹下車問其二孫殺人事，未發覺即窮詰其姦，收考子
> 春，二孫自殺。京師為請者數十，終不聽。時趙王良疾病將終，車駕親臨，

問王所願。王曰：『素與李子春厚。今犯罪，懷令趙憙欲殺之，願乞其命。』帝曰：『吏奉法律，不可枉也。』更道它所願，王無復言。既薨，帝追感趙王，乃貰出李子春。」（按趙王為光武叔，素與光武有恩，故光武追崇其遺志。）

《後漢書》三十五〈周榮傳〉：「景初視事，與太尉楊秉舉奏諸姦猾，自將令牧守以下，免五十餘人，遂連及中常侍防東侯侯覽，東武陽侯具瑗皆坐黜，朝廷莫不稱之。」

《後漢書》五十一〈陳龜傳〉：「拜京兆尹，三輔強豪之族，多侵枉小民，龜到屬威嚴，悉平其怨，郡內大悅。」

《漢書》二十九〈郅惲傳附子壽傳〉：「擢為京兆尹，郡多強豪，姦暴不禁，素聞壽在冀州皆懷震竦，各相檢敕，莫敢干犯。」（按東漢雖然建都洛陽，可是京兆尚為舊都所在，西漢的豪族仍然存在，所以還是有豪彊侵陵的問題。）

《後漢書》五十六〈王暢傳〉：「為南陽太守，前後二千石逼懼帝鄉貴戚，多不稱職，暢深疾之。下車奮屬威猛，其豪黨有纍穢者，莫不糾發。會赦事得散，暢追恨之，更為設法。諸受臧二千萬以上，不自首實者，盡入財物，若其隱伏，使吏發屋伐樹，壇井夷竈，豪右大震。」

《後漢書》五十九〈張衡傳〉：「永初中出為河間相。時因王驕奢不遵典憲，又多豪右，共為不軌，衡下車，治威嚴，整法度，陰知姦黨名姓，一時收禽，上下肅然。」

《後漢書》六十一〈左雄傳〉：「稍遷冀州刺史。州郡多豪族好請託，雄常閉門不與交通，奏案貪猾二千石，無所避忌。」

《後漢書》六十六〈陳蕃傳〉：「時小黃門趙津、南陽大猾張汜等奉事中官，乘勢犯法，二郡太守劉瓆成瑨考案其罪，雖經赦令，而並竟考殺之。」

《後漢書》六十七〈李膺傳〉：「時宛陵大姓羊元群罷北海郡，臧罪狼藉，郡舍溷軒有奇巧，乃載之歸。膺表欲按其罪。元群行賂宦官，膺反坐，輸作左校。」

《後漢書》六十七〈夏馥傳〉：「陳留圉人也，……同縣高氏蔡氏並皆貨殖，郡人畏而事之，惟馥不與交通，由是為豪姓所仇。」

《後漢書》六十七〈范康傳〉：「遷太山太守，郡內豪姓多不法，康至奮威惠施嚴令莫有干犯者，先請奪人田宅，皆遂還之。」

《後漢書》七十六〈任延傳〉：「既之武威，時將兵長史田紺郡之大姓，其子弟賓客為人暴害，延收紺繫之，父子賓客伏法者五六人，紺少子尚乃聚會輕薄者數百人自稱將軍，夜攻郡。延即發兵破之，自是威行境內，吏民累息。」

《後漢書》七十六〈王渙傳〉：「為太守陳寵功曹，當職割斷，不避豪右，寵風聲大行。……渙由此顯名，舉茂才，除溫令。縣多姦猾，積為人患，渙以方略討擊，悉誅之。境內清夷，商人露宿於道，其有放牛者，輒云以屬稚子，終無侵犯。」

《後漢書》七十七〈樊曄傳〉：「遷河東都尉……及至郡，誅討大姓馬適匡等，盜賊清，吏人畏之。」

《後漢書》七十七〈李章傳〉：「光武即位，拜陽平令。時趙魏豪右往往屯聚，清河大姓趙綱遂於縣界起塢壁，繕甲兵，為害所在。章到乃設饗會而延謁綱，綱帶文劍被羽衣，從士百餘人來到，章與對讌，有頃手劍斬綱，伏兵亦悉殺其從者。因馳詣塢壁，掩擊破之，吏人遂安。」

所以東漢時代豪族的問題也相當嚴重[10]。所不同於西漢的，是西漢豪族以六國封建勢力為基礎，再加上西漢初年的功臣。東漢豪族則以西漢晚期興起的豪族為基礎，再加上東漢初年的功臣。尤其西漢晚期的鄉舉里選制度，使地方官吏往往給豪族以優先，使原來本為豪族的，更從選舉上鞏固他們的政治地位。更加上政府的政策是根據封建時代的遺法，鼓勵兄弟同居，更使豪族勢力不易分散，所以東漢晚期的袁、楊、崔、盧等姓成為地方上豪族的中心，而且還影響到六朝的政局。

---

10 《清華學報》十一卷四期，楊聯陞〈東漢的豪族〉；又新亞學報第一卷第二期，余英時〈東漢政權之建立與士族大姓之關係〉；陶希聖《中國社會史》；及薩孟武《中國政治社會史》均有不少可供參考之處。

四、豪彊與游俠

在〈論漢代的游俠〉[11]一文中，游俠和民間生活的關係，曾經被指明，並且游俠也被指明為：

1. 城郭中流動而頑強閭里細民。

2. 一些不從事生產的人。

這些出身民間而從事民間活動的人們，根據了他們特殊利益和立場，和政府的見解以及法律的條文很有不相融洽的地方。就無可避免的，成為與官方衝突的原因。游俠既和官方衝突，受到了制裁，另一方面，官方也無法把所有的游俠除掉。最後就成為游俠的變質。這就可以看出《史記》的游俠和《漢書》的游俠中間有不同之處。

《漢書‧季布傳》：

> 布弟季心以氣蓋關中，遇人恭謹，為人任俠，方數千里士爭為死。嘗殺人，亡吳，從袁絲匿，長事袁絲，弟畜灌夫、藉福之屬。嘗為中司馬，中尉郅都不敢加，少年多時時竊借其名以行。當時季心以勇，布以諾聞於關中。

何焯《義門讀書記》云：

> 漢初游俠之盛，季布、袁盎扇之也，自田竇敗，公卿不敢致賓客，遂多閭里之魁矣。

這個批評是有部分的理由，也有部分成問題的。游俠本為戰國時代遺留的風俗，《史記‧游俠列傳序》所稱：「古布衣之俠靡得而聞已，近世延陵、孟嘗、春申、平原、信陵之徒，皆因王者親屬，藉於有土卿相之富厚，招天下賢者，顯名諸侯，不可謂不賢矣。此如順風而呼聲非加疾，其勢激也。至如閭巷之俠，修行砥名，

---

11 《臺灣大學文史哲學報》第一期。又許倬雲〈兩漢政權與社會勢力的交互作用〉，《集刊》35；及 "The Changing Relationship between Local Society and the Central Political Power in Former Han"(*Comparative Studies in Society and History*, VII, 4, 1965) 對於此項問題亦非常有用。又此文付排後始見到金發根《永嘉亂後北方的豪族》排印本，其中敘述東漢三國時期豪族的發展部分亦甚有新意，可供參考。

聲施於天下，莫不稱賢，是爲難耳。」這是說游俠之風從春秋之末已經開始，至戰國而大盛，是由於貴族們支持而成的。到了後來「閭巷之俠」能夠成名，要靠自己的努力，就比較難了。可見司馬遷認爲漢代的游俠還是些閭巷之魁，不是戰國時公卿支持的舊俗，與何義門《讀書記》之看法還是有出入的。

在〈論漢代的游俠〉，游俠被指明爲和黃老有一部分淵源，爲的是游俠是漢代民間的行爲而黃老是民間的信仰，不過還有一件更重要的事，就是標準的游俠，應該是些不事生產的人，如同：

> 魯朱家「家無餘財，衣不完采，食不重味，樂不過軥牛」。

> 郭解「貧不中訾」。

> 劇孟死，「家無餘十金之財」。

依照社會上的一切關係來看，任何發生作用的力量都離不開經濟上的支持。這一點在〈論漢代的游俠〉一篇中已經說到，即：

> 在〈游俠傳〉中所記，游俠中的「長者」與豪暴之徒也看不出太大的差異。只有一點不同的，即正宗游俠是「修行砥名」、「廉潔退讓」，而豪暴之徒則爲「比周設財，役貧豪暴」。亦即正宗的俠的出發點不是爲著自己的錢財與享受，而是爲的「重取予，尊然諾，救人之急，不避禍難」[12]。……凡是游俠的領袖，他們並不屬於士農工商中的某種職業，他們卻屬於職業的游俠者。他們除去簡單而節儉的生活以外，需要大量的收入才可應付大量的支出。這些大量的支出，和鄭當時行千里不裹糧一樣，都是朋友送來的。

> 游俠之徒是以游俠爲職業的，至少也是以游俠當做一種事業來看，因此他們的收入也是由同情他們的人來餽贈，例如：《漢書·郭解傳》：「解家遂徙，諸公送者出千餘萬。」〈萬章傳〉：「石顯貲巨萬，留床席器物數百萬直，欲以與章。」〈樓護傳〉：「護坐免爲庶人，其居位爵祿略遺，亦隨手盡。」都可以看出其中的消息。游俠之徒不事家人生產作業，其個

---

12 也就是只有這樣才能成爲社會上的領袖，而受到尊敬。

人生活所需究竟是一小部分，在游俠者全部支出之中不算占很大的地位，所以也就不為記載的人所注意。至於饋贈的人應當也就是平時養客的人，除去貴戚、達官、豪右之外，還有養客的商人，例如蜀的卓氏。到了這幾種都沒有時，就可能如〈郭解傳〉所說：「藏命作姦，劇攻不休，鑄錢掘冢」了。這些事情在郭解一類的游俠，晚年是不做的，因為他們已經成名，不需要此，但是假若這一類的人真是要饋贈他，他是不是拒受呢？在此，便不能以公認的道德來量度了。

在《史記・游俠傳》中，游俠之著者如朱家、田仲魯人，劇孟周人，郭解河內人，其餘如長安樊仲子，槐里趙王孫，長陵高公子俱關中人，魯周及河內和當地的經濟發展有關。關中是首善之區，為貴戚王侯所在，至於漢中葉徙民關中，於是「州郡之豪傑，五都之貨殖，三選七遷，充奉陵邑」[13]，於是五陵 [14] 更成了游俠聚會之地。

至於北方邊區，也曾經有游俠出現。例如西河郭公仲、太原鹵公孺之流，其發生的背景正如《史記・貨殖列傳》所稱：「地邊胡，數被寇，……好氣任俠為姦，不事農商，然迫近北夷，師旅亟往，中國委輸，時有奇羨。」則是任俠之徒也自有其經濟來源，可以供應其必要開支了。

這裡對於游俠經濟來源的觀點，是新提出來的，不過對於豪強和游俠的關係，卻未曾強調，究實說來豪強(代表富商和大地主)他們都有可靠的經濟來源的，他們也正很容易的和游俠相結合。

游俠顯著之點為不守法律，《漢書・賈誼傳》：

今其甚者，殺父兄矣，盜者剟寢戶之簾，搴兩廟之器，白晝大都之中，剽吏而奪之金，矯偽者出幾十萬粟，賦六百餘萬錢，乘傳而行郡國，此其亡行義之至者也。

王先謙《補注》四：

13　見班固〈西都賦〉。

14　長陵、陽陵、安陵、茂陵和平陵五陵游俠見《漢書・原涉傳・注》。

> 案以上數事皆實有之，故誼臚舉以為民亡行誼之證，顏說近之 15。漢世奸俠橫行，觀〈貨殖〉、〈游俠〉兩傳可以概見，不必執今疑古，〈酷吏傳〉胡倩作稱光祿大夫，言督盜賊，止陳留傳；公孫勇衣繡衣，乘駟馬車，亦其比也。

這是說漢初游俠犯禁的事是相當普遍的。游俠，就正面而言是游俠，就反面而言也就可以說成「奸偽」。自文景以後都是禁止的，但是並未能有效的禁止，就由於和有勢力的達官以及豪強相結合。其中最顯著的例子，有如漢武帝時灌夫的事。《漢書》五十二〈灌夫傳〉：

> 夫不為文字，喜任俠，已然諾，諸所交通，無非豪桀大猾，家累數千萬，食客日數十百人，陂池田園宗族賓客為權利，橫潁川。潁川兒歌之曰：「潁水清，灌氏寧，潁水濁，灌氏族。」

> 上問朝臣兩人（田蚡、竇嬰）孰是，御史大夫韓安國曰：「魏其言灌夫父死，身荷戟馳不測之吳軍，身被數十創，名冠三軍，此天下壯士，非有大惡，爭杯酒不足以過誅也，魏其言是。丞相亦言灌夫通姦猾，侵細民，家累巨萬，橫恣潁川，輘轢宗室，侵犯骨肉，此所謂支大於幹，脛大於股，不折必披，丞相言亦是。唯明主裁之。」

灌夫案為武帝時一件重要爭執，這的確是一個很好的選樣，灌夫在當時已到九卿，並是一個有名的勇士，這是很不錯的。不過就武帝時國策而言，卻是要抑制豪強，消滅游俠。灌夫為人就是一個豪強和游俠的結合體，所以不為當時政府所原諒。當然灌夫只是一個標準的選樣，而此種類型的人，決不僅止於一個灌夫。

《漢書》七十六〈王尊傳〉湖三老公乘興等，上書訟尊曰：

> 行京兆尹事……拊循貧弱，誅鉏豪強，長安宿豪大猾東市賈萬、城西萬章、翦張禁、酒趙放、杜陵楊章等，皆通邪結黨，扶養姦軌，上干王法，下亂吏治，並兼役使，侵漁小民，為百姓豺狼，更數二千石，二十年莫能禽討。尊以正法案誅，皆伏其罪，奸邪消釋，吏民悅服。

15　顏說見顏師古《注》。

這是說萬章是長安的豪彊，但萬章的名字又見於《漢書》九十一〈游俠傳〉，原文說：

> 萬章字子夏，長安人也。長安熾盛，街閭各有豪俠，章在城西柳市，號為
> 城西萬子夏，……河平中王尊為京兆尹，捕擊豪俠，殺章及箭張回，酒市
> 趙君都、賈子光，皆長安名豪，報仇怨，養刺客者也。

所以游俠和豪彊在某些程度之中是完全一致的。萬章在〈王尊傳〉被稱為豪猾，而在〈游俠〉中就被稱為游俠，因為觀點不同，所以名稱也就不同了。

自然，同屬游俠，因為態度的不同，因而名譽各有優劣的，例如《史記》一百二十四〈游俠傳〉說：

> 自是（郭解）之後，為俠者益眾，敖而無足數者，然關中長安樊仲子，槐
> 里趙王孫，長陵高公子，西河郭公仲，太原鹵公孺，臨淮兒長卿，東陽田
> 君孺，雖為俠而俊逸有退讓君子之風，至若北道姚氏，西道諸杜，南道仇
> 景，東道趙他、羽公子、南陽趙調之徒，此盜跖居民間耳，何足道哉。

《漢書》九十二〈游俠傳〉也說：

> 自哀平間，郡國處處有豪傑，然莫足數，其名聞州郡者：霸陵杜君敖、池
> 陽韓幼儒、馬領繡君賓、西河漕中叔，皆有謙退之風。王莽居攝，誅鉏豪俠，
> 名捕漕中叔不能得。素善強弩將軍孫建，莽疑建藏匿之，泛以問建。建曰：
> 「臣名善之，誅臣足以塞責。」莽性果賊，無所容忍，然重建不竟問，遂
> 不得也。叔子少游後以俠聞於世云。

這裡用「豪傑」二字作游俠代用的名辭，因此在以上所引各條「豪桀」的稱述，也一定和游俠有相關的意義。

在兩漢之間，許多豪俠大族，大致都是交通游俠的，劉秀出身一個地主家庭，大致是不成問題的 [16]，據〈光武紀〉光武號稱謹厚，但據《後漢書》六十七〈酷吏·董宣傳〉，湖陽公主說：

> 文叔為白衣時，臧亡匿死，吏不敢至門，今為天子，威不能行於一令乎？

16　《後漢書·光武帝紀》言光武賣穀於宛，而光武舅家樊氏亦是富豪，見《後漢書》
　　32。

可見交任俠「雖厚者亦自爲之」[17]。至於光武帝兄劉伯升那就「不事家人居業，傾身破產，交結天下雄俊」[18]，在南陽饑荒之際，伯升賓客劫人[19]，那就比較更爲豪俠了。至於《後漢書》三十二〈陰興傳〉所稱「雖好施接賓，然門無俠客」，這應當反而是一種例外。

至於一般富豪通輕俠的，如：

《後漢書》十二〈王昌傳〉：「趙繆王子林……任俠趙魏間，多通豪猾。」

《後漢書》二十四〈馬援傳〉：「初援兄子土胥王磐字子石，王莽從兄平阿侯仁之子。莽敗，磐擁富貲，居故國，為人尚名節，而愛士好施，有名江淮間。游俠京師，與衛尉陰興、大司空朱浮、齊王章共相友善。援謂姊子曹訓曰：『王氏廢姓也，當屏居自守，而反游京師長者[20]，用氣自行，其敗必也。』」

《後漢書》二十三〈竇融傳〉：「以軍功封建武男，女弟為大司空王邑小妻，家長安中，出人貴戚，連結閭里豪傑，以任俠為名。」

《後漢書》五十〈千乘哀王建傳〉：「中常侍鄭颯，中黃門董騰並任俠通剽輕。」

《後漢書》六十八〈許劭傳〉：「同郡袁紹公族豪俠，去濮陽令歸，車徒甚盛，將入郡界，乃謝遣賓客曰：『吾輿服豈可使許子將見？』遂以單車歸家。」

《後漢書》六十九〈何進傳〉：「紹善養士，能得豪傑用，其從弟虎賁中郎中術，亦尚氣俠。」

17　語見〈光武帝紀〉。

18　見《後漢書》14〈齊武王縯傳〉。

19　見〈光武紀〉注引《續漢書》。

20　章懷《注》：「長者謂豪傑也。」語出《漢書・陳平傳》。

《後漢書》七十四〈袁紹傳〉：「紹壯健好交結，大將軍梁冀以下莫不善之。……既累世台司，賓客所歸，加傾心折節，莫不爭赴其庭，……中常侍趙忠言於省內曰袁木初坐作聲價，好養死士，不知此兒終欲何作？叔父太傅隗聞而呼紹，以忠言責之，紹終不改。」《後漢書》七十五〈袁術傳〉：「司空逢之子也，少以豪氣聞，數與諸公子飛鷹走狗，後頗折節，舉孝廉。」

這些都顯示著在西漢晚期以至東漢時期，富豪及貴戚憑藉他們的地位和財富，成爲游俠的支持者(當然游俠的行動比起西漢初年已有些變質了)。尤其後來成爲割據軍閥的袁紹、袁術兩兄弟，也都是當時著名的游俠支持者。再向前溯，如竇融之孫竇憲豢養刺客[21]，以及梁冀的臂鷹走狗，騂馬鬥雞[22]，也都是一種類似的情況。這也就是馬援〈戒兄子嚴、敦書〉所戒的事[23]。游俠既時常被貴戚支持，朝廷縱令常有禁令也不會有成效了。

21　《後漢書》23〈竇憲傳〉。

22　和〈袁術傳〉可參證，見《後漢書》34〈梁冀傳〉。

23　見《後漢書》24〈馬援傳〉。

戰國秦漢的土地問題及其對策

　　殷周兩族的來源，似乎不是一開始就是經營農業的。最早的生活大致都在獵場和牧場上，然後再漸漸來發展農業。因此早期的生活和政治與社會組織，和遼金元卻有幾分類似。田獵的田字就不是種植的田地，而是狩獵的獵場。

　　田與陳同音，陳卽戰陣。《公羊》桓四年何休注：「田者蒐狩之總名也。古者肉食皮服，捕禽獸，故謂之田。」甲骨文中的「王田」或「王其田」和「王狩」是互相用到的，下面總是記逐獸的占驗，並無種植之事。正和《易經》的「田有禽」，「田獲三狐」，《詩經》的「叔于田」同一的用法。（參見徐中舒先生〈井田制度考原〉）

　　田字既不是以耕種的田爲原始的意義，所以田字的外圍，並非指田中的阡陌，而是指打圍時的木柵，司馬相如〈上林賦〉顏師古注：

> 校獵者，以木柵貫穿，總為闌校，遮止禽獸而獵取之，說者或以為周官校人掌田獵之馬，因云校獵，亦失為義。養馬稱校人者，謂以闌校以養馬耳，故呼為闌也。

假如指田獵的田，田字內面的十字，那就可能是道路而不是阡陌，此外也許指木校，也許指獸阱，因爲沒有明確的證據，不能完全決斷，但是和後代農田之田不同，是沒有疑問的。

　　當這些時期，已經有了粗放的農業了。在農業沒有達到精耕標準之前，決不能維持大量的人口。而田地也是用著輪耕的制度。例如清余慶遠《維西見聞記》云：

> （栗栗）喜居懸崖，山石絕頂，墾山而種，地瘠則去，遷徙不常。

而現在台灣的高山族，也有的是將耕種的地區，到一個相當時期就要更換。因此也就必需有足夠的土地才能維持到這個制度。此外在早期的耕作狀況之下，是有

公家田地的，例如李拂一之〈車里〉云：

> 宣慰使土司，又有專田，而由民眾於大眾農業完畢後，隨帶耕種，有若我
> 國古時之井田制焉。

在歐洲中古的莊園中，也有近似公田之制。又聞凌純聲先生自西康調查回來時，也說到西康的百姓是各家都分到一定限量的土地，這一定的限量是不容分析的。而在這些單位之中，又畫分出一定的部分，作為公田，這也是一種的公田。所以照著《詩經》「雨我公田，遂及我私」，公田是在周初存在著，應當是不成問題的。但是公田和私田之區別與分畫卻可以演變出種種的形式，決不是單純的。卽令在周代，恐怕也要因時因地而有所不同。我們決不便說孟子所說整齊畫一的井田是沒有存在的可能，但我們也不便說，當時全中國有一度都是這個形式。

農業發展到精耕的階段，人力對於收穫量的影響漸漸的大起來。此公田制度和「盡地力」的原則是背道而馳的。縱然「盡地力」的具體主張尚未被提出來，而公田在事實上也有漸漸被淘汰的可能。我們知道春秋晚期到戰國初期是一個農業技術大轉變的時代，亦卽牛耕和鐵器被使用的時代。那麼從這一點影響到商業的發展，都市的集中，以及一個國家人口數目的增加，都非常顯著。這樣下去，井田或類似的井田都不廢而自廢了。（自然，大規模的阡陌在漢時尚有存在的，見《漢書‧匡衡傳》，卻已不是井田的界限了。）

《東華錄》乾隆四十六年，載清高宗說：

> 如三代井田之法，豈非王政之善？當時所謂八家同養公田，公事畢然後敢
> 治私事，此亦宜於古而不宜於今。近世人情日薄，誰肯先公而後私？

這是清代鑑於試行井田失敗的教訓而發的言論(當時在北平西北旗地曾試行井田)，然而「宜於古而不宜於今」，卻不是由於「近世人情日薄」，而是由於社會組織和生產技術的不同。所以古代井田制度之壞，是一個一定的結果。在戰國以後，因為貧富的不均，富人大量使用著勞力。當時如呂不韋家僮萬人，嫪毐家僮數千人，張良家僮三百人。而《韓非子‧外儲說左》也說：

> 夫賣庸而播耕者，主人費家而美食，調布而求易錢者，非愛庸客也，曰如

此耕且深，耨者熟耘也。庸客致力而疾耘者，非愛主人也，曰如是羹且美，錢布且易得也。

又據《史記·王翦列傳》：

於是王翦將兵六十萬人。始皇自送至灞上。王翦行，請美田宅園池甚眾。始皇曰：「將軍行矣，何憂貧乎？」王翦曰：「為大王將有功終不得封侯，故及大王之嚮臣，臣亦及時以請園池為子孫業耳。」始皇大笑。王翦既至關，使使還請善田者五輩。或曰將軍之乞貸亦已甚矣，王翦曰：「不然，夫秦王怛而不信人，今空秦國甲士而專委於我，我不多請田宅為子孫業以自堅，顧令秦王坐而疑我耶？」

到了漢代，如蕭何為避免皇帝的疑慮，「強買民田宅數千萬」。又據說：「蕭何買田必居窮僻處，曰：令後世賢師吾儉，不賢，毋為勢家所奪。」後來，景武時代，淮南王安的子女「擅國權，奪民田宅」，衡山王賜「數侵奪人田，壞人塚以為田」。灌夫陂池田園遍潁川，潁川兒歌之曰：「潁水清，灌氏寧，潁水濁，灌氏族。」武帝舅田蚡，竟兼併及於舊勢家竇嬰的田地，「嬰大望曰：老僕雖棄，將軍雖貴，寧可以勢相奪乎？」而公孫賀亦「倚舊故（漢武帝為太子時，賀為舍人），乘高勢而為邪，興美田以利子孫賓客」。寧成以為「仕不過二千石，賈不至千萬，安可比人乎？」「乃貰貸陂田千餘頃假貧民，役使數千家……致產數千萬。」《漢書·食貨志》說：「在武帝之初……罔疏而民富，役財驕溢，或至并兼。豪黨之徒以武斷於鄉曲。」其實并兼的現象，還是從達官貴人領導出來的。政府對於有勢位的沒有辦法，那就對於一般富人也不會有辦法。

武帝的初年，董仲舒已看出這個問題的嚴重性了。《漢書·食貨志》董仲舒說上曰：

至秦則不然，用商鞅之法，改帝王之制。廢除井田，民得買賣。富者田連阡陌，貧者無立錐之地。又顓川澤之利，管山林之饒，荒淫越制踰侈以相高。邑有人君之尊，里有公侯之富，小民安得不困。……或耕豪民之田，見稅什五。故貧民常衣牛馬之衣，食犬彘之食。……漢興循而未改，古井田法雖難卒行，宜少近古，限民名田以贍不足，塞并兼之路，鹽鐵皆歸於民，去奴婢專殺之威，薄賦斂，省徭役以寬民力，然後可善治也。

這在當時可謂空谷足音。然而當時並未發生什麼影響。一直到哀帝嗣位，師丹建言：「今累世承平，豪富吏民訾數鉅萬，而貧弱愈困，……亦未可詳，宜略為限。」天子下其議，丞相孔光、大司空何武，奏請：「諸侯王列侯皆得名田國中，列侯在長安，公主名田縣道及關內侯吏民名田皆毋過三十頃。諸侯王奴婢二百人，列侯公主百人，關內侯吏民三十人。期盡三年，犯者沒入官。」「時田宅奴婢，賈為減賤，丁傅隆貴，董賢用事，皆不便也，詔書且須後，遂寢不行。」這裡可以看出當時達官和貴戚對於當時土地政策是如何的妨害。

到了王莽篡位，在始建國元年下詔說：

> 古者，設廬井八家，一夫一婦，四百畝，什一而稅，則國給民富而頌聲作。此唐虞之道，三代所遵行也。秦為無道，厚賦稅以自供奉，罷民力以極欲。壞聖制，廢井田，是以兼并起，貪鄙生，強者規田以千數，弱者曾無立錐之居。又置奴婢之市，與牛馬同欄，制於民臣，顓斷其命。姦虐之人，因緣為利。……漢氏減輕田租，三十而稅一，常有更賦，罷癃咸出，而豪民侵陵，分田劫假，厥名三十稅一，實什稅五也。今更名天下田曰王田，奴婢曰私屬，皆不得買賣，其男口不盈八，而田過一井者，分餘田予九族鄰里鄉黨，故無田今當受田如制度，敢有非井田之制，無法惑眾者，投之四裔，以禦魑魅。

顯然的是董仲舒只言應當限田，不言如何限田，師丹、孔光及何武是有一個具體的辦法，但是貴族的田地可以多到三十頃，奴隸可以多到二百人，仍然相當的寬。到王莽的限田，便成了男口不盈八，田不得過一井。但最後因為「坐買賣田宅、奴婢、鑄錢，自諸侯卿大夫至於庶民抵罪者不可勝數」，經中郎匡博的諫言，王莽採納了他的意見，下詔稱：「諸名食王田皆得賣之，勿拘以法，犯私買賣庶人者，且一切勿治。」除了王田買賣之禁，於是井田就成為具文。到地皇三年，再除井田、奴婢、山澤、六筦之禁，王莽的政權也就瓦解了。

王莽的失敗，問題並不簡單，施行管制經濟總會失敗的；土地改革的失敗，也屬於他失敗的一種。但還可以說一個比較概括的話，便是他對問題的嚴重性雖然注意到，對於問題的本質卻沒有弄清楚，而推行了一個內容不切實的方案，自然會遇到意外的阻力。

光武帝卽位，頗致力於民庶的妥輯。但光武微時自己就本有田地。在貴戚之中，樊宏有田三百餘頃，郭氏有田宅財產四百萬，陰氏有田七百餘頃。在功臣之中，富有的如耿任、李通、祭遵、劉植、寇恂等也都是富室。建武十五年曾經有一次度田，但當時坐度田不實，郡守下獄死的有十餘人。據《後漢書・劉隆傳》言：

> 是時天下墾田多不以實，又戶口年紀互有增減。十五年詔下州郡，檢覆其事，而刺史太守多不平均，或優饒豪右，侵刻羸弱，百姓嗟怨，遮道號呼，時諸郡各遣使奏事。帝見陳留吏牘，上有書，視之，云：「潁川弘農可問，河南南陽不可問。」帝詰吏由趣，吏不肯服。祇言於長壽街上得之。帝怒。顯宗（明帝）時為東陽公，年十二，在幄後言曰：「吏受郡敕，當欲墾田相方耳。」帝曰；「卽如此，何故言河南南陽不可問。」對曰：「河南帝城多近臣，南陽帝鄉多近親，田宅踰制，不可為準。」帝令虎賁將詰問吏，吏乃實首服，如顯宗對。於是遣謁者考實，具知姦狀。明年隆坐故下獄，其疇輩十餘人皆死，帝以隆功臣，特免為庶人。

可以說雷厲風行了，但是這僅僅是為的度田來核實賦稅，還沒有注意到土地問題，並且東漢一代也始終沒有注意到土地問題(雖然光武對於解放奴隸卻非常努力的)。

據《漢書・霍光傳》說：「(霍)山曰：『……諸儒多窶人子，遠客飢寒，喜妄說狂言，不避忌諱，大將軍常讎之。今陛下好與諸儒生語，人人自使書封事，多言我家者。』」這表示著西漢的儒生多出身貧戶，也就表示著西漢功臣子弟大都不學。但到東漢卻不同了，東漢功臣本多近儒(見趙翼《廿二史劄記》)，而儒生的後人如楊、袁各家也世為宰相。至於九卿州牧郡太守以下，那就累世做到的更是數不清。在後漢一代，各地的顯宦和孝廉的選舉，更是互為因果的由幾家包辦。這樣一天一天的下去，就變成了學術之家，就是官吏之家，也就是地主之家。在東漢時代尚有貧窮出身的人如黃叔度之流，再到了曹魏之後，因為天下流移，用九品中正的選舉法，加深一層世族的把持。到了西晉末年之亂，天下流移更深一層，流民託庇於大族，變成了農奴，而在政治上世族的勢力也就更深了一層。倘若不是世族，決不會有政治和社會地位，土地政策更談不上了。北朝因為地廣人稀，還不很顯著。在南朝卻就不得了。我們看一看《晉書・刁協傳》，《宋書》〈謝弘微傳〉、〈沈慶之傳〉、〈謝靈運傳〉，都可以看出當時莊園的規模是如何的大。

這樣狀況之下，只有在世族把持比較還輕的北朝才有人敢說到。在魏孝文時，一個有名的奏疏，才引起後來均田的制度。《魏書・李安世傳》云：

> 時民困饑流散，豪右多有占奪，安世乃上書曰：「……竊見姑郡之民，或因年伶流移，棄賣田宅，漂居異鄉，事涉數世。三長既立（三長是北魏的保甲制度），始返舊墟。……強宗豪族，肆其侵凌。……愚謂今桑井難復，宜更均量。審其經術，令分藝有準，力業相稱。細民獲資生之利，豪右靡餘地之盈。……及所爭之田宜限年斷，事久難明，悉屬今主。然後虛妄之民絕望於覬覦，守分之民永免凌奪矣。」高祖深納之，後均田之制起於此矣。

後來的均田（魏太和九年，東魏末年及北齊河清三年，北周文帝輔政時）便是注意到產權不清的田，給以比較公平的解決，但對產權清晰的，並不在均田制度之列。所以均田一事，並不是北朝全部耕地都能包括的，並且除了丁男受田丁女受田的一半，有奴隸的也可以受田，甚至有耕牛的也可以受田。這樣所謂均田便不能成爲一種公平社會政策。這樣下去，到了唐代均田就名存實亡，五代至宋就不再有均田了。

中國古代始終是一個以帝王爲中心的君主專制國家，無論一個怎樣的賢君聖主，決不會置皇親國戚的利益於不顧。井田制度雖然不是一個適合於理想的制度。但儒家所設想的井田制度，卻是要組成一個真正的小農社會。董仲舒和師丹提出的限田，及王莽的王田，都從儒家的理想出發。後來李安世的發動均田，仍然是儒家的理想。只是這些辦法沒有一個同時能切合於理想和事實的。因爲限田本未實行，就是實行了，也只能算作土地改革的一個最初步驟，去理想還遠。王莽的井田和王田制度，王田實在是井田的初步，王田（禁買賣田地，一律算爲國有）已經不能推行，那井田也不過是些少數的實驗場，或者徒託空名罷了。均田制度是一個推行過的制度，但是這個制度的理想是只管有問題的土地而不管無問題的土地，那就理想程度，不惟不及王莽，並且不及師丹，就算推行很好，等到有問題的土地全沒有問題，那就無論如何不平均也不過問了。

不論井田制度原來是一個什麼形態，到了儒生理想之中，他們自然要希望有一套定太平之法。所以儒生井田制度的精神應當是：

(1) 在一個國家之中，全部耕地的分配，應當是有一定面積的小單位農場。

(2) 每一個單位農場的耕作者應當做到耕者有其田。

(3) 每一個單位農場應以容納以一夫一婦的小家庭為限。

(4) 農民應以勞力代地稅。

除去第四點在精耕制度之下，是一個不可能的幻想之外，前三點都有其實行的可能性。然而問題卻也並不簡單。除去專制政體貴冑當權是一個根本阻礙之外，縱然實行以後，也還有若干問題，例如：

(1) 耕地的增加決不能和人口的增加相適應，所以設想以農業解決全部國民的職業問題是一個錯誤。

(2) 農場不容許分割，是維持小農場生存的基礎，然而儒生言論中並未強調這一點。

(3) 農場的領有當然可以做到耕者有其田，但假如農場主人發生特殊事故而不能工作時，為情勢所迫，當然會租給別人。這是法令禁止不容易生效的。法令一定要禁止，也會發生黑市的租佃。假如發展下去，自會發生地主和佃田戶的關係。所以只要承認私有財產，便不能取消租賃的事實，只是租金的數目應當使他合理罷了。「或耕豪民之田，見稅什五」，當然不對。再減去四分之一，亦嫌減得微薄。惟一合理的辦法是年租金至多不得超過年收穫量十分之一。但這種情況，以及實行的步驟，卻仍然不被注意。

解決了這三點之外，再加上一個常被人注意的兼併問題，才能維持自耕小農場的存在，然與從戰國、漢以來的理想卻還是虛懸著，一定經過了二千多年。

關於「關東」及「關西」的討論

　　《食貨月刊》第十三卷第十二期談及中國的「關東」與「關西」的問題，這個問題牽涉到中國歷代許多廣泛歷史因素。而其來原甚久，範圍也不那樣的一定，其中矛盾更是舉不勝舉。我的看法，是在漢代的四百年中，一般人的印象，是以殽函爲關東與關西之界的。在朝廷定制上，函谷關都尉是掌管京師門戶的職務。只是這個分界，在文獻上的解釋不十分明朗。而且漢代人對這一點，並無邏輯上的申述，不免啓後人的疑竇。其實，殽函爲關東和關西的分界線，是不容否定的。但如其加以詳核，那就殽函以北以甚麼爲東西之界，殽函以南又以什麼爲東西之界？關東和關西，其北界和南界又到了什麼地方？北方邊郡和荊揚二州及其南方是不是也算在內？因此關東和關西只能算一般人的一個粗疏概想，不能把這個觀念在地理上加上明確的指定。但是在正式的鄭重的歷史論著之中，爲方便起見，關東和關西這些名辭還是要用得著，只是怎樣去解釋，在同一編論著之中，必須要有清楚的界說，然後向下與推論才有根據。

　　中國華北地帶沿岸和內地的差異，從彩陶及黑陶的分布，就已現出文化方面的分別出來。傅孟眞先生的「夷夏東西說」，更明顯的說出東西的差異。只是傅先生所指的東西分界，大致是以現今的平漢線爲主，這和彩陶及黑陶的分布有點類似，卻與戰國秦漢時代的關東及關西的分界有所不同。

　　戰國秦漢時代所謂「關東」和「關西」，在政治方面的意義，實在超過了文化上的意義及民族上的意義。這個名辭的開始，應當開始於秦和山東各國的對立。但是更向前推溯，周朝初年的周召分陝，應當是更早的政治性的東西分畫。而這種政治分畫，其基礎應當是陝（即崤函地區）以東是周室新開闢的勢力範圍，而陝以西是周室舊有的勢力範圍。在管蔡叛變的「三年之戰」的時期，召公負責任維持周室舊疆的安定，而周公東征。等到戰爭停止後，仍舊是和戰時的區畫一樣，周公負責東部，召公負責西部，分陝之治是這樣來的。也就是關西是以周的本土爲主，

關東是以商的本土爲主。但周的本土和商的本土都是環繞著許多夷狄,這兩處除去崤函以外,其他地區多不銜接。因而關東和關西的界限也就沒有什麼大問題。現在注意到的是,現今的山西省,是屬於東方的。在今山西省的霍山,也就是岳山,這是殷商時代河山祭祀的代表。在甲骨文中河與岳的祀典是相當重要的。這個在山西南部的岳,以後才轉爲陝西西部的吳嶽,再轉爲河南西部的崇高山(《詩經》「崇高維嶽」,其中還有兩種解釋:(1) 指嶽山〔山西的岳山〕是崇高而峻極的,(2) 指河南西部的崇高山可以有岳的資格,然後再轉爲嵩高山,再變爲嵩山),再引申爲東西南北中五嶽,這都是後起之義。但是在殷商時代,霍山必在商的境內,而成爲一個重要據點,當無疑義。後來三監中的霍叔,以霍國爲根據地,正表示霍山在商代是有其重要性。——所以關東和關西的界限,如其追溯到開始分陝的時候,那就仍應當把今山西地區畫歸東方而以呂梁峽谷中的黃河爲東西界線。雖然,在周初時呂梁東西附近,也許爲夷狄所占據。

春秋時代,秦晉兩方都排除戎狄,正式以河爲界。如晉文公「渡河,入於曲沃,朝於武公,使殺懷公於高梁」,如「秦伯(穆公)伐晉,濟河焚舟,取王官及郊,晉人不出,遂自茅津濟,封殽尸而還,遂霸西戎」。這都表示黃河是秦晉之界。至於殽函,當時依照傳統,似乎不屬於秦晉二國,而屬於周的疆土,所以不在秦晉控制之中。又因周室勢力微弱,也不能控制,因而成爲一個無人有效管理的地帶。

當春秋晚期以至於戰國初期,三晉雖然分立,但力量仍在。秦被迫退到華山之西。最近發現的從陝西韓城向西南到華陰縣西的一段長城,正是魏國所築的長城,來阻塞秦的東進。這個長城南止於華陰縣之西,華山是包括在長城之內的《周禮》一書成書較早,應當成書時就在這個時代。所以把華山當作豫州的山,而雍州的山卽不是華山而是嶽山。在討論中,傅樂成先生以爲華山是關東及關西的界限,所用的根據也是以那一個時期爲背景的材料。這又可以證明,關東及關西的判別,是以政治背景爲依據的,其他人文的關係只是依附於政治性分畫的上面。

我過去做〈兩漢戶籍與地理之關係〉那篇論文時,當時的構想是依據自然地理的畫分,再把人文的活動加上去。不過眞正要去做,還得需要更充分的準備條件。依此比例,西漢的材料還很不夠,除去在文獻上還得找更多的資料以外,而考古的發現,當時還太少了(譬如在當時對於漢代舟船的構造,就是一些空白)。不過

　　無論怎樣，比較近於正確的架子，還是要搭的。所以我就以當時出版的地形圖為根據，按照海拔的高度作為一個重要的參考。但是依照此項標準來做一個地區的畫分時，對於今山西省地方的歸屬，顯然就發生很大的問題。山西省區域是一個高原地帶，與陝西及甘肅東部，屬於同一的地理區域，而與河北省不屬於同一的地理區域。在處理上有相當的困難。本來參考傳統政治的分畫，「關東」和「關西」的分畫，我的意思是從山西省西北起，沿著黃河一直下來，經過崤函，再大致依陝西和河南，陝西和湖北，四川和湖北，貴州和湖南，雲南和廣西，這就構成了廣義的東西分界。因為依照《漢書》的記述，雲貴屬於西南夷的部分，而兩廣屬於南粵的部分，是各有不同的。到了三國時代，雲貴為蜀的範圍，兩廣為吳的範圍，仍然有東西的不同。這一條東西分畫的北方部分，在東西魏及北齊和北周時代，也是有效的。只是依照漢郡的分畫，西河一郡，跨有黃河西岸，構成了關東和關西正確認定的問題。所以在我的那篇論文中，用太行來做東西之界（崤函在其南部為東西之界，此文中亦未否定）。雖然以太行為界，並非無據，但究竟不是兩漢人思想的主流。

　　這種分法完全是我自我作古，為了方便，依照地形而設的，與舊說無關。總之，這篇論文把全國分為幾個區域，如：(1) 關東區域，(2) 西北邊郡，(3) 關中（此處用關中不用關西，也是為避免和漢代的關東與關西的一般觀念混淆），(4) 東北地方，(5) 江漢以南，也都是為了這一篇組織的需要而分畫的。其中「江漢以南」實際上也不太妥，嚴格論定應當以秦嶺及淮河為界，再分東西，更為合理些。只是為材料所限，才如此分畫，只是為了敘述方便一個理由。若依漢人的設想，荊揚地區應為廣義的山東，這是不成問題的。因為京都在長安，入境要過函谷關。而函谷關的出入境依照秦時舊章（漢代函谷關出入時，皆有符傳，見《漢書》終軍、寧成各傳，其符傳之制亦可詳見漢簡）。戰國時的山東包括楚國在內，荊揚正屬楚境，依傳統觀念引申，荊揚自屬關東或山東了。

兩漢郡國面積之估計及人口數
增減之推測

我們現在要明瞭漢代人口分布的情形 ， 僅根據漢志和續漢志所載的數目是不夠的。 必須知道各郡國的面積的大概數目，才能算出每方里人口的大概數目，來推斷各地分布之概況。

但估計漢時郡國的面積，不是一個容易的事。 因為各郡國的邊界，現在已無從察考。 現在只能照楊守敬的地圖邊界，畫到申報館所出的中國分省地圖上，（量時中國大地圖尚未出版），朝鮮部分則用滿鐵所出的最新滿洲地圖，安南部分則用法國百科全書所附的印度支那圖。 畫好以後 ， 借用北京大學物理系的儀器 Planmetre 作大致的測定。 每郡國量算三次，以三數相差不遠，則以其平均數作為結果，再根據此數計算郡國的面積（因為儀器為德製，所標的尺度為米突制，所以計算的結果為公里；為簡單起見，不更化為營造尺制，或建初尺制）。 如三數相差太遠，則重新量算，不過邊境的出入非常靠不住，北邊尤甚。 山東較小郡國的邊界的出入也有時對本土面積的比例很大。 這都是無法的事，只有希望將來對於邊界的考證，較現在更進一步，再來根據較大的圖重做，此次不過試作而已。 第一表就是兩漢郡國的面積和每公里的口數。

第二表是以後漢為標準， 以前漢的數目來比較的。 前漢郡國的面積不同於後漢，所以將前漢各郡國口數以其縣數來除，則所得之數為此郡國中平均一縣之口數。然後再依照沿革，計算成西漢時相當於東漢時郡國面積之地方所容納之人口，再和東漢郡國比較其增減。

關於對兩漢郡國面積作大致測算時，承北京大學物理系借給儀器，并承朱物華教授，和助教張一山先生給予誠懇的指導，謹此申謝。

第　一　表

兩漢郡國面積之估計及每公里平均口數

前漢郡國名	面積數目(平方公里)	每公里人口數目 (郡國口數詳後表第六期)
京兆尹	8,599	79.0
左馮翊	14,247	63.0
右扶風	27,675	30.0
弘　農	41,130	12.0
河　東	36,090	28.0
太　原	51,750	13.0
上　黨	29,770	11.0
河　內	18,270	58.0
河　南	11,250	155.0
東　郡	13,500	123.0
陳　留	10,890	139.0
潁　川	10,710	207.0
汝　南	37,097	700.0
南　陽	46,170	48.0
南　郡	74,250	9.5
江　夏	76,518	2.6
廬　江	44,325	10.3
九　江	37,710	12.9
山　陽	9,000	89.0
濟　陰	6,210	223.4
沛　郡	36.990	5.5
魏　郡	10,800	84.2

鉅 鹿	7,440	111.2	
常 山	15,930	42.6	
清 河	4,500	194.5	
涿 郡	16,020	48.8	
勃 海	22,725	35.4	
平 原	1,595	64.6	
千 乘	5,481	80.9	
濟 南	7,923	87.5	
泰 山	18,000	40.3	
齊 郡	6,147	90.2	
北 海	7,830	75.9	
東 萊	10,872	46.2	
琅 瑯	23,625	45.9	
東 海	22,500	69.3	
臨 淮	42,372	29.2	
會 稽（閩中未計入）	83,970	12.1	（若並計冶縣所屬地及未開闢者約當今浙 江南部及福建全境應爲 503470 方公里）
丹 揚	59,700	6.9	
豫 章	174,960	2.1	
桂 陽	51,390	3.0	
武 陵	116,100	1.6	
零 陵	59,778	3.1	
漢 中	69,894	4.3	
廣 漢	55,953	11.8	
蜀 郡	24,219	51.4	
犍 爲	129,930	3.9	
越 巂	108,747	3.8	
益 州	258,320	2.3	

牂 柯	183,969	0.9	
巴 郡	135,810	5.1	
武 都	25,750	9.1	
隴 西	26,925	8.5	
金 城	59,500	2.5	
天 水	17,000	15.4	
武 威	83,250	0.9	（匈奴傳侯應曰……臣自北邊塞至遼東有
張 掖	135,500	0.7	陰山東西千餘里……至孝武世出師征伐作 奪此地擴之幕北邊塞徼起亭隧築外城設屯
酒 泉	58,250	1.3	戍以守之……幕北地平少草木多大沙匈奴 來寇少所蔽隱從塞以南徑深山谷往來善難
敦 煌	149,750	0.3	則漢塞當在陰山之北大漠之南茲依楊國榆 其大略並改以陰山以北爲界又按居延本在
安 定	64,750	2.2	漢境其河西諸郡亦當由居延直指陰山然後 郭塞方可守禦也）
北 地	59,750	3.5	
上 郡	44,784	11.3	
西 河	44,010	15.8	
朔 方	79,775	1.7	
五 原	16,150	14.3	
雲 中	17,750	9.8	
定 襄	17,000	9.6	
雁 門	18,900	15.5	
代 郡	27,750	10.1	
上 谷	31,250	3.7	
漁 陽	37,900	6.9	
右北平	36,750	8.7	
遼 西	39,750	8.9	
遼 東	83,700	3.2	
玄 菟	84,750	2.6	
樂 浪	69,750	5.9	

南	海	95,670	0.9
鬱	林	125,190	0.6
蒼	梧	57,510	2.5
交	趾	77,490	10.0
合	浦	56,970	2.9
九	眞	55,620	1.4
日	南	94,500	0.7
趙	國	4,050	86.4
廣	平	1,199	177.4
眞	定	1,881	95.3
中	山	9,234	72.3
信	都	8,253	41.7
河	間	3,069	61.1
廣	陽	2,700	29.8
甾	川	1,431	158.9
膠	東	7,425	43.5
高	密	1,269	151.9
成	陽	3,375	6.1
淮	陽	11,000	89.2
梁	國	5,408	19.8
東	平	3,150	193.0
魯	國	5,400	112.4
楚	國	5,247	94.8
泗	水	3:375	35.3
廣	陵	7,467	18.9
六	安	10,881	16.4
長	沙	75,510	3.1

後漢郡國	面　積	每公里人口數
河南尹	11,250	89.8
河　內	18,270	43.8
河　東	36,090	15.7
宏　農	36,000	5.5
京兆尹	15,003	19.0
左馮翊	14,200	10.2
右扶風	27,675	3.4
潁　川	11,070	129.8
汝　南	34,470	60.9
梁　國	5,400	79 8
沛　國	29,970	8.2
陳　國	10,980	140.9
魯　國	5,400	71.1
魏　郡	12,753	54.5
鉅　鹿	7,560	79.6
常　山	15,130	41.7
中　山	16,920	39.2
安　平	2,900	66.2
河　間	6,007	105.6
清　河	4,500	168.9
趙　國	4,050	46.5
勃　海	17,397	63.6
陳　留	9,036	96.2
東　郡	10,719	57.2
東　平	3,060	146.5
任　城	1,053	185.3

泰 山	13,320	32.9
濟 北	2,555	92.3
山 陽	7,272	83.5
濟 陰	7,047	93.3
東 海	21,744	32.4
琅 琊	18,965	30.6
彭 城	4,419	111.5
廣 陵	36,000	11.4
下 邳	22,500	18.9
濟 南	5,472	82.8
平 原	10,595	94.6
樂 安	7,353	57.6
北 海	14,094	59.3
東 萊	17,100	28.3
齊 國	5,400	91.1
南 陽	49,958	49.0
南 郡	75,897	9.8
江 夏	76,518	3.4
零 陵	59,778	16.7
桂 陽	51,390	9.6
武 陵	114,530	2.2
長 沙	75,510	14.0
九 江	37,710	11.4
丹 揚	56,875	11.1
廬 江	42,300	10.0
會 稽	68,670	7.1
吳 郡	38,790	18.1

豫　章	174,960	6.7
漢　中	69,930	3.9
巴　郡	135,900	7.9
廣　漢	55,980	9.1
蜀　郡	24,210	56.2
犍　爲	129,930	3.2
牂　柯	183,960	1.8
越　嶲	108,720	5.7
益　州	159,500	0.7
永　昌	98,820	19.2
廣漢屬國	16,840	12.8
蜀郡屬國	53,200	8.9
犍爲屬國	66,960	0.5
隴　西	44,775	0.7
漢　陽	16,750	7.9
武　都	25,750	3.2
金　城	41,650	0.4
安　定	64,750	0.4
北　地	59,750	0.3
張　掖	50,500	0.5
武　威	83,370	0.4
酒　泉	58,250	?
敦　煌	149,750	0.2
張掖屬國	22,750	0.7
張掖居延屬國	58,250	0.1
上　黨	29,790	4.3
太　原	45,360	4.4

上　郡	44,730	0.5
西　河	50,130	0.4
五　原	16,150	1.4
雲　中	17,930	1.5
定　襄	15,000	0.9
雁　門	25,000	1.0
朔　方	79,750	1.0
涿　郡	9,900	6.4
廣　陽	3,600	3.2
代　郡	22,000	5.7
上　谷	31,250	1.3
漁　陽	37,900	11.5
右北平	36,750	1.4
遼　西	21,930	3.2
遼　東	69,750	1.2
玄　菟	73,654	0.5
樂　浪	21,600	11.4
遼東屬國	57,510	?
南　海	96,230	2.6
蒼　梧	57,510	0.8
鬱　林	125,190	?
合　浦	56,970	1.5
交　趾	25,830	?
九　眞	18,540	11.3
日　南	31,500	3.6

第 二 表

兩 漢 郡 國 人 口 增 減 之 比 較

後漢郡國名	城數	人 口 數	前漢所屬郡國	前漢各郡國每縣平均口數	前漢時相當於後漢郡國區域所有之口數	增減比較及後漢人口對於前漢人口之百分數	附　　註
河南尹	21	1,010,827	河南郡（後漢省故市縣其地在滎陽原武之間仍當屬河南尹）	79,104	1,740,279 （疆界無增減故用漢志口數下放此）	−729,452 （58%）	
河內郡	18	801,558	仍前漢河內區域	59,283	1,067,097	−265,439 （76%）	
河東郡	20	570,803	河東郡（後漢省左氏長修狐讘騏四縣）	40,100	962,912	−392,109 （59%）	
弘農郡	9	119,113	弘農郡（後漢以京兆之湖華陰屬弘農以弘農之商上雒屬京兆以弘農之丹水析屬南陽）	43,269	475,954（漢志口數下放此）−4×43,269（弘農各縣平均）+2×56,872（京兆各縣平均）=416,632（應得結果數目）	−297,519 （28%）	弘農二縣入京兆二縣入南陽凡減四縣故從弘農口數中減去弘農每縣平均口數乘四又京兆二縣入弘農故又從弘農口數中加入京兆各縣平均口數乘二
京兆尹	10	285,574	京兆尹（後漢以弘農之商上雒以左馮翊之長陵陽陵屬京兆又省船司空下邽南陵奉明四縣而以湖及華陰屬弘農）	56,872	682,468+（2×43,269）+（2×365,742）−（2×56,872）=772,490	−486,916 （37%）	京兆領有弘農二縣馮翊二縣故將二郡每縣平均口數乘二加入之京兆二縣入弘農故又將京兆口數減去京兆每縣平均數乘二
左馮翊	13	145,195	左馮翊（後漢以陽陵長陵屬京兆又省礫陽翟道谷口釐武城沈陽褱德徵雲陵九縣）	35,742	917,822−（2×35,742）=846,328	−701,133 （17%）	馮翊二縣入京兆故從馮翊口數中減去每縣平均數乘二

右扶風	15	93,091	右扶風（後漢省湄城盩厔虢郁夷好時號六縣）	39,051	836,070	−742,976 (11%)	縣數雖減而疆域未改故西漢口數與東漢比較時不減去二
潁川郡	17	1,436,513	潁川郡（後漢省郟密高周承休三縣新置輪氏縣）	110,548	2,210,973	−740,460 (59%)	縣之平均數
汝南郡	37	2,100,788	汝南郡（後漢以沛之山桑城父屬汝南以汝南之長平屬陳國又省陽城縣）	70,166	2,596,148 +(54,877×2) −70,166 =2,637,436	−436,648 (79%)	
梁　國	9	431,283	梁國（後漢以陳留之鄢寧陵山陽之薄屬之而以甾改名考城屬陳留以抒秋改屬沛國以己氏改屬濟陰新置穀熟縣）	11,861	106,752 +(88,773×2 +34,886)− (11,861×3)= 283,561	+147,722 (117%)	
沛　國	21	251,393	沛郡（後漢以梁國抒秋屬之以廣戚改屬彭城下蔡改屬九江山桑改屬汝南夏丘改屬下邳城父改屬汝南平阿改屬九江義成改屬九江輒與建成扶陽高高柴溧陽東鄉臨都都鄉後漢均省	54,877	2,030,480 +11,861− (54,877×7) =1,669,222	+461,258 (15%)	
陳　國	9	1,547,572	淮陽國（後漢扶溝改屬陳留圉改屬陳留固始省入陽夏）	109,047	981,423 −(10,947×2) =960,629	+586,973 (172%)	
魯　國	6	411,990	魯國	101,230	607,381	−195,791	

					(69%)	
魏　郡	15	695,606	魏郡（後漢以廣平		909,655	−226,458
			之曲梁屬之省卽		+124,409	(76%)
			裴武始邯會邯溝		=922,064	
			四縣）			
鉅鹿郡	15	602,096	鉅鹿郡及廣平國	50,536	827,177	−360,694
			（後漢以鉅鹿之	（鉅鹿）	+198,558	(63%)
			堂陽改屬安平又	12,409	−(50,536	
			省廣阿象氏宋子	（廣平）	+12,409)	
			臨平貰新市安定		=962,790	
			敬武歷鄉樂信武			
			陶柏鄉安鄉十三			
			縣）			
常山國	13	631,184	常山郡及眞定國	37,664	677,956	−257,792
			（後漢以太原之	（常山）	+178,616	(72%)
			上艾屬之又省常	48,554	+32,404	
			山郡之石邑桑中	（眞定）	−37,664×2)	
			封斯關樂陽平臺		=888,970	
			六縣而以常山之			
			中丘改屬趙國上			
			曲陽改屬中山又			
			省眞定之藁城肥			
			纍縣蔓諸縣）			
中山國	13	658,195	中山國（後漢以涿	47,740	688,080	−110,544
			郡之蠡吾常山之		+27,509	(86%)
			上曲陽代郡之廣		+37,664	
			昌屬之又省深澤		+15,486	
			北新成新處陸成		=768,739	
			諸縣）			
安平國	13	655,118	信都國（後漢以鉅	20,252	304,384	+212,362
			鹿之堂陽河間之		+50,536	(148%)
			武遂涿郡之饒陽		+46,913	
			安平南深國屬之		+(27,509×3)	
			又以廣川改屬清		−(20,252×2)	

			河修屬勃海又省 灅辟陽武邑高堤 樂鄉平堤桃西梁 東昌諸縣）		=442,856	
河間郡	11	634,421	河間國（後漢以涿 郡之易武垣中水 鄚高陽諸縣勃海 之文安東州成平 東平舒屬之又省 候井武隧二縣）	46,913	187,662 +(27,509×4) +(34,966×4) −46,913 =460,381	+234,040 勃海所省之景成建 （188%）成二縣以地望論應 屬之
清河國	7	760,418	清河郡（後漢以信 都之廣川屬之省 清陽信成懃題東 陽信鄉繚棗彊復 陽諸縣）	62,530	875,422 +20,502 =895,924	−235,506 （84%）
趙　國	5	188,381	趙國（後漢以常山 之中丘屬之）	87,488	349,952 +37,664 =389,616	−201,335 （48%）
勃海郡	8	1,106,500	勃海郡（後漢以信 都之修屬之以文 安束州成平東平 舒改屬河間又省 阜城千童定中邑 高樂參戶柳臨樂 重平安次景成建 成京鄉蒲領諸 縣）	34,966	905,119 +20,502 −(34,966×6) 616,574	+590,925 景成建成二縣應改 （181%）屬河間
陳留郡	17	869,433	陳留郡（後漢以梁 國之甾改名考城 屬之以淮陽國之 圉及扶溝屬之以 睢及寧陵改屬梁 國又省成安長羅 二縣）	88,773	1,509,054 +118,61 +(109,047×2) −(88,773×2) =1,916,555	1,047,122 （46%）

東　郡	15	603,393	東郡（後漢以壽瓦改名壽張屬東平以須昌屬東平以茌平屬濟北又省黎利苗樂昌諸縣而以離狐廩丘諸縣屬濟陰）	75,410	1,659,028 $-(75,410\times3)$ $=1,432,798$	$-829,405$ （43%）	
東平國	7	448,270	東平國（後漢以東郡之壽張須昌泰山郡之寧陽屬之又分任城亢文樊三縣置任城國）	86,854	607,976 $+(75,410\times2)$ $+30,275\times2$ $-(86,854\times3)$ $=528,509$	$-80,839$ （85%）	泰山所省乘丘應屬之
任城國	3	194,156	由東平國分置		260,562	$-66,386$	
泰山郡	12	437,317	泰山郡（後漢以東海之南城費改屬之又分盧蛇丘成剛四縣置濟北國以寧陽改屬東平又省肥成柴東平陽蒙陰華乘丘富陽桃山式諸縣）	30,275	726,604 $+(41,036\times2)$ $-(30,275\times8)$ $=808,876$	$-129,359$ （54%）	乘丘應改屬東平肥成當陽桃鄉應屬濟北
濟北國	5	235,897	分泰山郡所置又以東郡之茌平屬之		$30,275\times7$ $=211,935$	$+23,962$ （114%）	泰山所省之三縣應屬之
山陽郡	10	606,091	山陽郡（後漢以薄改屬梁國以單父成武屬濟陰又省都關城都黃爰戚郜成中鄉平樂鄲甾鄉栗鄉曲陽西鄉諸縣新置金鄉防東二縣）	34,886	801,288 $-34,886\times5$ $=626,858$	$-20,762$ （99%）	所省郜成在單父成武之間應屬濟陰
濟陰郡	11	657,554	濟陰郡（後漢以山陽之單父城武屬之以梁國之巳氏	154,031	1,386,278 $+34,886\times4$ $+11,861$	$-857,417$ （44%）	山陽所省郜成應屬之

			屬之又省呂都葭密稣乘氏四縣）		=1,514,958		
東海郡	13	706,416	東海郡（後漢以琅邪之贛榆屬之以臨沂卽丘繒改屬琅邪以海西改屬彭城以下邳曲陽司吾瓬成改屬下邳南城費改屬泰山省平曲開陽蘭祺山鄉建鄉容丘東安建陽于鄉平曲都陽部鄉武陽新陽建陵昌盧部平諸縣	41,036	1,559,357 +21,120×2 −41,036×1 =1,150,207	−443,785 (61%)	琅邪所省之伊鄉在贛榆之南應屬東海所省開陽應屬琅邪
琅邪國	13	570,967	琅邪郡（後漢以城陽國併入以東海之臨沂卽丘繒屬之以不其蓋廣黔陬屬東萊以平昌朱虛改屬北海以贛榆改屬東海省梧成靈門盧水臨原祓柜姅郡零段雲計斤稻皐虞橫魏其昌茲鄉箕椑高廣高鄉柔卽來麗武鄉伊鄉新山高陽昆山參封折泉博石房山愼鄉駰望安丘高陵臨安石山三十九縣又省城陽國之慮縣）	21,120	1,079,100 +205,184 +41,036×4 −21,120×6 −21,120×5 =1,506,806	−935,839 (38%)	所省皋虞計斥應屬東萊境所省房山臨原柜應屬北海伊鄉應屬東海東海所省開陽應屬琅邪

彭城國	8	498,027	彭國（後漢以沛國之廣戚屬之）	71,115	497,804 +54,877 =552,681	−59.654 （89%）	
廣陵郡	11	410,190	廣陵國（後漢以臨淮之東陽射陽鹽瀆輿堂邑以東海之海西屬之）	35,181	140,722 +42,683×5 +41,036 =395,175	+15,015 （104%）	臨淮所省之淮陵廊亦屬廣陵
下邳國	17	611,083	臨淮郡及泗水國（後漢以東海之下邳曲陽司吾瓦城沛國之夏丘屬之以東陽射陽鹽瀆輿堂邑改屬廣陵省公猶開陽贅其富陵西平高平開陵昌陽廣平廟陽襄平海陵樂陵諸縣）	42,683	1,237,764 +119,114 +41,036×4 +54,877 −42,683×6 =1,311,601	−700,518 （47%）	所省海陵廊屬廣陵
濟南國	10	453,338	濟南郡（後漢以般陽改屬齊國省陽丘猇宣成三縣）	45,920	642,884 −45,920 =596,964	−143,626 （76%）	
平原郡	9	1,002,658	平原郡（後漢省重丘平昌羽阿陽楊合陽樓盧龍頷安八縣）	34,976	684,543	+338,115 （151%）	
樂安國	9	424,075	千乘郡（後漢以齊之利北海之益壽光屬之案漢志齊郡有鉅定臺鄉二縣後漢並省其地在利縣與益縣之間利縣益縣晉志併為一縣稱利益縣則鉅定臺鄉故	32,715	490,720 +46,204 +22,810×2 =582,544	157,469 （73%）	

			地固當屬樂安國 也後漢又省東鄉 溼沃平安建信瓨 槐祓陽高昌繁安 延鄉諸縣				
北海國	18	853,604	北海郡及菑川高密 膠東三國（後漢 又以琅邪之平昌 朱虛屬之以益及 壽光改國樂安國 又省劇北海之魁 輒劇平窒平的柳 泉樂望饒桑犢平 城羊石樂都石鄉 上鄉新成成鄉膠 陽諸縣高密之石 泉縣菑川之樓鄉 縣膠東國之昌武 郁秩挺郚盧諸 縣）	22,810	593,159（北海） +237,031（菑川） +323,331（膠東） +192,536（高密） +21,120×4 +46,204×2 −22,810×2 ＝1477,325		−623,721 （58%）	琅邪所省之房山臨 原柜齊國所省之鉅 定臺鄉均應屬北海
東萊郡	13	884,393	東萊郡（後漢以琅 邪之昆廣黔陬不 其屬之省睡平度 臨朐育犁不夜陽 樂陽石徐鄉諸 縣）	29,570	502,693 21,120×5 ＝608,293		+276,100 （144%）	琅邪所省之計斤臯 虖應屬東萊
齊　國	6	491,765	齊郡（後漢以濟南 之般陽屬之以利 改屬北海省鉅定 廣饒昭南臨朐北 鄉平廣臺鄉諸 縣）	46,204	554,444 +45,920 −46,204×3 ＝461,752		+30,013 （107%）	鉅定臺鄉以地望應 省入北海故多減去 兩縣之平均數惟此 二縣地處海濱僻處 人口自不及臨菑諸 縣之密此中自有應 修正處也
南陽郡	37	2,409,618	南陽郡（後漢以京	53,943	1,942,091		+853,783	

			兆之丹水析屬之 又省杜衍新郪紅 陽樂成諸縣）		+56,872×2 =2,055,835	(117%)	
南　郡	17	747,604	南郡（後漢以武陵之假山屬之又省鄀高成二縣）	39,918	718,540 +14,289×2 =747,138	+466 (100.1%)	
江夏郡	14	265,464	江夏郡（後漢省襄鄳武新置平春南新市二縣）	15,644	219,218	+46,246 (121%)	
零陵郡	13	1,001,578	零陵郡（後漢以長沙之烝陽屬之新置昭陽湘鄉二縣	13,938	139,378 +18,140 =157,578	+944,000 (628%)	
桂陽郡	11	501,403	桂陽郡（後漢省陽山新置漢寧）	14,226	159,488	+344,915 (378%)	
武陵郡	12	250,913	武陵郡（後漢以假山屬零陵省無陽義陵新置沅南佐唐）	14,289	185,758 -14,289×2 =157,180	+93,733 (166%)	
長沙郡	13	1,059,372	長沙國（後漢以烝陽改屬零陵新置醴陵縣）	18,140	235,825 -18,440 =217,685	+841,687 (489%)	
九江郡	14	432,426	九江郡（後漢以沛郡之下蔡平阿義成屬之省橐皋東城博鄉建陽）	52,035	780,520 +54,877 =835,397	-402,971 (52%)	
丹楊郡	16	630,545	丹楊郡（後漢省宣城縣）	23,831	405,170	225,375 (156%)	
廬江郡	14	424,683	廬江郡及六安國（後漢省廬江之樅陽皖湖陵邑松茲四縣）	38,011	457,333 +178,616 635,949	-211,266 (62%)	
會稽郡	14	481,196	會稽郡（後漢以其北分置吳郡又省錢唐囧浦二縣分	39,715	1,032,604 -39,715×13 =516,309	-35,113 (93%)	前漢會稽郡之南部較北部未開化則其人口自應較稀此所

郡名	縣數	人口	說明				取爲平均數故後漢會稽郡人口較前漢相當之區域爲少實際恐不如此也
			章安爲永寧縣）				
吳 郡	13	200,782	分會稽郡北部十三縣所置		37,715×13 =516,295	+184,503 (136%)	
豫章郡	21	1,668,906	豫章郡（後漢新置石陽臨汝建昌三縣）	19,498	351,965	+1,316,941 (495%)	
漢中郡	9	267,402	漢中郡（後漢省旬陽武陵長利三縣）	16,701	300,614	-33,212 (89%)	
巴 郡	14	1,086,049	巴郡（後漢新置平都宣漢漢昌三縣續漢志稱永元二年分閬中置充國縣蓋廢而復置者也）	64,377	708,148	+377,901 (155%)	
廣漢郡	11	509,438	廣漢郡（後漢分其西北三縣置廣漢屬國）	50,942	662,249 -50,942×3 =459,423	+50,015 (111%)	
犍爲郡	6	411,378	犍爲郡（後漢省符郡鄡堂琅二縣以漢陽朱提二縣置犍爲屬國今案堂琅劉注云省朱提下部鄡又在其南則並應屬於屬國矣）	40,791	489,486 -40,791×4 =366,322	+45,056 (112%)	
牂柯郡	16	267,235	牂柯郡（後漢省都夢縣）	9,021	153,360	+11,389 (175%)	
蜀 郡	11	1,350,476	蜀郡（分西部四縣別置屬國都尉）	83,062	1,245,929 -83,062×4 =913,681	+436,795 (148%)	

越嶲郡	14	622,418	越嶲郡（後漢省灊街縣）	27,427	408,405	214,013 (152%)	
益州郡	17	110,802	益州郡（後漢以其西部分置永昌郡者來唯縣）	34,353	580,463 −34,353×6 =374,346	−263,543 (29%)	益州附近人口東漢均有增益唯此獨減東漢所分永昌二縣當爲益州郡中人口較密之處
永昌郡	8	1,897,344	分益州郡不韋雋唐比蘇楪榆邪龍雲南諸縣所置（又新置哀牢博南二縣）		34,353×6 =206,118	+1,691,226 (921%)	按哀牢夷傳永平十二年哀牢王柳貌遣子率種人內屬……口五十五萬三千七百一十……顯宗以其地置哀牢博南二縣割益州西部都尉所領六縣合爲永昌郡但以郡國志核算則順帝時新增者一百六十餘萬所增蓋三倍於明帝時矣
廣漢屬國	3	205,652	分廣漢郡置		102,826	+102,828 (200%)	
蜀郡屬國	4	475,629	分蜀郡置		332,248	+346,378 (143%)	
犍爲屬國	2	37,187	分犍爲郡置		123,164	15,987 (30%)	
隴西郡	11	29,637	隴西郡（後漢以金城之抱罕白石河關屬之而以上邽西縣改屬漢陽以羌道改屬武都者）	21,524	236,824 +11,511×3 −21,524×3 =335,929	316,262 (8%)	

郡	縣	戶	縣（註）		計	結果	備考
			首陽縣）				
漢陽郡	13	130,138	天水郡（後漢以隴西之上邽西縣屬之省街泉罕井清水奉捷等縣戎邑縣諸二道新置阿陽顯親二縣補注隴縣後漢省誤）	16,334	261,348 +21,524×2 =304,396	174,231 (43%)	
武都郡	7	81,728	武都郡（東漢省平樂道嘉陵道循成道以隴西之羌道屬之）	26,170	235,560 +21,524 =257,084	175,366 (32%)	
金城郡	10	18,947	金城郡（後漢以抱罕白石河關改屬隴西郡）	11,511	149,648 11,511×3 =115,095	97,148 (16%)	
安定郡	8	29,060	安定郡（後漢以北地之鶉觚屬之以參䜌改屬北地以鶉陰祖屬武威又省復累安俾撫夷涇陽鹵陰密安定安武爰得朐卷月支道十二縣）	6,824	143,291 +11,089 -(6,824×3) =133,908	107,818 (22%)	
北地郡	6	18,637	北地郡（後漢以鶉觚與安定之參䜌互易省馬領直路泥陽阿衍方渠除道五街歸德回獲略畔郁郅義渠道大要諸縣）	11,089	210,688 +6,824 -11,089 =206,423	187,796 (9%)	平準書曰武帝徙貧民於關以西及元朔方以南新秦中又曰於是上北出蕭關從數萬騎獵新秦中以勒邊兵而歸新秦中或千里無亭徼於是誅北地太守以下而令民得畜牧邊縣是朔方以南新秦中地屬北地郡無疑

武威郡	14	**34,226**	武威郡（後漢以安定之鸇陰租屬屬之又以張掖之顯美屬之）	7,642	76,419 ＋(6,824×3) ＋8,873 ＝105,764	−71,538 (33%)	
張掖郡	8	26,040	張掖郡（後漢以顯美改屬武威又以居延一城置張掖居延屬國）	8,873	88,731 −(8,873×2) ＝70,995	−34,955 (33%)	續志稱張掖屬國為分張掖郡所置其中當有張掖戶口因不領縣未詳其數又匈奴傳張掖屬國都尉郭忠破犁汙王封成安侯後漢書稱竇融願以太守易張掖屬國則屬國都尉建武前仍與太守並行也
酒泉郡	9	戶12,706 口不詳	酒泉郡（後漢省天依縣置延壽縣）	8,525	口76,726 戶18,137	戶減5,431 (71%)	
敦煌郡	6	29,170	敦煌郡	6,389	38,335	−9,265 (77%)	
張掖屬國	5	16,952	續志注云武帝置屬國都尉以處降者安帝時別領五城	數口無			
張掖居延屬國	1	4,732	由張掖郡分置領居延一縣	8,873	8,873	−4,141 (53%)	
上黨郡	13	127,403	上黨郡（後漢省余吾一縣）	24,126	337,766	210,363 (37%)	
太原郡	16	200,124	太原郡（後漢以上艾屬常山國以廣武原平屬雁門郡省葰人汾陽二縣）	32,404	680,488 −(32,404×3) ＝583,276	−383,152 (34%)	
上　郡	10	28,599	上郡（後漢省獨樂陽周木禾平都淺水京室洛都襄洛原都推邪高望望	26,738	606,658	578,059 (47%)	

			松宜都雕陰道諸 縣新置屬國候官 一城)				
西河郡	13	20,838	西河郡（後漢以大 城改屬朔方省富 昌騶虖鵠澤徙經 廣田鴻門宣武千 章增山武車虎猛 穀羅樖方利隰成 臨水土軍西都陰 山觬是博陵鹽官 諸縣）	17,726	698,836 −17,776 =681,060	659,323 (31%)	
五原郡	10	22,957	五原郡（後漢省固 陵蒱澤南興稒陽 英匪河目諸縣）	14,458	231,328	−208,371 (10%)	
雲中郡	11	26,430	雲中郡（後漢以定 襄郡之定襄成樂 武進屬之省陶林 楨陵犢和陽壽諸 縣新置箕陵縣）	14,741	173,270 +27,191×2 =227,652	−201,222 (12%)	
定襄郡	5	13,571	定襄郡（後漢以雁 門郡之中陵善無 屬之以定襄成樂 武進改屬雲中省 都武襄陰武皋定 陶武要復陸諸 縣）	27,191	163,144 +(20,961×2) −(27,191×2) =66,840	53,270 (21%)	
雁門郡	14	249,000	雁門郡（後漢以代 郡之鹵城太原之 廣武原平屬之以 中陵善無改屬定 襄省沃陽縣）	20,961	293,454 +15,486 +32,404×2 −20,961×2 =331,926	82,928 (75%)	
朔方郡	6	7,843	朔方郡（後漢以西 河之大城屬之省	13,663	136,628 +17,776	7,561 (52%)	

郡名	縣數	面積	說明		計算	增減	備註
			脩都臨河呼道窟潭塤搜諸縣)		=154,404		
涿　郡	7	633,724	涿郡(後漢以廣陽之方城屬之以南深澤屬安平蠡吾屬中山易屬河間鄚屬河間高陽屬河間安平屬安平饒陽屬安平中水屬河間武垣屬河間省穀丘容城廣望州鄉樊輿成利鄉臨鄉益昌陽鄉西鄉阿陸阿武高郭新昌諸縣)	27,509	782,764 +17,664 -(27,509×13) =442,911	+190,813 (144%)	州鄉阿陵阿武高郭以地望應改屬河間
廣陽郡	5	280,600	廣陽國(後漢以上谷之昌平軍都勃海之安次屬之川方城屬涿郡省陰鄉縣)	17,664	70,658 +(7,851×2) +34,966 =121,426	159,174 (233%)	
代　郡	11	126,188	代郡(後漢以廣昌改屬中山鹵城改屬雁門省延陵且如陽原參合靈丘諸縣)	15,486	278,754 -(15,486×2) =247,682	-121,494 (51%)	
上谷郡	8	51,204	上谷郡(後漢以昌平軍都屬廣陽省泉上夷輿且居茹女祁諸縣)	7,851	117,726 -(7,851×2) =102,024	-50,820 (50%)	
漁陽郡	9	435,740	漁陽郡(後漢省要陽白檀滑鹽諸縣)	21,843	264,116	+171,624 (137%)	

右北平郡	4	53,475	右北平郡（後漢省平剛石成廷陵軍字白狼夕陽昌城驪成廣成平明諸縣）	20,049	320,780	−267,305 (13%)	
遼西郡	5	81,714	遼西郡（後漢以昌遼賓徒徒河屬遼東屬國省且慮新安平柳城交黎陽樂狐蘇文成衆謂縣）	25,766	382,325 −(25,766×3) =305,027	−223,313 (27%)	
遼東郡	11	81,714	遼東郡（後漢以其西部三縣分置遼東屬國又以高顯候城遼陽屬玄菟又省遼隊險瀆居就武次諸縣）	15,136	272,539 −(15,136×6) =181,723	−100,009 (45%)	與遼西口數相同恐有誤遼西戶數爲 14,150 遼東爲 64,188 相去甚遠不應口數相同也
玄菟郡	6	43,163	玄菟郡（後漢以遼東高顯候城遼陽屬之）	77,282	221,845 −(15,136×3) =267,253	−224,090 (19%)	
樂浪郡	18	257,050	樂浪郡（後漢省提奚渾彌呑列東暆不而蠶台華麗邪頭昧前莫夫租等縣新置樂都縣）	16,269	406,748 −(16,269×10) =244,058	+87,008 (15%)	後漢所省十縣加領東襄地故將十縣人口約數減去
遼東屬國	6	不詳	後漢分遼東遼西各三城所置				
南海郡	7	250,282	南海郡（後漢新置增城縣）	15,709	94,253	+156,026 (266%)	
蒼梧郡	11	466,975	蒼梧郡（後漢新置鄣平縣）	14,619	146,160	+326,815 (280%)	
鬱林郡	11	不詳	鬱林郡（後漢省雍雞縣）	5,930	71,162		
合浦郡	5	86,617	合浦郡	15,796	78,980	+7,634	

						(110%)
交趾郡	12	不詳	交趾郡（後漢新置封谿縣按志稱十二城而縣名只十一蓋漏馬援傳中所稱之望海縣也）	74,624	746,237	
九眞郡	5	209,894	九眞郡（後漢省都龐餘發二縣）	23,716	166,013	+43,881 (126%)
日南郡	5	100,676	日南郡	16,927	69,485	+31,191 (232%)

兩漢戶籍與地理之關係

戶 口 數 目 之 升 降

在二千年以後的現在，要對於二千年前人口的增減和稀密得一個很明確的輪廓，誠然不是一個容易的事。　我們現在只可憑正史的記載來估計，但正史所根據往往不是實際戶口數目而是納稅戶口數目，其中可靠程度自然要打個折扣。　依常例推測，每經一次大亂總有許多人口流亡，流亡的人口總是流動的，縱有能容納流亡的地方，也未必能全登載籍，因此人口總數便突然減少。　實際却不盡然。　再則人口數目的紀載只要不是同一個來源，往往有很大差異；如果拿來比較，結果會有許多不合理的增加和減少。　在這種種困難情形之下，直使人難於着手，而不能得到有力的結論。所以我們現在只可以將沒有矛盾的史料，依時代來排列，而互相矛盾的史料，則將史料來源加以辨別，再尋求比較可以說的過去的結論。

秦漢之際經過一次大的混亂，人口流亡，舊的都會變作荒涼地方。　漢書（以下凡引漢書者但標子目）陳平傳：

『高帝南過曲逆，上望其城室屋甚大，曰乚壯哉縣！　吾行天下獨見雒陽與此耳。﹁　顧問御史曲逆戶口幾何，對曰乚始秦時三萬餘戶，間者兵數起多亡匿，今見五千餘戶。﹁　於是召御史更封平爲曲逆侯，盡食之，除前所食戶牖。』

可見漢初有些地方戶口尚不過秦時六分之一，但事後來招集流亡的結果，文景時許多地方都在高帝時一倍以上（見高惠功臣侯表序）。　自然流亡人民不見得都回故土的，我們看吳國和越國向來是斷髮文身，至戰國時越國亡後便寂然無聞於世，荊王劉賈也不值黥布的一擊。　但到吳王濞招致天下亡命者以後，會稽一郡居然產生了不少聞人（詳後），當然是中原去的人帶的中原文化無疑。

西漢人口增減的大勢，從循吏傳序可以看出來：

> 『漢興之初，反秦之敝，與民休息……天下晏然。　民務稼穡，衣食滋殖。
> 至於文景，遂移風易俗……而民從化。　孝武之世，外攘四夷，內改法度，民
> 用彫敝。　……孝昭幼沖，霍光秉政，承奢侈師旅之後，海內虛耗。　光因循
> 守職，無所改作。　至於始元元鳳之間，匈奴鄉化，百姓益富。　……及至孝
> 宣……興於閭閻……厲精爲治……稱中興焉。』

可知漢代人口在宣帝以前是日就增加的，武帝時雖然『外攘四夷，內改法度』但人民
的流徙，當然較死亡爲多。　而且當時政治有相常的安定，二百餘萬的流民都安置到
北邊（萬石君傳），尚有移就寬鄉的利益。　宣帝時雖然有人說一般二千石『僞自增
加，以蒙顯賞』（循吏傳）但這是沒有憑據的話。　現在姑不論宣帝是『信賞必罰綜
核名實』的人，不能隨便欺詐；卽令有之，而人口增加卽賦稅增加，二千石對於這新
增的算賦，從何處賠起？　大概漢代奉祿，並不十分充裕，一般官吏自要從賦稅中設
法，有人將『陋規』歸公來蒙顯賞，自然就有人不願意了。　所以武宣之世，人口定
有增加。

　　由宣帝到西漢末年又有五十多年，這五十多年人口又增加將近一倍，張敞傳云：

> 『山陽郡戶九萬三千，口五十萬以上。』

漢書地理志平帝元始時山陽郡的戶口則爲：

> 『戶十七萬二千八百，口八十萬一千二百。』

山陽郡在元帝以後是天災人禍頻經的（見元紀成紀哀紀），尚能增加將近一倍，其
餘各地更可想而知。　王鳴盛十七史商榷云『元始王莽秉政，戶口之盛，必多增飾。
班豈不知，蓋取最後之籍以爲定，不必以其盛也。』　這話是不見得對的，第一王莽
增飾元始戶口並無直接證據可以斷定，第二班固所見的西漢人口總數的記載，必不僅
元始而已，如果增加得沒有道理，班必不取。　再王莽時如有增飾，也在改郡國名稱
的時候。　元始初年王莽初政，百三郡國非盡王莽私人，何能盡從王莽之意？　（東
郡戶口亦不少當時東郡正爲反對王莽的淵藪）。

　　經過王莽末年的騷亂，人口數目又突然降下。　東漢人口從續漢書郡國志劉昭注
所引伏無忌的伏侯注可以看出增減的大勢。　今列其口數如下：

年代	口數	對中元二年之百分比
光武中元二年	21,007,820	
明帝永平十八年	34,125,021	163%
章帝章和二年	43,356,367	209%
和帝永興元年	53,256,229	254%
安帝延光四年	48,690,789	232%
順帝建康元年	49,730,550	237%
冲帝永嘉元年	49,524,183	236%
質帝本初元年	47,566,572	227%

以上的數目以和帝時為最多，這正是後漢書和帝紀論所說『自中興以後，迄於永元，雖顏有弛張而俱存不擾，是以齊民歲增，闢土世廣。』 自和帝以後突然減下去，大概由於羌禍，當時羌人居然『寇三輔，東犯趙魏，南入益州，殺漢中太守』（安紀永初二年），『寇河東，遂至河內』（永初五年）自然要增加不少的流亡。 及『詔隴西徙襄武，安定徙美陽，北地徙池陽，上郡徙衙』（永初五年），則西北各郡的一部分人民自然非逃即虜， 人口總數是不能不大受影響的。 順帝以後稍有增加，正是流亡稍能定居之故，但當時正在梁冀當政的時代，『吏人齎貨求官請罪者，道路相望』（梁冀傳），吏治決不會清廉，冲質二帝時代人口略有減少，匿報的事大概是不能免的。

此外紀載東漢人口的另外又有個系統：

永和中（順帝）	53,869,588	（續漢郡國志注引漢官儀）
永嘉二年（冲帝）	61,086,224	（同上引帝王世紀云較前增 7,216,666）
永壽二年（桓帝）	56,486,856	（晉書地理志）

和前所引伏侯注相差甚遠，大抵伏侯注所載為徭役戶籍，此則並復除而言。 從永和到永壽十年之中增加二百餘萬當然是很可能的事。 據華陽國志桓帝永興二年巴郡的口數較郡國志所紀多出八十萬，或者根據的也是並復除者而言，但在此時候人口有增加是的確的。 永和到永嘉五年中從五千萬人口中增加七百餘萬，即五年中自然增加率為百分之十四，這個比例固然不算小，卻也不是不可能。 劉昭注說『應劭漢官儀

……應載極盛之時，而……含永嘉多取永和少良不可解，皇甫謐校覈精審復非謬記，未詳孰是，』則此數目中似尚有問題，不過劉昭注並無確切證據，我們不妨認應劭和皇甫謐所舉都可以相信。　至於桓帝時人口較冲帝時減少的原因，大概因爲天災和人禍的頻仍，所以人口逃亡了。

　　人口的流亡與災荒和兵禍有密切的關係，現在凡有記載的災荒或兵禍，不論災情的輕重或災區的大小，只要在一年內所發生即作爲一次，如果一年中有幾處地方發生災荒或兵禍也只作一次災荒或兵禍算，如果同一災荒或兵禍延長兩年，則作兩次算。外寇內侵算，向外征伐不算。　如此，可列表如下：

世代	年數	災荒數	兵禍數
光武	三三	六	二一
明帝	一八	一	二
章帝	一三	二	四
和帝	一七	八	五
殤帝	一	一	一
安帝	一九	一四	一三
順帝	一九	九	一一
冲帝	一	一	一
質帝	一	一	一
桓帝	二一	一五	一六
靈帝	二一	一一	一七
獻帝	三二	七	一八

　　因爲西漢的人口數目，只有元始時代可考，無從比較，所以未將西漢災荒和兵禍的次數列出。　東漢在和帝以前兩者的比例數都不大，所以人口增加。　安帝以後災荒和兵禍次數較多，所以人口的增加究竟比較安帝以前遲緩，而且有減少的時候，因此我們不能不注意天災和人禍在人口數目變化中影響的重大。

關 東 區 域

現在先討論關東的所在：

漢都函谷關以西，凡函谷關以東，應當都是關東，但依照漢人普通的習慣，却不盡如此。 關東固然可完全指函谷以東（見日知錄山東條），但也可以只包括江淮以北，沿北邊諸郡以南一帶地方，武帝紀元狩四年：

『有司言關東貧民徙隴西北地西河上郡會稽凡七十二萬五千口』

則長江流域的會稽，自然不在關東的範圍以內了。 貢禹傳：

『諸官奴婢十萬餘人……宜免爲庶人稟食代關東戌卒乘北邊塞候望』

則北邊諸郡又應當在關東範圍以內了（見趙充國傳賈捐之傳）。 本來關東在漢代只是一個廣泛名詞，他的範圍在漢代也本來未曾嚴格規定。 所以我現在爲方便起見，不妨將北邊除去燕代的舊疆，南邊除去荊揚二部，將淮河以北函谷和太行以東假定爲本篇中的『關東』。

關東大體上是距海面上二百尺以下的平原，旣不似西北各處的沙漠和山嶺，也沒有東南各處江湖和藪澤。 自然在畜牧和農墾上是阻力最少的地方，我們不必繁徵博引，只要看一看殷商的都邑，和春秋參與盟會的諸侯所在，就知道這個地方在古代的中國是如何的重要。 我們在先秦的書籍和史記裏面很可以找出不少關於這些地方農業的發達工商的進展和人口繁密的記載，最可以注意的是漢代的濟陰郡，郡界不過相當現在曹州附近四縣的地方，而人口却就有一百三十多萬；他的發展，自然和各方面農工商業都有關係的 ，而我們尤其應當注意的却是這個地方爲什麼發展。 濟陰卽戰國之陶，史記貨殖傳：

『范蠡……之陶爲朱公，朱公以陶爲天下之中，諸侯四通，貨物所交易也，乃治產積居與時逐……十九年之中三致千金』。

可知陶的發展，就因爲地方適中和交通便利的關係，不然陶距當時的名都，臨菑，曲阜，新鄭，洛陽，大梁，邯鄲，固然都不很遠。 但距雍，郢，並不算近。 只能算關東之中，如何能算天下之中？ 以政治言周公營洛邑取其道里相均（見召誥），以軍事言戰國時人所說韓魏天下之樞都在陶以西數百里，可見先秦政治軍事中心的地理方位是和經濟的中心是不一致的。 陶爲天下之中的所謂天下只應當專指當時經濟的天下而言，自然不會包括西陲的都邑了。 梁惠王不攻趙而先舉秦，齊閔王不取宋而

先經營燕，或者更爲聰明些，所以不如此做，完全受了關東財富的引誘。　結果關東諸侯戰爭的互相疲弊，使秦得以從容經營巴蜀的富源，而卒以吞併天下。

秦併天下以後徙天下富賢和豪傑於關中和巴蜀，對於關中的富力固然增加，但關東的富源，是不能移到秦國本部的。　所以到漢代關東仍代表大部分國家的財富，我們從下列幾點可以看出關東的發展。

(一)農業──漢代最重要的生產是農業是毫無疑問的事，我們只看看當時一般人所發的重農論調，就知道當時農業是如何的重要，這種情形自不僅關東爲然，現在所要討論的不是關東的農業是不是重要的生產，所要討論的是關東農業比較其他地方究竟發展到如何的地步。　我們現在看起來漢代領土除去關中和巴蜀均不足與關東相比擬的，而關中的糧食還要仰給於關東。　在漢書本紀上面邊郡的災荒往往不大理會，而關東的災荒則大書特書。　其實邊部大都在高原和沙漠，雨量自然遠不及關東，災荒自應當較關東爲頻繁，但因爲人口稀少和糧食出產不及關東的重要，所以闕而不書了。

漢代關中仰給關東的糧食，我們可以得下列的證據：

元鳳二年詔曰：『朕閔百姓未贍前年減漕三百萬石』。（昭帝紀）

鄭當時爲大司農言乚異時關東漕粟從渭上度，六月罷，而渭水道九百餘里，時有難處。　引渭穿渠起長安旁南山下，至河三百餘里，徑易漕，度可令三月罷，罷而渠下田萬餘頃，又可得以漑，此損漕省卒，而益肥關中之地得穀。帝以爲然，令齊人水工徐伯表發卒數萬人，穿漕渠三歲而通，以漕，大便利。　其後漕稍多，而渠下之民頗得以漑矣。　後河東守番係言，漕從山東西歲百餘萬石，更底柱之艱，敗亡甚多。　而煩費穿渠引汾，漑皮氏汾陰下，引河漑汾陰蒲阪下，……度可得穀二百萬石，……數歲河移徙，渠不利，田者不能償種。（溝洫志）

又與十餘萬人築衞朔方，轉輸甚遠，自山東咸被其勞。（食貨志）

張良……曰……夫關中……阻三面而固守。　以一面東制諸侯，諸侯安定，河漕輓天下西給京師，諸侯有變，順流而下，足以委輸。（張良傳）

陳留天下之郊，四會五遠之區，今其城中多積粟。（酈食其傳）

秦轉濱海之粟致之西河。（伍被傳）

夫漢幷二十四郡，十七諸侯，方輸錯出運數千里不絕於道，其珍怪不如東山之府，轉粟西鄉，陸行滿河，不如海陵之倉。（如淳曰言漢京師仰須山東漕運以自給也）（枚乘傳）

秦……又使天下飛芻輓粟，起於黃睡琅邪負海之郡，轉輸北河，率三十鍾而致一石。（主父偃傳）

從上可知秦漢建都關中之時，不僅關中需要大量的關東糧食，卽朔方北地一帶的糧食也是從關東運輸去的。　當時運輸的道路，大抵是在滎陽以下，分許多運河總共集中在滎陽。　運到滎陽以後，停儲在敖倉再行轉運上去。　敖倉既然存儲大量的糧食，所以劉項的爭雄，景帝時和吳楚七國的叛亂，都以敖倉的得失爲成敗的關鍵。　雖然敖倉儲存下的糧食，是產自關東的。

關東農產的發展，固然仰仗天賦下一望無際的平原，但除此以外溝渠的發展也很有可觀。　禹貢一書完成的時代至晚當在戰國之世，從他紀載的詳略看去的確是關東人所作。　其中隨山導川，任土作貢，計畫的周密，調查的詳明，可以反映當時水利的大概。　此外關於水利的紀載如西門豹治鄴和鴻溝午道的開鑿之類，亦多有可指。　關東水工是經過長時間訓練的，秦人後來開渠仍然仰仗着關東的水工，如鄭國之流。　秦漢以後關東的水利更爲發展，史記河渠書漢書溝洫志所載除去關中蜀郡北邊一小部分外，大體都是屬於關東的。　水經注所載有水和無水的舊陂，也大部是在關東。　關東既得着天賦的膏腴，更得着人工的灌溉，自然成了中國的穀倉了。

　(二)工織——田野開發農產豐富的地方，人口自然較其他未開闢的地方爲稠密，因之器用的產量也就增多，所以在農產區中的都會也就很容易，成爲附近區域的工業中心。　關東物產是豐富的，人口是繁密的，原料的供給，製造品的售賣，是不容易成問題的，自然有成爲當時中國工業最發展區域的可能。　漢書地理志中有工官的郡凡十，計河南郡，南陽郡，濟南郡，泰山郡，潁川郡，河內郡，蜀郡，廣漢郡，據續漢郡國志注說『凡郡縣有工多者置工官主工稅物。』　卽工人多的郡縣置工官，主製造物品和收稅，製造物品是供給皇室用的，其發賣者則由工官收稅，由此可知設工官地方，就是工業發達的地方，而其中除過兩郡在巴蜀外，其餘都在關東。

漢書地理志除工官以外，還有服官，所在爲陳留郡襄邑，齊郡臨菑，其中齊郡的服官似乎規模更大，元帝卽位時貢禹上疏稱『齊三服官作工各數千人，一歲費數鉅萬』。 急就篇『齊國給獻素繒帛』，地理志謂『齊俗靡侈，織作氷紈綺繡純麗之物，號爲冠帶天下』，到元帝初元五年從貢禹言罷去。 但不久又恢復，所以哀帝卽位又詔『齊三服官諸官，織綺繡難成害女工之物皆止作無輸』。 未言罷齊三服官，止言止作害女紅之物，可見三服官至哀帝尚未廢。 故後漢章帝紀尚有關於三服官的紀載，任城距齊國不遠，大抵也是出縑帛的地方，流沙墜簡：

『任城國亢父縑一匹，幅廣二尺二寸，長四丈，重二十五兩，直錢六百一十八』。

能遠及邊塞可知其產量了。 襄邑一地是織業的中心，元紀注『襄邑出文繡』，鹽鐵論本議『兗豫之漆絲絺紵』，王充論衡程材篇云『齊部世刺繡，恆女無不能，襄邑俗織綿，純婦無不巧』。 續漢輿服志『襄邑歲獻織成原文』，左思魏都賦『襄邑錦繡』，尚書正義和南齊書輿服志，也都說漢世袞衣和繡錦是出在襄邑的。 睢陽屬梁國距襄邑甚近，也是織業中心，灌嬰本爲睢陽販繒者，太平御覽八百十九引晉陽秋『有司奏依舊調房子睢陽綿，武帝不許』，元和郡縣志河南道『宋州出黃綿』，可見後世還承漢代之風，又國策『強弩之末不能穿魯縞』，鹽鐵論『齊陶之縑』，可見從現在的開封經過曹州兗州，泰安到青州一帶都是漢代產布帛的區域。

鹽鐵──鹽鐵是晚周的新興工業，史記貨殖傳對這些人是特別注意的，但他們所在的地方却大部分在關東和蜀郡，史記貨殖傳云：

『猗頓用鹽鹽起，（集解『孔叢曰猗頓魯之窮士也，……適西河，大畜牛羊於猗氏之南』）而邯鄲郭縱以鐵冶成業，與王者埒富』。

『蒸……有魚鹽棗栗之饒；……齊帶山海，多文綵，布帛魚鹽；……陳在楚夏之交通，魚鹽之貨，其民多賈；……山東食海鹽，山西食鹽鹵，領南，沙北，固往往出鹽，大體如此矣』。

『蜀卓氏之先趙人也，用鐵冶富，秦破趙遷卓氏，……臨邛』。

『程鄭山東遷虜也，亦冶鑄，賈椎髻之民，富埒卓氏俱居臨邛』。

『宛孔氏之先梁人也，用鐵冶爲業，……家致富數千金』。

鹽鐵的出產，固然不限於關東，但關東為人口密集之區，所以鹽鐵業在關東特別易於發達，蜀郡的卓氏程氏也是由山東遷去的。

漢書地理志所載有鐵官凡四十六，其在關東諸郡的有宏農二，濟南二，東海二，河內，河南，潁川，汝南，南陽，山陽，沛郡，魏郡，常山，千乘，太山，齊郡，東萊，琅邪，中山，膠東，東平，城陽，魯國，楚國，各一，計在關東的凡二十六，居鐵官總數的大半。 鹽官凡三十五，其中東萊五，琅琊三，北海二，鉅鹿，勃海，千乘，各有一個鹽官。 計在關東的凡十五，亦將近一半，其不在關東的只上郡有鹽官二，其餘各郡只有一鹽官，決不如東萊，琅邪規模之大。 則魚鹽之利，當然要數齊國舊疆為最了。

王莽所作的五均六筦，實亦承受西漢的鹽鐵酒榷均輸，不過西漢的酒榷，均輸，鑄錢，名山大澤，統包在鹽鐵一個大題目之下，則鹽鐵的重要似乎不是可疑的事，王莽後竟因此為失去關東原因之一。

(三)商賈——關東的商業，向來比關以西為發展的。 我們看管子施政的方針，就和商君書有許多地方不同。 到戰國末年呂不韋以陽翟大賈，居然能左右萬乘大國。 在史記貨殖傳所紀，也大都分都在關東，因為商業的發展地方也就是人口集中的都市，所以王莽時五都之市，（洛陽，臨淄，宛，邯鄲，成都。） 有四個是在關東的。 陳豨起自趙代，公孫瓚起自燕南趙北，都距邯鄲不遠，所寵多商販庸兒，後卒因此致敗。 陳豨和公孫瓚皆一代曉雄，決不能無故授人以柄，其中有經濟關係，可想而知。 所以趙王彭祖為賈人權會，遂可多於國租。 而劉盆子後半世的生活也僅恃均輸之稅。

因為一切生產關東比其餘地方發達，人口也比稠密。 據漢書地理志，河南，東郡，陳留，南陽，潁川，均在一百五十萬人以上，而三輔反無過百萬者。 三輔地本非甚小，且經過若干次移民，而仍不及關東，可見關東地理環境之優越。

在人口比較稠密，產業比較發達狀況之下，當然貧富比較懸殊。 因之在豪富之家自然奢潛逾恆，所以女樂較為發達。 而過剩的人口變成游食之民，所以生出說士和遊俠的現象。

戰國之時，已經有許多人離開田地，史記蘇秦傳『且使我有洛陽負郭田二頃，吾

豈能佩六國相印乎』？　就是不能得百畝之稅，方做說客的（食貨志或耕豪民之田見稅十五亦同此。）　這種情形，自不能見於『寬鄉』。　在漢初說士有齊人婁敬，羊勝，公孫詭，邵陽；楚人陸賈，伍被；薛人叔孫通；范陽人蒯通；高陽人酈食其；河陽人息夫躬；趙人江充。　無一人為三輔涼州者。　後來漢代的政治漸漸安定，諸侯亦不能自置二千石。　『說士』這一條路雖然走不通，但漢武又關新的選舉方法，使士有所歸。　（見武紀元光元年，五年，元朔元年，元狩六年。）　此外燕齊的方士，且有得封侯尚主者。　關東才智之士自不至窮而生變了。　其時關東眾士之多，觀東方朔傳可知。

> 『武帝即位詔天下舉方正賢良文學材力之士，待以不次之位，四方之士多上書言得失，自衒鬻者千數。』

其時所得之士，如公孫弘，嚴助，朱買臣，吾丘壽王，嚴安，徐樂，主父偃，東方朔，終軍，枚皋等，無一人是關西將家之子。　這正是關東關西的分際。　但取士本不止一端，史記龜策傳所稱『武帝即位，博開藝能之路，悉延百端之學，通一伎之士咸得自效。』　確也是實在情形，因為從先說士本非一端，決不是『縱橫家』三字所能概括的。

其次是游俠之風，這也是繼承戰國諸公子養士之習的，漢書遊俠傳序云：

> 『陵夷至於戰國……列國公子，魏有信陵，趙有平原，燕有孟嘗，楚有春申，皆籍王公之勢，競為游俠。　雞鳴狗盜，無不賓禮……及至漢與……代相陳豨，從車千乘。　而吳濞，淮南，皆招賓客以千數。　外戚大臣魏其，武安之屬，競逐於京師；布衣遊俠，劇孟，郭解之徒，馳逐於閭閻。』

這都是在人口繁密地方，優裕生活狀態之下產生的。

戰國策齊一『臨菑甚實而實，其民無不吹竽鼓瑟，擊筑彈琴，鬬雞走犬，六博蹴鞠者。』　（此雖未明言游俠，但『鬬雞走犬』和『六博』都是游俠的事，觀下例可知：漢書宣紀『高材好學，然亦喜遊俠鬬雞走馬。』漢書袁盎傳『劇孟雖博徒，然母死送喪客千餘乘，此亦有過人者。』漢書遊俠傳『陳遵字孟公杜陵人也，祖父遂字長子，宣帝微時與有故相隨博奕數負進。』漢書朱博傳『好客少年捕搏敢行稍遷為功曹亢俠好交。』）

可知戰國的齊已有此等現象了。　游俠之徒旣然是鬥雞，走犬，蒲博無所事事，必不是有煩重事務的人所能做的。　只有貴族和豪民方能做到，此外亦只有無業游民而依附於貴族及豪民者。　此卽所謂養士之『士』，若無人養，他們便自己組織起來，卽是遊俠。　漢時他們的首領劇孟『家無餘十金之財』而郭解『貧不中訾』此等人不必盡豪富也。　但他們必須在國內『財富的中心』，然後所用的錢，方有來源。　（此亦猶清代北京如非都城，亦不能有人『吃會訛庫』也。）所以遊俠必須在人口繁密，生活優豫之地方。

我們從史記遊俠傳知道他們大槪都是關東人。

『魯朱家與高祖同時，魯人皆以儒教，而朱家用俠聞。　……自關以東莫不延頸。』

『楚田仲以俠聞，喜劍，父事朱家。』

『周人以商賈爲資，而劇孟以任俠顯。』

『劇孟死家無餘十金之財，而符離人王孟亦以俠稱江淮之間。　是時濟南瞷氏，陳周庸，亦以豪聞，景帝聞之使使盡誅此屬，其後代諸白，梁韓無辟，陽翟薛況，陝韓孺紛紛復出焉』（集解陝擬當作郟 潁川有郟縣 南越傳郟壯士韓千秋也 索隱陝當作郟）。

『郭解軹人也。　……徙豪富茂陵……上曰布衣權至使將軍爲言此其家不貧，解家遂徙，諸公送者出千餘萬。』

可見五陵遊俠是漢武帝徙豪富遊俠以後的事，以前只限於關東。　在漢書遊俠傳所補的幾個人，大槪都是依附權門，自命爲遊俠而已，和史記所載的遊俠，完全『貌似神非』了。

其三是女樂，邯鄲是戰國產生女樂的地方，秦漢以後此風尙盛，所以李斯諫逐客書提到趙女，秦始皇和趙王遷的母都是邯鄲倡。　漢魏外戚傳中后妃以邯鄲倡進的甚多，在其他各傳中也能看出些例子，如：

江充傳『趙國邯鄲人也有女弟，善鼓琴，歌舞，嫁趙太子丹。』

類聚五七引王粲七釋『邯鄲子女，三齊巧士；名唱祕舞，承閑并理。』

可見趙女的歌舞已成爲一種風氣，故澠池之食秦使趙王鼓瑟，其見於漢代者如：

楊惲傳『婦趙女也，雅善鼓瑟。』

鹽鐵論通有『趙中山帶大河，纂四通神衢，商賈錯於路，諸侯交於道。　然民淫好末，侈靡而不務本，田疇不修，男女矜飾，家無斗筲，鳴琴在室。』

萬石君傳『有姊能鼓瑟。』

則良家婦女皆然，不限於倡伎了。　但善於音樂不限於趙地的，如：

戰國策齊—『其民無不吹竽鼓瑟，擊筑彈琴。』

齊王將閭傳『魏勃父以善鼓琴見秦皇帝。』

淮南王安傳『好書鼓琴。』

藝文類聚五十七張衡七辯『安存子曰淮南清歌，燕餘材舞，列乎前堂，遞奏代叙。』

定陶恭王傳『長多材藝習知音聲。』

初學記十五袁安佼酣賦『拊燕竽，調齊笙，引宮徵，調清平。』

其他都在東方，而秦人却只知道原始打擊音樂的缶，（史記藺相如傳李斯傳，）由是知東西習尚之不同和文化程度及社會狀況之各異了。

因為東方生活狀況之不同，所以人口最密的齊人，也就是最詭詐的：

梁孝王傳『招延齊人羊勝，公孫詭鄒陽之屬，公孫詭多奇邪計。』

公孫弘傳『汲黯庭詰弘曰齊人多詐而無情，始與臣建此議今皆背之。』

張湯傳『王朝齊人，以術至右內史。』

在關中地方完全和關東不同，只有蜀却很相像文士有司馬相如揚雄，巧佞人有王商傳所載的張匡和儒林傳的趙賓，貨殖傳中除去關東人以外，還有巴寡婦清，臨卭卓氏一類的蜀人，大抵蜀郡成都一帶，富饒略同關東，而人民亦為關東所遷往，如項羽傳所云：

『巴蜀道險，秦之遷民皆居之。』

卓氏之流原亦關東人，其中自有不少東方遺傳下來的習慣。　文翁等一二個賢太守，固然可以將文化稍為提高，但以文化閉塞之區，忽而超出三輔以上，決不是一個偶然的事。

所以我們可以假定一個結論：

『關東爲中國古代文化發生之地，所以人口較關中爲密，財富較爲發達，文化
較爲卓越，而風俗亦較爲澆薄。』

至東漢一代因爲都邑的關係，自然更注意關東，固然在續漢郡國志所記關東戶口
不如漢志所在的多。　但在全國總數的比例中，仍爲最稠密之處。

西　北　邊　郡

西北邊郡指沿匈奴和西羌一帶的地方而言，在戰國時大都爲秦和燕趙的疆域和匈
奴的舊壤。　因爲迫近胡寇，所以民風常較其他地方爲武勇。　從出產方面說，因爲
是沙漠的高原，所以出產遠不及關內和關東。　在注意邊防的時候，固然加意經營但
中央政權移到甘於自守的關東貴戚和不願多事鄉曲儒生手中，却往往主張棄邊。　因
此衍成後來的大患。

邊郡的情形從以下幾條可推知其大概：

(一)民風

天水，隴西……安定，北地，上郡，西河，皆迫近戎狄，修習戰備，高上氣
力，以射獵爲先。　……漢興六郡良家子選給羽林期門，以材力爲官名將多
出焉。　……此數郡民俗質木，不恥寇盜。　自武威以西，本匈奴昆邦王休
屠王地，武帝時攘之，初置四郡，……其民或以關東下貧，或以報怨過當，
或以悖逆無道，家屬徙焉。　……二千石治之，咸以兵馬爲務，酒禮之會上
下通焉。　……鍾代石北迫近胡寇，……好氣爲姦，……冀部之盜賊常爲它
州最，定襄雲中五原本戎狄也，頗有趙齊衛楚之徙，其民鄙朴少禮文，好射
獵，雁門亦同俗。　（地理志）

秦漢以來，山東出相，山西出將，……漢興郁郅：王圍，甘延壽；義渠：
公孫賀，傅介子；成紀：李廣，李蔡；杜陵：蘇建，蘇武；上邽：上官桀，
趙充國；襄武：廉襃；狄道：辛武賢，慶忌；皆以勇武顯聞，蘇辛父子著
節，此其可稱列者也。　（趙充國辛慶忌傳贊）

(二)物產及商業

天水隴西山多林木，……自武威以西，……地廣民稀，水草宜畜牧，故涼州

之畜，爲天下饒，……鍾代石……好氣爲姦不事農商。　（地理志）

董卓……曰『隴右材木自出取之甚易』。　（後書楊彪傳）

西域殷富，多珍寶，西域侍子，及督使賈胡數遺恂奴婢宛馬，金銀香罽之屬，一無所受。　（後書李恂傳）

陳龜……拜爲度遼將軍上書曰，『今西州邊鄙，土地墝埆，鞍馬爲居，射獵爲業，男寡耕稼之利，女乏機抒之饒，守塞候望縣命鋒鏑。』（後書陳龜傳）

崔寔……出爲五原太守，土宜麻枲，而俗不知織績，民多月無衣，積細草而臥，其中見吏則衣草而出。　寔至官，斥賣儲峙，爲作紡績織紝練縕之具以教之，民得免寒苦。　（後書崔寔傳）

廉范……世在邊，廣田地，積財粟，……　（後書篇范傳）

梁統……高祖父子都自河東徙居北地，子都子橋以貲十萬徙茂陵，至哀平之末歸安定。　（後書梁統傳）

上郡北地安定土廣人稀饒穀多畜。　（鄧禹傳）

蓋延……漁陽要陽人也，邊俗尚勇力而延以氣聞。　（蓋延傳）

賈宗建初中爲朔方太守舊內郡徙人在邊者率多貧弱，不得爲吏，宗擢用其任職者。　（後書賈復傳）

上谷完實控弦萬騎　（後書寇恂傳）

由上看來從遼西到敦煌的幾個邊郡有些共同之點，（1）地曠人稀，（2）風俗剽悍，（3）生活兼畜牧及游獵，（4）人民多內地貧民亡賴徙居者。

在右北平漁陽等郡是燕所開的，其徙民的事現已無可攷。　在秦代所開諸郡除係秦本土以外，大都是政府的命令去徙的（漢書鼂錯傳）。　漢代政令因秦之舊，徙民事亦因而不改，到武帝開西北邊郡遂有大徙民的事，見於漢書者有：

元朔二年徙朔方民十萬口。

元狩四年有司言關東貧民徙隴西北地西河上郡會稽凡七十二萬五千口縣官衣食振業用度不足請收銀錫造白金及皮幣以足用。

元狩五年徙天下姦猾吏民於邊。

元鼎六年分武威酒泉地置張掖敦煌郡徙民以實之。

天漢元年發謫戍屯五原。 （以上見武紀）

始元二年發習戰射士朔方調故吏將屯田張掖郡。 （昭紀）

……驃騎將軍擊破匈奴右地，降渾邪休屠王，遂興其地，始築令居以西，初置酒泉郡。 後稍發徙民以實之，分置武威，張掖，敦煌，列四郡，據兩關焉。自貳師伐大宛之後，西域震懼多遣使來貢獻，漢使西域益得職，於是自敦煌西至鹽澤，往往起亭，而輪臺渠犂皆有田卒數百人。 （西域傳）

由是可知邊郡徙民數目之多，其分布直到了現在的新疆。 其徙民又得田地耕牛種種優待（昭紀，鼂錯傳）武帝時屯田卒到六十萬人（食貨志）其中也有不少成爲邊郡人民的，自然邊郡人民的數目較前增加，除去河西四郡比較稀少，其餘如五原代郡天水隴西和宏農漢中的密度是十分相近的。 所以西漢邊郡捍禦外寇，是有相當的力量。又因郡人總是和羌胡相抗禦，所以六郡良家子成爲皇帝的期門羽林，而關西爲出將之所。

到王莽時候因爲邊警的原故，人口又減少起來：

初北邊自宣帝以來，數世不見煙火之警，人民熾盛，牛馬布野，及莽撓亂匈奴，與之搆難，邊民死亡係獲又十二，部兵久屯而不出，吏士罷弊，數年之間，北邊空虛，野有暴骨矣。 （匈奴傳）

光武初年因爲匈奴邊警的關係竟徙民於內地（十年徙定襄十五年徙雁門代郡上谷並見本紀）邊郡更加空虛。 但這種狀況是不能持久的所以以後又有恢復原狀的必要。

續漢志引漢官儀『世祖中興海內人民可得而數，裁十二三，邊陲蕭條，靡有孑遺，鄣塞破壞，亭隊絕滅。 二十一年始遣中郎將馬援謁者分築烽候，壁壘稍與立郡縣十餘萬戶，（孫星衍曰案二字有譌）或空置太守令長，招還人民。

上笑曰，今邊無人而設長吏，難如春秋素王矣，乃建立三營，屯田殖穀，弛刑徒以實之。』

但事實上究竟不能恢復的，光武紀注引東觀記云。

『時城郭丘墟掃地，更爲上悔前徙之。』

到明帝時因爲中國邊郡沒有力量，北匈奴的寇警，也要依仗南匈奴去擊退。 在永平五年再『發遣邊郡人在內地賜裝錢二萬。』 永平七年又募死囚徙發邊郡，邊郡人口

問題的嚴重可想而知了。

在如此忽略國防狀況之下，西北邊郡變成空虛，匈奴之患雖減，而羌禍又發。

西羌傳（安帝永安六年）羌遂入寇河東，遂至河內，百姓相驚皆奔南度河。

……羌既轉盛，而二千石令長多內郡人，並無戰守意，皆爭上徙郡縣，以避寇

難。　朝廷從之，遂移隴西徙襄武，安定徙美陽，北地徙池陽，上郡徙衙。

百姓戀土不樂去舊，遂乃刈其禾稼，發徹室屋，夷營壁，破積聚。　時連旱蝗

飢荒，而驅蹙劫略，流離分散，隨道死亡，或棄捐老弱，或爲人僕妾，喪其

大半。』

在這種摧殘之後，西州元氣終漢之世不復，順帝永建四年雖然復安定北地上郡歸故

土。　詔郡國中都官死罪繫囚皆減死一等，詣北地，上郡，安定戍（後漢書順帝紀）

但仍不足以填故土，以後又在永建十五年，徙西河治離石，上郡治夏陽，朔方治五原

（後漢書南匈奴傳）於是西北遂顯出意外的蕭條了。　以下爲兩漢西北人口的比較：

郡國名	平帝時	順帝時	減
金城	149,648	18,974	130,071
天水	261,348	13,138	252,210
武威	76,419	34,226	42,193
張掖	88,731	26,040	62,691（由張掖分置之兩屬國都尉未計入，總數約萬六千人）
酒泉	18,137（戶數）	12,706（戶數）	5,431（酒泉續志無口數，故用戶數）
敦煌	38,335	29,170	9,195
安定	143,294	29,060	114,234
北地	210,688	18,637	192,051
上郡	606,658	28,599	578,088
武都	235,560	81,728	135,832
隴西	236,824	29,637	207,187
西河	698,836	20,838	679,998

朔方	136,628	7,843	128,785
五原	231,328	22,957	208,371
雲中	173,270	26,430	146,840
定襄	163,144	13,571	149,573
雁門	293,454	249,000	44,454
代郡	278,754	126,188	152,566
太原	680,488	200,124	480,364
上谷	117,726	51,204	66,588
漁陽	264,116	435,740	171,624
右北平	320,780	53,475	267,305
遼西	352,325	81,714	271,611

以上各郡東漢只有漁陽略增，其餘皆減少甚多。　漁陽的增加自然是因爲在居庸關以東邊郡的人有徙到此處的。　郭伋傳『在職五歲戶口增倍』固然是政治的關係但也不能說不由於鄰郡徙民流亡到漁陽的原故。　但漁陽境況較好，仍然不能自給（劉虞傳舊幽部應接荒外資費甚廣，歲常割青冀賦調二億有餘以給足之，伏湛傳漁陽以東本備邊塞，安平之時尚資內郡）其餘人口零落的地方更漁想見，邊防如何能鞏固。

自然這些事實的養成決不是一朝一夕之故，在春秋戰國的時候關東諸侯早已目秦人爲夷狄。　高帝都秦中以前，左右的山東人，還勸高帝都洛陽（劉敬傳）。　武帝時公孫宏主張棄朔方，昭帝時關東的儒生還輕視邊郡，從鹽鐵論中可以看出來。　光武卽位以後所親信的陰樊鄧李諸族都是關東富豪，有田產在洛陽，和宛，更非高帝時無恆產之關東人可比，願爲鞏固西北邊防而都長安；所以雖有遷返長安的議論，終究不克施行。　而棄邊郡與否的事，在東漢也是重要爭執問題之一。　以下的議論可以代表兩方的意見：

朝臣以金城破羌之西塗遠多寇議欲棄之，援上言『破羌以西，城多完牢，易可依。　其田土地肥壤，灌漑流通，如羌在湟中則爲害不休，不可棄也。』　帝然之。　（馬援傳）

永初四年羌胡反亂，殘破幷涼，大將軍鄧騭以軍役方殷，事不相贍，欲棄涼州
幷力北邊；乃會公卿集議。　騭曰『譬若衣敗壞，一以相補，猶有所完；若
不如此兩無相保。』　議者咸同。　詡聞之乃說李修曰『竊聞公卿定策當棄涼
州，求之憂心，未見其便。　先帝拓土宇，勤勞而後定，而今憚小費舉而棄
之。　涼州旣棄，卽以三輔爲塞，三輔爲塞，則園陵單外此不可之甚者也。
諺曰關西出將，關東出相，觀其習兵壯勇，實過餘州。　今羌胡所以不敢入擾
三輔爲腹心之害，以涼州在後故也；其士人所以推鋒執銳，無反顧之心者，爲
臣屬於漢故也。　若棄其境域，徙其人庶，安土重遷，必生異志。　如使豪雄相
聚，席捲而東，雖使賁育爲卒，太公爲將，猶恐不足當禦。』（後漢書處詡傳）
龐參河南緱氏人……奏記於鄧騭曰『比年羌寇特困，隴右供徭役，內損日滋，
官負人責，數十億萬。　今復募發百姓，調取穀帛，衒賣什物，以應吏求，外
傷羌虜，內困徵賦。　遂乃千里轉糧，遠給武都西郡；塗路傾阻，難勞百端。
疾行則鈔暴爲害，遲進則穀食稍損。　運糧散於曠野，牛馬死於山澤。　縣官
不足，輒貸於民，民已窮矣，將從誰求？　名救金城，而實困三輔，三輔旣
困，還復爲金城之禍矣。　參前數言宜棄西域，乃爲西州士大夫所笑，……果
破涼州，禍亂至今。　夫拓境不寧，無益於彊，多田不耕，何救飢敝？……
三輔山原曠遠，民庶稀疏，故縣丘城，可居者多，今宜徙邊郡不能自存者人居
諸陵，田戍故縣，孤城絕郡，以權徙之，轉運遠費，聚而近之，徭役繁數，休
而息之；此善之善者也。』　（後漢書龐參傳）

以上可以代表兩方面的意見，但後漢的執政權者總是關東人，自然疲弊關東以事邊
郡，不爲關東人所同意的，所以遷徙邊郡便屢屢成爲事實了。　邊境人口漸減，結果
不能自守，所以不得不利用羌胡鮮卑互相嫉惡的弱點，來行以夷制夷之計。　當時或
使其互相攻擊，或竟徵募爲兵卒，西漢北軍和屬國的胡騎決不能夠喧賓奪主的，東漢
後來便有董卓以羌胡兵入洛，漢家天下竟從此結局。　但這還不算厲害，五胡亂華還
是這次種因也（參見晉書載記序）。

此外我們應當注意的便是河西四郡，照郡國志所載，順帝時的口數固然較西漢爲
少。　但其減少的數目，遠不能與其他各郡成比例。　敦煌僅減少九千一百人，在涼

州諸郡所滅的數目爲最少。　我們可以想到造四郡的比較安定。　後漢書孔奮傳：

> 『時天下擾亂，唯河西獨安，而姑臧稱爲富邑，通貨羌胡，市日四合。　每居
> 縣者不盈數月，輒至豐積。』

卽其顯例。　又其地當東西之衝，而『西域殷富，多財寶』（李恂傳）。　則其地人民之生活，除墾田外，又可以商業來維持。　在安定和殷實生活之下，自然可以在喪亂之際而維持舊有的人口數目。　此後到晉末之時，五胡亂華，中原雄桀，不是胡虜卽是胡化的漢人，而據此土的居然能有張軌和李暠，不維是純粹的漢人，而且是積學之士。　則其地不維對於西方文化的介紹，值得我們的注意，而對於中國文化的保存，也是不容忽視的。

關 中 的 人 口 與 徙 民

西漢的徙民，是繼續秦時的政策。　當時的方式有兩種：第一徙民於關中，第二徙民於邊郡。　在秦時徙邊者爲罪人：

> 史記商君傳『秦民初言令不便者有來言令便者，衞鞅曰此皆亂化之民也盡遷之於邊城。』
> 史記秦始皇紀『三十三年發諸嘗逋亡贅婿，賈人，略取陸梁地，……又使蒙恬渡河取高闕，……築亭障以逐戎人，徙謫實之初縣。』

而徙關中者，則爲豪富：

> 史記秦始皇本紀『二十六年 …… 天下大定 …… 徙天下豪富於咸陽十二萬戶。』

徙民於陵墓也是秦的事情，和徙民咸陽情形相同的：

> 史記秦始皇本紀『三十五年 …… 作麗山發北山石槨 …… 徙三萬家麗邑五萬家雲陽。』

至於徙民於邊郡爲的是『實邊』，而徙民於關內則爲『強幹弱技』。　從鼂錯和班固所言便可看出來

> 鼂錯傳『錯言當世急務二事曰：遠方之卒守塞一歲而更。　不如……募罪人及免徒復作令居之。　不足，募以丁奴婢贖罪及輸奴婢欲以拜爵者。　不足，乃

募民之欲往者，皆賜高爵，復其家，予冬夏衣廩食，能自給而止。』

班固西都賦『若乃觀其四郊，浮遊近縣。　則南望杜霸，北眺五陵。　名都對郭，邑居相承，英俊之域，紱冕所興。　冠蓋如雲，七相五公，與乎州郡之豪傑，五都之貨殖。　三選七遷，充奉陵邑。　蓋以強幹弱枝，隆上都而觀萬國也。』

鼂錯所說的可以算是漢代邊郡徙民的計畫書，班固所言則為西漢一代的總結束。　在鼂錯以前秦是只以罪人『充軍』的，鼂錯以後才募贖罪的奴婢和不能自存的貧民。這種辦法，可以說是後世募兵制度的先聲。　班固所言，分析關內徙民的種類，可以說有三種的，第一是貴族，第二是豪霸游俠之流，其三就是富有的商人，為的是『強幹弱枝』換言之就是將有地位的人，不易駕馭的人，和富人，都徙到關中。　來充實京師，並消滅各郡國的亂源。　（徙民時只說在關中與利田宅，而不說對於原有田宅如何處置，當然是仍歸原主。　原主既徙，其在外田地的收入，也必年年運到京師，而京師更得充實了。）

　　現在先說關中之遷徙。

　　西漢關中的移民是經過班固所說『七遷』的，『七遷』便是從高帝五年起到宣帝元康元年止凡經過七代，文選李善注說：

『元帝詔曰﹂往者有司緣臣子之義奏徙郡國人以奉園陵，自今所為陵者，勿置縣邑。﹁　然則元帝始不遷人，陪陵自元以上凡有七代也。』

漢代遷徙人民的事實據漢書所載如下：

地理志『漢興立都長安，徙齊諸田，楚昭，屈，景，及諸功臣家於長陵，後世世徙吏二千石，高訾富人，及豪傑幷兼之家於諸陵。　蓋亦以強幹弱枝，非獨為奉山園也。』

高紀『四年後九月徙諸侯于關中。』

高紀『九年冬十月徙齊楚大族，昭氏，景氏，屈氏，懷氏，田氏，關中，與利田宅。』

劉敬傳『上徙所言十餘萬口。』

景紀『五年春正月作陽陵邑夏募民徙陽陵賜錢二十萬。』

武紀『建元二年初置茂陵邑。』

武紀『建元三年賜徙茂陵者戶錢二十萬，田二頃。』

武紀『元朔三年夏徙郡國豪傑及訾三百萬以上于茂陵。』

武紀『太始元年春徙郡國吏民豪傑於茂陵，雲陽。』

昭紀『始元三年秋募民徙雲陵賜錢田宅。』

昭紀『始元四年夏徙三輔富人雲陵賜錢戶十萬。』

宣紀『本始元年正月募郡國吏民訾百萬以上徙平陵。』

宣紀『本始二年春以水衡錢爲平陵徙民起第宅。』

宣紀『元康元年以杜東原爲初陵，更名杜縣，徙丞相將軍列侯吏二千石訾百萬以上者杜陵。』

由此可見徙民的目的地是在諸陵的。　功臣和吏二千石願意遷移於諸陵，而豪傑幷兼之家却不是願意的。　吏二千石如果不願徙，還可不徙，如疏廣地節三年爲太子太傅，元康三年去。　元康元年正在位，但他却未奉園陵而回故里了。

陳湯傳『萬年（解萬年）與湯議，以爲……今作初陵……子公妻家在長安，兒子生長安不樂東方，宜求徙，可得賜田宅俱善。　湯心利之，即上封事，言初陵之地最爲肥美，可立縣。』

遊俠郭解傳『及徙豪茂陵也，解貧不中訾，吏恐不敢不徙，衞將軍爲言，郭解家貧不中徙。　上曰，解布衣權至使將軍，此其家不貧。　解徙，諸公送者千餘萬，楊季子爲縣掾殺之。』

由是看來，當時二千石以上的官吏，遷徙到諸陵，是有得好田宅的優先權。　而郡國豪俠，財產反可爲一般官吏所吞沒。　他們的待遇是截然不同的。　但二千石以上的官吏，人數有限，郡國豪俠，高訾富人，方是陵墓徙民的主體。　這些多數人旣然都不會願意，這件事當然要『不理於人口』。　在宣帝以前因爲法令嚴明，政府威信未失，雖然屢次遷徙，尚不致動搖中國。　元帝以後所寬仁的只是一般官吏，在官吏方面可以藉勢力來魚肉平民，在人主方面却失去生殺之柄，甚至受顧命的太傅也不能保全，如何能制止對人民的侵奪。　景武宣所用的酷吏是稟承人主的意旨，來制裁新興的豪猾和高貲富人，一種有計畫有組織的反動行爲。　當時富豪勢力方才有點萌芽，

在社會中自然不算是最有力者。　所以他的影響究竟不能深入整個的農村社會。　元帝以後寬容政治的結果，使得官吏的貪汙激增起來，農村的生產輾轉消費到京輔的大都市裏去，供貴戚，宦官，公卿們的奢侈。　直接受損害的是一般農民，間接受損害的是一般豪富。　自然天下皇皇，不能終日，訛言改制之說，層出不窮。　這種狀況，一直繼續到王莽篡位；及王莽篡位而不能善其後，平林赤眉之流便出來了。　所以元帝一代是西漢由盛而衰的大關鍵，徙陵的事也就因此不能實行。

> 元帝紀『永光四年，冬十月，乙丑，罷祖宗廟在郡國者，諸陵分屬三輔。　以渭城壽陵亭部原上為初陵。　詔曰：安土重遷，黎民之性，骨肉相附，人情所願也。　頃者有司緣臣子之義，奏徙郡國民以奉園陵。　今百姓遠棄先祖墳墓，破業失產，親戚別離，人懷思慕之心，家有不安之意。　是以東垂被虛耗之害，關中有無聊之民，非長久之策也。　詩不云乎，∟民亦勞止，汔可小康，惠此中國，以綏四方┐。　今所為初陵者，勿置縣邑，使天下咸安土樂業，亡有動搖之心，布告天下，令明知之。』

以元帝的節儉，而天下竟虛耗若此，可見當時的衰象了。　到成帝時曾一度要徙民陵縣竟未實行。

> 成帝紀『鴻嘉二年夏徙郡國豪傑訾五百萬以上五千戶於昌陵。』
> 陳湯傳『於是天子從其計，果起昌陵邑，後徙內郡國民。　萬年自詭三年可成，後卒不就，羣臣多言其不便者，下有司議。　皆曰∟昌陵因卑為高，積土為山，度便房猶在平地上。　客土之中，不保幽冥之靈。　淺外不固，卒徒工庸，以鉅萬數。　至然脂火夜作，取土東山，且與穀同賈。　作治數年，天下徧被其勞。　國家罷敝，府臧空虛。　下至眾庶，熬熬苦之。　故陵因天性，據眞土，處勢高敞，旁近祖考。　前已有十年功緒，宜還復故陵，勿徙民。┐上乃下詔罷昌陵。』

元帝之營初陵，以民不堪徙而不徙。　成帝時卽營造陵墓之費也感覺困難了。　昌陵在霸陵曲亭南，其地距霸陵不遠，其高下當然和霸陵差不多。　文帝營霸陵，毫不費力，此時則『天下徧被其勞』，興衰之異簡直不可以道里計。　從此以後，終漢之世不復徙民陵墓。

官吏的徙到陵墓是自願的，而豪富徙到陵墓是強迫的。 所以二千石以上的官吏或徙或不徙。 不過漢武以前官吏徙者較少，而宣帝時所的徙爲獨多。 在宣帝時官吏多隸籍平陵和杜陵，而以前並不見得有許多隸籍各陵的。 這個情形我們由漢書帝紀可以看出來。 武帝以前的確完全注意於『 強幹弱枝 』所注意的的確只是豪傑富人，而官吏不過是個附帶，所以並不提出來要徙。 至宣帝時以水衡錢修平陵第宅，來優待徙者 ， 當然有許多官吏願意去檢便宜 。 到徙民杜陵時更提到丞相將軍列侯吏二千石，可見對於官吏『 奉陵邑 』是十分注意的。 自然除遇淡泊的如疏廣之流外，其餘自然爲適合君主的意思而前往。 所以徙杜陵的官吏較平陵的尤顯。 這種情形之下平陵和杜陵便有不少的儒生和顯宦，人口數目上雖然不及茂陵，然而占籍二陵的人，社會地位却就高於茂陵了。

徙民的事到東漢便停止了，關中又不爲國都所在，因此人口很顯著的減少，我們從下列數目字可以看出：

區域	前漢口數	後漢口數	比較
京兆尹	682,468	285,574	−396,894
左馮翊	917,822	145,195	−772,627
右扶風	836,070	93,091	−742,976

京兆最少相差在一倍以上，馮翊扶風幾相差十倍。 因此便爲戎狄所侵踞，至晉而不改。

晉書江統傳『漢興而都長安，關中之郡，號三輔。 ……及至王莽之敗，赤眉因之，西都荒毀，百姓流亡。 建武中以馬援領隴西太守，討叛羌，徙其餘種於關中，居馮翊河東興地，而與華人雜處。 數歲之後，族類蕃息，旣恃其肥彊，且苦漢人侵之。 永初之元，騎都尉王弘，使西域發調羌氏，以爲行衞。於是漢羌奔駭，互相扇動。 二州之戎，一時俱發。 覆沒將守，屠破城邑。鄧騭之征，棄甲委兵，輿尸喪師，前後相繼，諸戎遂熾。 至於南入蜀漢，東掠趙魏，唐突軹關，侵及河內。 及遣北軍中候朱寵將五營士於孟津距羌，十年之中夷夏俱斃，任尙，馬賢僅乃克之 ， ……自此之後 ， 餘燼不盡，小有際會，輒復侵叛，馬賢狃忕，終於覆敗，段熲臨衝，自西徂東。 雍州之戎，常

為國患。　中世之寇，惟此為大。

西漢一代的經營，到東漢便完全斷送，而西漢長安諸陵的富人和游食逐移到河南和南陽了。　潛夫論卷三：

『今舉世舍農桑，趨商賈。　牛馬車輿，填塞道路，游手為功，充盈都邑，……今察洛陽浮末者什於農夫；虛偽游手者，什於浮末。　……或以謀姦合任為業，或以游馭博奕為事，或丁夫不傳犁鋤，懷丸挾彈，携手遨游。』

文選名都篇注引王逸荔支賦『宛洛少年，邯鄲遊士。』

古詩『驅車策駑馬，遊戲宛與洛，洛中何鬱鬱，冠帶自相索，長衢羅夾巷，王侯多第宅。』

這簡直西漢五陵游俠的情形了。　由此可知後漢財富的東移。　雖然後書陳龜傳所紀三輔尙有強豪之族。　王尤傳稱『三輔民庶熾盛，兵穀富實。』　但政治中心已移，決不是西京的豪華富盛了。

東北的中國人及郡縣設置

東北所置郡縣戰國的燕已經有了。　據史記燕世家秦始皇本紀和水經注我們知道始皇二十二年平燕以後置遼東郡和遼西郡。　據漢書武紀元朔二年東夷薉君南閭等口二十八萬人降為蒼海郡（元朔三年因公孫弘議罷去，見武紀及公孫弘傳）到元封三年平朝鮮以後又置樂浪玄菟臨屯眞番四郡（見武紀及朝鮮傳，始元五年罷眞番及臨屯見昭紀及後漢書東夷傳）於是遼寧吉林和朝鮮半島的大部分都為中國所有。

傅孟眞先生的東北史綱對於燕秦漢與東北關係之步驟有下列的隱括：

1.周漢時之朝鮮（當時之朝鮮境與今不同：當時朝鮮北有今遼寧省之一部，南有今朝鮮之大半，而所謂三韓者不等。）初為箕子後人之國，繼為衞滿自主之地，較之南粵與中國之關係更近。

2.燕時遼東及朝鮮之一部皆屬燕，其建置可攷者有遼東郡（見史記匈奴傳）。

3.秦代之東北境有遼東郡，遼西郡，漁陽郡，右北平郡，皆燕時所置（見匈奴傳）更以朝鮮屬遼東外徼。　燕秦時今朝鮮西境皆臣服中國，最南所及已至今朝鮮城之南。……

4. 漢與稍向內徹守禦『復與遼東故塞，至洟水爲界，屬燕』。 然遼東仍爲重鎮，有高廟。

5. 漢武時以朝鮮王右渠不恭順爲借口而東伐，定其全部，置眞番臨屯樂浪玄菟四郡。 其北境之部族皆率服，其南境之三韓（辰韓，馬韓，弁韓，）皆入貢，於是朝鮮半島與今所謂『南滿』及『東海濱州』者，皆統一於中國之治焉。

——（頁二九 —— 三〇）

其中證據已見東北史綱今不詳引，今當注意者，卽現在所謂『南北滿洲』『東海濱省』及朝鮮在漢代之前後，確長期爲中國實力與聲教所及（自然東部亞洲常爲中國文化上或事實上的殖民地固不僅漢代，茲因論漢代故斷限於此）。 當時對於中國本部的關係，不下於浙江，湖南，和廣東，較之福建和雲貴，甚且過之（據今之地域較爲方便，故不從漢郡）。 此等地方到魏晉尚常爲中國的郡縣，直至永嘉亂後，始沒於鮮卑高句麗（三國時公孫度對於中原的關係不下士燮，此盡人所知者）。 自此以後兩廣福建因爲在南渡以後勢力範圍之內，逐漸經營與內地差異日少，而東北和朝鮮則無從過問。 隋唐一統中國對東北方開始經營，尚未竣功，又起安史之亂，東北所鄰爲河北諸鎮。 唐時藩鎮處在和中央對立情況之下，內受制於軍人，外和鄰鎮相妒忌，自然沒有向邊疆發展的可能。 反之長江以南常在比較統一而安定局面之下，自然很容易發展。 但到了宋代統一以後，連累代已經經營好的交趾變成化外了，玄菟樂浪還有什麼可說的呢？

在周秦之際，從遼河到朝鮮早已爲中國人分布的地方，後來衞滿又帶去不少燕齊之衆是無疑義的，從東北史綱所引的揚雄方言，可以知道。 燕齊人向來長於航海的，孟子稱齊景公欲『遵海而南放於琅邪』可見當時環繞個膠東半島並不算什麼了不得的事。 秦始皇時求神仙的燕齊方士，許多去海外不歸，如果對航海的事無相當經驗，決不會去。 在漢書藝文志方技書有海中星占驗十二卷，海中五星經雜事二十二卷，海中五星順逆二十八卷，海中二十八宿國分二十八卷，海中二十八宿臣分二十八卷，海中日月彗虹雜占十八卷，雖未曾著明作者籍里，亦可知非燕齊人莫屬。 據日本鳥居龍藏滿蒙古蹟考所考在漢以前渤海峽確已有交通。 又據樂浪所載之『占天地盤』，則齊人占驗之俗，實已及於樂浪。 後漢書循吏傳：

『王景字仲通樂浪讄邯人也，八世祖仲本琅邪不其人，好道術，明天文，諸呂作亂，齊哀王襄謀發兵而數問於仲，及濟北王興居反欲委兵師仲，仲懼禍及，乃浮海東奔樂浪山中因而家焉。』

在這一段有幾點可以注意，第一王仲『明天文，好道術』正和史記封禪書所稱『海上方士』一類人最近。　上所舉一類海上天文書一定可以利用的。　固然漢志所載一定有在王仲以後的時代所作，但當時也一定早有萌芽了。　第二他一去就能到樂浪山中，可見當時確有中國的居民留止，不然決不會孤立在一個異民族社會，八世而不改華風。（又魏志青龍二年及正始元年遼東流民渡海入齊郡，此雖較後之事，但亦可證黃海交通之易也）。

東北史綱云：

『所謂中國人者，指自燕齊一帶而往原以漢語爲母語之民然而言。　此民族挾其文化土之優越勢力及巨大組織，東向拓置自荒古已然。　所謂遼東半島者，或自始便與山東半島爲同一民族所居。　至於中國內部移出之記載最早有箕子之建東封，其地域容或在鴨綠江（古名馬訾水）之兩邊。　其後燕秦拓土曾越浿水（今大同江）而至列水。　遼東，遼西皆置郡縣。　是則當紀元前三世紀之光景，中國勢力已拓置于朝鮮西半部，漢武之設樂浪郡，非創造事實，乃承前之再造也（詳見本書上章）。　中國人勢力更東南向以入辰國，所謂辰韓實即中國人與土著之混合國家，其語言不僅包含若干中國語成分，且包含秦人方言。　後書云∟辰韓耆老自言秦之亡人，避苦役，適韓國，馬韓割東界地與之。　其名國爲邦，弓爲弧，賊爲寇，行酒爲行觴，相呼爲徒，有似秦語，故或名之爲秦韓。┐　魏志云∟辰韓……其耆老自言古之亡人，避秦役來適韓國，馬韓割其東界地與之。　有城柵，其言語不與馬韓同，名國爲邦，弓爲弧，賊爲寇，行酒爲行觴，相呼皆爲徒，有似秦人，非但燕齊之名物也。┐是其顯證。　燕人衞滿挾其數茜之∟亡人┐東渡浿水，代箕氏以建國，濊貊真番沃沮皆服屬，故收集之中國人尤多。　逮武皇統一之後，遼外諸郡遂爲固定之建置，而夫餘句驪濊貊皆服屬焉。　下至慕容氏之興四百餘年間，皆漢人拓張並穩固其勢力之時代。』（頁一一〇）

在其中尤可注意的是辰韓的問題。 秦的亡人何以能成羣結隊離開秦皇帝的勢力出函谷，涉大河，而到海外去，如果不成羣結隊有相當勢力，馬韓已經是一個據有土地的部落，何以能將一半地方割與毫不相干的外來民族。 我想這或者與秦的方士有關的。 史記秦始皇本紀云：

『二十八年齊人徐巿上書，言海中有三神山，名曰蓬萊，方丈，瀛洲，仙人居之。 請得齋戒與童男女求之。 於是遣徐巿，發童男女數千人，入海求仙人。』

『三十七年十月癸丑，始皇出游，……還過吳……北至琅邪。 方士徐巿等入海求神藥 數歲不得費多恐譴，乃詐曰∟蓬萊藥可得，然常爲大鮫魚所苦，故不得至，願請善射者與俱，見則連弩射之。┐ 始皇夢與海神戰如人狀，問占夢博士曰∟水神不可見，以大魚蛟龍爲候，今上禱初謹，而有此惡神，當除去，而善神可致。┐ 乃令入海者齋捕魚具。』

可知徐巿入海曾經失敗，後再返，乃以鮫魚爲解，始皇竟信其語，則徐巿必曾二次入海。 言令『入海齋捕魚具』則入海者又不僅一徐巿，按伍彼傳則徐巿確曾『得平原大澤止王不來』。 （史記封禪書亦言『使人乃齋童男女入海求之』惟其託過略耳）今雖不能竟謂辰韓卽屬徐巿所往，但以前引王仲事例之，則秦人隨方士結隊前往携捕魚具取馬韓一部，自非不可能之事 （秦禁兵器，方士自不可攜以往，今旣命攜捕魚具，則不僅網罟可知，古捕魚本用弓矢，見左傳桓公矢魚于棠，言捕魚具固可以賅弓矢也）。 又徐巿入海之處，相傳在滄州饒安（元和郡縣志），如其說果確，則入海之地亦距朝鮮爲近。

以遼外爲避難的區域，不惟秦代爲然，後世亦有之，在西漢末年遼外比較爲安定的：

後漢書逸民傳『逄萌字子慶北海都昌人也，……王莽殺其子宇，萌謂友人曰∟三綱絕矣，不去禍將及人┐，卽解冠挂東都城門，歸將家屬浮海客遼東。……及光武卽位乃之琅琊勞山。』

後漢書獨行傳『王烈字彥方太原人也……黃巾董卓之亂乃避地遼東，夷人遵奉之，太守公孫度接以昆弟之禮，訪酬政事，欲以爲長吏，烈乃爲商賈自穢得

免。』

魏志管寧傳『字幼安，北海朱虛人也，……天下大亂，聞公孫度令行於海外，遂與原（邴原）及平原王烈等至遼東。』

是東北爲中原人避難之場所，本非民國以後始如此也。

東北人口歷來較西北爲稠密，東漢較西漢略爲減少，但減少的比例，亦不及西北之甚，茲將兩漢東北人口表列於下

郡名		西漢數目	東漢數目	比較	
遼西	戶	72,654	14,150	−58,504	
	口	352,325	81,714	−290,611	
遼東	戶	55,972	64,158	＋11,814	（遼東屬國戶口未計入）
	口	272,539	81,714	（此數有誤）	
玄菟	戶	45,006	1,594	−43,412	
	口	221,845	43,163	−178,782	
樂浪	戶	62,812	61,492	−1,320	
	口	406,748	257,050	−149,698	

遼西戶口所以減少的，固然由於東漢邊郡人口的數目大略均較西漢爲少，遼西不能外其例。但遼西的且慮，新安平，柳城，狐蘇，文成，塗，均省去，而昌遼，賓從（改名賓徒）徒河又改屬遼東屬國，以前所有的十四城，現在只餘五城了。所以人口減去二十餘萬。

遼東本有十八城，東漢只餘十一城（候城改屬玄菟，續漢志在遼東亦載此縣，應刪，則遼東僅十城而已，見錢氏攷異及後書集解引馬與龍語），其中候城，遼陽，高顯改屬玄菟；房，險瀆改屬遼東屬國，遼隊，居就，武次省；所去的戶口當然很多。但續漢郡國志所載戶數，較漢書所載尚有增加，可見內郡移居者的多了。至於口數較少，大抵由於數目字的錯誤。據續漢郡國志所載，遼西的口數爲八萬一千七百一十四，遼東以戶數也是八萬一千七百一十四。兩個相鄰的郡，在同一個時期，人口數目完全相同，天下決沒有如此十分湊巧的事。其中數目字有誤，大概是可以斷定的。我們從戶數的增加看來，口數也一定是增加的。當然這時候玄菟和樂浪也許

有相當的擾亂，因此有避難到遼東去的，而玄菟樂浪的人口便因之減少。　但從以上所舉的證據看來，的確也有不少的內郡人東移，不僅玄菟樂浪人西徙。

玄菟郡當漢平帝時有四萬五千戶二十二萬口順帝時僅得七千五百戶四萬三千口，僅當前戶數三十分之一，口數五分之一。　（續志戶數作一千五百九十四以之除口數則每戶應有三十人，在兩漢不論內郡邊郡均無其例，且兩漢未有千戶而爲郡者，大約『一千』以上脫一『萬』字，但此處無其他證據，只好不論戶數多少，只以口數爲準。）　而其領地後漢卻新增高顯候城遼陽三縣，則玄菟原有領土當然有損失的。

據後漢書東夷傳說：

『句驪一名貊耳，有別種依小水而居，因名之小水貊。　王莽初，（據漢書王莽傳句驪爲寇事在始建國三年）發句驪兵以伐匈奴，其人不欲行，彊迫之皆亡出塞，爲寇盜。　遼西大尹田譚近擊戰死，莽令其將嚴尤擊之，誘句驪侯騊入塞斬之，傳首長安。　莽大說，更封高句驪王爲下句驪侯，於是貊人寇邊愈甚。　建武八年高句驪遣使朝貢，光武復其王號。　二十三年冬……詣樂浪內屬。　二十五年春句驪寇右北平，漁陽，上谷，太原，而遼東太守祭肜以恩信招之，皆復款塞。　後句驪王宮……數犯邊境，和帝元興元年春，復入遼東，寇略六縣。　太守耿夔擊破之，斬其渠帥。　安帝永初五年遣使貢獻，求屬玄菟。　元初五年，復與濊貊寇玄菟，攻華麗城。　建光元年……攻玄菟遼東，焚城郭，殺傷二千餘人，於是發廣陽，漁陽，右北平，涿郡，屬國三千餘騎同救之，而貊人已去。　……是歲宮死……其後濊貊率服東垂少事，順帝陽嘉元年置玄菟郡屯田六部。　（部順紀誤作郡。）

章懷注引魏氏春秋曰『遼東郡西安平北有小水南流入海，句驪別種因名之小水貊。新唐志『安東府南至鴨綠江北泊汋城七百里故安平縣也。』馬與龍曰（續志集解引）『據唐志當在鴨綠江北近海處』其地當在寬甸安東附近。　西安平北之小水當爲渾江南流入鴨綠江入海，則小水貊之根據地當在摩天嶺東通化柳河一帶。　前漢志，玄菟高句驪下注云：『遼山遼水所出，西南至遼隊入大遼水，又有南蘇水西北經塞外。』此所謂遼水，一統志，漢志水道圖說，並以爲即水經小遼水，即今渾河。　姑無論南蘇水所在何處，高句驪故城何處，渾河流域爲高句驪縣屬地，則小水貊之地望與高句

驪縣，本相銜接，故小水貊亦稱高句驪。　又吳增僅三國郡縣表玄菟攷云：

『魏志東夷傳漢武間玄菟郡治沃城，後爲夷貊所侵，徙郡句驪西北高句驪之東千里。　靈帝安寧二年句驪王伯周降遼東，喜平中伯因乞屬玄菟。　通鑑青龍元年，公孫淵置吳使秦旦等六十八於玄菟，玄菟在遼東二百里。　胡注云此非玄菟舊治也，據此則漢末玄菟已徙近遼東。』

楊守敬前漢地理圖位高句驪於今吉林樺甸縣松花江曲折處，而續漢郡國圖位高句驪於今遼寧渾河發源處，大概是對的。　因爲自王莽以後小水貊漸漸爲中國寇。　其地在高句驪故縣之東南，若西侵遼東並經漁陽上谷而到太原，則今樺甸一帶不能西通中國，所以此地不復可守。　於是玄菟郡漸漸西移，因爲棄地的關係，所以縣雖增加，而戶口則減。　（安帝元初五年尙有華麗縣，見前引後書東夷傳，此縣不見續志，則順帝時已失矣。　亦後漢蹙地之證也。）

樂浪人口減少的原因完全由於光武的『改流歸士』政策。　後漢書東夷傳。

『濊北與高句驪沃沮，南與辰韓接，東窮大海，西至樂浪，……元朔元年……武帝以其地爲蒼海郡數年乃罷，至元封元年滅朝鮮分置樂浪，臨屯玄菟眞番四郡，至昭帝始元五年罷臨屯眞番以幷樂浪玄菟，玄菟復徙居高句驪，自單大領以東，沃沮濊貊悉屬樂浪。　後以境土廣遠，復分領東七縣，置樂浪東部都尉。……建武六年省都尉官，遂棄領東地悉封其渠帥爲縣侯，皆歲時朝賀』。

樂浪東部都尉卽蒼海郡故地，蒼海郡人口有二十八萬（見前引漢書）此時濊人無大兵革當不至減。　假定平帝時其口數與武帝時同，則樂浪領西口數當爲四十萬六千七百中減去二十八萬，僅得十二萬六千七百。　而續志樂浪居然有二十五萬七千可見漢人移居此地之衆了。

江漢以南之人口與開發

後漢江漢以南之郡國大概是比較前漢有增加的，茲舉於下：

郡國	前漢口數	後漢口數	比較	百分比（以前漢 爲標準）
南郡	718,540	747,604	＋ 29,064	150%
江夏	219,218	265,464	＋ 46,246	125%

廬江及六安	{ 457,333(廬) +178,616(六)	424,683	−211,276	69%
九江	780,520	432,426	−348,094	55%
臨淮及廣陵 (後漢臨淮改下邳其 東部諸縣併入廣陵)	1,237,764(臨) +140,722(廣) =1,378,486	611,083(下) +410,190(廣) =1,021,275	−357,213	74%
會稽 (後漢分其北 爲吳郡)	1,032,604	481,196(會) +700,782(吳) =1,181,078	+148,474	114%
丹陽	405,170	630,545	+225,375	155%
豫章	351,965	1,668,906	+1,316,941	477%
長沙	235,825	1,059,372	+823,547	469%
桂陽	156,488	501,403	+344,915	322%
武陵	185,758	250,913	+ 65,155	141%
零陵	139,378	1,001,578	+862,200	721%
漢中	300,614	267,402	− 33,212	89%
廣漢	662,249	509,438(廣漢) 205,652(屬國)	+ 52,841	109%
蜀郡	1,245,929	1,350,476(蜀) 475,629(屬國)	+580,170	131%
犍爲	489,486	411,378(犍) 37,187(屬國)	+ 40,921	92%
越嶲	408,405	622,418	+214,013	154%
益州 (後漢分其 西爲永昌)	580,463	110,802(益) 1,897,344(永)	+1,407,688	306%
牂柯	153,360	267,253	+113,893	174%
巴郡	708,148	1,086,049	+377,901	153%
南海	94,253	250,282	+156,029	266%
蒼梧	146,160	466,975	+320,815	319%
九眞	166,013	209,844	+ 43,881	125%
合浦	78,980	86,617	+ 7,637	109%
日南	69,485	100,676	+ 31,191	145%
交趾		後漢數目不詳		
鬱林		同		

以上各郡除鄰近中原的九江廬江臨淮漢中以外其餘是無不增加的。　增加的原因大抵有下列數點：

　　（1）中原人民的避亂南遷。

　　（2）中原人民的自然向南移殖。

　　（3）罪人的流放。

　　（4）循吏多在南方著名，足徵當時對中原人民的招集，和異族的歸化，有顯著的效果。

　　（5）對異族的武功征服。

中原喪亂，江左和嶺南，因為地勢較僻而有險可守，所以往往可以據地自保。如楚漢時趙佗，吳芮；王莽時的錫光；三國時的孫權，士燮，呂凱；都是這一類的情形。　因為可以得比較上的安定，所以中原人士自然要避亂南來了。　漢代之以避亂南遷見於紀載的幾於舉不勝舉（三國志晉書所記避亂江南者尤多今不悉舉）例如：

　　後漢書胡廣傳『六世祖剛，……王莽居攝……亡命交阯隱於屠肆之間。』

　　又，任延傳『更始元年有會稽都尉，……時天下初定，道路未通，避亂江南者皆未還中土，會稽頗稱多士。』

　　吳志士燮傳『士燮……蒼梧廣信人也，其先本魯國汶陽人，至王莽之亂避地交州。』

　　晉書儒林傳『范平字子安吳郡錢塘人也，其先鉎侯馥避王莽之亂適吳，因家焉。』

　　晉書隱逸傳『韓績字興齊廣陵人也，其先避亂居於吳之嘉興。』

　　新唐宰相表『姚姓……至田豐，王莽封為代時侯以奉舜後，子恢過江居吳郡。』

可知在漢代以前，每遇亂事，中原人的南遷，已成通則。　後漢南方人口增多，王莽時亂事自屬重要原因之一。

　　其次是人口自然的南遷，這和交通有密切關係的。　楚策一云：

　　『張儀為秦破縱連衡說楚王曰……秦西有巴蜀，方船積粟起於汶山循江而下至郢三千餘里，方船載卒一舫載五十人與三月之糧，下水而浮一日行三百餘里，里數雖多，不費汗馬之勞，下水而浮一日行三百餘里，不至十日而至捍關。』

華陽國志云：

> 『永興二年……巴郡太守望上疏曰郡治江州結舫水居五百餘家，承三江之會夏
> 水漲盛壞散顛溺死者無數。』

由是可知巴蜀舟船使用的普遍了。　又史記淮南王安傳。

> 『伍被言吳王上取江陵木爲船，一船之載當中國數十兩車國富民足。』

晉釋道安高僧傳云：

> 『安清字世高……以漢桓之初到中夏……高遊化中國，事畢，振錫江南……行
> 達都亭湖廟。　此廟舊有威靈，商旅祈禱乃分風上下，各無留滯……高同旅三
> 十餘船，奉牲祈福。』

其辭雖未必無增飾，且恐以晉人論漢事，未必盡當，然以前例證之，有舟船之利，固
實情也。　至於唐蒙稱下牂柯江『制越之一奇』，漢武平南越取道南海，則粵江流域
交通也有相當的利便。　隸釋四引熹平三年桂陽太守周憬功勳碑云：

> 『郡又與南海接比，商旅所臻，自瀑亭至乎曲江壹由此水源也。　……府君
> 乃命良吏……順導其經脈。　由是小溪乃平直，大道允通利，抱布貿絲交易而
> 至。』

則桂陽舟楫之利與商賈之事在熹平以前已有相當的發達，周憬乃因勢而利導之，荒僻
之地如此，則衝繁者可想。　許多中原氏族固有在避兵禍以外的原因，如因仕宦或避
仇而往，然亦山南服開發，所以不復返中原了。

> 後漢書王充傳『會稽上虞人也，其先自魏郡元城徙焉。』（詳見論衡自紀篇）
> 後漢書方術傳『折像字伯式廣漢雒人也，其先張江者封折侯，曾孫國爲鬱林太
> 守，徙廣漢，因氏焉。』
> 新唐宰相表『江夏李氏……（本趙郡人）昭少子就，後漢會稽太守高陽侯，徙
> 居江夏。』
> 又『陸氏……（本京兆人）烈字伯元吳令豫章都尉。　既卒，吳人思之迎其喪
> 葬於胥屏亭，子孫遂爲吳郡吳縣人。』
> 又『闞氏……車騎將軍長社侯顯生穆避難徙於巴西之安漢。』
> 又『沈氏……邁字伯式漢齊王太傅，居九江壽春……戎字威伯……徙居會稽之

　　烏程。』

　　又『朱氏……坐黨錮誅，子孫避難丹陽。』

　　又『唐氏……徙居潁川……翔爲丹陽太守因家焉。』

這許多都是自北而南徙的，其由南而北者，只有嵇氏由會稽徙河內（魏志王粲傳賢嵇喆康傳）而已。　　又江南土地的肥沃，禹貢的作者尙不明悉，但後漢時，安帝永初七年，江南的租米便可供中原的不足了。

　　粤江流域開發情形，自亦因長江流域的開發而增進，意林引風俗通曰：

　　　『汝南王叔漢父子方，出游二十餘年不還。　叔漢作尙書郎，有人告子方死於汝
　　　南，卽遣兄伯三往迎喪，叔漢卽發，詔書賻錢二十萬。　旣而子方從蒼梧還，
　　　叔漢詣闕乞納賻錢，受虛妄罪。　……詔書還錢復本官。』

可見中原人踪跡的遠了。

　　其次關於罪人的流放可由下引推知：

　　　後書南蠻傳『凡交阯所統雖置郡縣，而言語各異，重譯乃通。　……後頗徙
　　　中國罪人，使雜居其間，乃稍知言語，漸見禮化。　光武中興，錫光爲交阯，
　　　任延守九眞，於是敎其耕稼，制爲冠履，而設媒聘，始知姻娶，建立學校，導
　　　之禮義。』

則罪人之於南服影響，不可謂不大。　　至於罪人且有成爲富豪者，可由漢書王章傳見之。

　　西漢吏治著稱的多在中原，而東漢則江南以吏治稱者不少，可知江南的開發，在東漢是進行很有成效的。　後漢書李忠傳：

　　　『遷丹陽太守，是時海內新定，南方海濱多擁兵據土。　忠到郡招懷降附，其
　　　不服者，悉誅之，旬日皆平。　忠以丹陽越俗不好學，嫁娶禮義衰於中國，乃
　　　爲起學校，習禮容春秋鄉飮選用明經，郡中向慕之。　墾田增多三歲間流民占
　　　著者五萬餘口。』

其在循吏傳者，如衞颯之設置桂陽的郵驛，流民稍還，漸成聚邑。　茨充爲桂陽太守，敎民蠶織，北至長沙，皆得其利。　任延爲九眞太守，令民牛耕，鑄作田器，敎之墾闢田疇，歲歲開廣。　王景爲廬江太守，墾闢倍多。　餘如許荆的爲桂陽太守，

孟嘗之爲合浦太守，皆有異政。　其時代也都在順帝以前，當然對於順帝時人口數目的增加有不少影響。

　　中原人開發大江南北是自北而南自上游而下游的，長江流域最北最上游的郡爲蜀郡，故蜀最先開發，爲天下饒，而工官多在蜀。　（地理志蜀郡巴郡均有工官又有橘官木官。　賈禹傳『廣漢主作金銀器。』　又日本人在樂浪故址所得漆器，亦題蜀郡所造。）　後書公孫述傳。

　　　『李熊復說述曰⋯⋯蜀地沃野千里，土壤膏腴。　果實所生，無穀而飽；女工之業，覆衣天下。　名材竹幹器用之饒，不可勝用。　又有魚鹽銅銀之利，浮水轉漕之便。』

　　　班固西都賦：『竹林果園，芳草甘木，郊野之富，號爲近蜀。』

可知蜀地之肥饒，　與蜀地爲天下人士所艶稱了　（參見高紀六年，張夏傳，文翁傳，後書廉范傳）。　自從秦時用司馬錯幷蜀，秦益強，　富厚輕諸侯，而藉之幷天下，（戰國秦策）漢高祖亦因之成帝業。　從此以後，巴蜀成爲關中的財源。　自然歷代帝王對於巴蜀的經營要特別注意，巴蜀更很快的發展起來。　後來文翁治蜀藉其富饒而更加之以教誨，於是『彬彬多文學之士矣』。　至西漢初吳王濞君臨吳國數十年，多招致天下流民游士，而江南銅鹽之利始稱饒富，自後會稽文士，兩漢均有不少。東漢會稽吳郡之分郡更是顯而易見的事。　吳和蜀的立國蓋於此肇其基。　至晉時文化與政治組織之正統反在此保存，亦前此所不及料者也。　其中異族如山越武都氐板楯之類，雖未同化，但皆在窮山僻地，決不能阻止中國的開發。

　　東漢對於長江流域是用文治，但對於滇越仍是用武功。　最顯著的是永昌郡的設置，永昌的人口有一百多萬。　旣不是流亡的招集，亦非內地的移殖，　則非出於武力的征服莫屬。　水經葉楡水注，稱馬援在建武十九年擊益州事云：

　　　『不韋縣⋯⋯故九隆哀牢之國也（按不韋始于秦時放呂氏之族漢武時置縣此蓋其書所屬之地）⋯⋯世世不與中國通，漢建武二十三年王⋯⋯攻漢鹿茤民⋯⋯船沈沒溺死數千人，後數年，復遣六王將萬許人攻鹿茤，鹿茤王與戰殺六王。⋯⋯卽遣使詣越巂奉獻，求乞內附，長保塞徼。　漢明帝永平十二年置爲永昌郡。』

華陽國志南中志：

> 『元初四年，益州·永昌，越巂諸夷封離等反衆十餘萬，多所殘破。 益州刺
> 史張喬遣從事蜀郡楊諫將兵討之，諫先以詔書告諭，告諭不從，方略滌討。
> 凡殺虜三萬餘人，獲生口千五百人，財物四十餘萬，降赦夷三十六種，舉劾姦
> 貪長吏九十人，黃綬六十人，諸郡皆平。 諫以傷死，故功不錄，自是後少寧
> 五十餘年。』

因為其民原為土著，所以靈帝以後常有叛亂，到清代才慢慢的改土歸流。 再據華陽
國志，當時各郡官吏大半貪汙，這種情形也和明代的失安南，如出一軌。

至於交州領域和荊益的邊境， 從巫山武陵以南 ， 都是漢夷雜居之地。 自從建
武十九年馬援大舉以後（見光武紀及馬援傳），是常有叛亂的（建初元年，二年，五
年，永元四年，五年，十二年，十三年，十四年，元初二年，三年，四年，五年，六
年，延光二年。）但大半用州郡兵可以討平，用不着大舉。 並且常有內屬情事。
（建武二十七年，永平十九年，元和元年，永元九年，十二年，延光元年，三年）可
見東漢西南的問題，遠不如西北問題的嚴重。 但據晉書陶璜傳說：

> 『廣州南岸……不賓屬者乃五萬餘戶，……桂林復當萬戶，至於服從官役終五
> 千餘家。』

> 『合浦郡土地磽确，無有田農，百姓惟以采珠為業，商賈出來，以珠貿米。』

則南海合浦到晉時尚在半開化之狀況，不能以唐宋以後情形比例的。 續漢郡國志的
人口，雖然較漢地理志增加，但對中原的關係，尚遠不若吳會的密切。

附記： 本篇作時承傅孟真先生討論指導 ， 作成又經羅莘田先生校閱，用志申
謝。

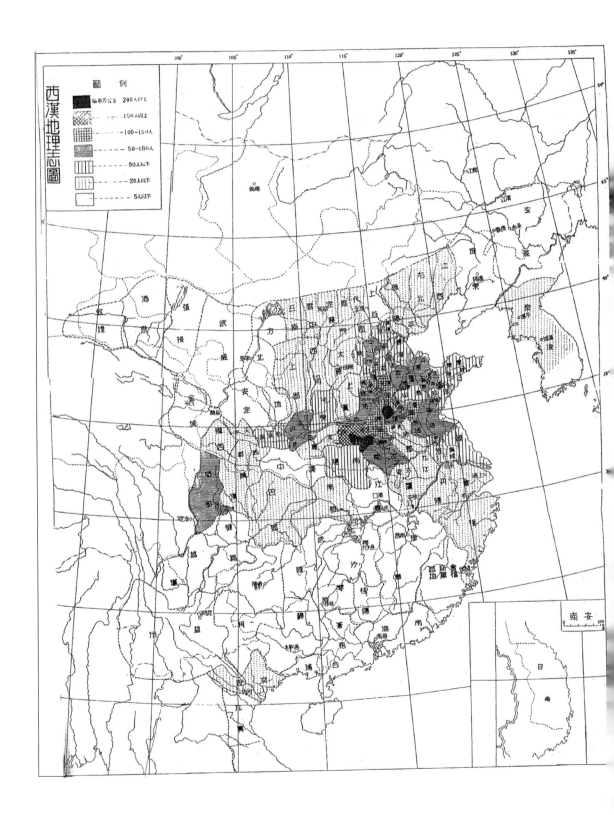

象郡牂柯和夜郎的關係

對於名實的關係，許多事物是同名異實的，許多事物是同實異名的，也有許多事物是名實之中一部分相關但不完全相等。在這許多名實繚繞的紛紜狀態之中，許多糾紛和誤會便由此產生。秦有象郡，漢武帝也曾設象郡；漢武帝時有夜郎國；漢書地理志牂柯郡也有一個夜郎縣爲牂柯都尉治所。然而秦的象郡不應誤爲漢的象郡；牂柯郡的郡界雖以夜郎國境爲基礎，但也不是就等於夜郎國，郡治故且蘭也並非夜郎國都。

（甲） 秦的象郡和漢的象郡

秦的象郡應當在越南境內，這是一個用不着懷疑的事。史記秦始皇本紀云：『三十三年發諸嘗逋亡人，贅壻，賈人，略取陸梁地，爲桂林，象郡，南海，以適遣戍。』注韋昭曰：『今日南。』漢書地理志：『日南，故秦象郡。』晉書地理志：『日南郡，秦置象郡，漢武帝改名焉。盧容，象郡所居。』可見秦象郡在漢的日南，史家相承，向無異說。

至於象郡的地望，可以盧容爲中心來推定。盧容所在，水經溫水注云：『……又南逕四會浦，水上承日南盧容縣西，古郎究內漕口，馬援所漕水，東南屈通郎湖，湖水承金山郎究究水北流，左會盧容壽冷二水。盧容水出西南區粟城高山，山南長嶺連接天障，嶺西盧容水湊，隱山逕西衞北而東逕城北。』又云：『自四會南入，得盧容浦口，晉太康三年，省日南郡屬國都尉，以其所統盧容縣置日南郡，及象林縣之故治。晉書地道記曰：「郡去盧容浦口二百里，故秦象郡象林縣治也」。』又云：『康泰扶南記曰：「從林邑至日南盧容浦口，可二百餘里。從口南發往扶南諸國，常從此口出也。」』照這幾段說來，盧容的方位是可以從：（1）四會浦，

（2）盧容浦，（3）區粟城等處來推定的。區粟城的坐落在水經注溫水注中也說到的。法國人鄂盧梭（Leonard Aurouseau）對於喬治·馬司帛洛（Georges Maspero）占婆史（Le Royaume de Champa)的書評（河內遠東法國校刊一九一四年十四卷九號，馮承鈞西域南海史地考證譯叢續篇有譯文，題爲占城史料補遺。）認爲『郎湖就是名曰 Câu-hai 的大海湖之東湖，四會浦就是順安（Thuân-an）海口，盧容浦就是 Câu-hai 湖在 Chu-may 西岬北邊的入海口。……古之區粟近在承天府河之南，就在今日 Ban bô 地方。嗣德陵通道所橫斷廢址之中。』這一個遺址在順化附近是一個最重要的遺址，可以證明爲漢代日南郡的西捲城和水經注所稱的區粟城的。照水經注所記盧容城約在區粟城的近處，且同在一個三角洲。此處卽現在越南京城順化所在，因此秦的象郡也不妨以順化爲中心來推定他的地域。

此外，照晉書地道記，晉的盧容浦口爲秦象郡的象林，這和漢代象林縣應在現在越南的廣南（Quang-nam）以南數十公里的 Dong-duong，是不同的，這又是一個同名異地的事。

現在再討論象郡的設置。秦時略取陸梁地，設南海，桂林，象郡。趙佗時仍前境域。漢武帝始分爲九郡。史記南越列傳云：『南越王尉佗者，眞定人也。姓趙氏。秦時已幷天下，略定揚越，置桂林，南海，象郡，以謫徙民。……（佗）行南海尉事。……秦已破滅，佗卽擊幷桂林，象郡，自立爲南越武王。』漢書南粵傳云：『夜郎兵未下，南粵已平，遂以其地爲儋耳，珠崖，南海，蒼梧，鬱林，合浦，九眞，日南，九郡。』所以秦的三郡，卽漢的九郡，象郡的領域當然在此九郡之中，而不應當在九郡之外。

但是漢武帝却也曾經在九郡之外設了一個象郡。按着地域說來，大都爲夜郎國境。夜郎是西南夷，象郡是舊陸梁地，兩處本有分別。並且史記明說趙佗擊幷象郡，而南越對於西南夷，却是：『南越以財物役屬夜郎，西至同師，然亦不能臣使也。』（史記西南夷列傳。）這樣顯然象郡不是西南夷。因此我們決不應當將二者來混爲一談。

誤解古書把秦象郡認爲卽漢象郡的有兩個人。一個是法國亨利·馬司帛洛，（Henri Maspero），他的論文在河內遠東法國學校校刊一九一六年第十六卷四九至

五五葉，一個是日本佐伯義明，(Y. Saegi) 他的論文見於一九二八年史學雜誌三十九卷十號。他們根據的不外下列四條：

    a. 漢書昭帝紀，元鳳五年（前七六年）秋，罷象郡，分屬鬱林，牂柯。

    b. 山海經海內東經，沅水出象郡鐔城西。入東注江，入下巂西，合洞庭中。

    c. 山海經海內東經，鬱水出象郡而西南注南海。

    d. 漢書高帝紀注，臣瓚曰，茂陵書，象郡治臨塵，去長安萬七千里。

這四條的根據，歷來談到象郡問題的都不相信，例如齊召南在清殿本漢書所附的考證說：

> 按此文可疑，秦置象郡，後屬南越，即故象郡置日南郡。以地理志證之，此時無象郡名，且日南郡固始終未罷也。

至於錢大昕的二十二史考異，全祖望的漢書地理志稽疑，吳卓信的漢書地理志補注，周壽昌的漢書注校補，王國維的秦漢郡考，也都不承認這幾條的真實性。法國人鄂盧梭的秦初平南越考（Leonard Aurouseau: La Premiere Conquete Chinoise des pays Annamites. 有馮承鈞譯本）也是不承認有北方的象郡的。

    鄂盧梭的理由較為具體。他認為在這四條理由之中，最有力是昭帝紀的一條，但這一條是毫無根據的。山海經的兩條也不可靠。因為山海經是一部奇異而迷罔的書，四庫全書便把他列在子部小說之內。此書或成於西漢時代，最早的本子當在一世紀下期，惟自此以後，屢經改竄，若是僅僅根據此書的材料考訂古代的政治地理，是一種危險的事。至於茂陵書的一條。他以為昔日的臨塵，在今廣西南寧之西，前漢時為鬱林郡的一個屬縣，從長安到南寧，其距離要不過一千至兩千公里之間，別言之即兩千到四千華里。茂陵書說萬七百五百里，數目太大了。不過里數似乎比地名難錯些，所以錯誤應當在地名上，即臨塵乃由臨邑而誤，臨邑即是林邑。義淨南海寄歸內法傳卷一云：『南至占波，即是臨邑。』所以臨邑即林邑，二字同音，例可通叚。因此他的結論認為此四條都不可信據，他主張『毅然將此文屏除』。

    但這能算這一個問題的最後結論嗎？當然不是。用這樣手續來處理這個問題當然還有漏洞。第一，漢代既無象郡，為甚麼昭帝紀忽然竄入這一條，未免太突兀了。只說不可信賴而不能充分說明這條所以能夠出現的理由，還不能使人心服。第

二，據山海經的兩條，和戰國及秦代情況不合，自然非戰國及秦代舊文，其爲漢武帝時期以後的人竄入，也可以說不致有多大問題。但假設武帝時並無象郡，又何爲忽然參入此二條不屬於神話範圍的地理記載，而且以地望來說，也和昭帝紀所稱應爲接近鬱林和牂柯者冥若符契的相合？所以更不應當用『偶然現象』來解釋，說是都不可信據便算了事。第三，數目字的錯誤和名稱上的錯誤，機會至少相等，決不能說數目字難得錯誤些。據一般地理書來看，數目字或者更容易錯誤。況西漢日南郡治在盧容，不在林邑，並且西漢亦無林邑一個地名，只有象林縣，到後來二百餘年之後，林邑建國才有林邑一名，在茂陵書中無從預見『林邑』二字，更無從錯寫成『臨邑』，再從『臨邑』錯寫成『臨塵』。

因此，我們實在不敢因爲有一二處疑點，便對古代材料輕下斷語，說他是不可信。固然，秦的象郡在越南境內，是一個確然無疑的事；但漢的象郡在貴州和廣西之間，却也是一個不容否認的事。關於漢代的象郡爲甚麼不和秦代的象郡設到同一的地方，雖尚不能有最堅確的解答。揣測起來，似乎最近情理的可能，便是武帝通西南夷的目的，爲的是要平定南越，因此便在西南夷中最接近南越的地方，也設置一個象郡。這種相似的例子在三國和南北朝很容易找到。所以漢武帝象郡的設置應在元光五年（前一三〇）唐蒙通西南夷之後，而在元鼎六年（前一一一）平定南越之前。到南越既定，南越的象郡分成三郡，各立嘉名。未平南越以前在今貴州廣西一帶設置的象郡，便乃保存着象郡之名，一直到昭帝時代。

但漢通西南夷分兩個時期。在建元時因爲北方的情形還很嚴重，對於西南夷只能作初步的經營，此爲第一個時期。史記西南夷列傳云：

建元六年（前一三五年），六行王恢擊東越，東越殺王郢以報。恢因兵威使番陽令唐蒙風指曉南越，南越食蒙蜀枸醬，蒙問所從來，曰：『道西北牂柯』。牂柯江廣數里，出番禺城下。蒙歸至長安，問蜀賈人。賈人曰：『獨蜀出枸醬，多持竊出市夜郎。夜郎者，臨牂柯江，江廣百餘步，足以行船。南越以財物役屬夜郎，西至同師，然亦不能臣使也』。蒙乃上書說上曰：『南越王黃屋左纛，地東西萬餘里，名爲外臣，實一州主也。今以長沙豫章往，水道多絕難行。竊聞夜郎所有精兵，可得十餘萬，浮船牂柯江，出其不

意，此制越一奇也。誠以漢之彊，巴蜀之饒，通夜郎道，爲置吏，易甚』。
上許之，乃拜蒙中郎將。將千人，食重萬人，從巴屬筰關入，遂見夜郎侯多
同。蒙厚賜喻以威德，約爲置吏，使其子爲令。夜郎旁小邑皆貪漢繒帛，以
爲漢道險，終不能有也，乃且聽蒙約還報，乃以爲犍爲郡。發巴蜀卒治道，
自僰道指牂柯江。蜀人司馬相如亦言西夷筰邛可置郡，相如以郎中往喻，皆
如南夷，爲置一都尉十餘縣，屬蜀。……及（公孫）弘爲御史大夫，是時方
築朔方，以據河逐胡。弘因數言西南夷害，可且罷，專力事匈奴，上罷西
夷，獨置夜郎兩縣一都尉，稍令犍爲自葆就。（集解，徐廣曰：『元光六年
南夷始置郵亭』。）

所以武帝通西南夷的動機，實在是爲的利用牂柯江在南越上游，藉此可以爲伐越的
準備的原故。因此，在西南夷設立一個和南越境界同名的象郡，是可能的。不過在
開通西南夷的初期，在西南夷只有一個『稍自葆就』的犍爲郡，其夜郎境內只有一都
尉兩縣，若說還有一個象郡，似乎對當時的史實不合。

到元鼎六年（前一一一年），南越反，漢對西南夷才作一個總的整頓。史記西
南夷列傳又云：

及至南越反，上使馳義侯因犍爲發南夷兵，且蘭君恐遠行，旁國虜其老弱，
乃與其衆反，殺使者及犍爲太守。漢乃發巴蜀罪人，嘗擊南越者，擊破之。
會越已破，漢八校尉不下，即引兵還，行誅頭蘭。頭蘭者，常隔滇道者也。
已平頭蘭，遂平南夷爲牂柯郡。夜郎侯始倚南越，南越既滅，還誅反者。夜
郎侯遂入朝，上以爲夜郎王。南越破後，及漢誅且蘭邛君，並殺筰侯。冉駹
皆振恐，請臣置吏。乃以邛都爲越巂郡，筰都爲沈犁郡，冉駹爲汶山郡，廣
漢以西白馬爲武都郡。

可見在伐南越時，還只有犍爲郡，牂柯越巂各郡還是平越人之後才有的，象郡自然
談不到，因此說象郡是平南越以前設立的，根據就不充分了。又漢書西南夷傳說：

及至南粵反，上使馳義侯因犍爲發南夷兵。且蘭君恐遠行，旁國虜其老弱，
乃與其衆反。殺使者及犍爲太守。漢乃發巴蜀罪人，嘗擊南粵者八校尉擊
之。會粵已破，漢八校尉不下，中郎將郭昌衞廣引兵還，行誅隔滇道者且

蘭。（按且蘭當從史記作頭蘭，史記於反者作且蘭，而隔滇道者作頭蘭，明屬兩地，漢書俱作且蘭，蓋淺人妄改。）斬首數萬，遂平南夷爲牂柯郡。夜郎侯始倚南粵，南粵已滅，還誅反者，遂入朝，上以爲夜郎王。南粵破後，及漢誅且蘭，邛君，並殺筰侯，冉駹皆震恐，請臣置吏。以邛都爲粵巂郡，筰都爲沈黎郡，冉駹爲文山郡，廣漢西白馬爲武都郡。

據史記西南夷列傳太史公論曰：『後揃剟二方，率爲七郡』。集解：『徐廣曰，犍爲，牂柯，越巂，益州，武都，沈犂，汶山地也』。集解是依照本傳以前所述的，恰爲七郡。中間並未提到象郡郡名。所以在平定南越的前後，均找不出來設置象郡的地位。因此對於象郡認爲是平定南越以前或初定南越時所設置，都是不合於歷史記載的揣測。

我們對於歷史上兩種互相矛盾的記載，除非萬不得已，並且確有堅強的證據，不但不應當認爲兩種記載是『必有一誤』，並且也不能『增字』，『減字』，或『改字』的。倘若認爲漢的象郡是平南越時的越地，那就無從相合於史記南越尉佗列傳的『遂爲九郡』，此九郡在漢書已指明爲：『儋耳，珠崖，南海，蒼梧，鬱林，合浦，交阯，九眞，日南』共爲九郡，倘若認爲象郡是平西南夷時的西南夷地，也無從相合於史記西南夷列傳前後所記以及徐廣指出的七郡。總之，統合南越和西南夷地，在這九和七共十六郡之中，除非改字釋史，實不是找到容納象郡的地位，因此無法認爲在元鼎六年（前一一一年）以前曾置有西南夷的象郡。

那麼，這一件事應當如何解決呢？在若干方面的夾縫中，只有一個可能的假設，那便是漢武帝元鼎六年（前一一一年）設置西南夷境中的七郡，而昭帝元鳳五年（前七六年）罷去象郡。象郡的設立，便在此三十五之間。卽象郡是武帝晚年或昭帝初年增置之郡，與舊日秦的象郡並無相承之處。

漢書昭帝紀元鳳五年罷象郡的一條材料，只說將象郡併入鬱林和牂柯，至於象郡在未設郡之前，其境是否屬於鬱林和牂柯，從這一條材料看，是無法知道。茂陵書所說象郡治臨塵，臨塵縣據漢書地理志是屬於鬱林郡的，與昭紀併象郡一部分入鬱林的記載相符，但未設郡之前和南越及與鬱林的關係，從這一條也不能知道。至於山海經的兩條，山海經本身當然要慎重審核，但這兩條和昭紀及茂陵書並無衝

突，未嘗不可以採用。其鄂盧梭所說隨時附益的話，按此書在劉向校書時卽已疑固，決不可以說有東漢以後的人的附益。

山海經海內東經：『沅水出象郡鐔城西，入東注江，入下雋西，合洞庭中』。又海內東經：『鬱水出象郡而西南注南海』。這兩條雖然也不能直接看出象郡和其他各郡的因革，但和昭帝紀及茂陵書互相參證，那就不難看出和西南夷境域的關係來。

鐔城，漢書地理志作鐔成，屬武陵郡，王先謙補注曰：

> 淮南人間訓，尉屠睢五軍：『一塞鐔城之嶺』，鐔城卽鐔成也。續志：『後漢因』。一統志：『今靖州，黔陽，綏寧，通道，會同，天柱縣地。故城在黔陽西南。』沅水篇：『旁溝水自牂柯故且蘭來，東至鐔成縣爲沅水，下入無陽』。

下雋，漢書地理志屬長沙國，王先謙補注曰：

> 一統志：『故城在沅陵縣東北』，後書馬援傳：『援征五谿，軍次下雋。』計其地當在澧州安鄉縣。然歷代地理志，俱以通城，巴陵，臨湘當之。馬援軍次下雋，進壺頭，去岳州武昌，相隔千里。卽以沅陵爲下雋，亦屬可疑，下雋屬長沙，不應反在武陵西也。紀要：『巴陵縣本漢下雋縣地，故城在沅江縣東』，章懷注云：『在沅陵縣』，誤也。

王氏這裏的考訂是對的。照此說來，參以山海經的兩條。卽沅水發源於故且蘭的旁溝水，東至黔陽縣附近的鐔城爲沅水，再到沅江縣以東的下雋入洞庭。至於鬱水所在，據水經溫水注：『鬱水卽夜郎豚水也。……啄水東北流，……東逕牂柯郡且蘭縣，謂之牂柯水。水廣數里，縣臨江上，故且蘭侯國……牂柯郡治也。』所謂鬱水的大約等於現在的融江，下入柳州爲柳江。

上文所說的 (1) 臨塵(南寧附近)，(2) 鐔成(黔陽附近)，(3) 鬱水（融江），再加上牂柯和鬱林兩郡的交界區域，漢象郡的大略範圍，也就不難知道。漢象郡的境界是從湖南西部的黔陽，跨過湖南，貴州，廣西三省的交界處，例如貴州的天柱，榕江，荔波；廣西的龍勝，三江，融縣等處。再按照臨塵的範圍，則宜山，南寧，百色，都應當在這個範圍之內。假若不然，那就在黔陽的鐔成和在南寧的臨塵，不能聯絡了。此外還有越南東京的宣光省在漢爲牂柯的西隨縣的，也應當屬於

在現在南寧的象郡郡治臨塵的象郡太守治下，因爲臨塵是一個比較接近的郡治。

這幾處地方，漢時在作地理志根據的元始時代，鐔成是屬於武陵郡的；秦時武陵爲黔中郡（據續漢書郡國志，水經沅水注，並云武陵秦時爲黔中郡）。據淮南人間篇，鐔成爲秦時邊徼，應當卽是黔中的邊徼。到漢時改黔中爲武陵，所以鐔成也是武陵的邊徼，因此象郡的鐔成應當是從武陵郡撥去的。至於天柱榕江等處地方，適當鬱水上游應卽是且蘭故地。而百色附近，却爲漢句町縣，也就是句町侯國，後爲句町王國，的所在。所以漢的象郡，應當是夜郎平定之後，分夜郎國以外的南夷諸地，再加上武陵郡的鐔成而設的。

據以上的分析，象郡的來源不難明瞭，據史記和漢書西南夷傳，漢將南夷地方設立牂柯郡，其中包括的是夜郎，且蘭，和句町諸國，漢象郡旣包含且蘭的一部分和句町，其從牂柯分來是很顯明的。其臨塵附近雖不知是否原屬鬱林，但以鐔成的例子看來，似乎有原屬鬱林的可能。並且從『象郡』的命名看來，似乎郡治的臨塵，從前爲南越的一部。

（乙）　牂柯與夜郎

牂柯的境域，大部分在現代的貴州省，這是不成問題的。然而再稍加推求。牂柯境內主要的是夜郎國的地方；夜郎國的境域是怎樣的，那便有問題了。

關於夜郎國的位置，只有據下列幾條史料來推求：

(a) 漢書西南夷傳：(唐蒙)見夜郎侯多同，蒙厚賜諭以威德，約爲置吏，使其子爲令。夜郎旁小邑，皆貪漢繒帛：以爲漢道險，終不能有也，迺且聽蒙約還報。迺以爲犍爲郡，發巴蜀卒治道，自僰道指牂柯江。

(b)′後漢書西南夷傳：西南夷在蜀郡徼外者有夜郎國。東接交阯，西有滇國，北有邛都國，各立君長，其人皆椎結左袵。

這兩段雖然未將夜郎國的地位詳細指出來，但有幾個重要的啓示。

一，夜郎是在蜀郡徼外，不在巴郡徼外，卽夜郎的境域當在今成都以南，不在今重慶以南。

二，夜郎旁的小邑漢共收爲犍爲郡。但犍爲的僰道(宜賓)，江陽(瀘縣)，據

華陽國志却是自蜀郡畫入。因此這些地方還應當在僰道及江陽之南。此外夜郎以北的邛都國，在入漢以後爲越巂郡當現在的西昌一帶。所以夜郎應當在現在西昌之南，而與現在宜賓，瀘縣等地相去不太遠。

三，通夜郎的大道是『自僰道指牂柯江』，僰道卽現在的宜賓，從宜賓向南是雲南的東部和貴州的西部，所以夜郎應在此一帶。

因此，據以上的推論，對於夜郎境域的位置，自應假定爲『雲南和貴州之間』。

夜郎的位置現在可以大致知道了。現在再用水道和道里來決定，今舉出在下面：

(a) 漢書地理志，牂柯郡夜郎，豚水東至廣鬱，莽曰同亭。

(b) 水經溫水，溫水出牂柯夜郎縣。——注，縣，故夜郎侯國也。唐蒙開以爲縣，王莽曰同亭矣。溫水自縣西北流，逕談藁（按當在今雲南平彝），與迷水合（按卽今白石江），水出益州之銅瀨縣（按卽今雲南馬龍）談虜山，東逕談藁，右注溫水。溫水又西逕昆澤縣（按卽今雲南陸涼，昆澤卽陸涼海子），又逕味縣（按卽今雲南曲靖縣，王先謙以爲此句應在『又西逕昆澤縣』之前，甚是），縣，故滇國都也。諸葛亮討平南中，劉禪建興三年，分益州郡，置建寧郡於此。水側皆是高山，山水之間悉是木耳夷居。語言不同，嗜欲亦異。雖曰山居，水差平和而無瘴毒。

(c) 水經溫水注，鬱水卽夜郎豚水也。豚水東北流，逕談藁縣，東逕牂柯郡且蘭縣，謂之牂河水，水廣數里，故且蘭侯國也。一名頭蘭，牂柯郡治也（按頭蘭非且蘭，酈氏誤）。楚將莊蹻泝沅伐夜郎，椓牂柯繫船，因名且蘭爲牂柯矣。

(d) 宋書地理志，寧州刺史。晉武帝太始七年，分益州南中之建寧，與古，雲南，永昌四郡立。……惠帝太安二年，復立。增牂柯，越巂，朱提，三郡。

(e) 宋書地理志，『牂柯太守……去州一千五百里』。『萬壽令，晉武帝立』。『且蘭令，漢舊縣，云故且蘭，晉書地理志無』。

(f) 宋書地理志，『夜郎太守，晉懷帝永嘉五年，寧州刺史王遜分牂柯，朱

提，建寧立，去州一千』。『夜郞令，漢舊縣，屬牂柯』。

　　(g) 宋書地理志，『晉寧太守，……去州七百三十。建伶令，漢舊縣』。

根據以上水經注的材料，夜郞爲溫水和鬱水發源的地方，溫水爲今北盤江，鬱水爲今南盤江，都在今雲南和貴州兩省的交界處。卽是在霑益，平彝，宣威，威寧各縣一帶發源。這和前節根據漢書和後漢書的西南夷傳假設夜郞國在雲貴之間正相符合。所以現在便將夜郞假定在霑益，平彝，宣威，威寧等縣地方，再按道里來決定那一個最合適。

　　道里的記載，只有宋書地理志的幾段，都是以寧州剌史及建寧太守所治城，味縣，爲標準的。味縣的故址，據淸一統志說卽在曲靖城西十五里平川中，舊名洪範川。雲南通志說，舊名三岔，故城遺址尚存。爨寶子碑卽在此附近發現的。寶子是晉的建寧太守，這是很可以證明的。此外諸言地理沿革的，也並無若何有力的異說。所以晉宋的建寧郡治在現今曲靖附近，可以說並無多大問題了，因此以這一個地方來作道里的標準是可以的。

　　現在便以道里的遠近來決定夜郞的坐落。宋書地理志所記道里當然是劉宋的尺度標準，未嘗不可以折合現在的道里，不過這一帶是山地，決不能輕易折合公路的數目，或驛路的數目；只能用宋代的附近地方的道里比較推勘，或者較爲近似些。據宋書地理志，夜郞郡去州一千里，晉寧郡去州七百二十里，卽夜郞與晉寧去州距離之比，約爲四比三稍強。晉寧治建伶，據淸一統志在昆明西北（大約不能過二十里，因爲太遠便入山了。）今假定建伶故址去昆明城十五里，那就自味至建伶和自曲靖至昆明略同。用這個標準算作三在地圖上來量，則自曲靖稍西至貴州的郞岱恰爲四。不過自曲靖至昆明道路平坦，曲靖至郞岱道路崎嶇，所以計算道里爲昆明曲靖間的三分之四稍強，自不爲過。郞岱距北盤江不遠，和史記西南夷列傳中蜀賈人所述：『夜郞者，臨牂柯江』的記載相符。據水經注豚水和溫水都在夜郞縣境發源，今按北盤江（豚水）發源於宣威附近，距茅口不遠；南盤江（溫水）在郞岱附近是只有支流的；不過酈道元足跡未出北朝，記長江以南的事雖然所用材料甚好，但他間有謬誤，這一段也是不能不加以鑒別的。（據郵政地圖，曲靖至昆明爲二二○‧一公里，曲靖至郞岱爲三○五‧三公里，亦爲三比四稍強。若以道里論再以沿

江的地域為準，似乎茅口更合適些，不過茅口只是一個峽谷中的小鎮，有無遺址不可知，所以只好暫定為郎岱了。）

漢書地理志牂柯郡十七縣，其記有水道的，計有：

故且蘭，沅水東南至益陽入江，過郡二，行二千五百三十里。

鐔封，溫水東至廣鬱。入鬱，過郡二，行五百六十里。

鱉，不狼山鱉水所出，東入沅，過郡二，行七百三十里。（按鱉水卽烏江乃至涪陵入江，非入沅的，漢志誤。）

母斂，剛水東至潭中入潭。

夜郎，豚水東至泛鬱，都尉治。

西隨，麋水西受徼外，東至麓冷入尙龍谿，過郡二，行千一百六里。

都夢，壺水南入尙龍谿。

句町，文象水束自領食入鬱，又有來唯水，虞細水 伐水。

這幾處地方，故且蘭，鱉，都屬於長江支流的沅水流域。(據志所記)。鐔封，母斂，夜郎，句町都屬於珠江流域。西隨和都夢都屬於紅河流域。據桑欽的水經本文：『沅水出牂柯且蘭縣，為旁溝水，又束至鐔成縣為沅水。『在鬱水並未提到且蘭城（經注的分 ，在此處各家無甚出入），但注中却說：『豚水東北流，逕談藁縣，束逕牂柯郡且蘭縣，謂之牂柯水。水廣數里，縣臨江上，故且蘭侯國也。』豚水卽北盤山，由北盤江到沅江發源處，中隔數百里，不能縣臨牂柯江上而屬地，到沅水上游。這是可疑的第一點。從北盤江而下，沿途皆高山深谷並無一處是有『江廣數里』的可以作郡治的。這是可疑的第二點。按『江廣數里』出於史記西南夷傳：『牂柯江廣數里，出番禺城下』，廣州城下的珠江廣可數里這是不錯的，但要說貴州境內的北盤江也廣數里便不對了。所以桑欽只在沅水說到且蘭，在鬱水不提到且蘭，這是對的。只酈氏誤會了史記西南夷傳的意義將番禺城下的牂柯江誤作且蘭城下的牂柯江，因此且蘭城便無法安置了。

今按桑欽和班固只說且蘭在沅水發源之處，卽現在平越和鎮遠一帶地方，更據水經沅水注：『無水出故且蘭，南流至無陽故縣，縣對無水，因以氏縣。無水又東南入沅，謂之無口。』沅水的源向東南流的，只有撫水，那古之無水應當卽今之撫

水，而故且蘭應當卽鎮遠了。水經注旣言故且蘭臨豚水（北盤江）上，又言在無水發源處，中隔現在八九縣，相去四五百公里，顯然是互相矛盾的記載。這因為無水出自故且蘭一段，當採自漢魏以下的圖經，同時又誤會了史記的意思，認為故且蘭亦沿豚水，因此這一縣便無處可以適合了。楊守敬地圖中也認識了這個困難，便將故且蘭安在定番，對於豚水和無水兩頭夠不上，這便是調停之失，和酈氏原意也不見得相符的。

　　關於夜郎和故且蘭兩城，根據已有的證據，只好如此推斷。本篇未寫定之前，根據古今人的推論已經改動了好幾次，然而最後根據較早的材料來分析，只有如此。誠然，以郎岱為夜郎國都，似乎太偏西北些。但據後漢書西南夷傳：『西南夷在蜀郡徼外者，有夜郎國，東接交阯，西有滇國，北接邛都國。』此處所言的蜀郡。係指夜郎立國時代的蜀郡來說的。當時沒有犍為郡，江陽（瀘縣），棘道（宜賓），等地還是歸巴及蜀。華陽國志巴志：『高帝乃分巴置廣漢郡，孝武又兩割置犍為郡，故世曰，分巴割蜀，以成犍廣也』。按棘道高后六年城，見江水注，江陽景帝封蘇息為侯國，見漢書功臣侯表，都不過大江。江水注引地理風俗記曰：『漢武帝感相如之言……鑿石開閣，以通南中，迄於建寧，二千餘里。』史記西南夷列傳所謂：『發巴蜀卒治道，自棘道至牂柯江』，亦卽指此。所以自棘道以南，已至夷地。自棘道南的朱提（昭通），堂琅（會澤）都應當為夜郎旁的小國。尤其川滇大道上的堂琅（假定為 d'âng-lâng），或竟有為頭蘭（假定為 d'ĝ-lân）屬地的可能。（假定的標音，據董同龢先生上古音均表稿。）我們決不應當說某兩個名辭有雙聲或疊均的關係便貿然決定為一地。不過詳史記西南夷列傳，漢八校尉是從棘道先至且蘭，平且蘭後，南越已平，乃經由夜郎由頭蘭而北，再經邛，徑入蜀。所以頭蘭的地望顯有在夜郎之西，滇之東北，邛都以南，當朱提及堂琅一帶的可能。至於頭蘭和堂琅兩個地名，第一，並非絕對全同，亦非在陰陽對轉或其他等條件有根據；第二，他們的語源也全然不明瞭：說他們相同還嫌太早些。此外，從夜郎下牂柯江，只是當時根據商人的傳說，有此一番疑議而已。其時在今日貴州除去東南角的都江三合以外，浮船到廣西根本不可能。（都江三合一帶決非夜郎，因為水道和道里都不合。）所以八校尉平且蘭時，並未來得及到南越，顯然是受了交通的影

響。假如牂柯江上游眞能通舟楫，那當時的八校尉恐也早已到了廣鬱了，照此說來，若以原來制越的動機論，開闢西南夷對此事並未收到預期的效果。只是南中開闢，廣地萬里，有他本身的價值，也就不追問原有動機了。

牂柯郡晉時自故且蘭改治萬壽縣。華陽國志：『牂柯萬壽縣，郡治。』宋書地理志：『牂柯太守……去州（州治味縣）一千五百』，『萬壽令，晉武帝立。』前文說夜郎距味縣一千里，此處說萬壽距味縣一千五百，卽萬壽縣到味縣比夜郎縣遠五百里。按現在郵路說，曲靖到郎岱三〇五·三公里，自郎岱到平壩爲一四一·六公里，則萬壽縣或在平壩。若以茅口起算，茅口至曲靖爲二八二·八公里，茅口至安順爲一二九·七公里，則萬壽也有爲安順的可能。因爲中國舊法記里是不太正確的，例如照清一統志計算，自曲靖至安順六百九十九里，但鄭珍巢經巢文集牂柯十六縣答問，却說：『今日安順府至曲靖府計里亦八百里而遙。』固然一統志所說爲舊驛道，鄭珍所說也許爲新驛道；據獨立評論第六期丁文江先生漫游散記舊驛道比新道要近六十里，但說八百里出遙，便過當了。所以中國計里的標準，也只有相對的根據。

華陽國志蜀志云：『六年（上當有建元二字，當據下文犍爲郡下云『犍爲建元六年置，增『建元』二字），分廣漢置犍爲郡，元封元年分犍爲置牂柯郡（地理志云『元鼎』六年開，先此一年），二年，分牂柯置益州郡。』今案此節說犍爲爲廣漢分出，尚不盡合，因爲應當也有蜀郡的地方，不過大體上是對的，又云：『犍爲郡孝武建元六年置，時治鼈。』鼈卽今遵義，諸書大率無異辭。所以牂柯實從犍爲分出，犍爲的郡治鼈縣，據漢書地理志後來也畫入牂柯了。史記西南夷傳：『（唐蒙）見夜郎侯多同，厚賜諭以威德，約爲置吏，使其子爲令。夜郎旁小邑皆貪漢繒帛，以爲漢道險，終不能有也，乃且聽蒙約還報，乃以爲犍爲郡。』又：『上罷西夷獨置南夷夜郎兩縣一都尉，稍令犍爲自葆就。』這還是屬於犍爲郡的。至以後到元鼎六年平定南越之後，『漢八校尉……還行誅頭蘭，頭蘭，常隔滇道者也。已平頭蘭，遂平南夷爲牂柯郡。』這時漢兵威所至，無不懾服，我們也不必懷疑於夜郎以西的朱提，堂琅，北的南廣，東北的江陽都屬於犍爲，夜郎城却屬於牂柯，這正是因地制宜的政略。

夜郎自此以後爲漢內臣。據漢書西南夷傳，成帝河平中，夜郎與鉤町相攻，夜郎不受漢勸。牂柯太守陳立誅夜郎王興，平其亂。自後夜郎王不見於史，大抵漢已廢去其王了，後漢書西南夷傳：『夜郎侯以竹爲姓，武帝元鼎元年平南夷爲牂柯郡，夜郎侯迎降。天子賜其王印綬，後遂殺之。夷獠威以竹王非血氣所生，求爲立後，牂柯太守吳霸以聞，天子乃封其三子爲侯。死配食其父，今夜郎縣竹王三郎祠是也。』這一段大多本於邊徼傳聞，難爲信史。迎降的夜郎王，是夜郎多同，被殺的夜郎王是夜郎王興，後漢書誤混兩人的事爲一人了。只是封夜郎王三子爲侯的事，或者是曾有其事的。至於華陽國志或與後漢書抄自同一的舊史，但誤殺夜郎王的爲唐蒙，尤乖史實；水經注又沿華陽國志之誤，更難究詰了。

附圖一　西捲附近地圖採自鄂盧梭的書評

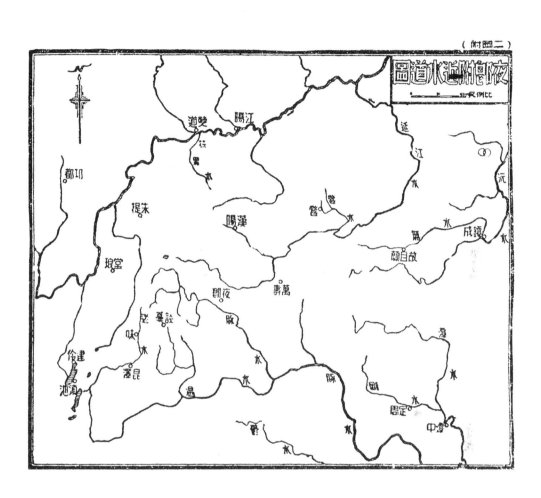

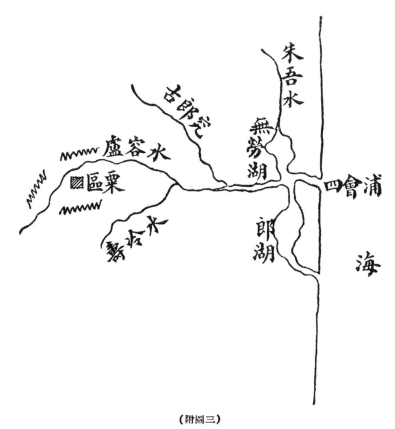

(附圖三)

區粟(卽西捲)附近的草圖(據鄂盧梭的岩詧)

雲南境內的漢代縣治

（一）　緒　言

漢代對於西南的開發，是當時一件非常重大的事，從此奠定了後來開發西南的基礎，並且充實了西南方面中國文化的樹立，但是西南方面，到了六朝以後，漸次脫離了中央政府的控制，直到元明以來，才仍然回到祖國，因此史事上總不免有不相銜接之處，而漢代郡縣的位置，歷來史家所懸擬，也就不盡可以憑信。

歷來史家懸擬的漢代地名位置，卻也並非全不可據，主要的是應當善爲決擇。現在除去確實不可能知道以外，還可以找出幾個觀察上的根據，用來校正前人的疏失。因而可能做到『雖不中，不遠矣』的一個近似的標準。

（1）　雲南西省因爲地形的關係，大的市鎮都被限制在有數的『壩子』上，卽山地中的小平原上，這種地形兩千年來不曾變化，亦卽，人口集中的地區，不曾改變。

（2）　雲南境內有幾個著名的湖泊，而這些湖泊，是可以規定城市的方位。

（3）　雲南境內有幾種特殊的礦產，這幾種特殊礦產，也可以作規定舊日縣名所在的參考。

（4）　幾條水道也可以做參考。但是雲貴兩省山高水急，歷來不便行船，因此也少有人去窮源溯流，直到現代新式測量之下，尚有許多不甚明瞭之處，在古代尤其模糊。水經注對於雲南各水的記載，錯誤紛出。但是對於以前三點校正以後，還可以多少根據水道來推測古代的縣治。

（5）　宋書地理志所記道里，可以爲據。

根據以上五點，假如應用得宜，似乎當可多少發揮前人未盡的蘊藏意義，而對於舊時縣治，試作重新的估量和規定。

（二） 滇池附近的城鎮

滇池區域為古代益州郡和現代雲南省的領導區域，因此這個區域也就最為重要。漢代的益州郡治為滇池縣 ，顧名思義當然也在滇池之畔 。 漢書地理志滇池縣下云：『大澤在西，滇池澤在西北』，分大澤與滇池澤為二，於是滇池縣的地位，遂不免受人懷疑。阮元雲南通志稿云：

> 漢滇池縣當在宜良縣地，大澤；滇池澤是二；在西，在西北，方位又不同。大約大澤今陽宗海子，滇池澤乃今昆明海子，陽宗海子在西，非今宜良而何？第滇池為郡治，當較他縣較廣，今晉寧州及併入呈貢之慶歸化縣皆屬之，惟宜良北境當屬昆澤縣耳。

但據惠棟後漢書補注（郡國志益州郡下）引譙周異物志稱：

> 大澤水周二百餘里，水乍深廣，乍淺狹，似如倒流，故俗云滇池。

那就大澤也就是滇池的別名，不應當與楊宗海相涉。所不同的，班固認為大澤為滇池的南部，而譙周認為大澤為滇池的別名。這種情形只有同在一處的湖沼才會發生彼此相混的關係；猶之洞庭湖在岳陽附近的別名青草湖，但青草湖與洞庭湖亦可總稱洞庭湖，這是由於隨地區分，並無顯著界限的原故。滇池本為長形湖泊，中腰略細，因之可分為大澤及滇池二澤，亦可總名為滇池，滇池縣既以滇池得名，自不可能把縣治放到數百里外的宜良縣境。除非認為楊宗海即是滇池，但照這樣說，不僅和一切材料都不合，並且也無處可以位置大澤，也不能適合阮氏的原意 。 因此 ， 阮氏把滇池縣放在宜良是錯誤的，楊守敬的前漢地理圖隨著阮氏的意見，當然也是一個錯誤。

又水經注溫水注云：

> 溫水又西南逕滇池城，池在縣西北，周三百許里，上源深廣，下流淺狹，似如倒流，故曰滇池也。……溫水又西會大澤，與葉榆僕水合。

這裏需要加以別擇。即水經注中敘述的溫水流過雲南全部，和事實完全不合。但其中說到滇池在縣的西北，以及滇池之水向西流入大澤，再行流出，仍然應當加以注意。這裏和漢書正相符合，和現今形勢亦相符合。照清一統志，滇池縣故城在晉寧州（今雲南晉寧縣）東，和此處亦相符合。假如分條來分析，即：

（1） 滇池舊縣在今雲南晉寧縣附近。

（2） 滇池澤應分為二部，東北為滇池澤，西南為大澤，其水發源於東北，流至西南，再在西南方流出。

照阮氏雲南通志稿：

> 滇池澤出嵩明州西北梁王山，南流逕牧養村為牧養河，合邵甸河水為盤龍江，又南逕松華壩，支分東出為金棱河。又西逕雲南省城東北，合銀棱河水，又南逕城南分水嶺，西支分為玉帶河，又南逕螺螄灣，西支分為採蓮河，又南屈西流支分為太家河、楊家河、金家河。又西逕雄川閣，出羅公閘，共百三十里。滙為滇池，袤長百二十餘里，東西廣三四十里不等，歷昆明、呈貢、晉寧、昆陽，西北為草海、東南為水海。滇池自盤龍江口、折而東南，合寶象河分流諸水，又合馬料河分流諸水，屈西南呈貢縣西，合落龍河分流水、南衝河水、盤龍河水又西南逕海寶山北，合大壩、大堡二河及分流子諸水，渠鑑川水，又西屈北逕昆陽州東北二十里為海口，屈西北合楊金太三河，采蓮河、永暢河、板塘河、茨塘河、西壩河、湧蓮河、玉帶河，諸水，又北合海源河水，折西南，逕石鼻山東北，合棋盤山水，又逕碧雞山東，又歷太華山東，又逕昆陽州北諸山，東至龍王廟灘為海口。當豹子山，西出為大河，合海門村南諸水，又西而川漸狹，又北屈西流為武趣河，又合鳴夾河水為螳螂川。

現在滇池形勢，與此大致相同。還可以證明滇池之水，係自北發源，沿岸受東方諸水，再從池的西面偏南處，滙為螳螂川，然後向北流入長江。其中松華壩以下各支渠，係從元代建設水壩工作以後，才分流灌溉昆明平原。在未經營水利工作以前，只有從嵩明而下的盤龍江，以及從黑龍潭發源的馬料河南流入滇池，成為滇池的主源。

　　既然盤龍江與黑龍潭成為滇池的主源，而此兩河又均在晉寧（卽漢滇池縣）之北，更據續漢書郡國志滇池縣『北有黑水祠』與此地望亦正相符合。據雲南當地人的擬定，認為漢黑水祠卽在黑龍潭，並榜書漢黑水祠前黑龍潭門外。今案漢書所言及的祠祀並不太多，小川之祠，只有五嶽及芝罘、萬里沙之屬，可見黑水祠亦相當重要。黑水在禹貢中為極西之水，自額濟納河至於瀾滄江皆被人認為黑水。漢人祠黑水於滇池

縣，自然係認爲滇池是黑水之源。陳澧漢書地理志水道圖說稱：『黑水今雲南怒江，西南流入緬甸國其水在漢邊徼，故但於昆明望祀之』，並非如此。因爲螳螂川入江一事，本非漢人所知，漢人認爲滇池流水黑水，則滇池之源亦卽黑水之一源，就此祭祀黑水當然不爲離奇了。

　　再據華陽國志南中志：『黑水祠水是溫泉，又有白蛸，山無石，惟有蛸。』則黑水祠在一個泉源之所在。今按滇池附近，並無溫泉，可能是今昔情況不同，今安寧縣雖有溫泉，但其位置遠在滇池之西，並且還在碧雞關外，黑水祠的方位，不應在此。至於滇池東岸一帶，那就旣無黑龍潭那樣水源豐富的泉水，並且都在晉寧縣的東面山中，非在其北，無可以指爲黑水祠的。因此黑水祠的位置，自以在黑龍潭爲最近似。現在黑龍潭的環境，遠處是石山，近處卻是土山環繞，與南中志所敍相同。現有的崇祠亦可能從漢代舊址而改建。只是黑龍之黑與黑水之黑有無相承之處，那就不必多爲縣測了。

　　黑水祠認爲在黑龍潭，對於漢書地理志而言，是沒什麼不合的，問題是黑水祠必需在滇池境內，亦卽晉寧到黑龍潭，其中不能有其他縣治才可以。照著淸一統志及楊守敬的前漢地理圖，穀昌縣在今昆明縣北，那就對於黑水祠的假設地區，有了問題。因此對於穀昌的位置，就得重爲檢討。華陽國志說：『漢武帝將軍郭昌討夷平之，因名郭昌以威夷。孝章帝改爲穀。』（惠棟以爲『前志已作穀，常氏之說，非實錄也』，今按章帝或是昭帝之誤，音近而訛，其說非不可取。）據史記及漢書西南夷傳，元鼎六年郭昌始平頭蘭（漢書作且蘭，非），元封二年，更平滇國東北之勞深靡莫，於是滇國不戰而降。則郭昌用兵，實在滇池外之東北地方，而去滇池不太遠。以今地作準則，當以嵩明一帶爲是。因爲嵩明正當自黔入滇的大道，而過去假設的漢縣，在嵩明地區未有合適的。假如穀昌在此，那就自晉寧至黑龍潭，不需要再隔有縣治了。

　　當然，這樣看來，滇池縣境似乎覺得大了一些。不過滇池縣爲益州郡首縣，是不妨稍大一些。並且在漢代時期，滇池附近的平原中，沼澤占的地區比現在大，當時松華壩的水利還未興修，土地利用自然比現在要差的多。還有一點，就是滇池縣的屬地，只是滇池的東部及北部。滇池的西部及南部當爲雙柏縣的屬地，還有西部一部分，爲太華山所在，也不適宜爲耕種的。

在昆明湖的附近，除去了滇池一縣以外，當然還可能有別的縣治，這就是雙柏縣了。照漢書地理志，滇池縣以下，接著就是雙柏，可見雙柏距離滇池縣不遠。據水經注葉楡水注：『葉楡水自邪龍縣東南逕秦臧縣，南與濮水同注滇池澤於連然、雙柏縣也』。葉楡澤係指洱海，當無問題。此處葉楡水爲指禮社河而言，亦爲淸人所同認。禮社河乃入紅河，不入滇池，水經注在此有誤。禮社河有一支流名的綠汁河的發源於滇池西安寧縣的附近，而非禮社河流入綠汁河。並且安寧及昆陽附近的螳螂川乃從滇池流出，北注長江，而非流入滇池。但就方向而言，今安寧縣及今昆陽縣，確在滇池之西，而爲距禮社河較近之縣。安寧縣從來以爲連然，則以昆陽爲漢雙柏縣亦甚適合。——至於連然縣舊治，據元和郡縣治，已明指在螳螂州旁，而螳螂州旁的大盆地當爲安寧。據華陽國志南中志，言『縣有鹽泉，南中共仰』，而現在產鹽的地方在祿豐，也就是連然兼有安寧和祿豐的境界了。

昆明池的東方還有一個湖現在被稱爲楊宗海、阮元以爲此處卽是漢書的大澤，當然是不對的，已見前論。楊宗海如不是大澤，那就在漢代應別有澤名，這個澤名，當以『昆澤』爲是。因爲第一楊宗海雖不太大，但地當通衢，頗易引人注意。第二，楊宗海附近的盆地，正是今宜良縣治，而宜良縣在雲南也是一個重要地方，假如此處不是大澤與滇池縣治，最好的處理，昆澤應爲最先被選擇到的。再照阮氏通志稿說：

> 宋志，晉惠帝分建寧西七縣爲益州郡，皆屬雲南府，而昆澤隸建寧本郡，不屬益州。當在七縣之東。（據顧祖禹談史方輿紀要，認昆澤爲昆陽）。昆陽在滇池建然西南，非昆澤也。惟嵩明楊林大澤，在晉寧七縣東，當屬昆澤，溫水逕縣合滇池，卽今南盤江，漢昆澤當年嵩明南，及陸源縣西之廢芳華縣，若酈注昆澤下中隔又逕味縣一段，本當在上，誤錯在下；味縣卽今南寧（按今爲曲靖縣治），其東無昆澤縣地，溫水亦非西流數縣，始逕味縣。味縣離滇池甚遠，溫水自味縣確是西流，逕昆澤南，又西南逕滇池城，並非由味縣逕西南至滇池城者，明乎此，則昆澤爲嵩明無疑。

阮氏辨明昆澤不是今昆陽縣治，這是對的。只是因爲有宜良爲滇池縣的一個偏見。因此便只好把昆澤移到嵩明，而不知嵩明並不沿南盤江。以嵩明爲昆澤便不對了。楊守敬知其然，不以嵩明爲昆澤，但又牽於宜良爲滇池縣那一個設想。於是把昆澤放在嵩

明與宜良之間，而不知此處爲崇山峻谷，無地可容一個縣治。遠不如就放在宜良，要好的多了。

味縣卽今曲靖縣治，從來無異辭。並且因爲有建寧太守爨寶子碑的發見，更可證明無誤。依照宋書地理志，屬晉寧者爲建伶(按卽今富民縣)，連然(按卽今安寧縣)，滇池(按卽今晉寧縣)，穀昌(按卽今嵩明縣)，秦臧(按卽今武定縣)，雙柏(按卽今昆陽縣)。以上各縣，大體均在今滇池的周圍。

至於建寧太守所屬各縣，除去晉代新置的以外，出爲漢縣的，有：

味縣 (卽今曲靖)。

談藁；漢舊縣屬牂柯。按水經注溫水注，屢言及談藁，其地亦當在南盤江沿岸。阮氏通志稿言『其地當在今陸涼州境之上，注文倒亂致誤』。其說可取，當以在陸涼縣爲是。楊圖置於平彝縣南的山中，不可據。

漏江。——王先謙漢書補注以爲在通海，其地與牂柯隔絕，此說未是。但據左思蜀都賦，認漏江爲伏流，其義則合。楊守敬圖置於路南縣，並非伏流。只有瀘西(原廣西縣)的河水，下游確屬伏流，當置於此爲是。

同瀨——其地據志稿，迷水出馬龍州東南山中爲響水河，其他當爲今馬龍縣治。

昆澤——爲今宜良治，見前。

同並——漢屬牂柯。水經注葉楡水注，同並在漏江上游，若其言在此不誤，當爲師宗縣治。

母單——漢屬牂柯。其他據溫水注在俞元下游。俞元當爲澂江縣治(見後)，則母單當在今盤溪附近。

在雲南境內，不屬於益州郡而屬爲㸑爲郡的，尙有朱提及堂琅二縣。清通志認爲朱提在四川屏山縣境，楊守敬地理志圖把朱提放在四川屏山附近而把堂琅放在雲南大關附近。但雲南的昭通及會澤(東川)兩個肥沃的壩子，卻無一縣，這是不合理的。況且在漢代銅器中，往往說到是堂琅所產的銅，大關不是重要的產銅區，與物產的情況不合。而況大關只是昭通的一個附屬區域，斷無大關已經設縣，而昭通反而不設縣之理。再據宋書地理志，朱提太守屬寧州，去州七百二十里，而㸑爲太守則屬於益州。

若在四川之屏山，應屬於來往較爲方便之成都，而不當屬於來往不方便之曲靖。而況昭通至曲靖，約爲三百公里，正與七百二十里之數相近（因爲山中的路，要長一些，而且南朝的里，比今里爲小），若在屏山，則去曲靖約爲五百公里，七百二十里之數爲不可能。因此清一統志及楊守敬圖均不可據。

比較可信的，還是阮元的雲南通志稿，其文說：

> 據水經若水，逕朱提爲瀘水。今金沙江東北，經恩安縣西，則朱提爲今昭通府明甚。又酈注朱提在郡南千八百里（按元和郡縣志，曲州朱提節下同），犍爲治僰道爲今敘州府，南千八百里，卽今昭通矣。又云朱提郡西南二百里，得所綰堂琅縣，堂琅今東川府。由東川東北二百里，非昭通乎？則昭通舊烏蒙故地之爲朱提更明。舊志以烏蒙爲牂柯郡地，非是。蓋北之敘州南之東川，皆屬犍爲，則中間昭通不入牂柯。況鎮雄爲南廣，則鎮雄以西更不得爲牂柯也。

這是對的。那就會澤及昭通兩個平原，也有著落了。

（三） 雲南西部及南部

雲南西部是以大理及保山爲中心地帶的。這兩個地方在漢代也是一樣的重要。大理在漢代爲葉榆，而保山在漢爲不韋，並且不韋到東漢時爲永昌郡治，後來在保山的永昌府，也因此得名。

葉榆縣由葉榆澤而得名，葉榆澤卽係洱海，古今從無異說。但葉榆縣卻未必卽是大理縣。因爲今大理城西的點蒼山，漢時屬於雲南縣（見後）則漢時的葉榆縣，或在點蒼山之西，爲漾濞附近。又水經注的葉榆水注和溫水注都是非常混亂的，對於葉榆縣及葉榆澤的所在地點，雖然不會使人懷疑，但從水經注來看葉榆河，卻看不出線索來。王先謙漢書補注（在地理志益州郡葉榆縣下），云：

> 葉榆水鍾爲葉榆澤，流爲葉榆河惟與洱海通流之漾備江（按卽漾濞江）當之。但水經注言，葉榆水逕遂久姑復，合淹水，又東南由邪龍，秦臧，與濮水同註滇池，又自滇池出，東北由同並，漏江，賁古合盤江。非獨與漾備江源流不合，且洱益之交，山川間阻，何由縱橫四達。偏稽圖志，實無一水相似。以道元地學之精，不應鑿空失實至此。疑此篇或於後人的竄託也。

按雲南區域山高谷深，來往交通多由陸路，雖然川流衆多，卻少能有航運之利，因此水道也就不易被人熟悉。而況南北朝時，雲南區域，成爲半獨立狀態，再加上酈道元還是北朝人士。道元雖然輿地之學甚精，但對於南朝中的僻區，究竟不能和他所處的鄉邦相比，指爲『竄託』，失之無據。況酈注於舊水經亦有訂正之處，如經言葉楡水過不韋縣，注則稱：『縣北去葉楡六百里，葉楡水不逕其縣，自不韋北注者，盧倉禁水耳(按當是瀾滄江)。』酈注此處尙稱詳核。只是洱海流入漾濞江，轉入瀾滄江，則不爲前人所知，前代人咸以爲洱海出爲今禮社河，再轉入紅河，那就經注都誤了。酈道元在此因爲得到了兩個以上矛盾之說，認於葉楡水的下游是一入滇池，另一下至紅河。於是不得其解，遂於調停之說，以爲葉楡水絕溫水伏流東南注入交阯，就更成爲雲南諸水道，無所不通，以致錯誤更大了。

以下再對雲南西部幾個縣，作一討論。

不韋——到東漢時爲永昌郡治，這裏是雲南全境最大的平原。因此也就成爲一個重要區域。除去舊雲南通志以爲在保山縣北的鳳溪山，因爲漢人經營邊地，從來不會捨棄平原，而到山地，當然是一個不可能的事以外，淸一統志及阮元雲南通志稿皆以爲在今保山，應當認爲是對的。

雟唐——漢書地理志云：『雟唐，周水首受徼外，又有類水，西南至不韋行六百五十里。』這就是從保山附近的瀾滄江上溯，到雲龍附近是一個壩子，而其附近也正有瀾滄江及沘水兩個河水。雲龍縣歷來都認爲雟唐，也無甚異說。

弄棟——淸一統志云：『故城今姚州北』，阮氏通志稿云：『三絳(漢地志云：『東農山母血水出，北至三絳入繩，行五百一十里)，在今四川會理州南，北至三絳南入繩者，惟大姚河、龍川江二水。然大姚東入繩，與北入不合。亦非三絳南，則北入繩在三絳南者，惟鎭南州之龍川江耳。……母血水旣爲龍川江，則弄棟當兼有楚雄、姚州、大姚，……各州縣』。陳澧漢志水道圖說亦用此說。在這一帶的壩子當中，以楚雄爲最大，也就是弄棟當在楚雄。

雲南——華陽國志南中志云：『縣西高山相連，有大泉水，周旋萬步，名曰馮河。縣西北百數十里，有山，衆中之中特高大，狀如扶風太一，鬱然高峻，與雲氣相連結，視之不見。其山因險洏寒，雖五月盛暑不熱。』此山爲點蒼山，此縣歷來也咸

以為祥雲。但是點蒼山在洱海之西，而洱海又為葉榆縣所在。因此點蒼山當屬於漢雲南縣，為漢雲南縣及葉榆縣分界之處，葉榆縣當在今漾濞城附近而不在今大理縣治。當然這種分界之法在今日好像離奇。不過假如看大理城發展的情形，也就不足為異。因為洱海不像滇池。滇池的岸旁較為平坦，洱海的岸旁較為高峻。滇池附近為肥美之區，晉寧及昆明的開發，經濟上的因素較為重要。大理城的開發，則政治及軍事上的因素較為重要。大理城故為太和城，係南詔及大理的都城。城區只是利用洱海西岸一條窄狹的平地。前據洱海，後據點蒼山，而以上關及下關為南北兩個據守點，形勢十分險要 。 這一個窄狹平地， 是逐漸擴展而成， 並且還是蒙氏立國以後，經過人為的經營而成。漢代還未曾利用這一區，所以葉榆縣的發展，還在點蒼山以西的地帶。

點蒼山的正面是在東部，是由祥雲區望見，而不是由漾濞區望見。並且漢人是從東方而來，先到祥雲。所以點蒼山便成為今祥雲縣一帶之望。不但如此，祥雲縣在漢為雲南縣，而雲南的意義，就是在被雲盤結的高山之南。因為雲南二字具有重要性，自唐代以後，也就成為一個大區域的名稱了。

邪龍·——阮氏雲南通志稿以為在蒙化永平一帶，按漢代葉榆縣在點蒼山以西，則永平當為葉榆一部分，故邪龍以屬於蒙化縣為是。

比蘇——清一統志以為在雲龍西，今案雲龍以西 ， 皆崇山峻嶺 ， 清代尚多未設治，此縣應在較南平坦之地。晉志，咸和中分河陽郡，置西河郡，治比蘇縣。其地當在怒江之西，今騰衝一帶。

律高——漢地理志云：『西石空山出錫，東南𣷷町山出銀鉛』，晉代為興古郡境，興古郡共有：律高、句町、宛溫、漏臥、母掇、賁古、勝休、鐸封、漢興、進桑、都篖。其中律高、母掇、賁古、母掇、勝休，屬於漢益州郡，而漏臥、宛溫、句町屬於牂柯郡。其中漏臥為今貴州鎮寧、宛溫為今貴州普安、句町為今廣西百色。這都是貴州的西南部及廣西西部的地方。因此律高一帶）也就當屬於雲南的東南部。

律高在這一帶是一個很重要的據點。該史方與紀要認為在雲南馬龍州（即馬龍縣）之東 ， 這是不對的 ， 因為馬龍距曲靖太近了，並且在曲靖之西。曲靖後來為建寧郡治，而律高屬於興古，律高如在曲靖西方附近，便將建興郡許多縣到曲靖的道路隔斷，這是不合理的。阮氏雲南通志認為在彌勒縣，當然要合理的多了。問題只是彌勒雖屬

　　礦區，所產的乃鉛礦而非錫礦，並且也不算重要。因此只有認爲建水方繞合適。又是水經注認爲在溫水（南盤江）之北，而建水則在南盤江支流瀘水之北，非南盤江之北，那就只好認爲水經注錯了。

　　賁古對於今越南地帶是一個交通重點。並且也是錫礦所在。水經注葉楡水注『建武十九年，伏波將軍馬援上言，從麊冷出賁靮益州，臣所將駱越萬餘人，便習戰鬭者二千兵以上。』清一統志以爲建水縣不太合。阮氏通志以爲在羅平一帶，相差更遠。對越南的交通及地方的重要性而言，自然以認爲在蒙自比較好。箇益錫礦在其附近，對於漢志所言出錫一事也不算差誤了。

　　假若律高及賁古的區域大致決定，則橋水當指曲江而言，而母掇當按曲溪，曲江入南盤江之盤溪鎮，也就是毋單故址了。曲江是被楊守敬認爲橋水的，因爲除去曲江以外，更無相當於橋水的河流。

　　至於來唯一縣，據漢書地理志言，『勞水出徼外，東至麊冷入南海，』徼外指西康一帶而言，麊冷在越南之臨洮（從楊守敬圖），則來唯實應在河口老街附近。至於志所言『從陸山出銅』，就可能在越南境內而不在雲南境內了。

〈雲南境內的漢代縣治〉英文摘要

THE LOCATIONS OF SOME HAN ESTABLISHED HSIENS IN YUNNAN PROVINCE

(SUMMARY)

Though Chinese colonized Southwestern Plateau as early as in the Han Dynasty, Yunnan eventually became autonomous from the central government, when China Proper was in chaos during the period of barbaric invasion in the fourth century.

Yunnan remaind politically isolated from China Proper until the thirteenth century when the Mongolian cavalrymen united it again. This is a long interval of isolation, during which alternation of geographical names and the shifting of administrative centers led gradually to the partial loss of some of the identification of localities of the various Hsien-districts established in the Han Dynasty. In this article the author has made an attempt to trace out the sites of these Hsiens. In allocating these Hsiens the author has relied mainly on geographical and topographical conditions of Yun-nan, such as locations of valleys and lake basins, near which settlements and towns were most likely founded. Mining places and some rivers also proved very helpful in giving clues to locate the missed sites of Hiens. And in addition local literature found in the gazeteer of different districts is also found very valuable in this inquiry.

The locations of two groups of Hsiens have been identified in this article. The first group consists of the settlements near Tien Lake (滇池), the most cultivated part in the province, including Tien-chih (滇池), Ku-chang (穀昌), Shuang-pai (雙柏), Lien-jan (連然), K'un-tse (昆澤), Wei-hsien (味縣), T'an-kao (談桑), Lou-chiang (漏江), T'ung-lai (同賴), T'ung-ping (同並), Wu-tan (毋單), Chu-t'i (朱提), and T'ang-lang (堂琅). The second group consists of Hsiens in the Western and Southern parts of Yunnan, including Yeh-yü (葉榆), Pu-wei (不韋), Sui-t'ang (嶲唐), Nun-tung (弄棟), Yun-nan (雲南), Hsieh-lung (邪龍), Pi-su (比蘇), Lü-kao (律高), Pen-ku (賁古), and Lai-wei (來唯).

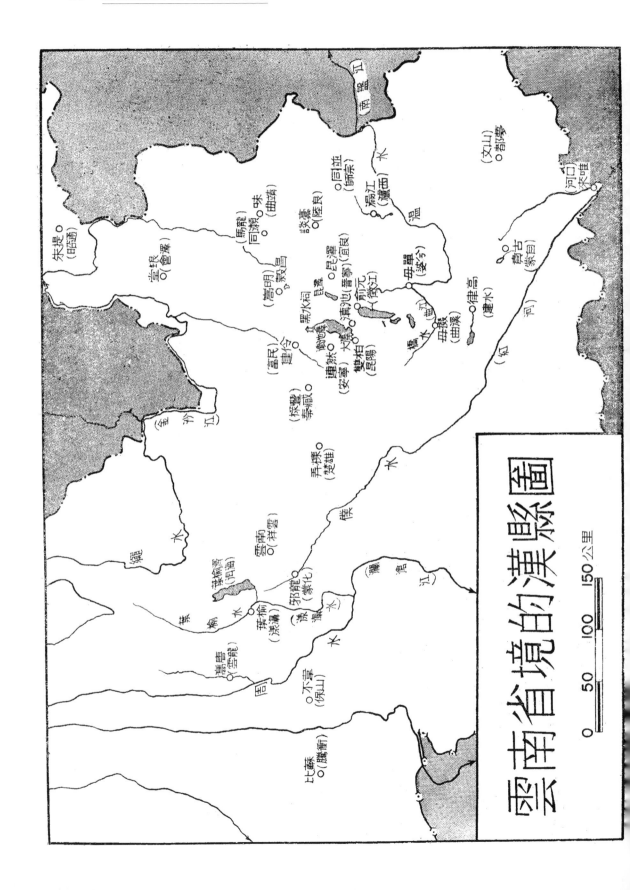

漢晉閩中建置考

閩中地定自秦時，史記東越列傳所稱『秦已并天下，皆廢其君長，以其地為閩中郡』是也。　秦亡，越人復自立為國，始為閩越及東海（郡東甌故亦稱東甌）二王，武帝時東甌自請徙江淮間，閩越叛，漢討之，分其國為越繇及東越二王，然東越王威行國內，繇王第虛號而已。　武帝平南越後，回師滅東越，繇王亦降，因以兩越地屬會稽，而統於回浦，冶二縣之下。　（見史記漢書東越傳及漢書地理志）

東越傳『立無諸為閩越王王閩中地都冶，是冶本閩越故地。　元和志『東甌今溫州永嘉縣是也，後以甌地為回浦縣』嘉泰會稽志『閩越為冶，東甌為回浦』是回浦本東甌故地也。　東漢時省回浦入鄞，後更由鄞析出故回浦地置縣，改名曰章安，復由章安析置永寧縣。　其冶縣故地則置東部候官焉。　（見漢志及續漢志）

東甌在北，閩越在南，事甚明白。　因東甌在北接近中土，故其民可以內徙，若在南則不能踰閩越之境而內徙矣。　回浦東漢初併入鄞（見續漢志及宋志引太康記）亦當在冶以北，否則亦不能越冶之境而併入鄞。　是閩越為冶東甌為回浦當無疑義。三國吳以章安永寧置臨海郡（見宋書州郡志）以候官置建安郡，（見晉書地理志後又分置晉安郡）臨海郡在唐為處州，溫州，台州；建安郡在唐為福州，建州，泉州，漳州（見元和郡縣志）。　唐之州郡略同今地，是章安在北，候官在南，亦無疑義。故東甌之地與回浦，章安，臨海，及今浙江南部，一系相承。　而閩越之地，則與冶縣，東部候官，建安郡，及今福建大部一系相承。　雖其間開闢程度原不相同，然其分際大體略具於此（參見全祖望鮚埼亭集外編浙東分地錄）。

閩中兩縣地望所以有歧義者，始於續漢書郡國志：

> 『章安故冶，閩越地，光武更名』。

冶與章安本非一地，今謂章安為冶遂不能不起絕大之疑問。　劉昭注曰『晉元康記曰（元當作太）本鄞縣南之迴浦鄉，章帝章和元年立，未詳』。　宋書州郡志曰『章安

令續漢志故冶閩中地光武更名，晉太康記本鄞縣南之回浦鄉，漢章帝章和中立，未辭孰是』均致疑辭。　　章懷於徐登傳注云『縣名，屬會稽郡，本名回浦，光武改爲章安』。　　亦用太康記之說。　　元和郡縣志於處州，溫州，安固縣，台州，台州臨海縣下並云『後漢改回浦爲章安』而於福州則云『按冶卽今台州章安故縣是也，後漢改爲東侯官吳于此立典船都尉（原作曲船）主謫徙之人坐船於此。　　晉罷晉安郡領縣八，屬揚州，南朝以封子弟爲王』則並用兩說。　　以回浦及冶俱爲章安之地。

　　洪适隸釋始言續漢志有誤，胡三省通鑑注亦言之云『當云章安故回浦章帝更名；東侯官故冶，閩越地，光武更名，于文乃足』。　　何焯讀書記錢大听廿二史考異更申述之，錢氏云：

　　章安……案鄭巨君傳，舊交阯七郡，貢獻轉運，皆從東冶泛海而至。　　所云東冶卽會稽之冶縣，巨君以章帝建初八年爲大司農，其時尙稱東冶，則非光武更名明矣。　　又攷班志冶與回浦本是二縣，意者東漢初嘗省回浦入鄞縣，故有回浦之稱。

　　東部侯國——案宋書州郡志侯官前漢無，後漢曰東侯官屬會稽，此『東部侯國』，當卽東部侯官之誤，漢時未見封東部侯者也。　　又鄭巨君傳引太康地志云，漢武帝名爲東冶，後改爲東侯官，是章安爲回浦，東侯官爲冶，各不相涉。　　太康志本自曉然，志以章安爲故冶，疑未可信。　（吳志虞翻傳太守王朗亡走浮海，翻追隨營護，到東部侯官，侯官長閉城不受）。

沈欽韓後漢書疏證亦云：

　　彪志謂章安故冶閩越地光武更名，按治當作冶，州郡志漢武帝世，閩越反，滅之，徙其民於江淮間者頗出，立爲冶縣，屬會稽。　　司馬彪云：章安是故冶，然則臨海亦冶地也。　……後分冶地爲會稽東南二部都尉；東部臨海是也，南部建安是也。　　如沈志，則治爲冶之訛甚明。　　自來三國志諸書，或治或冶，錯見不一。　　傳訛已久矣。　　然章安與冶不得爲一縣，彪志於此甚謬。　　按前志有冶有回浦，後漢有章安，無回浦。　　則章安爲回浦之更名，東部侯官爲冶之更名，通言之，章安永寧同是冶地，沈約言之亦可通，而非漢之冶縣也。

（榦案冶本閩越之都，以冶稱閩越，猶如以梁稱魏，以郢稱楚，自亦可通。　　凡

閩越故疆，本可通稱冶地，但謂爲故冶縣地，則誤矣，沈說甚是）。 會稽典
錄朱育對太守濮陽興云，元鼎五年除東越，因以其地爲冶，立東部都尉，後徙
章安，陽朔元年又徙治鄞，或有寇害，復徙句章，如育言章安與冶不得爲一縣
甚明。 其云東部都尉徙治所于鄞，於章安，後乃復於冶縣立南部耳。 朱育
漢末人，比彪生於晉代者，爲得其實。

案錢沈二氏之說深切著明無可非者，載籍所言皆章安非冶之證，楊守敬三國郡國表
補正謂續漢志有奪譌，『故冶』二字以釋東冶，非釋章安，其說甚確。 王國維會稽
東部都尉治所攷以章安爲回浦後漢會稽郡東部候官考以東部候官卽冶，亦並同錢沈之
說。 惟侯康補注續以爲後漢改冶爲章安改回浦爲永寧，回浦本甌越地所以東甌鄉析
置永寧縣也，然東甌不在閩越南，前已辨之，王先謙漢書補注謂後漢之章安永寧皆前
漢冶縣地，後又改爲東候官，然言故冶地則可，言故冶縣地則不可，是亦未可據也。

冶在中國之東，故亦稱東冶，亦猶蜀亦稱西蜀，（史記李斯傳）羌亦稱西羌（後
漢書西羌傳）史記『閩越王都東冶』漢書無『東』字，漢書嚴助傳『閩王舉兵於冶
南』，注引蘇林曰『今名東冶』，此皆東冶卽冶之證，從來無謂東冶非冶者，近葉國
慶君作古閩地攷謂東冶非冶，其言曰『東冶設候官，故曰東候官；冶設東部都尉，
以其屬會稽也，故曰會稽東部都尉。 後漢書鄭弘傳有東冶，又順帝紀有會稽東部都
尉，兩各分稱，其證一也。 書所紀載曰冶設東部都尉，不曰東冶設東部都尉，曰東
冶設候官，不曰冶設候官；有東冶候官互稱，無冶與候官互稱，其證二。 都尉候官
類多分治，具見王氏所考』。 今案都尉軍官名，東冶地名，順紀載寇盜事，故稱軍
官，鄭弘傳載轉運事，故稱地，兩事本不相關，各有所置重之處。 兩各分稱，不足
爲都尉向不在東冶之證。 冶設都尉見於吳志虞翻傳注引會稽典錄，東冶設候官見於
後漢書鄭弘傳引晉太康志，二者僅各有一條，何足證明不可以互稱。 此二條一言冶
與都尉之關係，一言東冶與候官之關係，均未言冶與東冶之關係（譬如一條言甲與丙
之關係，一條言乙與丁之關係，據此決不能證明甲與乙之關係，甲是乙或甲非乙。
但另有一條言甲是乙，亦決不能據前兩條否定之）。 據此二條，誠不足證明東冶卽
冶，但亦不足證明東冶非冶。 今旣有蘇林東冶卽冶之說，此外更無東冶非冶之說，
則葉說自無從否認。 又謂冶卽章安候官卽東冶，然候官在章安西南，不在其東，方

位不合。　若果如此，當云南冶，不得云東冶也。　葉君之誤在於遽信司馬彪而否認司馬彪以前之證據，其詳誠有可稱，其東冶非冶之說，未可遽信也。

吳以後設置郡縣，凡其前爲漢回浦地者，大體皆在浙江，凡爲冶地者大體皆在福建，此二地自漢武以後，皆爲中國人所置郡縣，以迄唐宋，未淪於異族；非如西北諸邊，郡縣時設時罷。　雖間有廢變，而設置相仍，故其中郡縣，皆一系相承，班班可攷，今就二地分論之：

漢地理志『會稽郡回浦南部都尉治』（輿地紀勝云『東漢末吳分冶縣爲東南二部都尉，東部臨海，南部建安。　注，此據張勃吳錄，無年月可攷。　……詳臨海建安二縣建置之始，則在東漢之末，三國之初，始分爲東南二尉。　赤城志年表亦引宋志云漢末分東南二部都尉，東部臨海，南部建安。　意者漢時東南一尉，至孫權始分爲東南二部都尉也』）。　續漢書『會稽郡章安注引太康記本鄞縣南之回浦鄉章帝章和元年立，永寧永和元年以章安東甌鄉爲縣』，是回浦一地，東漢分爲章安永寧二縣，晉書地理志，『臨海郡，吳置。　統縣八：章安臨海始豐永寧寧海松陽安固橫陽』（參閱畢氏補正不具引）。　是東漢之章安永寧二縣，吳置臨海郡，晉仍之。　宋志云『臨海太守……孫亮太平二年立，領縣立，章安令；……臨海令吳分章安立；始豐令，吳曰始平，晉武帝……更名；寧海令，何志漢舊縣；……樂安令，晉康帝分始豐立』。　『永嘉太守，晉明帝太寧元年，分臨海立，領縣五：永寧令，漢順帝……分章安東甌鄉立；安固令，吳立；（本名羅陽吳志孫權傳注引吳錄羅陽今安固縣）松陽令，吳立；（寰宇記九十九本章安縣之南鄉，漢獻八年吳立爲縣，御覽州郡引輿地志略同）。　樂成令，晉孝武……分永寧立；橫陽令，晉武帝……立，以橫嶼船屯爲始陽，仍復更名』。　是吳之臨海東晉又分爲二郡矣。　元和郡縣志云：（新舊唐地理志輿地廣記太平寰宇記所載分合略同）

處州……越王無彊七代孫閩君搖佐漢有功，立爲東越王，都東甌，今溫州永嘉縣是也。　後以甌地爲回浦縣，屬會稽。　世祖改回浦爲章安，晉立爲永嘉郡。　梁陳因之，開皇九年，隋平陳，改永嘉爲處州。　（隋志永嘉郡注開皇九年置處州，十二年改爲括州）。

溫州……本漢會稽東部之地，……晉大寧中于此置永嘉郡，隋廢郡地入處州，

……高宗上元元年于永嘉縣置溫州。

台州……漢立東部都尉，本漢之回浦鄉，分立爲縣，……吳大帝時分章安永寧置臨海郡，……武德四年……置海州，五年改海州爲台州。

其中縣治分合，具詳元和志今不悉引，至唐代處州台州設置所在，則今地尚存，無煩考證，觀其分合大略如下。　大抵閩中唐縣率仍漢縣，有增設，有新闢，而鮮移治也。

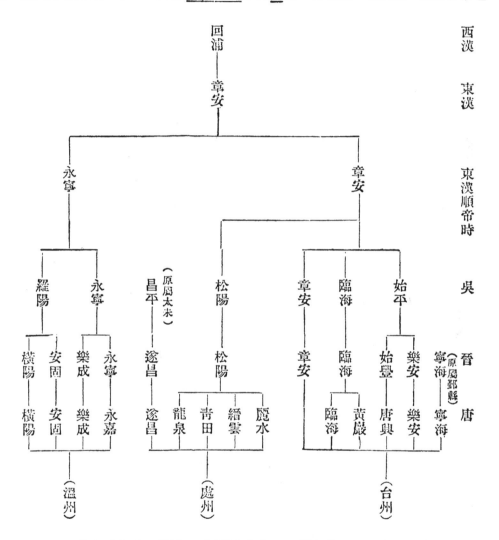

漢地理志『會稽郡冶，師古曰本閩越地』。　續志『會稽郡東部候官（原譌作國）

晉書地理志『建安郡故秦閩中郡，漢高帝五年以立閩越王，及武帝滅之，徙其人，名爲東冶。　又更名東城後漢改爲候官都尉（當作都尉候官譌倒）及吳置建安郡，統縣

七：（樂沅補正云太平寰宇記晉廢建安郡以舊屬隸晉安郡。 東晉又立）。 建安，吳興，東平，建陽，將樂，邵武，延平』『晉安郡，太康三年置，統縣八：（樂沅補正云太平寰宇記東晉南渡，衣冠士族，多萃其地。 以求安堵，因立晉安郡。 今考沈志及晉地理志皆云，晉武帝太康三年，分建安立晉安郡。 則郡非東晉始立，可知樂史蓋誤）。 原豐，新羅，宛平，同安，候官，羅江，晉安』。 宋志云：

建安太守，本閩越，秦立為閩中郡，漢武帝世閩越反，滅之，徙其民江淮間，虛其地。 後有遁逃山谷者頗出，立為冶縣，屬會稽。 司馬彪云，章安故冶，然則臨海亦冶地也。 （辨見前引後漢書疏證）………復冶地為會稽東南二部都尉，東部臨海是也，南部建安是也。 吳孫休永安三年，分南部立建安郡，領縣七：吳興子相漢末立，曰漢興，吳更名；將樂子相，晉太康地志有；邵武子相，吳立；……建陽男相，晉太康地志有（晉太元四年改見寰宇記）；綏成男相；……沙村長。

晉安太守晉武帝太康三年分建安立，領縣五：……候官相，前漢無，後漢曰東候官屬會稽；原豐令晉武帝……省建安典船校尉立；晉安男相，吳曰東安；……羅江男相，吳立，屬臨海，晉武帝立晉安度屬；溫麻令，晉武帝太康四年，以溫麻船屯立。

元和郡縣志云

福州……漢初為閩越國，……郡又有冶縣，……後漢改為東候官，吳於此立曲船都尉，主謫戍之人坐船於此。 晉置晉安郡……南朝以封子弟為王，梁簡文帝初封晉安王，入為皇太子是也。 陳廢帝改為豐州，又為泉州，……開元十三年改為福州，管縣九。 ……（縣名略。 隋志建安郡注陳罷閩州仍廢，後又罷豐州，平陳改曰泉州，大業初，改曰閩州）。

建州本秦閩中地也，漢于其地立冶縣，……後漢改冶為東候官，吳……以會稽郡南部都尉分為建安郡今州即其地也。 宋齊梁皆以封子弟為王。 ……武德四年……置建州，管縣五。 ……建安縣本漢冶縣之地，……又立建安縣，遂因不改。……

泉州舊泉州本理在今閩縣今泉州本南安縣也，……久祀元年……遂於南安縣置

武榮州，景雲二年改爲泉州即今理是也。

漳州本泉州地，垂拱二年析龍溪南界置。

汀州開元二十一年，福州長史……檢得諸州避役百姓，共三千餘戶，建置州。

綜上所擧，則今福建地方大都爲故冶縣所析置，其中沿革大略如下：

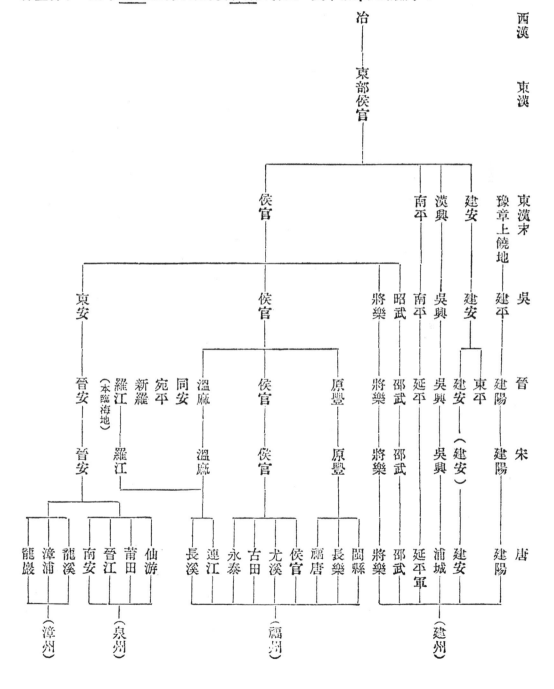

漢
末
會
稽
南
境
圖

　　據此則回浦與冶兩縣所在，大致可以規定。　回浦後分爲章安及永寧，章安在今臨海，永寧在今永嘉，即當今靈江及甌江兩水流域。　故浙江南部自爲回浦縣境無疑。　浙江南部旣爲回浦境界，即不能更容他縣。　則冶在福建亦無疑問。　章安永寧在今臨海永嘉二縣地，皆爲海口，冶縣地亦當海口。　冶縣若爲海口而浙江南部更無海口可容之，則更當在福建矣。　後漢書鄭弘傳云：

『舊交趾七郡獻貢轉運，皆從東冶泛海而至』。

則冶亦當南北轉運之樞，而爲海道所必經，蓋漢代閩地之發達，皆由沿海而內地，與樂浪諸縣多沿黃海設置，而嶺東華化較淺；（參見傅孟眞先生東北史綱，茲用其中大意於此）。　交趾日南沿海發展達今之南掌，而緬甸遏羅尙未開發之情形，如出一轍。　（後漢永昌當有緬甸地但置郡遠較交趾日南爲晩）先海岸而後山嶽。　固殖民通例也。

　　吳志孫皓傳『連衡三年，……臨海太守奚熙，與會稽太守郭誕非論朝政，……遣三郡督何植收熙，熙發兵自衞，斷絕海道，熙部曲殺熙』。　是從建業至臨海由海道

也。　後漢書衞颯傳云『先是含洭湞陽曲江三縣，越之故地，武帝平之，內屬桂陽。民居深山，濱溪谷，不出田租。　去郡遠者，或且千里。　吏事往來，輒發民乘船，名曰傳役。　……颯乃鑿山重道五百餘里，列亭傳置郵驛』。　是越地故無郵亭官道，以通吏事，惟賴舟船也。　惟其對京師交通率由海道，故治所必在海港，惟其於境內吏事賴舟船以通之，故治所又必沿江河，章安設置在靈江下游，永寧設置在甌江下游，卽由是故。　甌江以南，除閩江以外，無更大之河流，則西漢之冶，東漢之候官除今福州市附近以外，更無適宜之地矣。

漢時交阯北上海道大率從今廣州至今杭州灣附近，計今里約三千里，則海行當至少需月餘，其間淡水及糧食，自需在途中有供給之地。　今福州正當兩地之中央，則以福州爲停泊所，自爲最適。　吳志虞翻傳引吳書曰『翻始欲送朗到廣陵，朗惑王方平訊言，……故遂南行，旣至候官，又欲投交州』。　是南至交州必經候官也。　孫皓傳『建衡元年，遣監軍徐存，從建安海道就合浦擊交阯』。　東冶屬建安，建安海道，卽東冶海道，不云臨海海道，則東冶重於章安永寧可知。　吳於此設典船都尉卽以其地鎖南北交通之故，其後盧循往番禺，陳羽寇永嘉，皆由海道，是閩地海重于陸也。　（漢代每於有特別性質之地設都尉，如水衡都尉主上林；關都尉主函谷，宜禾都尉主逖郡屯田，皆重職也。　吳蓋承其制，見宋志，及元和志。　吳志孫皓傳鳳皇三年逖郭誕赴建安作船亦指此）。　又後漢書倭人傳『其地大較在會稽東冶之東』，吳志孫權傳『會稽東縣人　（會稽無東縣沿海縣上一字亦無以東名者，當爲東冶之誤）。　海行亦有遭風至亶洲者』言對外交通而舉東冶爲例，是東冶且爲對外交通港口矣。　（吳在溫麻有船屯，晉改縣，見宋志。　其地在三沙灣，蓋東冶之補助港口也。　梁書海南諸國傳云『海南諸國大抵在交州及西南大海州上，……其西與西域諸國接。……其徼外諸國，自（漢）武帝以來，皆朝貢。　漢桓帝世，大秦天竺皆由此道遣使貢獻，及吳孫權遣宣化從事朱應，中郎康泰通焉……』大秦自交阯貢獻又見於後漢書大秦傳，當時海上交通之發達，由此可見。　吳志士燮傳『士燮爲交阯太守，出入鳴鼓洞道，胡人夾轂焚燒香者，常有數十』。　胡人指西域之人，燒香乃奉佛之俗，交阯印度之交通，如不頻繁，度不至此。　後漢書陶謙傳稱丹陽人笮融大起浮屠寺，其事中原尚無先例，自係由於丹陽與海上交通之影響。　高僧傳晉安世高來往於會稽直

海之間，亦在此稍前之事也。 丹陽會稽與南海交趾海上之交通，必經東冶，則東冶亦必爲西方之佛教或沿海之道教勢力所及之地，觀後漢會方術傳之徐登，與吳志士燮傳注引神仙傳之董奉皆東冶人，或『清靜禮神』，或得仙人之號，專皆與武帝時之越巫有別。 則國中所受之外來影響深矣 ）。

吳增僅三國郡縣表考證云：

> 『洪志於建安郡屬，錄候官不錄東冶，考晉志建安郡故秦閩中郡，高祖以封南越王，及武帝滅之，徙其人名爲東冶，後漢改爲候官都尉，吳置建安郡，以候官屬焉，據此，則候官卽東冶矣。 然三國吳時候官東冶，史文并見，吳志孫亮傳孫綝綝亮爲候官侯，呂岱傳會稽東冶五縣賊爲亂岱討之，五縣平定。 賀齊傳，王朗奔東冶，候官長商升爲朗起兵，據此諸文，候官東冶明爲兩縣。
> ……考前漢冶縣爲今福州府治。 候官在福州西北三十里，…… 漢末旣立候官，尋又分爲東冶縣』。

案吳氏謂吳之候官不在西漢冶縣其事甚確，宋志『原豐令晉武帝太康三年省建安典船校尉立』。 候官相前漢無，後漢曰東候官屬會稽。 是晉時於福州附近，候官而外又別設原豐（原豐治所卽在東冶詳上）原豐不言分候官立而曰省建安典船校尉立，則原豐晉時當非候官也，其治所亦不當同在一城。 唐之候官縣距閩縣（卽原豐所改）三十一里（元和志），當卽仍晉時舊治也。 惟吳氏謂在吳時東冶曾設縣，則尙無確證。 呂岱傳所言東冶五縣，蓋謂故東冶境五縣，非謂東冶爲五縣之一，如爲五縣之一，當云東冶等五縣，或並舉縣名，不云東冶五縣也。 王朗奔東冶，候官長商升爲朗起兵，不言東冶有長令，是亦惟候官置長之證。 （吳志處翻傳朗亡走……到東部候官，長閉城不受，翻往說之，然後見納。 若東冶別有令長，朗自可先依東冶矣）。大抵漢平閩越後，以其都爲冶縣。 而設會稽東都都尉。 （處翻傳引會稽典錄）準諸西北邊境之例，當自有候官，惟冶旣爲縣治，則候官當不在冶，班志例不載候官，無從知其實耳。 （東漢西北諸郡候官大體依西漢之舊，楊雄傳東南一尉，西北一候，孟康謂尉指會稽都尉，二者並稱，當情況相若，故東漢罷諸郡尉，獨不罷北邊與此也）。及東漢省併諸縣，冶地遂併入候官而候官治所如故。 冶縣舊治，雖未設長吏，然爲行旅所必徑，此鄭弘傳所以稱從東冶泛海者也。 載籍所以或稱候官，或稱東冶者以

此。 （猶如前烟臺為福山縣屬，言海道，則稱烟臺；言政治區域，則稱福山；二者本不相悖也）。 東漢季年，候官改縣，（盛謂賀齊傳均言候官長，候官有長其已設縣可知），東冶為南部都尉治，吳遷南部都尉於建安，而於東冶設典船都尉。 晉又以典船都尉為晉安郡，以其治所為原豐縣，而候官東冶行政上遂各不相紊矣。 （侯康後漢書補注續云：『晉志於候官下繫都尉二字，語亦未明。 ……此實南部都尉治也。 宋志引張勃吳錄云後分冶地為會稽東南二部都尉，東部臨海是也，南部建安是也，案臨海即章安，吳時立。 建安郡，分東候官置。 漢末建安初年立，即以年號為名，張勃此文據後來地名稱之，在後漢則東部治章安，南部治東候官也。 吳志賀齊傳……… 策遣永寧長韓晏領南部都尉，將兵討升，以齊為永寧長，晏為升所敗，齊又代領都尉事。 案韓晏賀齊因討候官長，而領南部都尉，此即南部在候官之明證。 賀齊傳又云候官既平而建安，漢興，南平復亂，齊進兵建安，立都尉府，是歲八年也。 爲此知前時南部雖治東候官，非即後來立建安縣之地，故賀齊至是始立都尉府。 參觀諸書，南部治所凡三易，前漢治同浦，——見前志——後漢治東候官，建安初分東候官立建安縣，又移建安，其可見者如此。』今案侯說是也，惟王朗奔東冶，言有縣長而不言有都尉，則晉志所稱之都尉，亦非常置，故孫策之討王朗，檻使縣令領之。 及賀齊平建安諸縣，定治建安，乃為常職耳。 ）

漢武後元不立年號考

年號始自漢武，惟漢書所述，但稱後元年及後二年，未有嘉名。

清官本漢書引慶元刊漢書附劉攽刊誤曰：『案昭帝紀云「辭訟在後元二年前皆勿聽」，則當但稱後元年。』此謂漢武後元，於年月以上，但著『後』字者也。

吳仁傑兩漢刊誤補遺云：『武帝改元凡十有一，未有無年號者。……疑征和四年之明年，改稱征和後元年。』此謂後元以上，猶著『征和』年號者也。

清官本考證引王禕說以爲『武帝沿文景故事，復爲後元，然始以「後元」二字加於年號上，此爲異也，非史官追書之。』朱一新漢書管見及王先謙漢書補注，皆用其言，雖爲新說，亦未足據。惟趙與時賓退錄以爲『武帝雖屢更年號，偶最後不曾命名，獨稱元年……惟東都建武中元，恐是當時所命。』其說最爲盡情適理，然亦無確證，不足以辨析衆說之疑。

綜上所述，凡有四說，或謂年號但一『後』字，或謂年號爲『征和後元』，或謂爲『後元』，或謂但稱元年二年，不更別著年號。今欲決其疑，固非有新出資料，不足以供論斷也。

按居延漢簡所有文書簿籍，倘非殘缺，皆於日月之前記有年號，獨有兩條不記年號者。其原文爲：

> 入麋大石八石七斗，爲小石十四石五斗，二年八月辛亥朔，第二亭長舒受第六亭長延壽以☒。 275.21

> 入麋小石十四石五斗爲大石八石七斗，三年正月己卯朔辛巳，第二亭長舒，受第六亭長延壽 278.9

此二簡所記，凡有二人，一爲第二亭長舒，一爲第六亭長延壽。從此二人之時代，可以推定此二簡之時代。居延漢簡尚有其他簡牘，可供推證，今列其四簡於後。

廩小石十一石□斗□□□□石八斗四升　征和（註一）四年十月癸亥朔乙丑第

二亭長舒受却適候長☑　534.2—534.15

小石十五石始元三年四月乙丑朔丙寅第二亭長舒受庠胡倉臨書 都 丞 延 喜

273.8

入廩小石十五石始元三年六月甲子朔甲子第三塢長舒受代田倉臨 都 丞 臨

273.14

出四年□□□一月一石四斗一升征和四年十二月辛卯朔己酉廣地里王郵付居

延農亭亭長延壽　557.8

故在簡中所記之二人中，第六亭長延壽雖未得其時代之確證，而第二亭長舒爲武昭

間人，確無疑義。此人爲第二亭長之年代，自征和至於始元。後元治在征和與始元

之間，故此人在後元時亦仍爲第二亭長。且此人在始元三年六月已改任第三塢長

（註二），則署名『第二亭長舒』之間，亦不應在此以後。若向前推，則居延建置前

不能躐元狩，此簡亦無從過早也。

　　更以長歷證之（汪陳兩氏長歷相同），第一簡所記爲二年八月辛亥朔。今考自

武帝建元以至西漢末年，僅有相合者兩處，一爲後元二年，一爲居攝二年。但『第

二亭長舒』爲武昭時人，王莽時不得更有一『第二亭長舒』。且此簡字體與有武昭

『第二亭長舒』各簡出自一手，『舒』字簽署亦復相同。其人不得至居攝時尚生存

而仍爲第二亭長。故此簡爲武帝後元二年時物。

　　第二簡所記爲三年正月己卯朔。今檢長歷相合者惟居攝三年爲正月己卯朔，相

近者惟始元元年正月爲戊寅朔較此早一日，其餘均相差甚遠。此簡與前簡出自一

手，前簡非居攝時物，則此簡亦非居攝時物。蓋始元元年即後元二年之次一年。而

此簡爲辛巳日所記，又爲新年之第四日，與守邊方簿籍者未必長於故事。是時初過

歲除，未見改元詔令，自易沿書爲三年也。

　　又是年正月爲戊寅朔，此誤作己卯朔。按一般簡牘及金石凡長歷不合者，應有

下列各類解釋。

　　　　（一）所用爲另一種歷法。

　　　　（二）誤置閏或誤失閏。

　　　　（三）連大月位置不同。

　　　　（四）書寫時之錯誤。

就第（一）點言，此簡與前簡出自一手，且相去時間不遠，（由八月至正月）不應同一人同一事而用兩種歷法，此點決不可能。就第（二）點言，則漢代不論四分太初及其他任何歷法，皆用無中氣置閏之制，不至相差太遠。後元元年閏正月，始元元年閏十月，後元二年無誤置閏或失閏之可能。縱令強置一閏月於後元二年，則始元元年正月當爲戊申朔，去己卯尤遠矣。若就第（三）點而論，歷法大小月相間，兩月合計爲五十九日。漢書律歷志云：『太初術一月之日二十九八十一分日之四十三。』即每月朔策爲 $29\dfrac{43}{81} = 29.53086419$ 倍之爲 59.06172838，故兩月之朔餘合計爲 0.06172838 日。其積足一日時，則成一連大月。連大月與連大月之距離咸有一定，不能隨意更動。故此點亦不可能。

　　以上各點既均不可能，除記錄時筆誤外，無其他解釋。此簡朔日與長歷僅相差一日，上下一日之干支，若非書寫時檢對歷譜，甚易誤記。此簡非正式文書，乃廩給簿錄，因疏忽而誤記日月之事自較多也。

　　綜上所舉，第一簡爲武帝後元時物，無復疑問。第二簡雖多錯誤。然以第一簡推按，亦無可疑。今敦煌所出及居延所出漢簡，自武帝太始征和以後至王莽，更始以迄東漢，凡有年月者，無不著紀元年號。此二簡爲特例，獨與武帝後元相合。則武帝後元時於年號未錫嘉名，但稱元年二年者，亦非一可疑之事矣。

　　附記：本文承傅孟眞先生及丁梧梓先生閱過，多所指正，統此致謝。

論魏孝文之遷都與華化

(一)孝文前後之發展與洛陽

　　魏孝文遷都為南北朝一件大事，直影響南北朝整個之局面，世之持論者當然首及孝文傾慕華風，然此固是原因之一，但決不能就此一端立說。

　　北魏太武時，北方割據之部族與塢堡已漸次削平歸服，復成統一之局面，文成獻文兩代，無後顧之憂，其趨向為向南發展，其時之成就有：

　　　太安三年；侵宋破兗州。

　　　皇興元年；侵宋青州取淮北淮西地。

　　　皇興三年；取宋青州。

至太和五年取宋徐州，洛陽之威脅即完全除去，洛陽自西晉亡後，原無人作為都邑，至此便可重新經營作為指揮規畫中原之根據地。

　　周秦以後本只有長安洛邑曾作統一之都城，孝文意在全中原之規取，當然就形勢而論必擇此二地。但與平城之關係而言，長安僻在西垂，非自平城南下作經之大道，且苻姚均失敗於此，尚有戒心。自不如坐鎮洛陽，從容策動，免去平城之千里裹糧，師徒勞敝，事實上之若干困難。

　　元魏本意在畫江自守，殊無兼併之心，宋書九十五索虜傳魏太武遺宋文帝書曰：

　　　彼常欲與我一交戰，我亦不癡，復非苻堅。

可知在魏太武時尚無平南之意，但至孝文時即不同，魏書六十三王肅傳云：

　　　王肅見魏主如鄴，陳伐齊之策。魏主與之言，不覺促席移晷，自是器遇日隆，
　　　親貴舊臣，莫能間也。魏主或屏左右與肅語，至夜不罷，自謂君臣相得之晚。

又孝文紀太和二十三年云：

　　　顧命宰輔曰……思纂乃聖之遺蹤，遷都嵩極，定鼎河瀍，庶南蕩甌吳，復禮萬

國。

又孝平紀正平元年詔曰：

孝文皇帝遠遵盤庚，將遷嵩洛，規過北疆，蕩闢南境。

可見遷都作用，意在圖南。遷都以後，太和十八年至二十年爲經營之時期，未遑大
舉，二十一年始敗齊人於沔北。但因二十二年卽死，故無多大之成功。當然孝文亦不
見得有呑併南方之決心，但與前此無志南向者異矣。

　　但此事對於後來影響殊不小，孝文以後，宣武無多大作爲，魏收稱其爲『元、
成、安、順之儔，』但與梁武作戰，仍有戰績。其後魏有元義，胡后，相繼亂政，直
至京師傾覆。而梁世則歷世承平，竟不能遠追宋武，光復舊京，甚至立一元灝，亦終
失敗。其原因固多，如步卒騎兵之不敵，（宋書兵志），士大夫襃衣博帶，不耐寒暑
（顔氏家訓涉務篇），皆是。但隋文帝以伊洛河渭爲根據，以統一中國，仍元魏系統下
之遺產，而經營此一帶之根據地，究應從孝文算起也。但其遷都決非偶然之事，而爲
國力發展之自然結果，孝文不遷，伊洛亦必有繼而興之者。

(二)洛陽與平城之糧食供給

　　平城自建都以後，因仿前代移民政策，亦曾有多次之遷徙，今從道武爲斷，略述
如下：

　　道武紀皇始二年：（滅慕容寶），徙山東六州民吏，及徒河，高麗，雜夷三十六
萬，及百工伎巧十餘萬，以充京師。……詔給內徙新民，計口受田。

　　天興元年十二月：徙六州二十二郡守宰豪傑吏民二千家於代都。

　　天興四年二月：征西大將軍常山王遵至自安定之高平，木易于率數千騎與衞辰
薬國遁走。追至隴西瓦亭，不及而還。獲其輜重庫藏，馬四萬餘匹，駱駝犛牛
三千餘頭。牛羊九萬餘口，班賜將士各有差，徙其民於京師。

　　明元泰常三年四月：徙冀定幽三州徒河於京師。

　　太武紀太平眞君八年三月：徙安州丁零三千家於京師。

　　太平眞君九年：徙西河離石民五千餘家於京師。

　　又正平元年三月：車駕至自南伐……以降民五千餘家分置近畿。

　　獻文紀皇興三年五月：徙青州民於京師。

孝文紀太和五年：假梁郡王嘉大破道成將，俘獲三萬餘口送京師……以南俘萬餘口賜羣臣。

又如魏書三十娥清傳云：

先是徙河民散居三州，頗爲民害。詔清徙之平城，清善綏撫，徙者如歸。

亦是徙民京師之事。按畿甸容納遷民之事，秦漢本有故事。但秦漢建都關輔，土地肥美，人民殷富，且有鄭白諸渠可資灌溉。民食不足且可循河入渭，將關東之粟致之京師。因此容納移民可至極大限度。至若平城近畿爲現在山西之雁北十三縣，瘠薄高寒，難言墾闢，全不能以關輔故事比附。北史四十六成淹傳云：(魏書七十九。)

帝幸徐州，敕淹與閭龍駒專主舟楫，將汎泗入河，泝流還洛。軍次碻磝，淹以黃河浚急，慮有傾危，乃上疏陳諫。帝敕淹曰：『朕以恆代無運漕之路，故京邑人貧。今移都伊洛，欲通運四方，黃河急浚，人皆難涉。我因此行乘流，所以開百姓之心。』

觀此則孝文遷洛，與運漕之關係，可以證實。

平城雖不通漕運，但糧食仍仰給於外處。魏書食貨志云：

(獻文時)山東之民咸勤於征戍轉運，帝深以爲念。遂因民貧富爲租輸三等九品之制。千里內納粟，千里外納米，上三品戶入京師，中三品入他州要倉，下三品入本州。

當時既無漕運，則自山東(黃河三角州)至平城但循陸路，而陸路但能循幽并，循幽州之道約相當於現在之平綏，從并州者約相當於現在之正太鐵路或白晉公路再經太原而至大同(註)，其經幽州之路，尤爲艱險，故當時仍以并州爲要道。(孝文自平城至洛經晉陽見本紀)。

又通鑑義熙十一年九月：

魏比歲霜旱，雲代之民多飢死，太史令王亮，蘇坦言於魏主曰：『案讖魏當都

(註)晉陽因此成爲重要之都邑。魏書十四元丕傳：

丕時年八十猶自平城力戰，隨駕至洛陽，高祖每遣左右慰勉之。乃返晉陽。高祖崩，丕自并州來赴，世宗引見之，恩有加焉。

丕返平城而返晉陽，即以晉陽爲中途大邑，年老不便還行也。

鄴，可得豐樂。』嗣以問羣臣。博士祭酒崔浩，特進京兆周澹曰：『遷都於
鄴，可以救今年之飢，非長久之計也……又舊都守兵旣少，屈丐柔然，將有
窺窬之心，舉國而來，雲中必危，朝廷隔恆代千里之險，雖心赴救，此闕實俱
損也。』

此在拓拔嗣(明元)時，人心已有南遷之意。且更有讖文可附，則輿情向鄴，還當在此
以前。第悚於柔然鐵弗之南侵，不敢有所舉動而已。審是至孝文之世，赫連已滅，柔
然就衰，當時大事，是志在圖南，又何必依戀平城，『隔恆代千里之險，』以興師南
伐乎？

　　洛陽本中原舊都，漕運系統早已有所成就。觀酈道元楊衒之所記載猶可見其大
略。且中原雖曾經兵革，但休息經年，已日就豐給。如魏書六十四張彝傳云：

　　初彝曾祖幸所招引河東民爲州繾千家。後相依合至於罷入登州，積三十年析別
　　有數萬戶，高祖比校天下民戶最爲大州。

可以窺見北魏中期之休養生息。

　　又魏書記水旱之災，凡文成三，獻文五，孝文九。水旱爲災，在中國北方本是常
事，且爲無可避免之事，但有一點可注意，即人口愈多，災情愈重。即使無災，人口
增殖之數目，亦不足與糧食增加之數目成正比例，何況有災？太和五年曾發五萬人開
靈邱道，此處當現在紫荊關口，山嶺重重，現在亦不能充分利用，何況當時？太和時
已從十六國之割據局面，變爲帝國之規模，欲解決民食問題，決非坐守平城，所能致
力矣。

<h3 style="text-align:center">(三)鮮卑之統馭雜胡與華化</h3>

　　當西晉衰化以後，胡漢各族、紛紛自立，但除東方之馮，與西方之張李而外，大
率狹隘暴橫，隨興隨滅。雖苻堅矯之以恢宏大度，亦異族相雜，了非眞誠相處。苻氏
統治勢力尙存，猶能維持表面之合作，苻氏旣瓦解之後，即相率各自復國。拓跋氏繼
苻氏立國，除舊有胡漢各族，更有西域，高車，蠕蠕，各部新附。原爲烏合，全仗
扶持，稍一不愼，土崩立見。故拓跋氏所用之政策，爲一方面鞏固邦畿，一方面同化
異族。當時所行政策固多與此相關，而孝文漢化之事尤爲顯著。

　　魏書官氏志云：『凡與帝室爲十姓，太和以前國之喪葬祠禮，非十族不得與也。

高祖革之，各以職司從事。』是十族以外均為新附。濟陳毅魏書官氏志疏證曾攷訂各族中非鮮卑者甚多。而赫連，乞伏，郁久閭等尚不在內。岑仲勉先生亦攷訂各族中非鮮卑族者不少。(註)是北魏部族雜糅之事可想。

　　此外各邊部落之降附與俘虜見於紀傳而非官氏志所有者至多。如能將當時內附降獲部落合計之，必有一驚人數目，今雖史籍缺遺，無從核計，然其次數已有可觀。茲列於下：

　　(一)高車：

　　　魏書道武紀登國五年，襲高東袁紇部，大破之，獲生口馬牛羊二十餘萬。

　　　又天興三年十一月，高車別部帥，勑力犍率九百餘落內屬。

　　　明元紀泰常三年春正月，詔護高車中郎將薛繁率高車丁零十二部大人衆北略至弱水，降者二千餘人。

　　(二)蠕蠕：

　　　太武紀太平眞君十年二月，蠕蠕渠帥尒綿他拔等，率其部落千餘家來降。

　　　又四十四宇文福傳，破蠕蠕別部，獲萬餘，還除都牧給事。

　　(三)匈奴：

　　　明元紀神瑞元年六月，司馬德宗屬各帥張文興率流民七千餘家內屬。

　　　又河西胡劉遮劉退率部萬餘家渡河內屬。

　　　又神瑞二年二月，河西胡劉雲等率數萬家內附。

　　　又泰常五年夏四月，河西屠各帥黃大虎羌酋不蒙威等遣使內附。

　　　又太武紀始光三年，帝率輕騎二萬襲赫連昌，徙萬餘家而還（按此當有漢人在內。）

　　　又神䴥元年十月，上郡屠各隗詰歸率萬餘家內屬。

　　　又十五元素傳，(世祖初)休屠郁原叛，素討之，斬渠帥，徙千餘家於涿鹿之陽，立平原郡以處之。

　　(四)氐及羌：

　　　明元紀泰常二年十有二月，氐豪徐騃奴齊元子擁部落三萬於雍，遣使內附，詔

(註)見輔仁學誌五卷一二合期，再說欽察。

將軍王洛生及河內太守楊聲等，西行以應之。

又太武紀神䴥元年十月，上洛巴渠衆午觸等率萬餘家內附。

又太延四年十二月，上洛巴泉蕈等相率內附。

又太平眞君二年多十一月，平酒泉，獲沮渠天周男女四千口。

又十九天樊傳，除征虜將軍，華州刺史，樊表曰：『謹惟州治李潤堡，雖是**少梁舊地，晉芮殄壞，然胡夷內附，遂爲戎落**。』(按李閏堡爲姚興所徙之羌，見晉書載記。)

又四十六竇瑾傳，平巴西氐酋領降下者數千家，不下者誅之，又降蠻酋仇天爾等三千家於五將山。

(五)蠻：

又文成紀太安三年十有一月，蠻王文虎率千餘家內附。

孝文紀太和十四年，襄陽蠻酋雷婆思等，率一千三百餘落內徙，居於太和川。

(六)吐谷渾：

太武紀太平眞君五年多十月，晉王伏羅大破慕利延，慕利延奔走白蘭，慕利延**從弟伏念，長史鵝鳩黎部大崇娥**等率其部一萬三千落內附。

又太平眞君六年秋八月，封敕文入抱罕，分徙千家逞上邽。

又二十六尉奮傳，擊破吐谷渾，俘三千餘口。

又五十一封敕文傳，詔敕文率步騎七千征吐谷渾慕利延兄子拾歸於抱罕。……拾歸夜遁。敕文引軍入抱罕，虜拾歸妻子，分徙千家於上邽。

(七)其他：

又道武紀天興五年，越勒莫弗率其部萬餘家內屬，居五原之北，

又天興六年朔方尉遲部別帥率萬餘家內屬，入居雲中。

又明元泰常三年夏四月，徙冀定幽三州徙河於京師。

又泰常七年多十月，車駕南巡，出自天門踰踐恆嶺，四方蕃附大人各率所部，從者五萬餘人。

又太武太平眞君六年夏四月，徙諸雜種人五千餘家於北邊。

又太平眞君八年三月，徙安州丁零三千家於京師。

又二十八莫題傳車駕征姚興，次於晉陽，而上黨羣盜秦頗，丁零翟都等聚衆於壺關，詔題帥衆三千以討之。

又二十八劉潔傳，河西敕勒新民三萬餘落。

又二十九奚斤傳，徙敕勒部二萬餘落。

究上所舉，北魏所征服及來歸之部落頗不在少，而中原舊有，史未悉舉者當更多。故其叛變之事，屢見於魏書紀傳，今但舉其年代，以避繁複：

神䴥元年十月，三年三月，四月。

延和四年秋七月。

太延三年秋七月，五年冬十月。

太平眞君四年夏四月，五年六月，六年二月，六年九月，七年二月，八年春正月，九年。

正平二年。

太安二年。

延興元年冬十月，二年春正月，四年十二月。

太和四年。

此類反叛之事，魏世數見不鮮，按魏書三十五崔浩傳云：

東州之人，常謂國家居廣漠之地，民畜無算，號稱牛毛之衆。今留守舊都，分家南徙，恐不滿諸州之地。參居郡縣，處榛林之間，不便水土，疾疫死傷，情見事露，百姓意沮。……今居北方，但令山東有變，輕騎南出，耀威桑梓之中（通鑑作布𩔖林薄之間），誰知多少？

故鮮卑爲數，本不甚多。宋書七十四臧質傳引魏太武書云：『吾今遣鬭兵，盡非我國人，城北是丁零與胡，南是三秦氐羌。』又魏書五十尉元傳：『今計彼戍兵，多是胡人……宜以彭城胡軍，換取南豫州徙民之兵轉戍彭城，又以中州鮮卑，增實兵數。』皆用雜胡爲兵之證，雜胡既多，非鮮卑之力所能統馭，則其叛變，本不足怪。

胡人初入中國，尚從『行國』舊習，故叛變之機會較多。反之漢人乃定居者，故叛變之事較少。苻堅之敗，鮮卑羌胡咸去，而太原人王懿反爲苻氏起兵（見宋書四十六本傳）。然此特胡人與胡人間事耳。漢人民族意識永無磨滅之事。宋武規復長安後，

三秦父老聞裕將還，詣門流涕訴曰：『殘民不霑王化，於今百年，始覩衣冠，人人相賀，長安十陵，是公家墳墓，咸陽宮殿，是公家室宅，捨此欲何之乎？』（通鑑義熙十二年）。蓋苻姚雖有賢君，究爲異類；同仇之感，惟有王師，遺民固未嘗一日忘情於故國也。此言今猶動人心魄，惜劉裕安於小成，未能乘機結束百餘年胡戎之局，爲可惜耳。即在魏世，如魏書崔浩傳謂其祖崔玄伯原不得已而歸北，崔浩之誅，據南朝記載，亦有復國深謀在內。此雖敵國傳聞，容有誤謬。但崔氏屢爲太武建策，言無不中，乃獨阻太武南侵。太武南侵亦獨不用浩策。且侵宋歸，於十一年四月返平城，六月即誅浩，似未能謂與侵宋事無關。今雖不能即以南朝傳聞爲斷，但崔浩屢阻南侵固是事實。（浩獄牽涉甚大，浩當時已爲衣冠領袖，若株連成獄，即將北朝世族，盡行牽入，亦大有可能。縱南朝傳說未確，其中亦必有胡漢之爭在內。修史之獄，不過託辭而已。太武紀魏主稱『崔司徒可惜』一語，意亦未明。魏收齊人，當文宣暴政之下，尤不敢斥言其事。惟於浩傳先言玄伯意欲歸南，爲其他列傳未有之例，或微文見意，未可知耳。）北魏漢人既衆，而民族意識獨強，則孝文不惟投降於漢人文化，且進而投降於漢人民族旗幟之下，實不失爲最聰明之一著。（浩事記谷霽光君曾論及，今其文不見。）

漢人人數既多，文化亦最高，無論如何，在統治之技術與統治之便利上，皆非用漢人不可。故魏人開始建國，即用燕鳳之流，其後對漢人之需要，更有日漸增加之趨勢。至於北齊，亦同此例。北史五十五杜弼傳（北齊書二十四）：

神武曰……天下濁亂，習俗已久。今督將家屬，多在關西，黑獺常相招誘，人情去留未定。江東復有一吳老翁蕭衍，專事衣冠禮樂。中原士大夫望之以爲正朔所在。我若急作法，恐督將盡投黑獺，士子悉奔蕭衍，則何以爲國？

可見中國士大夫之重要。

北魏國力日漸發展，其對漢人之需要亦日漸增加。建設大帝國之技術，本不足以語鮮卑人，故建設大帝國必需一方面大量應用漢人人材，一方面大量應用漢人制度，因此其立國無論如何不能擺脫帝國之基本民族——漢人。既不能擺脫漢人，又何苦以少數民族自居，勉強維持原有之野蠻面目乎？況北魏立國雖至孝文已有百年，但民族問題終未解決，王朝隨時在風雨飄搖之中，甚至國家擴充愈大，收羅民族愈多，問題愈複雜，統治亦愈難，因之國家愈易於崩潰。此時帝國之基本民族，早已從鮮卑人移至

漢人，則為維持帝國之統治起見，除自認『漢人之元氏王朝』以外，更無他法，故孝文之漢化，對民族問題上自有其必要。至魏世之衰，乃內亂使然，不足歸咎於文化也。

其次北魏之漢化，乃經濟上必然之趨勢。鮮卑本屬游牧民族，但入中原以後，亦漸放棄原有游牧之習而從農業，其變遷之跡，大略可見。魏書平文紀二年云：『西兼烏孫故地，東吞勿吉，控弦上馬，將有百萬。』百萬之數未必可據，但按弦上馬，仍為游牧之風。又魏書二十四燕鳳傳謂鳳告苻堅以鮮卑游牧之利，則拓跋珪復國以前，尚存游牧之習。但在此同時已漸從事農業，魏書穆帝紀云：

> 『帝以封邑去國懸遠，民不相接，乃從 (劉) 琨求句注陘北之地。琨自以託附，聞之大喜。乃徙馬邑，陰館，樓煩，繁畤，崞縣五縣之民於陘南，更立城邑，盡獻其地……東接代郡，西接西河，朔方，數百里。帝乃徙十萬家充之。……六年城盛樂以為北都，修故平城以為南都。

旣營城郭便非行國之制，此可謂拓跋氏自北而南，自行國而居國之開始。

此後道武皇始二年，平慕容氏徙徒河雜夷，計口受田於京師。是平城漸以農業為基本，又得一證據。徒河卽慕容氏部族，亦屬鮮卑，姑不論在慕容氏時是否已從農業，但原游牧者，此時已務農矣。

六鎮乃鮮卑集中之地，仍然開水田種植。如孝文紀太和十三年八月云：

> 詔諸州鎮有水田之處，各通溉灌。

此各鎮本有水田，未通暢者，各更通之。又魏書三十八刁雍傳：

> 雍上表曰：『奉詔高平，安定，統萬，及臣所統（薄骨律）四鎮，出軍五千乘，運屯穀五十萬斛，付沃野以供軍糧。』

又魏書四十一源懷傳云：

> 懷又表曰：『北蕃連年災旱，高原陸野，不任營殖，唯有水田，少可菑畝。』

此亦北鎮水田之證。故當時軍糧乃當地所產，而非純任畜牧為生。又魏書四十一源賀傳云：

> 是時每歲秋冬，遣軍三道並出以備北寇。至春中乃班師。賀以勞役京師，又非禦邊長計。乃上言請募諸州鎮武健者三萬人，復其徭役。厚加賑恤，分為三部。二鎮之間築城置萬人，給強弩十二床，武衞三百乘弩一床，給牛二頭，多

造馬槍及諸器械。使武略大將二人以鎮撫之。冬則講武，春則種植，並戍並
耕，則兵未勞而畜牛矣。

此事雖未行，但既稱『募諸州鎮』，當無胡漢之分。若其時鮮卑仍以游牧爲生，則屯
田之制非其所堪。若因仍游牧之習，則北邊多列穹廬足矣，又何必築城給牛，並戍並
耕耶？

又魏書十八元孚傳云：

蠕蠕王阿那瓌既得返國，其人大飢，相率入塞。阿那瓌上表請臺諫賑給，詔孚
爲北道行臺，詣彼賑恤。孚陳便宜，表曰 ： 『 及服之人未嘗粒食，宜從俗因
利，拯其所無。昔漢建武中，單于款塞時，轉河東米糒二萬五千斛，牛羊三萬
六千頭以給之。斯卽前代和戎撫新柔遠之長策也。乞以犉牛產羊糊其口命，且
畜牧繁息，是其所便，毛血之利，惠兼衣食。 』

此完全認蠕蠕爲游牧民族，而以農業國家自居。與燕鳳自認鮮卑爲游牧之民，相去甚
遠。可知鮮卑在平城時漢化已深，孝文改革不過更進一層，並非開創之事也。

魏時亦號稱崇儒，通鑑宋元嘉十六年(魏太武太延五年)曾隱括魏書儒林傳大旨如下：

涼州自張氏以來，號爲多士，……魏主克涼州，皆禮而用之。……時魏朝方尙
武功，貴遊子弟不以講學爲意，(索)做爲博士十餘年，勤於誘導，肅而有禮，
貴遊皆嚴憚之，多所成立。前後顯達至尙書牧守者數十人。常爽置館於溫水之
右，教授七百餘人。爽立賞罰之科，弟子事之如嚴君，由是魏之儒風始振。

可知文化之吸收，爲不可避免之事。

華化之深淺，各地究不能盡同，大約京師較深。其中區別不在胡漢數目上之比例，
而在生活狀態之不同。例如漢書地理志所稱：『天水，隴西，……上郡，西河，皆迫近
戎狄，修習戰備，以射獵爲先……涼州之畜常爲天下饒。』董卓本漢人，然其凶殘程
度，頗可與爾朱榮相比擬。此邊郡生活，歷來常與內地相殊，固不自元魏始，而元魏
一般人之標準生活，固應以京師爲代表，孝文所承受者固卽此種文化而非六鎮生活方
式也。

附記：本文作時，陳寅恪先生及岑仲勉先生均詳爲指教，寅恪先生並舉成淹及
杜弼兩傳爲證，書此致謝。

北魏後期的重要都邑與北魏政治的關係

（一）　中國北方幾個重要據點

北魏的衰亡，和遷都洛陽有聯帶的關係。而遷都洛陽又包含著華化問題，因而很容易使人聯想到胡人到了中國是否會因爲華化而至於亡國的問題。所以後來侵入中國的遼，金，元，清，都想在華化的趨勢中，找出一些非華化的辦法。雖然要想在高度文化包圍之中，找出一些保存原始部落舊習的妥善辦法幾乎是不可能，卽使勉强保存，結果仍是毫無用處。但他們還是要去找，這顯然的，他們認爲北魏孝文帝的路是不可以再走的，因而他們一定要走自己的路。

不論北魏孝文帝的理想是多麼高，但北魏自孝文帝以後，却是衰落的很快。當然，這也不能專就魏孝文華化一點來立說。因爲在北魏孝文帝時期，已經在朝代演進之中，到了興盛的頂點，此後應當是盛極而衰。縱然北魏不遷都洛陽，拿繼承魏孝文幾代君王的能力來看，也不見得就可幸免於衰亂的命運。不過遷都的影響，却顯然的再加上了許多衰亂的成分，使得原來已經注定要衰亂的北魏，更加速了衰亡的來臨。這裏面地理上的成分，似乎比其他的成分更爲重要。換言之，魏孝文遷都的地方，是晉陽，長安，甚至於鄴，都可以比較洛陽稍好一點。其中的原因主要是對於北邊的聯絡，可以比較方便。因而邊方屯戍的人情緒就比較容易被宮中及朝士所注意。後來六鎮叛變以致北魏覆亡一件事實，也許會被改變。當然，一個朝代久了，會腐化下去，這件事實的改變也不見得就可以救了北魏。但假如這件事不發生問題，北魏的亂亡也就可以遲緩些時日。因而以後的歷史，以及華化問題給予後人的看法，也就不同了。

因此，地理的選擇，也就成爲北魏歷史中的重要問題。在未討論北魏本身歷史以前，現在先討論華北地帶的幾個重要據點以及其與政治的關係。

　　先討論長安。長安作京都的時期，正是中國歷史上最光榮的朝代，西周，秦，漢，和唐。因此長安都城所代表的是力量和財富，這正是在立國上多彩多姿的必要條件。在班固的兩都賦中，表面上是爲東漢都城的洛陽而作，但一拿長安來比較洛陽，洛陽便立刻顯著生氣索然，縱然用力去描繪，也是毫無精采之處。這就看到文武成康的故居，和平王以後的首邑是不能在同等地位上相提並論了。西都賦有關於長安的一節，說：

　　　　漢之西都在於雍州，實曰長安。左據函谷二崤之阻，表以太華終南之山。右界褒斜隴首之險，帶以洪河涇渭之川。衆流之隈，汧涌其西 (註一)。華實之毛，則九州之上腴焉。防禦之阻，則天地之隩區焉。是故橫被六合，三成帝畿，周以龍興，秦以虎視。及至大漢受命而都之也，仰悟東井之精，俯協河圖之靈。奉春建策，留侯演成，天人合應，以發皇明，乃眷西顧，實惟作京。於是睎秦嶺，睋北阜，挾豐灞，據龍首，圖皇基於億載，度宏規而大起。肇自高而終平，世增飾以崇麗。歷十二之延祚，故窮泰而極侈。建金都而萬雉，呀周池而成淵。披三條之廣路，立十二之通門。內則街衢洞達，閭閻且千，九市開場，貨則隧分；人不得顧，車不得旋；闐城溢郭，旁流百廛，紅塵四合，煙雲相連。於是旣庶且富，娛樂無疆，都人士女，殊異乎五方。游士擬於公侯，列肆侈於姬姜。鄉曲豪舉，游俠之風，節慕原嘗，名亞春陵。連交合衆，騁騖乎其中。若乃觀其四郊，浮游近縣，則南望杜霸，北眺五陵，名都對郭，邑居相承。英俊之域，紱冕所興。冠蓋如雲，七相五公。與乎州郡之豪傑，五都之貨殖，三選七遷，充奉陵邑，蓋以強幹弱枝，隆上都而歡萬國也。

這些都是具體的事實，當然比較他第二篇的東都賦只有空虛的描繪好的多。他的西都賦所以能把西都的個性表達出來，是由於西都有它的個性。到了描繪東都時，便只能描繪東漢的儒家政策。這種政策的描繪，根本和東都的地域性毫不相關。採用這種政策，不論東都西都，或者南京北京，都是一樣的。而況在西都時期漢元帝，漢成帝以及

　(註)　『西』字不協韻，『西』字當爲『間』字之壞字。蓋此處舊本字壞，淺人妄以西字補之，因汧水在長安之西而妄斷。上句言衆流，此句獨言汧水，語意不倫。爾雅釋水：『汧出不流』，注：『水流潛出便自停成汚池』。又：『水決之澤爲汧』，注：『水決入澤中亦爲汧』。故『汧湧』乃指長安郊外隨處有水泉湧出，非指汧水一水而言也。

王莽都已早已採取此項政策了。並不是洛陽的專利。班固本是關西文士，對於西都有深刻的了解，其寫東都賦實際上不過敷衍成章。所以洛陽對於長安，就其建都朝代之精采表演來說，實在是無法比擬的。

長安之所以為長安，實際上是利用兩種力量，卽在武力上利用了西北的騎兵，而在經濟上利用了關中平原與巴蜀盆地的財富。這樣才可以支持一個帝國京師的規模。倘若涼州的武力和巴蜀的經濟缺其一項，這一都城也就失了效用。例如更始，樊崇，兩者都缺乏，董卓只有武力而無經濟來原，劉曜以及苻堅的晚期，也失了武力和經濟的來源，黃巢到長安的一個時期，也是這兩項都缺乏。因之他們便不能根據長安來建立他們的力量。所以長安這一都城，並非十全十美的，也有其先天上的缺點。

洛陽本身只是一個小小的平原。他的價值只是一個東西的衝要。也就是所謂『天下之中』。本來在中國的古代，不論就民族上來看，或者就文化上來看，都是一個東西對峙的局面(註一)。這一種東西對峙的局面，就形成了戰國時期的秦與六國以及到了漢代的『關東』與『關西』(註二)。東方和西方的界線是桃林之塞，就是春秋時的崤，戰國秦漢以來的函谷，在函谷附近的都邑，便是洛陽。所以洛陽的地位，實可稱為陸上的伊士坦堡，伊士坦堡在海上聯絡了歐亞非三洲，而洛陽則在陸地上聯絡了中國傳統上的關東與關西。所以洛陽的意義，不是取得軍事與經濟資源的地區，而是需要利用別處已得的軍事與經濟的資源來控制這個地區。

洛陽附近的資源是貧乏的，絕不能維持一個中型都市的需要。因之洛陽的經濟位置和洛陽對岸的彰衞懷（彰德，衞輝，懷慶）三屬，有不可分的關係。也就是說，古代的河南區域要依存著河內區域。所以東周天子割溫原地方與晉文公，而晉國定了霸權，東周就從此不能再振；漢光武先奠定河內，才能據有河南。所以洛陽地區比關中地區更缺乏獨立性。東漢建都洛陽要依靠三河中的河內與河東，因而河內的鄴便日漸重要起來，形成了三國以後的局面。

洛陽的成為首都，顯然是由周公『定鼎於郟鄏』的關係。東周遷洛還是根據這個基礎。這一點決不是周公的錯誤而是周公在當時確有其必要。周室起於西北的落後民

(註一)　見中央研究院歷史語言研究所集刊外編蔡元培先生六十五歲慶祝專號，傅斯年：『夷夏東西說』。

(註二)　或稱山東與山西。

族，其和殷商的關係和遼、金、元、清對於漢族的關係頗為類似。他決不敢放棄了原來的根據地，一舉而定住中原。所以周人除去保留『上都』式的豐鎬以外，還要建立『大都』式的洛陽。為著充實洛陽，周人要徙殷『頑民』，這一點又和北魏徙後燕之民於平城，以及金人大掠宋人而遷於燕京是一樣的。洛陽這個地區，被周人號稱為天下之中，實際的意義就是它是東方與西方之間，被西方的征服者找到了，來做控制東方的一個據點。後來周人的文化進步很快，於是洛陽成為文化的中樞，以至於成為中國文化的代表。班固的東都賦固是如此的說，而魏孝文遷洛，更明白的為了這個目的。他們又何嘗不知道，洛陽表面上有關河為限，實際上關河全不可守。建都洛陽的，目的只是為著觀瞻所係的一個目的罷了。

三河地區本來是中國舊都的所在，據相傳的舊說，夏都河東，商都河內，周都河南。夏是否建都河東，因為考古發掘的證據還不夠，這一點還未證實。商都河內是從安陽的發掘工作上，已經得到完全的證實了。就河內地區而言，商代都城的安陽，和五胡及北朝都城鄴，實際上是在一個區域。水經洹水注

> 洹水出上堂泫氏縣，東過隆慮縣北，又東北出山過鄴縣南曰注曰 (註一)：洹水出山，東逕殷墟北。竹書紀年曰：「盤庚卽位，自奄(註二)遷於北蒙曰殷。』者者項羽與章邯盟於此地矣。洹水又東，枝津出焉，東北流逕鄴城南，謂之新河。

殷墟在今安陽城北五里，距古鄴城約四十華里。在平原之中，四十里的範圍，算做一個區域來解釋歷史上的現象，是沒有甚麼不可以的。因為物產，運輸，以及軍事上的形勢，殷墟和故鄴城，並無多大的區別。盤庚遷殷的理由，在現在雖不能全部明瞭，不過商都既然遷於殷，殷就成為商代最重要的城邑，並且商代的朝代名稱也被稱為殷代。現在從發掘的規模來看，殷在二千四百年以前確實可算得一個規模龐大的都市。

自從魏文侯受封於鄴，這一個區域的重要性又重新加強起來。因為交通和灌溉的原因，兩漢時代，這一個魏郡的治所都是非常重要。尤其是在袁紹和曹操把鄴作成指揮的中心以後，接著成為後趙，前燕，東魏，北齊的首都。所以在南北朝時期，這一

(註一) 依戴震本分經注。
(註二) 奄地在周為魯國，卽山東曲阜附近。

個關東區域的政治中心一直是被人重視著。

就以上的分析來說，在中國古代關東及關西並峙時代，長安是關西的政治中心，鄴是關東的政治中心。而洛陽則為關東地帶和關西地帶的聯絡地區。因此當時的朝代要以鄴為大本營，控制了關東，再利用洛陽來聯絡關西；或者以長安為大本營，控制了關西，再利用洛陽來聯絡關東。倘若長安和鄴兩無所得，僅僅只據有一個洛陽，那就成為東周的局面，只能空守無作用的名器了。

都市的發展由於自然的演進居多，而人為的因素比較少。長安和鄴的發展也是憑藉歷史上自然的趨勢，並非有某一個天才的政治家有意的指定（註一）。洛陽的重要雖然是由周公指定而來，不過洛陽正在豐鎬到殷的大路上，而且是兩地間主要的中繼站，為顧及西方的根本地區，當然會想到這個地方。仍然是受到了當時實際的政治環境的影響。

曾經一個長的時期被人疏忽，而後來成為長期全中國統一都城，這要算北平了。北平的重要性是逐漸形成的，從戰國時候的燕起，北平便是一個地方性的都城。一直到南北朝和唐代，它雖然日漸顯出其重要性，但只是顯出不可被敵人取得，而不是應當成為華北以及全中國的政治中心所在地。到了遼金兩代，因為胡人勢力的擴充而北平一天一天的顯著重要，到了元代統一全中國並且征服歐亞而達到重要性的最高點。這當然是有其理由的，但其理由却只能從歷史上的事實比較而來，却不是過去任何的政治天才或軍事英雄所能預料得到。

北平和鄴同樣的在平坦的華北平原上，並且也同樣的處於山西高原的東麓，其間頗有類似之點。對於全部華北平原中各單位的關係來說，北平不如鄴較為適中，而且北平附近的土壤亦不如鄴附近的肥沃。不過就和塞外草原的聯絡來說，全華北平原中的都市，當以北平為最接近，其次才是鄴，而洛陽則與塞外草原幾乎完全隔絕。所以遼金元清建都北平，仍然照顧則北方的部落，而魏孝文到洛陽，塞外的情況，須逐漸不可問了。

（註一）　古代沒有準確的測量，所以無法根據確實的地形來指定都市，到了十八世紀之末美國華盛頓 George Washington 在馬利蘭 Maryland 之南建立了華盛頓城 Washington D. C. 是因為此地正當 Appalachian Mts. 的缺口，為東西之要衝，可能成為最重要的商業都市。不過這個意見後來還發生了偏差，到了現代，繁榮落在華盛頓城的東北三十英里的 Baltimore，華盛頓城的重要只剩了政治上的理由。

對於塞外草原的關係來說，當然以北平爲最直接 (註一)，其次要算晉陽，再其次才能算到長安和鄴，而以洛陽對於塞外的關係的較遠 (註二)。北平在漢代爲廣陽國，在秦時當屬漁陽，而北平城（舊稱薊）亦可能卽是漁陽的治所(註三)。以廣陽國來說，其東爲漁陽，其西爲上谷，也都是邊郡，所以北平自是一個邊區重鎮。其次爲晉陽，其地本爲胡戎接壤之區，自漢代的韓王信以至宋代的潘美，都是利用此處爲對抗北方的據點。長安去邊塞稍遠，但對於西河，上郡，北地，安定，隴西，天水等用武之區，仍保持一個扇形的控制面。到了鄴就稍間接一些，而洛陽就更爲間接一些。

中國人歷來視戎寇爲大患，平戎一事也從來認爲並無上策。但在戎人入中國的時期，戎患就比完全由華夏治理時爲輕 (註四)。其最大的原因就是華夏歷來是講『平戎』，永遠把草原的民族當作『戎夷』，不得與於『冠帶』之列。這種岐視的程度，愈不接近草原民族，則岐視愈爲加深。岐視愈深，則草原民族的反感亦隨之愈深，最後成爲不可收拾的局面。胡人的朝代就完全不相同，他們始終未敢自認爲冠帶之倫(註五)，他們也就不敢離開草原太遠。這樣他們對於草原民族的情僞也就知道的較爲深切，而應付草原民族的方法也就不會至於離開事實。因而草原民族並不把胡人出身的中國君主當作外人，雖然彼此尚有爭執，也是『自己人』的爭執，其所代表意義也就不相同了。這就是華北平原的都邑，其臨邊的程度與其對於草原民族的關係和一個朝代的成敗是不能夠分開的。

就北魏孝文帝而言，遷都和華化，是一個歷史上非常重要的事實。從魏孝文帝的能力及其魄力來看，誠爲古今所罕有。就他的遷都及華化政策說，對於鮮卑全民族前途而論，確有部分的成功，而對於拓跋民政權的統治來說，卻是失敗的。他的失敗，就使得以後統治中國的胡人，不敢全盤華化。尤其是文物已很盛的金人或清人，還始終

(註一)　除去了大同，榆林，武威，張掖等都市以外，北平恐怕要算是塞外邊縣的都市。

(註二)　這只就華北地區來說，長江流域各地如建康，臨安等處，當然更不能和洛陽相提並論。

(註三)　全祖望以及王國維以爲秦曾有廣陽郡，失之無據，見勞榦秦郡的建置及其與漢郡的比較，見民國四十一年大陸雜誌特刊。

(註四)　也不是完全沒有，如北魏對於柔然，遼對於金，金對於元、清代對於喀爾喀，準噶爾，皆可以說是『戎禍』，不過總比其他朝代要輕些。

(註五)　只有北魏後期是一個特例。

要保持他們和漢人的界限。這一點對於清朝，是引起革命，而終於傾覆的致命傷。所以魏孝文的政策，就對於近代的影響而言，也是值得檢討的。

就魏孝文的華化與遷都兩種政策而言，在原則上都不算錯。鮮卑必然華化是一定的趨勢，而平城爲漕運所限，不能成爲統一全中國的都城，也是勢所必遷(註一)。所成問題的是魏孝文對於南北朝時的世族政治，毫無批評的全盤接受(註二)，因而形成了北魏後後期貴族政治的腐化局面(註三)。而遷都洛陽，與草原方面隔絕，更形成六鎭叛變的直接原因。假如像遼、金、元、清的遷都北平，那就至少對於六鎭關係的一點來說，要比洛陽好的多。

北平的重要，是魏孝文時代未曾發現的。在這一點上，不可以批評魏孝文說他沒有遠見。不過晉陽一地對於塞上的關係，是僅次於北平的。魏孝文也未曾善爲利用。這是北魏後期政治非常可惜的地方。至後由爾朱榮及高歡相繼利用晉陽作爲根據地，於是拓跋氏的政權終歸覆滅。本篇是就晉陽爲主，與北魏其地重要都邑作一比較，並就晉陽的逐漸成爲重要地區的經過加以敍述。

（二）　魏孝文帝爲什麼要選擇洛陽

魏孝文的遷都洛陽，當然爲的是漕運問題。魏書七十九成淹傳：

高祖（魏孝文帝）幸徐州，勅淹與閭龍駒主舟檝，將汎泗入河，泝流還洛。軍次碻磝。淹以黃河峻急，慮有傾危，乃上疏陳諫。高祖勅淹曰：『朕以恆代無運漕之路，故京邑民貧。今移都伊洛，欲通運四方。而黃河急峻，人皆難涉。我因此行必須乘流，所以開百姓之心。』

(註一)　見歷史語言研究所集刊第十七本勞榦論魏孝文之遷都與華化。

(註二)　據魏書官氏志，鮮卑也一樣的世族化，比起來隋唐兩代力求利用科舉，以減輕世族政治的弊端，魏孝文似乎對這一點太不够注意了。資治通鑑卷一百四十，司馬光論曰：『選舉之法，先門第而後賢才，此魏晉之深弊，而歷代相因，莫之能改也。夫君子小人不在於世祿與側微，以今日視之，愚智所同知也當是之時，雖魏孝文之賢，猶不免斯蔽，故夫明辨是非，而不惑於世俗者，誠鮮矣。』這是不錯的，不過司馬光是宋朝人，所以能够看清，魏晉時人却無法避免當時的思想方式。

(註三)　魏孝文帝遷洛以後，北魏一切機構已到衰期，再加上胡后，劉騰，元义的亂政，縱然在平城，也不見得就可以安然無恙，不過遷都以後，再加上更多的病源罷了。

但是享有漕運的便利，不僅以洛陽爲然，鄴也可以通漕(註一)。三國志魏志武帝傳：

> 建安十八年九月，作金虎臺，鑿渠引漳水入白溝以通河。

水經注淇水注云：

> 白溝又東北逕羅勒城東，又東北，漳水注之：謂之利漕江。

又水經注濁漳水注：

> 魏太祖鑿渠引漳水東入淸洹以通河漕。

而利用鄴附近的水道，更遠在建安九年時。三國志魏志武帝傳：

> 九年春正月，濟河遏淇水入白溝以通糧區。

水經注淇水注：

> 淇水又南歷枋堰，舊淇水口，東流逕黎陽縣界，東入河，漢建安九年，魏武王
> 於水口下大枋木以成堰，遏淇水東入白溝以通。漕運故時人號其處曰枋頭。魏
> 武開白溝因宿胥故瀆而加功。淇水又東北流，謂之白溝。

從此兩段三國志的材料，再用水經注來補充，可知魏武帝曹操在建安九年征伐袁紹之
時，已經開始利用淇水來溝通鄴附近的糧區，到了建安十八年，曹操至鄴，天子策命
他爲魏公。始建社稷宗廟於鄴，於是更鑿渠引漳水來通鄴的漕運。

所以在鄴的通漕本有基礎，和平城不能通漕的情形完全不同。選擇洛陽而不選擇
鄴，却不是因爲洛陽特別便於漕運的原因。

又據太平御覽一百六十一引後魏書曰：(註二)

> 文帝太和十八年，卜遷都經鄴，登銅雀臺。御史崔光曰：『鄴城平原千里，漕
> 運四通，有西門，史起舊跡，可以饒富，在德不在險，請都之』。孝文曰：『君
> 知其一，未知其二。鄴城非長久之地，石虎傾於前，慕容滅於後，國富主奢，
> 暴成速敗。且西有枉人山，東有列人縣，北有柏人城，君子不飲盜泉，惡其名
> 也。』遂止。

又見魏孝文不都鄴非因運漕的問題。

魏孝文的遷都洛陽，當然有望於石趙和慕容燕的旋卽失敗，不願再都鄴，而最大

原因還是覺得石趙和慕容燕都是胡人朝代，魏孝文要做成一個澈底漢化的朝代，當然感覺到他們都是鄙陋的，而不願意再因襲他們，做他們事實上的繼承者。這一點和楊堅改隨爲隋，表示不願追隨北朝各代，是出於同一的心理。

在魏晉南北朝時代，五德代運之說還是深入人心。當時的人還覺著應命的正統，都是依序相承。魏孝文帝的確也想自己的朝代在五德順序之中，因而就要承襲一個相承有序的都邑。魏書禮志：

> （太和）十四年八月，詔曰：丘澤初志，配當宜定。五德相襲，分敍有常。然異同之論，著於往漢。未詳之說，疑在今史。羣官百辟，可議其所應，必令合衷，以成萬代之式。』……十五年，正月，侍中司空長樂王穆亮，尚書左僕射平原王陸叡，侍中吏部尚書中山王王元孫，……中書郎泰昌子崔挺，中書侍郎賈元壽等言：『臣等受勅共議中書監高閭，秘書丞李彪二人所議呈魏行次（註一）。尚書高閭以石承晉爲水德，以燕承石爲木德，以秦承燕爲火德，大魏次秦爲土德，皆以地據中夏爲得統之徵。皇魏建號，事接秦末，晉旣滅亡，天命在我。故因中原有寄，卽而承之。彪等據神元皇帝與晉武並峙，桓穆二帝，仍修舊好。始自平文，逮于太祖，抗衡秦趙，終平慕容。晉祚終於秦方，大魏興於雲朔。據漢棄秦承周之義，以皇魏承晉爲水德。二家之論，大略如此。臣等謹共參論伏惟皇魏世王玄朔，下迄魏晉。趙秦二燕，雖地據中華，德祚微淺，並獲推敍，於理未愜。又國家積德修長，道光萬載，彪等職主東觀，詳究圖史，所據之理，其致難奪。今欲從彪等所議，宜承晉爲水德。』詔曰：『越近承遠，情所未安，然考次推時，頗亦難繼。朝賢所議，豈朕能有違奪，便可依爲水德，祖申臘辰。』

這件事表面上是魏孝文帝和羣臣商酌，但他的意思實在是要變更祖制土德之舊，而期上承魏晉。魏書禮志：

> （魏道武帝）天興元年，定都平城，卽皇帝位。立壇兆告祭天地，……事畢，治

（註一）　魏書禮志高閭奏稱：『臣聞居尊據極，允膺明命者，莫不以中原爲正統，神州爲帝宅。苟位當名全，化迹流治，則不專以世數爲與奪，善惡爲是非。』可見高閭亦是主張建宅中原的人，只是並不輕視石勒慕容僭之流而已。

有司定行次正服色。羣臣奏以國家繼黃帝之後，宜爲土德。故神獸如牛，牛土
畜，又黃星顯曜其符也。於是始從土德。數用五，服尚黃，犧牲用白，祀天之
禮用周典，以夏四月親祀於西郊，徽幟有加焉。

魏朝在道武帝拓跋珪時已正式定爲土德，原不必再議，再議之詔，即是變法。土德之
序，本無所承。高閭勉强以魏承苻秦，並非孝文當時的想法。李彪主張上承魏晉，才
是孝文的意思。北魏既認爲『趙秦二燕，德祚微淺』不在所承之序。則趙秦二燕的都
邑也不在北魏考慮範圍之內。假如有遷都的需要時，魏晉兩代的京都，也一定在北魏
考慮之中了。議五德運是太和十四年的事，定爲水德以北魏繼晉是太和十五年的事。
到太和十八年就開始經營洛陽，其間是可以看出前後的關係的。

　魏孝文帝希望建立一個純粹華化的朝代，承三王五帝的正統，這是一個讀史者盡
人皆知的事。就是一點來選擇，洛陽便成爲因襲傳統的一個理想地方。班固東都賦：

　　於是聖皇乃握乾符，闡坤珍，披皇圖，稽帝文。……遂超大河，跨北嶽，立號
　　高邑，建都河洛。紹百王之荒屯，因造化之盪滌，體元立制，繼天而作。系唐
　　統，接漢緒，茂育羣生，恢復疆宇；勳兼乎在昔，事勤乎三五。豈特方軌並
　　跡，紛綸后辟，治近古之所務，蹈一聖之險易云爾哉？……且夫僻界西戎，險
　　阻四塞，脩其防禦，孰與處於土中，平夷洞達，萬方輻湊？秦嶺九峻，涇渭之
　　川曷若四瀆五嶽，帶河泝洛，圖書之淵？建章甘泉，館御列仙，孰與靈臺明
　　堂，統和天人？太液昆明，鳥獸之囿，曷若辟雍海流，道德之富？游俠踰侈，
　　犯義侵禮，孰與同履法度，翼翼濟濟也。

張衡東京賦：

　　天子有道，守在海外，守位以仁，不恃險害。苟民志之不諒，何云巖險與襟
　　帶。秦負阻於二關，率開項而受沛。彼偏據而規小，豈如宅中而圖大？昔先王
　　之經邑也，掩觀九隩，靡地不營。土圭測景，不縮不盈。總風雨之所交，然後
　　乃建王城。

土圭見於周禮大司徒：

　　以土圭之法測土深，正日景以求地中。日南則景短，多暑；日北則景長，多
　　寒日東則景夕，多風；日西則景朝，多陰。日至之景，尺有五寸，謂之地中，

天地之所合也。四時之所交也，風雨之所會也，陰陽之所和也，然則百物阜
安乃建王國焉。

鄭玄注：

景尺有五寸，南戴日下萬五千里，地與星辰四遊升降於三萬里之中，是以半之
得地之中也。……鄭司農云：『土圭之長尺有五寸，以夏至之日，立八尺之
表，其景適與土圭等，謂之地中，今潁川陽城地爲然。』

賈公彥疏云：

潁川陽城地爲然者，潁川郡陽城縣，是周公度景之處，古跡猶存，故云地爲然
也。案春秋左氏，武王克商，遷九鼎於洛邑欲以爲都，不在潁川地中者，武王
欲取河洛間形勝之所，洛都雖不在地中，潁川地中，仍在畿內。

今周公測景臺在河南登封縣，就是古陽城之地。經董作賓，高平子等諸先生勘察過，
作有周公測景臺調查報告。其測景臺雖然歷代增修，但其地址仍然在古代的陽城。
陽城處山谷之中，地形狹隘，不適於建立都邑。在都邑之中距陽城最近的就是洛陽
(註一)。所以洛陽比其來鄴與長安，更從『土圭測景』來證明，據有『居天下之中』之
優越點。

實際說來，洛陽的許多文化上的傳統，都是由於人爲的因素，任何地方，只要有
相同的背景，都可以有相同的文化上發展。但在魏孝文帝的時代，洛陽的文化傳統較
爲優越，却又是一種事實。至於地中之說，係根據『周髀算經』的假設。這種假設從
地圓之說證明其爲不可信，在現在已成爲常識。但在魏孝文時還是一個椎痲的理論，
而『地中』之說自然被認爲眞理，也是不足怪的。

在這許多因素之下，如果不爲遷就目前的事實而選擇一個理想的都城，在魏孝文
帝的時代，依照了當時的理論，當然是洛陽，這就是洛陽終於被選定的原因。

（三）　洛陽建都的失敗

魏孝文帝死後，北魏帝國就入到衰運。定都洛陽固然是其中的一個原因，但除去

(註一)　實際上鄭縣和禹縣對於陽城的距離也和洛陽相等。鄭縣地方據考古上的成績，在商時已經重要，不過
　　　　和周的聯絡不如洛陽的方便，所以不在選擇之中，禹縣卽戰國至漢，陽翟的地方，其地曾爲韓都且是
　　　　一個商業中心，地形當然不壞，不過就對於周人的關係來說，似尙不如鄭縣以方便，所以更非所選擇。

洛陽以外，還有一些更重要的原因。其中的一個原因就是君主短命。從魏孝文帝起，各代皇帝的在位年數，是：

魏孝文帝	卽位二十九年	年三十三歲
魏宣武帝	卽位十六年	年三十三歲
魏孝明帝	卽位十年	年十九歲

孝文遷都洛陽以後的時期，是從太和十九年九月起，到二十三年四月止，其間不過四年，在這四年中做不了多少事。宣武是一個守成之主，而且只有十六年在位時期。宣武死後，卽爲胡靈后亂政的時期，其間亦不過十年。等到孝明被胡后所害，爾朱榮率師入洛，北魏的皇祚已經名有實亡。就這一點來說，不能完全用都邑的問題來解釋。

但是建都洛陽，而使六鎮的軍人被隔絕，因不滿而反抗，以致引起了北魏的覆亡，却是改朝換代的直接原因。其中從破洛韓拔陵和葛榮的叛，爾朱榮入洛，以至高歡宇文泰的分列東西，他們都是出身邊塞的軍人，並非在洛陽享受安富尊榮的貴族。因北周以後以至於建立隋唐兩代的，也還是出身六鎮的後裔，高非遷居洛陽的人士。也就是到了唐朝的產生，還是遷洛以後反面的影響。

遷洛以後，北方鎮戌因爲道路悠長，下情不能上達，成爲隔絕之局面。北齊書二十三魏蘭根傳曰：

> 正光末李崇爲都督，討茹茹，以蘭根爲長史，因說崇曰：『緣邊諸鎮，控攝長遠，昔時初置，地廣人稀。或徵發中原強宗子弟，或國之肺腑，寄以爪牙。中年以來，有司乖實，號曰府戶，役同廝養。官婚班齒，致失清流，而本宗舊類，各各榮顯，顧瞻彼此，理當憤怨。更張琴瑟，今也其時，靜境寧邊，事之大者。宜改鎮立州，分置郡縣，凡是府戶，悉免爲民。入仕次敍，一准其舊。文武兼用，威恩並施，此計若行，國家無北顧之慮矣。』崇以奏聞，事寢不報。

這一件事在魏書六十六李崇傳亦有言及：

> 蠕蠕主阿那瓌率衆犯塞，詔崇以本官都督北討諸軍事以討之。崇辭於顯陽殿，戎服武飾，志氣奮揚，時年六十九，幹力如少，肅宗目而壯之，朝廷莫不稱善。崇遂出塞三千餘里，不及賊而還，後北鎮破落汗拔陵反叛，所在響應。征

北將軍臨淮王彧大敗於五原，安北將軍李叔仁等敗於白道。賊衆日盛，詔引丞相，令僕，尚書，侍中，黃門於顯陽殿。詔曰：『朕比以鎮人構逆，登遣都督臨淮王叔時除剪，軍屆五原，前鋒失利，二將殞命，兵士挫衄。又武川乖防，復陷凶手。恐賊勢侵淫，寇連恆朔。金陵在彼，夙夜憂惶，諸人宜陳良策，以副朕懷。』吏部尚書元脩義曰：『彊寇充斥，事須得討，臣謂須得重貴鎮壓恆朔。總彼師旅備衞金陵。』詔曰：『去歲阿那瓌叛逆，遣李崇令北征，崇遂長驅塞北，返旆楡關，此亦一時之盛。崇乃上表，求改鎮為州，罷削舊貫。朕于時以舊典難革，不許其請。尋李崇此表，開諸鎮非異之心，致有今日之事。但既往難追，為後略論此事耳。朕以李崇國戚望重，器識英斷，意欲還遣崇行，總督三軍，揚旌恆朔，除彼羣盜。諸人謂可爾不？』僕射蕭寶夤等曰：『陛下以舊都在北，憂慮金陵。臣等實懷悚息。李崇德位隆重，社稷之臣，陛下此遣，實合羣望。』崇啓曰：『臣實無用，猥蒙殊寵，位妨賢路，遂充北伐，徒勞將士，無勳而還，慙負聖朝，於今莫己。臣以六鎮幽垂，與賊接對，鳴柝聲弦，弗離旬朔，州名差重於鎮，謂實可悅彼心，使聲敎日揚，微塵去塞。豈敢導此凶源，開生賊意？臣之愆負，死有餘責，屬陛下慈寬，賜全署領。今更遣臣北行，正是報恩改過，所不敢辭。但臣年七十，自惟老疾，不堪敵場。更願英賢，收功盛日。』於是詔崇以本官加使持節，開府，北討大都督。撫軍將軍崔暹，鎮軍將軍廣陵王淵 (註一) 皆受崇節度。又詔崇子光祿大夫神軌假平北將軍，隨崇北討。崇至五原，崔暹大敗於白道之北。賊遂並力攻崇，崇與廣陵王淵(註二) 力戰累破賊，相持至冬乃引還。

以上所稱的『詔』，並非書面的詔書，而是一個殿中的會議。只由於當時孝明帝徒擁虛號，實際上由胡太后處分一切。在體制上把胡太后的意見，作為『詔曰』。當然，胡太后的意見也不就是胡太后個人的意見，而是代表著京師權貴一般的看法。在這一種看法之下，北邊的舊制是不可以改動的。李崇『改鎮為州』的建議，被認為不僅不是應當考慮的正當建議，而且是對於北邊人士反抗上的一個鼓勵。現在所存的有關史料

(註一)　廣陵當作廣陽，陵字筆誤。

(註二)　此處陵字亦誤。

雖不太多。但顯而易見的是對於北邊人士所採取的完全是一種高壓政策。在這種絲毫不理會北邊的疾苦，完全採取高壓政策的結果，自然會形成一種大規模的反抗又據。

魏書卷九孝明紀，正光五年：

三月，沃野鎮人破落汗拔陵聚衆反，殺鎮將，號眞王元年。詔臨淮王彧爲鎮軍將軍，假征北將軍，都督北征諸軍事以討之。……五月臨淮王彧敗於五原，削除官爵。壬申，詔尚書令李崇爲大都督，率廣陽王淵等北討。……秋七月……崔暹失利於白道。大都督李崇率衆還平城，坐長史祖瑩截沒軍資，免除官爵。八月甲午，元志大敗於隴東，退守岐州。丙申詔曰 (註一)：『賞貴宿勞，明主恆德。思沾舊績，哲后常範。太祖道武皇帝應期撥亂，大造區夏。世祖太武皇帝纂戎丕緒，光闡王業；躬率六師，掃清逋穢。諸州鎮城人本充牙爪，服勤彼旅。契闊行間，備嘗勞劇。逮顯祖獻文皇帝，自北徙南，淮海思義，便差割疆族，分配方鎮。高祖孝文皇帝遠遵盤庚，將遷嵩洛，規遏北疆，蕩闢南境。選良家酋師，增戍朔垂，戎捍所寄，實惟斯等。先帝以其誠效旣亮，方加酬錫，會宛郢馳烽，胸泗告警，軍旗頻動，兵連積歲，茲恩仍寢，用迄於今。怨叛之興，頗由於此。朕叨承乾歷，撫馭宇宙。調風布政，思廣惠恩，宜追求前恩，敷茲後施。諸州鎮軍貫元非犯配者，悉免爲民，鎮改爲州，依舊立稱。此等世習干戈，率多勁勇，今旣甄拔，應思報效。可三五簡發，討彼沙隴，常使人齊其力，奮擊先驅，妖黨狂醜，必可蕩滌，衝鋒斬級，自依恆賞。

改鎮爲州是早應當去做的事。在此年五月遣派李崇北征之時，朝廷還無此意。直到李崇撤退，而秦州一帶莫折念生自稱天子 (註二)，叛變的勢力一天一天推廣，才發布這個詔書，希望用六鎮的人士，來平隴西的叛亂。這個詔書假如早一年發布，其結果要好的多。此時發詔，實已太遲。已經來不及『亡羊補牢』了。魏書十八廣陽王深傳 (註三)。

及沃野鎮人破六韓拔陵反 ，……深上書曰：『邊豎構逆，以成紛梗，其所由來，非一朝也。昔皇始以移防爲重，盛簡親賢，移麾作鎮，配以高門子弟，以

(註一) 丙申爲八月二十四日。

(註二) 詳見孝明紀正光五年，以上所引，爲取簡明，故未列入。

(註三) 廣陽王深即廣陽王淵，此處係用北史補入。北史唐修，避淵字諱，改爲深。

死防遏，不但不廢仕宦，乃偏得復除，當時人物，忻慕爲之。及太和在歷，僕
射李冲當官任事，涼州士人，悉免廝役，豐沛舊門，仍防邊戍。自非得罪當
也，莫肯與之爲伍。征鎭驅使，但爲虞候白直。一生推邊，不過軍主。然其往
房分，留居京者，得上品通官。在鎭者便爲清途所隔。或投彼有北，以禦魑
魅，多復逃胡鄉。乃峻邊兵之格，鎭人浮游在外，皆聽邊兵捉之。於是少年不
得從師，長者不得仕宦，獨爲匪人，言之流涕。自定鼎伊洛，邊任益輕。唯底
滯凡才出爲鎭將。轉相模習，專事聚斂。或有諸方姦吏犯罪配邊，爲之指縱。
過弄官府，政以賄立，莫能自改，咸言姦吏爲此，無不切齒僧惡。及阿那瓌背
恩，縱掠竊奔，命師追之，十五萬衆度沙漠，不日而還。邊人見此援師，便自
輕中國。尙書令臣崇時卽申聞，求改鎭爲州，將允其願，抑亦先覺。朝廷未
許，而高闕戍主率下失和，扷陵殺之爲逆，命攻城掠地，所見必誅。王師屢
北，賊黨日盛。此段之舉，指望銷平，其崔暹隻輪不返，臣崇與臣，逡巡復
路。今者相與還次雲中，馬首是瞻，未便西邁。將士之情，莫不解體。今日所
慮，非止西北，將恐諸鎭，尋亦如此。天下之事，何易可量。』時不納其策。
東西部勅勒之叛，朝廷更思深言，遣兼黃門侍郎酈道元爲大使，欲復鎭爲州，
所以順人望。會六鎭盡叛，不得施行。

這一段說明洛陽遷都以後，對於北方的阻隔，非常顯著，以致於簡直成了兩種不同的
世界。等到文化成爲兩個迥不相同的狀態以後，在朝廷的北魏人士縱然和在鎭的北魏
人士有親屬的關係，也是彼此漠不相關。甚至於對於六鎭改爲普通的『州』，也要加以
阻礙。這當然是由於彼此不能有便利的交通，使得彼此不能有相互的了解，才變成這
種情況，這和地理上的隔絕不能不說有若干的關係。

　　洛陽的華化本來是勢所必至，並且不僅洛陽華化，過去前燕的鄴，前秦的長安，
也一樣是充分的華化。問題是北魏在洛陽極端的華化，而對於六鎭的華化却並未能留
意，因爲成爲兩種極端的現象。在魏孝文帝實行改革的時候，對於洛陽方面，縱然是
小節也是非常注意的，如魏書二十一咸陽王禧傳：

高祖曰：『自上古以來，及諸經籍，焉有不先正名而得行禮者乎？今欲斷諸北
語，一從正音。年三十以上，習性已久，容或不可卒革，三十以下，見在朝廷

之人，語音不聽仍舊。若有故爲，當降爵黜友，各宜深戒。如此漸習，風化可

新。若仍舊俗，恐對世之後，伊洛之下，復成被髮之人。王公卿士，咸以然不

？』禧對曰：『實如聖旨，宜應改易。』高祖曰：『朕嘗與李冲論此，冲言「

四方之言，竟知誰是？帝者言之，卽爲正矣，何必改舊從新。』冲之此言，合

應死罪。』……又引見王公卿士責留京之官曰：『昨望見婦女之服，仍爲夾領小

袖，我但東山雖不三年，既離寒暑，何爲而違前治。』

他的注意點都是集中在洛陽。這或者由於邊境上的胡人，一時難於驟改，由洛陽領導

改革，然後再及於其他地區，却不料竟使京師和邊區成爲兩種不同的文化圈，而彼此

的了解就日漸困難了。

這一點在南齊書四十七王融傳也談到。

虜遣使求書，朝議欲不與。融上疏曰：『……今經典遠被，詩史北流，馮李之

徒，必欲遵尙，直勒等類，居致乖阻。何則？匈奴以氈帳爲帷牀，馳射爲餱

糧。冠方帽則犯沙陵雪，服左袵則風驤鳥逝。若衣朱裳，戴之玄冕，節其揖

讓，敎以趨翔，必同羈梏桔，等懼氷淵。婆娑蹢躅，困而不能前已。及夫春水

生，阻散馬之適。秋風木落，絕驅禽之歡。息沸脣於桑墟，別蹏乳於冀俗。臨

詔如聾聵，臨方丈若爰居。馮李之徒，固得志矣，虜之凶族，其如病河？於是

風土之思深，恨戾之情動，拂衣者連裾，抽鋒者比鏃，部落爭於下，酋深危於

上，我一舉而兼呑，卞莊之勢也。』……世祖（武帝）答曰：『吾意不異卿，今

所啓比相見更委悉。』事竟不行。

其實當時北朝的書已經不算少，南朝給北朝書或者不給北朝書，對於北朝的文化，並

無決定的作用。齊武帝卒於永明十一年卽魏孝文太和十七年，王融此奏在永明中，當

時魏孝文尙未準備遷都變法。王融此奏重要部分，只是預料到北魏會有胡漢兩種不同

文化的衝突問題。他的話雖然有些誇張，但也有一部分是事實。

漢化與胡化的區分，一部分是由於傳統上的習慣，而更重要的却是由於環境上客

觀的需要。漢人的文化誠然較胡人的文化爲高，但也有若干的成分是代表封建制度，

佃農或農奴供獻下的貴族與大地主生活。在洛陽的貴族過這種生活當然沒有問題？但

在邊疆的六鎮人士，事實上是有不少限制的。據王融奏所說，尙只是一種習慣上的問

題，實際上習慣往往由於經濟生活而決定。胡人的服裝及其穹廬生活也自然是根據其特有的經濟基礎。漢人到了邊疆，就一般而言，也就只是以農耕為事，開渠墾田建築廬舍，完全是按照著內地一貫的方式。現在所知的在河西區域的漢人生活，不論是漢代或唐代留下的遺址，或者是清初開始屯殖的村落，也完全是漢人的文化模式，與胡人的生活無涉。因此漢人並不善於過草原生活（註一），內外蒙古境內的沙漠田，始終未曾有漢人搭上穹廬，專以放牧牛羊為生，過著蒙古人生活的。這可以說漢人力量最大的時候也不能有效的控制外蒙古草原的一個最大原因。這也可以表示著改變生活方式並不是一個容易的事。當然假若有一個漢人的君主，把漢人給一些游牧的訓練，然後補助其必需品和牛羊，將他們遣送到沙漠中的水草區，過有必要時候，還要隨時接濟他們，使他們能安於草原生活。為的控制沙漠，做一個有效一個有效的屏藩，這也許可以行得通。不過中國歷來的帝王將相從來未曾這樣想過。最著名的晁錯徙邊議，後來為漢武帝實邊對策所本的，還是把漢人移去過漢人的生活（註二）。這項事實可以

（註一）　在華夏民族的早期，當然可能經過一段的草原游牧生活，周代的先世可能就是一種游牧民族，不過據史記說『古公乃貶戎狄之俗，而營城郭室屋』，這也是魏孝文式的華化，後來自然也沒有戎狄的習慣了。

（註二）　中國人治邊的辦法，始終只是移民屯田，漢代的辦法見於漢書西域傳，屯田輪臺的建議，根據漢簡，河西方面也是採用類似的辦法，陸贊論緣邊守備事宜狀（見陸宣公奏議）：『伏以戎狄為患，自古有之。大抵尚即殺者，則曰非德無以化要荒，曾莫知威不立，則德不能馴也。樂武威者則曰非兵無以服凶獷曾，莫知德不修，則兵不可恃也，務和親者則曰要結可以睦鄰好，曾莫知我結之，而彼復解之也。美長城者則曰設險可以固邦國而扞寇讐，曾莫知力不足而人不堪，則險之不能恃，城之不能有也。倡薄伐者則曰驅遏可以禁侵暴而省征徭，曾莫知兵不銳，甄不完，則遏之不能勝，驅之不能去也。議兵之要，略盡於斯，聽一家之說，則理可徵，考歷代所行，則成敗異效。』屯田的工作，實際上也可以附入長城防禦工作之內，漢代長城的區域，也是屯田的區域，唐代和明代，也大致相同。但是從來決無人想到將漢語的中國人，移到漢北過游牧生活來實行防禦的事。主要原因不是漢人不可能過游牧生活，而是當政的人看不起胡人的生活方式，認為這是『用夷變夏』，是根本不應該的。其次便是要儘量關住漢人，不要對外交通。

　　實際中國人並非不可過游牧生活的，除去漢代投降匈奴的大將以及出嫁匈奴的女子以外，漢書匈奴傳云：『郎中侯應習邊事，……上問狀，應曰：「……往者從軍多沒不還者，子孫貧困，一旦亡出，從其親戚。……又邊人奴婢愁苦，欲亡者多，曰聞匈奴中樂，奈候望急何，然時有亡出塞者」。』可見匈奴方式的生活，也不是絕對的比中國邊郡壞。我曾經在內蒙古的蒙古包中，深深的體驗到，他們的生活只是另外一種方式，比邊疆農民的生活，有時還要明暇一些。只是農民本富於保守性，再加上政府不會支持，因而做農人的民族，也就永遠對做牧人的民族，無法了解了。

看出來漢人思想的固執，也可以說漢人有一種文化上的自負，根本看不起胡人的生活習慣，縱然有客觀上的必要，也至多只在騎射等技術上採取一些胡人的方式。倘若在生活習慣上自動的採取胡人的文化，那就成爲不可思議的事了。

在這種看不起胡人文化心理狀況之下，在洛陽住久的胡人，也就輕看了邊疆的胡人。在邊疆上的胡人因爲和洛陽隔絕，其文化的形態也就沒有多大的進展。在邊疆上被遣去的漢人，種田的方式不會有太大的變動 (註一)，但因爲長期在胡人統治之下，他們的語言會加入了許多胡人習用語，並且甚至要用鮮卑語做他們公共的語言。他們的性格因爲失掉了中原式的教育，並且也用不著漢人的禮貌，因而變成胡化。這就成爲六鎮人士的一般性格。這些六鎮的人士都是城郭居民，他們的生活習尙，假若和漠北純粹游牧的習慣來說，應當還是不同。但是和洛陽的風尙來比也是大有殊異。

因爲六鎮區域的生活是城郭住居，他們的經濟還是利用黃河的水來灌漑河套的水草田來從事農耕，所以把『鎮』改爲『州』。就他們一般條件說，並不是一個太困難的事。他們都是希望改鎮爲州的，也就表示著，這一般華人未嘗不想和洛陽的華人走同樣的仕進道路，而這一般的胡人也和洛陽的胡人有同樣的機會。換言之，假如給他們以相當的機會，他們並非一定堅決的反對華化，只是在一些嚴格限制之下，使他們使掉了逐漸華化的機會。後來六鎮的叛變，並非對於華化的反抗，而是他們在社會地位上要爭取和洛陽人士同等的機會。

就在洛陽貴族的立場來說，他們覺到『鎮』和『州』的權利和義務都是完全不同的。他們覺得州才是眞正的老百姓，鎮只是一些爲老百姓防禦北方游牧民族入侵的武士們。鎮既然有它們特殊的任務，當然不能輕於改變。同時到了遷洛以後，在一種長

(註一)　魏書三十八刁雍傳：『(太平眞君五年) 爲薄骨律鎮將，至鎮，表曰：「臣蒙寵出鎮，奉辭西藩，總統諸軍，戶口殷廣。又總勒戎馬，以防不虞。督率諸屯，以爲儲積。夙夜惟憂，不遑寧處。以今年四月末到鎮，時以夏中，不及東作。念彼農夫，雖復布野，官渠乏水，不得廣殖，乘前以來，功不充課。兵人口累牽皆饑儉。略加檢行，知此土稼穡艱難。夫欲育民豐國，事須大田，此土乏雨，正可引河爲用。觀舊渠堰，乃是上古所制，非近代也。……合計用功六十日，小河之水盡入新渠，水則充足，溉官和田四萬餘頃」。』又孝文帝紀太和十二年『詔六鎮；雲中，河西關內諸郡，各修水田通溉灌。』可見六鎮和內地一樣，是要通渠溉灌的，這也表示著六鎮地方，不論胡漢，並不是逐水草而居的生活，而是用屯墾灌漑的方法，種植農藝。六鎮所在的河套區域，本是漢代朔方五原諸郡所在，這裏開渠灌漑，早有基礎，魏代因仍舊制自也不是太困難的事。

期太平狀況之下，多少也養成了重文輕武的意念。當然，在胡后時期也還有武人跋扈事件的發生，不過當政的貴冑大臣們，決不把武人的地位和文臣的地位放在同一的標準上面。這一類的事實是很可以在魏書中找到例證的。這是源於一般人的自私，以及生活方式的隔絕，這不是原來主張建設大帝國的魏孝文帝所能預料，而其結果，却使得北魏的安定局面，就此毀壞了。

（四） 鄴的重要性

就中國歷史和地理上的地位來說，鄴的重要性，實在還在洛陽之上。就中國文化的傳統來說，中國文化的發展，無疑的是淵源於農業的進步。中國的農業雖然可能是在西方，尤其是在西南方面開始 (註一)。不過最適宜於農業發展的地區，却是黃河下游的黃河三角洲。這裏是一個相當廣濶的平原，土壤由黃河的冲積而成，並且雨量也比較豐富，在若干可能的範圍下，還可以得到灌溉之利。不論農業是在那裏開始，農業的技術是本土發生的，或者是外來傳播的，但黃河下游適於農業的應用，農業的技術到了這裏就迅速的發展起來，是一個不容否定的事。

無論如何，這一大塊平原，只要把排水問題處理好，立刻就成爲最大的農業生產地區 (註二)。若就經濟狀況而言，無疑的，在中國的古代，是黃河三角洲的經濟做全中國的領導者。詩經商頌：

> 天命玄鳥，降而生商。宅殷土芒芒，古帝命武湯，正域彼四方。(詩商頌玄鳥) 濬
> 哲維商，長發其祥。洪水芒芒，禹敷下土方，外大國是疆，幅隕旣長，有娀方
> 將，帝立子生商。(詩商頌長發)

這兩首中商人的頌詩，都說明了他們所在的地域。前一首『宅殷土芒芒』，殷土就是殷邑附近的地方，也就是指鄴城附近的地方。這一帶是一個廣濶的平原，所以指爲

(註一) 中國的西方雖然是游牧民族往來的區域，但却有一個非常可以注意的現象，就是傳說中農業發明人，神農，后稷，都是起於西方的人。神農姜姓，姜和羌二字本是同源的。是羌人雖爲牧羊人，但農業還是從羌人發展而來。據于景讓先生告訴我，在西康地區已發現了大麥和黍類的原生品種。這就表示著中國的西南部分是非常可以注意的地區。

(註二) 論到排水問題，立刻會想到洪水的傳說，和治水的故事。大體說來，洪水傳說是一個古老的，許多民族共同具有的傳說，而治水的故事，又是後加上的，不應認爲只是一個簡單的來源。

『芒芒』(註一)。第二首詩却是把商朝的建設上推到禹治洪水(註二)。倘若把洪水的神話，和治水的事實分開，那就對於洪水是世界性的，而治水的故事是中國所特有，就不著多爲驚奇。當然，禹的故事還可能是在成都平原發生的(註三)，而黃河三角洲的底定却是其他許多無名英雄做成的。但是無論如何，禹的地位在商頌中這樣重要，就表示著在商的領土（或後來宋衞一帶的土地）之中，治水的工作是非常重要。安陽一帶地區是沿著太行山麓，比較其他地方要高一些，水患比較其他的地方可能要輕一些。其次，太行山正在這一個區域的西北方，可以擋得住冬日日西北的寒風，因而氣候比較和煖(註四)，所以就它本身的條件而言，是相當優越的。再加上就全部黃河三角洲而言，安陽一帶（卽殷或鄴的附近）位置是比較適中的。北到定縣(中山)，東到臨淄，東南到徐州，南到信陽，西南到南陽，距離都差不多相等（洛陽不在黃河三角洲範圍之內，開封就有些偏南了。）這就增加了安陽的重要性。再就太行山來說，安陽又是接近了游牧民族的邊緣，因而又有了西北交通上防禦上的意義。

　　在這些關係之下，安陽在黃河下游的確比較其他地區更爲重要。殷代最初的都城在河南商邱及其附近，大約只是爲著是商代發祥的地方，並無其他的考慮。至於遷都到安陽，却是商代的勢力已經漸次擴展，而要選擇一個適中的地方。所以盤庚篇稱：『天其永命我于茲新邑，紹復先王之大業，底綏四方。』自此以後商人也就不再遷都了。

　　到了周代，安陽爲殷商舊都，周人爲著不願蹈襲殷人陳迹，不再都此。不過安陽的地位仍然是重要的。春秋時晉楚爭霸，晉人首先就征服曹衞，與楚人戰於城濮，卽是安陽東南濮陽地方。春秋晚期晉國爲控制中原，便一直要掌握著安陽附近的東陽和

(註一)　在這首詩中，殷和商的用法是不同的。『殷土』指的是一個地區，而『商』却是指商的民族或國家，其所指的各有一定的範圍。當然商代都殷是在盤庚以後，不在湯時，這却是以後來的根據地來追稱古昔。

(註二)　又商頌殷武篇云：『天命多辟，設都于禹之績』也是說商的都城是建立在禹所奠定的土地上的。

(註三)　如史記正義引帝王本紀，三國志秦宓傳，水經沫水注，華陽國志蜀志及吳越春秋並言禹生石紐卽蜀之汶山。

(註四)　例如『淇園之竹』就是一個著名的出產，而河南除去別處沒有竹子，現在安陽附近水冶鎮，還是一個重要產竹之地。

范 (註一)。 到了三家分晉的時期，安陽一帶屬於魏如鄴邑。叔孫豹及史起都是以治鄴
見稱。漢代爲魏郡的郡治 (註二)。

　　這一個地區原來就是重要的。 到了東漢的末年就更變的十分重要。 一直影響後
來。其中如：

　　　　漢獻帝初平二年（191）　袁紹奪韓馥的冀州，自爲冀州牧，鎮鄴。

　　　　建安九年（204）　曹操定鄴，自爲冀州牧，鎮鄴。

　　　　建安十五年（210）　曹操築銅雀臺於鄴。

　　　　建安十八年（213）　曹操爲魏公，以鄴爲魏國都城。

　　　　建安二十一年（216）　曹操爲魏王。

　　　　魏文帝黃初元年（220）　曹丕篡漢爲魏，建都洛陽，以鄴爲五都之一。

　　　　晉惠帝泰安二年（303）　成都王穎鎮鄴，據鄴以叛逼洛陽。

　　　　晉帝太興二年（318）　石勒稱趙王，都襄國。

　　　　晉成帝咸和五年（330）　石勒自襄國遷於鄴。

　　　　晉成帝咸和六年（331）　石勒營鄴都宮殿。

　　　　晉穆帝升平元年（357）　前燕慕容德定都於鄴。

　　　　晉安帝隆安元年（397）　南燕慕容德稱帝於鄴。

　　　　晉安帝隆安二年（398）　北魏道武帝拓跋珪以師入鄴，置行臺。

所以鄴這一個地區，在北魏以前，一直是東方的重鎮。

　　北魏的南進在魏道帝的時候。魏書卷二道武紀云：

（註一）　左傳襄公二十三年：『趙勝率東陽之師以追之，獲晏氂。』杜注：『趙勝，趙旃之子，東陽，晉之山
　　　　東；魏郡廣平以北，晏氂齊大夫。』疏：『昭二十二年傳曰，荀吳略東陽，遂襲鼓滅之。鼓在鉅鹿，
　　　　居山之東。山東曰朝陽，知東陽是寬大之語，總謂晉之山東，故爲魏郡廣平之北。二年齊晏弱城東陽
　　　　以偪萊哀，八年，吳伐魯，伐東陽，而晉齊魯皆有東陽，名同而實異，服虔以東陽爲魯邑，繆之甚
　　　　矣。』所以東陽指山之東，和南陽指山之南是同樣的用法。晉楚皆有南陽，晉之南陽爲溫原等地，楚
　　　　之南陽則爲漢代的南陽郡，也是名同而實異。依此類推，則讀史方與紀要認爲彰德府（即安陽附近區
　　　　域）是晉的東陽地，是可以的。

（註二）　漢代魏郡的附近，仍然是全國人口密度最高的地方。這就表示這一帶經濟的發展，占全國最高的地
　　　　位。見歷史語言集刊第五本，漢代地理與戶籍的關係。

皇始元年（396）……三月，慕容垂來寇桑乾川，陳留公元虔 (註一) 先鎮平城，
時徵兵未集，虔率麾下邀擊，死之。垂遂至平城西北，踰山結營，聞帝將至，
乃築城自守。疾甚，遂遁走，死於上谷。子寶匿喪而還，至中山，乃僭立。…
…八月庚寅，治兵於東郊，己亥，大舉討慕容寶。帝親勒六軍四十餘萬，南出
馬邑，踰于句注。旌旗駱驛二千餘里。鼓行而前，民屋皆震。別詔將軍封眞等
三軍・從東道出襲幽州，圍薊。九月戊午，次陽曲，乘西山，臨觀晉陽 (註二)。
命諸將引騎圍脇，已而罷還，寶幷州牧遼西王農大懼，將妻子棄城，夜出東
遁，幷州平。初建臺省，置百官。封公，侯，將軍，刺史，太守。尚書郎已
下，悉用文人。帝初拓中原，留心慰納，諸士大夫詣軍門，無少長皆引入賜
見，存問周悉，人得自盡。苟有微能，咸蒙敍用。

冬十月，車駕出幷陘 (註三) 使冠軍將軍王建，左軍將軍李栗五萬騎先行啓行。
十有一月，庚子朔，帝至眞定。自常山以東，守宰或捐城奔竄，或稽顙軍門。
唯中山，鄴，信都三城不下。別詔征東大將軍東平公儀五萬騎南攻鄴。冠軍將
軍王建，左軍將軍李栗攻信都，軍之所至，不得傷民桑棗。戊午進軍中山，已
未引騎圍之。帝謂諸將曰 :『朕量寶不能出戰，必當憑城自守，偷延日月，急
攻則傷士，久守則費糧。不如先平信都，鄴，然後還取中山，於計爲便。若移
軍遠去，寶必散衆，求食民間，如此則人心離阻，攻之易克。』諸將稱善。…
…二年（397）……中山平。

天興元年（398），春正月，慕容德走滑臺。儀克鄴，收其倉庫，詔賞將士各有
差。儀追德至河，不及而還。庚子車駕自中山行幸常山，之眞定，次趙郡，之
高邑，遂幸于鄴。民有老不能自存者，詔郡縣賑恤之。帝至鄴，巡登臺樹，遍
覽宮城。將有定都之意。乃置行臺，以龍驤將軍日南公和跋爲尚書，與左丞賈
彝率部吏及兵五千人鎮鄴。車駕自鄴還中山，所過有問百姓，詔大軍所經州

(註一) 當作拓跋虔，元姓爲孝文帝所改，此時尚無元姓，乃史官的追稱。

(註二) 陽曲在今山西晉源縣北，晉陽則爲今晉源縣治（晉源縣本名太原縣，民國時改稱）。北魏起於漠北。
後據有平城，即今山西大同縣，仍在雁門關之北。至擊破後燕慕容寶，才進入山西的中部，拓跋珪的
成功，是從此開始的。

(註三) 這就是現在正太鐵路的路線。

郡，復賞租一年，除山東民租賦之半。車駕將北遷，發率萬人治直道，自望
都，鐵關，鑿恆嶺至代五百餘里。

在道武帝本紀中所顯示，道武自平城到河北走的路是經雁門關至太原，再由太原經過
娘子關到正定（即眞定）。再從正定南行至安陽（鄴），回來的路是從安陽回正定，再
從正定到定州（中山），然後從望都以北，沿唐河從靈邱到渾源，再到大同。這兩條
比較起來，走太原要經過雁門關和娘子關兩段山地，走定州只經過靈邱一段山地，所
以後一段較爲平坦。因而後來從平城南下主要的路是走後一條路。

從此以後，鄴在北魏的地位，一直甚爲重要。

明元帝紀，泰常七年（422），秋九月，詔假奚斤節，都督前鋒諸軍事，爲晉兵
大將軍，行揚州刺史，交阯侯周幾爲宋兵將軍，交州刺史；安固子公孫表爲吳
兵將軍，廣州刺史，前鋒，伐劉義符。……東幸幽州，見耆年問其所苦。賜爵
號，分遣使者，循行州郡，觀察風俗。冬十月，甲戌，車駕還宮，復所過田租
之半。奚斤伐滑臺不克，帝怒，議親南討，爲其聲援。壬辰，車駕南巡，自天
門關，踰恆嶺。四方蕃附大人各率所部，從者五萬餘人。十有一月，泰平王
（拓跋燾）親統六軍出鎮塞上，安定王彌與北新公安同居守。丙午……劉義符
東郡太守王景棄滑臺走，詔成皐侯元苟兒爲兗州刺史鎮滑臺。

八年（423）正月，丙辰，行幸鄴，存恤民俗。司空奚斤既平兗像，還圍虎牢。
劉義符守將毛德祖距守不下。……三月，乙己，帝田於鄴南韓陵山，幸汲郡至
于枋頭。乙卯，濟自靈昌津，幸陳留，東郡。乙丑，濟河而北西之河內，造浮
橋於冶坂津。夏四月，丁卯，幸成皐城，觀虎牢，而城內乏水，縣綆汲河。帝
令連艦上施轒輼，絕其汲路，又穿地道以奪其井。遂至洛陽觀石經。……閏
月，乙未，還幸河內，北登太行，幸高都。虎牢潰，獲劉義符冠軍將軍，司州
刺史，觀陽伯，毛德祖。……辛酉帝還至晉陽，班賜從官，王公已下，達於廝
賤，無不霑給。五月，丙寅，還次雁門。皇太子率留臺王公迎於句注之北。庚
寅，車駕至自北巡。

這一次明元時代宋魏之戰，魏方的作戰根據地是鄴，而宋方的根據地是滑臺和虎
牢。魏方勝利，攻克了宋人的滑臺和虎牢，並且俘獲了宋方的主將毛德祖。明元帝係

十月壬辰出發，**據長歷此月庚午朔，壬辰爲二十三日**。到八年正月丙辰爲正月十八日，前後在路上爲八十五日。這中間當然包括行動和停留的日子都在內，所以在某一處停留的日子，都不會太長。至於在鄴停留的日子，爲正月十八日丙辰，到三月十四日乙己，共爲五十日，其他各處都沒有這樣長的時期。當然是由於鄴比較地位重要，或者鄴是石趙及慕容燕的舊都，還遺留著比較好的宮室設備。

明元帝此次伐宋之行，還是走靈邱道南下的，然後自鄴轉到洛陽，再從洛陽向北經晉陽雁門而至平城。洛陽是過去的都城，所以要看一看，仍然繞道回晉陽，也表示著晉陽的重要。

在太武帝時代，是時常巡行各處的，因此記載有時不免嫌簡略一些。行幸鄴的事，也有：

> 太延元年（435）冬十月，甲辰，行幸定州，次于新城宮。十有一月，乙丑，行幸冀州。己巳，救獵於廣川。丙子，行幸鄴。祀密太后廟，諸所過對問高年，褒禮賢俊。十有二月，甲申詔書：『操持六柄，王者所以統攝；攝平政理，公卿之所司存；勸農平賦，宰民之所專急；盡力三時，黔首之所克濟；各修其分，謂之有序；今更不然，何以爲治？越職侵局，有紊綱紀；上無定令，民知何從？自今以後，亡匿避難，羈旅他鄉，皆當歸還舊民，不問前罪。……太守覆檢能否，覈其殿最，列言屬州刺史，明考優劣。……』癸卯遣使者以太牢祀北岳。二年春正月，甲寅，車駕還宮。

此次在定州新城宮，自甲辰至乙丑，共爲二十一日；而在鄴則起於十一月二十三日丙子（據長歷），至癸卯爲二十八日，此時遣使者祀北岳，應當已經到北岳所在的常山附近，也卽是又到了定州。從鄴至定州約爲三百五十公里，需要行七日至八日，所以在鄴的停留時間不會超過二十日。不過卻可以了解的，是：(1) 來往都是走靈邱道，(2) 以鄴爲最南的目的地，(3) 在鄴曾發布詔書。所以鄴還是相當重要。不過太武帝到陰山及河西的次數最多，而到中山一帶的次數也比到鄴次數多些。其到中山附近的，如：

> 始光四年（427），十有二月行幸中山，守宰污免者十數人，癸卯車駕還宮，復所過田租之半。

太平眞君四年（443），春正月，辛亥，車駕行幸定州，引見長老存問之，詔兼員外散騎常侍宋愔使劉義隆，二月，遂西幸上堂，觀連樹於泫氏，西至吐京，討徒叛胡，出配郡縣。三月，庚申車駕還宮。

太平眞君年（447），二月，癸未，行幸中山，頒賜從官文武各有差。高陽，易縣不從官，命討平之，徙其餘燼於此地。……夏五月，車駕還宮。

太平眞君九月（448），二月，癸卯行幸定州，山東民饑，啓倉賑之，……遂西幸上黨……三月車駕還宮。

除此以外、太武帝也曾在太平眞君七年行幸長安，十一年行幸洛陽。不過記載還不如對於幸鄴的詳，更不如行幸定州次數的多。從這一點來看，可以證明靈邱道對於北魏建都平城時代是非常重要的。因爲當時全國最繁榮地點是黃河三角洲，而和京師聯絡的就是靈邱道。此外太平眞君十一年（450）太武帝親征到瓜步，本紀未說從平城南伐之路亦可能是從靈邱道。

到了文成帝的時候也有歷次對於東方地帶的巡幸。

文成帝紀：興安二年（453），冬十有一月辛酉，行幸信都，中山，觀察風俗。太安四年（458）春正月，乙卯，行幸廣寧行宮，遂東巡平州，庚午，至於遼西黃山宮。遊宴數日，就對高年，勞問疾苦。二月，丙子，登碣石山，觀滄海，大饗羣臣於山下，班賞進爵各有差。改碣石山爲樂遊山，築壇記行於海濱。戊寅，南幸信都，略遊於廣川三月丁未，觀馬射於中山，所過郡國賜復一年。丙辰，車駕還宮。和平二年（461）二月辛，卯行幸中山，丙午，至於鄴，遂幸信都。三月，劉駿遣使朝貢，與駕所過，皆親對高年，問民疾苦。詔民年八十以上，一子不從役。靈邱南有山高四百餘丈，乃詔羣官師射山峯無能踰者，帝彎弧發矢，出山三十餘丈，過山南二百二十步。遂刊石勒銘。是月發並肆州五千人治河西獵道，辛巳，車駕還宮。

和平四年（463）冬十月，以定相二州霣霜殺稼，免民田租。

文成帝在位占有十四年，對於『河北省』地區，就有三次的巡幸。其中太安四年一次，是從廣寧遼西到信都及中山，回去的道路未說，不過丁未尚在中山，而丙辰已經返宮，一共十日。走任何一條路不會這樣的快，當然是走的靈邱道。至於興安二年和

和平二年，文成帝都是直到中山，未經其他郡邑，也顯示著走的靈邱道。和平四年一條，顯示著文成帝雖然此時未到『河北』境內，還特別關心『定』，『相』二州的事，定相二州並非境界相鄰的兩州，假如有霜災，不會只限於這兩州，這就是因爲定州爲中山所在，相州爲鄴所在，都是設立『行臺』的地方，相當於『陪都』的地位。

獻文帝只有短短的五年，並且還受制於馮太后，沒有較遠的巡行。當時皇帝的巡行的只有崞山（有繁峙宮），武周山（在平城附近），河西，及陰山，大抵游樂的目的爲多，而鎮撫的目的較少。

以上各條可以注意的，是北魏各帝注重關東區域（函谷以東），尤過於關西區域（幽谷以西）；而關東區域之中，又是注意現在平漢鐵路綫線，遠過於其他地區，顯然的是因爲這一帶的經濟能力，超過其他地區，而對南方的用兵，也以這一帶比較動員及運輸都方便。

到了孝文帝的時候，行幸的路仍是以中山道路爲主。魏書孝文紀·

太和五年（481），春正月，己卯，車駕南巡。丁亥，至中山，初見高年，問民疾苦。二月，辛卯朔，大赦天下，賜孝弟力田，孤貧不能自存者，穀帛有差。宮人年老者還其所親。丁酉，車駕幸信都，存問如中山。癸卯，還中山。己酉，講武於唐水之陽，庚戌，車駕還都。

六年（482），二月，辛卯，詔曰：『靈丘郡土既褊墝，又諸路要衝，官私所經，供費非一。往年巡行，見其勞瘁，可復民租調十五年。』

（六年）秋七月，發州郡五萬人治靈丘道。

七年（483），夏四月，幸崞山，賜所過鰥寡不能自存者衣服粟帛，壬寅車駕返宮。

只有太和十七年是走的幷州。

十七年（493），八月，丁亥，車駕發京師南伐，步騎百餘萬。……壬寅，車駕至肆州，民年七十以上，賜爵一級，路見眇跛者，停駕親問。賜衣服終身。戊申幸幷州，親見高年問所疾苦。戊辰，濟河，詔洛，懷，幷，肆所過四州之民，百年以上，假縣令。九十以上，賜爵三級；八十以上，賜爵二級；七十以上，賜爵一級。鰥寡孤將不能自存者，粟人五斛，帛二匹。孝弟廉義，文武應

求者，皆以名聞。又詔廝養之戶不得與士民婚，有文武之才積勞應進者，同庶族例，聽之。庚午，幸洛陽，周巡故宮基址。帝謂侍臣曰：『晉德不修，早傾宗祀，荒毀至此，用傷朕懷。遂賦黍離之詩，爲之流涕。壬申，觀洛橋，幸太學，觀石經。……丙子，詔六軍發軫。丁丑，戎服執鞭御馬而出，羣臣稽顙於馬前，請停南伐。帝乃止，仍定遷都之計。冬十月戊寅朔，幸金墉城。詔徵司空穆亮與尚書李冲，將作大匠董爵經始洛京。己卯，幸河南城。乙酉，幸豫州。癸巳，次於石濟。乙未，解嚴，設壇於滑臺城，東告行廟以遷都之意，大赦天下，起滑臺宮。又詔京師及諸州從戎者，賜爵一級應募者加二級；主將加三級。癸卯，幸鄴城。乙巳，詔安定王休率從官迎家於代京，車駕送於漳水上。初帝之南伐也，起宮殿於鄴西，十有一月，癸亥，宮成，徙御焉。十有二月，戊寅巡省六軍，庚寅，巡省六軍。

十有八年（494），春，正月，丁未朔，朝羣臣於鄴宮澄鸞殿。……癸亥，車駕南巡，詔相，豫，兗三州，百年以上者假縣令，……孝、悌、廉、義、文、武應求者皆以名聞。戊辰，經殷比干之墓，祭以太牢。乙亥，幸洛陽西宮。二月己丑行幸河陰，規建方澤之所。……壬寅，車駕北巡，癸卯，濟河。……甲辰，詔天下諭以遷都之意。閏月，癸亥，次於句注陘南，皇太子朝於蒲池。壬申，至平城。癸酉，臨朝堂，部分遷留。秋七月，壬辰，車駕北巡。戊戌謁金陵，辛丑，幸朔州。……八月，甲辰，行幸陰山，觀雲川。丁未，幸閱武臺，臨觀講武。癸丑，幸懷朔鎮。己未，幸武川鎮。辛酉，幸撫冥鎮甲子，幸柔玄鎮。乙丑，南巡，所過皆視見高年，問民疾苦。貧窶孤老，賜以粟帛。丙寅，詔六鎮及禦夷城人，年八十以上而無子孫，終其廩粟。七十以上家貧，賜粟十斛。……戊辰，車駕次旋鴻池。庚午，謁永固陵。辛未，還平城宮。……冬十月，戊申，親告太廟，奉遷神主。辛亥，車駕發平城宮。壬戌，次於中山之唐湖。乙丑，分遣侍臣巡問民所疾苦。己巳幸信都。……丁丑車駕幸鄴。甲申，經比干之墓，傷其忠而獲戾，親爲弔文，樹碑而刊之。己丑車駕至洛陽。……十有二月，……壬寅，革衣服之制。

十有九年（495），五月，癸卯，詔皇太子返平城宮。……丙辰，詔遷洛之民，

死葬洛陽，不得還北。於是代人南遷者，悉爲河南洛陽人。……九月，庚午，六宮及文武盡遷洛陽。丙戌，行幸鄴 (註一)。……乙未車駕還宮。

二十有一年 (497)，春，正月，丙申，立皇子恪爲皇太子。……乙巳丁車駕北巡曰二月，壬戌，於太原。乙丑，詔並州士人年六十以上假以郡守。癸酉，車駕至平城。……癸未，行幸雲中。三月，庚寅，車駕至自雲中。乙未，車駕南巡。巳酉，次離石，叛胡歸罪宥之。甲寅，詔汾州民百年以上假縣令。丙辰，車駕次平陽，遣使者以太牢祭唐堯。夏四月，庚申，幸龍門，遣使者以太牢祭夏禹。癸亥，行幸蒲阪，遣使者以太牢祭虞舜。……辛未，行幸長安……戊寅，幸未央殿，阿房宮，遂幸昆明池。……己丑，車駕東巡，汎渭入河。……六月，庚申，車駕至自長安。

二十有二年 (498)，八月，丙午，車駕發縣瓠……十有一月，幸已，幸已。幸鄴。二十有三年 (499)，春正月，戊寅朔，羣臣以帝疾有瘳，上壽大饗於澄鸞殿。壬午，幸西門豹祠，遂歷漳水而還。乙酉，車駕發鄴戊戌，至自鄴。

據以上各條，可以看到魏文孝帝在建都洛陽以前，從平城到洛陽所走的路，還是靈丘道。並且六年還發卒治靈丘道。到了太和十七年決定遷都，才走幷州的道路，過懷州到洛陽，再從洛陽到鄴，然後再從句注（雁門山）回到平城。這一次未走靈丘道。到這一年的冬天，從平城再到洛陽，卻又是走的靈丘道。等到到了洛陽，又專到鄴去，次，再回洛陽。到二十一年，因爲太子反對遷都破廢，改立宣武帝爲太子，當時幷州及平城反對遷都的空氣很濃厚，因此再由幷州到平城，回來的時候，經離石，汾州，到龍門，蒲阪，至長安，再由長安到洛陽。所以從這兩條路看來，靈丘道還是用得著，只是幷州方面已經顯得比從前重要了。

這幾條中最可注意的事，還是魏孝文對於鄴的重視。魏孝文曾在鄴建築了新的宮殿，並且在二十三年還在鄴住到六十天。似乎在魏孝文心理上有一個理論與事實的矛盾，在理論上洛陽是天下的中樞，周漢魏晉的京邑，而事實上關東經濟，軍事，交通的重點卻在鄴而不在洛陽。這就使得魏孝文徘徊岐路。同時魏朝的羣臣，也感覺到鄴

(註一)　魏孝文帝本擬循水路赴鄴，高道悅以爲『沿河挽道，久以荒蕪，舟檝之人，素不便習』諫止孝文帝。從陸路。見魏書六十二，高道悅傳。

在關東的重要性。如太平御覽一百六十一所引的『後魏書』，說太和十八年，孝文至
鄴，登銅雀臺，御史崔光請都鄴，而孝文卻說『鄴非長久之地，石虎傾於前，慕容
滅於後，國富主奢，暴成速敗。』而決定建都洛陽。卻未預料洛陽也是一樣的『國
富主奢，暴成易敗。』於是到了高歡當政的時期，又改都到鄴了。

這一種幸鄴的故事，到宣武帝的時期仍然履行著。魏書宣武帝紀：

> 景明二年(1501)九月，丁巳，車駕行幸鄴。丁卯，詔使者弔殷比干墓。戊寅，
> 閱武於鄴南。庚辰，武興國世子楊紹先遣使朝獻。冬十月，庚子，帝親射，遠
> 及一里五十步，羣臣勒銘於射所。甲辰，車駕還宮。

自丁巳至甲辰共爲四十八日。所以宣武帝在鄴停留的時間也是非常長。不過此後魏帝
不再多出巡幸，也不見幸鄴的記載了。(註一)

因爲鄴地位上最重要的。在東魏和北齊時代（534—577）四十三年中，鄴又成爲
東部中國的都城。等到周師滅齊，恐怕東方的人再據爲都邑，於是把鄴撤毀了。周書
武帝紀，建德六年（577）正月辛丑（二十七日）詔曰：(註二)

> 僞齊叛渙，竊有漳濱，世縱淫風，事窮雕飾。或穿池運石，爲山學海。或層臺
> 累構，槩日淩雲，以暴亂之心，極奢侈之事。有一於此，未或弗亡。朕菲衣薄
> 衣，以安風聲，追念生民之費，當想力役之勞。方當易茲敝俗，率歸節儉。其
> 東山南園及三臺，可並毀撤。瓦木諸物，凡入用者盡賜下民，山園之田，各歸
> 本主。

這個繁榮的都市，就這樣的毀掉了。但是毀壞還未澈底。到了周靜帝大象二年(580)，
周府遲廻討楊堅失敗，楊堅爲避免此城再被人利用，於是再毀鄴城。靜帝大象二年八
月『移相州於安陽城，鄴城及邑居皆毀廢之。』從此以後，鄴的繁榮移到安陽城，鄴
的地位再不能恢復了。此時改安陽縣爲鄴縣(在鄴以南四十五里)，到開皇十年，才把
鄴縣又回到故鄴的大慈寺。宋熙寧時併歸臨漳縣，仍治舊鄴。到洪武十八年，縣爲漳
水衝陷，又移臨漳到鄴城以東十八里之處 (註三)。 所以現在的鄴城只餘廢址，而繼承

(註一)　時相州仍有行臺，而葛榮叛變之時，朝廷仍重視鄴，見魏書二十一北海王顥傳及七十四爾朱榮傳。

(註二)　據周書武帝紀周師入鄴在正月癸巳，據長曆爲正月十九日，但周宣帝曾營鄴宮，靜帝大象元年二月，
　　　　停之，改營洛陽宮。

(註三)　見讀史方輿紀要。

鄴的政治與經濟上的關係的，是安陽。至於臨漳和鄴不過是名義上的關係罷了。

到了現在，安陽仍爲石家莊至鄭州中間平漢鐵路的最大車站。不過比起開封和鄭州，要略遜一籌。這是因爲從隋代平陳，並且開鑿運河以後，經濟的重心，向南移轉。因而唐代的宋（歸德），汴（開封）二州，成爲經濟上的重點。自五代時朱梁建都開封，而開封的地位，更爲加強。等到清末，京漢鐵路修築以後，鄭州當京漢及隴海的交點。於是黃河三角洲最重要的都市，又移轉到鄭州了。

（五） 晉陽的重要性

在魏孝文帝華化工作進行之中，爲著漢胡兩方面都能取得協調，晉陽也許是一個更重要的區域，可惜當時的注意力還不够。魏書二十二廢太子恂傳：

> 高祖每歲征幸，恂常留守，主執廟祀。恂不好書學，體貌肥大，深忌河洛著熱意每追樂北方，中庶子高道悅數苦言致諫，恂甚銜之。高祖幸崧岳，恂留守金墉，於西掖門內與左右謀欲召牧馬輕騎奔代，手刃道悅於禁中。領軍元儼勒門防遏，夜得寧靜。厥明尚書陸琇馳啓高祖於南。……乃廢爲庶人，置之河陽。

又魏書十四，神元平文子孫元丕傳：

> 丕雅愛本風，不達新式，至於變俗遷洛，改官制，禁絕舊言，皆所不願。高祖知其如此，亦不逼之。但誘示大理，令其不生同異。至於衣冕已行，朱服列位而丕猶常服，列在坐隅。晚乃稍加弁帶，而不能修飾容儀。高祖以丕年衰體重亦不強責。

> 詔以丕爲都督，領并州刺史。……丕父子大意不樂遷洛。高祖之發平城，留太子恂於舊京，及將還洛，隆與超等密謀留恂。因舉兵斷關，規據陘北。時丕以老居并州。雖不預其計，而隆超皆以告丕。丕不慮不成，口雖致難，心頗然之。及高祖幸平城，推穆泰首謀，隆兄弟並是黨，丕亦隨駕至平城，每於測問令丕坐觀。隆超與元業等兄弟並以謀逆伏誅，有司奏處孥戮。詔以丕應連坐，但以先許不死之詔，躬非染逆之身，聽免死仍爲太原百姓。

綜合這兩段來看。在魏孝文遷洛之時，反對遷洛的羣臣是有一個組織。而廢太子恂想重回平城，除去洛陽的氣候炎熱不同塞外，還有一個整個觀念上的爭執。但是元丕後

來寧願住在晉陽，為太原百姓。也可見晉陽有若干方面還類似平城。這可能是魏孝文帝南遷時雖然經過晉陽，但對於都城的選擇，還對鄴加以考慮，而對晉陽並不考慮的原因。也可能是胡化甚重的爾朱榮及高歡要以晉陽為根據地的原因。

就全部山西省來說，是一個高原地形。高原地形的優點，是便於據守，而且便於到四方鄰境去用兵；而高原地形的劣點，是經濟和文化的發展，要比附近的平原地區要落後。這就是山西省境容易變成軍事據點，而不易成為一統的都城的主要原因。在山西省境內還可分為幾個地區，其中當然以晉陽最為重要。因為晉陽的要點是 (1) 處於全山西高原的中心地帶。(2) 在山西高原中成為一個高原中的盆地，(3) 在全部山西中，西南的『河東』是一個低平的農業地帶，而雁門關以北部分又是一個適宜於游牧地區，晉陽正位於農業和游牧的臨界地段，可以供兩種類型民族的居住 (註一)，因此晉陽地區原有它的方便。

顧祖禹讀史方與紀要云：

(太原)，府控帶山河，踞天下之肩背，將河東之根本。誠古今必爭之地也。周封叔虞於此 (註二)，其國日以盛強，狎主齊盟，屏藩周室幾二百年。迨後趙有晉陽，猶足以距塞秦人為七國雄。秦莊襄王二年，蒙驁擊趙定太原，此趙之亡始矣。……漢……置幷州於此，以屏藩兩河，聯絡幽冀。……及晉室顛覆，劉琨拮据於此，猶足以中梗劉石。及琨敗而大河以北無復晉土矣。拓跋世衰，爾朱榮用幷肆之衆，攘竊魏權，芟滅羣盜；及高歡破爾朱兆，以晉陽四塞，建大丞相府而居之。及宇文侵齊，議者皆以晉陽為高歡創業之地，宜從河北，直指太原，傾其巢穴，便可一舉而定，周主用其策，而高齊果覆。……大業十三年，李淵以晉陽舉義，遂下汾晉，取關中。……其後建為京府，復置大鎮，以騎角朔方，捍禦北狄。李白云：『太原襟四塞之要衝，控五原之都邑』是也。及安史之亂，匡濟之功多出河東。最後李克用有其地以與朱溫為難。……迨釋上黨之圍，舊夾河之戰，而梁亡於晉矣。石敬瑭肕守晉陽，遂易唐祚。而使劉

(註一)　在中國這一種類型的地區，除去晉陽而外，例如北平，瀋陽，榆林，蘭州，張掖，武威，都會有這種性質，也就在歷史上成為邊防重地。而大同及綏遠也在此種類型之內。所以北魏都平城時代，仍保持濃厚的游牧風氣，但大同四周也還有農業的經營。

(註二)　唐叔虞封地可能本在翼城，晉陽乃趙氏為卿以後所開。

知遠居守開道，知遠果以晉陽代有中原。劉崇以十州之衆保固一隅，周世宗宋太祖之雄武而不能克也。宋太平興國四年，始削平之，亦建為軍鎮。劉安世曰：『太祖太宗嘗親征而得太原，正以其控扼二邊 (註一)，下瞰長安，纔數百里，棄太原則長安京城不可都也。』及靖康之禍，金人要割三鎮地（太原，河間，中山），李綱等以河東為國之屏蔽，張所亦言河東為國之根本，不可棄也。時張孝純固守太原，女眞攻之，不能下，及太原陷，敵騎遂長驅而南矣。蒙古蹙金汴京，亦先取河東州郡。明初攻擴廓於太原，別軍出澤潞，而徐達引大兵自平定經趨太原戰於城下，擴廓敗走，於是太原以下，州郡次第悉平。夫太原為河東都會，有事關河以北者，此其用武之資也。

讀史方輿紀要好講各地方的形勢。有時對於任何一個地方都強調其重要性，因為變成了無一處不是最重要，顯不出重要的等次。不過就太原府這一段來說，確實比較其他各處的重要性更為顯著。這就是說，太原府的確在全國軍事地理中，占一個非常重要的位置，因而所舉的事實也是十分重要的事實。不過尚漏舉兩條，即 (1) 東漢末年董卓之亂，是由於董卓據有河東而起。(2) 明代北京的失陷，是李自成先攻入了山西。這兩條和其他各條所舉一樣，是一代興亡的關鍵。

顧炎武是對於山西特別注意的，其日知錄三十一太原條說：

太原府在唐為北都。唐書地理志曰：『晉陽宮在都之西北，宮城周二千五百三一步，崇四丈八尺。都城左汾右晉，潛丘在中 (註二)。長四千三百二十步，廣三千一百二十二步，周萬五千一百五十三步，其崇四丈。汾東曰東城，貞觀十一年，長史李勣築，兩城之間有中城，武后時築，以合東城。宮南有大明城，故宮城。宮城東有起義堂，倉城中有受瑞壇。』當日規模之閎壯可見。自齊神武叛建別都，與鄴城東西並立，隋煬繼修宮室，唐高祖因以克關中，有天下。則天以後，名為北都。五代李氏，石氏，劉氏三主，皆興於此。及劉繼元之降宋，太宗以此地久為創霸之府，又宋主大火，有參辰不兩盛之說，於是一舉而

(註一) 二邊謂遼夏。

(註二) 顧氏原注云：『爾雅，「晉有潛丘」注，「在太原晉陽縣」。今已不存。志曰：「相傳宋修慧明寺，浮屠陶土為瓦用」。』

焚之矣。宋史太宗紀，『太平興國四年，五月戊子，以楡次縣爲新幷州，乙未，築新城。丙申，幸城北，御沙河門樓，盡徙餘民於新城，遣使督之，既出，卽命縱火。丁酉以行宮爲平晉寺。』陸游老學庵筆記曰：『大宋太平興國四年，平太原，降爲幷州，廢舊城，徙州於楡次。』今太原則又非楡次，乃三交城也。城在舊城東北三十里，亦形勝之地。本名故軍，又嘗爲唐明鎮，有晉文公廟，甚盛。平太原後三年，潘美奏，乞以爲幷州，從之。於是徙晉文公廟，以廟之故址爲州治。又徙陽曲縣於三交，而楡次復爲縣。然則今之太原府，乃三交城，而太原縣不過唐都城之一隅耳。其遺文舊蹟一切不可得而見矣。

這裏涉及和『太原區域』有關的都邑，一共有四個地方：(註一)

（１） 晉陽城 (註二)——是春秋戰國以來的舊晉陽城。到北魏以後，更顯到重要，唐爲北都，至宋初被毀。明初移治晉陽故城，爲太原縣。民國改爲晉源縣。

（２） 太原府城——本三交驛城，曾爲契丹據點。宋潘美攻下其地，重築新城，移幷州治其地。明嘉靖十九年把原有的城擴大，周二十四里。現在太原市就在此處。

（３） 楡次城——在今太原市東南六十里。漢文帝爲代王時所都的中都，卽在縣東。宋太宗時曾爲幷州州治，等到潘美修築今『太原府』城，將幷州遷出，仍爲楡次縣。

（４） 陽曲縣城，在『太原府城』西北五十里，在現在的蘭村附近。等到幷州移治三交以後，陽曲亦移到附郭。

就這幾個城邑的重要性來說，應當以楡次爲最重要。漢文帝的建都中都而舍晉陽，大概也是用這個理由。因爲楡次的地位是山西東南部，西南部，東部，到西部和北部的必由之路，成爲山西境內五條道路會合的中樞，爲全省商業貨物的集中點。而『晉源縣』及『太原市』就不這樣的衝要。假如不講歷史的傳統，不講軍事的重點，將『山

(註一)　日知錄以外的材料取自讀史方輿紀要及大淸一統志，爲簡省篇幅，不再詳列原文。

(註二)　讀史方輿紀要『太原縣，府西南四十五里』與日知錄作三十里的不符。今按申報館中國分省新圖，距離爲十五公里，應以日知錄爲是。

西』全境的行政中樞放在此處，是有道理的。不過只有宋初一個短時間曾作爲幷州州治，不久便被遷移了。這是由於從軍事上的考慮，不如『晉陽』城和『太原市』城的原故。也就表示著過去在山西境內的政治問題，是軍事重於經濟。

　　楡次城是在一個四面平坦的小平原中，對於商人最爲方便。晉陽城是背山面水，形成了一個優良的防守形勢。太原市却是正堵塞著北方峽谷的出口，對於北方進兵，或者防禦北方胡騎的南下，都是占著最好的位置。這三個城的位置，所代表的意義，各不相同 (註一)。但就這一個『太原』區域，對於其他地方關係而言，那就不論那一個城邑成爲這一個區域的政治中心，其意義變動並不大。因而我們還得把晉陽和太原市，當作同一的地理上的一點。

　　太原區域因爲交通不便，農產不豐，從北魏太武帝到孝文帝都未被認爲最重的區域。獻文以前因爲資源的關係，把精力注意到『河北省』，是應當的事。宣武以後，却顯然的，只顧洛陽一隅，把控制洛陽生命線的『山西省』忘掉。這就注定了爾朱榮和高歡對於北魏政權的奪取。(註二)

　　魏書七十四爾朱榮傳說：

　　　爾朱榮字天寶，北秀容人也。其先居於爾朱川，因爲氏焉。常領部落，世爲酋帥。高祖羽健，登國初爲領民酋長，率契胡武士千七百人，從駕平晉陽，定中山，論功拜散騎常侍。以居秀容川，詔割一方三百里之地封之，長爲世業。太祖初，以南秀容川原沃衍，欲令居之。羽健曰：『臣家世奉國，給侍左右，北秀容既在劃內，差近京師，豈以沃埌更遷遠地？』太祖許之。……羽健世祖時卒，曾祖鬱德，祖代勤繼爲領民酋長。……高宗末，假寧南將軍，除肆州刺史……卒……賜鎭南將軍，幷州刺史。父新興，太和中繼爲酋長，家世豪擅，財

(註一)　在安陽附近幾個城市，安陽，鄴，臨漳，大名，甚至於附近的邯鄲，意義上的區別都不大。這是因爲都在一個大平原的原故，但是太原，晉陽，楡次，在小平原中，地位各不相同，雖然只距離數十里，其差別却相當顯著。

(註二)　歷史上建都洛陽的朝代，總是常常被山西境內來的力量控制了生命線。在東周是被晉國控制的，東漢亡於在幷州的董卓，西晉亡於在幷州的劉淵和石勒（魏之亡由於篡奪，晉實是魏的延長），這都是在北魏以前的。至於北魏以後，再建都洛陽的有後唐，但是被居住幷州的李嗣源和石敬瑭所攻破。這一切在洛陽的政府，連三接四的受制於在山西的勢力，當然不能說是一個偶然的事實。

貨豐贏。………牛羊駝馬，色別爲羣，谷量而已。朝廷每有征討，輒獻私馬，兼備資糧，助裨軍用。高祖嘉之，除右將軍光祿大夫。……肅宗世以年老啓求傳爵於榮，朝廷許之。……榮襲爵後，除直寢游擊將軍，正光末，四方兵起，遂散牧畜，招集義勇。……時榮率衆至肆州，刺史尉慶賓畏惡之，閉城不納，榮怒攻拔之，乃署其叔羽生爲刺史。執慶賓於秀容。自是榮兵威轉盛，朝廷亦不能罪責也。……及葛榮吞（杜）洛周，凶勢轉盛，榮恐其南逼鄴城，表求遣騎三千，東援相州，肅宗不許。……榮以山東賊盛，慮其西逸，乃遣兵固守滏口以防之。……尋屬肅宗崩，事出倉卒。榮聞之，大怒。謂鄭儼徐紇爲之。與元天穆等密議稱兵。……於是遂勒所統，將赴京師。靈太后甚懼。……榮發晉陽，猶疑所立。乃以銅鑄高祖及咸陽王禧等六王子孫，像成者當奉爲主。惟莊帝獨就，……因縱兵亂害王公卿士，因歙手就戮，死者千三百餘人。……莊帝外迫於榮，恆怏怏不悅，兼懲榮河陰之事，恐終難保。……於是莊帝密有圖榮之意。三年九月，……入朝……榮窘迫起投御坐，帝先橫刀膝下，遂手刄之。……

陽衒之洛陽伽藍記永寧寺：

建義元年，太原王爾朱榮總士馬求此寺。榮字天寶，北地秀容人也。世爲第一領民酋長，博陵郡公，部落八千餘家，有馬數萬匹，富等天府。武泰元年二月中，帝崩，無子，立臨洮王世子釗以紹大業，年三歲。太后貪秉朝政，故以立之。榮謂幷州刺史元天穆曰：『皇帝晏駕，春秋十九，海內士庶猶曰幼君。況今奉未言之兒，以臨天下。而望昇平，其可得乎？……今欲以鐵馬五千，赴哀山陵，兼問侍臣，帝崩之由，君竟謂如何？』穆曰：『明公世跨幷肆，雄才傑出。部落之民，控弦一萬，若能行廢立之事，伊霍後見於今日。』榮卽與穆結異姓兄弟。……遂於晉陽人各鑄像不成，惟長樂王子攸像光相具足，端嚴特妙。是以榮意在長樂。遣蒼頭王豐約以爲主，長樂卽許之，共剋期契。榮三軍皓素揚旌南出。太后聞榮舉兵，召王公議之。……卽遣都督李神軌，鄭季明等，領衆五千，鎮河橋。四月十一日，榮過河內，至高頭驛，長樂王從處陂北渡，赴榮軍所。神軌季明等見長樂王往，遂開門降。十二日榮軍於芒山之北，

河陰之野，十三日，召百官赴駕，至者盡誅之。王公卿士及諸朝臣死者三千餘人。十四日車駕入城，大赦天下，改號爲建義元年，是爲莊帝。

永安二年五月，北海王元顥復入洛，在寺聚兵。……太原王欲使帝幸晉陽，至秋更舉，大義未決，召劉助筮之，助曰『必克』，至明盡力攻之，如其言。……二十日帝返洛陽。……九月二十五日，詐言產太子，榮穆並入朝，莊帝手双榮於明光殿，穆爲伏兵魯遷所殺。……世隆至高都，立太原太守長廣王曄爲主，改號曰建元元年，爾朱氏自封王者八人。長廣王都晉陽，遣潁川王爾朱兆舉兵西向，子恭軍失利，兆自雷陂涉添，擒莊帝於式乾殿。帝初以黃河奔急，謂兆未得猝濟。不意兆不由舟楫，遷流而渡，是日水淺，不沒馬腹，故及此難，書契所記，未之有也。……十二月，……囚帝送於晉陽，縊於三級寺。……至七月中，平陽王爲侍斛斯椿所逼，奔於長安。而京師遷鄴。

從這兩段來看，爾朱氏本來是肆州（今忻縣）境內一個居住著的胡人部落，到京師遷洛以後漸成坐大之勢 (註一)，因而在『山西省』境內，也成爲一個決定的力量。只要有了機會，便可成爲洛陽方面的致命傷害。其後爾朱氏的力量三次入洛，第一次是和元天穆起兵討胡后，洛陽不戰而降。第二次是隨魏莊帝討北海王元顥，也是一戰而克。第三次是爾朱兆南襲京師，黃河失掉了天險。這些事實，都是不必討論以前的局勢，只就北魏後期而言，洛陽方面始終擋不住晉陽方面的軍事力量。

北齊書帝紀——神武紀：

居懷朔鎮……給鎮爲隊主……轉爲函使……及自洛陽還，傾產以結客，親故怪問之。答曰：『吾至洛陽，宿衞羽林相率焚領軍張彝宅，朝廷懼其亂而不問，爲政若此事可知也。財物豈可常守邪？』自是乃有澄清天下之志。與懷朔省事雲中司馬子如，及秀容人劉貴，中山人賈顯智爲奔走之友。懷朔戶曹史孫騰，外兵史侯景亦相友結。……遂奔葛榮，又亡歸爾朱榮於秀容。先是劉貴事榮，盛言神武美，至是始得見，以憔悴，故未之奇也。貴乃爲神武更衣，求復見焉。

(註一) 爾朱榮只是一個叛臣，他的先世按照一般史例，不必如此詳敍的，此爲魏書特例（魏書於爾朱榮亦間有恕詞），據北齊書三十七魏收傳：『爾朱榮於魏爲賊，收以高氏出自爾朱，且納榮子金，故減其惡而增其善』，事或有之。不過專就史料來說，對於爾朱先世有更多的明瞭，也是很有用的。

因隨榮之厩，厩有惡馬，榮命翦之，神武乃不加鞿絆而翦鬄，不蹄齧。……榮遂坐神武於牀下，屏左右而訪時事。……語自日中，至夜半乃出，自是每參軍謀。後榮徙據幷州，……榮以神武爲親信都督。于時魏明帝銜鄭儼徐紇，逼靈太后未敢制，私使榮舉兵內向，榮以神武爲前鋒，至上黨，明帝又私詔停之。及帝暴崩，榮遂入洛。……孝莊誅榮，及爾朱兆自晉陽將舉兵赴洛，召神武，神武辭以絳蜀汾胡欲反，不可委去，兆恨焉。魏普泰元年二月，神武軍次信都，高乾封隆之開門以待，遂據冀州 (註一)。……永熙元年正月壬午拔鄴城，據之。……閏三月，爾朱天光自長安，兆自幷州，度律自洛陽，仲遠自東郡同會鄴，衆號二十萬。神武令封隆之守鄴，自出頓紫陌。時馬不滿二千，步兵不至三萬，衆寡不敵，乃於韓陵爲圓陣，連牛驢以塞歸道。……乃合戰，大破之。……七月，壬寅。神武帥師北伐爾朱兆……遂自滏口入，爾朱兆大掠晉陽，北保秀容，幷州平。神武以晉陽四塞，乃建大丞相府而定居焉。……二年，正月，竇泰奄至爾朱兆庭……兆自縊，……慕容紹宗以爾朱榮妻子及餘衆……降。

從高歡據鄴，在韓陵一戰擊敗爾朱氏，再北入晉陽，以晉陽爲大丞相府。於是東魏時代，晉陽成爲發號施令之所在。而北齊時代，晉陽仍然是非常重要的地方。北齊的皇帝是時常要到晉陽去的(註二)。

北齊書四，文宣紀：武定八年 (550)，……夏五月，辛亥，帝如鄴。……戊午，乃卽皇帝位於南郊。……其日大赦，改武定八年爲天保元年。……詔曰：『冀州之渤海長樂二郡，先帝始封之國，義旗初起之地。幷州之太原，青州之

(註一)　高歡從此以後，才和爾朱氏的勢力分離。以前所破，都是北齊書的託辭。因爲高歡所領的，都是爾朱氏的部隊。至此以後，才有非爾朱氏的部隊。據北齊書二十一高乾傳：『時高祖雖內有遠圖而外跡未見，爾朱羽生爲殷州刺史，高祖密遣李元忠與兵通其城，令乾率衆經救之，乾遂輕騎入見羽生與指畫軍計，羽生與乾俱出，因擒之。遂平殷州。』這就是說高歡有了新的軍力，才敢動手，和爾朱氏作對。高乾與高歡當爲疏族，不過北朝乖同姓，所以可以互相爲用。

(註二)　北齊書卷四十赫連子悅傳：『除林慮守，世宗 (高澄) 往晉陽，路由是郡，因問所不便。悅答云，臨水武安二縣，去卽遙遠，山嶺重疊，車步艱難，若東屬魏郡，則地平路近。世宗笑曰：「卿徒知便民，不覺損幹。」子悅答云：「所言因民疾苦，不敢以私潤負公。」』所以東魏都鄴之時，赴晉陽乃是沿洹水從林縣而西，經上黨到晉陽。

齊郡，霸業所在，王命是基，君子有作，貴不忘本。思申恩洽，蠲復田租。齊郡、渤海可並復一年，長樂復二年，太原復三年。』……九月……庚午，帝如晉陽，拜辭山陵。是日皇太子入居涼風堂，監總國事。冬十月，己亥，備法駕御金輅，入晉陽宮，朝皇太后於內殿，辛巳，曲赦幷州太原郡晉陽縣及相國府四獄囚……。十一月，周文帝率衆至陝城，……景寅，帝親戎出次城東，周文帝聞帝軍容嚴盛，歎曰：『高歡不死矣。』遂退師。庚午，還宮。十二月，……辛丑，帝至自晉陽。（天保）二年（551）。……秋七月……癸巳，帝如趙定二州，因如晉陽。冬十月，戊申，起宣光、嘉福、仁壽諸殿。

三年（552），……六月，丁未，帝至自晉陽。乙卯，帝如晉陽。九月，辛卯，帝自幷州幸離石。……十二月，壬子，帝還宮。戊午，帝如晉陽。

四年（553），夏四月，戊戌，帝還宮。……十一月，帝自平州，遂如晉陽。

五年（554），秋七月，帝至自北伐。……九月，帝親自臨幸（洛陽），欲以致周師，周師不出，乃如晉陽。

六年（555），三月，景申，帝至自晉陽。……夏四月，庚申，帝如晉陽。

七年（556），春正月，甲辰，帝至自晉陽。於鄴城西馬射，大集衆而觀之。……八月，庚申，帝如晉陽。

八年（557），春三月……帝在城東馬射，勅京師婦女悉起觀，不赴者罪以軍法。七日乃止。

九年（558），……三月丁酉，帝至自晉陽。……六月，乙丑，帝自晉陽北巡……八月，乙丑，至自晉陽。甲戌，帝如晉陽。……十一月，甲午，帝至自晉陽。

十年（559），……九月，己巳，帝如晉陽。……冬十月，甲午，帝暴崩於晉陽宮德陽堂。……十一月，辛未，梓宮還京師。

北齊書五，廢帝紀：（天保）十年（559），十一月，文宣崩，癸卯，太子卽帝位於晉陽宣德殿。

乾明元年，庚辰，春正月，……車駕至自晉陽。……秋八月，太后令廢帝爲濟南王，是日，王，……居前宮。皇建二年九月，殂於晉陽。

北齊書六，孝昭紀。皇建元年（560）八月，壬午，帝卽位於晉陽宣德殿，大赦改乾明元年爲皇建。……十二月，景午，車駕至晉陽。

二年（561），……十一月，帝……崩於晉陽宮。……大寧元年閏十二月癸卯，梓宮還鄴。上諡曰，孝昭皇帝。

北齊書七，武成紀。……皇建初，進位右丞相。孝昭幸晉陽，帝以懿親居守鄴。政事咸見委託。二年孝昭崩，遺詔徵帝入統大位，及晉陽宮，發喪於崇德殿。

大寧元年（561），冬十一月，癸丑，皇帝卽位於（晉陽）南宮，大赦，改皇建二年爲大寧。

河清元年（562），春正月，乙亥，車駕至自晉陽。

二年（563），……冬十二月，戊午，帝至晉陽。

三年（564），……五月，甲子，帝至自晉陽。……壬辰，行幸晉陽。……十二月，丁卯，帝至洛陽。……景子，車駕至洛陽。

四年（565），春正月……辛未，幸晉陽。……夏四月……景子，乃使太宰段韶兼太尉，持節奉皇帝璽綬傳位於皇太子，大赦改元爲天統元年。……天統四年十二月辛未，太上皇帝崩於鄴宮乾壽堂。

北齊書八，後主紀。天統元年（565），夏四月，景子，皇帝卽位於晉陽宮。……冬十一月，癸未，太上皇帝至自晉陽。……十二月，壬戌，太上皇帝幸晉陽，丁卯帝至自晉陽。

二年（566），春正月，庚子，行幸晉陽。二月，庚戌，太上皇帝至自晉陽。……秋，八月，太上皇帝幸晉陽。

三年（567），春正月，壬辰，太上皇帝至自晉陽。……九月，丁巳，太上皇帝幸晉陽。……十一月，甲午，以晉陽大明殿成，故大赦，文武百官進二級，免幷州居城太原一郡來年租賦；癸未，太上皇帝至自晉陽。

四年（568），……夏四月，辛巳太上皇帝幸晉陽，……一十二月，辛未，太上皇帝崩。

五年（569），三月，行幸晉陽。夏四月……乙丑，車駕至自晉陽。

武平元年（570），八月，辛卯，行幸晉陽。……十二月，丁亥，車駕至自晉陽。

二年（571），八月，己亥，行幸晉陽。……冬十月，己亥，車駕至自晉陽。

三年（572），八月，癸巳，行幸晉陽。

四年（573），二月，丁巳，行幸晉陽。……三月，庚辰，至自晉陽。……十月，癸卯，行幸晉陽。

五年（574），二月，乙未，車駕至自晉陽。……辛丑，行幸晉陽。……丁未，車駕至自晉陽。……八月，癸卯，行幸晉陽。

六年（575），春，三月，乙亥，車駕至自晉陽。

七年（576），春，正月，……乙卯，車駕至自晉陽。……八月，丁卯，行幸晉陽。……冬十月，景辰，帝大狩於祁連池。周師攻晉州。癸亥，帝還晉陽。甲子，出兵大集晉祠。庚午，帝發晉陽。癸酉帝列陣而行，上雞棲原。與周齊王憲相對，至夜不戰，周師歛陣而退。十一月，周武帝退，還長安，留偏師守晉州。高阿那肱等圍晉州城。戊寅，帝至圍所。十二月戊申，武帝來救晉州。庚申戰於城南，我軍大敗，帝棄軍先還（註一）。癸丑，入晉陽，憂懼不知所之。……欲走突厥，從官多散，領軍梅勝郎叩馬諫，乃廻之鄴。……（安德王）延宗從衆議卽皇帝位於晉陽，改隆化爲德昌元年。庚申，帝入鄴。辛酉，延宗與周師戰於晉陽，大敗，爲周師所虜。……帝莫知所從……於是依天統故事，授位幼主。

承光元年（577），……春正月，丁丑，太皇太后，太上皇自鄴先趣濟州。周師漸逼。癸未，幼主又自鄴東走……周軍奄至青州，太上窘急，將遜於陳。置金囊於鞍後，與長鸞淑妃等十數騎至青州南鄧村，爲周將尉遲綱所獲。

（註一）　晉州在今臨汾縣。晉州之戰是周齊戰局的一個關鍵。北史十四馮淑妃傳曰：『晉州吿危，帝將還，淑妃請更獵一圍。帝從其言。及席至晉州，城已欲沒矣，作地道攻之，城陷十餘步，將士乘勢欲入，帝勅且止，召淑妃共觀之，淑妃妝點，不獲時至，周人以木拒塞城，遂不下。』李商隱作北齊二首絕句『晉陽已陷休廻顧，更請君王獵一圍』。馮浩注曰：『北齊以晉陽爲根本地，晉陽破則齊亡矣』。獵一圍實是晉州城事，在晉陽陷落之前，用事稍誤。但晉陽之不守，卻由於晉州之未下。馮浩謂其『用筆曲折』，或是如此。不過北周振作而北齊腐敗，也不能全以地理的形勢持論。

帝⋯⋯承武成之奢麗，以爲帝王當然，乃更增益宮苑，造偃武修文臺，其嬪嬙諸宮中，起鏡殿，寶殿，瑇瑁殿。丹青彫刻，妙極當時，又於晉陽起十二院，壯麗逾於鄴下。

從以上各則來看，北齊的都城，雖然名義上是在鄴，君主君住的地方，實際上仍是晉陽，他們住在晉陽的時間，比在鄴的時間還多。至於從晉陽到鄴的距離，直線是二百公里，山路大致爲八九日，較長安至洛陽要近三分之一，所以當時皇帝來往於晉陽及鄴城之間，並不是一個太困難的事。這種晉陽的重要性，一直維持到隋唐。直到宋代以後，才把晉陽當作一個普通的城市。此後的中國重點，也就漸次移到北平了。

附記：本工作進行時，承中國東亞學術研究計劃委員會推薦哈佛燕京學社補助，特此志謝。

北魏州郡志略

　　北朝地理糾紛最多，其記載地方區畫之書惟有魏書地形志。隋志號稱五代史志，然地理志則以大業為主，無從一一遠溯而上也。魏收為魏書地形志，當大亂之後，文簿散亡。而收之為人又屬文章之士，雖有史才，亦不願多費工力，以搜集闕遺，參掛得失。於是魏書地形志躊駁糾結，遂為諸史之最。且收本齊人，專主東魏，序稱錄自武定之世，而武定之世，已分東西。於是西魏之地，遂據永熙時之舊籍以足之。錢氏大昕考異謂伯起志州郡不述太和全盛之規，轉錄武定分裂之制，而秦雍以西，乃據永熙縉籍，未免自亂其例，其言是也。今觀魏氏之志，矛盾岐互，紛擾百端，讀北魏統一時史事者，深致疑惑。重為整次，事在當為。昔溫曰鑑作有魏書地形志校錄三卷，刊於適園叢書，然其書僅限於考證得失，未依太和延昌之制，量為比次。嘉惠讀者，仍有未足。張穆曾作延昌地形志十二卷，並由何秋濤為之增訂，誠為自來治北魏地理者之巨著。惟其書未及刊行，遂歸散佚。僅歷史語言研究所藏有稿本佁餘司州之半，其後各章，有目無文。所能窺見者，其體例而已。今成此篇，原欲補其闕遺，使前人偉績，復顯於世。乃以殘存之河南尹節為準，計其字數，全書將超過百萬言，補輯之事，決非三五年中，所能卒業。然張氏之志延昌，上下古今，實未嘗以元氏一朝自畫。以言功用，則似未必盡為讀魏書者而作也。故今但以北魏為斷限；取其目錄所列之州郡，以伯起地形志所記，列為附注，以溯其淵源流變。有未詳者，更據元和郡縣志，隋書地理志，水經注諸書足之。張何分畫有誤訂者，則改正之。雖未能盡復延昌之舊規，庶幾其有助於讀史之一得乎。

　　本工作進行時，承中國東亞學術計劃委員會推薦哈佛燕京學社補助，特此表謝。

　　　　　　　　　　　　　　　　　中華民國四十九年六月勞榦序。

北 魏 州 郡 志 略

司州　領郡二十，縣一百二十一。

河南尹　領縣十五

　　洛陽　元和志：『本秦舊縣，歷代相因，貞觀六年自金墉城移入郭內。』

　　河南　元和志：『本漢舊縣，後魏靜帝改爲宜遷縣。』

　　河陰　元和志：『本漢滎陽縣地開元二十二年以地當汴河口分汜水滎陽武陟三縣·地於輸場東，以便運漕』魏書地形志『河陰郡河陰，晉置。』水經河水注：『河水又東逕平陰北，魏文帝改曰河陰，』溫曰鑑曰此云晉置非也。

　　鞏　元和志：『戰國時韓獻於秦，至漢以爲縣。』地形志：『二漢晉屬河南，天平初屬（成皋郡。）』

　　東垣　魏書地形志『新安郡東垣，二漢晉屬河東。』

　　新安　元和志：『晉爲屬河南郡，後魏屬新安郡。』

　　潁陽　元和志：『後魏太和中，於綸氏縣城置潁陽縣，屬河南尹。又分潁陽置堙陽縣。

　　堙陽　元和志綸氏縣下：『後魏太和中，於綸氏縣城置潁陽縣，屬河南尹，又分潁陽置堙陽縣。隋開皇六年改堙陽爲武林，十八年又改爲綸氏。』

　　冶城　地形志汝北郡『孝昌二年置，治冶，陽仁城。天平二年罷，武定元年，復移治梁崔塢』冶城在汝北郡下。按汝北郡在孝昌未置以前，當屬河南尹。

　　梁　地形志，梁在汝北郡下。晉志河南郡『梁，戰國時謂爲南梁，別少梁也。』

　　石臺　地形志，石臺在汝北郡下。

　　東汝南　地形志，東汝南在汝北郡下。

　　南汝原　地形志，南汝源在汝北郡下。

　　新城　元和志伊闕縣：『古戎蠻子國，漢爲新成縣屬河南郡，周武帝時屬伊川郡。』

　　伏流　元和志河南府陸渾縣：『本陸渾戎所居，秦晉適陸渾之戎於伊川，至漢爲陸渾縣屬弘農郡，後屬河南尹後魏改爲伏流縣。』

滎陽郡

榮陽　元和志：『晉武帝分河南置榮陽郡，東魏孝靜帝薦榮陽置成皋郡。』

成皋　地形志：『二漢曾屬河南，後屬。』

京　　地形志：『二漢曾屬河南後屬。』

密　　元和志：『漢屬河南郡，隋大業二年廢。』地形志：『二漢屬河南，晉屬，
　　　治容城。』

卷　　地形志：『二漢曾屬河南，晉屬，眞君八年省，太和八年復，有卷城。』

陽武　元和志：『本漢舊縣屬河南郡，晉屬榮陽郡。』

中牟　元和志：『本漢舊縣屬河南郡，晉屬榮陽郡，魏太武帝省。』

苑陵　地形志廣武郡：『范陵二漢屬河南晉屬汝陽天平初屬。』

開封　地形志開封郡　：『開封二漢屬河南，晉屬榮陽，眞君八年併苑陵，景明元
　　　年復，孝昌中屬陳留。

潁川郡　領縣六。

長社　元和志　：『鄭長葛地，漢更名長社，後漢屬郡不改，陳文帝廢郡，以縣屬
　　　汴州。』

許昌　元和志：『黃爲縣屬潁川郡，後漢因之，魏太祖迎獻帝，都許，文帝受禪
　　　改爲許昌、高齊文宣帝省鄢陵入許昌。』

陽翟　元和志：『後魏復置陽翟郡，隋開皇六年廢。』

鄢陵　元和志　：『後魏潁川置許昌郡，仍立鄢陵縣以屬焉。高齊文宣帝廢鄢陵，
　　　以其地入許昌縣。』

新汲　地形志：『二漢晉屬潁川有新汲城。』

陽城　元和志告成縣　：『本漢陽城縣，屬潁川郡。因陽城山爲名，後魏置陽城郡
　　　屬司州。隋開皇三年，廢郡，以縣屬洛州。十六年於此置嵩州。仁壽四年
　　　省嵩州。以縣屬河南郡。萬歲登封元年，則天因封中岳，改名告成。』(張
　　　稿未錄，今補。)

臨潁　元和志　：『本漢舊縣，屬潁川郡，歷代因之。隋開皇三年罷郡，以縣屬許
　　　州。』

扶溝　元和志：『本漢舊縣，後漢屬陳留郡，魏屬許昌郡，高齊文宣帝自今縣北

移於今理。』

汲郡 領縣七

汲 地形志：『二漢屬河內，晉屬(汲郡)，後罷，太和二年後治汲城。』

朝歌 地形志：『二漢屬河內，晉屬。』

獲嘉 地形志：『二漢屬河內，晉屬，後省。太和二十三年復治新洛城，有獲嘉城。』

修武 地形志南修武『三漢屬河內，晉屬(汲郡)』。又北修武『孝昌中分南修武置。』

共 地形志杜盧郡：『共二漢屬河內，晉屬汲，天平中屬。』

山陽 地形志：『二漢晉屬河內，後屬。』

林慮 地形志林慮郡：『林慮二漢屬河內，晉屬汲郡，前漢名隆慮，後漢避殤帝名改焉。眞君六年併鄴，太和二十一年復。』

東郡 領縣十三

白馬 地形志東郡：『二漢屬，晉屬濮陽，後屬。』

凉城 地形志屬東郡。

東燕 地形志東郡：『二漢屬，晉屬濮陽，後屬。』

酸棗 地形志東郡：『酸棗二漢，晉屬陳留，後屬。』

長垣 地形志東郡：『長垣二漢晉屬陳留，後屬，眞君八年併外黃，景明三年復。』

小黃 地形志陳留郡：『小黃二漢晉屬：眞君八年併外黃，太和中復。』

封丘 地形志陳留郡：『封丘二漢晉屬，眞君九年併酸棗，景明二年復。』

濟陽 地形志陽夏郡：『濟陽二漢晉屬陳留，延和二年置徐州，皇興初罷，有濟陽城，外黃城，東緡城，崔城。』

尉氏 地形志開封郡：『二漢晉屬陳留，興安初併苑城，太安三年復，治尉氏城。』

扶溝 地形志許昌郡：『扶溝，前漢屬淮陽，後漢晉屬陳留，眞君併長平屬焉，後屬。』

陽夏 地形志陽夏郡：『陽夏，前漢屬淮陽，後漢屬陳國，晉初併梁，惠帝復、眞君七年併扶溝，太和十二年復，治陽夏城，有大小扶溝。』

雍丘　地形志陽夏郡：『孝昌四年分東郡陳留置，治雍丘城。』又陽夏郡：『雍丘，
　　　二漢晉屬陳留，郡治。有抱城，廣陵城，高陽城，少姜城，華城。』

圉城　地形志陽夏郡：『二漢晉曰圉，前漢屬淮陽，後漢晉屬陳留，後罷，景明
　　　元年後，有沙城。』

河內郡　領縣十一。

野王　地形志河內郡：『野王二漢，晉屬。州，郡治。』

懷　地形志武德郡（天平初分河內置）：『懷二漢，晉屬河內。』

州　地形志武德郡：『州二漢，晉屬河內。』

平皋　地形志武德郡：『平皋二漢，晉屬河內。』

溫　地形志武德郡：『溫二漢，晉屬河內。』

沁水　地形志河內郡：『二漢，晉屬，治沁城。』

軹　地形志河內郡：『後漢，晉屬。治軹城。』

白水　地形志邵郡：『皇興四年置邵上郡，太和中併河內，孝昌中改復。白水，
　　　有馬頭山。』

清廉　地形志邵郡：『清廉有清廉山，白馬山。』張志曰誤作清麻。

葦平　地形志邵郡：『葦平有王屋山。』

西太平　見地形志邵郡。

建興郡　領縣四。

陽阿　地形志長平郡：『陽阿二漢屬上黨，晉罷，後復屬。』

高都　地形志長平郡：『二漢，晉屬上黨後屬。』

玄氏　地形志長平郡：『玄氏二漢，晉屬上黨郡。』

長平　圭和志王屋縣：『本周時召康公之采邑，漢爲垣縣地後魏獻文帝分垣縣置
　　　長平縣，周明帝改爲王屋縣。』地形志高平郡（永安中置）：『高平永安中
　　　置，治高平城』按高平即長平所改。

安平郡　領縣二，地形志無自注。

端氏　地形志：『二漢屬河東，晉屬平陽，後屬，真君七年省，太和二十年復。』

濩澤　地形志：『二漢屬河東，晉屬平陽，後屬。』

平陽郡　領縣八　地形志，晉分河東置，眞君四年置東雍州，太和十八年罷，改置。

　　楊　　地形志永安郡：『楊二漢屬河東，晉屬平陽，後罷，太和十一年復，後屬。』

　　平陽　地形志平陽郡：『平陽二漢屬河東，晉屬，州治。六年併禽昌，太和十一
　　　　　年復。』

　　禽昌　地形志平陽郡：『禽昌，二漢屬河東，晉屬，卽漢之北屈也。神䴢元年，
　　　　　世祖禽赫連昌，仍置禽昌郡，眞君二年改，七年併永安屬焉。』

　　襄陵　地形志平陽郡：『二漢屬河東，晉屬。』

　　臨汾　地形志平陽郡：『臨汾，二漢屬河東，晉屬。眞君七年併泰平，太和十一
　　　　　年復。』

　　泰平　地形志平陽郡：『泰平眞君七年置。』

　　北絳　地形志北絳郡：『孝昌三年置，治(北絳)。』又北絳縣：『二漢屬河東，晉
　　　　　屬平陽，二漢晉曰絳，後罷，太和十二年復，改屬。』

　　永安　地形志永安郡：『建義元年(置)，治永安城』又永安縣：『永安，二漢屬河
　　　　　東，晉屬平陽，前漢曰彘，順帝改，眞君十年併禽昌，正始二年復屬。』

正平郡　領縣三　地形志正平郡，『故南太平，神䴢元年改爲征平，太和十八年復。』

　　聞喜　地形志正平郡：『聞喜二漢，晉屬河東，復屬。』

　　曲沃　地形志正平郡：『曲沃，太和十一年置。』

　　南絳　地形志南絳郡：『建義初置，治會交川。』又南絳縣：『太和十八年置，屬
　　　　　正平郡，建義初屬。』

河東郡　領縣五　地形志下，河東郡：『秦置，治蒲阪。』

　　蒲阪　地形志下，河東郡：『蒲阪，二漢，晉屬，有華陽城。』

　　安定　地形志下，河東郡：『安定，太和元年置。』

　　北解　地形志下，河東郡：『北解，太和十一年置。』

　　南解　地形志下，河東郡：『南解，二漢，晉曰解，屬，後改。』

　　猗氏　地形志下，河東郡：『猗氏，二漢，晉屬河東，後復屬。』

北鄉郡　領縣二　地形志下，有北鄉郡。

　　汾陰　地形志下，北鄉郡：『汾陰，二漢，晉屬河東，後屬，有北鄉城。』

　　　北猗氏　地形志下，北鄉郡：『北猗氏，太和十一年置，有解城。』

　北猗氏　地形志下，北鄉郡：『北猗氏，太和十一年置，有解城。』

高涼郡　領縣二。

　　高涼　地形志高涼郡：『高涼太和十一年分龍門置。』

　　龍門　地形志高涼郡：『龍門，故皮氏，二漢屬河東，晉屬平陽，眞君七年改屬。』

河北郡　領縣四　見地形志下

　　大陽　地形志下，河北郡：『大陽，二漢，晉屬河東，後屬，有虞城，夏陽城。』

　　河北　地形志下，河北郡：『河北，二漢，晉屬河東，後屬，有芮城，立城。』

　　北安邑　地形志下，河北郡：『北安邑，二漢，晉曰安邑，屬河東，後故，太和十一年置爲郡，十八年復屬。』

　　南安邑　地形志下，河北郡：『南安邑，太和十一年置。』

恆農郡　領縣九

　　北郊　張稿目作陝。地形志義州恆農郡：『北郊，興和中置。』

　　陝中　地形志下，陝州恆農郡，有陝中縣。

　　峭　地形志義州恆農郡(興和中置)：『峭，興和中置。』

　　盧氏　地形志，盧氏在金門縣下。

　　南陝　元和志長水縣：『本漢盧氏縣地，後漢，晉，宋不改。後魏宣武帝分盧氏東境置南陝縣屬弘農郡，西魏廢帝改爲長淵。』地形志南陝在金門郡下。

　　宜陽　地形志宜陽郡（孝昌初置）有宜陽縣。

　　金門　地形志金門郡（天平初置）有金門縣。

　　東亭　地形志，東亭在宜陽郡下。

　　南澠池　地形志南澠池在金門縣下。

西恆農郡　領縣一

　　恆農　地形志下西恆農郡：『恆農二漢，晉屬恆農，後屬。』

石城郡　領縣二　地形志下，石城郡，正始二年置縣，後改。

　　石城　地形志下，石城郡，正始二年置縣。

　　同堤　地形志下，石城郡有同堤縣。

澠池郡　領縣二　地形志下，澠池郡。

　　北洍池　地形志下，洍池郡：『北洍池，太和十一年置。』

　　俱利　地形志下，洍池郡有俱利縣。

魯陽郡　領縣二。地形志魯陽郡：『太和十一年置鎮，十八年改爲荆州，二十二年罷，
　　置。』

　　山北　地形志魯陽郡：『山北，太和十一年置。』

　　河山　地形志魯陽郡：『河山，太和二十一年置。』

襄城郡　領縣十三。

　　襄城　地形志，廣州襄城郡，『晉置。』襄城縣：『二漢屬潁川，晉屬。』

　　繁昌　地形志廣州襄城郡：『繁昌，晉屬。』

　　龍山　地形志順陽郡：『太和中置縣，後改。』又龍山縣『太和十七年置。』

　　龍陽　地形志順陽郡：『龍陽太和十七年置。』

　　雲陽　地形志定陵郡：『雲陽太和十一年置。』（定陵郡皇興元年置，在此以前當
　　屬襄城郡。）

　　北舞陽　地形志定陵郡：『北舞陽，皇興元年置。』

　　西舞陽　地形志定陵郡：『西舞陽，天完元年置，正光中陷，興和二年後。』

　　汝南　地形志汝南郡：『永安元年置』在此以前皆屬襄城郡。汝南縣：『太和十八
　　年置。』

　　符壘　地形志汝南郡：『永安元年置，治符壘城。』符壘『太和中置。』

　　昆陽　地形志漢廣郡：『永安中置』，在此以前，應屬襄城。又漢廣郡昆陽縣：『二
　　漢屬潁川，晉屬襄城，後屬。』

　　高陽　地形志漢廣郡：『高陽，太和元年置。』

相州　領郡六，縣四十六。

魏郡　領縣七。

　　鄴　地形志魏尹：『二漢，晉屬，天平初併蕩陰，安陽屬之。蕩陰，太和中置，
　　今罷。』

　　蕩陰　地形志魏尹：『蕩陰太和中置，今罷。』元和志『湯陰，後魏省。』蓋孝

　　　　　昌以後省也。

　　安陽　元和志河北道相州：『安陽縣，本七國時魏寧新中邑，秦昭襄王拔之，改
　　　　　名安陽，漢初廢，以其地屬湯陰縣，晉於今理西南三里置安陽縣屬魏郡，
　　　　　後魏，併入湯陰』今按後魏時應有安陽，志闕。

　　內黃　元和志『後魏省』今檢地形志無內黃，然洹水注云：『洹水逕內黃縣北，
　　　　　東流注於白溝』不云故縣，則酈道元時當未省也。

　　魏　　元和志河北道魏州：『魏縣本漢舊縣，屬魏郡，後魏孝文帝分魏縣置昌樂，
　　　　　高齊省，魏縣屬昌樂縣，隋開皇六年又分昌樂置魏縣。』

　　昌樂　元和志魏州魏縣：『北魏孝文帝分魏縣置昌樂。』又昌樂縣：『本漢舊縣屬
　　　　　東郡，後漢省，後魏孝文帝於漢舊昌樂城置昌樂郡及昌樂縣。』按昌樂郡
　　　　　後屬。

　　長樂　元和志相州洹水縣：『本漢內黃縣地，晉相於此置長樂，後魏省，孝文帝
　　　　　復置流樂縣，高齊省入臨漳縣。』

陽平郡　領縣八。

　　館陶　地形志陽平郡：『館陶二漢屬魏郡，晉屬。』

　　清淵　地形志陽平郡：『清淵二漢屬（魏郡），晉屬。』

　　元城　地形志魏尹：『元城二漢屬，晉屬陽平，天平初屬。』

　　發干　地形志陽平郡：『發干二漢屬東郡，晉屬。』

　　樂平　地形志陽平郡：『二漢屬東郡，晉屬。』

　　臨清　地形志陽平郡：『臨清太和二十一年置。』

　　武陽　地形志陽平郡：『二漢晉屬東郡，曰東武陽，後改屬。』

　　陽平　地形志陽平郡：『二漢屬東郡，晉屬，永嘉後併樂平，太和二十一年，復
　　　　　屬。』

廣平郡　領縣十四。

　　曲梁　地形志廣平郡：『曲梁前漢屬，後漢屬，魏，晉屬。』

　　廣平　地形志廣平郡：『廣平前漢屬，後漢屬鉅鹿，晉屬，後罷，太和二十年復。』

　　平恩　地形志廣平郡：『平恩二漢屬魏郡，晉屬。』

曲安　地形志廣平郡：『曲安，景明中分平恩置。』

邯鄲　地形志廣平郡：『二漢屬，趙國，晉屬，後屬魏，眞君六年屬。』

肥鄉　地形志魏尹：『臨漳天平初分鄴併內黃，斥丘，肥鄉置。』

列人　地形志魏尹：『前漢屬廣平，後漢屬，晉屬廣平，天平初屬。』

斥漳　地形志魏尹：『前漢屬廣平，後漢屬鉅鹿，晉屬廣平，眞君三年係列人，
　　　太和二十年後。』

易陽　地形志魏尹：『二漢屬趙國晉屬廣平，天平初屬。』

武安　地形志魏尹：『武安二漢屬，晉屬廣平，天平初屬。』

襄國　地形志北廣平郡：『襄國，秦爲信都，項羽更名，二漢屬趙國，晉屬，後
　　　併任，太和二十年復。』

南和　地形志北廣平郡：『永安中分廣平置，領縣三，南和，任，襄國。』『南和
　　　前漢屬廣平，後漢屬鉅鹿，晉屬，後併任，太和二十年復。』

任　　地形志北廣平郡：『前漢屬廣平，後漢屬鉅鹿，晉屬。』

頓丘郡　領縣五。

頓丘　地形志黎陽郡：『二漢屬東郡，晉屬頓丘，太和十八年屬汲，後屬。』又
　　　頓丘郡：『頓丘，太和中併汲郡，餘民在畿外者，景明中置。』

衛國　地形志頓丘郡：『衛國二漢屬東郡，晉屬。漢曰觀，後漢光武改。』

臨黃　地形志頓丘郡：『臨黃眞君三年併衛國，太和十九年復。』

繁陽　地形志魏尹：『繁陽二漢屬，晉屬頓丘，眞君六年併頓丘，太和十九年復，
　　　天平二年屬。』

陰安　地形志頓丘郡：『陰安二漢屬魏郡，晉屬，眞君三年併衛國，太和十九年
　　　復。』

清河郡　領縣四。

武城　地形志清河郡：『武城二漢晉曰東武城，屬，後改。』

清河　地形志清河郡：『清河二漢晉屬。』

峽城　地形志清河郡：『太和三年置。』

貝丘　地形志清河郡：『二漢晉屬。』

南趙郡　領縣六　地形志殷州南趙郡：『太和十一年爲南鉅鹿，屬定州，十八年
　　　　　　　屬相州，後改，孝昌中屬。

廣河　地形志南趙郡：『廣河，前漢屬鉅鹿，後罷，太和十三年復。』

平鄉　地形志南趙郡：『平鄉晉屬，後罷景明二年復，治鉅鹿城，有平鄉城。』

鉅鹿　地形志南趙郡：『二漢晉屬鉅鹿，後屬。』

南欒　張稿曰誤南樂，地形志南趙郡：『南欒，二漢屬鉅鹿，晉罷，後復。眞君
　　　　六年併栢人，太和二十一年復。』

柏人　地形志南趙郡：『柏人二漢晉屬。』

中丘　地形志南趙郡：『中丘，前漢屬常山，後漢晉屬趙國，晉亂罷，太和二十
　　　　一年復。』

定州　領郡五，縣三十。

中山郡　領縣十。

盧奴　地形志中山郡：『盧奴州郡治，二漢屬。世祖神䴥中置新城宮。』

唐　　地形志中山郡：『二漢，晉屬。』（北平郡孝昌中分中山置）

望都　地形志北平郡：『望都二漢，晉屬中山。』

上曲陽　地形志中山郡：『上曲陽前漢屬常山，後漢屬。晉屬常山，眞君併新市，
　　　　　景明元年復，屬。』

魏昌　地形志中山郡：『魏昌二漢晉屬，前漢曰苦陘，後漢章帝改爲漢昌，魏文
　　　　帝改爲魏昌。』

新市　地形志中山郡：『新市，二漢，晉屬。』

毋極　地形志中山郡：『毋極，二漢屬，晉罷，太和十二年後。』

安喜　地形志中山郡：『安喜二漢，晉屬，前漢曰安陰，後漢章帝改。』

蒲陰　地形志北平郡：『蒲陰，二漢晉屬中山，前漢曰曲逆，章帝改名。』

北平　地形志：『北平郡，孝昌中分中山置，治北平城。』又：『北平，二漢，晉
　　　　屬中山。』

常山郡　領縣七。

九門　地形志常山郡：『九門，二漢，晉屬。』

眞定　地形志常山郡：『前漢屬眞定國，後漢晉屬，故東垣，漢高帝十一年改。』

行唐　地形志常山郡：『行唐，二漢，晉曰南行唐，屬，改改。太和二十四年置唐郡，二十一年罷郡主。』

蒲吾　地形志常山郡：『二漢，晉屬。』

靈壽　地形志常山郡：『二漢，晉屬。』

井陘　地形志常山郡：『二漢，晉屬。』

石邑　地形志常山郡：『前漢屬，後漢罷，晉復屬。』

鉅鹿郡　領縣四。

曲陽　地形志鉅鹿郡：『曲陽二漢晉屬，趙國曰下曲陽。』

槀城　地形志鉅鹿郡：『槀城，前漢屬眞定，後漢屬。晉罷太和十二年復。』

鄡　此字張稽目誤爲鄛。地形志鉅鹿郡：『鄡，二漢，晉屬。』

癭陶　地形志殷州鉅鹿郡：『癭陶，二漢，晉屬。』又：『殷州鉅鹿郡，永安二年分定州鉅鹿置。』

趙郡　領縣五。

平棘　地形志趙郡：『平棘，二漢屬常山，晉屬。』

房子　地形志趙郡：『房子二漢屬常山，晉屬。』

元氏　地形志趙郡：『元氏，二漢屬常山，晉屬。』

高邑　地形志趙郡：『二漢屬常山，前漢曰鄗，後漢光武改，晉屬。』

欒城　地形志趙郡：『欒城，太和十一年分平棘置。』

博陵郡　領縣四

安平　地形志博陵郡：『安平前漢屬涿，後漢屬安平，晉屬。』

饒陽　地形志博陵郡：『前漢屬涿，後漢屬安平，晉屬。』

深澤　地形志博陵郡：『前漢屬涿，後漢屬安平，晉屬。』

安國　地形志博陵郡：『安國二漢屬中山，晉屬。』

冀州　領郡三，縣二十六。

長樂郡　領縣十一　地形志：『漢高帝置爲信都郡，景帝二年爲廣川屬，明帝更名樂

成，安帝改爲安平，晉改。』

信都　地形志長樂郡：『信都二漢，晉屬。』

南宮　地形志長樂郡，『南宮，前漢屬，後漢，晉屬安平，後屬。』

扶柳　地形志長樂郡：『前漢屬，後漢晉屬安平國，眞君三年併堂陽，景明元年
　　　復。』

堂陽　地形志長樂郡：『堂陽前漢屬鉅鹿，後漢，晉屬。』

棗强　地形志長樂郡：『棗强，前漢屬清河，後漢罷，晉復屬廣川，神瑞二年併
　　　廣川，太和二十二年復屬。』

索盧　地形志長樂郡：『索盧，晉屬廣川，神瑞二年併廣川，太和二十年復屬。』

廣川　地形志長樂郡：『廣川，前漢屬，後漢屬清河，晉屬廣川，復屬。』

廣宗　地形志廣宗郡：『太和十一年立，尋罷孝昌中復。』又：『廣宗縣，後漢屬
　　　鉅鹿，晉屬安平，中興中立南北廣宗，尋罷。』

武强　地形志武邑郡：『武强，神光（麚）二年併武邑，太和十八年復。』又廣
　　　宗郡：『武强，眞君三年併信都，太和二十一年復。

經　　地形志廣宗郡：『經，後漢，晉屬安平，眞君二年併南宮，後復屬。』

下博　地形志長樂郡：『下博，二漢，晉屬。』

渤海郡　領縣十　地形志清州渤海郡：『故臨淄地，劉畯置，魏因之。』
　　　　地形志冀州渤海郡：『漢高帝置，世祖初改爲滄水郡，太和二十一年後。』

東光　地形志冀州渤海郡：『東光，二漢，晉屬，有渤海城。』

南皮　地形志冀州渤海郡：『南皮，二漢，晉屬，有渤海城。』

蓨　　地形志青州渤海郡有蓨縣。
　　　　地形志冀州渤海郡：『前漢屬，號修，後改。』

安陵　地形志冀州渤海郡：『安陵，晉置，渤海屬。』

繹幕　地形志安德郡：『二漢，晉屬清河，眞君三年併武城，太和二十一年後，
　　　後屬。』又地形志冀州安德郡：『太和中置尋併渤海，中興中復。』

般　　地形志滄州安德郡：『中興初分樂陵置，太昌初罷，天平初復，治般界。』
　　　　又：『般，二漢晉屬平康後屬渤海，熙平中屬樂陵，復屬，治般城。』

重合　地形志青州渤海郡有重合縣。按卽馬援祖馬通封國。

平昌　地形志滄州安德郡：『平昌，二漢，晉屬平原，後漢，晉曰西平昌，後罷，
　　　太和二十二年復，屬渤海，熙平中屬樂陵，後屬，治平昌城。』

平原　地形志冀州安德郡：『平原，二漢，晉屬，眞君三年併圍，太和二十一年
　　　屬渤海，後屬。

安德　地形志安德屬青州樂安郡。

鬲　　地形志冀州安德郡：『鬲，二漢，晉屬平原，後屬渤海，後屬，治臨齊城。』

長樂　地形志青州渤海郡有長樂縣。

武邑郡　領縣五。地形志武邑郡：『晉武帝置。』

　武遂　地形志武邑郡：『武遂，前漢屬河間，後漢，晉屬安平，後屬。』

　阜城　地形志武邑郡：『前漢屬渤海，後漢屬安平，晉屬渤海，後屬，有弓高城。』

　灌津　地形志：『前漢屬信都，後漢，晉屬安平，後屬。』

　武邑　地形志：『前漢屬信都，後漢，晉屬安平，後屬。』

　武强　地形志：『正光二年併武邑，太和十八年復。』

瀛州　領郡四，縣二十五。

　　　地形志：『太和十一年分定州，河間，高陽，冀州常武，浮陽置，治趙都
　　　軍城。』

高陽郡　領縣九。地形志瀛州高陽郡：『晉置高陽國後改。』

　高陽　地形志高陽郡：『前漢屬涿，後漢屬河間圍，晉復。』

　博野　地形志高陽郡：『博野有博陸城。』按博陸卽霍光封邑。

　蠡吾　地形志高陽郡：『蠡吾，前漢屬涿，後漢屬中山，晉屬。』

　易　　地形志高陽郡：『易前漢屬涿，後漢，晉屬河間，後屬。有易京。』

　扶輿　地形志高陽郡：『扶輿前漢屬涿，後漢罷，晉復，屬，前漢晉曰樊輿後罷，
　　　太和中改復。』張志目誤爲扶輿。

　新城　地形志高陽郡：『二漢，晉曰北新城，前漢屬中山，後漢屬涿，晉屬。』

　樂鄉　地形志高陽郡：『前漢屬信都，後漢罷，晉復屬，有樂鄉城。』

　永寧　地形志高陽郡有永寧縣。

清苑　地形志高陽郡：『清苑，高祖太和元年分新城置。』

章武郡　領縣八。地形志章武郡：『晉置章武國後改。』東魏時別爲浮陽郡，屬滄州。

　平舒　地形志章武郡：『平舒，前漢屬渤海，後漢屬河間國，晉屬，二漢，晉曰東平舒，有章武城，平鄉城。』

　成平　地形志章武郡：『成平，前漢屬渤海，後漢，晉屬河間國，後屬，治京城。』

　束州　地形志章武郡：『束州，前漢屬渤海，後漢屬河間國，晉屬，有束州城。』

　文安　地形志章武郡：『文安，前漢屬渤海，後漢屬河間國，晉屬，有文安，安平，曲城。』

　章武　地形志章武郡：『西章武，正光中內滄州章武置，有章武城。』又地形志滄州浮陽郡：『章武二漢屬渤海，晉屬章武，後屬，治章武城。』

　饒安　地形志滄州浮陽郡：『太和十一年分渤海，章武置，屬瀛州，景明初併章武，熙平二年復。』又饒安縣：『二漢，晉屬渤海，前漢曰千童，靈帝改。』

　浮陽　地形志滄州浮陽郡：浮陽郡治，二漢，晉屬渤海。』

　高城　地形志滄州浮陽郡：『高城二漢，晉屬渤海，治高城。』

河間郡　領縣四。地形志河間郡：『漢文帝置河間國，後漢光武併信都，和帝永元三年復，晉仍爲國，後改。』

　武垣　地形志河間郡：『前漢屬涿郡，後漢，晉屬，有武垣城少陵城。』

　樂城　地形志河間郡：『柴城，二漢，晉屬，治河間城。』

　中水　地形志河間郡：『中水前漢屬涿郡，後漢，晉屬河間國。』

　鄚　地形志河間郡：『鄚，後漢，晉屬，治陵城，有鄚城。』

樂陵郡　領縣四。地形志樂陵郡：『故千乘地，劉義隆置，魏因之。』

　樂陵　地形志樂陵郡：『樂陵有姑城。』

　陽信　地形志樂陵郡：『陽信，有千乘城，博昌城。』

　厭次　地形志樂陵郡有厭次。

　濕沃　地形志樂陵郡有濕沃。

安州　領郡三，縣七。

　　地形志安州：『皇興二年置，治方城，天平中陷，元象中寄治幽州北界。』

廣陽郡　領縣二。地形志安州廣陽郡：『延和元年置益州，眞君二年改爲郡。』

　　燕樂　地形志廣陽郡：『燕樂，州郡治，延和九年置，眞君九年併永樂。』

　　廣興　地形志廣陽郡：『廣興延和二年置，眞君九年併恆山屬。』

密雲郡　領縣三。地形志密雲郡：『皇始二年置，治提携城。』

　　密雲　地形志密雲郡：『密雲，眞君九年併方城屬焉。』

　　要陽　地形志密雲郡：『要陽前漢屬漁陽，後漢，晉罷，後復屬。』

　　白檀　地形志密重郡：『白檀，郡治。』

安樂郡　領縣二。地形志安樂志：『延和元年置交州，眞君二年罷州置。』

　　安市　地形志安樂郡：『安市二漢，晉屬遼東，眞君九年併當平屬焉。』

　　土垠　地形志安樂郡：『土垠眞君九年置。』

平州　領郡二，縣五。

遼西郡　領縣三。

　　肥如　地形志遼西郡：『肥如，二漢，晉屬。』

　　陽樂　地形志遼西郡：『陽樂，二漢，晉屬。』

　　海陽　地形志遼西郡：『海陽，二漢，晉屬。』

北平郡　領縣二。地形志云：『秦置』按本作右北平。

　　新昌　地形志北平郡：『新昌，前漢屬涿，後漢，晉屬遼東，後屬。』

　　朝鮮　地形志北平郡：『二漢，晉屬樂浪，後罷。延和元年徙朝鮮民於肥如，復
　　　　　置，屬焉。』

營州　領郡二，縣六。

　　　　　地形志營州：『治和龍城，太延二年爲鎭，眞君五年改置，永安末陷，天
　　　　　平初復。』

昌黎郡　領縣四。地形志昌黎郡：『晉分遼東置，眞君八年併冀陽屬焉。』

　　龍城　地形志昌黎郡：『龍城，眞君八年併柳城，昌黎，棘城屬焉。』

　　廣興　地形志昌黎郡：『廣興，眞君八年併徒何，永樂，燕昌屬焉。』

　　平剛　地形志『冀陽郡眞君八年併昌黎郡，武定五年復』，冀陽郡凡二縣：平剛及
　　　　　柳城，故武定五年以前當屬昌黎也。

柳城　見地形志冀陽郡。

建德郡　領縣二。地形志建德郡：『眞君八年置，治白狼城。』

石城　地形志建德郡：『石城，前漢屬右北平。後屬，眞君八年倂遼陽路大樂屬焉。』

廣都　地形志建德郡：『廣都眞君八年倂白狼，建德，望平，屬焉。』

恆州　領郡四，縣十六。

地形志恆州，『天興中置司州，治代，都平城，太和中改，孝昌中陷，天平二年置，寄治肆州秀容郡城。』

代尹　領縣八。地形志：『秦置，孝昌中陷天平二年復。』

平城　地形志代郡：『平城，二漢，晉屬雁門，後屬。』

武周　地形志代郡：『武周，二漢屬雁門，晉罷，後復屬。』

永固　見地形志代郡。

太平　見地形志代郡。

善無　地形志善無郡：『天平二年置』又善無縣：『前漢屬雍門，後漢屬定襄，後屬。』

沃陽　見地形志善無郡。

參合　地形志梁城郡：『天平二年置。』又參合縣：『前漢屬代，後漢，晉罷，後德屬。』

旋鴻　見地形志梁城郡。溫氏考錄云：『通鑑注引此作旋鴻，考水經注如渾水出涼城旋鴻縣，今志作桓及祇，未詳。』案字當以旋字爲是，又水經注之『涼城旋鴻縣』是時尙無梁城郡，蓋梁城本是城名，亦或作涼城。『涼城旋鴻縣』實爲『旋鴻縣涼城』之倒文，此處有誤，然水經注文以後猶屬見旋鴻縣及旋鴻池，故『旋』字猶可以據改也。

繁峙郡　地形志：『天平二年置』，按繁時，靈丘在崞山之南，別爲一區，不應舊不置郡，此言天平二年置，當爲天平二年復，蓋其地大亂之後，舊籍淪廢，遂以復郡爲置郡耳。』

崞山　地形志繁是郡：『天平二年置。』又崞山縣：『二漢晉曰崞，屬雁門，後改

屬。』

繁畤　地形志繁畤郡：『繁畤，二漢，晉屬雁門，後改屬。』

靈丘　地形志北靈丘郡：『天平二年置。』又靈丘縣：『前漢屬代，後漢，晉罷，後復屬。』

莎泉　見地形志靈丘郡。

高柳郡　地形志：『永熙中置。』

安陽　地形志高柳郡：『永熙中置。』又，安陽縣：『二漢曰東安，屬代郡，晉屬，後改屬。』

高柳　地形志高柳郡：『二漢屬代郡，晉罷，後復屬。』

內附郡　無領縣。

燕州　領郡六，縣八。魏地形志上東燕州，太和中分恆州東部置燕州，孝昌中陷，天平中領流民寄治幽州宣都城。

廣寧郡　領縣二

廣寧　見通典一七八幽州。水經灅水注：『于延水又東……逕小寧縣故城南，……魏土地記曰，「大寧城西二十里，有小寧城。」……延河又東逕大寧故城南，地理志云：「廣寧也」。』故廣寧亦卽大寧，張志原目，分廣寧與大寧為二郡，而大寧郡下又分大寧小寧二縣，失之無據，今不取。

潘漢　故縣

平昌郡　領縣二。地形志東燕州平昌郡：『孝昌中陷，天平中置。』

昌平　地形志平昌郡：『昌平天平中置』按此爲陷後收復，非創置也。通典一七八『漢舊縣，故城在今縣東南，古居庸關在縣西北北齊改爲納疑。』

萬言　地形志平昌郡：『萬言，天平中置。』

東代郡　領縣一。

平舒　地形志上谷郡：『平舒，孝昌中陷，天平中置。』

平原郡　無領縣。

上谷郡　領縣二。

居庸　地形志東燕州上谷郡：『居庸孝昌中陷，天平中置。』

平舒　　地形志上谷郡：『平舒孝昌中陷，天平中置。』

徧城郡　　領縣二。地形志下東夏州徧城郡：『太和元年置。』

廣武　　地形志編城郡：『前漢屬太原，後漢，晉屬所門，後屬，有三城，徧城。』

沃野　　地形志徧城郡：『二漢屬朔方，晉罷，後復屬。』

幽州　　領郡三，縣十八。

燕郡　　領縣五。

薊　　　地形志燕郡：『薊，二漢屬廣陽，晉屬。』

廣陽　　地形志燕郡：『廣陽二漢屬廣陽，晉屬。』

良鄉　　地形志燕郡：『二漢屬涿，晉屬范陽，後屬。』

軍都　　地形志燕郡：『軍都前漢屬上谷，後漢屬廣陽，晉屬。』

安城　　地形志燕郡：『安城前漢屬渤海，後漢屬廣陽，晉屬。』

范陽郡　　領縣七。

涿　　　地形志范陽郡：『二漢屬涿，晉屬。』

固安　　地形志范陽郡：『二漢屬涿，晉屬。』

范陽　　地形志范陽郡：『二漢屬涿，晉屬。』

萇鄉　　地形志范陽郡：『晉屬。』

方城　　地形志范陽郡：『前漢屬廣陽，後漢屬涿，晉屬。』

容城　　地形志范陽郡：『前後漢屬涿，晉屬，後罷，太和中復。』

遒　　　地形志范陽郡：『二漢屬涿，晉屬。』

漁陽郡　　領縣六。

潞　　　地形志漁陽郡：『二漢屬，晉屬，燕國後屬，眞君七年併安樂，平谷屬焉。』

雍奴　　地形志漁陽郡：『二漢屬，晉屬，燕國後屬，眞君七年併泉州屬。』

無終　　地形志漁陽郡：『二漢，晉屬。』

漁陽　　地形志漁陽郡：『二漢屬，晉罷，後復。』

土垠　　地形志漁陽郡：『二漢，晉屬右北平，後屬。』

徐無　　地形志漁陽郡：『二漢晉屬右北平，後屬。』

并州　　領郡三，縣十九。

太原郡　領縣十。

　　晉陽　地形志太原郡：『晉陽二漢晉屬，眞君九年罷屬楡次屬焉。』

　　祁　　地形志太原郡：『祁，二漢晉屬。』

　　楡次　地形志景太原郡：『楡次二漢晉屬，眞君九年併晉陽，景明元年復。』

　　中都　地形志太原郡：『中都二漢，晉屬。』

　　鄔　　地形志太原郡：『鄔二漢，晉屬，後罷太和十九年復。』

　　平遙　地形志太原郡：『平遙二漢晉爲平陶屬焉。後改。』

　　沾　　地形志太原郡：『沾二漢屬上黨晉屬樂平，眞君九年罷樂平屬焉。』

　　受陽　地形志太原郡：『受陽晉屬樂平，眞君九年罷樂平郡屬焉。』

　　長安　地形志太原郡：『長安，泰常二年置，眞君中省，景明初復。』

　　陽邑　地形志太原郡：『陽邑二漢晉屬，眞君九年罷，景明二年復。』

上黨郡　領縣五。

　　屯留　地形志上黨郡：『屯留，二漢，晉屬。』

　　長子　地形志上黨郡：『長子二漢，晉屬，慕容永所都。』

　　壺關　地形志上黨郡：『壺關二漢，晉屬，後罷，太和十二年復。』

　　寄氏　地形志上黨郡：『寄氏，二漢爲猗氏，屬，晉晉明元年復改。』

　　刈陵　地形志襄垣郡：『刈陵，二漢，晉曰潞，屬上黨，眞君十一年後，復屬。』

鄉郡　領縣四。

　　鄉　　地形志鄉郡：『鄉，郡治，晉屬上黨，眞君入罷遼陽屬焉。』

　　涅　　地形志鄉郡：『陽城二漢，晉屬上黨曰涅，永安中改。』

　　襄垣　地形志鄉郡：『襄恆，二漢晉屬上黨。』

　　銅鞮　地形志鄉郡：『銅鞮二漢晉屬上黨。』

肆州　領郡三，縣十一。地形志：『後漢建安中置新興郡，永安中改。』

新興郡　領縣五。地形志永安郡：『後漢建安中置新興郡，永安中改。』

　　定襄　地形志永安郡：『定襄，前漢屬定襄，後漢屬雲中，晉屬新興，眞君七年，
　　　　　　併雲中九原晉昌屬焉。』

　　平寇　地形志永安郡：『平寇眞君七年併三堆，朔方，定陽屬焉，永安中屬。』

陽曲　地形志永安郡：『陽曲二漢，晉屬太原，永安中屬。』

蒲子　地形志永安郡：『蒲子始光三年置，眞君七年併平河屬焉。』

驢夷　地形志永安郡：『驢夷二漢屬太原曰慮虒，晉罷，太和十年復改。』

秀容郡　領縣四。地形志秀容郡：『永興二年置，眞君七年併肆盧，敷城二郡屬焉。』

秀容　地形志秀容郡：『秀容永興二年置。』

石城　地形志秀容郡：『石城，永興二年置。』

肆盧　地形志秀容郡：『肆盧治新會城，眞君七年併三會屬焉。』

敷城　地形志秀容郡：『敷城，始光初置郡，眞君七年改治敷城。』

雁門郡　領縣二。

廣武　地形志雁門郡：『廣武，前漢屬太原，後漢，晉屬。』

原平　地形志雁門郡：『原平前漢屬太原，後漢，晉屬。』

汾州　領郡四，縣十二。

地形志『延和三年爲鎭，太和十二年置州，治蒲子城，孝昌中陷，移治西河。』

吐京郡　領縣二。地形志：『眞君九年置，孝昌中陷，寄治西河。』

吐京　地形志吐京郡：『吐京，世祖名嶺西，太和二十一年改。』

新城　地形志吐京郡：『新城，世祖名嶺東，太和二十一年改。』

五城郡　領縣四　地形志：『正平二年置，孝昌中陷，寄治西河。』

長秋　張志目作長春，似宜作長秋，北周韋孝寬於此築塞。

五城　地形志五城郡：『五城，世祖名京軍，太和二十一年改。』

平昌　地形志五城郡：『平昌，世祖名刑軍，太和二十一年改。』

石城　地形志五城郡：『石城，世祖爲定陽，太和二十一年改。』

定陽郡　領縣二　地形志定陽郡：『舊屬東雍州，延興四年分屬焉，孝昌中陷，寄治西河。』

定陽　地形志定陽郡：『定陽延興四年置。』隋改爲吉昌縣。張志目作吉昌。

昌寧　地形志定陽郡：『昌寧，延興四年置。』

西河郡　領縣三。地形志：『漢武帝置，晉亂罷，太和八年復，治茲氏城。』

| 隰城 | 地形志西河郡：『隰城二漢，晉屬，太延中改爲什星軍，太和八年復。』 |

| 永安 | 地形志西河郡：『永安，太和十七年分隰城置。』 |

| 介休 | 地形志西月郡：『介體二漢屬太原，晉屬，晉亂罷，太和八年復。』 |

兗州　領郡七，縣四十。

泰山郡　領縣六。

| 鉅平 | 地形志泰山郡：『鉅平二漢，晉屬，治平樂城。』 |

| 奉高 | 地形志泰山郡：『奉高，二漢，晉屬。』 |

| 博平 | 地形志泰山郡：『博平，二漢，晉屬。』 |

| 嬴 | 地形志泰山郡：『嬴，二漢，晉屬。』 |

| 牟 | 地形志泰山郡：『牟，漢晉屬。』 |

| 梁父 | 地形志泰山郡：『梁父二漢，晉屬。』 |

魯郡　領縣六

| 魯 | 地形志魯郡：『魯，二漢，晉屬。』 |

| 汝陽 | 地形志魯郡：『汝陽，二漢，晉屬。』 |

| 鄒 | 地形志魯郡：『鄒，二漢，晉屬。』 |

| 陽平 | 地形志魯郡：『陽平劉駿置，魏因之。』 |

| 新陽 | 地形志：『新陽，前漢屬東海，後罷，劉駿復，魏因之。』 |

| 牟 | 隋書地理志魯郡博城：『舊曰博，置泰山郡，後齊改郡曰東平，又併博陵，牟，入焉。』 |

高平郡　領縣七。地形志：『故梁國，漢景帝分爲山陽國，武帝改爲郡，晉武帝更名。』

| 高平 | 地形志高平郡：『高平，二漢屬山陽，晉屬，前漢橐也，後漢章帝更名。』 |

| 方與 | 地形志高平郡：『方與，二漢屬山陽，晉屬。』張志目誤爲方輿。 |

| 金鄉 | 地形志高平郡：『金鄉，後漢屬山陽，晉屬。』 |

| 平陽 | 地形志高平郡：『平陽二漢，晉曰南平陽，漢屬山陽，晉屬。』 |

| 任城 | 地形志任城郡：『後漢孝章帝分東平爲任城國。晉永嘉後罷，神龜元年分高平置。』又任城郡任城縣：『前漢屬東平，後漢晉屬。』 |

| 亢父 | 地形志任城郡：『亢父前漢屬東平，後漢，晉屬。』 |

鉅野　地形志任城郡：『鉅野，二漢屬山陽，晉屬高平，後屬。』張志目誤爲鉅
　　　陽。

東平郡　領縣七。張志目誤爲昌平郡。

無鹽　地形志東平郡：『二漢晉屬。』

范　　地形志在東平郡。

須昌　地形志東平郡：『須昌前漢屬東郡，後漢晉屬。』

壽張　地形志東平郡有壽張縣。

平陸　地形志東平郡：『平陸二漢晉屬。』

富城　地形志東平郡：『富城二漢晉屬。』

剛　　地形志東平郡：『剛，二漢晉屬。』

東陽平郡　領縣五。地形志東陽平郡：『故東平地，劉義隆置，尋罷，劉駿復魏，因
　　　　　之。』

元城　地形志東陽平郡：『元城，劉義隆置魏因之。』

樂平　地形志東陽平郡：『樂平，劉義隆置，魏因之。』

頓丘　地形志東陽平郡：『頓丘，劉駿置，魏因之。』

館陶　地形志東陽平郡：『館陶，劉義隆置，魏因之。』

平原　地形志東陽平郡：『平原劉駿置，魏因之。』

東泰山郡　領縣三。

南城　隋書地理志琅邪郡顓臾：『舊曰南武陽，開皇十八年改名焉，又有南城縣，
　　　後齊廢。』

新泰　隋書地理志琅邪郡新泰：『後齊廢濛陰入焉。』

武陽　隋書地理志琅邪郡顓臾：『舊曰南武陽。』

濟陰郡　領縣六。

定陶　地形志濟陰郡：『定陶，二漢晉屬，有定陶城。』

離狐　地形志濟陰郡：『離狐，前漢屬東郡，後漢，晉屬。』

宛句　地形志濟陰郡：『宛句，二漢晉屬。』

乘氏　地形志濟陰郡：『乘氏二漢晉屬。』

考城 地形志西兗州沛郡：『興和二年置，有考城。』

己氏 地形志西兗州沛郡：『己氏前漢屬梁國，後漢晉屬濟陰，後屬。』

睢陵 地形志彭城郡 ：『睢陵，前漢屬臨淮，後漢晉屬下邳，晉亂屬濟陰，武定

　　　　五年，屬(彭城)。』

南兗州　領郡七，縣十九。

渦陽郡　領縣無考。

陳留郡　領縣五。地形志：『漢武帝置太和十八年罷，孝昌中復。』

　　小黃 地形志陳留郡：『二漢晉屬，眞君八年併外黃，太和中復。』

　　開封 地形志開封郡：『天平元年分陳留置，治開封城。』又開封縣：『二漢屬河

　　　　　南，晉屬滎陽，眞君，八年併苑陵，景明元年復，孝昌中屬陳留。』

　　浚儀 地形志陳留郡：『浚儀州郡治，二漢晉屬，後罷，孝昌二年復。』

　　谷陽 隋書地理志淮郡谷陽：『後齊省，開皇六年復。』

　　武平 元和志亳州鹿邑縣：『武平故在縣東北十八里。』

　　封丘 地形志陳留郡：『二漢晉屬，眞君八年併，酸棗，景明二年復。』

　　陳留 隋書地理志梁郡陳留：『後魏廢，開皇六年復。』

　　尉氏 地形志開封郡：『尉氏，二漢，晉屬陳留，興安初併苑陵，太安三年復。』

梁郡　　領縣三。地形志梁郡：『故秦碭郡，漢高帝爲梁國，後改，治梁國城。』

　　睢陽 地形志梁郡：『睢陽，二漢，晉屬，郡治。』

　　襄邑 地形志陽復郡：『襄邑，二漢晉屬陳留，後罷，景明元年復。』

　　　　　地形志梁郡：『襄邑，二漢晉屬陳留，後屬，治胡城。』

　　下邑 地形志馬頭郡 ：『下邑，前漢，晉屬，晉屬梁國，孝昌元年置臨漁郡，縣

　　　　　屬，興和中罷郡屬。』

下蔡郡　領縣四。地形志下蔡郡：『太和十九年置，孝昌中陷，興和中復。』

　　樓煩 地形志下蔡郡：『樓煩，孝昌中陷，興和中復。』

　　下蔡 地形志下蔡郡：『下蔡，前漢屬沛，後屬，孝昌中陷，興和中復。』

　　臨淮 地形志下蔡郡：『臨淮，永平二年置，孝昌中陷，興和中復。』

　　龍亢 地形志下蔡郡 ：『龍亢，二漢屬沛，晉屬譙國，後罷，永安三年復屬，孝

昌中陷，興和中復。』

譙郡　領縣三。地形志：『二漢縣屬沛，晉以爲郡，太昌中陷，武定中復。』

　　蒙　地形志譙郡：『蒙，二漢，晉屬梁國，後屬。』

　　蘄　地形志馬頭郡：『蘄，正光中陷，天平中復。』又地形志譙郡：『蘄，二漢屬沛，晉屬。』按此爲一縣曾分爲二治也。

　　寧陵　地形志譙郡：『寧陵，前漢屬陳留後漢，晉屬梁國，後屬，孝昌中陷，後復。』

沛郡　領縣二。地形志：『延昌中置，正光中陷，後復，治黃楊城。』

　　蕭　地形志沛郡：『蕭，延昌中置，治虞城。』

　　相　地形志沛郡：『相，延昌中置。』

馬頭郡　領縣二。地形志：『司馬德宗置，魏因之，正光中陷，天平中復，治建平城。』

　　己吾　地形志馬頭郡：『己吾，後漢屬陳留，正光中陷，興和中徙治平石城。』

　　蘄　地形志馬頭郡：『蘄，正光中陷，天平中復。』

徐州　領郡四，縣十八。地形志：『後漢治東海郡，魏，晉治彭城。』

彭城郡　領縣二。地形志：『漢高帝置楚國，宣帝改，後爲楚國，後漢章帝更名彭城國，晉改。』

　　彭城　地形志：『前漢屬楚國後漢晉屬。』

　　呂　地形志：『前漢屬楚國，後漢，晉屬。』

　　薛　地形志：『二漢，晉屬魯國，後屬。』

　　龍城　見地形志彭城郡。

　　留　地形志：『二漢，晉屬。』

　　蕃　地形志蕃郡：『二漢晉屬魯國，後屬』又蕃郡：『孝昌三年置，元象二年併彭城，武定五年後。』

　　永興　地形志：『皇興初置，屬建昌郡，太和十五年罷郡屬彭城，武定五年屬。』

　　永福　地形志蕃郡：『皇興初置，建昌郡，太和十九年罷郡屬彭城，武定五年屬

南陽平郡　領縣三。地形志：『治沛南界，後寄治彭城。』

　　襄邑　見地形志南陽平郡，又隋地理志梁郡：『襄邑，後齊廢開皇十六年復。』

陽平　見地形志南陽平郡。

濮陽　見地形志南陽平郡。

蘭陵郡　地形志：『晉置，後罷，武定五年後，治永城。』

　　領縣四。

　昌慮　地形志：『二漢，晉屬東海，後屬。』

　承　地形志：『二漢晉屬。』

　合鄉　地形志：『二漢晉屬。』

　蘭陵　地形志：『二漢晉屬。』

北濟陰郡　領縣三。地形志：『劉駿置，魏因之，治單父城。』

　豐　地形志：『二漢，晉屬沛後屬。』

　離狐　地形志：『晉亂置，郡治。』

　城武　地形志：『前漢屬山陽，後漢，晉屬濟陰，後屬。』

下邳郡　領縣五。地形志東徐州有下邳郡。

　下邳　地形志東徐州下邳郡：『下邳，前漢屬東海，後漢，晉屬。』

　良城　地形志東徐州下邳郡：『良城，前漢屬東海，後漢，晉屬。』

　僮　地形志東徐州下邳郡：『僮，前漢屬臨淮，後漢，晉屬。』

　武原　地形志東徐州武原郡『武定八年分下邳置。』武原縣：『前漢屬楚國，後漢，晉屬彭城後城。』

　下相　地形志東徐州臨清郡：『孝昌三年置肝胎郡，武定八年改。』下相縣：『前漢，晉屬臨淮，後漢屬下邳，後屬。』

琅邪郡　領縣二。地形志南青州琅邪郡：『秦置後漢建武中省城陽國，以其縣屬。』

　卽丘　地形志南青州琅邪郡卽丘：『前漢屬東海，後漢，晉屬。』

　費　地形志南青州琅邪郡費：『前漢屬東海，後漢屬泰山，晉屬。』

南濟陰郡　領縣二。地形志作濟陰郡。

　頓丘　地形志東陽平郡頓丘：『劉駿置魏因之』（今見東陽平郡）又東魏郡亦有頓丘縣。

　定陶　地形志濟陰郡定陶：『二漢，晉屬。』

臨潼郡　領縣二　地形志睢州臨潼郡：『治臨潼城孝昌中陷，武定六年置。』

　　臨潼　地形志臨潼郡治臨潼城。

　　取慮　地形志睢州臨潼郡取慮：『州治。』

平陽郡　領縣無考。

濟州　領郡三，縣十六。

　　　　地形志濟州：『治濟北碻磝城，泰常八年置。』

濟北郡　領縣六。地形志濟北郡：『漢和帝置。』東魏更分爲東濟北郡。

　　盧　　地形志濟北郡：『虛前漢屬泰山，後漢，晉臨。』

　　臨邑　地形志濟北郡：『臨邑，二漢屬東郡，晉屬。』

　　東阿　地形志濟北郡：『東阿，二漢屬東郡，晉屬，有東阿城。』

　　肥城　地形志東濟北郡：『孝昌三年置。』又，肥城，『前漢屬泰山，後漢屬濟
　　　　　北，晉罷，後復屬，治肥城。』

　　穀城　地形志東濟北郡：『穀城，後漢屬東郡，晉屬濟北，後屬。』

　　蛇丘　地形志東濟北郡：『前漢屬泰山，後漢，晉屬濟北，後屬。』

平原郡　領縣六。

　　　　地形志：『漢高帝置，皇始中屬冀州，太和十一年分屬，武泰初立南冀州，
　　　　　永安中罷州。』東魏更分爲南清河郡。

　　聊城　地形志平原郡：『聊城二法屬東郡，晉屬，魏置太平鎮，後罷併郡，有王
　　　　　城。』

　　博平　地形志平原郡：『博平二漢屬東郡，晉屬，有博平城。』

　　荏平　地形志平原郡：『荏平前漢屬東郡，後漢屬濟北，晉屬，治封城有荏平
　　　　　城，陽城。』

　　鄃　　地形志南清河郡『晉泰寧中分平原置，治菖城。』又鄃：『二漢，晉屬清
　　　　　河，太和中屬平原，治鄃城。』

　　零　　地形志南清河郡：『零，二漢，晉屬清河太和中屬平康，後屬，治零城，
　　　　　有菖城。』

　　高唐　地形志南清河郡：『高唐二漢屬平原，後屬，景明三年復。』

濮陽郡　領縣四　地形志司州濮陽郡：『晉置，天興中屬兗州，太和十一年屬齊州，孝昌末又屬西兗州，天平初屬。』

　　廩丘　地形志濮陽郡：『廩丘，前漢屬東郡，後漢屬濟陰，晉屬。』

　　濮陽　地形志濮陽郡：『濮陽，二漢屬東郡，晉屬。』

　　城陽　地形志濮陽郡：『城陽，二漢晉屬濟陰，後屬。』

　　鄄城　地形志濮陽郡：『鄄城，二漢晉屬濟陰，後屬。』

青州　領郡九，縣十八。地形志青州：『後漢治臨淄，司馬德宗治東陽，魏因之。』按青州諸郡無東陽縣，蓋是高陽之誤。

齊郡　領縣九。

　　臨淄　地形志齊郡：『臨淄二漢，晉屬。』

　　昌國　地形志齊郡：『昌國，二漢，晉屬。』

　　益都　地形志齊郡：『益都，二漢，晉屬。』

　　盤陽　地形志齊郡：『盤陽，二漢，晉屬。』

　　平昌　地形志齊郡：『平昌前漢屬琅邪，後漢屬北海，晉屬城陽，延興三年屬。』

　　廣饒　地形志齊郡：『廣饒，二漢晉屬。』

　　西安　地形志齊郡：『西安，二漢，晉屬。』

　　安平　地形志齊郡：『安平，二漢，晉屬。』

　　廣川　地形志齊郡，有廣川縣。

北海郡　領縣五。地形志：『北海郡漢景帝置，治平壽城。』

　　平壽　地形志北海郡：『平壽，二漢屬，晉屬齊郡，後屬。』

　　劇　地形志北海郡：『劇，二漢屬，晉屬琅邪，後屬。』

　　下密　地形志北海郡：『前漢屬膠東國後漢屬，晉屬齊郡，後屬。』

　　都昌　地形志北海郡：『都昌二漢屬晉屬齊郡，後屬。』

　　膠東　地形志北海郡：『前漢的膠東國，後漢屬北海，晉屬齊郡，後屬。』

樂安郡　領縣四。

　　千乘　地形志樂安郡：『千乘，前漢屬千乘，後漢屬，晉罷後復屬。』

　　博昌　地形志樂安郡：『博昌前漢屬千乘，後漢晉屬。』

安德　　見地形志樂安郡。

般　　　見地形志樂安郡。

勃海郡　領郡三。地形志勃海郡：『故臨淄地，劉駿置，魏因之。』

長樂　　見地形志勃海郡。

董合　　見地形志勃海郡。

俻　　　見地形志勃海郡。

高陽郡　領縣五。地形志高陽郡『故樂安地，劉義隆置，魏因之。』

高陽　　見地形志高陽郡。

新城　　見地形志高陽郡。

鄚　　　見地形志高陽郡。

安次　　見地形志高陽郡。

安平　　見地形志高陽郡。

河間郡　領縣六。地形志河間郡：『劉義隆置，魏因之。』

阜城　　見地形志河間郡。

城平　　見地形志河間郡。

武垣　　見地形志河間郡。

樂城　　見地形志河間郡。

牟武　　見地形志河間郡。

南皮　　見地形志河間郡。

樂陵郡　領縣五。地形志樂陵郡：『故千乘地，劉義隆置，魏因之。』

陽信　　見地形志樂陵郡。

樂陵　　見地形志樂陵郡。

厭次　　見地形志樂陵郡。

新樂　　見地形志樂陵郡。

濕沃　　見地形志樂陵郡。

高密郡　領縣五。地形志高密郡：『漢文帝爲膠西國，宣帝更爲高密國，後漢併北海，

　　　　晉惠帝復，劉駿併北海，延昌中復』按地形志屬南兗州州，爲正光中置，故

　　　　此郡原當屬青州。

高密　地形志高密郡：『前漢屬，後漢屬北海，晉屬城陽，後屬。』

夷安　地形志高密郡：『前漢屬，後漢屬北海，晉屬城陽，後屬。』

黔陬　地形志高密郡：『前漢屬琅邪，後漢屬東萊，晉屬城陽，後屬。』

平昌　地形志高密郡 ：『前漢屬琅邪，後漢屬北海，晉屬城陽，魏初屬平昌郡，
　　　　延昌中屬。』

東武　地形志高密郡：『東武，二漢屬琅邪，晉屬城陽，後屬。』

平昌郡　領縣六　地形志：『平昌郡魏文帝置，後廢，晉惠帝復。』按地形志屬南兗
　　　　州，今按正光以前當歸青州。

昌安　地形志平昌郡：『昌安，前漢屬高密，後漢屬北海，晉屬城陽後屬。』

淳于　地形志平昌郡：『淳于，二漢屬北海，晉屬城陽，後屬。』

營陵　地形志平昌郡：『營陵，二漢屬北海，晉屬琅邪。後屬。』

安丘　地形志平昌郡：『安丘二漢屬北海，晉屬琅邪。』

朱虛　地形志平昌郡：『朱虛，前漢屬琅邪，後漢屬北海，晉屬琅邪，後屬。』

琅邪　地形志平昌郡：『琅邪二漢屬琅邪，晉罷，後復屬。』

南青州　領郡二，縣六。地形志南青州 ：『治國城，顯祖置為東徐州，太和二十二
　　　　年改。』

東莞郡　領縣三。地形志東莞郡：『晉武帝置。』

東莞　地形志東莞郡：『東莞，二漢晉屬琅邪，後屬。』

莒　地形志東莞郡：『莒前漢晉屬城陽，後漢屬琅邪，後屬。』

諸　地形志陳莞郡：『諸，二漢屬琅邪，晉屬城陽，後屬。』

東安郡　領縣三。地形志：『二漢縣，晉惠帝置。』

蓋　地形志：『二漢屬泰山，晉屬琅邪，後屬。』

新泰　地形志新泰屬東安郡。

發干　地形志發干屬東安郡。

齊州　領郡六，縣三十五。地形志齊州：『治歷城 ，劉義隆置冀州 ，皇興三年更
　　　　名。

濟南郡　領縣六　地形志濟南郡：『漢文帝爲濟南國，景帝爲郡，後漢建武中復爲國，晉改。』

歷城　地形志濟南郡：『歷城二漢晉屬。』

蓍　　地形志濟南郡：『蓍，二漢晉屬，治蓍城。』

東平陵　地形志濟南郡：『平陵，二漢晉屬，曰東平，陵後。』

土鼓　地形志濟南郡：『土鼓，二漢屬，晉罷，後復。』

逢陵　地形志濟南郡有逢陵。

朝陽　地形志濟南郡：『朝陽二漢屬，後漢曰東朝陽，後改，晉屬樂安，後屬，有朝陽城。』

東魏郡　領縣九。地形志東魏郡：『劉駿置魏因之，治歷城，後徙臺城。』

聊城　地形志東魏郡：『聊城，有臺城，笈城。』

蠡吾　地形志東魏郡：『蠡吾，劉駿置，魏因之。』

頓丘　地形志東魏郡：『頓丘，劉駿置，魏因之。』

肥鄉　地形志東魏郡：『肥鄉有平陵城巨合城。』

衛國　地形志東魏郡：『衛國，有挺城。』

博平　地形志東魏郡：『博平，有七鼓城，逢陵城。』

安陽　地形志東陽魏郡有安陽縣。

東魏　地形志東魏郡有東魏縣。

臨邑　地形志東魏郡：『臨邑，劉駿置，魏因之。』

東平原郡　領縣六。地形志東平原郡：『劉裕置，魏因之，治梁鄒。』

平原　地形志東平原郡有平原縣。

鬲　　地形志東平原郡：『鬲，有高苑城，平原城。』

臨濟　地形志東平原郡：『臨濟，有邵平城，建新城。』

茌平　張志目作荏平誤抄。地形志東平原郡：『茌平有剛城。』（又濟州平原郡亦有此縣）携此縣以仍屬平原郡爲是，地志重出：或古代設治以屬人爲主，而兩郡各有此縣戶口也。

廣宗　地形志東平原郡：『廣宗有平郭城。』

高唐　地形志東平原郡有高唐縣（又濟州南清河郡亦有此縣）按此縣以仍屬平原
　　　郡爲是，地形志重出。

東清河郡　領縣七　地形志東清河郡：『劉裕置魏因之，治盤陽城。』

　貝丘　地形志東清河郡有貝丘。

　清河　地形志東清河郡有清河。

　繹幕　地形志東清河郡有繹幕。

　鄃　地形志東清河郡有鄃（又濟州南清河郡亦有此縣）按此縣以屬平原郡爲是
　　　地形志重出。

　零　地形志東清河郡有零（又濟州南清河郡亦有此縣）按此縣以屬平原郡爲是，
　　　地形志重出。

　武城　地形志東清河郡有武城。

　饒陽　地形志東清河郡：『饒陽，舊屬青州，太和十八年分屬。』

廣川郡　領縣三　地形志廣川郡：『劉裕置，魏因之。』

　武強　地形志廣川郡有武強。

　素盧　地形志廣川郡有索盧。

　中水　地形志廣川郡有中水。

東太原郡　領縣四　地形志太原郡：『劉義隆置，魏因之。』

　太原　地形志太原郡：『太原，司馬德宗置，魏因之，治斗城。』

　祝阿　地形志太原郡：『祝阿，二漢屬平原，晉屬濟南，後屬。』

　山茌　地形志太原郡：『山茌，二漢晉屬泰山，後屬ℓ』茌从艸从仕，地形志誤
　　　爲荏，張志目誤爲茬。

　盧　地形志太原郡：『盧，前漢屬泰山，後漢晉屬濟北，後屬。』

光州　領郡二，縣十三。

東萊郡　領縣七　地形志光叫東萊郡：『漢高帝置。』

　掖　地形志東萊郡：『掖州郡治，二漢屬，晉罷，後復。』

　西曲城　地形志東萊郡：『二漢，晉曰曲城，屬，後改。』

　東曲城　地形志東萊郡：『皇興初分曲城置。』

盧鄉　地形志東萊郡：『二漢晉屬。』

牟平　地形志東牟郡：『孝昌四年分東郡陳留置，治雍丘』，指應作分東萊置，
　　　地重方合。東牟郡：『卽牟平二漢屬東萊，晉罷後復。』

黃　　地形志東牟郡：『二漢晉屬東萊，有黃城。』

惤　　地形志東牟郡：『惤，二漢晉屬東萊，有弦城。』

觀陽　地形志東牟郡：『觀陽前漢屬膠東，後漢屬北海，後罷，興和中復屬。』

長廣郡　領縣六　地形志，晉武帝置，治膠東城。

卽墨　地形志長廣郡：『卽墨郡治，前漢屬膠東國，後漢屬北海，晉屬。』

昌陽　地形志長廣郡：『昌陽二漢置東萊，後罷，晉惠帝後，後屬。』

長廣　地形志長廣郡：『長廣前漢屬琅邪，後屬東萊，晉屬。』

不其　地形志長廣郡：『不其前漢屬琅邪，後漢屬東萊，晉屬。』

挺　　地形志長廣郡　：『挺前漢屬膠東，後漢屬北海，晉屬。』按當作挺，地形
　　　志誤。

當利　地形志長廣郡：『當利，二漢晉屬東萊，後屬。』

雍州　領郡五　，縣三十三　。地形志雍州：『漢改曰涼，治漢陽郡隴縣　，後治長
　　　安。』

京兆郡　領縣八。地形志京兆郡　：『秦爲內史，漢高帝爲渭南郡，武帝爲京兆尹，後
　　　漢因之，屬司隸，魏改屬。』

長安　地形志京兆郡：『長安漢高帝置，二漢晉屬。』

霸城　地形志京兆郡：『郡治二漢曰霸陵，晉改，屬。』

杜城　地形志京兆郡：『杜，二漢晉屬，二漢曰杜陵，晉曰杜城，後改。』

鄠　　地形志京兆郡：『鄠，二漢屬右扶風，晉屬始平，眞君七年分屬。』

山北　地形志京兆郡有山北縣。

新豐　地形志京兆郡：『新豐漢高帝置二漢晉屬。』

陰槃　地形志京兆郡：『陰槃二漢屬，晉屬，眞君七年併新豐，太和十一年復。』

藍田　地形志京兆郡　：『藍田，二漢屬，晉屬，眞君七年併霸城，太和十一年
　　　復。』

馮翊郡　領縣七。地形志：『故秦內史，漢高帝二年更名河上郡，九年復爲內史，武
　　　　帝爲左內史，後爲左馮翊，後改。』

　　高陸　地形志馮翊郡：『高陸郡治，二漢曰高陵，屬，晉屬京兆，魏明帝改屬。』

　　頻陽　地形志馮翊郡：『頻陽秦置，二漢，晉屬，爲廣武城。』

　　萬年　地形志馮翊郡：『萬年，漢高帝置，二漢，晉屬京兆後屬。』

　　蓮勺　地形志馮翊郡：『蓮勺，二漢晉屬，有懷城，下邽城。』

　　夏封　元和志關內道華州下邽縣：『後魏避道武帝諱改爲夏封，隋大業二年復舊。』

　　廣陽　地形志馮翊郡：『廣陽，景明元年置。』

　　郃　　地形志馮翊郡：『郃太和二十二年置。』

扶風郡　領縣五。地形志：『扶風郡，故秦內史，漢高帝二年更名爲中地郡，九年，
　　　　復爲內史，武帝爲右內史，太和中更名主爵都尉爲右扶風，後改，世祖眞君
　　　　中，併始平郡屬焉。』

　　好時　地形志：『好時郡治，前漢屬，後漢晉罷，後復，有武始城。』

　　始平　地形志：『始平，魏置，晉屬始平。』

　　美陽　地形志扶風郡有美陽，按此縣，應歸武功郡，地形志重出。蓋戶籍並屬於
　　　　兩郡也。

　　槐里　地形志扶風郡：『槐里，二漢晉屬始平，周曰犬丘，秦更名廢丘，漢高帝
　　　　改。』

　　鰲屋　地形志扶風郡：『鰲屋，漢武帝置屬，後漢，晉罷，後復屬，眞君七年併
　　　　武功屬焉。』

咸陽郡　領縣五。

　　池陽　地形志咸陽郡：『池陽，郡治二漢屬左馮翊，晉屬扶風，後屬。』

　　石安　地形志咸陽郡：『石勒置，秦孝公築渭城，名咸陽宮。』

　　靈武　地形志咸陽郡：『前漢屬北地，後漢罷，晉復，眞君七年分屬焉。』

　　寧夷　地形志咸陽郡有寧夷。

　　涇陽　地形志咸陽郡：『涇陽，眞君七年併石安，景明二年復屬。』

北地郡　領縣八。地形志北地郡：『魏文帝分馮翊之祋祤置。』

富平　地形志北地郡：『富平眞君八年罷泥陽戈尼屬焉，有此地城。』

泥陽　地形志北地郡：『泥陽二漢晉屬，眞君七年併富平，景明元年復。』

弋居　地形志北地郡：『戈居二漢屬，晉罷，後復，眞君七年併富平，後復。』

雲陽　地形志北地郡：『雲陽，二漢屬左馮翊，晉罷，後復屬。』

銅官　地形志北地郡：『銅官，眞君七年置。』

土門　地形志北地郡：『土門，景明元年置。』

宜君　地形志北地郡：『宜君，眞君七年置。』

三原　元和志關內道京兆府：『三原，本漢池陽縣……苻秦於此山北置三原護軍……魏太武七年罷，改置三原縣，屬北地君。』

岐州　領郡三，縣九。地形志岐州：『太和十一年置，治雍城鎮。』

平秦郡　領縣三　地形志岐州：『平秦郡，太延二年置。』

雍　地形志岐州平秦郡：『雍，二漢晉屬右扶風，後屬。』

周城　地形志平秦郡：『周城，眞君六年置。』

橫水　地形志平秦郡：『橫水，眞君十年分周城置。』

武都郡　領縣四　地形志岐州：『武都郡，太和年置。』

虢　元和志鳳翔府虢縣：『古虢國，周文王弟虢叔所封，是曰西虢，秦武公滅爲縣，周的洛邑縣，隋大業三年復爲虢縣。

苑川　隋地理志扶風郡：『陳倉後魏曰苑川，西魏改曰陳倉。』

平陽　地形志武都郡：『平陽，眞君六年置。』

高車　地形志武都郡有高車縣。

武功郡　領縣二。地形志太和十一年分扶風置。

美陽　地形志武功郡：『美陽二漢晉屬扶風，眞君七年罷郡屬焉，後屬。』

武功　元和志京兆府：『武功，漢舊縣，』此縣至唐未廢，北魏應仍屬武功郡。

漢西　地形志武功郡：『漢西，太和十一年分好時置。』

華州　領郡三，縣十三。地形志『太和十一年分秦州之華山澄城白水置。』

華山郡　領縣五。地形志有華山郡。

鄭　地形志華山郡：『鄭，二漢屬京兆後屬。』

華陰　地形志華山郡：『華陰前漢屬京兆，後漢晉屬恒農後屬。』

夏陽　地形志華山郡：『夏陽，二漢晉屬馮翊，後屬。』

敷西　地形志華山郡：『敷西，太和十一年，分夏陽置。』

郃陽　地形志華山郡：『郃陽，二漢晉屬馮翊後罷，太和二十年復屬。』

澄城郡　領縣五。地形志華州澄城郡：『眞君七年置。』

澄城　地形志澄城郡：『澄城眞君七年置，有杏城。』

五泉　地形志澄城郡：『五泉，眞君七年置。』

三門　地形志賢城郡：『三門，眞君七年置。』

宮城　地形志澄城郡：『宮城眞君七年置。』

南五泉　地形志澄城郡：『南五泉，太和十一年置。』

白水郡　領縣三地形志華州白水郡，『太和二年分澄城置。』

白水　地形志白水郡：『白水太和二年置。』

南白水　地形志白水郡：『南白水太和十一年分白水置。』

姚谷　地形志白水郡：『姚谷太和二年置。』

秦州　領郡五，縣十九，地形志下秦州：『神䴥元年置雍州，延和元年改，太和中罷，天平初復，後陷。』又：『秦州，治上邽城。』

天水郡　領縣四　地形志下，秦州天水郡：『漢武帝置，後漢明帝改爲漢陽，後復。』

上封　地形志，『前漢屬隴西，後漢屬漢陽，晉屬，犯太祖諱（按原名上邽，與珪音同），改。』

顯新　地形志天水郡：『顯新，後漢屬漢陽，晉屬，眞君八年併安夷，後屬。』

平泉　地形志天水郡有平泉縣。

當亭　地形志天水郡：『當亭，眞君八年置。』

略陽郡　領縣八。地形志下，秦州，略陽郡：『晉武帝分天水置。』

安戎　地形志略陽郡：『安戎，前漢曰戎邑，屬天水，後漢晉罷，後改屬。』

綿諸　地形志略陽郡：『綿諸前漢屬天水，後漢晉罷，後復屬。』

隴城　地形志略陽郡：『隴城前漢屬天水，後漢屬漢陽，晉罷，後復屬。』

清水　地形志略陽郡：『清水，前漢屬天水，後漢罷，晉復屬。』

阿陽　地形志略陽郡 ：『阿陽，前漢屬天水，後漢屬漢陽，晉罷，太和十一年復
　　　　屬。』

彰　　地形志渭州廣寧郡有彰縣。

新興　地形志渭州廣寧郡有新興縣：『眞君八年罷中陶祿部襄武屬焉。』

南田　地形志武都郡有南田。

漢陽郡　領縣三。地形志：『眞君七年分天水置。』

黃瓜　地形志漢陽郡：『黃瓜，眞君八年置，有始昌城。』

陽廉　地形志漢陽郡有陽廉縣。張目誤陽爲楊。

階陵　地形志漢陽郡有階陵縣。

隴西郡　領縣二。地形志渭州隴西郡：『秦置。』

襄武　地形志渭州隴西郡有襄武。

首陽　地形志渭州隴西郡有首陽。

南安陽郡　領縣二。地形志渭州有南安陽郡。

桓道　地形志南安陽郡有桓道。

中陶　地形志南安陽郡有中陶。

南秦州　領郡九(附二)，縣二十七。地形志下，南秦州：『眞君七年置仇池鎭，太和
　　　　十二年爲渠州，正始初置，治洛谷城。』

仇池郡　領縣二。見地形志下。

階陵　地形志：『眞君四年置。』

倉泉　地形志：『太和二年置。』

廣業郡　領縣二。見地形志下。

下辨　見地形志廣業郡。

白石　見地形志廣業郡。

固道郡　領縣三。地形志『延興四年置。』元和志山南道鳳州：『後魏太平眞君二年，
　　　　招定仇池，其年於此城立鎭，太和元年置固道郡。』

兩當　元和志：『兩當縣本漢故道縣地……後魏變文爲固，於此置固道郡領兩當
　　　　廣鄉二縣，因縣界兩當水爲名。』

廣鄉　元和志兩當縣：『後魏變文為固，於此置固道郡領兩省廣鄉二縣。』

梁泉　元和志：『梁泉本漢故道縣地，後魏太和元年於此置梁泉縣。』

廣化郡　領縣三。見地形志下。元和志二十二山南道鳳州，河池縣：『本漢舊縣，河池一名仇池……永嘉以後，沒於氐羌，縣名絕矣，後魏於此置廣化郡廣化縣，隋開皇三年罷郡，縣屬鳳州，仁壽元年改為河池縣，復漢舊名，皇朝因之。』案即今甘肅徽縣，河池在其西也。

廣化　本漢河池縣見前引元和志。

階陵　見地形志下，仇池郡：『階陵，眞君四年置。』

倉泉　見地形志下，仇池郡：『倉泉，太和四年置。』

天水郡　領縣三。與秦州天水郡異地，地形志下：『眞君七年置。』

水南　地形志南秦州天永郡：『水南郡治，眞君二年置。』

平泉　地形志：『眞君三年置。』

平原　見地形志南秦州天水郡。

漢陽郡　領縣二。與秦州漢陽郡異地，地形志下，南秦州漢陽郡：『眞君五年置。』

蘭倉　地形志下，南秦州漢陽郡：『蘭倉，郡治，眞君三年置。』

穀泉　見地形志下，南秦州天水郡。

武都郡　領縣五。地形志下，南秦州武都郡，『漢武帝置。』

石門　地形志下，南秦州武都郡：『石門，郡治，眞君九年置。』

白水　地形志下，『白水眞君九年置鎭，後改。』

東平　地形志下，『東平眞君九年置。』

孔提　地形志下，南秦州武都郡有孔提縣。

建昌　元和志山南道文州，『長松縣，後魏之建昌縣也。』

武階郡　領縣四。見地形志下，南秦州屬。

甋當　隋書地理志武都郡覆津：『後魏初曰甋當，置武階郡。』

北部　見地形志下。

南五部　地形志下南秦州武階郡：『南五部，太和四年置郡後改。』

赤萬　地形志南秦州武階郡：『赤萬，太和四年置後改。』

脩武郡 領縣四 見地形志下，南秦州。

　廣長 地形志南秦州脩武郡：『廣長郡治，太和四年置。』

　平洛 地形志脩武郡：『平洛，太和四年置。』

　和樹 地形志脩武郡：『和樹，太和八年置。』

　下辨 地形志脩武郡：『下辨二漢晉屬武都郡，太和四年分屬焉。』

馬盤郡 領縣一。元和志三十三龍州清川縣『本後魏巳馬盤郡，領馬盤一縣。』

　馬盤 見前引元和志。

油江郡 領縣一。通典一七六龍州：『漢及魏爲無人之境，晉得之屬陰平郡，朱齊皆因之，後魏置河江郡，西魏置龍州。』

　油江 見前引通典。

東秦州 領郡三，縣七。地形志北華州：『太和十五年置，東秦州，後改，治杏城。』

中部郡 領縣四。見地形志北華州。

　中部 地形志中部郡：『姚興置，魏因之。』

　石保 見地形志中部郡。

　狄道 見地形志中部郡。

　長城 見地形志中部郡。

敷城郡 領縣三。見地形志下，北華州。

　洛川 見地形志敷城郡：『眞君中置。』

　敷城 見地形志敷城郡。

　定陽 見地形志敷城郡。

豳州 領郡三，縣九。地形志下：『豳州，皇興二年爲華州，延興二年爲三縣，太和十一年改爲班州，十四年爲分州，二十年改焉。』

趙興郡 領縣五。地形志豳州趙興郡：『眞君二年置。』

　定安 地形志趙興郡：『定安眞君二年置。』

　趙安 地形志趙興郡：『趙安，眞君二年置。』

　高望 地形志趙興郡：『高望眞君二年置。』

獨樂　地形志趙興郡：『前漢屬上郡，後漢晉罷，後復屬。』

陽周　地形志趙興郡：『陽周，前漢屬上郡，後漢，晉罷，後復屬，有橋山黃帝冢。』

西北地郡　領縣二。地形志豳州西北地郡：『秦昭王置。』

富平　地形志西北地郡：『富平二漢晉屬北地，後屬。』

彭陽　地形志西北地郡：『彭陽，二漢晉屬安定晉罷，後復屬。』

安武　地形志西北地郡：『安武，前漢屬安定，後漢，晉罷，後復屬。』

襄樂郡　領縣二。地形志豳州襄樂郡，太和十一年置。

襄樂　地形志襄樂郡：『襄樂前漢屬上郡，後漢罷，後復屬。』

膚施　地形志襄樂郡：『膚施，二漢屬上郡，晉罷，後復屬。』

洛州　領郡五，縣七。地形志下，洛州太延五年置荆州，太和十一年改治上洛城。』

上洛郡　領縣二。地形志洛州上洛郡：『晉武帝置。』

上洛　地形志上洛郡：『上洛，前漢屬恆農，後漢屬京兆晉屬。』

拒陽　地形志上洛郡有拒陽縣。

上庸郡　領縣二。地形志『皇興四年置東上洛，永平四年改。』

豐陽　地形志上庸郡：『豐陽郡治，太安二年置。』

商　地形志上庸郡：『商，前漢屬恆農後漢屬京兆，晉屬上洛，後屬。』

魏興郡　領縣一。地形志洛州魏興郡：『太延五年置。』

陽亭　地形志魏興郡陽庭：『太和五年置。』

始平郡　領縣一。地形志洛州始平郡：『景明元年置。』

上洛　地形志洛州始平郡有上洛縣。

萇和郡　領縣一。地形志洛州萇和郡：『景明元年置。』

南商　地形志洛州萇和郡有南商。

涇州　領郡六，縣十六。地形志，『治臨涇城。』

安定郡　領縣五　地形志涇州安定郡：『漢武帝置，太和十一年罷石堂郡，以其縣屬。』

安定　地形志涇州安定郡：『安定前漢屬，後漢晉罷，後復。』

臨涇　地形志安定郡：『臨涇，二漢晉屬。』

朝那　地形志安定郡：『朝那，二漢晉屬。』

烏氏　地形志安定郡：『烏氏，二漢晉屬。』

石堂　地形志安定郡有石堂縣。

隴東郡　領縣三。地形志涇州有隴東郡。

涇陽　地形志隴東郡：『涇陽，前漢屬安定，後漢晉罷，後復。』

祖厲　地形志隴東郡誤作祖居，案當作祖厲：『前漢屬罷，後復屬武成，晉罷。』

撫夷　地形志隴東郡：『前漢屬安定，後漢晉罷，後復屬。』

新平郡　領縣四。地形志下，涇州新平郡：『後漢獻帝建安中置。』

白土　地形志新平郡：『白土，二漢屬上郡，晉屬金城，後屬。』

爰得　地形志新平郡：『爰得，前漢屬安定，後漢晉罷，後復屬。』

三水　地形志新平郡：『三水二漢屬安定，晉罷，後復屬。』

高平　地形志新平郡：『高平，二漢屬安定，晉罷，後復屬。』

隨平郡　領縣二。地形志下，涇州有隨平郡張目誤爲趙平郡。

鶉觚　地形志隨平郡：『鶉觚前漢屬山城，後漢晉屬安定，後屬。』

東槃　地形志隨平郡有東槃。

平涼郡　領縣二。地形志下，涇州有平涼郡。

鶉陰　地形志平涼郡：『鶉陰郡治，前漢屬安定，後漢屬武威，晉罷，後復屬。』

陰密　地形志平涼郡：『陰密，前漢屬，安定，後漢罷，晉復屬。』

平原郡　領縣一。地形志涇州，有平原郡。

陰槃　地形志平原郡：『陰槃二漢屬安定，晉屬京兆，後屬。』

夏州　領郡四，縣九。地形志下，夏州：『赫連屈子所都，始光四年平爲統萬鎮，太和十一年改置，治大夏。』

化政郡　領縣二。地形志夏州化政郡：『太和十二年置。』

革融　地形志化政郡有革融縣。

嚴綠　地形志化政郡有嚴綠縣。

闡熙郡 領縣三。地形志闡熙郡：『太和十二年置。』

   山鹿 地形志闡熙郡有山鹿縣。

   新囤 地形志闡熙郡有新囤縣。

   長澤 地形志闡熙郡有長澤縣。

金明郡 領縣三。地形志下，金明郡：『眞君十二年置。』

   永豐 地形志金明郡：『永豐眞君十三年置。』

   啓寧 地形志金明郡有啓寧縣。

   廣洛 地形志金明郡：『廣洛，眞君十年置。』

代名郡 領縣二。地形志代名郡：『太安二年置。』

   呼酋 地形志代名郡：『呼酋太安二年置有橫水。』

   渠搜 地形志代名郡：『渠搜太和二年置。』

涼州 地形志：『涼州，漢置治隴，神鹿中爲鎭，太和中復。』

   領郡十，領縣二十。

武安郡 領縣一。見地形志涼州。

   宜盛 地形志武安郡有宜盛縣。

臨杜郡 領縣二。見地形志涼州自注杜亦作社。

   安平 地形志臨杜郡有安平縣。

   和平 地形志臨杜郡有和平縣。

建昌郡 領縣三。見地形志涼州。

   榆中 地形志建昌郡有榆中縣。

   治城 地形志建昌郡有治城縣。

   蒙水 地形志建昌郡有蒙水縣。

番和郡 領縣二。見地形志涼州。

   彰 地形志番和郡有彰縣。

   燕支 地形志番和郡有燕支縣。

泉城郡 領縣一。見地形志涼州。

   新陽 地形志泉城郡有新陽縣。

武興郡　領縣三。見<u>地形志涼州</u>。

　　晏然　<u>地形志武興郡</u>有<u>晏然縣</u>。

　　馬城　<u>地形志武興郡</u>有<u>馬城縣</u>。

　　休屠　<u>地形志武興郡</u>有<u>休屠縣</u>。

武威郡　領縣二。<u>地形志涼州武威郡</u>：『<u>漢武帝</u>置。』

　　姑臧　<u>元和志四十涼州姑臧縣</u>：『本<u>漢</u>舊縣。』

　　林中　<u>地形志武威郡</u>有<u>林中縣</u>。

　　襄城　<u>地形志武威郡</u>有<u>襄城縣</u>。

昌松郡　領縣三。見<u>地形志涼州</u>。

　　溫泉　<u>地形志昌松郡</u>有<u>溫泉縣</u>。

　　揟次　<u>地形志昌松郡</u>有<u>揟次縣</u>。

　　莫口　<u>地形志昌松郡</u>有<u>莫口縣</u>。

束涇郡　領縣一。見<u>地形志涼州</u>。

　　台城　<u>地形志涼州</u>有<u>臺城縣</u>。

梁寧郡　領縣二。見<u>地形志涼州</u>。

　　園池　<u>地形志梁寧郡</u>有<u>園池縣</u>。

　　貢澤　<u>地形志梁寧郡</u>有<u>貢澤縣</u>。

廣武郡　領縣三。

　　廣武　<u>元和志三十九蘭州廣武縣</u>：『本<u>漢枝陽縣</u>地，前<u>涼張駿</u>三年，分<u>晉興</u>置<u>廣
武郡</u>，<u>隋開皇</u>三年罷郡，置<u>廣武縣</u>，屬<u>蘭州</u>。』

　　九吾　<u>漢</u>舊縣。

　　令居　<u>漢</u>舊縣。

魏安郡　領縣無考。

張掖郡　領縣二。

　　永平　<u>元和志四十甘州張掖縣</u>：『本<u>漢觻得縣</u>，<u>晉</u>改名<u>永平縣</u>。』

　　刪丹　<u>元和志四十甘州刪丹縣</u>：『本<u>漢</u>舊縣屬<u>張掖郡</u>，按<u>焉支山</u>一名<u>刪丹山</u>故以
名縣。』

湟河郡　領縣二。通典一七四廓州：『漢末屬西平郡，前涼於此置湟河郡。』張志目
　　　誤抄爲清河郡。

　石城　元和志三十九廓州化城縣：『本後魏石城縣地。慶帝二年因境內有化隆谷
　　　改爲化隆縣。』

　廣威　元和志三十九廓州米川縣：『本前涼張天錫於此置邯川式後魏孝昌二年於
　　　戍城置廣威縣。』

酒泉郡　領縣三。通典一七四酒泉郡(肅州)：『舊月支地，匈奴居焉，漢武開之，置
　　　酒泉郡，涼武昭王遷都於此，後魏亦爲酒泉郡』按酒泉，晉昌，敦煌三郡張
　　　目無，今補。

　酒泉　漢書地理志作㯟得縣。

　祿福　按漢書地理志作祿福唐人作福祿蓋沿用常語也。

　玉門　通典『漢舊縣』

晉昌郡　領縣二。通典一七四晉昌郡(瓜州)『古西戎地，戰國時爲月支所居，秦末漢
　　　初屬匈奴，武帝以後爲敦煌郡地，後漢魏晉皆因之，後魏屬常樂會稽二郡。』

　晉昌　通典：『後魏明帝正光中置會稽郡於此』是延穩時尚無會稽郡也。

　常樂　通典：『漢廣至縣地。』

敦煌郡　領縣二。通典敦煌郡(沙州)：『漢武帝開其地，後分酒泉置敦煌郡，後漢魏
　　　晉皆因之，源武昭王始都於此，後魏後周並爲敦煌郡。』

　敦煌　通典『漢舊縣』

　壽昌　通典『漢龍勒縣』

河州　領郡四，縣十二。地形志下，河州：『眞君六年置鎮後改治抱至(罕)。』

金城郡　領縣三　地形志河州金城郡：『漢昭帝置，後漢建武十三年(闕)隴西，孝明
　　　復。』

　五泉　元和志三十九蘭州五泉縣：『本漢金城縣地，屬金城郡，前涼張實徙金城
　　　郡理焉。』

　楡中　地形志金城郡楡中縣：『二漢，晉屬。』

　大夏　地形志金城郡大夏縣：『二漢屬隴西，晉屬晉興，皇興三年改爲郡，後復

　　　　　　屬。』

武始郡　領縣三。地形志河州武始郡：『晉分隴西置。』

　　勇田　地形志武始郡勇田縣：『眞君八年置郡，後改。』

　　狄道　地形志武始郡狄道縣：『二漢屬隴西，晉屬。』

　　陽素　地形志武始郡有陽素縣。

洪和郡　領縣三。地形志河州有洪和郡。

　　水池　地形志洪和郡水池縣：『眞君四年置郡，後改。』

　　藍川　地形志洪和郡藍川縣：『眞君八年置郡，後改。』

　　蕈州　地形志洪和有蕈州縣。

臨洮郡　領縣四。地形志河州臨洮郡，『二漢晉縣屬隴西，眞君六年改置。』

　　臨洮　漢舊縣。

　　龍城　地形志臨洮郡龍城縣，『太和十年置。』

　　石門　地形志臨洮郡石門縣：『太和九年置。』

　　赤水　地形志臨洮郡有赤水縣。

梁州　領郡六，縣十四。地形志梁州：『蕭衍梁秦二州，正始初改置。』

晉昌郡　領縣四。見地形志下，梁州。

　　龍亭　見地形志晉昌郡。

　　興勢　見地形志晉昌郡。

　　南城　見地形志晉昌郡。

　　宜安

褒中郡　領縣三。見地形志下，梁州。

　　褒中　地形志褒中郡褒中：『二漢晉屬漢中，後罷，永平四年復屬。』

　　武鄉　地形志褒中郡，武鄉，『延昌元年置。』

　　廉水　見地形志褒中郡。

安康郡　領縣二。地形志梁州安康郡：『劉準置，魏因之。』

　　安康　地形志安康郡安康：『二漢曰安陽，屬漢中。漢末省，魏復，武帝更名，
　　　　　　屬魏興郡，後屬。』按安康郡漢之西城。

寧都

漢中郡　領縣三。地形志梁州漢中郡：『秦置。』

　　南鄭　地形志漢中郡南鄭：『二漢，晉屬。』

　　漢陰　見地形志漢中郡。

　　城固　地形志漢中郡城固：『二漢晉屬』，按漢作成固。

華陽郡　領縣三。地形志下，梁州有華陽郡。

　　華陽　地形志華陽郡有華陽縣。

　　沔陽　地形志華陽郡沔陽縣：『二漢晉屬漢中，後屬。』

　　幡冢　地形志華陽郡有幡冢縣。

豐寧郡　領縣三。

　　豐寧　元和郡縣志二十二洋州本漢漢中郡成固縣地，先主分成固立南鄉縣，爲蜀重鎮晉改爲西鄉縣，後魏宣武帝正始中於豐寧戍置豐寧郡。

　　西鄉　元和志，本漢成固地，蜀先主置南鄉，晉武帝改名西鄉。

　　興勢　元和志興道縣本漢成固縣地，後魏宣武分置興勢縣。

巴州　領郡二，縣六。地形志闕。

　　通典一七五巴州，『古巴國也，秦二漢屬巴郡，晉宋之間，爲夷獠所據，不置郡縣，宋末於嶺之南置歸化郡，即今郡是也，齊因之，梁置歸化木蘭二郡，後魏得其地，置大谷郡，隋初郡慶，置巴州。』

大谷郡　領縣三。

　　大谷　通典一七五歸化城：『漢宕渠縣地，後漢置漢昌縣，梁曰大谷，後周改之。』

　　伏強　通典一七五清化縣『漢葭萌地有清水，梁置伏強縣，隋改之。』

　　難江　通典一七五盤道縣：『梁置難江縣，後魏改之』案盤道縣改名事在西魏恭帝三年，前此仍作難江也。張志作盤道，今改。

歸化郡　領縣三。

　　曾口　通典一七五曾口縣：『漢宕渠縣地，梁置今縣。』通考三二一曾口縣：『梁縣，有木蘭山。』

其章 通典一七五其章『漢宕渠縣地，梁置今縣』，隋唐作奇章。

平州 通典一七五：『歸仁，梁置平州，隋改爲縣。』按宋書三十八地理志：『巴
西太守，平州令，晉武帝太康元以野民歸化立』，故平州仍舊縣名，非州
名，隋以前當作平州縣，隋始改爲歸仁縣耳。

益州 領郡六，縣十四。附僑郡二

地形志益州：『正始中置。』

東晉壽郡 領縣四。地形志東晉壽郡：『司馬德宗置，魏因之。』

黃 見地形志東晉壽郡。

石亭 見地形志東晉壽郡。

興安 地形志東晉壽郡：『司馬德宗置，魏因之。』

晉壽 地形志東晉壽郡：『晉惠帝置，屬梓橦，後屬。』元和郡縣志二十二：『益
昌縣本漢葭萌縣地晉改置晉壽縣，周改爲益昌縣。

西晉壽郡 領縣二。地形志西晉森郡屬益州。

陰平 見地形志西晉壽郡。

三泉 地形志西晉壽郡三泉：『司馬德宗置，魏因之。』

新巴郡 領縣二。地形志益州新巴郡：『司馬德宗置魏因之。』

新巴 地形志新州郡新巴：『司馬德宗置，魏因之。』

晉安 元和郡縣志二十二利州葭萌縣：『本漢葭萌縣地，東晉於今縣南置晉安縣
隋改爲葭萌縣，取淡舊名也。嘉陵江在縣城南。』

南泉郡 領縣二。見地形志益州。

始平 見地形志南泉郡。

京兆 見地形志南泉郡。

宋熙郡 領縣三。見地形志益州。

興樂 見地形志宋熙郡。

元壽 見地形志宋熙郡。

巴西郡 領縣二。通典一七五閬中郡『秦二漢屬巴郡晉爲巴郡，宋齊因之，……梁置
北巴州及北巴郡西魏平蜀，置崇州。』按北魏盛時，疆域當有之，故列入。

　　　閬中

　　　伏虞

　　　宕渠

南陽郡　僑郡

始平郡　僑郡

東益州　領郡七，縣十六。地形志東益州：『治武興，』

武興郡　領縣四。見地形志東益州。

　　　景昌　見地形志武興郡。

　　　武興　地形志武興郡武興：『州治。』

　　　石門　見地形志武興郡。

　　　武安　見地形志武興郡。

仇池郡　領縣二。見地形志東益州。

　　　西郷　見地形志仇池郡。

　　　西石門　見地形志仇池郡。

槃頭郡　領縣二。張稿目漢爲樂頭郡，見地形志東益州。

　　　武世　見地形志槃頭郡。

　　　萇舉　見地形志槃頭郡。

廣萇郡　領縣二。見地形志東益州。

　　　萇廣　見地形志廣萇郡。

　　　新巴　見地形志廣萇郡。

廣業郡　領縣二。見地形志東益州。

　　　廣業　見地形志廣業郡。

　　　廣化　見地形志廣業郡。

梓橦郡　領縣二。見地形志東益州。

　　　華陽　見地形志梓橦郡。

　　　興宋　見地形志梓橦郡。

洛聚郡　領縣二。見地形志東益州。

武都　見地形志洛聚郡。

明水　見地形志洛聚郡。

豫州　領郡十一，縣四十三。治縣弧城。

地形志中，別豫州及東豫州爲二，東豫州：『太和十九年晉(置)，治廣陵城，孝昌三年陷，武定七年復。』與此不同，見下。

汝南郡　領縣八。地形志豫州汝南郡：『漢高帝置。』又地形志東豫州汝南郡：『孝昌三年陷，歲定七年復。』凡南新息，北新息，安陽，汝陽，長平五縣與此不同，別爲一郡，見下文東豫州下。

上蔡　地形志豫州汝南郡上蔡：『州郡治，二漢晉屬。』

臨汝　地形志汝南郡臨汝：『劉裕置，魏因之。』

平輿　地形志汝南郡平輿：『二漢，晉屬。』

安城　地形志汝南郡安城：『二漢，晉屬。』

西平　地形志汝南郡西平：『二漢，晉屬。』

瞿陽　地形志汝南郡瞿陽：『二漢晉爲瀘陽，屬後改。』

陽安　地形志汝南郡陽安：『二漢晉屬。』

保城　地形志汝南郡保城：『劉駿置，魏因之。』

南潁川郡　領縣三。地形志豫州潁川郡：『太和六年置。』

邵陵　地形志豫州潁川郡邵陵，『二漢屬汝南，晉屬。』

臨潁　地形志豫州潁川郡臨潁：『二漢晉屬。』

曲陽　地形志豫州潁川郡曲陽：『前漢屬東淸，後漢屬下邳，晉罷，後漢屬。』

汝陽郡　領縣三。地形志豫州有汝陽郡。

汝陽　地形志豫州汝陽郡汝陽：『郡治，二漢晉屬，汝南，後屬。』又東新蔡郡亦有汝陽縣：『孝昌三年陷，武定七年復。』又『財丘梁興二郡』亦有汝陽縣『蕭衍置，魏因之。』

武津　地形志豫州汝陽郡有武津縣。

征羌　地形志豫州汝陽郡征羌：『後漢屬汝南，後屬。』

新蔡郡　領縣二。地形志豫州有東新蔡郡。

鮦陽　地形志東新蔡郡鮦陽縣：『太和二十三年置，孝昌中陷，武安七年復。』

固始　地形志東新蔡郡固始縣：『太和二年置，孝昌中陷，武定七年復。』

初安郡　領縣四。地形志豫州初安郡：『延興二年置，孝昌中陷，後復。』

新懷　地形志初安郡有新懷縣(張稿誤爲新德)。

安昌　地形志初安郡安昌縣：『前漢屬汝南後屬。』

懷德　地形志初安郡有懷德縣。

昭越　地形志初安郡有昭越縣。

襄城郡　領縣三。地形志豫州襄城郡：『晉武帝置，治襄城。』

義綏　地形志襄城郡有義綏縣。

遂寧　地形志襄城郡有遂寧縣。

武陽　地形志襄城郡有武陽縣。

陳郡　領縣四。地形志北揚州陳郡：『漢高帝置爲淮陽國，後漢章帝更名爲陳國，晉初併梁國後復改。』

項　地形志郡項縣：『二漢屬汝南，晉屬梁國，後屬。』

長平　地形志陳郡長平前屬汝南後漢屬陳國，晉屬潁川，……晉初省，惠帝永康元年復。』

西華　地形志陳郡西華：『二漢屬汝南，晉初省，惠帝永康元年復，原潁川，後屬。』

襄邑　地形志陳郡有襄邑縣。

南頓郡　領縣三。地形志北揚州南頓郡：『晉惠帝置。』

南頓　地形志南頓郡南頓，『二漢晉屬汝南，後屬。』

和城　地形志南頓郡有和城縣。

平鄉　地形志南頓郡有平鄉縣。

汝陰郡　領縣四。地形志在北揚州。

汝陰　地形志北揚州汝陰郡汝陰：『二漢屬汝南，晉屬』又地形志汝陰縣在『汝陰，弋陽二郡』髮頭郡。

宋　地形志北揚州汝陰郡宋縣：『前漢曰新郪，屬汝南，後漢改，晉屬，後罷，

　　　　　太和元年後屬。』又地形志在『汝陰，弋陽二郡。』

　許昌　地形志在潁州『北陳留潁川二郡』

　新蔡　地形志新蔡縣在南頓郡：『二漢屬汝南，晉屬汝陰後屬。』(按或亦屬新蔡
　　　　　郡)。

丹陽郡　領縣四。地形志中北揚州有丹陽郡。

　秣陵　地形志丹陽郡有秣陵縣(志作秼陵，秼字誤)。

　邵陵　地形志丹陽郡有邵陵縣。

　南陽　地形志丹陽郡有南陽縣。

　白水　地形志丹陽郡有白水縣。

城陽郡　領縣五。地形志中豫州城陽郡：『太和三年置，後罷。武定初復。』

　安定　以下各縣並見地形志中豫州城陽郡。

　淮陰

　眞陽

　建興

　建寧

東豫州　領郡八，縣十八。

　　　　　地形志中東豫州：『太和十九年置(原作晉)，治廣陵城，孝昌三年陷，武
　　　　　定七年復。』

汝南郡　領縣五。地形志東豫州汝南郡：『孝昌三年陷，武定七年復。』

　南新息　地形志東豫州汝南郡南新息：『孝昌三年陷，武定七年復。』

　北新息　見地形志東豫州汝南郡。

　安陽　見地形志東豫州汝南郡。

　汝陽　見地形志東豫州汝南郡。

　長平　見地形志東豫州汝南郡。

東新蔡郡　領縣四。地形志東豫州有東新蔡郡。

　固始　地形志東新蔡郡固始：『太和二年置孝昌中陷武定七年復。』

　銅陽　地形志東新蔡郡銅陽：『太和二十三年置，孝昌中陷，武定七年復。』

苞信　地形志東新蔡郡苞信：『孝昌中陷，武定七年復。』

汝陽　地形志東新蔡郡汝陽：『孝昌三年陷，武定七年復。』

新蔡郡　領縣三。地形志東豫州新蔡郡『孝昌中陷，武定七年復。』

新蔡　地形志南頓郡有新蔡縣：『二漢屬汝南，晉屬汝陰，後屬。』

苞信　地形志新蔡郡苞信：『孝昌三年陷，武定七年復。』

長陵　見地形志新蔡郡。

弋陽郡　領縣一。地形志東豫州弋陽郡：『孝昌三年陷，武定七年復。』

弋陽　地形志東豫州戈陽郡弋陽縣：『孝昌三年陷，武定七年復，有戈陽城，黃水。

陽安郡　領縣一。地形志東豫州陽安郡：『太和十九年(置)』

永陽　見地形志東豫州陽安郡。

光城郡　領縣二。地形志光州：『蕭衍置，魏因之，治光城』有南光城郡及北光城郡，均有光城及景安二縣，北光城郡，光郡縣：『州治』是以北光城郡爲主也。此光州在河南，與前列之光州在山東者不同。

光城　見地形志光州北光城縣。

樂安　見地形志光州北光城縣。

宋安郡　領縣二。見地形志光州宋安郡，地形志宋安郡自注曰『治大城』而其下樂寧縣又自注曰：『郡治』兩相矛盾，或樂寧縣有大城故爲郡治所在也。

樂寧　見地形志宋安郡。

宋安　見地形志宋安郡。

安蠻郡　領縣一。見地形志湘州。

新化　地形志湘州安蠻郡新化『州郡治』蓋其地本齊梁邊區，而遙屬於魏也。

揚州　領郡十，縣二十一。地形志中揚州後漢治歷陽，魏治壽春，後治建業，晉亂置豫州，劉裕蕭道成並同之，景明中改，孝昌中陷，武定中復。

梁郡　領縣二　見地形志中，揚州梁郡。

崇義　見地形志，揚州，梁郡。

蒙　見地形志中，揚州梁郡。

淮南郡　領縣三。見地形志中，揚州淮南郡。

　　壽春　見地形志中，揚州淮南郡。

　　汝陰　見地形志中，揚州淮南郡。

　　西宋　見地形志中，揚州淮南郡。

北譙郡　領縣二。見地形志中，揚州北譙郡。

　　安陽　見地形志中，揚州北譙郡。

　　北譙　見地形志中，揚州北譙郡。

陳留郡　領縣二。見地形志中，揚州陳留郡。

　　浚儀　見地形志中，揚州陳留郡。

　　雍丘　見地形志中，揚州陳留郡。

北陳郡　領縣一。見地形志中，揚州北陳郡。

　　長平　見地形志中，揚州北陳郡。

邊城郡　領縣二。見地形志中，楊朔州邊城郡。

　　期思　見地形志中，揚州邊城郡。

　　豐城　見地形志中，揚州邊城郡。

新蔡郡　領縣二。見地形志中，揚州新蔡郡。

　　新蔡　見地形志中，揚州新蔡郡。

　　固始　見地形志中，揚州新蔡郡。

安豐郡　領縣二。見地形志中，揚州安豐郡。

　　安豐　見地形志中，揚州安豐郡。

　　松茲　見地形志中，揚州安豐郡。

下蔡郡　領縣二。見地形志中，揚州下蔡郡。

　　下蔡　見地形志中，揚州下蔡郡。

　　樓煩　見地形志中，揚州下蔡郡。

潁川郡　領縣三。見地形志中，揚州潁川郡。(張志目誤作川爲州)。

　　相　　見地形志中，揚州潁川郡。

　　西華　見地形志中，揚州潁川郡。

許昌　見地形志中，揚州潁川郡。

郢州　領郡三，縣八。

齊安郡　領縣三。通典一八三齊安郡(黃州)『晉爲西陽國，宋爲西陽郡，齊(南齊)又
分置齊安郡，北濟置衡州，領齊安一郡。』

　　邾城　元和志二十七黃州黃岡縣：『故邾城在縣東南一百二十里，古邾國也，後
爲楚所滅，漢以爲縣。』

　　鄳　元和志九申州鍾山縣：『本漢鄳縣地（黽同鄳），屬江夏郡，宋永初中屬義
陽郡，高齊於此置齊安郡，後改爲萬歲郡﹀』按齊安郡見於南齊書十五，
州郡志，同州，則部爲南齊所置，元和志謂爲高齊置，非也。

　　齊安　見南齊書十五州郡志司州，齊安縣。

義陽郡　領縣三。見地形志中，南朔州。

　　永陽　元和志六十七江南道安州應山縣：『本漢隨縣地，梁大同以隨州北界應濃
山戍置應州，又分隨縣置永陽縣（張志作平陽似宜改爲永陽。）』

　　義陽　見地形志南朔州。

　　漍西　見南齊書十五，州郡志，南義陽郡厥西縣，按字當作漍，南齊書筆誤。

宋安郡　領縣二。見地形志中，光州。

　　樂寧　見地形志中，光州宋安郡。

　　東隨　見地形志中，光州宋安郡。

荊州　領郡十一，縣四十八。附郡一
　　　　地形志下 ：『荊州，後漢治漢壽，魏晉治江陵。太延中治上洛，太和中治
穰城。』

南陽郡　領縣十。地形志荊州南陽郡：『秦置。』

　　宛　地形志南陽郡，宛：『二漢晉屬。』

　　新城　地形志南陽郡新城：『太和二十二年置。』

　　冠軍　地形志南陽郡冠軍『漢武帝置，二漢晉屬。』

　　舞陰　地形志南陽郡舞陰：『二漢晉屬。』

　　酈　地形志南陽郡酈：『二漢晉屬。』

云陽　地形志南陽郡云陽：『二漢，晉，曰育陽屬，司馬昌明改，魏因之。』

西平　見地形志南陽郡。

湼陽　見地形志南陽郡。

上陌　見地形志南陽郡。

西鄂　見地形志南陽郡。

順陽郡　領縣五。地形志荊州順海郡：『魏分南陽置曰南鄉，司馬衍更名，魏因之。』

　南鄉　地形志順陽郡南鄉，『後漢屬南陽，晉屬南鄉。』

　丹水　地形志順陽郡丹水：『前漢屬恆農，後漢屬南陽，晉屬南鄉。』

　臨洮　見地形志順陽郡。

　槐里　見地形志順陽郡。

　順陽　地形志順陽郡　：『二漢屬南陽，晉屬南鄉，漢哀帝置，卽博山也，後漢明帝改。』

新野郡　領縣三。地形志荊州新野郡：『晉惠帝置。』

　穰　地形志新野郡穰：『二漢屬南陽，晉屬義陽，後屬。』

　新野　地形志新野郡新野：『二漢屬南陽，晉屬義陽後屬。』

　池陽　地形志新野郡有池陽。

東恆農郡　領縣六。地形志荊州東恆農郡：『太和中置。』

　西城　地形志東恆農郡西城：『二漢屬漢中，晉爲魏興，後屬。』

　北酈　見地形志東恆農郡。

　南鄉　見地形志東恆農郡。

　左南鄉　見地形志東恆農郡。

　上憶　見地形志東恆農郡。

　東石　見地形志東恆農郡。

漢廣郡　領縣二。見地形志荊州。

　南棘陽　地形志漢廣郡南棘陽：『二漢屬南陽，晉屬義陽，二漢晉曰棘陽，後改。』

　西棘陽　見地形志漢廣郡。

襄城郡　領縣九。見地形志荆州，按地形志荆州凡兩襄城郡，前襄城郡九縣，與此同，後襄城郡在襄州（志云：『孝昌中置』），自注云：『蕭道成置，魏因之，治赫陽城』則爲六縣，無清水，鄭，北平。蓋魏世本郡僑郡往往並置，甚至宋齊僑郡歸魏，亦因仍其設治系統，而不計其重複也。後襄城郡爲孝昌中置，今補文不必收入，附志於此。

　方城　見地形志襄城郡。

　郟城　見地形志襄城郡。

　伏城　見地形志襄城郡。

　舞陰　見地形志襄城郡。

　清水　見地形志襄城郡。

　翼陽　見地形志襄城郡。

　鄭　　見地形志襄城郡。

　北平　地形志在襄城郡，又北南陽郡有北平縣地形志云：『北南陽郡孝昌中置爲定義郡後改州治。』

　赭城　地形志在襄城郡。

北淯郡　領縣三。見地形志荆州，地形志作北淸郡，字誤。今從張志目。

　武川　見地形志北淯郡。

　北雉　地形志北淯郡：『北雉，二漢晉曰雉，屬南陽，後改屬。』

　向城

恆農郡　領縣四。見地形志荆州。

　國　　見地形志荆州恆農郡。

　恆農　見地形志荆州恆農郡。

　南酈　見地形志荆州恆農郡。

　邯鄲　見地形志荆州恆農郡。

析陽郡　領縣二。見地形志析州析陽郡。

　西析陽　見地形志析陽郡。

　東析陽　見地形志析陽郡。

朱陽郡　領縣二。見地形志析州朱陽郡。

　　朱陽　見地形志朱陽郡。

　　　　　何曰：『司州石城郡前，石洲有朱陽，移此。』

　　黃水　見地形志朱陽郡。

脩陽郡　領縣二。見地形志析洲脩陽郡。

　　蓋陽　見地形志脩陽郡。

　　脩陽　見地形志脩陽郡。

安樂郡（附）領縣無考

東荊州　領郡二，縣四。

　　　　　見地形志下通典一百七十七淮安郡，唐州：『秦漢並南陽郡地，後漢亦然，
　　　　　晉屬南陽國，後魏置東荊州，西魏改為淮州，為重鎮，置兵以備東魏。』

江夏郡　領縣三。錢大昕考異曰：『隋志淮安郡慈丘縣，後魏曰江夏，並置江夏郡蓋
　　　　　卽南郢州之江夏郡也。』

　　江夏　通典一百七十七：『慈邱，後魏置江夏郡。』

　　比陽　通典一百七十七：『比陽，漢舊縣，』屬淮安郡，按通典又曰：『比陽……
　　　　　後魏置殷州及陽城郡。』

　　陽平　隋志三十淮安郡，比陽：『帶郡，後魏曰陽平，開墾七年改為饒良，大業
　　　　　初又改焉。』今按比陽及陽平當為一縣，姑仍張志目分為二。

漢廣郡　領縣一。隋書三十地理志淮安郡平氏縣：『舊置漢廣郡，開皇初郡廢。』

　　平氏

附　西　北　各　鎮

　（一）　原置六鎮

　　　沃野鎮

　　　懷朔鎮

　　　武川鎮

　　　撫冥鎮

懷荒鎮

柔玄鎮

(二) 後加各鎮

禦夷鎮

薄骨律鎮

宏靜鎮

平高鎮

明壘鎮

敦煌鎮（卽瓜州）

鄯善鎮（卽鄯州）

北魏洛陽城圖的復原

　　洛陽是中國的舊京，自周公定鼎以來，東漢，曹魏，西晉，和北魏都曾經在此建都。但洛陽城市的地圖卻未曾被人整理過。藕香零拾河南志有徐松在永樂大典所抄的河南志圖，又洛陽伽藍記記載元魏時的洛陽最為詳備，唐晏及吳若準的校本都附載洛陽的地圖，但都是以意為之，難言準確。因此不說不能恢復到洛陽城市圖的大致，就是看洛陽伽藍記時也要感覺到不夠清晰。所以盡可能範圍作出一個比較準確的洛陽城市地圖，實在有此必要。

　　作一個復原的地圖主要的是以現在的遺址為根據，但這一件事從來做過的很少。陸軍測量局的十萬分之一的河南地圖並未將洛陽舊城的遺址畫出。只有懷履光牧師（Rev. C. White）在洛陽金村調查曾經測過一個地圖，標出來舊城的遺址。現在根據就是他的中國古墓甎圖考（Tomb Tile Pictures of Ancient China 1939）所附的洛陽古城圖為底稿。又他的洛陽古墓記（Tombs of old Lo-yang 1934）也有洛陽的附圖，不過我根據的是前一種，（附圖一，洛陽郊外形勢圖，是根據十萬分之一地圖，將遺址填上去的。）

　　在他的附圖中只有縮尺，未說明縮尺的比例，量他的縮尺每英里約為 3.22 公分，按一英里合 3.2187 市里，即每公分約當一市里。一市里為 15000 市寸亦即為 75000 公分，故此圖應七萬五千分之一。

　　但這個圖的比例尺太小了，無法將洛陽城內的小地名注入，只好將這個城圈的比例放大。因此便用另外一張紙照原圖一公分當市尺一寸的比例放大，即照原圖放大了 10/3 倍，其比例為二萬五千分之一。再照這二萬五千分之一的底圖注入洛陽城內的地名（附圖二的底圖是如此的，不過印出來便是照此圖縮小的了）。

　　填上地名的時候最先便發生了一件問題，洛陽伽藍記五云：

　　京師東西二十里，南北十五里，戶十萬九千餘。廟社宮室府曹以外方三百步

爲一里。里開四門，門置里正二人，吏四人，門士八人，合有二百二十里。
這其中所謂『東西二十里，南北十五里』究竟指的是什麼。是道里之里呢？還是閭
里之里呢？楊衒之在這裏沒有說明？河南志的圖及唐晏和吳若準的圖都當作道里之
里，因此將洛陽畫的東西寬而南北短？但按照懷氏的實測圖，那就顯然不對。因此
在這裏便可以斷定楊氏所謂『里』是指『閭里』的里，亦卽上文的里，和下文『方三
百步爲里』的里是一回事。再據續漢書郡國志劉昭注云：

帝王世紀曰：『城東西六里十一步，南北九里一百步』。晉元康地道記曰：

『城內九里七十步，東西六里十步』。

也是東西狹而南北長，和懷氏圖相符而和唐吳二氏的地圖不合。再以懷氏所測的圖
來量，東西最長之處爲6.8市里，南北最長之處爲 9.25 市里。雖然和帝王世紀及
元康記所記的縱橫比例不完全一致，但也可以說大致相合。其不盡相符之處可以說
晉時測量不甚準確，但其確有根據則爲無疑問的事。所以楊衒之所記，只有認爲閭
里之里，纔能解釋得通。

在懷氏實測的地圖上，洛陽城北面和東面不太規則。不過北面突出部分，是金
墉城，不能算作閭里以內的，東面則寬的地方較多窄的地方較少，當算閭里的分晝
時，應當算入。所以南北的部分以較窄的地方爲準，而東西的部分則應以較寬之處
爲準。因此便將洛陽城圖畫成方格，計爲東西二十格，南北十五格，除去東北缺去
的地方以外，尚有二百七十九個長方形地帶，可以作爲『里』，來居住人的。

旣然『里』間之界爲街，那就將單線改成雙線（雙線中線與線的距離，因爲沒
有記載做根據，只好畫一個雙線，其距離大致在圖中爲市尺一分）。並且假定東西
街（緯街）從北數起南北街（徑街）從西數起，東西街共有十六街，南北街共有二
十一街。因此洛陽城門和各街相接之處，便如以下所舉出來的。

門名	懷氏圖中標記的狀況	現在圖中的位置
承明門	舊的門道	緯三街西首（南北爲經從西至東。
		東西爲緯從北至南。）
閶闔門	舊門道的痕跡	緯六街西首
建春門	舊門道的痕跡	緯八街東首

西陽門	舊的城門	緯十街西首
東陽門	舊的城門	緯十一街東首
西明門	（無有）	緯十五街西首
青陽門	（無有）	緯十五街東首
大夏門	舊的城門	經五街北首
津陽門	（無有）	經五街南首
宣陽門	舊的城門	經十一街南首
平昌門	（無有）	經十五街南首
廣莫門	（無有）	經十五街北首
開陽門	（無有）	經十八街南首

在這裏面有一點可以堅決我的自信的，便是懷氏的圖所標的城門是現存的遺址或現存的痕跡，而我所畫的街道卻是照懷氏的城圈平均分出來的。懷氏所標的城門和我畫出來的街道，在本圖畫圖的過程中並無相關。但繪畫的結果，城門的遺址，除去懷氏沒有標出來的以外，大都城門正落在各街道的盡頭。尤其是懷氏指出的『舊的城門』完全和街道位置相符，懷氏指出的『城門痕跡』的位置，間或有小小的差異，但差異也非常小。這樣，在兩種不同的方法所得，而可以看出相關性來，所以便可以相信尚有做下去的理由。

在這圖中各門成問題的一點，便是各城門之中，廣莫門照一般的記載，都應當是在東面的北門，但是懷氏的實測圖北面的城門，只有一個，而東城牆的北頭卻有一個舊門道的痕跡。這一點對於舊日記載並不相合，可能在北牆的東面尚有一個城門，東牆的北面並非舊的城門，而是洛陽故城荒廢以後纔爲人踏出來的道路。據水經注云：

廣莫門漢之穀門也。北對芒阜，連嶺修亙。苞總衆山，始自洛口，西踰平陰，悉芒壠也。

又伽藍記云：

魏晉曰廣莫門，高祖因而不改，廣莫門以西，至於大夏門，宮觀相連，被諸城上也。

所以廣莫門是對着北邙， 和大夏門相並着的 ， 因此決不能依照懷氏的圖中道路痕跡，定廣莫爲城東面北頭的城門。

其次，便是平昌門地位的問題。照着懷氏的地圖，洛陽城的正南有一個城門。這個城門是什麼呢？我以爲是宣陽門，至於藕香零拾本河南志前阮元從大典繪出的後魏洛陽城圖，正南是平昌而非宣陽這是錯的。張穆延昌地形志六：

> 穆案，據永樂大典，後魏京城圖，正南當爲平昌，據水經注，則正南門乃宣陽也，疑圖誤，以晉制爲魏制矣。

今案水經榖水注云：

> 榖水又東逕宣陽門南，故苑門也。皇都遷洛，移置於此，對閶闔門，南直洛水浮桁……門左，卽洛陽池處也。池東，舊平城門所在矣，今塞。北對洛陽面宮，故蔡邕曰：『平城門正陽門，與宮連屬，郊祀法駕，所由從出，門之最尊者。』

所以宣陽門是正南的城門。宣陽門雖然是北魏時新改的城門名，但漢代的宮城不必和北魏的宮城一致。

宣陽門旣已決定，那就北魏宮城正門的地位也可以決定了，但其四方基址地址還要決定的，現在可以先根據洛陽伽藍記的以下一段：

> 永寧寺熙平元年靈太后胡氏所立也，在宮前閶闔門南一里，御道西、其寺東有太尉府，西對永康里，南界昭玄曹：北鄰御史臺。
>
> 閶闔門御道東有左衞府，府南有司徒府，南有國子學堂，內有孔丘象。顏淵問仁，子路問政在側。國子南有宗正寺，寺南有太廟。廟南有護軍府，府南有衣冠里。
>
> 御道西有右衞府，府南有太尉府，府南有將作曹，曹南有九級府。府南有太社，社南有凌陰里，卽四時藏冰之處也。

這裏的排列當如下方（從北至南）：

閶闔門	養井里							宣陽門
	左衞府	司徒府	國子學堂	宗正寺	太廟	護軍府	衣冠里	
	右衞府	太尉府	將作曹	九級府	太社	司州(註三)	凌陰里	

御史臺	永寧寺	昭玄曹				
	永康里					

以上的雙線代表的是街道，卽從北至南，一共有七個里，南宮卽在此之北。

照着記載上，洛陽的南宮是有六個門的，舉例如下。（註四）

〔南門、閶闔門〕水經注，『魏明帝上法太極，於洛陽南宮起太極殿。於漢崇德殿之故處。改雉門爲閶闔門。今閶闔門外夾建巨闕，以應天宿。雖不如禮，猶象而魏之，上加復思以易觀矣』。魏書孝莊紀：『建義二年十月，爾朱榮檻送葛榮於京師，帝臨閶闔門』。（張）穆案，『此及廢帝出帝兩紀，所書升太極殿閶闔門皆謂宮城南門也。』

〔東面北方門、朱華門〕一曰東華門，或作萬歲門。楊昱傳：『延昌三年，詔自令若非手勅勿令光輒出宮，臣在直者從自萬歲門』。禮志：『延昌四年春正月丁巳夜，世宗崩於式乾殿。侍中中書監太子少傅崔光等，奉迎肅宗於東宮，入自萬歲門，至顯陽殿』。（張）穆案，『東宮在皇城外東北隅，萬歲門必皇城東門。東門，雲龍與神虎對，朱華與千秋對，以義定之，萬歲卽朱華之別名矣。河南志京城圖，禁扁皆作朱華。按孝靜遷鄴，宮闕之名多仍洛舊，北史楊愔傳「有長廣王及歸彥在朱華門外」云云，益足證東華之誤矣。』

〔東面南方門、雲龍門〕崔光傳：『詔光乘步挽於雲龍門出入』。前廢帝紀：『入自建春，雲龍門』。出帝紀：『入自東陽雲龍門』。

〔西面北方門、千秋門〕水經注『渠水又東歷金市南，直千秋門右，宮門也。其一水自千秋門南流，逕神虎門下，東對雲龍門（按：此言神虎對雲龍，非言千秋對雲龍，蓋對千秋者爲萬歲，對雲龍者乃神虎也）。二門衡栿之上，皆刻雲龍風虎之狀，以火齊薄之。及其晨光初起，夕景斜暉，霜文翠照，陸離眩目』。宣武靈后傳：『太后欬造申訟車，時御焉。出自雲龍大司馬門，從宮西北，入自千秋門』。

〔西面南方門。神虎門〕水經注：『神虎門東對雲龍門』高肇傳：『肇所乘駿馬，停於神虎門外，無故驚倒』。

〔北門。乾明門〕見河南志。

照此看來，南和北各有一個城門，東和西各有兩個城門。所以在東西兩面城牆必至少占三個里的位置，然後東面兩門，西面兩門纔能和兩里間的街道相接。東西占三個里，那就南北兩牆要占六個里的位置，纔能使城成一個正方。假若橫着占着六個里的地位，那就南北兩牆正中各有一條道，城門地位卽在兩旁各三里的正中。這樣算來便是南宮從宣陽門樓起，數到第四個里以後，對宣陽門取中，占了三六一十八個里的面積，就可以將部位規定好了。

但照此畫法還有一個困難。河南志說：

千秋門，宮西門，西對閶闔門。

洛陽伽藍記：

瑤光寺，世宗皇帝所立。在閶闔門御道北，東去千秋門二里。千秋門內道北，有西游園，園中有陵雲臺，卽是魏文帝所築者。臺上有八角，高祖於井北造涼風觀，登之遠望，目極洛川。臺下有碧海曲池，臺東有宣慈觀，去地十丈、觀前有靈芝釣臺，累木爲之，出於海中，去地二十丈，風生戶牖，雲起梁棟，丹楹刻桷，圖寫列仙。刻石爲鯨魚，背負釣臺，餘如從地踊出，又似空中飛下。釣臺南有宣光殿，北有嘉福殿，西有九龍殿，殿前九龍吐水成一海。凡四殿皆有飛閣向靈芝往來。三伏之月，皇帝在靈芝臺以避暑。

照此說來，千秋門內正爲御苑。而閶闔門對千秋門，卽南宮位置還要向北移一里纔對。所以南閶闔門外還要空出一里。這是可以有解釋的。水經注云：

又南逕東轉，逕閶闔門南。案禮，王有五門，謂皐門，庫門，雉門，應門，路門。路門一曰畢門，亦曰虎門也，明帝上法太極於洛陽南門，起太極殿於漢崇德殿之故處，改雉門曰閶闔門。（註五）

依河南志閶闔門外尚有端門，依水經注，更有司馬門。以此比照端門卽庫門，司馬門卽皐門，而此南閶闔門外一里之處爲司馬門以內的空場，在這個空場的中部，便是端門所在之處。所以宮城以南，左右衞府之北，再安插一里，尚不費事。

宮城的位置旣然決定了，那就金墉城，北宮（注六），芳林園，華林園以及各官署各寺廟各溝渠的地址都可按照水經注及洛陽伽藍記中所記載的按地位來塡入。尤其是西明至靑陽二門間穀水的水道，現在雖然被改道的洛水侵奪了，但假若知道洛

水侵奪穀水的事實，按着地位，仍然不爽。因此縱有出入，也決不會太多。又據洛陽伽藍記序云：

> 太和十七年，後魏高祖遷都洛陽，詔司空穆亮營造宮室。洛城門依魏晉舊名。北面有二門，西頭曰大夏門，漢曰夏門，魏晉曰大夏門。東頭曰廣莫門，漢曰穀門，魏晉曰廣莫門，高祖因而不改，自廣莫以西至於大夏門，宮觀相連，被諸城上也。

現在以此看來，也是不錯的。

在此圖中最困難的一點，亦卽最難解決的一點，是東漢南宮的位置。據水經注云：

> 魏明帝上法太極於洛陽南宮，起太極殿於漢崇德殿之故處。

卽是酈道元認爲曹魏的宮殿也就在東漢宮殿的舊址。

又據水經注說：

> 渠水又東歷金市南，直千秋門右，宮門也。又枝流入石 伏流，注靈芝九龍池。魏太和中，皇都遷洛陽，經構宮，極修理，街渠務窮隱，發石視之，曾無毀壞，又石工細密，非令知所擬，亦奇爲精至也，遂因用之。……又南流東轉，逕閶闔門南，……渠水又枝分，夾路南出，逕太尉司徒兩坊間，謂之銅駝街，舊魏明帝置銅駝諸獸於閶闔南街、陸機云：『駝高九尺，脊出太尉坊』者也。……自此南直宣陽門，經緯通達，皆列馳道，一同兩漢。

洛陽伽藍記說：

> 千秋門內道北有西游園，園中有凌雲臺，卽是魏文帝所築者，臺上有八角井，高祖於井北造涼風觀，登之遠望，目極洛川。

這些都是說元魏的宮城卽是曹魏宮城的舊址。假若認爲都對，那就必需認爲東漢宮址卽曹魏宮址，曹魏宮址卽元魏宮址。

但是東漢南宮和元魏宮城地址並不相合，後漢書光武紀建武元年章懷注引蔡質漢典職儀曰：

> 南宮至北宮，中央作大屋，複道三道，天子從中道，從官夾左右。十步一衞，兩宮相去七里。

這其中七里的七字，據太平御覽居處部，和文選古詩十九首李善注，都是作七，可見字是不錯的。假若漢南北二宮相去七里，漢以六尺爲步，三百步爲里，卽漢以一百八十丈爲里，每丈合現在市尺六尺九寸，卽每里約合現在一百二十四丈，七里約合八百六十八丈，大致七里當現在市里六里。亦卽漢南宮的北牆。當元魏宮城的南牆。卽漢南宮在魏宮城之南。（假如漢宮城和魏宮城大小相同，那就漢宮城的南牆到太尉司徒二府的南牆。）

又據河南志：

> 南面四門，正南曰平門—— 一作平城門，古今注曰：『建武十三年開』，蔡邕曰：『平城門正陽之門也，與宮連。郊祀法駕所從出。門之最尊者』。漢官秩曰：『平城門爲宮門不置候』，按靈帝紀曰：『南宮平城門』當是門在宮之內所以速言也。李尤銘曰：『平門督司，午位處中，外臨僚侍，內達帝宮，正陽南面，炎暑融融』，西曰宣陽門—— 按漢志十二門名有小苑門而獨無名，莫知其方所。而十道志列在平城之西。董卓傳：『孫堅軍太谷，進宣陽門』注曰：『洛陽記南面有四門，從東第三門也，是則小苑亦名宣陽』。

所以平城爲東漢南宮正對的門 ，而宣陽爲御苑正對的門。 卽漢南宮又在魏宮城之東。統上節說，漢南宮在魏宮城的東南。

在以上的兩點：第一，漢南北兩宮距離七里；第二，漢宮門直對平城門（卽平昌門），這和元魏宮室布置的情形都不對。既然都不對，那就不能將元魏宮城所在卽是東漢南宮所在。

元魏宮城雖不是漢宮的遺址，但卻不能說不是曹魏宮的遺址，因爲，第一，酈道元和楊衒之兩人說的很清楚 ， 曹魏的宮卽是元魏的宮 ， 卽就兩人說到而未證明的，如元魏的靈芝九龍池， 在三國志魏志文帝黃初三年 ， 也有『穿靈芝池』的明文。據三國志魏文帝傳黃初三年十二月：『初營洛陽宮。戊午，幸洛陽』。裴松之注曰：『臣松之案，諸書記是時，帝居北宮，以建始殿朝羣臣，門曰承明，陳思王植詩曰：「謁帝承明廬」是也。 至明帝時始於漢南宮崇德殿處 ， 起『太極昭陽諸殿』。是在董卓毀洛陽宮室之後，曹丕恢復的是北宮 ， 並未恢復南宮。 至黃初二年，築凌雲臺，黃初三年穿靈芝池，這和元魏的宮雖然同在一處。但不能證明和漢

南宮同在一處。因此最大的可能，是曹魏宮址卽爲元魏所承，漢的南宮卻別在一處。魏明帝於南宮崇德殿處起太極昭陽諸殿，大約是裴松之的誤解。而酈道元所承的也便是裴松之的誤解。酈道元雖然到過洛陽，但他所見的是元魏的宮，所聞的是曹魏的舊址，漢址如何，未見得便能確曉。猶之乎我們現代的人，知道北平的清宮是明宮；但元代宮室的位置，那就有些撲朔迷離了。

　　附記：洛陽城圖的復原，本有此動機，而決定此工作，卻由於石璋如先生談到懷履光牧師的實測洛陽圖，謹此向璋如先生致謝。又洛陽郊外形勢圖是黃慶樂先生畫的，特此注明。

─────〜〜〜〜〜〜〜─────

（注一）洛陽城南面四門，而伽藍記只有三門。伽藍記云：『南面有三門（三當作四）、東頭第一曰開陽門，初漢光武遷都洛陽，作此門。……次西曰平昌門，漢曰平門，魏晉曰平昌門，高祖因而不改。次西曰宣陽門。（此後應有『次西曰津陽門』五字）漢曰津門，魏晉曰津陽門，高祖因而不改』。張穆延昌地形志河南尹洛陽縣下自注云：『河南志，南有四門，有宣陽，又有津陽。伽藍記敍，作三門，有宣陽，無津陽。據下城南記，高陽王寺在津陽門外三里，則河南志所據之伽藍記，本亦四門，今本文譌脫，遂妄改耳。水經注，穀水自西明門，又南，東迤津陽門南，又東迤宣陽門南，足證今本記敍之誤。又案宋宋敏求次道有河南志二十卷，今已不存。此志僅二卷從徐文星伯寫出，或疑卽次道之書，然區敍故實，兼及金元，殆後人惡藉宋書，更事增益矣。都無顯證，故不敢輒題次道之名。』又太平寰宇記卷三云：『南面有四門，東曰開陽，在巳上。次西漢曰平城門，在丙上，，晉改平昌門。郊祀法駕由此門。次西漢曰小苑門，在午上，晉改宣陽門。次西漢曰津門在未上。』也和四門的位置相符。

（注二）這些圖共有『後漢東都城圖』，『西晉京城洛陽宮室圖』，『後魏京城洛陽宮室圖』，『金墉城圖』，『宋西京城圖』。看這些圖的畫法，和宋敏求的長安志圖很相類似。大約就是宋敏求河南志的附圖。

（注三）據宋敏求河南志輯本補（藕香零拾本）。

（注四）據張穆的延昌地形志稿本。

（注五）爲方便起見，稱宮城的閶闔門爲南閶闔門，京城的閶闔門爲西閶闔門。

（注六）北宮的東西的廣，照南宮以六個里來算，南北的長照兩個里來算。因爲一個里太少了，三個里便距南宮只隔一個里，似乎又太近了。雖且承明門是元魏因接近宮門而定的門名，承明的大道也以通過北宮之前爲合理。承明門址是懷氏測量圖畫好的，所以北宮南牆也就不能移動了。

　　再附記：本篇發表後，森鹿三先生及何炳棣先生各有論文，皆具新意，堪供訂正。現洛陽重測圖可校改懷氏原圖疏略之處，而永寧寺遺址亦已發現，爲北魏洛陽重要定點。其中頗有可以重作者，容後論之。

附圖　（一）

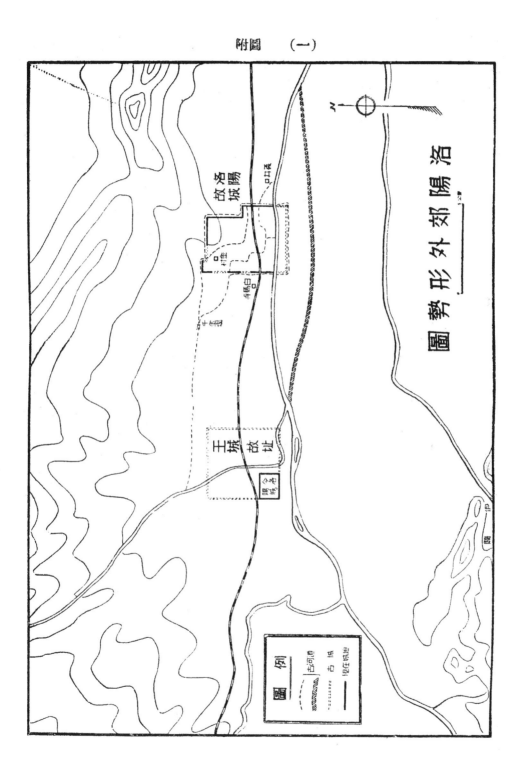

洛陽外形勢圖

圖例

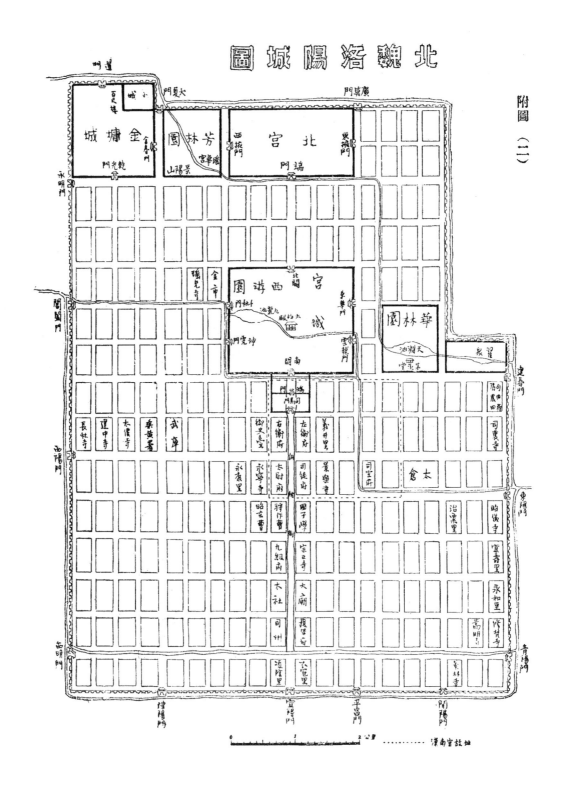

北魏洛陽城圖

附圖（二）

附圖〔三〕　　河南志後漢東都城圖

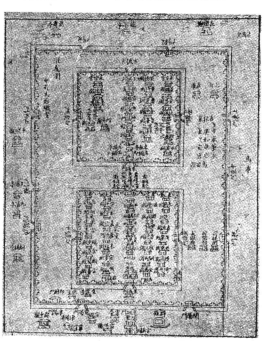

附圖〔四〕　　河南志西晉京城圖

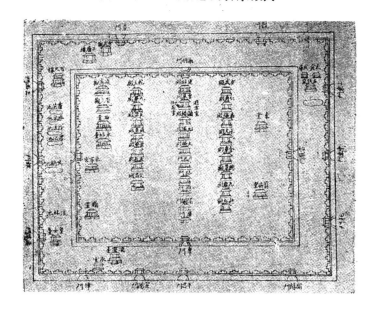

附圖(五)　　河南志金墉城圖

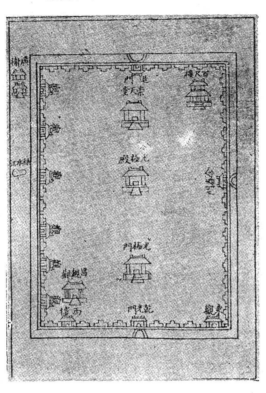

附圖(六)　　河南志後魏洛陽城圖

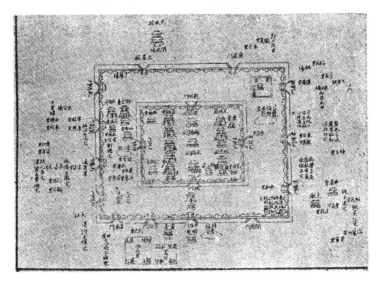

國家圖書館出版品預行編目資料

勞榦先生學術著作選集（一）/ 勞榦
--初版-- 臺北市：蘭臺出版社：2020.9
ISBN：978-986-99137-0-6(全套：精裝)
1.中國史 2.學術研究 3.文集

617　　　　　　109006855

勞榦學術研究叢書1

勞榦先生學術著作選集（一）

作　　　者：勞　榦
總 編 纂：何雙全
編　　纂：盧瑞琴
主　　編：盧瑞容
封面設計：塗宇樵
出 版 者：蘭臺出版社
發　　行：蘭臺出版社
地　　址：台北市中正區重慶南路1段121號8樓之14
電　　話：(02)2331-1675或(02)2331-1691
傳　　真：(02)2382-6225
E—MAIL：books5w@gmail.com或books5w@yahoo.com.tw
網路書店：http://5w.com.tw/
　　　　　https://www.pcstore.com.tw/yesbooks/
　　　　　博客來網路書店、博客思網路書店
　　　　　三民書局、金石堂書店
經　　銷：聯合發行股份有限公司
電　　話：(02) 2917-8022　　傳 真：(02) 2915-7212
劃撥戶名：蘭臺出版社 帳號：18995335
香港代理：香港聯合零售有限公司
電　　話：(852)2150-2100　　傳真：(852)2356-0735
出版日期：2020年9月　初版
定　　價：新臺幣一套18000元整（精裝不分售）
ISBN：978-986-99137-0-6

蘭臺出版社

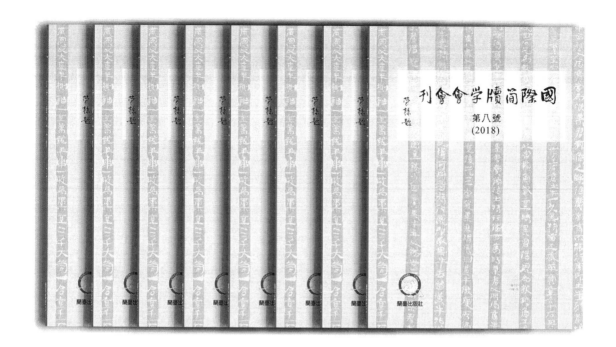

國際簡牘學會會刊

　　國際簡牘學會會刊以簡牘研究為主，是由台北大學研究簡牘研究專家馬先醒教授和甘肅省文物保護研究所所長，甘肅省簡牘博物館副館長何雙全教授在1991年甘肅國際簡牘學大會後共同成立，組成國際簡牘學會會刊編委會，編輯簡牘論文，由台灣蘭臺出版社出版。國際簡牘學會會刊每期收錄來自兩岸三地之簡牘學著名學者、專家所發表論文，如何雙全、楊劍虹、吳昌廉、陳松梅、周建、謝曉燕、黃輝陽、許道勝、南玉泉、王子今、盧瑞琴等，是研究簡牘學不可錯過之重要學術期刊。

書名	ISBN	出版日期	頁數	定價
際簡牘學會會刊第一號		1974/6/1	324	$1,800
際簡牘學會會刊第二號	957-9154-10-4	1978/8/1	314	$1,800
際簡牘學會會刊第三號	957-9154-66-X	1977/7/1	496	$2,500
際簡牘學會會刊第四號	978-957-9154-80-2	2002/5/1	404	$1,500
際簡牘學會會刊第五號	978-986-7626-75-2	2008/11/1	178	$1,500
際簡牘學會會刊第六號	ISSN 2220-2498	2011/8/1	445	$1,500
際簡牘學會會刊第七號	ISSN 2220-2498	2013/4/1	180	$1,500
際簡牘學會會刊第八號	ISSN 2220-2498	2017/12/1	104	$880

簡牘學報

蘭臺出版社

台北大學史學系馬先醒教授師承勞榦先生潛研「簡牘學」多年，並於民國63年初（1974）自創組「簡牘社」。馬教授更結合中外同道，以互相交流為宗旨，籌組「台北市簡牘學會」，期以研究簡牘為主，在簡牘相關新史料、簡牘時代史中廣搜各專題研究成果，將論文彙集成《簡牘學報》，強化簡牘學研究的深度與廣度，是為台灣研究簡牘第一人。

《簡牘學報》於民國63年（1974）6月發行創刊號，現任主編陳鴻琦教授、副主編吳昌廉教授，簡牘學報編委會編製，迄今已發行二十二期。除收錄著名學者、專家之研究成果外，更包含勞貞一先生、張曉峰先生、黎東方先生等論文集專號，以及居延漢簡出土五十年之專號，為簡牘學研究重要學術期刊。

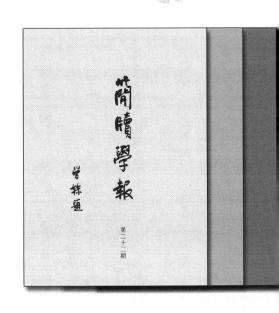

書名	ISBN	出版日期	頁數	定價
簡牘學報第一卷（一、二、三期合訂本）		1974/6/1	324	$1,800
簡牘學報第二卷（四、六期合訂本）		1978/10/1	314	$1,800
簡牘學報第三卷（第五期，勞貞一先生七秩榮慶論文集）		1978/10/1	314	$1,800
簡牘學報第四卷（第七期）		1992/12/1	442	$1,800
簡牘學報第五卷（第八期，張曉峰先生八秩榮慶論文集）		1993/12/1	390	$1,800
簡牘學報第六卷（第九期，居延漢簡出土五十年專號）		1997/12/1	616	$1,800
簡牘學報第七卷（第十期）		1997/12/1	616	$1,500
簡牘學報第十一期		1999/12/1	388	$1,800
簡牘學報第十二期（黎東方先生八秩榮慶論文集）		2002/12/1	388	$1,800
簡牘學報第十三期		2006/11/1	629	$1,800
簡牘學報第十四期		2008/12/1	410	$1,800
簡牘學報第十五期		2011/12/1	352	$1,800
簡牘學報第十六期（精）（勞貞一先生九秩榮慶論文集）	959-915-414-7	1997/1/1	616	$2,500
簡牘學報第十六期（平）（勞貞一先生九秩榮慶論文集）	957-915-415-5	1997/1/1	616	$2,500
簡牘學報第十七期		1999/1/1	388	$1,800
簡牘學報第十八期	986-80347-01	2002/1/1	389	$1,800
簡牘學報第十九期		2006/11/1	630	$2,000
簡牘學報第二十期	977-2074-003	2008/12/1	408	$2,000
簡牘學報第二十一期	ISSN 2074-0743	2013/12/1	616	$2,000
簡牘學報第二十二期	ISSN 2074-0743	2018/6/1	312	$2,000